개인정보관리사
CPPG

한권으로 끝내기

시험안내

개인정보관리사(CPPG; Certified Privacy Protection General)란 개인정보보호 정책 및 대처 방법론에 대한 지식·능력을 갖춘 인력으로, 향후 기업 또는 기관의 개인정보 관리를 희망하는 자를 의미한다. 개인정보관리사가 보유해야 하는 업무능력으로는 개인정보보호와 관련된 보안정책의 수립, 기업/기관과 개인정보보호의 이해, 개인정보 취급자 관리, 관련 법규에 대한 지식 및 적용 등이 있다.

기본 정보

시행처	한국CPO포럼
응시자격	제한 없음
합격기준	과목당 40% 이상, 총점 60% 이상
응시료	130,000원

시험일정(2024년 기준)

구분	접수기간	시험일	결과발표
41회	2.14～3.27	4.7	4.24
42회	6.19～8.14	8.25	9.11
43회	10.16～11.20	12.1	12.8

출제문항

과목	문항 및 배점	출제형태	시험시간
개인정보 보호의 이해	10	객관식 5지선다	120분
개인정보 보호 제도	20		
개인정보 라이프 사이클 관리	25		
개인정보의 보호조치	30		
개인정보 관리체계	15		

❖ 정확한 시험 일정 및 세부사항에 대해서는 시행처에서 반드시 확인하시기 바랍니다.

구성과 특징

---

1 개인정보 보호 관련 법 개요

(1) 개인정보 보호법 제정 이전

① 개인정보 보호법 제정 전 개인정보 보호 체계

	분야	주요 법률	
헌법	공공행정	공공기관의 개인정보 보호에 관한 법률	· 공공가 · 전자정 · 국정감
	정보통신	정보통신망 이용 촉진 및 정보보호 등에 관한 법률	· 통신비 · 위치정 · 정보화
	금융 신용	신용정보의 이용 및 보호에 관한 법률	· 금융실 · 방문판 · 전자상 · 전자거
	의료	보건의료기본법, 의료법	· 장기 등 · 생명윤 · 인체조

이해하기 쉽게 풀어 쓴 이론

▶ 출제경향을 분석하여 수험생이 어렵게 느낄 수 있는 부분을 콕 짚어서 친절하고 쉽게 설명했습니다.

더 알아보기 업무상 비밀 준수 관련 법

변호사법, 법무사법, 세무사법, 관세사법, 공인노무사법, 외국환거래법, 공증인법, 은정법, 공인중개사의 업무 및 부동산 신고거래에 관한 법률, 형법 제317조 등

② 개인정보 보호법이 제정되기 전에는 정보통신망법, 공공기관의 개인보호법 등 개별 법률의 적용을 받았으므로, 개인정보 보호의 사각지대

더 알아보기 개별 법률과 적용 대상

· 정보통신망법 : 온라인 통신 분야의 정보통신 서비스 제공자 및 일부 오프라인 분
· 공공기관의 개인정보 보호에 관한 법률 : 국가행정기관, 지방자치 단체 등의 공공
· 신용정보 보호법 : 신용정보회사 등의 금융기관들 대상

③ 원칙적으로 컴퓨터 등을 이용하여 전자적으로 처리되는 개인정보 외거 규정이 없었다.

더 알아보기를 통한 꼼꼼한 학습

▶ 관련 개념 또는 놓치고 지나갈 수 있는 부분까지 더 알아보기를 통해 꼼꼼하게 채워나갈 수 있습니다.

더 알아보기 민원 처리시스템 총괄 개인정보 흐름도 예시

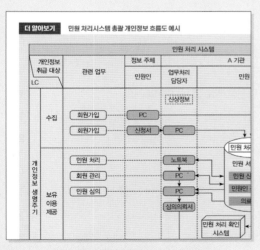

그림과 표를 활용한 쉬운 학습

▶ 개념을 이해하기 쉽도록 표와 그림을 수록하였습니다. 복잡한 개념도 시각화된 자료로 효율적으로 학습할 수 있습니다.

---

081 다음은 업무 연속성 계획(BCP)의 접근 5단계 방법론을 순서대로 순서로 옳은 것은?

> 프로젝트의 범위 설정 · 기획 – (ㄱ) – (ㄴ) – (ㄷ) – 프로

	ㄱ	ㄴ	ㄷ
①	복구 계획 수립	복구 전략 개발	사업 영향 평
②	복구 전략 개발	복구 계획 수립	사업 영향 평
③	복구 전략 개발	사업 영향 평가	복구 계획 수
④	사업 영향 평가	복구 계획 수립	복구 전략 개
⑤	사업 영향 평가	복구 전략 개발	복구 계획 수

해설 업무 연속성 계획(BCP)의 수립 절차
프로젝트 범위 설정 및 기획 → 사업 영향 평가(BIA) → 복구 전략 개발
유지보수

적중예상문제 & 실전모의고사 수록

▶ 파트별로 학습한 내용을 확인할 수 있는 적중예상문제, 이론학습을 마무리한 후 실전처럼 풀어볼 수 있는 실전 모의고사 3회분을 수록하였습니다.

▶ 실전처럼 문제를 풀어보면서 실전 감각을 익히고, 문제마다 수록된 해설을 확인하며 부족한 부분을 보충할 수 있습니다.

목차

PART 1

개인정보 보호의 이해

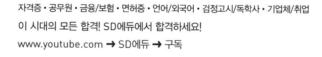

CHAPTER 01 개인정보의 개요

1 개인정보의 정의 및 특성

(1) 개인정보의 광의적 개념

① 개인정보는 나와 다른 사람을 구분하는 정보로, 개인의 신체, 재산, 사회적 지위, 신분 등에 관해 알 수 있는 모든 정보를 말한다.

② 개인정보는 헌법상 인정되는 다양한 기본권과도 밀접한 관련이 있으며, 정보 주체의 안녕과 이해관계에 영향을 미칠 수 있는 정보이므로 신중히 취급되어야 한다.

(2) 개인정보의 일반적 개념

① 생존하는 개인에 관한 정보로서, 개인을 식별할 수 있는 정보를 말한다.

② 주민등록번호 · 휴대 전화번호 · 사진 · 동영상 · 지문 등이 개인을 식별할 수 있는 대표적인 개인정보이다.

③ 해당 정보만으로는 특정 개인을 식별할 수 없더라도 다른 정보와 용이하게 결합하여 특정 개인을 식별할 수 있는 정보라면 개인정보에 해당한다.

> **더 알아보기** 개인정보의 구체적 예
>
> • 신분관계 : 성명, 주민등록번호, 주소, 본적, 가족관계, 본관 등
> • 내면의 비밀 : 사상, 신조, 종교, 가치관, 정치적 성향 등
> • 심신의 상태 : 건강상태 · 신장 · 체중 등 신체적 특징, 병력, 장애 정도 등
> • 사회경력 : 학력, 직업, 자격, 전과 여부 등
> • 경제관계 : 소득규모, 재산보유상황, 거래내역, 신용정보, 채권채무관계 등
> • 기타 새로운 유형 : 생체인식정보(지문, 홍채, DNA 등), 위치정보 등

(3) 개인정보 보호법상 개인정보의 정의

〈개인정보 보호법 제2조 제1호, 제1호의2〉
1. "개인정보"란 살아 있는 개인에 관한 정보로서 다음 각 목의 어느 하나에 해당하는 정보를 말한다.
　가. 성명, 주민등록번호 및 영상 등을 통하여 개인을 알아볼 수 있는 정보
　나. 해당 정보만으로는 특정 개인을 알아볼 수 없더라도 다른 정보와 쉽게 결합하여 알아볼 수 있는 정보. 이 경우 쉽게 결합할 수 있는지 여부는 다른 정보의 입수 가능성 등 개인을 알아보는 데 소요되는 시간, 비용, 기술 등을 합리적으로 고려하여야 한다.
　다. 가목 또는 나목을 제1호의2에 따라 가명 처리함으로써 원래의 상태로 복원하기 위한 추가 정보의 사용 · 결합 없이는 특정 개인을 알아볼 수 없는 정보(이하 "가명 정보"라 한다)
1의2. "가명 처리"란 개인정보의 일부를 삭제하거나 일부 또는 전부를 대체하는 등의 방법으로 추가 정보가 없이는 특정 개인을 알아볼 수 없도록 처리하는 것을 말한다.

(4) 개인정보 정의에 대한 분석

① 살아 있는 개인에 관한 정보

  ㉠ 개인정보를 '살아 있는' 개인에 관한 정보로 정의하므로, 사망했거나 실종선고 등 관계법령에 의해 사망한 것으로 간주되는 자에 대한 정보는 개인정보로 볼 수 없다. 다만, 사망자의 정보라고 하더라도 생존하고 있는 유족과의 관계를 알 수 있는 정보는 유족의 개인정보에 해당한다.

  ㉡ 개인정보의 주체는 자연인(自然人)이어야 하며, 법인 또는 단체의 정보는 개인정보에 해당하지 않는다. 즉, 법인의 상호, 소재지 주소, 대표 연락처(이메일 또는 전화번호), 업무별 연락처, 영업실적 등은 법률에서 정하는 개인정보에 해당하지 않는다.

  > ※ 개인사업자의 상호명, 사업장 주소, 전화번호, 사업자등록번호, 매출액, 납세액 등도 사업체의 운영에 관련된 정보이므로 원칙적으로 개인정보에 해당하지 않는다.
  > ※ 그러나, 법인의 대표자, 임원진, 업무 담당자 등의 이름과 주민등록번호, 자택주소 및 개인 연락처, 사진 등은 개인을 식별할 수 있는 정보에 해당하므로 개인정보로 취급될 수 있다.

  ㉢ 개인이 아닌 사물에 대한 정보는 원칙적으로 개인정보가 아니다. 그러나 특정 건물이나 아파트의 주소와 같이 해당 사물의 특정 소유자를 알아볼 수 있다면 개인정보에 해당한다.

  ㉣ 개인정보가 반드시 특정 1인에 관한 정보이어야 하는 것은 아니며, 직간접적으로 2인 이상에 관한 정보도 각자의 개인정보에 해당한다. 예로, SNS에 단체 사진을 올렸을 때 단체사진은 사진 내 인물 각자의 개인정보에 해당한다.

② 정보의 내용·형태 등은 제한 없음

  ㉠ 개인정보의 내용·형태 등은 특별히 제한이 없다. 따라서 개인을 알아볼 수 있는 모든 정보는 개인정보에 해당한다. 즉, 디지털 형태나 수기 형태, 자동 처리나 수동 처리 등 그 형태나 처리방식과 관계없이 모두 개인정보에 해당할 수 있다.

  ㉡ 개인정보는 키, 나이, 몸무게 등과 같은 객관적 사실뿐만 아니라 신용평가정보와 같은 타인에 의한 주관적 의견·견해·평가 등도 개인정보로 인정될 수 있다. 또한, 그 정보가 반드시 사실이거나 증명된 것이 아닌 부정확한 정보나 허위 정보라도 특정 개인에 관한 정보라면 개인정보가 될 수 있다.

③ 개인을 알아볼 수 있는 정보(개인식별 가능성)

  ㉠ 정보를 처리하는 자의 입장에서 합리적으로 활용될 가능성이 있는 수단을 고려하여 개인을 알아볼 수 있다면 개인정보에 해당한다. 현재 처리하는 자 외에도 제공 등에 따라 향후 처리가 예정된 자도 포함된다.

  ㉡ 이 중 "처리"란 개인정보의 수집, 생성, 연계, 연동, 기록, 저장, 보유, 가공, 편집, 검색, 출력, 정정(訂正), 복구, 이용, 제공, 공개, 파기(破棄), 그 밖에 이와 유사한 행위를 말한다.

④ 다른 정보와 쉽게 결합하여 알아볼 수 있는 정보

    ㉠ '쉽게 결합하여'의 의미는 결합 대상 정보의 '입수 가능성'이 있어야 하고, '결합 가능성'이 높아야 함을 의미한다.

    ㉡ 입수 가능성 : 두 종 이상의 정보를 결합하기 위해서는 결합에 필요한 정보에 합법적으로 접근 · 입수할 수 있어야 함을 의미한다. 즉, 해킹 등 불법적인 방법으로 취득한 정보까지 포함한다고 볼 수 없다.

    ㉢ 결합 가능성(결합 용이성) : 현재의 기술 수준을 고려하여 비용이나 노력이 비합리적으로 수반되지 않아야 함을 의미한다. 현재의 기술 수준에 비추어 결합이 사실상 불가능하거나 결합하는 데 비합리적인 수단의 비용 및 노력이 수반된다면 이는 결합이 용이하다고 볼 수 없다.

더 알아보기   다른 정보와 결합 시 식별이 용이한 정보의 예

- 이름 + 주소 : 주소가 상세할수록, 개인을 특정할 수 있는 가능성이 높아진다.
- 이름 + 전화번호 : 전화번호 이용 시점이 명확할수록 전화기기의 소유 · 점유 관계가 명확해져 개인을 특정할 수 있는 가능성이 높아진다.
- ID + IP Address : 유동/고정 IP 여부 확인 및 해당 ID가 이용된 서비스 확인 전제하에 개인을 특정할 수 있는 여지가 있다.

⑤ 가명 처리하여 원래의 상태로 복원하기 위한 추가 정보의 사용 · 결합 없이는 특정 개인을 알아볼 수 없는 정보 (=가명 정보)

    ㉠ 가명 처리의 경우, 개인정보의 일부를 삭제하거나 일부 또는 전부를 대체하는 등 기술적 처리를 한 것만으로는 가명 처리가 완료되었다고 볼 수 없으며, 처리 결과 해당 정보만으로는 특정 개인을 알아볼 수 없어야 제대로 된 가명 처리가 이루어졌다고 볼 수 있다.

    ㉡ 추가 정보란 개인정보의 전부 또는 일부를 대체하는 데 이용된 수단이나 방식(알고리즘 등), 가명 정보와의 비교 · 대조를 통해 삭제 또는 대체된 개인정보 부분을 복원할 수 있는 정보를 말한다.

더 알아보기   가명 정보 및 익명 정보의 구분

가명 정보	• 추가정보의 사용 · 결합 없이는 특정 개인을 알아볼 수 없는 정보 • 해당정보만으로는 식별이 불가능
익명 정보	• 더 이상 특정 개인인 정보 주체를 알아볼 수 없도록 개인정보를 처리하여 다른 정보를 사용하여도 특정 개인을 알아볼 수 없는 정보 • 그 자체로, 또한 다른 정보와 결합해서도 개인을 식별할 수 없음 • 개인정보에 해당하지 않음

(5) 개인정보 가명 처리(비식별화) 방법

① 개인정보 삭제 기술 : 부분 삭제, 행 항목 삭제, 로컬 삭제 등

부분 삭제 (Partial Suppression)	개인정보의 일부를 삭제
행 항목 삭제 (Record Suppression)	다른 정보와 뚜렷하게 구별되는 행 항목을 삭제

② 개인정보 일부 또는 전부 대체 기술

    ㉠ 마스킹(Data Masking) : 특정 항목의 일부 또는 전부를 공백 또는 기호 등으로 대체하는 기술

    ㉡ 통계 도구 : 총계 처리, 부분 총계 등

총계처리 (Aggregation)	평균값, 최댓값, 최솟값, 최빈값, 중간값 등으로 처리하는 기술
부분총계 (Micro Aggregation)	다른 정보에 비하여 오차 범위가 큰 항목을 평균값 등으로 대체

    ㉢ 범주화 기술 : 일반 라운딩, 랜덤 라운딩, 제어 라운딩, 상하단 코딩, 범위 방법 등

랜덤 라운딩 (Random Rounding)	수치 데이터를 임의의 수인 자리 수, 실제 수 기준으로 올림 또는 내림하는 기술
제어 라운딩 (Controlled Rounding)	라운딩 적용 시, 값 변경에 따른 원본의 행 및 열의 합과 일치하지 않는 점을 해결하기 위해 행 및 열을 제어하여 일치시키는 기술
범위 방법 (Data Range)	수치 데이터를 임의의 수 기준의 범위(Range)로 설정하는 방법으로, 해당 값의 범위 또는 구간(Interval)으로 표현

    ㉣ 암호화 : 양방향 암호화, 일방향 암호화, 순서 보존 암호화, 형태 보존 암호화, 동형 암호화 등

양방향 암호화 (Two-way Encryption)	암호화 및 복호화에 동일 비밀키로 암호화하는 대칭키 방식과 공개키와 개인키를 이용하는 비대칭키 방식으로 구분
형태보존 암호화 (Format-preserving Encryption)	원본 정보의 형태와 암호화된 값의 형태가 동일하게 유지되는 암호화 방식

    ㉤ 무작위화 기술 : 잡음 추가, 순열(치환), 토큰화, 의사난수생성 기법 등

잡음 추가 (Noise Addition)	개인정보에 임의의 숫자 등 잡음을 추가(더하기 또는 곱하기)하는 방법
순열(치환) (Permutation)	기존 값을 유지하면서 개인이 식별되지 않도록 데이터를 재배열하는 기술
토큰화 (Tokenisation)	개인을 식별할 수 있는 정보를 토큰으로 변환 후 대체함으로써 개인정보를 직접 사용하여 발생하는 식별 위험을 제거하여 개인정보를 보호하는 기술
의사난수생성 기법 (Random Number Generator)	주어진 입력 값에 대해 예측이 불가능하고 패턴이 없는 값을 생성하여 임의의 숫자를 개인정보에 할당하는 기술

2 프라이버시와 개인정보

(1) 프라이버시(Privacy)의 개념

① 타인의 방해를 받지 않고 개인의 사적 영역(Personal Space)을 유지하고자 하는 이익 또는 권리를 말한다.

② 프라이버시의 개념은 1880년 미국 Thomas Cooley 판사의 민사상의 손해배상에 관한 저서에서 '홀로 있을 권리(The right to be let alone)'라는 의미로 등장하였으며, 1890년 Warren과 Brandeis가 '프라이버시권은 진보된 문명세계에서 살고 있는 개인에게 필수적인 것'이라고 주장한 것에 기원한다.

③ 1977년 미국연방대법원은 판례를 통해 프라이버시권을 '사적인 사항이 공개되지 않는 이익(권리)'이며, '자신이 중요한 문제에 대해 자율적이고 독자적으로 결정을 내리고자 하는 이익(권리)'으로 보았다.

(2) 프라이버시 개념의 변화

① 소극적 권리에서 적극적 권리로의 변화

정보환경의 급격한 변화에 따라 개인정보의 수집·처리와 관련하여 사생활 보호라는 새로운 사회적 문제가 등장하면서 프라이버시의 개념은 단순히 간섭받지 않을 권리에서 자신의 사생활에 대해 자신이 통제할 것을 요구하는 적극적인 의미의 권리(개인정보 자기 결정권)로 변화하였다.

② 개인정보 자기 결정권

자신에 관한 정보가 언제 누구에게 어느 범위까지 알려지고 또 이용되도록 할 것인지를 그 정보 주체가 스스로 결정할 수 있는 권리이다.

(3) 프라이버시의 범주

공간 프라이버시 (Territorial Privacy)	• 한 개인이 다른 개인의 환경에 대한 침입을 제한하는 권리이다. • 가정, 직장 및 공개된 장소도 해당할 수 있으며, CCTV 감시·ID 체크 등의 침해와 관련 있다.
개인 프라이버시 (Personal Privacy)	• 신체 프라이버시 : 개인의 신체적·물리적 침해에 대해 보호받을 권리로, 유전자·마약·체강(Body Cavity) 검사 등으로부터 자유로울 권리 등이다. • 통신 프라이버시 : 우편, 전화 통화, 이메일 등 통신에서 자유를 보장받을 권리이다.
정보 프라이버시 (Information Privacy)	• 컴퓨터 등 정보통신 기술의 발달에 따라 개인정보가 전자적 형태로 축적·처리되는 것에 대한 제한 권리이다. • 개인정보에 대한 정보 주체의 자기 결정권 개념이 나타나면서 등장하였다.

더 알아보기 헌법재판소의 개인정보 자기 결정권 인정 판례

• 개인정보 자기 결정권은 자신에 관한 정보가 언제 누구에게 어느 범위까지 알려지고 또 이용되도록 할 것인지를 그 정보 주체가 스스로 결정할 수 있는 권리이다. 즉, 정보 주체가 개인정보의 공개와 이용에 관하여 스스로 결정할 권리를 말한다.

• 개인정보 자기 결정권의 보호 대상이 되는 개인정보는 개인의 신체, 신념, 사회적 지위, 신분 등과 같이 개인의 인격 주체성을 특징짓는 사항으로서 그 개인의 동일성을 식별할 수 있게 하는 일체의 정보라고 할 수 있고, 반드시 개인의 내밀한 영역이나 사사(私事)의 영역에 속하는 정보에 국한되지 않고 공적 생활에서 형성되었거나 이미 공개된 개인정보까지 포함한다. 또한 그러한 개인정보를 대상으로 한 조사·수집·보관·처리·이용 등의 행위는 모두 원칙적으로 개인정보 자기 결정권에 대한 제한에 해당한다.

– 헌법재판소 2005. 5. 26. 선고 99헌마513, 2004헌마190(병합) 전원재판부

(4) 프라이버시와 개인정보의 관계

① 프라이버시는 사생활에 관한 이익을 총칭하는 가장 넓은 개념으로, 헌법에 상정되어 있는 주거의 자유, 사생활 비밀의 자유, 통신의 비밀 등이 모두 프라이버시 개념에 포함된다.

② 개인정보는 프라이버시 영역에 속하는 정보 프라이버시의 보호 대상이다.

③ 개인정보 보호법은 타인에 의한 개인정보의 수집·처리와 관련해 해당 개인정보의 주체가 가지는 이익 (개인정보 자기 결정권)을 보장하기 위한 법제에 해당한다.

④ 전통적으로 사생활 비밀을 보호하기 위한 형법 및 여러 법률상의 비밀보호 규정과 통신비밀보호법은 엄밀히 말하면 개인정보 보호법 범주에 속한다고 볼 수 없다.

3 개인정보의 유형 및 종류

(1) 개인정보의 유형 및 종류

인적 사항	일반정보	성명, 주민등록번호, 주소, 연락처, 생년월일, 출생지, 성별 등
	가족정보	가족관계 및 가족구성원 정보 등
신체적 정보	신체정보	얼굴, 홍채, 음성, 유전자 정보, 지문, 키, 몸무게 등
	의료·건강 정보	건강상태, 진료기록, 신체장애, 장애등급, 병력, 혈액형, IQ, 약물테스트 등의 신체검사 정보 등
정신적 정보	기호·성향 정보	도서·비디오 등 대여기록, 잡지구독정보, 물품구매내역, 웹사이트 검색내역 등
	내면의 비밀 정보	사상, 신조, 종교, 가치관, 정당·노조 가입여부 및 활동내역 등
사회적 정보	교육정보	학력, 성적, 출석상황, 기술 자격증 및 전문 면허증 보유내역, 상벌기록, 생활기록부, 건강기록부 등
	병역정보	병역여부, 군번 및 계급, 제대유형, 근무부대, 주특기 등
	근로정보	직장, 고용주, 근무처, 근로경력, 상벌기록, 직무평가기록 등
	법적정보	전과·범죄 기록, 재판 기록, 과태료 납부내역 등
재산적 정보	소득정보	봉급액, 보너스 및 수수료, 이자소득, 사업소득 등
	신용정보	대출 및 담보설정 내역, 신용카드번호, 통장계좌번호, 신용평가 정보 등
	부동산정보	소유주택, 토지, 자동차, 기타 소유차량, 상점 및 건물 등
	기타수익정보	보험(건강, 생명 등), 가입현황, 휴가, 병가 등
기타 정보	통신정보	E-mail 주소, 전화통화내역, 로그파일, 쿠키 등
	위치정보	GPS 및 휴대폰에 의한 개인의 위치정보
	습관 및 취미정보	흡연여부, 음주량, 선호하는 스포츠 및 오락, 여가활동, 도박성향 등

(2) 제공 또는 생성에 따른 개인정보의 구분

제공정보	이용자가 직접 회원가입이나 서비스 등록을 위해 사업자에게 제공하는 정보이다. 예 혈액형, 성별, 이름, 주민등록번호 등
생성정보	• 사업자가 서비스를 제공하는 과정에서 생성되는 이용자에 관한 정보이다. • 이용자가 서비스를 이용할 때 서비스 이용기록이나 접속로그(Log), 쿠키(Cookie) 등이 생성된다. 예 진료기록, 통화기록, 직무평가정보, 물품구매이력 등

4 개인정보의 가치산정

개인정보 제공자의 경우, 자신의 개인정보에 대한 가치를 과평가하는 경향이 있는 반면, 기업 등 개인정보를 제공받아 활용하는 주체는 해당 개인정보를 저평가하는 경향이 있다. 따라서 개인정보 유 · 노출 사고 시, 그 피해액을 산정하는 등 개인정보의 가치를 확인할 필요가 있을 때는 객관적으로 증명된 가치산정 방식을 활용해야 한다.

개인정보 가치산정 방법에는 델파이(Delphi) 기법과 같이 전문가 판단에 따른 사회학적 평가 방법과 가상가치산정법(CVM), 손해배상액 기반 산정법 등이 있다.

(1) 델파이(Delphi) 기법

① 전문가 집단에게 설문조사를 반복 실시하고, 이들의 의견과 판단을 종합하여 정리하는 분석 방법이다.

② 전문가 집단의 주관적 견해들로 구성되어 있더라도 개개인의 의견보다는 신뢰할 만한 것이며, 그 결과에 있어서 더 객관적임을 전제로 한다.

③ 델파이 기법의 특징

  ㉠ 참여 전문가들의 익명성 보장, 구조화된 질문지, 반복 설문 등이 특징이다.

  ㉡ 장단점

장점	비용과 시간이 절약되고, 불필요한 논쟁 등을 피할 수 있으며, 점진적 의견 수렴이 가능하다.
단점	전문가 선정의 어려움, 설문 자체의 결함, 전문가 추정에 따른 낮은 정확도 등이 있다.

(2) 가상가치산정법(CVM, Contingent Valuation Method)

① 설문조사에 기초한 가치산정 방식으로, 주로 비시장재화(환경보전, 공해의 영향 등)에 대한 가치를 산정하는 경제학적 방식이다.

② 비시장재화 시장이 실제 존재하지 않지만 인위적으로 가상시장을 설정하고 소비자에게 직접적인 설문조사를 통해 최대지불금액(WTP) 또는 최저수취금액(WTA)을 산출한다.

최대지불금액 (Willingness To Pay, WTP)	가상의 시장에서 비시장재화의 효용을 누리기 위해 얼마를 지불할 용의가 있는가?
최저수취금액 (Willingness To Accept, WTA)	비시장재화의 효용을 포기하는 대가로 내가 보상받고자 하는 금액은 얼마인가?

③ 개인정보 역시 개인정보 유출 피해라는 경제적 손실을 회피하기 위해 내가 얼마를 지불할 용의가 있는지 또는 개인정보 유출의 대가로 내가 보상받고자 하는 금액을 얼마인지 그 가치를 산정하는 데 이용할 수 있다.

④ 설문조사 질문방법

개방형 질문	• 단지 가치평가의 대상과 지불 수단만을 제시하고 추가적인 관련정보는 제공하지 않은 방법으로, 주관식으로 질문한다. • 출발점 편의를 없애는 장점이 있으나, 성의 없는 응답을 하거나 지불의사에 대해 무응답할 비율이 높다. 따라서 지불의사액 추정치의 신뢰성이 떨어지는 단점이 있다.
지불 카드법	• 응답자에게 다양한 가격이 적힌 지불 카드를 제시한 후 그중 선택하도록 하는 방법이다. • 개방형 질문보다 시각적으로 훨씬 구체적인 도움을 줄 수 있다. • 정박효과로 인해 최초 선택을 기준으로 하여 이후 판단에 영향을 주는 단점도 있다.
이중 양분선택법	• 양분선택형 질문의 장점을 살리면서 지불 의사금액 추정치의 효율성을 높이기 위해 양분선택형 질문을 2단계로 제시하는 질문 방법이다. 　예 응답자가 초기 제시 금액에 '예'라고 응답하면, 그보다 높은 금액(보통 2배)을 추가로 제시하고, 반면에 '아니오'라고 응답하면 그보다 낮은 금액(보통1/2)을 추가로 제시한다. • 이중양분 선택형 질문에서는 '아니오/아니오'로 연속 응답한 사람들의 응답 이유를 이해하기 위해 후속 질문을 한다. 후속 질문에서는 실제로 응답자들의 지불 의사금액이 제로(0)인지(본인이 지불할 능력이 없다거나 이 사항이 우선순위에 둘 만큼 중요하지 않다), 아니면 지불 거부 의사를 가지고 있는지(이미 충분한 세금 등을 내고 있다거나 혹은 정부가 이미 이 분야에 돈을 너무 많이 쓰고 있다) 등의 이유로 구분한다.

⑤ CVM에 의한 개인정보 가치산정 절차

단계 1	설문조사 대상 및 질의로 확인해야 할 결과물을 식별한다.
단계 2	개인정보의 가치를 투영(Projection)할 수 있는 대상을 구별한다.
단계 3	단계 1·2를 통해 확인된 개별 개인정보 항목의 가치를 취합하여, 이를 평균값으로 환산한다. 이 평균값이 CVM에 의한 해당 개인정보 항목의 가치가 된다.

(3) 손해배상액 기반 산정법

① 기존에 발생한 개인정보 관련 소송의 판결을 참고하여 유출된 개인정보 항목과 그에 따른 손해배상액을 기초로 하여 개인정보의 가치를 역산정하는 방법이다.

② 상황별 유출 가능한 개인정보 항목을 식별할 수 있고, 항목별 중요도 및 개수의 매트릭스화가 가능하다.

③ 장단점

장점	• 개인정보 유출 시 유출된 개인정보의 가치를 가늠할 수 있다. • 개인정보의 가치산정이 편리하며, 다양한 시나리오를 개발하여 실제 상황에 대응할 수 있을 뿐만 아니라 Worst Case부터 Best Case의 범위를 확인할 수 있다. • 이러한 방식에 근거하여 산정된 손해배상액을 근거로 위험 전가 통제의 구현도 가능하다(예 개인정보유출 배상책임보험 등에 가입).
단점	정확한 가치산정이 어렵다.

5 해외 개인정보 보호 제도 소개

(1) 주요 국가의 개인정보 보호에 대한 정의

「개인정보 보호법」을 제정 및 시행하고 있는 여러 나라에서 대부분 공통적으로 개인정보를 '개인을 식별할
수 있거나 식별가능한 개인에 관한 정보'로 규정하고 있다.

국가	개인정보의 정의
유럽연합	• 자연인의 신원이 확인되었거나, 확인할 수 있는 것과 관련한 정보 • '신원을 확인할 수 있는 자'는 직접 혹은 간접적으로 특히 신원 증명 번호 혹은 신체적 · 생리적 · 정신적 · 경제적 · 문화적 · 사회적 동일성에 관한 하나 혹은 그 이상의 요인을 참조하여 그 신원을 알 수 있는 사람 • EU-GDPR
미국	• 개인에 관한 정보로 개인의 성명 또는 신분 번호, 기호, 지문, 사진 등 개인에게 배정된 신분의 식별을 위한 특기사항 • 미연방 프라이버시법 제552조의 2
캐나다	• 신원을 확인할 수 있는 개인에 대한 정보 • 개인정보 보호와 전자문서에 관한 법 제2조
독일	• 신원이 확인되었거나 확인 가능한 개인의 인적 · 물적 환경에 관한 일체의 정보 • 독일연방 데이터 보호법 제3조
영국	• 데이터 관리자가 보유하고 있거나 향후 관리할 가능성이 많은 해당 데이터와 기타 정보로부터 신원을 확인할 수 있는 생존하는 개인과 관련된 데이터 • 해당 개인에 대해 표현된 의견이나 데이터 관리자의 모든 지시사항, 그 사람과 관계있는 모든 타인에 관한 의견을 포함 • 데이터보호법
일본	• 생존하는 개인에 관한 정보로서, 당해 정보에 포함되는 성명 · 생년월일 · 기타 기술 등에 의해 특정한 개인을 식별하는 일이 가능한 것 • 다른 정보와 용이하게 조합되어 식별할 수 있는 정보 포함 • 개인정보 보호에 관한 법률 제2조
OECD	• 식별되거나 식별될 수 있는 개인에 관한 모든 정보 • 각국 개인정보 보호법

(2) 주요 국가에서 보호되는 개인정보의 범위

대부분의 국가에서는 보호되는 개인정보의 범위를 "전산화하여 처리된 개인정보"(디지털 상태의 정보, DB
화 정보 등)뿐만 아니라 수기(手技)에 의한 개인정보도 포함시키고 있다.

(3) 유럽(EU)과 미국의 개인정보 보호에 대한 차이점

① 유럽의 경우, 전통적으로 개인정보를 인권적 차원에서 엄격히 보호하며 자율규제보다 법률에 의한 규제
를 선호한다.
② 미국의 경우, 자율규제 중심으로 개인정보관련 규제를 최소화하는 경향이 짙다.

③ 유럽(EU)과 미국의 개인정보 보호에 대한 차이 비교

구분	유럽(EU)	미국
규제방식	정부 규제	자율 규제
입법과정	EU 회원국 공동 지침에 의거 각국마다 공공·민간 통합법 제정	단일·통합법이 아닌 특정 영역의 문제해결을 위한 개별법으로 제정(최근 개인정보 침해의 심각성을 인식하고 개인정보 보호법을 제정하려는 움직임을 보이고 있음)
감독기구	• 독립 감독기구 설치·운영 • 법률 위반 사업자 조사·제재 및 고충처리 담당	• 독립 감독기구 없이 개별 부처가 담당(FTC, 국토안보부, 교통부 등) • 사업자 조사·제재보다 고충처리, 기술지원 및 교육홍보에 중점
주요 규제 내용	• 개인정보 수집 전 감독기구에 이용목적 등을 사전 신고 • 개인정보 수집·매매 시 본인에게 통보 • 개인정보관리책임자 채용 의무화 • 개인정보 보호 체계가 미흡한 국가에 EU 시민 개인정보 이전 금지	• 프라이버시를 침해하지 않는 범위 내에서 개인정보의 수집·이용·매매·타겟마케팅 등이 비교적 용이 • 기업 스스로 개인정보 보호방침을 마련하여 공표 • 공표사항 미이행 시 공정거래법 위반으로 제재
국제협력	역외국에게 일정 수준 이상의 보호체계를 갖추도록 요구	• 보다 자유로운 개인정보 이전 촉구 • 규제는 전자상거래 발전을 위축시킬 것을 우려

(4) 유럽(EU)과 미국의 개인정보 보호 모델의 장단점

구분	유럽(EU)-정부규제	미국-자율규제
장점	• 성문화된 법률로 명확히 규정 • 법적소송으로 적극적인 피해보상 • 무거운 징계로 정보 오남용 저지 • 강제력 있는 규제로 참여율 상승 • 각종 솔루션 지원으로 규제효과 상승	• 자발적 참여로 개인 정보윤리의식 고양 • 이익달성에 공동체적 시너지 효과 • 급변하는 현실 대응에 민첩 • 법률이 규제하지 못하는 부분 해결
단점	• 과다한 관리 및 준수 비용 • 행정관리자들의 수행부담 증가 • 정부규칙의 경직성 • 강제참여로 개인정보윤리 의식 미흡 • 현실상황 이해 부족으로 감독미비 • 관할범위의 제한으로 인해 외국 기업의 준수 미흡	• 경쟁우위기업에 의한 카르텔 형성 및 이에 따른 진입장벽의 형성 • 각 기업의 평판과 연합체 평판 간의 연관성 미흡 시 개인 이익 위주 활동 • 전문기술 및 노하우 공유의 어려움 • 강제력 결여로 참여 준수율 불확실 • 전적인 자율참여로 탈선유혹 상존

개인정보 보호의 중요성

1 정보사회의 변화에 따른 개인정보 보호의 중요성

(1) 개인정보 영역의 확대

① 사회가 산업사회에서 정보사회를 넘어 4차 산업혁명의 시대로 발전함에 따라 개인정보의 범위가 확장되고 있다.

② 산업사회에서 개인정보로 인정되지 않거나, 개인정보 항목으로 존재하지 않던 것들이 점차 기술이 발전함에 따라 개인정보의 영역으로 포함되고 있다.

③ 데이터경제 시대를 맞아 개인정보 등이 포함된 데이터의 중요성도 점차 증가하고 있다. 따라서 개인정보는 '고정불변'의 개념으로 이해되기보다는 시대, 기술, 인식의 발전 및 변화에 따라 점차 확대되는 개념으로 볼 수 있다.

(2) 정보사회의 발전에 따른 개인정보 침해의 위험 증가

① 디지털화 및 인터넷, SNS 등의 사용 증가에 따라 개인정보가 온라인상에 쉽게 공유되고 있으며, 이로 인한 개인정보의 노출 및 오남용의 위험도 커지고 있다.

② 해킹, 피싱과 같은 사이버 범죄가 증가하면서 개인정보 침해의 위험도 증가하고 있으며, 개인정보의 유출은 금융 손실, 명예 훼손, 신원 도용 등의 위험을 초래하기도 한다.

③ 최근에는 클라우드 컴퓨팅, 빅데이터, 인공지능과 같은 기술이 발전하면서 개인정보 보호에 새로운 도전을 제시하고 있다. 이러한 기술은 개인정보의 수집과 분석을 쉽게 만들지만, 동시에 개인정보 침해의 위험도 증가시키기 때문이다.

> **더 알아보기**   SNS의 개념
>
> - 이동통신 등의 네트워크를 통해 이용자들이 인맥 등을 형성할 수 있게 해주는 사회관계망서비스(SNS; Social Network Service)로, 페이스북 · 트위터 등이 대표적이다.
> - 인터넷을 기반으로 사람과 사람을 연결하고 정보공유 및 인맥관리, 자기표현 등을 통해 타인과의 관계를 관리하는 형태로 나타난다.
> - 일반적으로 자신의 일상 및 활동을 공유하거나, 타인의 일상 및 활동을 관찰하고자 하는 사람들을 위한 온라인 사회관계의 형성에 중점을 둔다.

2 개인정보의 침해 원인 및 유형

(1) 개인정보 침해의 개념과 원인

① 개인정보 침해

　㉠ 개인정보 처리의 전 과정에서 발생하는 것으로, 법적 근거 없는 개인정보의 수집 · 이용 · 제공은 물론 개인정보 유출, 오남용, 불법유통 등을 모두 포괄하는 개념이다.

　㉡ 개인정보 침해는 그 자체로도 피해가 발생하지만 이로 인한 2차, 3차 피해가 추가로 발생하는 등 피해의 위험이 크다. 따라서 사전에 개인정보 침해를 예방하는 것이 중요하다.

② 개인정보 침해의 원인

개인	• 개인정보 보호 중요성에 대한 인식 부족 • 이용자의 부주의로 인한 개인정보의 노출 및 공유
기업	• 주민등록번호 수집의 관행화 • 마케팅을 위한 개인정보 수요 증가 • 불필요한 추가 개인정보의 수집 • 기술적 · 관리적 보호조치 미흡 • 사업자의 사회적 책임 부족 및 관련 법률에 대한 인식 부족
정부	개인정보 보호 관련 법규 및 제도 마련의 사각지대에서 발생하는 침해의 대비책 미비

(2) 개인정보 생명주기별 개인정보 침해의 유형

① 개인정보 생명주기

　개인정보를 수집하여 이용한 후 개인정보 보유기간이 끝나면 해당 개인정보를 파기하는, 일련의 개인정보의 처리 과정을 말한다(수집 − 저장 − 이용 및 제공 − 파기).

② 개인정보 생명주기별 개인정보 주요 침해 유형

수집	• 이용자의 동의 없는 개인정보 수집 • 과도한 개인정보 수집, 민감한 개인정보 수집 • 관행적인 주민등록번호 수집 • 법적대리인의 동의 없이 미성년자의 개인정보 수집 • 해킹 등 불단 수단에 의한 개인정보 수집
저장	• 개인정보의 기술적, 관리적 조치 미비로 인한 개인정보 침해 • 외부인의 불법적인 접근에 의한 개인정보 유출 및 훼손
이용 · 제공	• 고지 및 명시한 범위를 벗어난 개인정보의 목적 외 이용 • 정보 주체의 동의없는 제3자 제공 • 부당한 개인정보 공유(계열사, 자회사 등) • 개인정보 매매 • 개인정보 이용 동의의 철회 및 회원탈퇴 요구에 불응
파기	정당한 이유없는 개인정보 보유 및 미파기

(3) 개인정보 침해 및 유출로 인한 2차 피해 유형

구분	침해 유형	이용가능 정보	피해 유형	발생 가능성
명의 도용	인터넷 회원가입 명의도용	성명, 주민등록번호	다수 사이트에 도용한 개인정보로 회원가입	높음
	기존회원 자격도용	ID, 비밀번호, 성명, 주민등록번호	성명, 주민등록번호 등으로 비밀번호 유추하여 회원자격 도용	중간
	오프라인 서비스 명의도용	성명, 주민등록번호, 주소	성명, 주민등록번호, 주소 등으로 타인명의 금융계좌 개설, 통신 서비스 가입 등(대포폰, 대포통장)	낮음
불법 유통 유포	개인정보 불법 유통	전 개인정보	통신사 영업점, 스팸발송업자, TM업자에게 판매되어 이용	높음
	인터넷 유포	전 개인정보	중국 웹사이트 등을 통한 개인정보 유포	중간
스팸 피싱	불법 스팸	이메일, 전화번호	불법 스팸, TM 발송에 이용	높음
	보이스피싱	성명, 전화번호	기관사칭 전화사기 등에 이용	높음
금전적 이익 수취	신분증 위조	성명, 주민등록번호, 주소	전문가 위주 기술 필요	낮음
	금융 범죄	계좌번호 등	공인인증서, 보안카드 등 추가인증 거칠 시 도용 곤란	낮음
사생활 침해	사생활 정보 유출	전 개인정보	개인 SNS 비공개 내용 유출	중간

(4) 스팸과 스팸 방지의 필요성

① 스팸 : 정보통신망을 통해 이용자가 원하지 않음에도 불구하고 일방적으로 전송되는 영리 목적의 광고성 정보를 말한다.

② 불법 스팸 : 정보통신망법 제50조부터 제50조의8의 규정을 위반하여 전송 또는 게시되는 영리 목적의 광고성 정보로, 이는 과태료 부과 및 형사처벌의 대상이 될 수 있다.

③ 스팸 방지의 필요성

㉠ 수신자가 수신을 원하지 않음에도 불필요한 정보를 수신하게 하는 문제가 발생한다.

㉡ 스트레스를 받는 등 이용자 개인의 피해와 함께 불필요한 정보를 확인 · 삭제 · 거부하기 위한 시간 및 사회적 비용이 증가한다.

㉢ 광고성 정보 전송 비용이 저렴해짐에 따라 전송량이 기하급수적으로 증가하고 있다.

㉣ 정부에서는 불법 스팸 전송 제한을 위한 정보통신망법 등의 법령 및 정책을 만들어 대응하는 실정이다.

더 알아보기	스미싱(Smishing)과 랜섬웨어(Ransomware)

스미싱 (Smishing)	• 문자메시지(SMS)와 피싱(Phishing)의 합성어로, ① '무료쿠폰 제공', '돌잔치 초대장', '모바일 청첩장' 등을 내용으로 하는 문자메시지 내 인터넷주소 클릭하면 → ② 악성코드가 스마트폰에 설치되어 → ③ 피해자가 모르는 사이에 소액결제 피해 발생 또는 개인 · 금융정보 탈취를 말한다. • 예방법 : 출처가 확인되지 않은 문자메시지의 인터넷주소를 클릭 금지, 미확인 앱이 함부로 설치되지 않도록 스마트폰의 보안 설정 강화
랜섬웨어 (Ransomware)	• '몸값(Ransom)'과 '소프트웨어(Software)'의 합성어로, 시스템을 잠그거나 데이터를 암호화해 사용할 수 없도록 만든 뒤, 이를 인질로 금전을 요구하는 악성 프로그램을 일컫는다. • 예방법 : 모든 소프트웨어는 최신 버전으로 업데이트하여 사용, 출처가 불명확한 이메일 및 URL 링크 등은 실행 금지

3 개인정보 유노출 사고 및 대응

(1) 개인정보의 노출과 유출의 의미

개인정보 노출	• 홈페이지 등의 이용자가 해킹 등의 특별한 방법을 사용하지 않고, 인터넷을 이용하면서 타인의 개인정보를 취득할 수 있도록 인터넷 상에서 관련 정보가 방치된 상태로, 주로 홈페이지 관리자 및 이용자의 부주의로 발생한다. • 개인정보의 노출은 유출의 한 부분이라고 할 수 있다.
개인정보 유출	정보 주체의 개인정보에 대하여 개인정보 처리자가 통제를 상실하거나 권한 없는 자의 접근을 허용한 경우로, 고의 또는 부주의에 기인한다.

(2) 개인정보의 노출과 대응 방안

구분	개인정보의 노출
정의	홈페이지상 개인정보를 누구든지 알아볼 수 있어 개인정보 유출로 이어질 수 있는 상태로, 다음과 같은 경우이다. • 개인정보가 포함된 게시물이 누구든지 알아볼 수 있는 상태로 등록된 경우 • 이용자 문의 댓글에 개인정보가 공개되어 노출이 된 경우 • 개인정보가 포함된 첨부파일을 홈페이지 상에 게시한 경우
대응 방안	• 신속히 노출 페이지 삭제 또는 비공개 처리 • 검색엔진에 노출된 개인정보 삭제 요청 및 로봇 배제 규칙 적용(외부검색엔진의 접근 차단) • 시스템의 계정, 로그 등을 점검 후 분석결과에 따른 접속 경로 차단(제3자 접근 여부 파악) • 재발 방지를 위해 서버, PC 등 정보 처리시스템의 백신을 최신으로 업데이트 후 디렉터리 점검

(3) 개인정보의 유출과 대응 방안

구분	개인정보의 유출
정의	정보 주체의 '개인정보'에 대하여 개인정보 처리자가 통제를 상실하거나 또는 권한 없는 자의 접근을 허용한 경우로서 다음 어느 하나에 해당하는 경우이다. • 개인정보가 저장된 DB 등 개인정보 처리시스템에 정상적인 권한이 없는 자가 접근한 경우 • 개인정보 처리자의 고의 또는 과실로 인해 개인정보가 포함된 파일, 문서, 저장매체 등이 잘못 전달된 경우 • 개인정보가 포함된 서면, 이동식 저장장치, 휴대용 컴퓨터 등을 분실하거나 도난을 당한 경우
대응방안	• 유출된 정보 주체에게 지체 없이 통지('72시간 이내') 　- 정보통신 서비스 제공자 등의 경우 '24시간 이내' 　- 통지 필수항목 　　유출된 개인정보의 항목 필수항목 　　유출된 시점과 그 경위 　　피해 최소화를 위한 정보 주체의 조치 방법 　　기관의 대응조치 및 피해구제 절차 　　피해 신고 접수 부서 및 연락처 • 피해 최소화를 위한 대책 마련 및 필요한 조치 실시 • 1천 명 이상(정보통신 서비스 제공자 등의 경우에는 '1건 이상')의 개인정보가 유출된 경우, 국가(개인정보 보호 위원회 또는 한국인터넷진흥원)에 신고하고 개인정보 유출 사실을 홈페이지에 30일 이상 게재 　- 유출 신고 : 개인정보 보호 종합 포털(www.privacy.go.kr) 등

4 개인정보 보호의 필요성

(1) 주체별 개인정보 보호의 필요성

개인	• 정신적 피해 및 명의도용, 보이스피싱 등으로 인한 금전적 손해가 발생한다. • 유괴 등 생명 및 신체를 위협하는 각종 범죄에 노출된다.
기업	• 기업의 이미지 실추 및 소비자 단체 등의 불매 운동 가능성이 있다. • 다수 피해자에 대한 집단적 손해배상 등으로 재정적 손실이 있을 수 있다.
정부	• 정부 · 공공행정의 신뢰도 및 국가 브랜드의 하락을 가져온다. • 프라이버시 라운드 대두에 따른 IT산업의 수출 애로가 발생한다.

(2) 주체별 개인정보 보호를 위한 책무

개인	• 개인정보 보호의 중요성 및 피해 구제방안을 인식하고 살펴본다. • 생활 속에서 개인정보 보호를 항상 실천한다.
기업	• 개인정보 보호 관련 조직 구성 및 정책 · 지침을 수립한다. • 개인정보 보호를 위한 안전성 확보 조치 등 법규를 준수한다. • 개인정보 취급자 등에 대한 정기적인 교육 및 훈련을 실시한다.
정부	• 개인정보 보호를 위한 시책을 수립 및 시행한다. • 정보 주체 권리보호를 위한 법령을 정비한다. • 개인정보 보호 자율 규제를 촉진 및 지원한다.

CHAPTER 03 기업의 사회적 책임

1 개인정보의 중요성 인식

(1) 개인정보의 가치 상승

① 개인정보는 전자상거래, 고객관리, 금융거래 등 사회의 구성, 유지, 발전을 위한 필수적인 요소로서 기능하고 있다.

② 특히, 데이터 경제 시대를 맞이하여 개인정보와 같은 데이터는 기업 및 기관의 입장에서도 부가가치를 창출할 수 있는 자산적 가치로서 높게 평가되고 있다.

(2) 기업의 개인정보 수집 · 이용 동기

① **고객 확보** : 소비자 마케팅

② **고객 유지** : 고객 개인적 욕구 만족과 차별화

③ **수요 파악** : 소비 트렌드 파악으로 적기 제품 공급 및 재고 감소

2 기업의 사회적 책임

(1) 기업의 사회적 책임(CSR)

① 기업의 사회적 책임(CSR, Corporate Social Responsibility)은 비즈니스 모델에 통합된 기업의 자기 규제적 형태를 의미하며, Corporate Responsibility, Corporate Citizenship, Responsible Business, Sustainable Responsible Business(SRB), Corporate Social Performance 등으로 알려져 있다.

더 알아보기 기업의 사회적 책임(CSR)에 대한 정의

ISO (국제표준화기구)	조직이 사회, 경제, 환경 문제를 사람, 지역공동체, 사회 전체에 혜택을 줄 수 있도록 추진하는 활동
OECD (경제개발협력기구)	기업과 사회와의 공생관계를 성숙시키고 발전시키기 위해 기업이 취하는 행동
EU (유럽연합)	기업의 책임 있는 행동이 지속 가능한 비즈니스로 이어진다는 인식하에 사회환경에 관한 문제의식을 그 사업활동과 이해관계자를 대상으로 자주적으로 취하는 행동
WBCSD (지속가능한 발전 세계기업협의회)	직원, 가족, 지역사회 및 사회 전체와 협력하여 지속가능한 발전에 기여하고 이들의 삶의 질을 향상시키고자 하는 기업의 의지

② CSR 정책은 사업자가 법률·윤리적 기준 및 국제적 규범에 부합하는 활동을 하고 있는지를 모니터링 및 확인하는 내용으로 구성되어 있으며, 주로 환경·소비자·임직원·지역사회 등에 초점을 맞추고 있다.

③ CSR은 기업의 의사결정과정에 공공의 이익을 포함하는 개념이며, 3P(People, Planet, Profit)를 중요 내용으로 포함한다.

④ 3P(People, Planet, Profit)

People (사람)	노동관계, 인권, 작업장 안전, 고용차별, 지역사회, 부패, 공정한 경쟁, 제조물 책임 등
Planet (지구)	에너지 절약, 물 절약, 자연보호, 폐기물 축소, 친환경 경영, 자원 재활용 등
Profit (이익)	적절한 이익, 건전한 재무상태, 주식가치 향상, 신제품 개발, 투자자 관계 유지 등

⑤ 기업의 사회적 책임 4단계(A. Carroll)

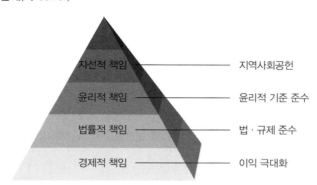

1단계 경제적 책임	• 사회의 기본 경제단위로서 경제적 이익 창출, 고객 니즈 충족 등의 책임 • 세금 납부, 고용 창출 등
2단계 법률적 책임	• 법률적 규제 범위 내에서 경제적 사명 성취 • 공정거래, 회계투명성, 제품안전 등
3단계 윤리적 책임	• 사회의 윤리적, 도덕적 규율을 준수하는 책임 • 인권보호, 환경보호, 윤리경영 등
4단계 자선적 책임	• 사회의 긍정적 변화를 촉구, 지역사회공헌의 책임 • 소외계층 및 약자 보호, 교육문화 지원 등

※ 1·2단계가 기업의 당위적 책임이라면, 3·4단계는 기업의 자발적 책임에 해당한다.

(2) 개인정보 보호 관점에서 CSR의 의미

① 개인정보 보호에 대한 기업의 사회적 책임은 기업의 고객인 이용자의 개인정보를 소중하게 보호함으로써 위험관리체계를 한 단계 성숙시킬 수 있는 기회를 창출하는 것이다.

② 고객의 개인정보 보호를 통해 고객의 신뢰 형성 및 브랜드 차별화, 서비스에 대한 긍정적 평가 등을 구현할 수 있고, 규제의 간섭으로부터 어느 정도 자유로워질 수 있는 권리도 갖게 되는 것이다.

3 개인정보 보호 조직의 구성 및 운영

(1) 개인정보 보호 조직의 조건

① 전사 차원의 개인정보 보호 전담 조직과 전담 인력 구성을 갖춰야 한다.

② IT 부서 책임자, 최고보안 책임자, 최고경영 책임자의 오너십이 필요하다.

③ 최고경영 책임자는 기업 비즈니스 연속성을 확보한다는 차원에서 조직의 개인정보 보호 정책을 수립하고, 이 정책에 기반을 두어 보호해야 할 개인정보를 식별해야 한다. 또한, 보호해야 할 자산에 대한 위협 요인을 분석하고 이 위협 요인을 제거하기 위한 대응책을 마련해야 한다.

④ 이후로도 관리체계가 지속적으로 유지되도록 최고경영자의 관심과 대응이 필요하다.

(2) 개인정보 보호 조직 구성도

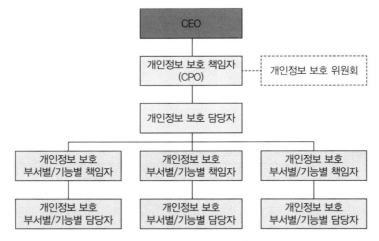

출처 : NCS 학습 모듈, 개인정보 보호 거버넌스 구현

(3) 최고경영층의 개인정보 보호 역할

① 개인정보 보호 조직 구성과 권한 부여 : CISO(최고정보보호 책임자), CPO(개인정보 보호 최고 책임자) 등의 임명과 권한 부여, 개인정보 보호 조직의 구성 및 인력 지원

② 개인정보 보호 사업계획 및 투자 승인, 지원 : 회사와 사업의 보안 위험 완화, 경영 목표와 연관된 보안 위험의 이해

③ 전사 조직들과의 소통과 협업 지원 : 개인정보 보호 조직과 라인조직의 협업 지원, 주기적인 전사 보안 위험 커뮤니케이션

(4) 개인정보 보호 조직의 역할

① 조직의 역할

CISO(최고정보보호 책임자), CPO(개인정보 보호 최고책임자) 등의 보좌 및 개인정보 보호에 대한 합리적 보장 제공

② 개인정보 보호 관련 법 규제 준수

　㉠ 국내 : 개인정보 보호법, 정보통신망법, PIA(개인정보 영향평가) 등 각종 규정 준수

　㉡ 국외 : ISO27001, HIPPA, SOA(The Sarbanes-Oxley Act), GDPR 등 준수

③ 개인정보 보호 교육 실시

개인정보 보호 인식 향상 교육 등의 실시

④ 개인정보 보호 정책 수립에 필요한 대외 협력 활동

　㉠ 통신 비밀 보호 업무 영역을 포함한 관련 수사기관 등의 법률에 의거한 개인정보 제공 응대

　㉡ 개인정보 보호 세미나 참석 및 관련 기관 동향 분석

　㉢ ISO27001, ISMS-P 등 국내외 인증 취득

1 EU-GDPR의 개요 및 적용 대상

(1) EU-GDPR 개요

EU-GDPR은 유럽연합의 '일반 개인정보 보호법(General Data Protection Regulation)'으로, 유럽경제지역에 속해있는 모든 사람들의 사생활 보호와 개인정보를 보호하는 규제이다. GDPR은 기존의 '1995년 개인정보 보호 지침(Data Protection Directive 95/46/EC)'을 대체하여 2018년 5월 25일부터 시행되고 있다. GDPR 위반 시 과징금 등 행정처분이 부과될 수 있으며, EU 내 사업장이 없더라도 EU를 대상으로 사업을 하는 경우 적용 대상이 될 수 있으므로 우리 기업의 주의가 필요하다.

① EU-GDPR 제정 목적과 의의

    ㉠ 자연인에 관한 기본권과 자유(특히 개인정보 보호에 대한 권리)를 보호하고(제1조 제2항), EU 역내에서 개인정보의 자유로운 이동(제1조 제3항)을 보장하는 것을 목적으로 한다.

    ㉡ 기존의 Directive가 아니라 Regulation이라는 법 형식으로 규율되어 법적 구속력을 가지며, 모든 EU 회원국들에게 직접적으로 적용된다. 기존 Directive에서는 회원국 간 개인정보 보호 법제가 서로 달라 규제에 어려움이 있었으나, GDPR 제정을 통해 통일된 개인정보 보호 규제가 가능하게 되었다.

    ㉢ 개인정보 삭제권, 처리 제한권, 개인정보 이동권, 반대권(거부권) 등의 신규 권리의 추가 및 기존 권리의 명확화를 통해 기존 개인정보 보호 지침(Directive 95/46/EC)보다 정보 주체의 권리를 확대·강화하였다.

    ㉣ 개인정보 처리 활동의 기록, DPO(Data Protection Officer)의 지정, 개인정보 영향평가, Data protection by design and by default 등을 규정함으로써 기업의 책임성을 강화하였다.

    ㉤ 과징금의 경우도 기존 Directive에서는 회원국별 자체 법규에 따라 부과되었으나, GDPR 제정으로 모든 회원국이 통일된 기준으로 적용받는다.

② GDPR의 구성

GDPR은 전문 총 173개 항, 본문 총 11장 99개 조항으로 이루어져 있다.

전문(Recital)	173개 항
본문 11장(Chapter) 99개 조항(Article)	제1장 일반 규정(General Provisions)
	제2장 원칙(Principles)
	제3장 정보 주체의 권리(Rights of the Data Subject)
	제4장 컨트롤러와 프로세서(Controller and Processor)
	제5장 제3국 및 국제기구로의 개인정보 이전(Transfer of Personal Data to Third Countries or International Organizations)
	제6장 독립적인 감독기구(Independent Supervisory Authorities)
	제7장 협력과 일관성(Cooperation and Consistency)
	제8장 구제, 책임, 벌칙(Remedies, Liability and Penalties)
	제9장 특정 정보 처리 상황에 관한 규정(Provisions Relating to Specific Data Processing Situation)
	제10장 위임 입법 및 이행 입법(Delegated Acts and Implementing Acts)
	제11장 최종 규정(Final Provisions)

(2) GDPR의 적용 대상과 범위

① GDPR의 적용 대상에 해당하는 정보

㉠ GDPR은 개인정보 처리에 대하여 적용된다. GDPR은 판례 및 개별법 등을 통해 표명되어 온 개인정보의 개념을 조문에 포함함으로써 적용 대상을 보다 구체적으로 명시하고 있다. 특히 추가 정보를 이용하여 개인을 식별할 수 있는 가명 정보는 개인정보로 본다는 점을 명확히 하였다(전문 제26항).

㉡ 또한, GDPR은 '민감정보(Special categories of personal data)'를 규정하고 있는데, 이는 인종·민족, 정치적 견해, 종교적·철학적 신념, 노동조합의 가입 여부, 유전자 또는 생체 정보, 건강, 성생활 또는 성적 취향에 관한 정보를 포함한다. 민감정보는 정보 주체의 명시적 동의 획득 등의 경우를 제외하고는 원칙적으로 처리가 금지된다.

② 개인정보 보호의 대상

㉠ GDPR은 정보 주체인 '살아 있는 자연인'의 개인정보에 국한되며, 국적이나 거주지에 관계없이 본인의 개인정보 처리에 관련된 '개인'에 적용된다. 다만 사망한 사람의 개인정보 처리와 관련하여 개별 회원국이 별도 조항을 두는 것을 제한하지 않는다.

㉡ GDPR은 법인과 법인으로 설립된 사업체 이름, 법인 형태, 법인 연락처 등에 대한 처리에는 적용되지 않는다(전문 제14항).

③ 개인정보의 처리와 관련하여 GDPR을 준수하여야 하는 대상

GDPR은 컨트롤러(개인정보 처리자 또는 위탁자)와 프로세서(개인정보 취급자 또는 수탁자)가 개인정보를 처리할 때 적용되며, 컨트롤러뿐만 아니라 프로세서도 GDPR에 규정된 다양한 의무를 준수하여야 한다.

④ GDPR의 적용 범위 및 적용 예외

　㉠ 물적 범위(제2조 제1항)

　　GDPR은 전체 또는 부분적으로 자동화된 수단에 의한 개인정보의 처리에 적용된다(전자적 데이터베이스나 컴퓨터로 운영되는 파일링시스템 등). 다만, 수기 처리와 같이 비자동화 수단에 의한 개인정보 처리라고 하더라도 (관련성 있는) 파일링 시스템의 일부를 구성하는 경우 등에는 적용 대상이 된다.

　㉡ 장소적 범위

〈EU 역내 : EU에 사업장을 운영하며, 해당 사업장이 개인정보 처리를 수반하는 경우(제3조 제1항)〉 → GDPR이 적용된다.

- 컨트롤러 또는 프로세서가 EU에 사업장을 가지고 있고, 해당 사업장에서의 활동이 개인정보의 처리를 포함한다면 GDPR이 적용된다.
- 전문 제22항에 따를 때, 사업장이란 지속적인 배치를 통하여 효과적이고 실제적인 활동을 수행하는 것을 의미한다. 이러한 의미에서 사업장의 설립 형태는 지사든 법인격을 지닌 자회사든 상관없다.

〈사례1〉
한국에 본사를 둔 휴대폰 제조회사는 전 지분을 소유한 지사와 사무실이 브뤼셀에 있으며 EU 역내 마케팅 및 광고 등의 운영을 관리하는 업무를 수행한다. 이 지사의 경우에 휴대폰 제조회사가 수행하는 경제 활동의 본질에 비춰볼 때 실질적이며 효과적인 활동을 행사하기 때문에 GDPR 의미 내에서 EU 역내 사업장으로 간주할 수 있다.

〈사례2〉
전자상거래 웹사이트를 운영하는 한국회사는 EU시장에 대한 영업 전망 및 마케팅 캠페인을 주도하고 실행할 목적으로 베를린에 유럽 사무소를 개설했다. 정보 처리 활동은 한국에서 독점적으로 하는 웹사이트이다. 이 경우 EU시장에 대한 영업 전망 및 마케팅 캠페인 덕분에 전자상거래 웹사이트 서비스가 명백히 수익 창출 역할을 할 경우, 베를린 내 유럽 사무소 활동은 한국 전자상거래 웹사이트가 수행하는 개인정보 처리와 불가분하게 연계된 것으로 간주한다. 한국 회사의 개인정보 처리는 EU 역내 사업장인 유럽 사무소 활동에서 수행되는 것으로 간주되므로 제3조 제1항에 따라 GDPR 조항의 적용을 받는다.

- EU 역내에 사무소, 대리인 또는 지속적인 배치를 두지 않은 때에는 GDPR 제3조 제1항의 적용을 받지 않는다.

〈사례〉
한국의 호텔·리조트 체인은 영국, 독일, 프랑스 및 스페인에서 사용할 수 있는 패키지를 웹사이트를 통해 제공하지만, EU 역내에 사무소, 대리인 또는 지속적인 배치를 두고 있지 않다. 호텔·리조트의 대리인 및 지속적인 배치가 EU 역내에 없을 경우에 GDPR 제3조 제1항 적용 측면에서는 EU 사업장으로서 자격 요건이 성립될 수 없고, 따라서 관련된 처리는 GDPR 제3조 제1항에 따른 적용을 받지 않는다. 그러나 한국의 호텔·리조트 체인의 구체적인 활동을 분석함으로써 GDPR 제3조 제2항에 따른 적용을 받을 여지는 남아 있다.

〈EU 역외 : EU에 있는 정보 주체에게 재화나 서비스를 제공하는 경우 또는 EU 내 정보 주체의 행동에 대한 모니터링하는 경우(제3조 제2항)〉 → GDPR이 적용된다.

- EU에 사업장을 가지고 있지 않더라도 EU 내에 있는 정보 주체에게 재화나 서비스를 제공하는 경우에는 GDPR이 적용된다(※ 정보 주체가 실제로 재화 또는 서비스의 비용을 지불하였는지 여부와는 무관하다).

〈사례〉
EU 역내에 영업 실체나 사업장이 없는 한국 스타트업이 관광객을 대상으로 지도 서비스앱을 제공한다. 관광객이 앱을 사용하면 정보 주체인 고객의 위치에 대한 개인정보를 처리하여 방문 장소, 식당, 쇼핑몰 및 호텔에 대한 맞춤형 광고를 제공한다. 뉴욕, 샌프란시스코, 토론토, 런던, 파리 및 로마 방문객이 사용할 수 있다. 이 기업은 지도앱으로 EU 회원국인 파리와 로마에서 서비스를 제공한다. 결국 서비스 제공과 관련하여 EU 회원국 정보 주체의 개인정보를 처리하는 것은 제3조 제2항에 따라 GDPR의 적용대상이 된다.

• EU 내에 있는 정보 주체에 대하여 EU 내에서의 행동을 모니터링하는 경우에는 GDPR이 적용된다.

> 〈사례〉
> 한국에서 설립된 마케팅 회사는 몰타 쇼핑 센터에게 유통 배치에 대한 자문을 제공한다. 와이파이 추적으로 수집된
> 센터 내 고객 동선을 분석함으로써 가능하다. 와이파이 추적을 이용한 센터 내 고객 동선 분석은 개인정보 모니터링
> 이다. 이 경우 쇼핑센터가 몰타에 있기 때문에 정보 주체의 행동이 EU 내에서 발생한다. 컨트롤러로서 한국의 마케
> 팅 회사는 제3조 제2항(b)에 따라 정보 처리 측면에서 GDPR의 적용을 받는다. 또한 GDPR 제27조에 따라 컨트롤
> 러인 한국의 마케팅 회사는 EU 내에 대리인을 지정하여야 한다.

ⓒ 적용 예외(제2조 제2항)

GDPR은 다음 경우에 해당하는 개인정보 처리에는 적용되지 않는다.

• EU 법률의 범위를 벗어나는 활동(※EU 개별 회원국의 형사법과 관련하여 수행되는 활동)
• 개별 회원국에서 수행하는 EU의 공동 외교 안보 정책과 관련된 활동
• 자연인이 순수하게 수행하는 개인 또는 가사 활동
• 공공 안전의 위협에 대한 보호 및 예방을 포함하여 관할 감독기구의 범죄 예방, 수사, 탐지, 기소
및 형사처벌 집행 관련 활동

2 EU–GDPR 내 주요 용어 및 내용

(1) GDPR 내 주요 용어

① 개인정보(Personal Data)(제4조 제1항)

ㄱ 식별되었거나 또는 식별 가능한 자연인(정보 주체)과 관련된 모든 정보를 의미한다.

ㄴ 개인과 관련되어 있는지의 여부를 판단할 때에는 정보의 내용(직·간접적으로 개인 또는 그들의 활동
에 대한 것인지의 여부), 그 정보의 처리 목적, 그 정보를 처리함으로써 개인에게 미치는 영향이나 결
과를 고려할 필요가 있다. 부정확한 정보라고 하더라도 식별가능한 개인과 관련되어 있다면 개인정
보일 수 있다.

ㄷ GDPR은 기존 Directive에 명시적으로 기재하지 않았던 온라인 식별자, 위치정보, 유전정보 등을 개
인정보에 포함함으로써 개인정보의 개념을 확립하고 있다.

ㄹ 개인정보의 형태는 문자에 한정하지 않고, 특정 개인을 나타내는 음성, 숫자, 그림, 사진 등의 형태를
포함한다.

ㅁ 개인을 직접 또는 간접적으로 식별 가능한 경우라면, 이름·전화번호 등과 같은 일반적인 개인정보
외에 온라인 식별자나 위치정보도 GDPR이 정의하는 개인정보에 해당한다.

ㅂ 개인정보의 구체적인 예로는 자연인의 성명, 식별번호, 소재지 정보, 메일주소, 온라인식별자(IP 주
소, 쿠키 식별자), 신체적·생리학적·유전자적·정신적·경제적·문화적·사회적 고유성에 관한 요
인 등이 있다.

개인정보	개인정보가 아닌 정보
• 이름(Name)과 성(Surname) • 주소 • 개인 이메일 주소 • ID 카드 번호 • 위치정보 • 쿠키 ID • 광고 식별자(IDFA 또는 Advertising Identifier) • 병원 및 의사가 보유한 개인을 고유하게 식별할 수 있는 데이터	• 사업자등록번호 • 업무용 공용 메일 등으로 활용되는 이메일 주소 • 익명 처리된 정보

② 처리(제4조 제2항)

ㄱ 개인정보의 '처리'란 자동적인 수단인지의 여부와 관계없이 개인정보 또는 개인정보의 집합에 대하여 행하는 단일의 작업 또는 일련의 작업을 말한다.

ㄴ 신용카드 정보의 보존, 메일 주소의 수집, 고객 연락 정보의 변경, 고객 성명의 공개, 상급자의 종업원 업무 평가 열람, 정보 주체의 온라인 식별자 삭제, 전 직원의 성명이나 사내의 직무, 사업소의 주소, 사진을 포함한 명부의 작성 등이 모두 개인정보의 '처리'에 해당한다.

③ 컨트롤러(Controller)(제4조 제7항)

ㄱ 컨트롤러는 개인정보 처리의 목적과 수단을 결정하는 주체를 의미하며, 이와 같은 결정은 컨트롤러 단독으로 하거나 또는 제3자와 공동으로 할 수 있다.

ㄴ 자연인을 비롯하여 법인, 정부부처 및 관련 기관, 기타 단체 등이 컨트롤러가 될 수 있다. 이때 개인정보 처리의 목적과 수단이 EU 또는 회원국의 법률에 의해 결정되는 경우, 컨트롤러 또는 컨트롤러 지정을 위한 기준은 EU 또는 회원국의 법률에 의해 정의될 수 있다.

• 개인정보 처리자 : 업무를 목적으로 개인정보 파일을 운용하기 위하여 스스로 또는 다른 사람을 통하여 개인정보를 처리하는 공공기관, 법인, 단체, 개인 등
• 위탁자 : 개인정보의 처리 업무를 위탁하는 개인정보 처리자

④ 프로세서(Processor)(제4조 제8항)

ㄱ 프로세서는 컨트롤러를 대신하여 개인정보를 처리하는 자연인, 법인, 정부부처 및 관련 기관, 기타 단체 등을 의미한다.

ㄴ 프로세서는 컨트롤러의 지시에 따라 개인정보를 처리하며, 이때 컨트롤러는 반드시 구속력 있는 서면 계약에 의해 프로세서를 지정하여야 한다.

• 개인정보 취급자 : 직원, 파견근로자, 시간제근로자 등 개인정보 처리자의 지휘·감독을 받아 개인정보를 처리하는 자
• 수탁자 : 개인정보 처리 업무를 위탁받아 처리하는 자

⑤ 수령인(Recipient)과 제3자(Third Party)(제4조 제9항~제10항)

- ㉠ 수령인은 제3자인지 여부와 관계없이 개인정보를 공개 · 제공받는 자연인이나 법인, 정부 부처 및 관련 기관, 기타 단체 등을 의미한다(예외적으로 EU 또는 회원국 법률에 따라 특정한 문의 · 회신 및 조회 업무를 수행하는 상황에서 개인정보를 제공받는 정부부처 및 관련기관(예 세관 당국이나 금융 시장 규제 당국)은 수령인에 해당하지 않는다).
- ㉡ 컨트롤러는 정보 주체에게 그들의 개인정보가 어떤 수령인에게 공개 · 제공되었는지 알려주어야 하는 의무를 부담하므로, 수령인 또는 수령인의 유형을 사전에 식별할 필요가 있다.
- ㉢ 제3자는 '정보 주체, 컨트롤러, 프로세서, 컨트롤러 · 프로세서의 직접적 권한에 따라 개인정보를 처리할 수 있는 사람'을 제외한 모든 자연인이나 법인, 정부부처 및 관련 기관, 기타 단체 등을 의미한다.

⑥ 프로파일링(Profiling)(제4조 제4항)

- ㉠ 프로파일링은 개인의 특징을 분석하거나 예측하는 등 해당 개인의 특성을 평가하기 위하여 행해지는 모든 형태의 '자동화된(Automatic)' 개인정보 처리를 의미한다. 예를 들면 개인의 업무 수행, 경제적 상황, 관심사, 지역적 이동 등을 분석하거나 예측하기 위하여 개인정보를 자동화된 방식으로 처리하는 경우 프로파일링에 해당한다.
- ㉡ 컨트롤러는 프로파일링의 경우에도 GDPR의 개인정보 보호 원칙에 따른 보호조치를 취해야 하며, 프로파일링에 사용된 개인정보와 프로파일링 결과 생성된 정보(Output Data) 모두에 정보 주체의 권리를 보장해야 한다.
- ㉢ 프로파일링을 통한 민감정보의 처리는 제9조 제2항, 민감정보 처리 규정이 준수된 경우에만 가능하며, 프로파일링을 포함한 자동화된 의사 결정에는 제22조를 통해 추가적인 보호조치를 적용해야 한다.

⑦ 가명 처리(Pseudonymisation)(제4조 제5항)

- ㉠ 추가적 정보의 사용 없이는 더 이상 특정 정보 주체를 식별할 수 없도록 개인정보를 처리하는 것을 가명 처리라고 한다.
- ㉡ 추가적 정보는 분리 보관하여야 하고, 해당 정보를 이용하여 개인을 식별할 수 없도록 기술적 · 관리적 조치를 취하여야 한다.
- ㉢ GDPR에서 가명 처리를 거친 정보는 추가적 정보의 사용을 통하여 개인 식별 가능성이 있으므로, 개인정보로 본다(전문 제26항).
- ㉣ 개인정보를 가명 처리하는 경우, 해당 기업은 1) Data protection by design and by default 의무를 충족하는데 도움이 되고, 2) 개인정보를 보호할 수 있는 보안적 수단으로써 장점 등을 가질 수 있다.

⑧ 정보사회서비스(Information Society Service)(제4조 제25항)

- ㉠ 정보사회서비스는 서비스를 제공받는 자의 개별적 요청에 따라 원격으로 전자적 수단을 통하여 통상 영리 목적으로 제공되는 서비스를 의미한다.
- ㉡ 정보사회서비스는 전자상거래서비스와 같이 온라인에서 재화와 용역을 사고파는 서비스에 한정되지 않으며, 상업적 목적으로 운영되는 모든 웹사이트가 정보사회서비스에 해당할 수 있다.

⑨ 감독기구(Supervisory Authority)(제4조 제21항~제22항)와 주 감독기구(Lead Supervisory Authority)

ⓐ 감독기구 : GDPR은 EU 회원국마다 하나 이상의 감독기구의 설립을 의무화함으로써 컨트롤러와 프로세서의 개인정보 처리 활동에 대한 공조와 통제가 가능하도록 하고 있다. 감독기구는 다음 사유에 해당하는 경우 컨트롤러 또는 프로세서의 개인정보 처리에 관여할 수 있다.

> • 컨트롤러나 프로세서가 자국 영토에 설립한 사업장에서 행하는 정보 처리
> • 공익을 위하여 정부부처 및 관련 기관이나 민간기구가 행하는 정보 처리
> • 자국 영토의 정보 주체에 영향을 미치는 정보 처리
> • EU 역내에 설립되지 않은 컨트롤러나 프로세서가 해당 감독기구가 설립된 국가에 거주하는 정보 주체를 대상으로 행하는 정보 처리 등(전문 제122항)

ⓑ GDPR은 본문 전반에 걸쳐 다음과 같이 감독기구의 업무와 권한을 명시하고 있다(제57조).

> • 컨트롤러와 프로세서와의 협력
> • 영향평가의 수행 등에 대한 자문
> • 개인정보 침해 통지에 대한 신고 접수 및 민원 처리
> • 개인정보 침해 대책에 대한 지침 마련
> • 제28조 제8항 및 제46조 제2항(d)의 표준 개인정보 보호 조항의 채택
> • 개인정보 역외 이전에 대한 고지 접수
> • GDPR 시행과 관련한 조사 실시
> • 개인정보 처리 관련 위험, 규칙, 안전조치 및 권리에 대한 공공 의식의 향상
> • 감독기구 간 상호 협력 등

ⓒ 감독기구는 업무 수행과 권한 행사에서 완전한 독립성을 가져야 하며, 별도의 연간 공공 예산을 받아야 한다. 또한 다른 감독기구와의 상호 협력 및 지원과 관련된 업무 등 효과적인 업무 수행에 필요한 재정 · 인적 자원, 부지, 기반 시설을 제공받을 수 있다(전문 제120항).

ⓓ 주 감독기구

다음에 해당하는 주 사업장 또는 단일 사업장을 관할하는 감독기구의 경우 주 감독기구가 된다.

> • EU 내 하나 이상의 회원국에 배치된 컨트롤러나 프로세서의 주 사업장이 해당 감독기구가 소재한 국가에서 개인정보 처리를 하는 경우
> • EU 내 설립된 컨트롤러나 프로세서의 단일 사업장에서 시행되는 개인정보 처리가 하나 이상의 회원국의 정보 주체에 실질적으로 영향을 미치거나 미칠 가능성이 있는 경우(전문 제124항)

ⓔ 주 감독기구는 정보 주체가 자신의 개인정보 처리에 대하여 민원을 제기할 때, 국경을 초월하는 개인정보 처리 활동을 다룰 1차적 책임이 있다. 이때 주 감독기구는 관련 있는 다른 감독기구의 모든 조사에 협력하게 된다.

더 알아보기   GDPR의 'One Stop Shop 메커니즘'의 도입

- 원스톱숍 메커니즘(One Stop Shop Mechanism)이란 처리되는 개인정보의 정보 주체가 EU 내 여러 국가에 흩어져 있는 경우에 주 사업장이나 단일 사업장이 소속된 국가의 감독기구가 주 감독기구의 역할을 수행하면서 다른 회원국의 감독기구와 수시로 협력함으로써 컨트롤러 · 프로세서가 하나의 감독기구만을 대상으로 대응 가능한 집행 체계를 말한다.
- 원스톱숍 메커니즘을 통해 컨트롤러와 프로세서는 여러 국가에 흩어져 있는 정보 주체의 개인정보 처리에 대하여 하나의 감독기구(주 감독기구)를 대상으로 대응할 수 있다(제56조, 전문 제127항).
- 각 감독기구는 GDPR 위반이 한 회원국의 사업장에만 관련이 있거나 해당 회원국의 정보 주체에 중대한 영향을 미치는 경우 주 감독기구에 관련 사항을 통지해야 하며, 내용을 통지받은 주 감독기구는 해당 감독기구가 자체적으로 사안을 처리할 것인지 주 감독기구에서 해당 사안을 처리할 것인지 결정해야 한다. 이때 주 감독기구가 해당 사안을 처리하는 경우 이 역시 원스톱숍 메커니즘이 작동한 것으로 본다.

(2) GDPR 주요내용1 – 개인정보 처리 원칙 및 합법 처리의 근거

① 개인정보를 처리하는 경우 다음 7가지 원칙을 모두 준수하여야 한다(제5조).

합법성 · 공정성 · 투명성 원칙	개인정보는 정보 주체와 관련하여 합법적이고, 공정하며, 투명한 방식으로 처리되어야 한다.
목적 제한의 원칙	개인정보는 특정되고 명시적이며 적법한 목적으로 수집되어야 하며, 그러한 목적과 양립하지 않는 방식으로 처리되지 말아야 한다.
개인정보 최소 처리 원칙	개인정보는 처리되는 목적과 관련하여 적정하고 관련성이 있으며 필요한 범위로 제한되어야 한다.
정확성의 원칙	개인정보는 정확해야 하고, 필요한 경우 최신성을 유지해야 한다.
보유기간 제한의 원칙	개인정보는 처리목적을 위해서 필요한 기간 내에서 정보 주체를 식별할 수 있는 형태로 보유되어야 한다.
무결성과 기밀성의 원칙	개인정보는 적정한 기술적 또는 관리적 조치를 이용하여 개인정보의 적정한 보안을 보장하는 방식으로 처리되어야 한다.
책임성의 원칙	컨트롤러는 개인정보 보호원칙에 대하여 책임성을 갖춰야 하며, 그에 대한 준수 여부를 증명할 수 있어야 한다.

② 개인정보의 합법 처리 기준

개인정보 처리의 합법성 · 공정성 · 투명성 원칙에 따라 개인정보 처리는 GDPR에서 허용한 다음 중 어느 하나 이상의 요건에 해당해야 합법 처리로 인정된다(제6조).

동의(자유로운+개별적으로 특정된 +사전정보가 제공된+명확한 +동의 가능 연령 이상의 동의)	정보 주체가 하나 이상의 특정한 목적을 위하여 본인의 개인정보 처리에 동의한 경우
계약의 이행	정보 주체가 계약 당사자로 있는 계약의 이행을 위하여 또는 계약 체결 전 정보 주체의 요청에 따라 조치를 취하기 위하여 처리가 필요한 경우
컨트롤러의 법령상 의무 이행	컨트롤러에 적용되는 법적 의무를 준수하는 데 처리가 필요한 경우
정보 주체의 중대한 이익 보호(생명)	정보 주체 또는 자연인인 제3자의 생명상의 이익을 보호하기 위하여 처리가 필요한 경우
공익 목적 또는 공적 권한 행사	공익상의 이유 또는 컨트롤러에게 부여된 직무권한을 행사할 때 처리가 필요한 경우
정당한 이익(공공기관의 공적 업무 이행을 위해서는 동 근거 적용 불가)	컨트롤러 또는 제3자의 적법한 이익을 달성하기 위하여 처리가 필요한 경우. 다만, 개인정보의 보호를 요하는 정보 주체(특히 아동)의 기본적 권리와 자유나 이익이 우선하는 경우를 제외

③ 동의 요건의 강화 및 아동 개인정보 처리에 대한 동의 원칙

㉠ GDPR에 따른 유효한 동의는 수집되는 개인정보가 이용되는 목적에 대한 명시적 동의여야 한다(제7조 및 제4조). 컨트롤러는 동의를 받았다는 사실을 증명할 수 있어야 하고, 해당 동의는 철회될 수 있다.

㉡ 만 16세 미만의 아동에게 직접 정보사회서비스를 제공할 때에는 부모나 보호자의 동의를 받아야 한다(제8조 제1항). 다만, 각 회원국은 개별 법률을 통하여 부모나 보호자의 동의를 요하는 아동의 연령 기준을 만 13세까지 낮추어 규정할 수 있다(제8조 제2항).

④ 민감정보 및 범죄정보

㉠ '민감정보(Special Categories of Personal Data)'란 인종 · 민족의 기원, 정치적 견해, 종교 · 철학적 신념, 노동조합의 가입 여부를 나타내는 개인정보의 처리와 유전자 정보, 개인을 고유하게 식별할 수 있는 생체 정보, 건강 정보, 성생활 · 성적 취향에 관한 정보를 의미한다(제9조 제1항).

㉡ 생체 정보도 민감정보에 포함되나 모든 생체 정보가 민감정보에 포함되는 것은 아니고 정보 주체를 식별할 목적으로 이용되는 생체 정보(지문, 홍채, 성문, 안면 윤곽 등)만 민감정보로 보호를 받는다.

㉢ 범죄정보는 GDPR 제10조에 의해서 별도로 보호를 받고 있기 때문에 제9조의 민감정보 처리에 관한 규정은 적용되지 않는다.

㉣ 민감정보는 정보 주체에 대한 불법적인 차별을 목적으로 이용되는 등 정보 주체의 기본적 권리와 자유에 보다 중요한 위험을 초래할 수 있기 때문에 별도의 보호가 필요하다.

㉤ 민감정보의 처리
컨트롤러와 프로세서는 다음 경우에 한하여 민감정보를 처리할 수 있다(제9조 제2항).
• 정보 주체의 명시적 동의를 획득한 경우(다만 동의에 근거하는 것이 EU 또는 회원국 법률에 의해 금지되는 경우는 제외)
• 고용, 사회안보, 사회보장 및 사회보호법 또는 단체협약에 따른 의무의 이행을 위하여 필요한 경우
• 정보 주체가 물리적 또는 법적으로 동의를 할 능력이 없는 경우에 정보 주체 또는 다른 자연인의 중대한 이익을 보호하기 위하여 필요한 경우
• 정치 · 철학 · 종교 목적을 지닌 비영리 단체나 노동조합이 하는 처리로, 회원이나 과거 회원(또는 그 목적과 관련하여 정규적인 접촉을 유지하는 자)에 관해서만 처리하며, 또한 동의 없이 제3자에게 공개하지 않는 경우
• 정보 주체가 명백히 일반에게 공개한 정보를 처리하는 경우
• 법적 청구권의 설정, 행사, 방어 또는 법원이 재판 목적으로 처리하는 경우
• 중대한 공익을 위하여 또는 EU법이나 회원국법을 근거로 하는 처리로, 추구하는 목적에 비례하고 적절한 보호조치가 있는 경우
• EU법이나 회원국법 또는 의료 전문가와의 계약을 근거로, 예방 의학이나 직업 의학, 종업원의 업무 능력 판정, 의료 진단, 보건 · 사회 복지 · 치료, 보건이나 사회 복지 시스템의 관리 및 서비스 등의 제공을 위하여 필요한 경우
• 국경을 넘은 심각한 보건 위협으로부터의 보호 또는 의료 혜택 및 약품이나 높은 수준의 의료장비 확보 등 공중보건 영역에서 공익을 위하여 필요한 경우

- 공익을 위한 기록 보존 목적이나 과학적 · 역사적 연구 목적, 통계 목적을 위하여 제89조 제1항에 따라 필요한 경우

ⓑ 범죄정보

- '범죄정보'란 형사상 유죄판결 및 범죄행위와 관련된 정보를 의미한다. 이와 같은 범죄정보에는 범죄혐의, 범죄행위, 유죄판결 등에 관한 정보가 포함된다. 행정법상 과징금 · 과태료 처분이나 민사법상 손해배상판결은 범죄정보에 포함되지 않는다.
- 범죄정보의 처리는 정보 주체에게 미치는 영향이 매우 크기 때문에 GDPR은 범죄정보를 민감정보와 구분해 보다 철저히 보호하고 있다.
- 범죄경력 및 범죄행위와 관련된 정보는 GDPR 제6조의 합법 처리의 요건을 갖추었더라도 처리할 수 없는 경우가 많다(제10조). GDPR은 범죄정보를 처리할 수 있는 처리 주체를 공적 권한을 갖고 있는 공공기관 등으로 제한하고 있기 때문이다. 따라서 범죄정보를 처리하려면 GDPR 제6조에 따른 합법처리의 요건과 제10조에 따른 법적 권한 또는 공적 권한을 둘 다 충족하여야 한다. GDPR 제9조에 따른 민감정보의 처리에 관한 규정은 범죄정보에는 적용되지 않는다.
- 컨트롤러는 범죄정보를 처리하기 전에 범죄정보 처리에 대한 합법 처리의 근거(정당성)를 마련하여 이를 문서화해야 한다.

ⓐ 범죄정보의 처리 금지

- '범죄정보'를 처리하기 위해서는 제6조에 따른 합법처리의 요건과 함께 제10조에 따른 범죄정보의 처리요건을 갖추어야 한다. 그러나 범죄정보는 민감정보와 달리 정보 주체의 동의가 있어도 처리할 수 없다. 법률상 범죄정보를 처리할 수 있는 공적 권한이 반드시 있어야 처리가 가능하다.
- 구체적으로 범죄정보는 아래와 같이 공적 권한이 존재하는 경우에만 처리가 가능하다.
  - 컨트롤러가 공적 권한의 통제 하에 있을 경우
  - 범죄정보의 보호를 위해 적절한 안전장치를 규정하는 EU법 또는 회원국법이 허가하는 경우
- 특히 범죄경력을 종합적으로 기록한 범죄경력 종합기록부는 공적 권한의 통제 하에서만 처리가 가능하다.

(3) GDPR 주요내용2 – 정보 주체의 권리 보장

① GDPR 제3장(정보 주체의 권리)은 정보 주체의 권리 행사와 강화에 대한 내용을 규정하고 있으며, 특히 삭제권('잊힐 권리'), 처리 제한권, 개인정보 이동권 등을 새로 도입하고 접근권, 삭제권('잊힐 권리') 등의 대상을 확대하였다는 점에서 기존 Directive보다 정보 주체의 권리 강화 내용을 구체화하였다는 것을 알 수 있다.

② 정보를 제공받을 권리

㉠ 정보 주체는 자신의 개인정보를 누가, 어떤 목적으로, 무엇을 하는지 등의 정보를 명확하고 간결하게 제공받을 권리를 가진다.

㉡ 정보 주체의 권리 실현은 GDPR 제5조 제1항(투명성 원칙)과 맞닿아 있으며, 컨트롤러가 정보 주체에게 제공하여야 하는 정보와 그 시기 및 방법에 대해 제12조~제14조에 규정하고 있다.

③ 정보 주체의 접근권

　ㄱ 정보 주체는 본인과 관련된 개인정보의 처리 여부에 관련하여 컨트롤러로부터 확인을 받을 수 있는 권리를 가진다.

　ㄴ 컨트롤러는 정보 주체의 접근 요구가 있을 경우, 다음의 정보에 대하여 접근(Access)할 수 있도록 조치하여야 한다(제15조 제1항).

　　• 처리 목적

　　• 관련된 개인정보의 유형(Category)

　　• 개인정보를 제공받았거나 제공받을 수령인 또는 수령인의 범주

　　• (가능하다면) 개인정보의 예상 보유기간 또는 (가능하지 않다면) 해당 기간을 결정하기 위하여 이용되는 기준

　　• 컨트롤러에게 본인의 개인정보에 대한 수정, 삭제 또는 처리 제한이나 처리에 대한 반대를 요구할 수 있는 권리의 유무

　　• 감독기구에 민원을 제기할 수 있는 권리

　　• 개인정보가 정보 주체로부터 수집되지 않은 경우 개인정보의 출처에 대한 모든 가용한 정보

　　• GDPR 제22조 제1항, 제4항에 규정된 프로파일링 등 자동화된 의사결정의 유무와 관련 로직에 대한 유의미한 정보, 이러한 처리가 정보 주체에 미치는 유의성과 예상되는 결과

④ 정정권

　ㄱ 정보 주체는 본인에 관한 개인정보에 대하여 정확하지 않은 부분을 수정하도록 컨트롤러에게 요구할 수 있다(제16조).

　ㄴ 정보 주체는 처리 목적을 고려하여 컨트롤러에게 추가 정보를 제공함으로써 불완전한 정보를 보완할 수 있는 권리를 가진다.

　ㄷ 이름의 철자나, 주소의 변경, 전화번호의 변경 등은 단순한 요구만으로도 정정이 가능하다. 그러나 정보 주체의 법적인 본인 확인 용도이거나 법률 문서의 송달을 위한 거주지 주소의 변경과 같은 경우에는 단순한 정정 요구만으로는 부족하고, 컨트롤러는 기존 정보의 부정확성을 확인하기 위한 증거를 요구할 수 있다. 그러나, 그러한 요구가 정보 주체에 대한 불합리한 수준의 입증 부담을 지게 하여서는 안 된다.

⑤ 삭제권(잊힐 권리)

　ㄱ 정보 주체는 컨트롤러에게 본인에 관한 개인정보의 삭제를 요구할 권리를 가진다(제17조 제1항). 이 권리는 정보 주체가 원하는 경우 자신에 관한 개인정보를 삭제하도록 함으로써 개인정보의 처리가 더 이상 이루어지지 않도록 하기 위한 권리이다.

　ㄴ 특히 GDPR에서는 해당 개인정보가 제3자에게 공개된 경우 해당 제3자들에 대하여도 일정한 사항을 알리고 합리적 조치를 취하도록 할 의무를 부과하고 있다.

　ㄷ 컨트롤러는 다음의 경우에 해당할 경우 지체 없이 개인정보를 삭제할 의무를 부담한다.

　　• 개인정보가 수집 목적 또는 다른 방식으로 처리되는 목적에 더 이상 필요하지 않은 경우

　　• 정보 주체가 동의를 철회하고 해당 처리에 대한 다른 법적 근거가 없는 경우

- 정보 주체가 제21조 제1항(국가 안보 · 국방 · 공공안보 · 범죄예방)에 따라서 처리에 반대하고 관련 처리에 대하여 우선하는 정당한 사유가 없는 경우, 또는 제21조 제2항에 따라서 직접 마케팅을 위한 처리에 반대하는 경우
- 개인정보가 불법적으로 처리된 경우(GDPR 위반 등)
- 정보 처리자에 적용되는 유럽연합 내지 회원국 법률에 따른 법적 의무 준수를 위하여 삭제되어야 하는 경우
- 아동에게 직접 제공되는 정보사회 서비스와 관련하여 개인정보가 수집된 경우

 ② 개인정보를 수령인에게 공개 · 제공하였다면 가능한 수령인에게 그 삭제에 대하여 통지하여야 한다(제19조). 또한 컨트롤러는 정보 주체가 요구하는 경우 그 정보의 수령인에 대하여도 정보 주체에게 통지하여야 한다.

⑥ 처리 제한권

 ㉠ 정보 주체는 자신에 관한 개인정보의 처리를 차단하거나 제한할 권리를 갖는다(제18조 제1항).

 ㉡ 개인정보 처리가 제한되면 컨트롤러는 그 정보를 보유만 할 수 있고 이용, 제공 등의 처리는 제한된다.

 ㉢ 정보 주체의 처리 제한권은 개인정보의 정확성, 처리의 합법성 등에 대하여 다툼이 있거나 소송 수행 등을 위하여 보존의 필요성이 있는 경우에 이용을 제한하되 삭제를 보류할 수 있도록 요구할 수 있는 권리이다.

 ㉣ 다음 중 하나에 해당할 경우에 컨트롤러는 정보 주체의 개인정보 처리 제한 요구를 이행하여야 한다.
- 정보 주체가 개인정보의 정확성에 이의를 제기한 경우, 개인정보의 정확성을 입증할 때까지 처리를 제한
- 정보의 처리가 불법적으로 이루어지고, 정보 주체가 개인정보의 삭제에 반대하면서 대신에 그 개인정보의 이용 제한을 요청한 경우
- 더 이상 개인정보가 필요하지 않지만, 정보 주체가 법적 청구권의 입증, 행사나 방어를 위하여 그 정보를 요구한 경우
- 정보 주체가 제21조 제1항에 따라 처리에 반대한 경우, 컨트롤러의 정당한 근거가 정보 주체의 정당한 근거에 우선하는지 여부가 확인될 때까지 그 처리를 제한

 ㉤ 개인정보를 수령인에게 공개 · 제공하였다면 가능한 수령인에게 해당 처리 제한에 대하여 통지하여야 한다(제19조). 또한 컨트롤러는 정보 주체가 요구하는 경우 정보의 수령인에 대하여도 정보 주체에게 통지하여야 한다.

 ㉥ 자동 파일링시스템에서의 개인정보 처리 제한은 원칙적으로 개인정보가 추가 처리, 변경되지 않도록 하는 기술적 수단 적용이 필요하고, 개인정보 처리가 제한된다는 사실이 해당 시스템에서 명백하게 표시되어야 한다(전문 제67항).

 ㉦ 개인정보 처리 제한의 방법(전문 제67항)
- 선택된 정보를 임시로 다른 처리시스템으로 이전
- 선별된 개인정보를 이용하지 못하도록 조치 또는 공개적으로 접근하지 못하도록 하거나 공개된 개인정보를 웹사이트에서 임시로 제거

⑦ 개인정보 이동권

　　㉠ 개인정보 이동권(제20조)은 정보 주체의 개인정보를 다른 컨트롤러에게 전송할 수 있게 해줌으로써 정보 주체에게 자신과 관련한 개인정보에 대하여 더 많은 통제력을 부여하고 또한 EU 내에서 개인정보의 자유로운 흐름을 지원하며 컨트롤러들 간의 경쟁을 촉진하며 디지털 단일시장 전략 맥락에서 새로운 서비스 개발을 유도하기 위하여 마련된 것이다.

　　㉡ 개인정보 이동권은 처리한 개인정보를 받을 수 있는 권리와 한 컨트롤러로부터 다른 컨트롤러에게 개인정보를 전송할 수 있는 두 가지의 내용으로 구성된다.

　　　• 정보 주체가 컨트롤러에게 제공한 자신에 관한 개인정보를 체계적으로 구성되고, 일반적으로 사용되며, 기계 판독이 가능한 형식으로 제공받을 권리

　　　• 기술적으로 가능한 경우 그 정보를 다른 컨트롤러에게 직접 이전할 것을 요구할 수 있는 권리

　　㉢ 개인정보 이동권은 다음 두 조건에 모두 해당하는 경우 적용된다.

　　　• 처리가 정보 주체의 동의에 근거하거나 계약의 이행을 위한 경우

　　　• 처리가 자동화된 수단에 의해 이루어지는 경우

⑧ 반대권

　　㉠ 정보 주체의 반대권(제21조)은 컨트롤러에 대하여 자신의 개인정보 처리에 반대할 권리를 지칭한다. GDPR은 다음 세 가지 경우에 대하여 정보 주체의 반대권을 보장하고 있다.

　　　• 직접 마케팅(프로파일링 포함)

　　　• 컨트롤러의 적법한 이익(제6조 제1항(f)) 또는 공적 업무 수행에 근거한 개인정보의 처리(제6조 제1항(e))

　　　• 과학적 · 역사적 연구 및 통계 목적의 처리

　　㉡ 정보 주체가 반대권을 행사하는 경우 컨트롤러는 문제된 정보를 더 이상 처리하여서는 안 된다. 다만, 반대권 행사 이전에 해당 정보 주체의 개인정보에 대한 처리는 여전히 적법한 것으로 유지된다.

⑨ 프로파일링을 포함한 자동화된 의사결정의 대상이 되지 않을 권리

　　㉠ 정보 주체는 본인에 관하여 ① 법적 효력을 초래하거나 ② 이와 유사한 중대한 효과를 미치는 프로파일링을 포함한 자동화된 처리에 의존된 의사결정의 대상이 되지 않을 권리를 갖는다(제22조 제1항)

　　㉡ 즉, 정보 주체는 오로지 자동 처리에만 근거한 온라인 신용 신청에 대한 거절이나 인적 개입 없이 이루어지는 전자 채용 관행 등의 대상이 되지 않을 권리를 갖는다(전문 제71항).

⑩ 정보 주체의 권리와 관련된 규정은 컨트롤러가 정보 주체의 개인정보를 처리할 때 보다 안전한 기술적 · 관리적 조치를 취하게 하는 수단으로써 의의가 있다. 또한 이를 통해 기업은 책임성을 강화하고 투명성을 입증하는 데 도움이 된다.

(4) GDPR 주요내용3 – 기업의 책임성 강화

① GDPR에서는 기업의 책임성 강화를 위한 조항들을 명시하고 있다. 기존의 Directive에서 기업의 책임성 강화는 암묵적인 요구 사항이었으나, GDPR에서는 제5조 제2항을 통하여 개인정보 처리에 대한 책임 준수와 그 입증을 구체적으로 요구하고 있다. 특히 개인정보 처리 활동의 기록, Data protection by design and by default, DPO의 지정, 행동 규약과 인증에 대한 구체적인 규정은 기존 Directive보다도 구체화된 기업의 책임성을 요구하고 있다.

② 개인정보 처리 활동의 기록(제30조)

    ㉠ 영세 및 중소기업의 상황을 고려하여, 종업원 수 250명 이상의 기업을 대상으로 개인정보 처리 활동을 의무적으로 문서화하고 보유하도록 규정하고 있다.

    ㉡ 종업원 수가 250명 이하이더라도 정보 주체의 권리와 자유에 위험을 초래할 가능성이 있거나 간헐적이지 않은 개인정보 처리, 민감정보 처리, 범죄경력 및 범죄행위에 관련된 개인정보 처리의 경우에는 개인정보 처리 활동의 기록이 필요하다.

③ Data protection by design and by default(제25조)

    ㉠ 설계 단계에서부터 기술적으로 프라이버시를 보호하는 구조를 만드는 것을 의미한다.

    ㉡ 컨트롤러는 최신 기술, 실행 비용, 개인정보 처리의 성격과 범위, 상황, 목적, 개인정보 처리로 인해 개인의 권리와 자유에 대하여 발생할 수 있는 변경 가능성, 중대성 및 위험성을 고려하여 적절한 기술적 · 관리적 조치를 취해야 한다.

④ 개인정보 영향평가(DPIA)(제35조)

    ㉠ 새로운 기술을 사용하고 그 처리 유형이 '개인의 권리와 자유에 높은 위험'을 초래할 가능성이 있는 경우, 개인정보 처리 이전에 예상되는 개인정보 처리에 대한 영향평가를 수행하여야 한다.

    ㉡ '유사한 기술'에 대하여 '다수의 컨트롤러'가 영향평가를 받아야 하는 경우 또는 '단일 컨트롤러'가 '동일하지만 다수의 반복되는 기술 적용'에 대하여 영향평가를 받아야 하는 경우, 한 번의 개인정보 영향평가를 통해 복수의 처리 작업을 일괄적으로 해결할 수 있다.

⑤ DPO의 지정(제37조~제39조)

    ㉠ 컨트롤러와 프로세서는 자유로이 DPO(Data Protection Officer, 개인정보 보호 책임자)를 지정할 수 있으나, 다음 중 하나의 경우에는 반드시 DPO를 지정하여야 한다.

        • 정부부처 또는 관련 기관의 경우(사법적 권한을 행사하는 법원은 예외)

        • 컨트롤러 또는 프로세서의 '핵심 활동'이 다음 중 하나에 해당되는 경우 : 정보 주체에 대한 '대규모'의 '정기적이고 체계적인 모니터링', 민감정보나 범죄정보에 대한 '대규모'의 처리

    ㉡ 다만, GDPR은 DPO 지정 의무와 관련하여 회원국의 개별조항을 통하여 그 범주를 제한할 수 있게 하고 있다.

    ㉢ DPO를 지정하거나 또는 지정 요건에 해당하지 않아 지정하지 않는 경우, 그와 같은 결정을 내린 사유를 문서화해야 한다. DPO 지정 요건에 해당하지 않더라도 DPO를 자발적으로 지정할 수 있다. 다만 자발적으로 DPO를 지정한 경우라도 DPO의 지정 · 지위 · 책무 등과 관련한 GDPR 제37조~제39조가 적용되므로 유의하여야 한다.

⑥ 행동 규약과 인증(제40조~제43조)

    ㉠ 의무적인 것은 아니지만, GDPR은 기업의 GDPR 준수 입증을 위하여 승인된 행동 규약과 인증제도를 이용하도록 권장하고 있다.

    ㉡ 행동 규약과 인증제도를 채택하는 경우에는 투명성과 책임성이 향상됨은 물론, 위험을 경감하고 제3자와 계약을 체결할 때에도 행동 규약 및 인증제도 확인을 통하여 해당 제3자의 개인정보 보호 수준을 파악할 수 있다.

⑦ 이러한 기업의 책임성 강화를 위한 위와 같은 조치는 개인정보 침해 및 관련 조항의 위법 위험을 최소화하며 궁극적으로는 정보 주체의 개인정보 보호 권리를 보장하는 데 의의가 있다.

더 알아보기　개인정보 영향평가(Data Protection Impact Assessment, DPIA)

- ① 개인정보 처리를 분석하고, ② 동 처리의 필요성 및 비례성을 고려하여, ③ 이로 인해 발생하는 자연인의 권리와 자유에 대한 위험을 평가하고, ④ 해당 위험을 다루는 방법을 결정함으로써 그 위험을 관리하기 위해 만들어진 프로세스를 의미한다.
- 개인정보 영향평가는 컨트롤러의 책임성 이행을 위한 중요한 도구로, 개인정보 처리 시 GDPR 요구 사항 준수를 위한 적절한 조치를 취하였음을 입증하기 위해 수행된다.

(5) GDPR 주요내용4 – 개인정보 역외 이전

① 컨트롤러와 프로세서는 제3국이나 국제기구로 개인정보를 이전하거나, 이전 후 처리하는 경우 GDPR에 규정된 요건을 준수하여야 한다.

② 여기에는 역외 이전된 개인정보가 다른 제3국이나 국제기구로 재이전되는 경우도 포함된다.

③ 개인정보를 EU 역외로 이전하기 위해서는 이전하는 정보의 항목, 정보 수출자, 정보 수입자, 이전받는 목적, 정보의 흐름, 적절한 안전조치 등을 확인하여야 한다[GDPR 내에서 EU 27개 회원국 및 아이슬란드·노르웨이·리히텐슈타인으로 구성되는 EEA(European Economic Area) 간 데이터 이전은 일반적으로 별도의 보호조치가 불필요].

④ GDPR상 역외 이전이 가능한 경우

적정성 결정에 따른 이전 (제45조)	• EU 집행위원회가 제3국(제3국의 영토, 하나 이상의 지정 부문 포함) 또는 국제기구에 대하여 적정한 보호 수준을 보장한다고 결정한 경우, 적정성 결정을 근거로 제3국 또는 국제기구로의 개인정보 이전 가능 • 우리나라와 EU는 2021년 12월 17일 '개인정보 보호 적정성 결정'이 채택되고 즉시 발효됨을 상호 확인하고 언론을 통해 공개 발표. 이에 따라 우리나라가 개인정보 국외 이전에 있어 EU회원국에 준하는 지위를 부여받게 되었고, 우리 기업들의 경우 표준계약조항(SCC) 등 기존의 까다로운 절차가 면제됨
적절한 보호조치에 의한 이전(제46조)	• 구속력 있는 기업 규칙 • 표준 개인정보 보호 조항 • 인증제도 • 행동 규약 등
특정 상황에 대한 예외 (제49조)	간헐적으로 이전이 발생하는 경우로서 적정성 결정이나 적절한 보호조치가 없음으로 인해 발생할 수 있는 위험을 고지받은 후 정보 주체가 명시적으로 동의한 경우 등

⑤ 개인정보 역외 이전 흐름도

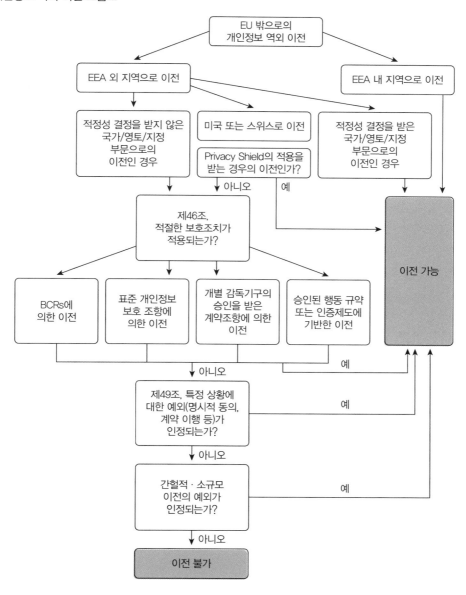

EU 회원국 (27개국)	그리스, 네덜란드, 덴마크, 독일, 라트비아, 루마니아, 룩셈부르크, 리투아니아, 몰타, 벨기에, 불가리아, 스웨덴, 스페인, 슬로바키아, 슬로베니아, 아일랜드, 에스토니아, 오스트리아, 이탈리아, 체코, 크로아티아, 키프로스, 포르투갈, 폴란드, 프랑스, 핀란드, 헝가리
EEA (European Economic Area)	EU 회원국과 아이슬란드, 노르웨이, 리히텐슈타인으로 구성된 단일통합시장

- 영국은 2020년 1월 31일부로 EU를 탈퇴함에 따라 더 이상 EU GDPR에 의거해 개인정보 보호를 규율하지 않고, 자국의 ▲UK GDPR ▲개인정보 보호법 2018(DPA 2018) ▲프라이버시 전자통신 규정(PECR) 등을 통해 개인정보 보호 준수를 요구한다.
- 영국 정부는 2022년 11월 23일 우리나라에 대해 적정성 결정에 관한 입법 절차를 완료하였으며, 우리나라에 대한 적정성 결정이 영국 의회를 최종 통과함에 따라 영국 내 우리 기업들의 영국 국민 개인정보 이전이 별도의 절차나 인증 없이 가능하게 되었다.

(6) GDPR 주요내용5 – 개인정보 침해 발생 시 조치사항

① 개인정보 침해 및 유형

　㉠ 개인정보 침해는 개인정보의 파괴, 손실, 변경 인가받지 않은 공개 또는 접근을 일으키는 보안 위반을 의미한다.

　㉡ 개인정보 침해의 유형

　　개인정보의 침해는 보안의 3요소(기밀성 · 가용성 · 무결성)에 따라 다음과 같이 구분할 수 있다.

유형	침해 형식	사례
기밀성 침해	개인정보에 대한 허가받지 않은 또는 우발적인 공개나 접근이 있는 경우	• 공격자의 네트워크 침투에 의한 개인정보 접근 또는 유출 • 회사 외부에서의 암호화되지 않은 개인정보 사본(CD, USB 등)의 분실 · 도난 등
가용성 침해	개인정보에 대한 허가받지 않은 또는 우발적인 접근 손실이나 파괴가 있는 경우	• 개인정보의 유일한 사본이 랜섬웨어에 의해 암호화된 경우 • 정보가 우발적으로 또는 비인가자에 의해 삭제되거나 암호화된 정보에 대한 복호화 키가 분실된 경우 • 정전 또는 DDoS 공격 등으로 조직의 일반적인 서비스에 대한 심각한 중단이 발생하여 항구적 또는 임시적으로 개인정보가 가용하지 않게 되는 경우 등
무결성 침해	개인정보에 대한 허가받지 않은 또는 우발적인 변경이 있는 경우	공격자에 의해 개인정보가 변경 또는 오염되었거나 더이상 완전한 상태가 아닌 경우 등

　㉢ 개인정보 침해의 인지

　　• 개인정보 침해 사고를 '인지'한 이후 부당한 지연 없이 72시간 내 통지가 필요하므로 인지 시점의 판단이 중요하다.

　　• 개인정보 침해 사고의 '인지 시점'의 기준은 개인정보의 침해로 이어진 보안 사고의 발생을 컨트롤러가 합리적인 수준에서 확신한 때로 본다. 또한, 침해 사고를 감지하고 처리하기 위한 내부 프로세스 수립이 필요하다.

- 암호화되지 않은 정보가 수록된 CD를 분실하고, 컨트롤러가 CD가 분실된 것을 알게 된 경우
- 제3자가 컨트롤러에게 자신이 우연히 컨트롤러의 고객 중 하나의 정보를 입수하였다고 알리고 무단 노출의 명백한 증거를 입수한 경우
- 컨트롤러가 자신의 네트워크에 대한 침입이 있었을 가능성을 발견하고 추가 조사를 통하여 침입 사실을 확인한 경우
- 사이버 범죄자가 대가를 요구하기 위하여 시스템을 해킹한 후 컨트롤러에게 접근해 온 경우

② 개인정보 침해 통지

　㉠ 감독기구에 대한 통지 의무

　　• 정보 주체의 권리와 자유에 위험을 일으킬 가능성이 있는 침해가 발생할 경우 감독기구에 통지하여야 한다(제33조).

　　• 개인정보 침해 내용을 통지할 때는 최소한 다음 내용을 포함하여야 한다.

　　　－ 가능한 경우 침해로 인해 영향을 받는 정보 주체의 범주, 개인정보 기록의 범주, 대략적인 개수를 포함한 개인정보 침해의 성격

　　　－ DPO 및 더 많은 정보를 얻을 수 있는 다른 연락처에 대한 이름과 상세 연락처

　　　－ 개인정보 침해로 발생할 수 있는 결과

　　　－ 침해로 발생 가능한 부작용을 완화하기 위한 조치 등 해당 개인정보 침해 해결을 위하여 컨트롤러가 취하거나 취하도록 제시된 조치

　　• 통지 시기 : 컨트롤러는 개인정보 침해를 인지한 후 부당한 지체 없이 72시간 이내에 관련 감독기구에 통지하여야 한다. 72시간을 초과하여 통지가 이루어질 경우 지체된 사유가 함께 통지되어야 하며, 침해 통지와 관련된 정보는 추가 지체 없이 단계적으로 제공될 수 있다(전문 제85항).

　　• 통지가 불필요한 경우 : 컨트롤러가 책임성의 원칙에 따라 해당 개인정보 침해가 개인의 권리와 자유에 위험을 초래할 가능성이 낮다고 입증할 수 있는 경우 감독기구에 대한 통지가 요구되지 않는다.

　　• 프로세서의 통지 의무 : 프로세서는 개인정보 침해 인지 후 부당한 지체 없이 컨트롤러에게 통지하여야 한다.

　　• 문서화 의무 : 컨트롤러는 개인정보 침해와 관련된 사실, 그 영향과 취해진 구제 조치 등 개인정보 침해와 관련한 모든 내용을 문서화하여야 한다.

　㉡ 정보 주체에 대한 통지 의무

　　• 컨트롤러는 개인정보의 침해가 개인의 권리와 자유에 대하여 높은 위험을 초래할 가능성이 있는 경우에 한해 정보 주체에게 통지해야 한다(제34조).

　　• 정보 주체에게 통지할 때는 개인정보 침해의 성격을 명확하고 평이한 언어로 설명하여야 하며, 최소한 다음 정보가 포함되어야 한다.

　　　－ DPO 및 더 많은 정보를 얻을 수 있는 다른 연락처에 대한 이름과 상세 연락처

　　　－ 개인정보 침해로 발생할 수 있는 결과

　　　－ 침해로 발생 가능한 부작용을 완화하기 위한 조치 등 해당 개인정보 침해 해결을 위하여 컨트롤러가 취하거나 취하도록 제시된 조치

　　• 통지 시기 : 컨트롤러는 침해 행위를 인지한 후 부당한 지체 없이 해당 정보 주체에게 알려주어야 한다. 이러한 통지는 감독기구 등이 제공하는 지침을 준수하며, 감독기구와의 긴밀한 협력 아래 합리적으로 가능한 한 신속하게 이루어져야 한다(전문 제86항).

- 통지가 불필요한 경우 : 다음 중 하나의 경우에는 정보 주체에 대한 통지 의무가 면제된다.
  - 침해 당시 적절한 기술적 · 관리적 보호조치를 이행하였고, 피해 정보 주체에게 해당 조치가 적용된 경우
  - 컨트롤러가 피해 정보 주체의 권리와 자유에 높은 위험을 초래할 가능성이 없도록 만드는 후속 조치를 취한 경우
  - 통지에 과도한 노력이 수반될 수 있는 경우
- 이와 같은 경우 공공 통신 또는 유사한 방법을 통해 그와 동등한 효과적인 방식으로 통지해야 한다 (제34조(3)(c)).

ⓒ 위반 시 과징금

통지 의무를 위반하였을 때 전 세계 매출액의 2% 또는 최대 1천만 유로 중 더 큰 금액의 과징금이 부과된다.

③ 개인정보 침해 통지 흐름도

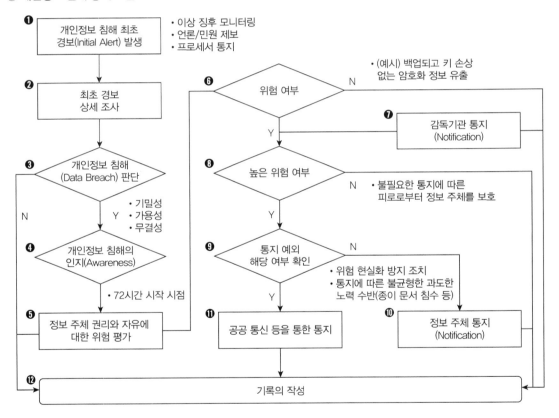

(7) GDPR 주요 내용6 - 피해 구제 및 제제

① 구제 수단

  ㉠ 감독기구에 민원을 제기할 권리

   모든 정보 주체는 기존의 행정적 · 사법적 구제를 받을 권리를 제한 또는 침해받지 않고 감독기구에 민원을 제기할 권리(제77조)가 있다.

  ㉡ 감독기구의 결정에 관한 사법적 구제 수단에 관한 권리

   각 개인 또는 법인은 기존의 행정적 또는 비사법적 구제 수단을 제한받거나 침해받지 않고 감독기구의 법적 구속력 있는 결정에 대하여 효과적인 사법적 구제 수단에 관한 권리(제78조)를 가진다.

  ㉢ 컨트롤러 또는 프로세서에 대한 효과적인 사법적 구제 수단에 관한 권리

   • GDPR에서 정한 규정을 위반한 개인정보의 처리로 인해 자신의 권리가 침해된 것으로 판단한 정보 주체는 위반 책임이 있는 컨트롤러나 프로세서를 상대로 효과적인 사법적 구제 수단에 관한 권리(제79조)를 가진다.

   • 기존 Directive에서는 컨트롤러에 대해서만 사법 구제권을 요청할 수 있었던 반면, GDPR에서는 프로세서에 대해서까지 가능하다는 점에서 정보 주체의 권리가 강화되었다고 볼 수 있다.

   • 컨트롤러 또는 프로세서를 상대로 한 법적 절차는 해당 컨트롤러 또는 프로세서의 사업장이 있는 회원국의 법정에서 진행되어야 한다. 대안으로, 컨트롤러 또는 프로세서가 공적 권한을 행사하는 회원국의 공공기관이 아니라면, 정보 주체의 거주지가 있는 회원국의 법원에서 진행될 수 있다.

② 손해배상청구권 및 책임

  ㉠ 컨트롤러와 프로세서의 손해배상 의무

   GDPR 규정 위반으로 물질적 또는 비물질적 손해를 입은 자는 누구든지 컨트롤러 또는 프로세서에게 손해배상을 받을 권리(제82조)가 있다(GDPR은 금전 및 비금전 손해에 대해서도 명시적으로 배상을 받을 수 있다고 정하고 있다는 점에서 금전적인 손해에 대한 배상만 언급하고 있는 Directive와 차이가 있다).

  ㉡ 프로세서의 손해배상 의무

   프로세서는 다음 경우에 한하여 발생한 손해에 대하여 책임을 부담한다.

   • GDPR에서 규정한 프로세서에 대한 구체적인 의무를 준수하지 않은 경우

   • 컨트롤러의 합법적인 지시에 반하여 행위한 경우

   • 컨트롤러의 합법적인 지시의 범위를 벗어나 행위한 경우

  ㉢ 책임 면제

   책임 부담의 일반 원칙에 따라, 컨트롤러나 프로세서가 손해 발생과 관련된 사건에 대하여 책임이 없음을 증명하면 해당 책임으로부터 면제된다.

③ 과징금

　㉠ 원칙

　　• 과징금은 자동으로 적용되지 않으며, 개별 사례별로 부과된다.

　　• 과징금의 부과는 효과적이고 비례적이며 억제력이 있어야 한다. 컨트롤러 또는 프로세서의 동일하거나 관련된 개인정보의 처리가 GDPR의 여러 규정을 위반하는 경우, 과징금은 가장 중한 침해와 관련한 금액을 초과할 수 없다.

　㉡ 과징금(일반 위반 · 심각한 위반)

일반 위반 : 전세계 연간 매출액 2% 또는 1천만 유로 중 높은 금액(최대 과징금의 경우)
• 컨트롤러 및 프로세서 의무 위반 - 제8조, 제11조, 제25조부터 제39조 (예 Data protection by design and by default, 처리 활동의 기록 등) • 인증 기관 의무 위반 - 제42조, 제43조 • 행동 규약 준수 모니터링 의무 위반 - 제41조 제4항

심각한 위반 : 전세계 연간 매출액 4% 또는 2천만 유로 중 높은 금액(최대 과징금의 경우)
• 동의의 조건을 포함하여, 개인정보 처리 기본원칙 위반 - 제5조부터 제7조, 제9조 • 정보 주체의 권리 보장 의무 위반 - 제12조~제22조 • 제3국이나 국제조직의 수령인에게 개인정보 이전 시 준수 의무 위반 - 제44조~제49조 • 제9장에 따라 채택된 EU 회원국 법률 의무 위반 • 감독기구가 내린 명령 또는 정보 처리의 제한 불복 - 제58조 제2항 • 개인정보 이동 중지 미준수 및 열람 기회 제공 의무 위반 - 제58조 제1항

④ 벌칙

　㉠ 개별 EU 회원국의 법률상 차이로 인해 서로 다른 수준의 벌칙(Penalties)이 존재한다.

　㉡ 개별 EU 회원국은 GDPR에 따라 각국 법률에 반영하는 조치를 2018년 5월 25일까지 EU 집행위원회에 알리고, 해당 법률에 영향을 미치는 차후의 개정사항을 지체 없이 집행위원회에 통보하여야 한다.

적중예상문제

01 개인정보 보호법 제2조 제1호와 관련하여 개인정보에 대한 설명으로 틀린 것은?

① 사망했거나 실종선고 등 관계법령에 의해 사망한 것으로 간주되는 자에 대한 정보는 개인정보로 볼 수 없다. 다만, 사망자의 정보라고 하더라도 생존하고 있는 유족과 관계를 알 수 있는 정보는 유족의 개인정보에 해당한다.

② 법인의 상호, 소재지 주소, 대표자를 포함한 임원진의 이름 및 연락처(이메일 또는 전화번호), 자택 주소 등은 법률에서 정하는 개인정보에 해당하지 않는다.

③ 개인이 아닌 사물에 대한 정보는 원칙적으로 개인정보가 아니지만, 특정 건물이나 아파트의 주소와 같이 해당 사물의 특정 소유자를 알아볼 수 있다면 개인정보에 해당한다.

④ 개인정보가 반드시 특정 1인에 관한 정보이어야 하는 것은 아니며, 직간접적으로 2인 이상에 관한 정보도 각자의 개인정보에 해당한다.

⑤ 정보를 처리하는 자의 입장에서 합리적으로 활용될 가능성이 있는 수단을 고려하여 개인을 알아볼 수 있다면 개인정보에 해당한다.

> **해설** ② 법인 또는 단체의 상호, 소재지 주소, 대표 연락처(이메일 또는 전화번호), 업무별 연락처, 영업실적 등은 법률에서 정하는 개인정보에 해당하지 않는다. 그러나 대표자를 포함한 임원진의 이름 및 연락처(이메일 또는 전화번호), 자택 주소 등은 그 자체가 개인을 식별할 수 있는 정보에 해당하므로 개인정보에 해당한다.

02 다음 빈칸에 공통으로 들어갈 용어로 옳은 것은?

> (   )는 추가 정보의 사용·결합 없이는 특정 개인을 알아볼 수 없게 조치한 정보이다. 즉, (   )는 추가 정보의 사용을 통하여 개인 식별 가능성이 있으므로, 개인정보로 본다.

① 가명 정보
② 익명 정보
③ 결합정보
④ 개인위치정보
⑤ 개인신용정보

> **해설** ① 가명 정보에 대한 설명이다. 가명 정보는 가명 처리함으로써 원래의 상태로 복원하기 위한 추가 정보의 사용·결합 없이는 특정 개인을 알아볼 수 없는 정보에 해당한다. 개인정보 보호법 및 EU-GDPR에서는 가명 정보를 개인정보로 본다.

03 정보 주체의 권리를 개인정보 자기 결정권으로 볼 때, 이에 대한 옳은 설명끼리 묶은 것은?

> ㄱ. 소극적 권리에 해당하며, 간섭받지 않을 권리에 해당한다.
> ㄴ. 사생활의 비밀과 자유 보장을 목적으로 한다.
> ㄷ. 헌법이 상정하고 있는 주거의 자유, 사생활 비밀과 자유, 통신의 비밀 등을 설명하는 개념이다.
> ㄹ. 자신에 관한 정보가 언제 누구에게 어느 범위까지 알려지고 또 이용되도록 할 것인지를 그 정보 주체가 스스로 결정할 수 있는 권리이다.
> ㅁ. 정보환경의 급격한 변화에 따라 개인정보의 수집 · 처리와 관련한 사생활 보호라는 새로운 사회적 문제가 나타나면서 등장한 개념이다.

① ㄱ, ㄴ
② ㄹ, ㅁ
③ ㄱ, ㄴ, ㄷ
④ ㄷ, ㄹ, ㅁ
⑤ ㄴ, ㄷ, ㄹ, ㅁ

해설 ㄱ, ㄴ, ㄷ은 전통적인 프라이버시의 개념에 대한 설명이다.

04 다음 개인정보 가치산정 방법 중 가상가치산정법(CVM)에 대한 설명으로 틀린 것은?

① 설문조사에 기초한 가치산정 방식이다.
② 주로 환경보전, 공해의 영향 등 비시장 자원에 대한 가치를 산정하는 경제학적 방식이다.
③ 직접 가상 재화에 대한 가치를 주관식으로 질문하는 방식은 개방형 질문 방법이다.
④ 지불카드법, 이중양분선택법 등은 개방형 질문 방법을 활용한 설문조사 방법이다.
⑤ WTP는 최대지불금액(Willingness To Pay)으로, 소비자가 해당 재화의 대가로 지불할 의사가 있는 최대금액을 말한다.

해설 ④ 지불카드법, 이중양분선택법 등은 질문자가 선택지를 제시하고 응답자가 선택하도록 하는 구조적 질문방식(폐쇄형)에 해당한다.

05 미국의 개인정보 보호 정책에 대한 설명으로 틀린 것은?

① 미연방 프라이버시법에 개인정보의 범위가 규정되어 있다.

② 전통적으로 개인정보를 인권적 차원에서 엄격히 보호하며, 법률에 의한 규제를 선호한다.

③ 프라이버시를 침해하지 않는 범위 내에서 개인정보의 수집 · 이용 · 매매 · 타깃 마케팅 등이 비교적 용이한 편이다.

④ 별도의 독립 감독기구 없이 개별 부처가 관련 고충 처리, 기술지원 및 교육홍보에 중점을 두고 있다.

⑤ 기업 스스로 개인정보 보호 방침을 마련하여 공표하며, 공표 사항 미이행 시 공정거래법 위반으로 제재가 있다.

해설 ② 미국은 자율 규제 중심으로 개인정보 관련 규제를 최소화하는 경향이 짙다.

06 다음 중 기업의 사회적 책임(CSR)에 대한 설명으로 틀린 것은?

① ISO(국제표준화기구)는 기업의 사회적 책임을 조직이 사회, 경제, 환경 문제를 사람, 지역공동체, 사회 전체에 혜택을 줄 수 있도록 추진하는 활동으로 정의하고 있다.

② OECD(경제개발협력기구)는 기업의 사회적 책임을 기업과 사회와의 공생관계를 성숙시키고 발전시키기 위해 기업이 취하는 행동으로 정의하고 있다.

③ 캐롤(A. Carroll) 교수는 기업의 사회적 책임을 4단계의 피라미드 형태로 제시하고 있다.

④ 기업의 사회적 책임 4단계 중 기업의 당위적 책임에 해당하는 단계는 3~4단계이다.

⑤ 개인정보 보호에 대한 기업의 사회적 책임은 이용자의 개인정보를 소중하게 보호함으로써 위험관리 체계를 한 단계 성숙시킬 수 있는 기회를 창출하는 것이다.

해설 ④ 기업의 사회적 책임 4단계 중 1~2단계가 기업의 당위적 책임, 3~4단계는 기업의 자발적 책임에 해당한다.

07 EU-GDPR의 제정 목적과 의의에 대한 설명으로 틀린 것은?

① Regulation이라는 법 형식으로 규율되어 법적 구속력을 가진다.

② DPO의 지정, 개인정보 영향평가 등을 규정함으로써 기업의 책임성을 강화하였다.

③ 개인정보 삭제권, 처리 제한권, 개인정보 이동권, 반대권(거부권) 등의 권리를 삭제하였다.

④ 기존 Directive보다 정보 주체의 권리를 확대 · 강화하였다.

⑤ GDPR 위반 시 과징금 등 행정처분이 부과될 수 있다.

해설 ③ 개인정보 삭제권, 처리 제한권, 개인정보 이동권, 반대권(거부권) 등의 권리를 신설 또는 강화하였다.

08 EU-GDPR에서 컨트롤러와 프로세서가 민감정보를 처리할 수 있는 경우가 아닌 것은?

① 고용, 사회 안보, 사회보장 및 사회보호법 또는 단체협약에 따른 의무의 이행을 위하여 필요한 경우

② 정보 주체가 명백히 일반에게 공개한 정보를 처리하는 경우

③ 정보 주체가 물리적 또는 법적으로 동의를 할 능력이 없는 경우에 정보 주체 또는 다른 자연인의 중대한 이익을 보호하기 위하여 필요한 경우

④ 법적 청구권의 설정, 행사, 방어 또는 법원이 재판 목적으로 처리하는 경우

⑤ EU법이나 회원국 법률상 금지되는 경우이지만, 추구하는 목적에 비례하고 적절한 보호조치가 있는 경우

> **해설** ⑤ 중대한 공익을 위하여 또는 EU법이나 회원국법을 근거로 하는 처리로, 추구하는 목적에 비례하고 적절한 보호조치가 있는 경우에 민감정보를 처리할 수 있다.

09 EU-GDPR에 따른 개인정보 역외 이전이 가능한 경우끼리 옳게 묶은 것은?

> ㄱ. 아이슬란드 · 노르웨이 · 리히텐슈타인 내 지역으로 이전
> ㄴ. EEA 외 지역에서 적정성 결정을 받은 국가로의 이전
> ㄷ. EEA 외 지역에서 적절한 보호조치가 적용되는 지역으로 이전
> ㄹ. EEA 외 지역에서 표준 개인정보 조항에 의한 이전
> ㅁ. EEA 외 지역에서 명시적 동의, 계약 이행 등 특정 상황에 대한 예외가 인정되지 않은 경우의 이전

① ㄱ, ㄴ, ㄷ

② ㄴ, ㄷ, ㄹ

③ ㄱ, ㄴ, ㄷ, ㄹ

④ ㄴ, ㄷ, ㄹ, ㅁ

⑤ ㄱ, ㄴ, ㄷ, ㄹ, ㅁ

> **해설** ㅁ. EEA 외 지역에서 명시적 동의, 계약 이행 등 특정 상황에 대한 예외가 인정되지 않은 경우는 이전이 불가하다.

10 EU−GDPR에서 명시되어 있는 DPO의 업무로 볼 수 없는 것은?

① 컨트롤러와 프로세서 및 임직원에게 GDPR과 다른 개인정보 보호 법규 준수 의무에 대하여 알리고 자문

② 내부 정보보호 활동 관리 등 GDPR 및 다른 개인정보 보호 법규 이행 상황 모니터링

③ 컨트롤러 또는 프로세서에게 정보 제공, 조언 및 권고 사항 제시

④ 개인정보 영향평가에 대한 자문 및 평가 이행 감시

⑤ GDPR을 준수하지 않는 데 대한 개인적인 책임

해설 ⑤ DPO는 GDPR을 준수하지 않는 데 대하여 개인적인 책임을 지지 않는다. GDPR은 DPO가 아니라 컨트롤러 또는 프로세서가 GDPR을 준수하여 개인정보를 처리하였다는 것을 보장하고, 이를 입증할 수 있는 적절한 기술적 · 관리적 조치를 이행하여야 한다고 규정하고 있다. 즉, GDPR 준수는 컨트롤러나 프로세서의 책임이다.

교육은 우리 자신의 무지를 점차 발견해 가는 과정이다.

– 윌 듀란트 –

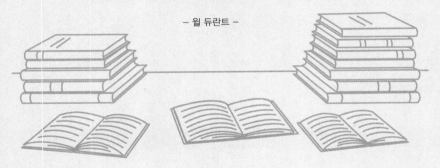

PART 2

개인정보
보호 제도

개인정보 보호 관련 법률

1 개인정보 보호 관련 법 개요

(1) 개인정보 보호법 제정 이전

① 개인정보 보호법 제정 전 개인정보 보호 체계

분야		주요 법률	기타 개인정보 관련 법
헌법	공공행정	공공기관의 개인정보 보호에 관한 법률	• 공공기관의 정보공개에 관한 법률 • 전자정부법, 주민등록법, 호적법 • 국정감사 및 조사에 관한 법률, 통계법 등
	정보통신	정보통신망 이용 촉진 및 정보보호 등에 관한 법률	• 통신비밀보호법 • 위치정보의 보호 및 이용 등에 관한 법률 • 정보화촉진 기본법, 정보통신기반 보호법
	금융 신용	신용정보의 이용 및 보호에 관한 법률	• 금융실명거래 및 비밀보장에 관한 법률 • 방문판매 등에 관한 법률 • 전자상거래 등에서의 소비자보호에 관한 법률 • 전자거래기본법, 보험업법, 증권거래법 등
	의료	보건의료기본법, 의료법	• 장기 등 이식에 관한 법률 • 생명윤리 및 안전에 관한 법률 • 인체조직 안전 및 관리 등에 관한 법률
	교육	교육기본법	• 초등교육법 • 교육 정보시스템의 운영 등에 관한 규칙 등

> **더 알아보기** 업무상 비밀 준수 관련 법
>
> 변호사법, 법무사법, 세무사법, 관세사법, 공인노무사법, 외국환거래법, 공증인법, 은행법, 근로기준법, 노동위원회법, 직업안정법, 공인중개사의 업무 및 부동산 신고거래에 관한 법률, 형법 제317조 등

② 개인정보 보호법이 제정되기 전에는 정보통신망법, 공공기관의 개인정보 보호에 관한 법률, 신용정보 보호법 등 개별 법률의 적용을 받았으므로, 개인정보 보호의 사각지대가 존재했다.

> **더 알아보기** 개별 법률과 적용 대상
>
> • 정보통신망법 : 온라인 통신 분야의 정보통신 서비스 제공자 및 일부 오프라인 분야의 준용사업자 대상
> • 공공기관의 개인정보 보호에 관한 법률 : 국가행정기관, 지방자치 단체 등의 공공기관들 대상
> • 신용정보 보호법 : 신용정보회사 등의 금융기관들 대상

③ 원칙적으로 컴퓨터 등을 이용하여 전자적으로 처리되는 개인정보 외의 분야에서는 개인정보 보호의 근거 규정이 없었다.

(2) 개인정보 보호법 제정

① 의의

    ㉠ 개인정보 보호법은 2011. 3. 29. 제정되고 2011. 9. 30. 시행되었으며, 공공 · 민간 분야를 아우르는 통합적인 개인정보 보호 법률이다.

    ㉡ 개인정보 보호법은 신용정보 보호법, 의료법 등의 개별법에 대하여 일반법으로서의 지위를 갖는다.

    ㉢ 공공기관의 개인정보 보호에 관한 법률은 개인정보 보호법에 흡수 · 폐지되었다.

    ㉣ 적용 대상자가 약 350만 개의 모든 공공기관과 사업자(종래는 약 51만 개의 사업자를 대상으로 함)로 확대되었으며, 수기 문서의 개인정보까지 포함했다는 데 개인정보 보호법의 제정의 일차적인 의의가 있다.

② 개요

    ㉠ 개인정보 보호법은 개인정보 보호에 관해 규정한 일반법으로, 개인정보의 유출, 오용, 남용으로부터 사생활의 비밀 등을 보호함으로써 국민의 권리와 이익을 증진하고 개인의 존엄과 가치를 구현하기 위하여 개인정보의 처리에 관한 사항을 규정하고 있다.

    ㉡ 개인정보 보호법의 주요 내용

적용 대상	분야별 개별법에 따라 시행되던 개인정보 보호 의무 적용 대상을 공공 민간 부문의 모든 개인 정보 처리자로 확대 적용
보호 범위	동사무소 민원 신청 서류 등 종이 문서에 기록된 개인정보 외에 컴퓨터 등에 의해 처리되는 정보, 가명 처리된 개인정보도 보호 대상에 포함
개인정보 수집 · 이용 · 제공 기준	• 개인정보를 수집할 때는 정보 주체의 동의를 받아야 하며, 수집 · 이용 목적, 수집 항목, 보유 및 이용 기간, 동의 거부권 등을 알려야 함 • 개인정보를 수집할 때는 필요 최소한으로 수집해야 함 • 개인정보를 제3자에게 제공할 때는 정보 주체의 동의를 받아야 함 • 개인정보는 수집한 목적 범위를 초과하여 이용하거나 제3자에게 제공 금지
개인정보의 처리 제한	• 사상 · 신념, 노동조합, 정당의 가입 · 탈퇴, 정치적 견해, 건강, 성생활 등 정보 주체의 사생활을 침해할 우려가 있는 정보 처리 금지 • 고유 식별정보는 법령에서 구체적으로 처리를 요구한 경우를 제외하고 원칙적으로 처리 금지
영상정보 처리기기 규제	• 공개된 장소에 설치 · 운영하는 영상정보처리기기 규제를 민간까지 확대 • 설치 목적을 벗어난 카메라 임의 조작, 다른 곳을 비추는 행위, 녹음 금지
개인정보 유출 통지 및 신고제 도입	• 정보 주체에게 개인정보 유출 사실을 통지 • 대규모 유출 시에는 보호 위원회 또는 전문기관(한국인터넷진흥원)에 신고
정보 주체의 권리보장	• 정보 주체는 개인정보 처리자에게 자신의 개인정보에 대한 열람, 정정 · 삭제, 처리정지 등을 요구 가능함 • 정보 주체는 개인정보 처리자의 고의 또는 중대한 과실로 인하여 개인정보가 분실, 도난, 유출, 위조, 변조 또는 훼손된 경우 손해에 대한 배상을 요청할 수 있음
안전조치 의무	개인정보 처리자는 개인정보가 분실, 도난, 유출, 위조, 변조 또는 훼손되지 않도록 내부 관리계획 수립, 접속기록 보관 등 안전성 확보에 필요한 기술적 · 관리적 및 물리적 조치를 하여야 함
가명 정보의 처리에 관한 특례 도입	• 통계작성, 과학적 연구, 공익적 기록보존 등을 위하여 정보 주체의 동의 없이도 가명 정보 처리 허용 • 통계작성, 과학적 연구, 공익적 기록보존 등의 처리 목적 외로 이용하거나 제3자에게 제공, 영리 또는 부정한 목적으로 이용 금지

(3) 개인정보 보호법 전면 개정

① 개정 개인정보 보호법(2023년 9월 15일 시행)에는 정보 주체인 국민의 권리를 실질적으로 보장하면서 온라인-오프라인으로 이원화되어 있는 개인정보 처리 기준을 디지털 환경에 맞게 일원화하는 등 그동안 각 계에서 논의되어 온 다양한 내용이 포함되어 있다.

② 주요 변경 사항

정보주체의 권익 보호	• 국민의 생명 · 신체 등 보호를 위한 법체계 정비 • 개인정보 처리 요건 개선 및 처리 방침 평가 도입 • 개인정보 분쟁조정 강화 • 손해배상청구소송 시 국민의 정보 접근권 강화
온 · 오프라인 이중 규제 등 개선	• 영상정보처리기기 운영기준 개선 • 수집 출처 통지 및 이용 · 제공 내역 통지 제도 합리화 • 14세 미만 아동의 개인정보 보호 확대 • 개인정보 유출 등의 신고 · 통지 일원화 • 안전조치 기준 일원화 • 개인정보 파기 특례 정비 • 벌칙 규정 개선
공공기관 안전성 강화 등	• 주요 공공시스템 안전조치 강화 • 공공기관 개인정보 파일 등록 확대 • 공공기관 개인정보 영향평가 개선 • 통계법 적용 제외 규정 개선 • 처리위탁 · 재위탁 시 개인정보 보호 개선
글로벌 스탠다드	• 국외 이전 다양화 및 이전 중지명령 도입 • 과징금 제도 개선

③ 주요 개정 내용

1 필수 동의 관행 개선
① 정보통신 서비스 제공자 필수 동의 규정 삭제
② 계약 이행 · 체결 요건에서 '불가피하게' 삭제
③ 동의를 받는 방법 개선
④ 개인정보의 추가적 이용 및 제공 요건 개선

2 코로나19 등 상황에서 안전조치 강화
① 공중위생 목적의 개인정보 수집 · 이용 · 제공 가능
② 안전조치, 파기, 정보 주체의 권리 등을 전면 적용

3 급박한 상황에서 국민의 생명 등 보호 강화
① '사전 동의를 받을 수 없는 등' 요건 삭제
② 골든타임 이내 우선적 구조 조치 가능

④ 개정 규정과 관련 조항

개정 규정	관련 조항
개인정보 처리 관련 규정 개정	• 개인정보 수집·이용 및 제공(법 제15·17·18·22조) • 개인정보 처리방침 평가(법 제30조의2)
영상정보처리기기 규정 개정	• 고정형 영상정보처리기기(법 제25조) • 이동형 영상정보처리기기(법 제25조의2)
수집 출처 및 이용·제공 내역 통지 제도 개정	• 수집 출처 등의 통지(법 제20조) • 이용·제공 내역의 통지(법 제20조의2)
국외 이전 요건 다양화 및 보호조치 강화	• 국외 이전(법 제28조의8) • 중지 명령(법 제28조의9)
안전조치 의무 일원화 및 공공기관 안전조치 강화	• 안전성 확보 조치(영 제30조) • 공공시스템 운영기관 안전성 확보 조치(영 제30조의2)
개인정보 유출 등의 통지 및 신고(법 제34조)	
분쟁조정 제도 개선(법 제40~44조)	
과징금·형벌·과태료 등 제재 규정 정비	• 과징금(법 제64조의2) • 결과의 공표(법 제66조) • 형벌(법 제70~73조) • 과태료(법 제75조)
기타 사항	• 아동의 개인정보(법 제22조의2) • 민감정보 처리 제한(법 제23조) • 업무위탁 처리 제한(법 제26조) • 국내 대리인의 지정(법 제31조의2) • 개인정보 파일 등록·공개(법 제32조) • 영향평가 지정 기준 정비(법 제33조) • 개인정보 파기 특례규정 삭제(유효기간제)

더 알아보기   개인정보 보호법 시행일별 주요 개정 사항

2023.9.15. 시행	• 국민의 생명 신체 등 보호를 위한 법체계 정비 • 영상정보처리기기 운영 기준 개선, 주요 공공시스템 안전조치 강화 • 온·오프라인 이중 규제 개선, 과징금제도 개선
2024.3.15. 시행	• 공공기관 개인정보 보호 수준 평가, 손해배상의 보장 • 자동화된 결정에 대한 정보 주체의 권리 • 개인정보 보호 책임자 지정(자격요건)
2024.3.15.~2025.3.15. 시행	개인정보 전송 요구(이동권)

2 우리나라 개인정보 보호 관련 주요 법체계

(1) 대한민국의 법제 구조

단계	법제		개인정보 보호 관련 내용
1단계	헌법	헌법 제10조	모든 국민은 인간으로서의 존엄과 가치를 가지며, 행복을 추구할 권리를 가진다. 국가는 개인이 가지는 불가침의 기본적 인권을 확인하고 이를 보장할 의무를 진다.
		헌법 제17조	모든 국민은 사생활의 비밀과 자유를 침해받지 아니한다.
2단계	법률	개인정보 보호법	개인정보 처리 및 보호에 관한 사항을 정함으로써 개인의 자유와 권리를 보호하고, 나아가 개인의 존엄과 가치를 구현함을 목적으로 한다.
		정보통신망법, 신용정보법 등	특정 대상자의 개인정보 보호 관련 내용을 적용한다.
3~4단계	시행령	대통령령, 국무총리령, 행정안전부령 등	법률상 개인정보 보호 조항 상세 사항을 적용한다.
5단계	행정규칙	개인정보의 안전성 확보 조치 기준, 개인정보의 기술적 관리적 보호조치 기준, 표준 개인정보 보호지침 등	법률, 시행령에 규정된 개인정보 보호 관련 내용의 구체적 기준 및 가이드를 제시한다.

(2) 개인정보 보호 관련 법령

법령	소관 부처
개인정보 보호법	개인정보 보호 위원회
개인정보 보호법 시행령	개인정보 보호 위원회
신용정보의 이용 및 보호에 관한 법률	금융위원회
국가인권위원회법	국가인권위원회
공공기관의 운영에 관한 법률	기획재정부
지방공기업법	행정안전부
초 · 중등교육법	교육부
고등교육법	교육부
주민등록법	행정안전부
전자정부법	행정안전부
전자서명법	행정안전부
공공기관의 정보공개에 관한 법률	행정안전부

(3) 개인정보 보호 관련 행정규칙

행정규칙명	법령 종류
개인정보 처리 방법에 관한 고시	개인정보 보호 위원회 고시
개인정보의 안전성 확보 조치 기준	개인정보 보호 위원회 고시
개인정보의 기술적·관리적 보호조치 기준	개인정보 보호 위원회 고시
표준 개인정보 보호지침	개인정보 보호 위원회 고시
개인정보 영향평가에 관한 고시	개인정보 보호 위원회 고시
개인정보 보호 자율 규제단체 지정 등에 관한 규정	개인정보 보호 위원회 고시
정보보호 및 개인정보 보호 관리체계 인증 등에 관한 고시	개인정보 보호 위원회 고시
가명 정보의 결합 및 반출 등에 관한 고시	개인정보 보호 위원회 고시
경찰청 개인정보 보호 규칙	경찰청 예규
경찰청 영상정보처리기기 운영규칙	경찰청 예규
주민등록증 발급신청서 등의 관리에 관한 규칙	경찰청 예규
국토교통부 개인정보 보호 세부 지침	국토교통부 훈령
농림축산식품부 개인정보 보호지침	농림축산식품부 훈령
문화체육관광부 개인정보 보호지침	문화체육관광부 훈령
법무부 개인정보 보호지침	법무부 훈령
병무청 개인정보 보호 관리 규정	병무청 훈령
병무 행정 정보업무 관리 규정	병무청 훈령
산림청 개인정보 보호지침	산림청 훈령
중소벤처기업부 개인정보 보호지침	중소벤처기업부 훈령
통계청 개인정보 보호지침	통계청 예규
행정안전부 개인정보 보호지침	행정안전부 훈령
환경부 개인정보 보호지침	환경부 훈령

(4) 개인정보 보호법 개정(2023년 9월 15일 시행)

① 개인정보 보호법은 총 10장 76개의 조항 및 부칙으로 구성되어 있다.

② 주요 구성

장	조항
제1장 총칙 (제1~6조)	목적, 정의, 개인정보 보호 원칙, 정보 주체의 권리, 국가 등의 책무, 다른 법률과의 관계
제2장 개인정보 보호정책의 수립 등 (제7~14조)	개인정보 보호 위원회, 개인정보 침해 요인 평가, 기본계획, 시행계획, 자료 제출 요구 등, 개인정보 보호지침, 자율 규제의 촉진 및 지원, 국제협력
제3장 개인정보의 처리	• 제1절 개인정보의 수집, 이용, 제공 등(제15~22조의2) • 제2절 개인정보의 처리 제한(제23~28조) • 제3절 가명 정보 처리에 관한 특례(제28조의2~28조의7) • 제4절 개인정보의 국외 이전(제28조의8~28조의11)
제4장 개인정보의 안전한 관리 (제29~34조의2)	안전조치 의무, 개인정보 처리 방침의 수립 및 공개, 개인정보 처리 방침의 평가 및 개선 권고, 개인정보 보호 책임자의 지정, 국내 대리인의 지정, 개인정보 파일의 등록 및 공개, 개인정보 보호 인증, 개인정보 영향평가, 개인정보 유출 등의 통지 · 신고, 노출된 개인정보의 삭제 · 차단
제5장 정보 주체의 권리보장 (제35~39조의2)	개인정보의 열람, 개인정보의 전송 요구(시행일 미지정), 개인정보관리 전문기관, 개인정보 전송 관리 및 지원, 개인정보의 정정 · 삭제, 개인정보의 처리정지 등, 자동화된 결정에 대한 정보 주체의 권리 등, 권리행사의 방법 및 절차, 손해배상책임, 법정 손해배상의 청구
제6장 삭제 (제39조의3~39조의7)	자료의 제출, 비밀유지명령, 비밀유지명령의 취소, 소송기록 열람 등의 청구 통지 등, 손해배상의 보장
제7장 개인정보 분쟁조정위원회 (제40~50조의2)	설치 및 구성, 위원의 신분보장, 위원의 체적 · 기피 · 회피, 조정의 신청 등, 처리기간, 자료의 요청 및 사실조사 등, 진술의 원용 제한, 조정 전 합의 권고, 분쟁의 조정, 조정의 거부 및 중지, 집단 분쟁조정, 조정절차 등, 개선 의견의 통보
제8장 개인정보 단체소송 (제51~57조)	단체소송의 대상 등, 전속관할, 소송대리인의 선임, 소송허가 신청, 소송허가 요건 등, 확정판결의 효력, 민사소송법의 적용 등
제9장 보칙 (제58~69조)	적용의 일부 제외, 적용 제외, 금지 행위, 비밀 유지 등, 의견제시 및 개선 권고, 침해 사실의 신고 등, 자료 제출 요구 및 검사, 사전 실태점검, 시정조치 등, 과징금의 부과, 고발 및 징계 권고, 결과의 공표, 연차 보고, 권한의 위임 · 위탁, 벌칙 적용 시의 공무원 의제
제10장 벌칙 (제70~76조)	벌칙, 양벌규정, 몰수 · 추징 등, 과태료, 과태료에 관한 규정 적용의 특례

③ 적용 사업자

    ⊙ 개인정보 보호법은 개인정보를 취급하는 공공기관 · 민간 분야의 모든 사업자를 예외 없이 모두 적용 대상으로 하고 있다.

    © 개인정보 보호법은 온라인과 오프라인에 모두 적용되므로, 개인정보 처리자는 종이 문서에 수기로 기재한 개인정보도 개인정보 처리 절차에 따라 관리하여야 한다.

④ 다른 법률과의 관계(법 제6조)

    ⊙ 개인정보의 처리 및 보호에 관하여 다른 법률에 특별한 규정이 있는 경우를 제외하고는 이 법에서 정하는 바에 따른다.

    © 개인정보 보호법은 일반법으로서 모든 개인정보 처리자와 정보 주체와의 관계에 적용된다. 다만, 신용정보법에 따른 신용정보사업자와 신용정보 주체와의 관계에 있어서 해당 법에 특별한 규정이 있다면 그 규정을 따른다.

더 알아보기   **법 적용의 원칙**

상위법 우선 원칙	헌법 > 법률 > 시행령 > 고시, 자치법규
특별법 우선 원칙	특별법 > 일반법
신법 우선 원칙	신규 제 · 개정법 > 기존법

⑤ 집단적 분쟁조정 제도와 단체소송 도입

    ⊙ 개인정보 보호법은 집단적 분쟁 조정제도 및 단체소송을 새롭게 도입하여 개인정보 집단분쟁 시 개인정보 분쟁 조정위원회에 조정을 신청할 수 있다.

    © 개인정보 처리자의 집단분쟁 조정 거부 또는 조정 결과를 수락하지 않을 경우 법원에 단체소송을 제기할 수 있으며, 개인정보유출 등의 분쟁에 대한 효과적인 구제 절차이다.

02 개인정보 보호 원칙과 의무

1 OECD 프라이버시 8원칙과 개인정보 보호 원칙

(1) OECD 프라이버시 8원칙

수집 제한의 원칙	개인정보의 수집은 합법적이고 공정한 절차에 의하여 가능한 한 정보 주체에게 알리거나 동의를 얻은 후에 수집되어야 한다.
정보 정확성의 원칙	개인정보는 그 이용 목적에 부합하는 것이어야 하고, 이용 목적에 필요한 범위 내에서 정확하고 완전하며 최신의 상태로 유지해야 한다.
목적 명확화 원칙	개인정보는 수집 시 목적이 명확해야 하며, 이를 이용할 경우에도 수집 목적의 실현 또는 수집 목적과 양립되어야 하고 목적이 변경될 때마다 명확히 해야 한다.
이용 제한의 원칙	개인정보는 정보 주체의 동의가 있는 경우나 법률의 규정에 의한 경우를 제외하고는 명확화된 목적 이외의 용도로 공개되거나 이용되어서는 안 된다.
안전성 확보의 원칙	개인정보의 분실, 불법적인 접근, 훼손, 사용, 변조, 공개 등의 위험에 대비하여 합리적인 안전 보호 장치를 마련해야 한다.
처리 방침 공개의 원칙	개인정보의 처리와 정보처리장치의 설치, 활용 및 관련 정책은 일반에게 공개해야 한다.
정보 주체 참여의 원칙	정보 주체인 개인은 자신과 관련된 정보의 존재 확인, 열람 요구, 이의 제기 및 정정, 삭제, 보완 청구권을 가진다.
책임의 원칙	개인정보 관리자는 위에서 제시한 원칙들이 지켜지도록 필요한 제반조치를 취해야 한다.

더 알아보기 GDPR 제5조에 명시된 개인정보 처리 원칙

- 합법성 · 공정성 · 투명성의 원칙
- 목적 제한의 원칙
- 개인정보 최소 처리 원칙
- 정확성 원칙
- 보관기간 제한의 원칙
- 무결성 · 기밀성의 원칙
- 책임성의 원칙

(2) OECD 프라이버시 8원칙과 개인정보 보호 원칙 비교

OECD 8 원칙	개인정보 보호 원칙(법 제3조)
1원칙 수집 제한의 원칙	• 제1항 : 목적에 필요한 범위에서 최소한의 개인정보만을 수집 • 제6항 : 사생활 침해를 최소화하는 방법으로 처리 • 제7항 : 익명 처리의 원칙
2원칙 정보 정확성의 원칙	제3항 : 처리 목적에 필요한 범위에서 정확성 · 완전성 · 최신성 보장
3원칙 목적 명확성의 원칙	제1항 : 처리 목적의 명확화
4원칙 이용 제한의 원칙	제2항 : 목적 범위에 필요한 범위에서 적합하게 처리, 목적 외 용도로 활용금지
5원칙 안전성 확보의 원칙	제4항 : 권리침해 가능성 등을 고려하여 안전하게 관리
6원칙 공개의 원칙	제5항 : 개인정보 처리 방침 등 공개
7원칙 정보 주체 참여의 원칙	제5항 : 열람청구권 등 정보 주체의 권리보장
8원칙 책임의 원칙	제8항 : 개인정보 처리자의 책임과 의무 준수, 신뢰 확보 노력

2 개인정보 보호 원칙 개요

(1) 개인정보 보호 원칙(법 제3조)

① 개인정보 처리자는 개인정보의 처리 목적을 명확하게 하여야 하고 그 목적에 필요한 범위에서 최소한의 개인정보만을 적법하고 정당하게 수집하여야 한다.

② 개인정보 처리자는 개인정보의 처리 목적에 필요한 범위에서 적합하게 개인정보를 처리하여야 하며, 그 목적 외의 용도로 활용하여서는 아니 된다.

③ 개인정보 처리자는 개인정보의 처리 목적에 필요한 범위에서 개인정보의 정확성, 완전성 및 최신성이 보장되도록 하여야 한다.

④ 개인정보 처리자는 개인정보의 처리 방법 및 종류 등에 따라 정보 주체의 권리가 침해받을 가능성과 그 위험 정도를 고려하여 개인정보를 안전하게 관리하여야 한다.

⑤ 개인정보 처리자는 제30조에 따른 개인정보 처리 방침 등 개인정보의 처리에 관한 사항을 공개하여야 하며, 열람청구권 등 정보 주체의 권리를 보장하여야 한다.

⑥ 개인정보 처리자는 정보 주체의 사생활 침해를 최소화하는 방법으로 개인정보를 처리하여야 한다.

⑦ 개인정보 처리자는 개인정보를 익명 또는 가명으로 처리하여도 개인정보 수집 목적을 달성할 수 있는 경우 익명 처리가 가능한 경우에는 익명에 의하여, 익명 처리로 목적을 달성할 수 없는 경우에는 가명에 의하여 처리될 수 있도록 하여야 한다.

⑧ 개인정보 처리자는 이 법 및 관계 법령에서 규정하고 있는 책임과 의무를 준수하고 실천함으로써 정보 주체의 신뢰를 얻기 위하여 노력하여야 한다.

익명 정보와 가명 정보는 둘 다 특정 개인을 알아볼 수 없는 정보라는 공통점이 있다.

익명 정보	• 시간 · 비용 · 기술 등을 합리적으로 고려할 때 다른 정보를 사용하여도 더 이상 개인을 알아볼 수 없는 정보(법 제58조의2) • 개인정보를 제공받은 제3자를 포함하여 임의의 제3자는 물론 개인정보 처리자 자신도 합리적으로 더 이상 특정 개인을 알아볼 수 없어야 한다.
가명 정보	• 추가 정보의 사용 · 결합 없이는 특정 개인을 알아볼 수 없는 정보(법 제2조 제1호 다목) • 개인정보 처리자 자신은 추가 정보와 결합하여 특정 개인을 알아볼 수 있으나, 해당 정보를 제공받은 자 또는 임의의 제3자는 특정 개인을 알아볼 수 없어야 한다.

(2) 개인정보 자기결정권

① 헌법 제10조 제1문에서 도출되는 일반적 인격권과 제17조에 의하여 보호받고 있는 사생활의 비밀과 자유를 근거 규정으로 하여 우리나라 헌법상으로도 '개인정보 자기결정권'이 기본권으로 보장되고 있다고 보고 있다.

② 개인정보 자기결정권이란 자신에 관한 정보가 언제 누구에게 어느 범위까지 알려지고 또 이용되도록 할 것인지를 그 정보 주체가 스스로 결정할 수 있는 권리, 즉 정보 주체가 개인정보의 공개와 이용에 관하여 스스로 통제 · 결정할 수 있는 권리를 말한다.

• 헌법 제10조 : 모든 국민은 인간으로서의 존엄과 가치를 가지며, 행복을 추구할 권리를 가진다. 국가는 개인이 가지는 불가침의 기본적 인권을 확인하고 이를 보장할 의무를 진다.
• 헌법 제17조 : 모든 국민은 사생활의 비밀과 자유를 침해받지 아니한다.
• 판례 : 개인정보 자기결정권의 보호 대상이 되는 개인정보는 개인의 신체, 신념, 사회적 지위, 신분 등과 같이 개인의 인격 주체성을 특징짓는 사항으로서 그 개인의 동일성을 식별할 수 있게 하는 일체의 정보라고 할 수 있고, 반드시 개인의 내밀한 영역이나 사사(私事)의 영역에 속하는 정보에 국한되지 않고 공적 생활에서 형성되었거나 이미 공개된 개인정보까지 포함한다. 또한 그러한 개인정보를 대상으로 한 조사 · 수집 · 보관 · 처리 · 이용 등의 행위는 모두 원칙적으로 개인정보 자기결정권에 대한 제한에 해당한다(헌법재판소 2005. 7. 21. 2003헌마282, 425 결정).

(3) 개인정보 보호정책의 수립

① 개인정보 보호 위원회(법 제7조)

　㉠ 개인정보 보호에 관한 사무를 독립적으로 수행하기 위하여 국무총리 소속으로 개인정보 보호 위원회(이하 "보호 위원회"라 한다)를 둔다.

　㉡ 보호 위원회는 정부조직법 제2조에 따른 중앙행정기관으로 본다. 다만, 다음 각호의 사항에 대하여는 정부조직법 제18조를 적용하지 아니한다.

　　• 제7조의8 제3호 및 제4호의 사무

　　• 제7조의9 제1항의 심의 · 의결 사항 중 제1호에 해당하는 사항

② 개인정보 보호 위원회 설치와 구성

설치	개인정보 보호에 관한 사무를 독립적으로 수행하기 위하여 국무총리 소속으로 개인정보 보호 위원회를 둔다(법 제7조 제1항).
구성	보호 위원회는 상임위원 2명(위원장 1명, 부위원장 1명)을 포함한 9명의 위원으로 구성한다(법 제7조의2 제1항).
임명·위촉	• 위원장과 부위원장은 국무총리의 제청으로, 그 외 위원 중 2명은 위원장의 제청으로, 2명은 대통령이 소속되거나 소속되었던 정당의 교섭단체 추천으로, 3명은 그 외의 교섭단체 추천으로 대통령이 임명 또는 위촉한다(법 제7조의2 제2항). • 위원장과 부위원장은 정무직 공무원으로 임명한다(법 제7조의2 제3항).
임기	위원의 임기는 3년으로 하되, 한 차례만 연임할 수 있다(법 제7조의4 제1항).
소집	• 보호 위원회의 회의는 위원장이 필요하다고 인정하거나 재적 위원 4분의 1 이상의 요구가 있는 경우에 위원장이 소집한다(법 제7조의10 제1항). • 위원장 또는 2명 이상의 위원은 보호 위원회에 의안을 제의할 수 있다(제7조의10 제2항).
의결	보호 위원회의 회의는 재적 위원 과반수의 출석으로 개의하고, 출석위원 과반수의 찬성으로 의결한다(법 제7조의10 제3항).

3 개인정보의 수집, 이용, 제공 등

(1) 개인정보의 수집 · 이용(법 제15조)

① 개인정보 처리자는 다음의 어느 하나에 해당하는 경우에는 개인정보를 수집할 수 있으며 그 수집 목적의 범위에서 이용할 수 있다.

더 알아보기   개인정보 '수집'의 의미

• 개인정보 수집은 정보 주체로부터 직접 이름, 주소, 전화번호 등의 정보를 제공받는 것뿐만 아니라 정보 주체에 관한 모든 형태의 개인정보를 취득하는 것을 말한다(표준 개인정보 보호지침 제6조).
• 개인정보는 정보 주체로부터 직접 수집하는 것이 원칙이나 필요한 경우에는 국가기관, 신용평가기관 등 제3자로부터 수집하거나 인터넷, 신문 · 잡지, 전화번호부, 인명록 등과 같은 공개된 자료원으로부터 수집할 수도 있다.
• 개인정보 수집 · 이용 예시
  – 명함을 받음으로써 부수적으로 개인정보를 취득하는 행위
  – 본인 이외 제3자로부터 정보 주체의 개인정보를 취득하는 행위
  – 인터넷 검색이나 인명부, 전화번호부, 잡지, 신문기사 등 공개된 정보에서 개인정보를 취득하는 행위
  – 정보 주체 본인이나 제3자 또는 그 밖의 출처로부터 취득한 개인정보 이외에 개인정보 처리자가 직접 정보를 생성하는 경우

㉠ 정보 주체의 동의를 받은 경우

더 알아보기   동의의 사례

• 영화관 멤버십카드 발급 시 개인정보 활용동의서에 기명날인하는 경우
• 공공기관의 인터넷홈페이지 회원가입 시 개인정보 수집 · 이용 동의에 체크하는 경우

    ⓛ 법률에 특별한 규정이 있거나 법령상 의무를 준수하기 위하여 불가피한 경우

    ⓒ 공공기관이 법령 등에서 정하는 소관 업무의 수행을 위하여 불가피한 경우

    ⓔ 정보 주체와 체결한 계약을 이행하거나 계약을 체결하는 과정에서 정보 주체의 요청에 따른 조치를 이행하기 위하여 필요한 경우

    ⓜ 명백히 정보 주체 또는 제3자의 급박한 생명, 신체, 재산의 이익을 위하여 필요하다고 인정되는 경우

더 알아보기　　**급박한 이익의 사례**

- 조난 · 홍수 등으로 실종되거나 고립된 사람을 구조하기 위하여 연락처, 주소, 위치정보 등 개인정보를 수집하는 경우
- 아파트에 화재가 발생한 경우, 집 안에 있는 자녀를 구하기 위해 해당 자녀 또는 부모의 이동 전화번호를 수집하는 경우
- 의식불명이나 중태에 빠진 환자의 수술 등 의료 조치를 위하여 개인정보를 수집하는 경우
- 고객이 전화사기(보이스피싱)에 걸린 것으로 보여 은행이 임시로 자금 이체를 중단시키고 고객에게 사실확인을 하고자 하는 경우

    ⓗ 개인정보 처리자의 정당한 이익을 달성하기 위하여 필요한 경우로서 명백하게 정보 주체의 권리보다 우선하는 경우. 이 경우 개인정보 처리자의 정당한 이익과 상당한 관련이 있고 합리적인 범위를 초과하지 아니하는 경우에 한한다.

더 알아보기　　**개인정보 처리자의 정당한 이익 달성 사례**

- 사업자가 요금 정산 · 채권추심 등을 위하여 고객의 서비스 이용 내역, 과금 내역 등의 개인정보를 생성 · 관리하는 경우 → 요금 정산을 위해서는 고객의 물품 주문 내역, 서비스 이용 내역, 통신사실확인자료 등과 같이 요금을 산출하고 과금하기 위한 자료를 생성하게 되며, 계약이행에 따른 정당한 대가를 받기 위한 것이므로 수집이 가능하다고 보아야 한다.
- 사업자가 고객과의 소송이나 분쟁에 대비하여 요금 정산자료, 고객의 민원 제기 내용 및 대응자료 등을 수집 · 관리하는 경우 → 이미 해결된 민원인데도 계속해서 민원을 제기하는 경우 기존의 민원 제기 내역 및 대처 기록 등의 자료를 기록 · 보관할 때, 요금 정산 및 과금에 대한 불만 발생 시 이를 증빙할 수 있는 서비스 이용 내역에 대한 증빙자료를 생성 · 관리할 때, 사전에 동의를 받도록 한다면 사업자의 영업활동에 과도한 부담이 된다.
- 도난 방지, 시설 안전 등을 위해서 회사 출입구(현관), 엘리베이터, 복도 등에 CCTV를 설치 · 운영하는 경우 → 근로자의 사생활 침해 가능성이 낮은 반면, 도난 방지, 시설 안전 등의 효과가 크므로 필요성도 있고 정당성도 있다고 할 수 있다.

    ⓢ 공중위생 등 공공의 안전과 안녕을 위하여 긴급히 필요한 경우

② 개인정보 처리자는 정보 주체의 동의를 받을 때에는 다음 사항을 정보 주체에게 알려야 한다. 다음 어느 하나의 사항을 변경하는 경우에도 이를 알리고 동의를 받아야 한다.

    ㉠ 개인정보의 수집 · 이용 목적

    ㉡ 수집하려는 개인정보의 항목

    ㉢ 개인정보의 보유 및 이용 기간

    ㉣ 동의를 거부할 권리가 있다는 사실 및 동의 거부에 따른 불이익이 있는 경우에는 그 불이익의 내용

③ 개인정보 처리자는 당초 수집 목적과 합리적으로 관련된 범위에서 정보 주체에게 불이익이 발생하는지 여부, 암호화 등 안전성 확보에 필요한 조치를 하였는지 여부 등을 고려하여 대통령령으로 정하는 바에 따라 정보 주체의 동의 없이 개인정보를 이용할 수 있다.

(2) 동의를 받는 방법(법 제22조)

① 개인정보 처리자는 이 법에 따른 개인정보의 처리에 대하여 정보 주체(제22조의2 제1항에 따른 법정대리인을 포함)의 동의를 받을 때에는 각각의 동의 사항을 구분하여 정보 주체가 이를 명확하게 인지할 수 있도록 알리고 동의를 받아야 한다. 이 경우 다음의 경우에는 동의 사항을 구분하여 각각 동의를 받아야 한다.

　㉠ 제15조 제1항 제1호에 따라 동의를 받는 경우

　㉡ 제17조 제1항 제1호에 따라 동의를 받는 경우

　㉢ 제18조 제2항 제1호에 따라 동의를 받는 경우

　㉣ 제19조 제1호에 따라 동의를 받는 경우

　㉤ 제23조 제1항 제1호에 따라 동의를 받는 경우

　㉥ 제24조 제1항 제1호에 따라 동의를 받는 경우

　㉦ 재화나 서비스를 홍보하거나 판매를 권유하기 위하여 개인정보의 처리에 대한 동의를 받으려는 경우

　㉧ 그 밖에 정보주체를 보호하기 위하여 동의 사항을 구분하여 동의를 받아야 할 필요가 있는 경우로서 대통령령으로 정하는 경우

더 알아보기　　포괄 동의의 금지

- 개인정보 처리자가 개인정보 처리에 대하여 정보 주체의 동의를 받을 때에는 각각의 동의 사항을 구분하여 정보 주체에게 명확히 알리고 각각 동의를 받아야 한다.
- 사항별로 동의를 받아야 하는 사항은 수집·이용 동의(제15조 제1항, 제39조의3 제1항), 제3자 제공 동의(제17조 제1항 제1호) 등이 있다.
- 정보 주체가 좀 더 신중한 의사결정을 해야 할 필요가 있는 사항에 대해서는 동의의 내용과 의미를 명확하게 인지한 상태에서 결정할 수 있도록 통상의 동의와 구분해서 별도로 동의를 받아야 한다. 다른 동의와 구분해서 별도 동의를 받아야 하는 경우에는 목적 외 이용·제공 동의(제18조 제2항 제1호), 개인정보를 제공받은 자의 이용·제공 제한(제19조 제1호), 민감정보 처리 동의(제23조 제1항 제1호), 고유 식별정보 처리 동의(제24조 제1항 제1호) 등이 해당된다.
- 고유 식별정보(주민등록번호 제외)를 수집할 때는 '고유 식별정보 수집·이용·제공에 대한 동의'를, 건강정보에 관한 정보를 수집할 때는 '건강정보(민감정보) 수집·이용·제공에 대한 동의'를 별도로 분리해서 목적 등을 고지하고 동의를 받아야 한다.

---

② 개인정보 처리자는 ①의 동의를 서면(전자문서 및 전자거래 기본법 제2조 제1호에 따른 전자문서를 포함)으로 받을 때에는 개인정보의 수집·이용 목적, 수집·이용하려는 개인정보의 항목 등 대통령령으로 정하는 중요한 내용을 보호 위원회가 고시로 정하는 방법에 따라 명확히 표시하여 알아보기 쉽게 하여야 한다.

개인정보 보호법 시행령 제17조 제3항
법 제22조 제2항에서 "대통령령으로 정하는 중요한 내용"이란 다음 각호의 사항을 말한다.
1. 개인정보의 수집·이용 목적 중 재화나 서비스의 홍보 또는 판매 권유 등을 위하여 해당 개인정보를 이용하여 정보 주체에게 연락할 수 있다는 사실
2. 처리하려는 개인정보의 항목 중 민감정보, 여권번호, 운전 면허의 면허번호 및 외국인등록번호
3. 개인정보의 보유 및 이용 기간(제공 시에는 제공받는 자의 보유 및 이용 기간)
4. 개인정보를 제공받는 자 및 개인정보를 제공받는 자의 개인정보 이용 목적

---

③ 개인정보 처리자는 정보 주체의 동의 없이 처리할 수 있는 개인정보에 대해서는 그 항목과 처리의 법적 근거를 정보 주체의 동의를 받아 처리하는 개인정보와 구분하여 제30조 제2항에 따라 공개하거나 전자 우편 등 대통령령으로 정하는 방법에 따라 정보 주체에게 알려야 한다. 이 경우 동의 없이 처리할 수 있는 개인정보라는 입증책임은 개인정보 처리자가 부담한다.

④ 삭제 〈2023. 3. 14.〉

⑤ 개인정보 처리자는 정보 주체가 선택적으로 동의할 수 있는 사항을 동의하지 아니하거나 ①의 ⓒ, ⓐ에 따른 동의를 하지 아니한다는 이유로 정보 주체에게 재화 또는 서비스의 제공을 거부하여서는 아니 된다.

⑥ 삭제 〈2023. 3. 14.〉

⑦ 규정한 사항 외에 정보 주체의 동의를 받는 세부적인 방법에 관하여 필요한 사항은 개인정보의 수집매체 등을 고려하여 대통령령으로 정한다.

(3) 아동의 개인정보 보호(법 제22조의2)

① 개인정보 처리자는 만 14세 미만 아동의 개인정보를 처리하기 위하여 이 법에 따른 동의를 받아야 할 때에는 그 법정대리인의 동의를 받아야 하며, 법정대리인이 동의하였는지를 확인하여야 한다.

② 법정대리인의 동의를 받기 위하여 필요한 최소한의 정보로서 대통령령으로 정하는 정보는 법정대리인의 동의 없이 해당 아동으로부터 직접 수집할 수 있다.

③ 개인정보 처리자는 만 14세 미만의 아동에게 개인정보 처리와 관련한 사항의 고지 등을 할 때에는 이해하기 쉬운 양식과 명확하고 알기 쉬운 언어를 사용하여야 한다.

④ 규정한 사항 외에 동의 및 동의 확인 방법 등에 필요한 사항은 대통령령으로 정한다.

개인정보 보호법 시행령 제17조의2(아동의 개인정보)

① 개인정보 처리자는 법 제22조의2 제1항에 따라 법정대리인이 동의했는지를 확인하는 경우에는 다음 각호의 어느 하나에 해당하는 방법으로 해야 한다.

1. 동의 내용을 게재한 인터넷 사이트에 법정대리인이 동의 여부를 표시하도록 하고 개인정보 처리자가 그 동의 표시를 확인했음을 법정대리인의 휴대전화 문자메시지로 알리는 방법
2. 동의 내용을 게재한 인터넷 사이트에 법정대리인이 동의 여부를 표시하도록 하고 법정대리인의 신용카드 · 직불카드 등의 카드 정보를 제공받는 방법
3. 동의 내용을 게재한 인터넷 사이트에 법정대리인이 동의 여부를 표시하도록 하고 법정대리인의 휴대전화 본인인증 등을 통하여 본인 여부를 확인하는 방법
4. 동의 내용이 적힌 서면을 법정대리인에게 직접 발급하거나 우편 또는 팩스를 통하여 전달하고, 법정대리인이 동의 내용에 대하여 서명날인 후 제출하도록 하는 방법
5. 동의 내용이 적힌 전자우편을 발송하고 법정대리인으로부터 동의의 의사표시가 적힌 전자우편을 전송받는 방법
6. 전화를 통하여 동의 내용을 법정대리인에게 알리고 동의를 받거나 인터넷주소 등 동의 내용을 확인할 수 있는 방법을 안내하고 재차 전화 통화를 통하여 동의를 받는 방법
7. 그 밖에 제1호부터 제6호까지의 규정에 준하는 방법으로서 법정대리인에게 동의 내용을 알리고 동의의 의사표시를 확인하는 방법

② 법 제22조의2 제2항에서 "대통령령으로 정하는 정보"란 법정대리인의 성명 및 연락처에 관한 정보를 말한다.

③ 개인정보 처리자는 개인정보 수집 매체의 특성상 동의 내용을 전부 표시하기 어려운 경우에는 인터넷주소 또는 사업장 전화번호 등 동의 내용을 확인할 수 있는 방법을 법정대리인에게 안내할 수 있다.

(4) 개인정보의 수집 제한(법 제16조)

① 개인정보 처리자는 개인정보를 수집하는 경우에는 그 목적에 필요한 최소한의 개인정보를 수집하여야 한다. 이 경우 최소한의 개인정보 수집이라는 입증책임은 개인정보 처리자가 부담한다.

> **더 알아보기** 최소정보의 예시
>
> - 쇼핑업체가 고객에게 상품을 배송하기 위해 수집한 이름, 주소, 전화번호(자택 및 휴대전화 번호) 등은 필요 최소한의 개인 정보라고 할 수 있으나, 직업, 생년월일 등 배송과 관련 없는 개인정보를 요구하는 것은 최소정보의 범위를 벗어난 것이다.
> - 경품행사에 응모한 고객에게 경품추첨 사실을 알리는 데 필요한 개인정보 외에 응모자의 성별, 자녀 수, 동거 여부' 등 사생활의 비밀에 관한 정보, 주민등록번호 등 고유 식별정보를 요구하는 것은 최소정보의 범위를 벗어난 것이다.
> - 취업 희망자의 경력, 전공, 자격증 등에 관한 정보는 업무능력을 판단하기 위한 최소한의 정보라고 할 수 있으나 가족관계, 결혼 유무, 본적(원적) 등에 관한 정보는 최소정보의 범위를 벗어난 것이다.

② 개인정보 처리자는 정보 주체의 동의를 받아 개인정보를 수집하는 경우 필요한 최소한의 정보 외의 개인정보 수집에는 동의하지 아니할 수 있다는 사실을 구체적으로 알리고 개인정보를 수집하여야 한다.

③ 개인정보 처리자는 정보 주체가 필요한 최소한의 정보 외의 개인정보 수집에 동의하지 아니한다는 이유로 정보 주체에게 재화 또는 서비스의 제공을 거부하여서는 아니 된다.

> **더 알아보기** 재화 등 제공 거부 금지
>
> - 필요 최소한의 정보 외의 개인정보 수집에 동의하지 아니한다는 이유로 정보 주체에게 재화 또는 서비스 제공을 거부해서는 안 된다. 서비스 제공에는 회원가입도 포함된다. 유료의 경우는 물론이고 무료의 경우도 마찬가지이다. 이는 개인정보 수집·이용에 대해 강요된 동의를 막기 위한 것이다.
> - 단, 정보 주체의 동의를 받으면서 선택정보에 대한 동의를 거부할 경우 그 선택정보의 수집을 통해 제공되는 재화 또는 서비스의 이용이 제한될 수 있다고 알리는 것은 가능하다.
> - 벌칙 규정 : 필수정보 이외의 정보 수집에 동의하지 않는다는 이유로 재화 또는 서비스의 제공을 거부한 자는 3천만 원 이하의 과태료를 부과한다(법 제75조 제2항 1호).

(5) 개인정보의 제공(법 제17조)

① 개인정보 처리자는 다음 어느 하나에 해당되는 경우에는 정보 주체의 개인정보를 제3자에게 제공(공유를 포함)할 수 있다.

　㉠ 정보 주체의 동의를 받은 경우

　㉡ 제15조 제1항 제2호, 제3호 및 제5호부터 제7호까지에 따라 개인정보를 수집한 목적 범위에서 개인정보를 제공하는 경우

> **더 알아보기** 개인정보 제3자 제공의 의미
>
> - 개인정보의 제공이란 개인정보 처리자 외의 제3자에게 개인정보의 지배·관리권이 이전되는 것을 의미한다.
> - 개인정보를 저장한 매체나 수기 문서를 전달하는 경우뿐만 아니라, DB 시스템에 대한 접속 권한을 허용하여 열람·복사가 가능하게 하여 개인정보를 공유하는 경우 등도 '제공'에 포함된다.

② 개인정보 처리자가 동의를 받을 때에는 다음 사항을 정보 주체에게 알려야 한다. 다음 어느 하나의 사항을 변경하는 경우에도 이를 알리고 동의를 받아야 한다.

　㉠ 개인정보를 제공받는 자

　㉡ 개인정보를 제공받는 자의 개인정보 이용 목적

　㉢ 제공하는 개인정보의 항목

　㉣ 개인정보를 제공받는 자의 개인정보 보유 및 이용 기간

　㉤ 동의를 거부할 권리가 있다는 사실 및 동의 거부에 따른 불이익이 있는 경우에는 그 불이익의 내용

③ 삭제 〈2023. 3. 14.〉

④ 개인정보 처리자는 당초 수집 목적과 합리적으로 관련된 범위에서 정보 주체에게 불이익이 발생하는지 여부, 암호화 등 안전성 확보에 필요한 조치를 하였는지 여부 등을 고려하여 대통령령으로 정하는 바에 따라 정보 주체의 동의 없이 개인정보를 제공할 수 있다.

(6) 개인정보의 목적 외 이용ㆍ제공 제한(법 제18조)

① 개인정보 처리자는 개인정보를 제15조 제1항에 따른 범위를 초과하여 이용하거나 제17조 제1항 및 제28조의8 제1항에 따른 범위를 초과하여 제3자에게 제공하여서는 아니 된다.

더 알아보기 목적 외 이용ㆍ제공 사례	
목적 외 이용 사례	• 공무원들에게 업무용으로 발급한 이메일 계정 주소로 사전동의 절차 없이 교육 등 마케팅 홍보자료를 발송한 경우 • 조세 담당 공무원이 자신과 채권ㆍ채무 관계로 소송 중인 사람에 관한 납세 정보를 조회하여 소송에 이용한 경우 • 상품배송을 목적으로 수집한 개인정보를 사전에 동의받지 않은 자사의 별도 상품ㆍ서비스의 홍보에 이용 • 고객 만족도 조사, 판촉 행사, 경품행사에 응모하기 위하여 입력한 개인정보를 사전에 동의받지 않고 자사의 할인판매 행사 안내용 광고물 발송에 이용 • A/S 센터에서 고객 불만 및 불편 사항을 처리하기 위해 수집한 개인정보를 자사의 신상품 광고에 이용 • 공개된 개인정보의 성격과 공개 취지 등에 비추어 그 공개된 목적을 넘어 DB 마케팅을 위하여 수집한 후 이용하는 행위
목적 외 제공 사례	• 주민센터 복지카드 담당 공무원이 복지카드 신청자의 개인정보(홍보 마케팅 등으로 개인정보 제공을 동의하지 않은 경우)를 정보 주체의 동의 없이 사설 학습지 회사에 제공 • 홈쇼핑 회사가 주문 상품을 배달하기 위해 수집한 고객정보를 정보 주체의 동의 없이 계열 콘도 미니엄사에 제공하여 콘도미니엄 판매용 홍보자료 발송에 활용

② 개인정보 처리자는 다음 각호의 어느 하나에 해당하는 경우에는 정보 주체 또는 제3자의 이익을 부당하게 침해할 우려가 있을 때를 제외하고는 개인정보를 목적 외의 용도로 이용하거나 이를 제3자에게 제공할 수 있다. 다만, ㉤부터 ㉩까지에 따른 경우는 공공기관의 경우로 한정한다.

　㉠ 정보 주체로부터 별도의 동의를 받은 경우

　㉡ 다른 법률에 특별한 규정이 있는 경우

　㉢ 명백히 정보 주체 또는 제3자의 급박한 생명, 신체, 재산의 이익을 위하여 필요하다고 인정되는 경우

　㉣ 삭제 〈2020. 2. 4.〉

ⓜ 개인정보를 목적 외의 용도로 이용하거나 이를 제3자에게 제공하지 아니하면 다른 법률에서 정하는 소관 업무를 수행할 수 없는 경우로서 보호 위원회의 심의·의결을 거친 경우

ⓗ 조약, 그 밖의 국제협정의 이행을 위하여 외국정부 또는 국제기구에 제공하기 위하여 필요한 경우

ⓢ 범죄의 수사와 공소의 제기 및 유지를 위하여 필요한 경우

결정례 피내사자 개인정보 제공 가능 여부
- 내사는 범죄 혐의의 유무를 확인하기 위하여 범죄 인지 전에 행해지는 수사기관 내부의 조사 활동으로서 수사와 구분되는 개념이기 때문에, 원칙적으로 범죄의 수사와 공소의 제기 및 유지를 위하여 필요한 경우에 해당하지 않는다.
- 그러나 범죄의 수사를 위하여 피내사자의 개인정보 제공이 불가피하다면 해당할 수 있으며, 이 경우 정보 주체 또는 제3자의 이익을 부당하게 침해할 우려가 없어야 하고, 범죄의 수사 목적에 필요한 최소한의 범위 내에서 개인정보가 제공되어야 할 것이다(보호 위원회 결정 제2016-07-15호).

ⓞ 법원의 재판업무 수행을 위하여 필요한 경우

ⓩ 형(刑) 및 감호, 보호처분의 집행을 위하여 필요한 경우

ⓧ 공중위생 등 공공의 안전과 안녕을 위하여 긴급히 필요한 경우

③ 개인정보 처리자는 동의를 받을 때에는 다음 사항을 정보 주체에게 알려야 한다. 다음의 어느 하나의 사항을 변경하는 경우에도 이를 알리고 동의를 받아야 한다.

㉠ 개인정보를 제공받는 자

㉡ 개인정보의 이용 목적(제공 시에는 제공받는 자의 이용 목적을 말한다)

㉢ 이용 또는 제공하는 개인정보의 항목

㉣ 개인정보의 보유 및 이용 기간(제공 시에는 제공받는 자의 보유 및 이용 기간을 말한다)

㉤ 동의를 거부할 권리가 있다는 사실 및 동의 거부에 따른 불이익이 있는 경우에는 그 불이익의 내용

④ 공공기관은 ②의 ㉡부터 ⓗ까지, ⓞ부터 ⓧ까지에 따라 개인정보를 목적 외의 용도로 이용하거나 이를 제3자에게 제공하는 경우에는 그 이용 또는 제공의 법적 근거, 목적 및 범위 등에 관하여 필요한 사항을 보호 위원회가 고시로 정하는 바에 따라 관보 또는 인터넷홈페이지 등에 게재하여야 한다.

⑤ 개인정보 처리자는 ②의 어느 하나의 경우에 해당하여 개인정보를 목적 외의 용도로 제3자에게 제공하는 경우에는 개인정보를 제공받는 자에게 이용 목적, 이용 방법, 그 밖에 필요한 사항에 대하여 제한을 하거나, 개인정보의 안전성 확보를 위하여 필요한 조치를 마련하도록 요청하여야 한다. 이 경우 요청을 받은 자는 개인정보의 안전성 확보를 위하여 필요한 조치를 하여야 한다.

Q & A
공개된 개인정보를 이용한 마케팅
Q : 학교 졸업앨범, 동창회 명부 등 공개된 개인정보를 이용한 마케팅은 문제가 없는지?
A : '공개된 개인정보'란 원래 공개된 목적 내에서만 이용할 수 있다. 예를 들어 동창회 명부라면 원칙적으로 해당 회원들의 상호 연락 및 친목 도모 등을 위해 이용될 수 있지만, 회원의 동의를 얻지 않은 마케팅 행위 등에는 이용할 수 없다.

---

(7) 정보 주체 이외로부터 수집한 개인정보의 수집 출처 등 통지(법 제20조)

① 개인정보 처리자가 정보 주체 이외로부터 수집한 개인정보를 처리하는 때에는 정보 주체의 요구가 있으면 즉시 다음 사항을 정보 주체에게 알려야 한다.

　㉠ 개인정보의 수집 출처

　㉡ 개인정보의 처리 목적

　㉢ 개인정보 처리의 정지를 요구하거나 동의를 철회할 권리가 있다는 사실

> **더 알아보기**　정보 주체 이외의 의미
>
> - 정보 주체 이외로부터 수집한 개인정보에는 제3자로부터 제공받은 정보, 신문·잡지·인터넷 등에 공개되어 있어 수집한 정보 등이 해당된다.
> - 예를 들어, 인물 DB 사업자가 학교·기관 홈페이지 등에 공개된 자료를 통하여 개인정보를 수집하는 경우가 이에 해당한다. 그러나 자체적으로 생산하거나 생성된 정보는 제외한다.

② 처리하는 개인정보의 종류·규모, 종업원 수 및 매출액 규모 등을 고려하여 대통령령으로 정하는 기준에 해당하는 개인정보 처리자가 정보 주체 이외로부터 개인정보를 수집하여 처리하는 때에는 ①의 모든 사항을 정보 주체에게 알려야 한다. 다만, 개인정보 처리자가 수집한 정보에 연락처 등 정보 주체에게 알릴 수 있는 개인정보가 포함되지 아니한 경우에는 그러하지 아니하다.

③ 정보 주체에게 알리는 시기·방법 및 절차 등 필요한 사항은 대통령령으로 정한다.

④ 다음 어느 하나에 해당하는 경우에는 적용하지 아니한다. 다만, 이 법에 따른 정보 주체의 권리보다 명백히 우선하는 경우에 한한다.

　㉠ 통지를 요구하는 대상이 되는 개인정보가 다음 어느 하나에 해당하는 개인정보 파일인 경우

　　• 국가 안전, 외교상 비밀, 그 밖에 국가의 중대한 이익에 관한 사항을 기록한 개인정보 파일

　　• 범죄의 수사, 공소의 제기 및 유지, 형 및 감호의 집행, 교정처분, 보호처분, 보안관찰처분과 출입국관리에 관한 사항을 기록한 개인정보 파일

　　• 조세범처벌법에 따른 범칙행위 조사 및 관세법에 따른 범칙행위 조사에 관한 사항을 기록한 개인정보 파일

　　• 일회적으로 운영되는 파일 등 지속적으로 관리할 필요성이 낮다고 인정되어 대통령령으로 정하는 개인정보 파일

　　• 다른 법령에 따라 비밀로 분류된 개인정보 파일

　㉡ 통지로 인하여 다른 사람의 생명·신체를 해할 우려가 있거나 다른 사람의 재산과 그 밖의 이익을 부당하게 침해할 우려가 있는 경우

> **개인정보 보호법 제20조의2(개인정보 이용·제공 내역의 통지)**
> ① 대통령령으로 정하는 기준에 해당하는 개인정보 처리자는 이 법에 따라 수집한 개인정보의 이용·제공 내역이나 이용·제공 내역을 확인할 수 있는 정보시스템에 접속하는 방법을 주기적으로 정보 주체에게 통지하여야 한다. 다만, 연락처 등 정보 주체에게 통지할 수 있는 개인정보를 수집·보유하지 아니한 경우에는 통지하지 아니할 수 있다.
> ② 통지의 대상이 되는 정보 주체의 범위, 통지 대상 정보, 통지 주기 및 방법 등에 필요한 사항은 대통령령으로 정한다.

(8) 개인정보의 파기(법 제21조)

① 개인정보 처리자는 보유기간의 경과, 개인정보의 처리 목적 달성, 가명 정보의 처리 기간 경과 등 그 개인정보가 불필요하게 되었을 때에는 지체 없이 그 개인정보를 파기하여야 한다. 다만, 다른 법령에 따라 보존하여야 하는 경우에는 그러하지 아니하다.

> **더 알아보기**   **불필요하게 된 때의 의미**
>
> • 개인정보 처리자가 당초 고지하고 동의를 받았던 보유기간의 경과
> • 동의를 받거나 법령 등에서 인정된 수집 · 이용 · 제공 목적의 달성
> • 회원 탈퇴, 제명, 계약관계 종료, 동의 철회 등에 따른 개인정보 처리의 법적 근거 소멸
> • 개인정보 처리자의 폐업 · 청산
> • 대금 완제일이나 채권소멸 시효기간의 만료

② 개인정보 처리자가 개인정보를 파기할 때에는 복구 또는 재생되지 아니하도록 조치하여야 한다.

③ 개인정보 처리자가 개인정보를 파기하지 아니하고 보존하여야 하는 경우에는 해당 개인정보 또는 개인정보 파일을 다른 개인정보와 분리하여서 저장 · 관리하여야 한다.

④ 개인정보의 파기방법 및 절차 등에 필요한 사항은 대통령령으로 정한다.

개인정보 보호법 시행령 제16조(개인정보의 파기 방법)
① 개인정보 처리자는 법 제21조에 따라 개인정보를 파기할 때에는 다음 각호의 구분에 따른 방법으로 해야 한다.
   1. 전자적 파일 형태인 경우 : 복원이 불가능한 방법으로 영구 삭제. 다만, 기술적 특성으로 영구 삭제가 현저히 곤란한 경우에는 법 제58조의2에 해당하는 정보로 처리하여 복원이 불가능하도록 조치해야 한다.
   2. 제1호 외의 기록물, 인쇄물, 서면, 그 밖의 기록매체인 경우 : 파쇄 또는 소각
② 제1항에 따른 개인정보의 안전한 파기에 관한 세부 사항은 보호 위원회가 정하여 고시한다.

Q & A
예약 후 취소한 고객의 개인정보 파기
Q : 고객이 TV홈쇼핑, 온라인 쇼핑몰을 통해 여행 상품에 대해 상담하였으나, 실제로 계약이 체결되지 않은 경우, 고객이 예약 후 취소한 경우 개인정보의 파기는 어떻게 해야 하는가?
A : TV홈쇼핑, 온라인 쇼핑몰로부터 제공받은 고객정보를 바탕으로 여행 상담 이후 계약 체결이 되지 않고 상담으로만 끝나는 경우라면 제공받은 고객정보는 지체 없이(5일 이내) 파기하여야 한다(표준 개인정보 보호지침 제10조). 다만, 고객이 예약 후 취소한 경우라면 고객이 여행 상품에 대한 비용 결제는 하지 않았다면 지체 없이 파기하는 것이 바람직하고, 고객이 여행 상품에 대한 비용 결제를 완료하였다면 환불 등 과정을 거쳐야 하므로 법적 근거에 따라 그 기간 동안 보유해야 한다.

4 개인정보의 처리 제한

(1) 민감정보의 처리 제한(법 제23조)

① 개인정보 처리자는 사상·신념, 노동조합·정당의 가입·탈퇴, 정치적 견해, 건강, 성생활 등에 관한 정보, 그 밖에 정보 주체의 사생활을 현저히 침해할 우려가 있는 개인정보로서 대통령령으로 정하는 정보(이하 "민감정보"라 한다)를 처리하여서는 아니 된다. 다만, 다음 어느 하나에 해당하는 경우에는 그러하지 아니하다.

 ㉠ 정보 주체에게 다음 사항을 알리고 다른 개인정보의 처리에 대한 동의와 별도로 동의를 받은 경우
- 개인정보의 수집·이용 목적
- 수집하려는 개인정보의 항목
- 개인정보의 보유 및 이용 기간
- 동의를 거부할 권리가 있다는 사실 및 동의 거부에 따른 불이익이 있는 경우에는 그 불이익의 내용

 ㉡ 법령에서 민감정보의 처리를 요구하거나 허용하는 경우

더 알아보기　건강, 성생활 등에 관한 정보 예시

- 발달장애인 성명, 주소(보호 위원회 결정 제2019-18-293호)
- 중증장애인의 성명, 주소, 전화번호(보호 위원회 결정 제2019-13-211호)
- 노인장기요양 등급을 받은 사람(치매질환자)의 성명, 등급, 등급판정일, 유효기간 기산일 및 만료일(보호 위원회 결정 제2019-21-334호)
- 2~3년간 건강보험 요양급여 내역(헌법재판소 2018. 8. 30. 선고 2014 헌마368 결정)
- 성매매피해자 자활지원사업 대상자의 성명, 생년월일, 연령, 주소가 포함된 지원사업 관련 자료(보호 위원회 결정 제2019-22-353호)

개인정보 보호법 시행령 제18조(민감정보의 범위)
법 제23조 제1항 각호 외의 부분 본문에서 "대통령령으로 정하는 정보"란 다음 각호의 어느 하나에 해당하는 정보를 말한다. 다만, 공공기관이 법 제18조 제2항 제5호부터 제9호까지의 규정에 따라 다음 각호의 어느 하나에 해당하는 정보를 처리하는 경우의 해당 정보는 제외한다.
1. 유전자 검사 등의 결과로 얻어진 유전정보
2. 형의 실효 등에 관한 법률 제2조 제5호에 따른 범죄경력자료에 해당하는 정보
 - 벌금 이상의 형의 선고, 면제 및 선고유예
 - 보호감호, 치료감호, 보호관찰
 - 선고유예의 실효
 - 집행유예의 취소
 - 벌금 이상의 형과 함께 부과된 몰수, 추징, 사회봉사명령, 수강명령 등의 선고 또는 처분
3. 개인의 신체적, 생리적, 행동적 특징에 관한 정보로서 특정 개인을 알아볼 목적으로 일정한 기술적 수단을 통해 생성한 정보
4. 인종이나 민족에 관한 정보

---

② 개인정보 처리자가 제1항 각호에 따라 민감정보를 처리하는 경우에는 그 민감정보가 분실·도난·유출·위조·변조 또는 훼손되지 아니하도록 안전조치의 의무에 따른 안전성 확보에 필요한 조치를 하여야 한다.

③ 개인정보 처리자는 재화 또는 서비스를 제공하는 과정에서 공개되는 정보에 정보 주체의 민감정보가 포함됨으로써 사생활 침해의 위험성이 있다고 판단하는 때에는 재화 또는 서비스의 제공 전에 민감정보의 공개 가능성 및 비공개를 선택하는 방법을 정보 주체가 알아보기 쉽게 알려야 한다.

> **Q & A**
> **지문인식 출입 통제시스템을 통해 수집된 지문 정보**
> Q : 지문인식 출입 통제시스템을 통해 수집된 지문 정보를 민감정보로 보아야 하는지?
> A : 허가된 출입자들만 출입을 허가할 목적으로 개인별 지문 정보를 등록한 후 본인확인 수단으로 이용하거나 출입 기록을 관리하는 경우, 이때의 지문 정보의 처리는 특정 개인을 알아볼 수 있도록 기술적 수단을 통해 특정 정보를 생성하는 경우에 해당하여 민감정보의 처리로 보아야 한다.
> 지문 정보를 수집하는 경우에도 특정 개인을 알아볼 목적이 아니라 무단으로 출입하고자 하는 사람을 통제하기 위해 출입 인가를 받은 사람의 범위에 있는지 여부만을 확인하려는 목적이라면 해당 정보는 민감정보가 아니다. 이 경우에도 개인을 알아볼 수 있다면 당해 지문 정보는 개인정보에 해당할 수 있다.

(2) 고유 식별정보의 처리 제한(법 제24조)

① 개인정보 처리자는 다음 경우를 제외하고는 법령에 따라 개인을 고유하게 구별하기 위하여 부여된 식별정보로서 대통령령으로 정하는 정보(이하 "고유 식별정보"라 한다)를 처리할 수 없다.

　㉠ 정보 주체에게 다음 사항을 알리고 다른 개인정보의 처리에 대한 동의와 별도로 동의를 받은 경우
- 개인정보의 수집·이용 목적
- 수집하려는 개인정보의 항목
- 개인정보의 보유 및 이용 기간
- 동의를 거부할 권리가 있다는 사실 및 동의 거부에 따른 불이익이 있는 경우에는 그 불이익의 내용

　㉡ 법령에서 구체적으로 고유 식별정보의 처리를 요구하거나 허용하는 경우

> **개인정보 보호법 시행령 제19조(고유 식별정보의 범위)**
> 법 제24조 제1항 각호 외의 부분에서 "대통령령으로 정하는 정보"란 다음 각호의 어느 하나에 해당하는 정보를 말한다. 다만, 공공기관이 법 제18조 제2항 제5호부터 제9호까지의 규정에 따라 다음 각호의 어느 하나에 해당하는 정보를 처리하는 경우의 해당 정보는 제외한다.
> 1. 주민등록법 제7조의2 제1항에 따른 주민등록번호
> 2. 여권법 제7조 제1항 제1호에 따른 여권번호
> 3. 도로교통법 제80조에 따른 운전 면허의 면허번호
> 4. 출입국관리법 제31조 제5항에 따른 외국인등록번호

② 개인정보 처리자가 고유 식별정보를 처리하는 경우에는 그 고유 식별정보가 분실·도난·유출·위조·변조 또는 훼손되지 아니하도록 대통령령으로 정하는 바에 따라 암호화 등 안전성 확보에 필요한 조치를 하여야 한다.

③ 보호 위원회는 처리하는 개인정보의 종류·규모, 종업원 수 및 매출액 규모 등을 고려하여 대통령령으로 정하는 기준에 해당하는 개인정보 처리자가 안전성 확보에 필요한 조치를 하였는지에 관하여 대통령령으로 정하는 바에 따라 정기적으로 조사하여야 한다.

④ 보호 위원회는 대통령령으로 정하는 전문기관으로 하여금 조사를 수행하게 할 수 있다.

(3) 주민등록번호 처리 제한(법 제24조의2)

① 개인정보 처리자는 다음 어느 하나에 해당하는 경우를 제외하고는 주민등록번호를 처리할 수 없다.

　㉠ 법률·대통령령·국회규칙·대법원규칙·헌법재판소규칙·중앙선거관리위원회규칙 및 감사원규칙에서 구체적으로 주민등록번호의 처리를 요구하거나 허용한 경우

　㉡ 정보 주체 또는 제3자의 급박한 생명, 신체, 재산의 이익을 위하여 명백히 필요하다고 인정되는 경우

　㉢ 주민등록번호 처리가 불가피한 경우로서 보호 위원회가 고시로 정하는 경우

② 개인정보 처리자는 주민등록번호가 분실·도난·유출·위조·변조 또는 훼손되지 아니하도록 암호화 조치를 통하여 안전하게 보관하여야 한다. 이 경우 암호화 적용 대상 및 대상별 적용 시기 등에 관하여 필요한 사항은 개인정보의 처리 규모와 유출 시 영향 등을 고려하여 대통령령으로 정한다.

③ 개인정보 처리자는 주민등록번호를 처리하는 경우에도 정보 주체가 인터넷홈페이지를 통하여 회원으로 가입하는 단계에서는 주민등록번호를 사용하지 아니하고도 회원으로 가입할 수 있는 방법을 제공하여야 한다.

④ 보호 위원회는 개인정보 처리자가 제3항에 따른 방법을 제공할 수 있도록 관계 법령의 정비, 계획의 수립, 필요한 시설 및 시스템의 구축 등 제반 조치를 마련·지원할 수 있다.

Q & A

이력서·지원서 등에 주민등록번호를 기재하도록 한 경우

Q : 기업이 직원 채용 시 이력서·지원서 등에 주민등록번호를 기재하도록 하여도 되는지?

A : 입사 지원자가 최종 합격하여 직원이 되기 전까지는 법률이나 대통령령에서 기업이 해당 지원자의 주민등록번호를 처리하도록 하는 규정이 없으므로 이력서·지원서 등에 주민등록번호를 기재하도록 하여서는 아니 된다.
대신 입사 지원 단계에서는 주민등록번호 대신 생년월일이나 휴대전화 번호 등을 수집하는 것으로 대체하고, 최종 합격한 후에는 고용보험 등 4대 보험 가입, 급여 원천 징수 등을 위해 관련 법령에서 정하는 바에 따라 기업이 해당 지원자의 주민등록번호를 수집하는 것은 가능하다.

---

(4) 고정형 영상정보처리기기의 설치·운영 제한(법 제25조)

① 누구든지 다음 경우를 제외하고는 공개된 장소에 고정형 영상정보처리기기를 설치·운영하여서는 아니 된다.

더 알아보기 공개된 장소에 대한 판례

- 다른 도로와 연결되어 있고 차단기가 설치되어 있지 않거나 설치되어 있더라도 별다른 통제가 없고 개방되어 누구나 차량으로 통행하는 아파트단지 또는 대학 구내의 통행로는 불특정 다수의 사람이나 차량의 통행을 위하여 공개된 장소로 본다(대법원 2006.1.13. 선고 2005도6986 판결).
- 특정 상가 건물을 위한 것이 아니고 관리인이 상주·관리하지 않고 출입 차단장치가 없으며 무료로 운영되어 불특정 다수인이 수시로 이용할 수 있는 공영주차장은 불특정 다수의 사람 또는 차량의 통행을 위하여 공개된 장소로 본다(대법원 2005. 9. 15. 선고 2005도3781 판결).
- 일반인의 자유로운 출입이 가능하여 다수인이 왕래하는 공개된 장소, 일반인의 자유로운 출입이 가능하도록 공개된 장소인지는 장소의 구조, 사용 관계와 공개성 및 접근성 여부, 그에 대한 구체적인 지배·관리형태 등 여러 사정을 종합적으로 고려하여 판단한다(대법원 2015. 9. 10. 선고 2014도17290 판결).

㉠ 법령에서 구체적으로 허용하고 있는 경우

㉡ 범죄의 예방 및 수사를 위하여 필요한 경우

㉢ 시설의 안전 및 관리, 화재 예방을 위하여 정당한 권한을 가진 자가 설치·운영하는 경우

㉣ 교통단속을 위하여 정당한 권한을 가진 자가 설치·운영하는 경우

㉤ 교통정보의 수집·분석 및 제공을 위하여 정당한 권한을 가진 자가 설치·운영하는 경우

㉥ 촬영된 영상정보를 저장하지 아니하는 경우로서 대통령령으로 정하는 경우

영상정보처리기기의 설치를 규정하고 있는 법령

- 주차장법 시행규칙 : 주차대수 30대를 초과하는 규모의 자주식주차장으로서 지하식 또는 건축물식 노외주차장에는 관리사무소에서 주차장 내부 전체를 볼 수 있는 폐쇄회로 텔레비전(녹화 장치를 포함) 또는 네트워크 카메라를 포함하는 방범설비를 설치·관리하여야 한다(제6조 제1항 11호).
- 아동복지법 : 유치원, 초등학교, 특수학교, 보육시설, 도시공원 등 아동 보호구역으로 지정된 시설에서는 고정형 영상정보처리기기를 설치하여야 한다(제32조).
- 폐광지역 개발 지원에 관한 특별법 시행령 : 카지노 사업자는 호텔의 내부 및 외부의 주요 지점에 폐쇄회로 텔레비전을 설치·운영하여야 한다(제14조 제2항).
- 외국인보호규칙 : 청장 등은 예산의 범위에서 보호시설의 안전대책에 필요한 시설을 설치하여야 하며 영상정보 처리기기 등의 장비를 설치할 수 있다(제37조 제2항).
- 공중위생관리법 시행규칙 : 목욕장업자는 목욕실, 발한실, 탈의실 이외의 시설에 무인 감시카메라(CCTV)를 설치할 수 있으며 무인 감시카메라를 설치하는 경우에는 반드시 그 설치여부를 이용객이 잘 알아볼 수 있게 안내문을 게시하여야 한다(별표 1).
- 국제항해선박 및 항만시설의 보안에 관한 법률 시행규칙 : 국제여객선터미널의 여객 대기지역, 법 33조 제1항 제3호에 따른 지역에 설치하는 울타리 등에 폐쇄회로 텔레비전을 설치하여야 한다(별표 4).
- 생명윤리 및 안전에 관한 법률 시행규칙 : 체세포 복제 배아 연구기관은 실험실과 보관시설을 계속 감시를 위하여 CCTV 등을 설치한다(별표 4).
- 지하 공공 보도시설의 결정·구조 및 설치 기준에 관한 규칙 : 지하 공공 보도시설의 중앙방재실은 자체 감시카메라(CCTV) 설비를 갖추어야 한다(제12조).
- 여객자동차 운수사업법 : 운송사업자는 여객자동차운송사업에 사용되는 차량의 운행 상황 기록, 교통사고 상황 파악, 차량 내 범죄예방을 위하여 대통령령으로 정하는 여객자동차운송사업의 사업용 자동차에 영상기록장치를 설치하여야 한다(제27조의3 제1항).

② 누구든지 불특정 다수가 이용하는 목욕실, 화장실, 발한실, 탈의실 등 개인의 사생활을 현저히 침해할 우려가 있는 장소의 내부를 볼 수 있도록 고정형 영상정보처리기기를 설치·운영하여서는 아니 된다. 다만, 교도소, 정신보건 시설 등 법령에 근거하여 사람을 구금하거나 보호하는 시설로서 대통령령으로 정하는 시설에 대하여는 그러하지 아니하다.

> **개인정보 보호법 시행령 제22조 제2항(고정형 영상정보처리기기 운영 제한의 예외)**
> 법 제25조 제2항 단서에서 "대통령령으로 정하는 시설"이란 다음 각호의 시설을 말한다.
> 1. 형의 집행 및 수용자의 처우에 관한 법률 제2조 제1호에 따른 교정시설
> 2. 정신건강증진 및 정신질환자 복지서비스 지원에 관한 법률 제3조 제5호부터 제7호까지의 규정에 따른 정신의료기관(수용시설을 갖추고 있는 것만 해당), 정신요양시설 및 정신 재활시설

③ 고정형 영상정보처리기기를 설치·운영하려는 공공기관의 장과 고정형 영상정보처리기기를 설치·운영하려는 자는 공청회·설명회의 개최 등 대통령령으로 정하는 절차를 거쳐 관계 전문가 및 이해관계인의 의견을 수렴하여야 한다.

④ 고정형 영상정보처리기기를 설치·운영하는 자(이하 "고정형 영상정보처리기기 운영자"라 한다)는 정보주체가 쉽게 인식할 수 있도록 다음 사항이 포함된 안내판을 설치하는 등 필요한 조치를 하여야 한다. 다만, 군사기지 및 군사시설 보호법 제2조 제2호에 따른 군사시설, 통합방위법 제2조 제13호에 따른 국가중요시설, 그 밖에 대통령령으로 정하는 시설의 경우에는 그러하지 아니하다.

　㉠ 설치 목적 및 장소

　㉡ 촬영 범위 및 시간

ⓒ 관리책임자의 연락처

ⓔ 그 밖에 대통령령으로 정하는 사항

⑤ 고정형 영상정보처리기기 운영자는 고정형 영상정보처리기기의 설치 목적과 다른 목적으로 고정형 영상정보처리기기를 임의로 조작하거나 다른 곳을 비춰서는 아니 되며, 녹음 기능은 사용할 수 없다.

⑥ 고정형 영상정보처리기기 운영자는 개인정보가 분실·도난·유출·위조·변조 또는 훼손되지 아니하도록 안전성 확보에 필요한 조치를 하여야 한다.

⑦ 고정형 영상정보처리기기 운영자는 대통령령으로 정하는 바에 따라 고정형 영상정보처리기기 운영·관리 방침을 마련하여야 한다. 다만, 제30조에 따른 개인정보 처리 방침을 정할 때 고정형 영상정보처리기기 운영·관리에 관한 사항을 포함시킨 경우에는 고정형 영상정보처리기기 운영·관리 방침을 마련하지 아니할 수 있다.

개인정보 보호법 시행령 제25조(고정형 영상정보처리기기 운영·관리 방침)
① 고정형 영상정보처리기기 운영자는 법 제25조 제7항에 따라 다음 각호의 사항이 포함된 고정형 영상정보처리기기 운영·관리 방침을 마련해야 한다.
  1. 고정형 영상정보처리기기의 설치 근거 및 설치 목적
  2. 고정형 영상정보처리기기의 설치 대수, 설치 위치 및 촬영 범위
  3. 관리책임자, 담당 부서 및 영상정보에 대한 접근 권한이 있는 사람
  4. 영상정보의 촬영 시간, 보관 기간, 보관 장소 및 처리 방법
  5. 고정형 영상정보처리기기 운영자의 영상정보 확인 방법 및 장소
  6. 정보 주체의 영상정보 열람 등 요구에 대한 조치
  7. 영상정보 보호를 위한 기술적·관리적 및 물리적 조치
  8. 그 밖에 고정형 영상정보처리기기의 설치·운영 및 관리에 필요한 사항
② 제1항에 따라 마련한 고정형 영상정보처리기기 운영·관리 방침의 공개에 관하여는 제31조 제2항 및 제3항을 준용한다. 이 경우 "개인정보 처리자"는 "고정형 영상정보처리기기 운영자"로, "법 제30조 제2항"은 "법 제25조 제7항"으로, "개인정보 처리 방침"은 "고정형 영상정보처리기기 운영·관리 방침"으로 본다.

---

⑧ 고정형 영상정보처리기기 운영자는 고정형 영상정보처리기기의 설치·운영에 관한 사무를 위탁할 수 있다. 다만, 공공기관이 고정형 영상정보처리기기 설치·운영에 관한 사무를 위탁하는 경우에는 대통령령으로 정하는 절차 및 요건에 따라야 한다.

Q & A
CCTV 촬영 화면의 공익 목적 공개 가능 여부
Q : CCTV 촬영 화면을 공익 목적으로 공개할 수 있는가?
A : 영상정보처리기기로 촬영된 화면을 공익 목적으로 일반 대중에게 공개·제공하는 경우가 있다. 예를 들어 교통정보 CCTV 화면, 관광지·유적지의 CCTV 화면을 일반 시민에게 인터넷·스마트폰으로 제공하는 경우가 이에 해당한다. 이 경우, 그 영상정보처리기기의 본래 설치·운영 목적(법 제25조 제1항 각호)에 부합하고, 그 촬영 영상이 교통정보나 관광지 등의 전경이 비추어지는 정도에 그치고 개인을 구체적으로 식별할 수 있을 정도가 아니라면 이를 공익 목적으로 공개하는 것은 무방하다.

---

(5) 이동형 영상정보처리기기의 운영 제한(법 제25조의2)

① 업무를 목적으로 이동형 영상정보처리기기를 운영하려는 자는 다음 경우를 제외하고는 공개된 장소에서 이동형 영상정보처리기기로 사람 또는 그 사람과 관련된 사물의 영상(개인정보에 해당하는 경우로 한정

한다. 이하 같다)을 촬영하여서는 아니 된다.

   ㉠ 다음 어느 하나에 해당하는 경우

- 정보주체의 동의를 받은 경우
- 법률에 특별한 규정이 있거나 법령상 의무를 준수하기 위하여 불가피한 경우
- 공공기관이 법령 등에서 정하는 소관 업무의 수행을 위하여 불가피한 경우
- 정보주체와 체결한 계약을 이행하거나 계약을 체결하는 과정에서 정보주체의 요청에 따른 조치를 이행하기 위하여 필요한 경우
- 명백히 정보주체 또는 제3자의 급박한 생명, 신체, 재산의 이익을 위하여 필요하다고 인정되는 경우
- 개인정보처리자의 정당한 이익을 달성하기 위하여 필요한 경우로서 명백하게 정보주체의 권리보다 우선하는 경우. 이 경우 개인정보처리자의 정당한 이익과 상당한 관련이 있고 합리적인 범위를 초과하지 아니하는 경우에 한한다.
- 공중위생 등 공공의 안전과 안녕을 위하여 긴급히 필요한 경우

   ㉡ 촬영 사실을 명확히 표시하여 정보 주체가 촬영 사실을 알 수 있도록 하였음에도 불구하고 촬영 거부 의사를 밝히지 아니한 경우. 이 경우 정보 주체의 권리를 부당하게 침해할 우려가 없고 합리적인 범위를 초과하지 아니하는 경우로 한정한다.

   ㉢ 그 밖에 경우로서 대통령령으로 정하는 경우

② 누구든지 불특정 다수가 이용하는 목욕실, 화장실, 발한실, 탈의실 등 개인의 사생활을 현저히 침해할 우려가 있는 장소의 내부를 볼 수 있는 곳에서 이동형 영상정보처리기기로 사람 또는 그 사람과 관련된 사물의 영상을 촬영하여서는 아니 된다. 다만, 인명의 구조·구급 등을 위하여 필요한 경우로서 대통령령으로 정하는 경우에는 그러하지 아니하다.

개인정보 보호법 시행령 제27조(이동형 영상정보처리기기 운영 제한의 예외)
법 제25조의2 제2항 단서에서 "대통령령으로 정하는 경우"란 범죄, 화재, 재난 또는 이에 준하는 상황에서 인명의 구조·구급 등을 위하여 사람 또는 그 사람과 관련된 사물의 영상(개인정보에 해당하는 경우로 한정)의 촬영이 필요한 경우를 말한다.

---

③ 이동형 영상정보처리기기로 사람 또는 그 사람과 관련된 사물의 영상을 촬영하는 경우에는 불빛, 소리, 안내판 등 대통령령으로 정하는 바에 따라 촬영 사실을 표시하고 알려야 한다.

개인정보 보호법 시행령 제27조의2(이동형 영상정보처리기기 촬영 사실 표시 등)
법 제25조의2 제1항 각호에 해당하여 이동형 영상정보처리기기로 사람 또는 그 사람과 관련된 사물의 영상을 촬영하는 경우에는 불빛, 소리, 안내판, 안내서면, 안내방송 또는 그 밖에 이에 준하는 수단이나 방법으로 정보 주체가 촬영 사실을 쉽게 알 수 있도록 표시하고 알려야 한다. 다만, 드론을 이용한 항공촬영 등 촬영 방법의 특성으로 인해 정보 주체에게 촬영 사실을 알리기 어려운 경우에는 보호 위원회가 구축하는 인터넷 사이트에 공지하는 방법으로 알릴 수 있다.

---

④ 제1항부터 제3항까지에서 규정한 사항 외에 이동형 영상정보처리기기의 운영에 관하여는 제25조 제6항부터 제8항까지의 규정을 준용한다.

(6) 업무위탁에 따른 개인정보의 처리 제한(법 제26조)

① 개인정보 처리자가 제3자에게 개인정보의 처리 업무를 위탁하는 경우에는 다음 내용이 포함된 문서로 하여야 한다.

  ㉠ 위탁 업무수행 목적 외 개인정보의 처리 금지에 관한 사항

  ㉡ 개인정보의 기술적 · 관리적 보호조치에 관한 사항

  ㉢ 그 밖에 개인정보의 안전한 관리를 위하여 대통령령으로 정한 사항

② 개인정보의 처리 업무를 위탁하는 개인정보 처리자(이하 "위탁자"라 한다)는 위탁하는 업무의 내용과 개인정보 처리 업무를 위탁받아 처리하는 자(개인정보 처리 업무를 위탁받아 처리하는 자로부터 위탁받은 업무를 다시 위탁받은 제3자를 포함하며, 이하 "수탁자"라 한다)를 정보 주체가 언제든지 쉽게 확인할 수 있도록 대통령령으로 정하는 방법에 따라 공개하여야 한다.

③ 위탁자가 재화 또는 서비스를 홍보하거나 판매를 권유하는 업무를 위탁하는 경우에는 대통령령으로 정하는 방법에 따라 위탁하는 업무의 내용과 수탁자를 정보 주체에게 알려야 한다. 위탁하는 업무의 내용이나 수탁자가 변경된 경우에도 또한 같다.

④ 위탁자는 업무위탁으로 인하여 정보 주체의 개인정보가 분실 · 도난 · 유출 · 위조 · 변조 또는 훼손되지 아니하도록 수탁자를 교육하고, 처리 현황 점검 등 대통령령으로 정하는 바에 따라 수탁자가 개인정보를 안전하게 처리하는지를 감독하여야 한다.

> **더 알아보기** 업무위탁으로 인한 개인정보 침해 유형
>
> - 판매실적 증대를 위한 무분별한 재위탁 등 개인정보의 재제공
> - 다른 회사의 상품 · 서비스를 동시 취급하면서 개인정보를 공유
> - 고객 개인정보를 이용하여 부가서비스 등 다른 서비스에 무단 가입
> - 서비스 가입신청서 등 개인정보의 분실 · 유출
> - 고객 DB를 빼내어 판매
> - 정보시스템 안전조치 미비로 인한 개인정보 유출 등

⑤ 수탁자는 개인정보 처리자로부터 위탁받은 해당 업무 범위를 초과하여 개인정보를 이용하거나 제3자에게 제공하여서는 아니 된다.

⑥ 수탁자는 위탁받은 개인정보의 처리 업무를 제3자에게 다시 위탁하려는 경우에는 위탁자의 동의를 받아야 한다.

⑦ 수탁자가 위탁받은 업무와 관련하여 개인정보를 처리하는 과정에서 이 법을 위반하여 발생한 손해배상 책임에 대하여는 수탁자를 개인정보 처리자의 소속 직원으로 본다.

⑧ 수탁자에 관하여는 제15조부터 제18조까지, 제21조, 제22조, 제22조의2, 제23조, 제24조, 제24조의2, 제25조, 제25조의2, 제27조, 제28조, 제28조의2부터 제28조의5까지, 제28조의7부터 제28조의11까지, 제29조, 제30조, 제30조의2, 제31조, 제33조, 제34조, 제34조의2, 제35조, 제35조의2, 제36조, 제37조, 제37조의2, 제38조, 제59조, 제63조, 제63조의2 및 제64조의2를 준용한다. 이 경우 "개인정보 처리자"는 "수탁자"로 본다.

(7) 영업 양도 등에 따른 개인정보의 이전 제한(법 제27조)

① 개인정보 처리자는 영업의 전부 또는 일부의 양도·합병 등으로 개인정보를 다른 사람에게 이전하는 경우에는 미리 다음 사항을 대통령령으로 정하는 방법에 따라 해당 정보 주체에게 알려야 한다.

    ㉠ 개인정보를 이전하려는 사실

    ㉡ 개인정보를 이전받는 자(이하 "영업양수자 등"이라 한다)의 성명(법인의 경우에는 법인의 명칭을 말한다), 주소, 전화번호 및 그 밖의 연락처

    ㉢ 정보 주체가 개인정보의 이전을 원하지 아니하는 경우 조치할 수 있는 방법 및 절차

② 영업양수자 등은 개인정보를 이전받았을 때에는 지체 없이 그 사실을 대통령령으로 정하는 방법에 따라 정보 주체에게 알려야 한다. 다만, 개인정보 처리자가 그 이전 사실을 이미 알린 경우에는 그러하지 아니하다.

③ 영업양수자 등은 영업의 양도·합병 등으로 개인정보를 이전받은 경우에는 이전 당시의 본래 목적으로만 개인정보를 이용하거나 제3자에게 제공할 수 있다. 이 경우 영업양수자 등은 개인정보 처리자로 본다.

(8) 개인정보 취급자에 대한 감독(법 제28조)

① 개인정보 처리자는 개인정보를 처리함에 있어서 개인정보가 안전하게 관리될 수 있도록 임직원, 파견근로자, 시간제근로자 등 개인정보 처리자의 지휘·감독을 받아 개인정보를 처리하는 자(이하 "개인정보 취급자"라 한다)의 범위를 최소한으로 제한하고, 개인정보 취급자에 대하여 적절한 관리·감독을 하여야 한다.

개인정보 처리자와 개인정보 취급자의 차이

개인정보 처리자	업무를 목적으로 개인정보 파일을 운용하기 위하여 스스로 또는 다른 사람을 통하여 개인정보를 처리하는 자를 말한다. 즉 공공기관, 법인, 단체 및 개인 등이 이에 해당한다(법 제2조 제5호).
개인정보 취급자	• 개인정보 처리자의 지휘 · 감독을 받아 개인정보를 처리하는 임직원, 파견근로자, 시간제근로자 등을 말한다(법 제28조 제1항). • 개인정보 취급자는 개인정보 처리 업무를 담당하고 있는 자라면 정규직, 비정규직, 하도급, 시간제 등 모든 근로형태를 불문한다. • 고용관계가 없더라도 실질적으로 개인정보 처리자의 지휘 · 감독을 받아 개인정보를 처리하는 자는 개인정보 취급자에 포함된다. • 개인정보 처리 업무 등을 수탁받아 처리하고 있는 수탁자도 개인정보 취급자라고 할 수 있으나, 수탁자에 대한 교육 및 관리 · 감독규정은 제26조에서 별도로 규정하고 있으므로 그에 따른다.

Q & A

아르바이트 직원이 업무처리를 위해 고객 개인정보를 열람할 경우

Q : 업무처리를 위해서 아르바이트 직원에게 고객 개인정보를 열람할 수 있도록 했는데, 이 경우도 개인정보 취급자에 해당하는가?

A : 아르바이트 등 임시직 직원도 업무상 필요에 의해 개인정보를 열람 · 처리하고 있다면 개인정보 취급자에 해당된다. 따라서 이 경우에도 개인정보의 열람 · 처리 범위를 업무상 필요한 한도 내에서 최소한으로 제한해야 하며, 보안 서약서를 징구하는 등 필요한 관리 조치를 취하여야 한다.

② 개인정보 처리자는 개인정보의 적정한 취급을 보장하기 위하여 개인정보 취급자에게 정기적으로 필요한 교육을 실시하여야 한다.

개인정보 취급자에 대한 감독(표준 개인정보 보호 지침 제15조)

① 개인정보 처리자는 개인정보 취급자를 업무상 필요한 한도 내에서 최소한으로 두어야 하며, 개인정보 취급자의 개인정보 처리 범위를 업무상 필요한 한도 내에서 최소한으로 제한하여야 한다.

② 개인정보 처리자는 개인정보 처리시스템에 대한 접근 권한을 업무의 성격에 따라 해당 업무수행에 필요한 최소한의 범위로 업무 담당자에게 차등 부여하고 접근 권한을 관리하기 위한 조치를 취해야 한다.

③ 개인정보 처리자는 개인정보 취급자에게 보안 서약서를 제출하도록 하는 등 적절한 관리 · 감독을 해야 하며, 인사이동 등에 따라 개인정보 취급자의 업무가 변경되는 경우에는 개인정보에 대한 접근 권한을 변경 또는 말소해야 한다.

5 가명 정보의 처리에 관한 특례

(1) 가명 정보의 처리 등(법 제28조의2)

① 개인정보 처리자는 통계작성, 과학적 연구, 공익적 기록보존 등을 위하여 정보 주체의 동의 없이 가명 정보를 처리할 수 있다.

통계 작성	• 회사가 도로 구조 개선 및 휴게공간 추가설치 등 고객서비스 개선을 위하여 월별 시간대별 차량 평균속도, 상습 정체 구간, 사고 구간 및 원인 등에 대한 통계를 작성하는 경우 • 백화점, 마트 등 유통경로별 상품 판매 전략을 수립하기 위하여 판매 상품을 구입한 회원의 연령, 성별, 선호 색상, 구입처, 기능 및 가격 등에 관한 통계를 작성하는 경우
과학적 연구	• 코로나19 위험 경고를 위해 생활패턴과 코로나19 감염률의 상관관계에 대한 가설을 세우고, 건강관리용 모바일앱을 통해 수집한 생활 습관, 위치정보, 감염 증상, 성별, 나이, 감염원 등을 가명 처리하고 감염자의 데이터와 비교·분석하여 가설을 검증하는 경우 • 연령, 성별에 따른 체중 관리 운동 시뮬레이션 프로그램 또는 운동 관리 애플리케이션을 개발하기 위하여 웨어러블 기기를 이용하여 수집한 맥박, 운동량, 평균 수면시간 등에 관한 정보와 이미 보유한 성별, 연령, 체중을 가명 처리하여 활용하는 경우
공익적 기록 보존	연구소가 현대사 연구 과정에서 수집한 정보 중에서 사료가치가 있는 생존 인물에 관한 정보를 기록·보관하고자 하는 경우

② 개인정보 처리자는 가명 정보를 제3자에게 제공하는 경우에는 특정 개인을 알아보기 위하여 사용될 수 있는 정보를 포함해서는 아니 된다.

> **Q & A**
> **가명 정보를 과학적 연구 등 목적으로 제공하는 경우**
> Q : 가명 정보를 과학적 연구 등 목적으로 제공하는 경우 대가를 받을 수 있는지?
> A : 가명 정보를 과학적 연구 등 법에서 허용하는 범위로 제공하면서 대가를 받는 것은 금지하고 있지 않다. 다만, 가명 정보 제공 대상이나 가명 처리 목적이 특정되지 않은 상황에서 가명 처리하는 것과 그 가명 정보를 제공하고 대가를 받는 것은 판매가 목적인 경우로 볼 수 있어 허용되지 않는다.

(2) 가명 정보의 결합 제한(법 제28조의3)

① 통계작성, 과학적 연구, 공익적 기록보존 등을 위한 서로 다른 개인정보 처리자 간의 가명 정보의 결합은 보호 위원회 또는 관계 중앙행정기관의 장이 지정하는 전문기관이 수행한다.

> **개인정보 보호법 시행령 제29조의2 제1항, 제5항(결합 전문기관의 지정 및 지정 취소)**
> ① 법 제28조의3 제1항에 따른 전문기관(이하 "결합 전문기관"이라 한다)의 지정 기준은 다음과 같다.
>   1. 보호 위원회가 정하여 고시하는 바에 따라 가명 정보의 결합·반출 업무를 담당하는 조직을 구성하고, 개인정보 보호와 관련된 자격이나 경력을 갖춘 사람을 3명 이상 상시 고용할 것
>   2. 보호 위원회가 정하여 고시하는 바에 따라 가명 정보를 안전하게 결합하기 위하여 필요한 공간, 시설 및 장비를 구축하고 가명 정보의 결합·반출 관련 정책 및 절차 등을 마련할 것
>   3. 보호 위원회가 정하여 고시하는 기준에 따른 재정 능력을 갖출 것
>   4. 최근 3년 이내에 법 제66조에 따른 공표 내용에 포함된 적이 없을 것
> ⑤ 보호 위원회 또는 관계 중앙행정기관의 장은 결합 전문기관이 다음 각호의 어느 하나에 해당하는 경우에는 결합 전문기관의 지정을 취소할 수 있다. 다만, 제1호 또는 제2호에 해당하는 경우에는 지정을 취소해야 한다.
>   1. 거짓이나 부정한 방법으로 결합 전문기관으로 지정을 받은 경우
>   2. 결합 전문기관 스스로 지정 취소를 요청하거나 폐업한 경우
>   3. 제1항에 따른 결합 전문기관의 지정 기준을 충족하지 못하게 된 경우
>   4. 결합 및 반출 등과 관련된 정보의 유출 등 개인정보 침해사고가 발생한 경우
>   5. 그 밖에 법 또는 이 영에 따른 의무를 위반한 경우

② 결합을 수행한 기관 외부로 결합된 정보를 반출하려는 개인정보 처리자는 가명 정보 또는 제58조의2에 해당하는 정보로 처리한 뒤 전문기관의 장의 승인을 받아야 한다.

더 알아보기

가명 정보의 결합과 반출
① 결합신청자는 각자 보유한 개인정보를 활용하여 ③ 일련번호와 ⑥ 결합 키를 생성하고, ⑥ 결합 대상 정보에 대해 가명 처리를 수행한다.
② 결합신청자는 결합신청이 접수된 후 ①에서 생성한 결과물(③, ⑥, ⑥) 중 결합 키 관리기관에는 ③ · ⑥을, 결합 전문기관 에는 ③ · ⑥을 송신한다.
③ 결합 키 관리기관은 결합신청자로부터 수신한 정보를 이용하여 '결합 키 연계 정보'를 생성하여 결합 전문기관에 전달한다.
④ 결합 전문기관은 결합 키 연계 정보를 이용하여 결합신청자로부터 수신한 결합 대상 정보를 결합한다.
⑤ 결합신청자는 결합 전문기관 내에서 결합된 정보에 대한 추가 가명 처리를 하고 전문기관에 반출심사를 요청한다.
⑥ 결합 전문기관은 반출심사위원회를 구성하여 반출 여부를 심사하고 '적정'인 경우 반출을 승인한다.

가명 정보 결합체계도

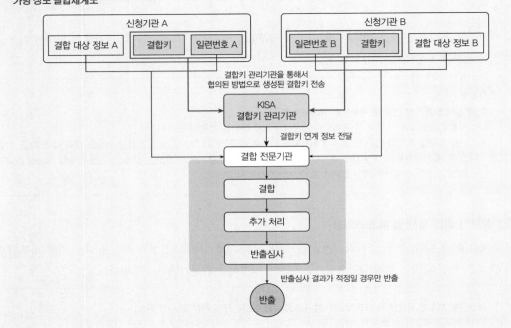

③ 결합 절차와 방법, 전문기관의 지정과 지정 취소 기준·절차, 관리·감독, 반출 및 승인 기준·절차 등 필요한 사항은 대통령령으로 정한다.

> **개인정보 보호법 시행령 제29조의3 제3항, 제4항(개인정보 처리자 간 가명 정보의 결합 및 반출 등)**
> ① 결합신청자는 법 제28조의3 제2항에 따라 결합 전문기관이 결합한 정보를 결합 전문기관 외부로 반출하려는 경우에 는 결합 전문기관에 설치된 안전성 확보에 필요한 기술적·관리적·물리적 조치가 된 공간에서 결합된 정보를 가명 정보 또는 법 제58조의2에 해당하는 정보로 처리한 뒤 결합 전문기관의 승인을 받아야 한다.
> ④ 결합 전문기관은 다음 각호의 기준을 충족하는 경우에는 법 제28조의3 제2항에 따른 반출을 승인해야 한다. 이 경우 결합 전문기관은 결합된 정보의 반출을 승인하기 위하여 반출심사위원회를 구성해야 한다.
> 　1. 결합 목적과 반출 정보가 관련성이 있을 것
> 　2. 특정 개인을 알아볼 가능성이 없을 것
> 　3. 반출 정보에 대한 안전조치 계획이 있을 것

(3) 가명 정보에 대한 안전조치 의무 등(법 제28조의4)

① 개인정보 처리자는 제28조의2 또는 제28조의3에 따라 가명 정보를 처리하는 경우에는 원래의 상태로 복원하기 위한 추가 정보를 별도로 분리하여 보관·관리하는 등 해당 정보가 분실·도난·유출·위조·변조 또는 훼손되지 않도록 대통령령으로 정하는 바에 따라 안전성 확보에 필요한 기술적·관리적 및 물리적 조치를 하여야 한다.

② 개인정보 처리자는 가명 정보를 처리하는 경우 처리 목적 등을 고려하여 가명 정보의 처리 기간을 별도로 정할 수 있다.

③ 개인정보 처리자는 가명 정보를 처리하고자 하는 경우에는 가명 정보의 처리 목적, 제3자 제공 시 제공받는 자, 가명 정보의 처리 기간(제2항에 따라 처리 기간을 별도로 정한 경우에 한함) 등 가명 정보의 처리 내용을 관리하기 위하여 대통령령으로 정하는 사항에 대한 관련 기록을 작성하여 보관하여야 하며, 가명 정보를 파기한 경우에는 파기한 날부터 3년 이상 보관하여야 한다.

> **개인정보 보호법 제28조의5(가명 정보 처리 시 금지의무 등)**
> ① 제28조의2 또는 제28조의3에 따라 가명 정보를 처리하는 자는 특정 개인을 알아보기 위한 목적으로 가명 정보를 처리해서는 아니 된다.
> ② 개인정보 처리자는 제28조의2 또는 제28조의3에 따라 가명 정보를 처리하는 과정에서 특정 개인을 알아볼 수 있는 정보가 생성된 경우에는 즉시 해당 정보의 처리를 중지하고, 지체 없이 회수·파기하여야 한다.

6 개인정보의 국외 이전

(1) 개인정보의 국외 이전(법 제28조의8)

① 개인정보 처리자는 개인정보를 국외로 제공(조회되는 경우를 포함)·처리위탁·보관(이하 이 절에서 "이전"이라 한다)하여서는 아니 된다. 다만, 다음 어느 하나에 해당하는 경우에는 개인정보를 국외로 이전할 수 있다.

㉠ 정보 주체로부터 국외 이전에 관한 별도의 동의를 받은 경우

㉡ 법률, 대한민국을 당사자로 하는 조약 또는 그 밖의 국제협정에 개인정보의 국외 이전에 관한 특별한 규정이 있는 경우

㉢ 정보 주체와의 계약의 체결 및 이행을 위하여 개인정보의 처리위탁·보관이 필요한 경우로서 다음 각 목의 어느 하나에 해당하는 경우
- 제2항 각호의 사항을 제30조에 따른 개인정보 처리방침에 공개한 경우
- 전자우편 등 대통령령으로 정하는 방법에 따라 정보 주체에게 알린 경우

㉣ 개인정보를 이전받는 자가 제32조의2에 따른 개인정보 보호 인증 등 보호 위원회가 정하여 고시하는 인증을 받은 경우로서 다음 조치를 모두 한 경우
- 개인정보 보호에 필요한 안전조치 및 정보 주체 권리보장에 필요한 조치
- 인증받은 사항을 개인정보가 이전되는 국가에서 이행하기 위하여 필요한 조치

ⓑ 개인정보가 이전되는 국가 또는 국제기구의 개인정보 보호 체계, 정보 주체 권리보장 범위, 피해구제 절차 등이 이 법에 따른 개인정보 보호 수준과 실질적으로 동등한 수준을 갖추었다고 보호 위원회가 인정하는 경우

② 개인정보 처리자는 동의를 받을 때에는 미리 다음 사항을 정보 주체에게 알려야 한다.

  ㉠ 이전되는 개인정보 항목

  ㉡ 개인정보가 이전되는 국가, 시기 및 방법

  ㉢ 개인정보를 이전받는 자의 성명(법인인 경우에는 그 명칭과 연락처를 말한다)

  ㉣ 개인정보를 이전받는 자의 개인정보 이용 목적 및 보유·이용 기간

  ㉤ 개인정보의 이전을 거부하는 방법, 절차 및 거부의 효과

③ 개인정보 처리자는 제2항 각호의 어느 하나에 해당하는 사항을 변경하는 경우에는 정보 주체에게 알리고 동의를 받아야 한다.

④ 개인정보 처리자는 제1항 각호 외의 부분 단서에 따라 개인정보를 국외로 이전하는 경우 국외 이전과 관련한 이 법의 다른 규정, 제17조부터 제19조까지의 규정 및 제5장의 규정을 준수하여야 하고, 대통령령으로 정하는 보호조치를 하여야 한다.

개인정보 보호법 시행령 제29조의10(개인정보의 국외 이전 시 보호조치 등)
① 개인정보 처리자는 법 제28조의8 제1항 각호 외의 부분 단서에 따라 개인정보를 국외로 이전하는 경우에는 같은 조 제4항에 따라 다음 각호의 보호조치를 해야 한다.
  1. 제30조 제1항에 따른 개인정보 보호를 위한 안전성 확보 조치
  2. 개인정보 침해에 대한 고충 처리 및 분쟁 해결에 관한 조치
  3. 그 밖에 정보 주체의 개인정보 보호를 위하여 필요한 조치
② 개인정보 처리자는 법 제28조의8 제1항 각호 외의 부분 단서에 따라 개인정보를 국외로 이전하는 경우에는 제1항 각호의 사항에 관하여 이전받는 자와 미리 협의하고 이를 계약내용 등에 반영해야 한다.

---

⑤ 개인정보 처리자는 이 법을 위반하는 사항을 내용으로 하는 개인정보의 국외 이전에 관한 계약을 체결하여서는 아니 된다.

⑥ 규정한 사항 외에 개인정보 국외 이전의 기준 및 절차 등에 필요한 사항은 대통령령으로 정한다.

(2) 개인정보의 국외 이전 중지 명령(법 제28조의9)

① 보호 위원회는 개인정보의 국외 이전이 계속되고 있거나 추가적인 국외 이전이 예상되는 경우로서 다음 어느 하나에 해당하는 경우에는 개인정보 처리자에게 개인정보의 국외 이전을 중지할 것을 명할 수 있다.

  ㉠ 제28조의8 제1항, 제4항 또는 제5항을 위반한 경우

  ㉡ 개인정보를 이전받는 자나 개인정보가 이전되는 국가 또는 국제기구가 이 법에 따른 개인정보 보호 수준에 비하여 개인정보를 적정하게 보호하지 아니하여 정보 주체에게 피해가 발생하거나 발생할 우려가 현저한 경우

② 개인정보 처리자는 국외 이전 중지 명령을 받은 경우에는 명령을 받은 날부터 7일 이내에 보호 위원회에 이의를 제기할 수 있다.

③ 개인정보 국외 이전 중지 명령의 기준, 불복 절차 등에 필요한 사항은 대통령령으로 정한다.

> **개인정보 보호법 시행령 제29조의11(국외 이전 중지 명령의 기준 등)**
>
> ① 보호 위원회는 법 제28조의9 제1항에 따라 개인정보의 국외 이전을 중지할 것을 명하려는 경우에는 다음 각호의 사항을 종합적으로 고려해야 한다.
>
> 1. 국외로 이전되었거나 추가적인 국외 이전이 예상되는 개인정보의 유형 및 규모
> 2. 법 제28조의8 제1항, 제4항 또는 제5항 위반의 중대성
> 3. 정보 주체에게 발생하거나 발생할 우려가 있는 피해가 중대하거나 회복하기 어려운 피해인지 여부
> 4. 국외 이전의 중지를 명하는 것이 중지를 명하지 않는 것보다 명백히 정보 주체에게 이익이 되는지 여부
> 5. 법 제64조 제1항 각호에 해당하는 조치를 통해 개인정보의 보호 및 침해 방지가 가능한지 여부
> 6. 개인정보를 이전받는 자나 개인정보가 이전되는 이전 대상국 등이 정보 주체의 피해구제를 위한 실효적인 수단을 갖추고 있는지 여부
> 7. 개인정보를 이전받는 자나 개인정보가 이전되는 이전 대상국 등에서 중대한 개인정보 침해가 발생하는 등 개인정보를 적정하게 보호하기 어렵다고 인정할 만한 사유가 존재하는지 여부
>
> ② 보호 위원회는 법 제28조의9 제1항에 따라 개인정보의 국외 이전을 중지할 것을 명하려는 경우에는 국외 이전 전문 위원회의 평가를 거쳐야 한다.
>
> ③ 보호 위원회는 법 제28조의9 제1항에 따라 개인정보의 국외 이전을 중지할 것을 명할 때에는 개인정보 처리자에게 중지 명령의 내용, 사유, 이의 제기 절차·방법 및 그 밖에 필요한 사항을 문서로 알려야 한다.
>
> ④ 제1항부터 제3항까지에서 규정한 사항 외에 개인정보의 국외 이전 중지 명령의 기준 등에 관하여 필요한 사항은 보호 위원회가 정하여 고시한다.

7 개인정보의 안전한 관리

(1) 개인정보 안전조치

① 안전조치 의무(법 제29조)

개인정보 처리자는 개인정보가 분실·도난·유출·위조·변조 또는 훼손되지 아니하도록 내부 관리계획 수립, 접속기록 보관 등 대통령령으로 정하는 바에 따라 안전성 확보에 필요한 기술적·관리적 및 물리적 조치를 해야 한다.

② 개인정보의 안전한 관리

㉠ 개인정보의 안전성 확보 조치(영 제30조 제1항)

- 개인정보의 안전한 처리를 위한 내부 관리계획의 수립·시행 및 점검
- 개인정보에 대한 접근 권한을 제한
- 개인정보에 대한 접근을 통제
- 개인정보를 안전하게 저장·전송하는 데 필요한 조치
- 개인정보 침해사고 발생에 대응하기 위한 접속기록의 보관 및 위조·변조 방지
- 개인정보 처리시스템 및 개인정보 취급자가 개인정보 처리에 이용하는 정보기기에 대해 컴퓨터바이러스, 스파이웨어, 랜섬웨어 등 악성프로그램의 침투 여부를 항시 점검·치료할 수 있도록 하는 등의 기능이 포함된 프로그램의 설치·운영과 주기적 갱신·점검
- 개인정보의 안전한 보관을 위한 보관시설의 마련 또는 잠금장치의 설치 등 물리적 조치
- 그 밖에 개인정보의 안전성 확보를 위하여 필요한 조치

ⓛ 공공시스템 운영기관 등의 개인정보 안전성 확보 조치(영 제30조의2 제1항) [시행일 : 2024. 9. 15.]

공공시스템 운영기관을 안전성 확보 조치(영 제30조) 외에 다음의 조치를 추가로 해야 한다.

- 내부 관리계획에 공공시스템별로 작성한 안전성 확보 조치
- 공공시스템에 접속하여 개인정보를 처리하는 기관이 정당한 권한을 가진 개인정보 취급자에게 접근 권한을 부여·변경·말소 등을 할 수 있도록 하는 등 접근 권한의 안전한 관리를 위한 조치
- 개인정보에 대한 불법적인 접근 및 침해사고 방지를 위한 공공시스템 접속기록의 저장·분석·점검·관리 등의 조치

③ 개인정보의 안전성 확보 조치 기준 고시

ⓐ 개인정보 처리자가 개인정보를 처리함에 있어서 개인정보가 분실·도난·유출·위조·변조 또는 훼손되지 아니하도록 안전성 확보에 필요한 기술적·관리적 및 물리적 안전조치에 관한 최소한의 기준을 정하는 것을 목적으로 한다.

ⓛ 개인정보 처리자는 처리하는 개인정보의 보유 수, 유형 및 정보 주체에게 미치는 영향 등을 고려하여 스스로의 환경에 맞는 개인정보의 안전성 확보에 필요한 조치를 적용해야 한다.

(2) 개인정보 처리 방침

① 개인정보 처리 방침의 수립 및 공개(법 제30조)

ⓐ 개인정보를 처리하고 있는 사업자 혹은 단체의 개인정보 처리 기준 및 보호조치 등을 개인정보 보호법에 따른 기재 사항을 포함하여 문서화한 것을 개인정보 처리 방침이라 한다.

ⓛ 개인정보 처리자는 개인정보의 처리 방침을 정해야 하며, 공공기관은 등록 대상이 되는 개인정보 파일에 대하여 개인정보 처리 방침을 정한다.

> **개인정보 보호법 제2조 제4호(개인정보 파일 정의)**
> "개인정보 파일"이란 개인정보를 쉽게 검색할 수 있도록 일정한 규칙에 따라 체계적으로 배열하거나 구성한 개인정보의 집합물(集合物)을 말한다.

ⓒ 개인정보 처리 방침 기재 사항(법 제30조 제1항)

- 개인정보의 처리 목적
- 개인정보의 처리 및 보유기간
- 개인정보의 제3자 제공에 관한 사항(해당되는 경우에만 정함)
- 개인정보의 파기 절차 및 파기 방법(개인정보를 보존하여야 하는 경우에는 그 보존 근거와 보존하는 개인정보 항목을 포함)
- 민감정보의 공개 가능성 및 비공개를 선택하는 방법(해당되는 경우에만 정함)
- 개인정보 처리의 위탁에 관한 사항(해당되는 경우에만 정함)
- 가명 정보의 처리 등에 관한 사항(해당되는 경우에만 정함)
- 정보 주체와 법정대리인의 권리·의무 및 그 행사 방법에 관한 사항
- 개인정보 보호 책임자의 성명 또는 개인정보 보호 업무 및 관련 고충 사항을 처리하는 부서의 명칭과 전화번호 등 연락처

- 인터넷 접속 정보 파일 등 개인정보를 자동으로 수집하는 장치의 설치 · 운영 및 그 거부에 관한 사항(해당하는 경우에만 정함)
- 그 밖에 개인정보의 처리에 관하여 대통령령으로 정한 사항(영 제31조 제1항)
  - 처리하는 개인정보의 항목
  - 개인정보의 안전성 확보 조치에 관한 사항

더 알아보기 표준 개인정보 보호지침에 따른 개인정보 처리 방침 기재 사항

- 개인정보의 처리 목적
- 처리하는 개인정보의 항목
- 개인정보의 처리 및 보유 기간
- 개인정보의 제3자 제공에 관한 사항(해당되는 경우에만 정함)
- 개인정보의 추가적인 이용 또는 제공이 지속적으로 발생하는 경우 개인정보 보호법 시행령 제14조의2 제1항 각 호의 고려 사항에 대한 판단 기준(해당되는 경우에만 정함)
- 인터넷 접속 정보 파일 등 개인정보를 자동으로 수집하는 장치의 설치 · 운영 및 그 거부에 관한 사항(해당되는 경우에만 정함)
- 개인정보의 파기 절차 및 파기 방법(개인정보를 보존해야 하는 경우에는 그 보존근거와 보존하는 개인정보 항목을 포함)
- 민감정보의 공개 가능성 및 비공개를 선택하는 방법(해당되는 경우에만 정함)
- 개인정보 처리의 위탁에 관한 사항(해당되는 경우에만 정함)
- 가명정보의 처리 등에 관한 사항(해당되는 경우에만 정함)
- 개인정보의 안전성 확보 조치에 관한 사항
- 개인정보 처리방침의 변경에 관한 사항
- 개인정보 보호 책임자의 성명 또는 개인정보 보호 업무 및 관련 고충 사항을 처리하는 부서의 명칭과 전화번호 등 연락처
- 국내 대리인을 지정하는 경우 국내 대리인의 성명, 주소, 전화번호 및 전자우편 주소(해당되는 경우에만 정함)
- 개인정보의 열람, 정정 · 삭제, 처리정지 요구권 등 정보 주체와 법정대리인의 권리 · 의무 및 그 행사 방법에 관한 사항
- 개인정보의 열람청구를 접수 · 처리하는 부서
- 정보 주체의 권익침해에 대한 구제 방법

ⓒ 개인정보 처리 방침의 작성 방법은 법 제30조 제1항과 영 제31조 제1항의 사항을 명시적으로 구분하되, 알기 쉬운 용어로 구체적이고 명확하게 표현해야 한다.
ⓓ 개인정보 처리자가 개인정보 처리 방침을 수립하거나 변경하는 경우에는 정보 주체가 쉽게 확인할 수 있도록 공개해야 한다.

> **개인정보 보호법 시행령 제31조 제2항, 제3항(개인정보 처리 방침의 공개 방법)**
> - 수립하거나 변경한 개인정보 처리 방침은 개인정보 처리자의 인터넷홈페이지에 지속적으로 게재해야 한다.
> - 인터넷홈페이지에 게재할 수 없는 경우에는 다음의 어느 하나 이상의 방법으로 처리 방침을 공개해야 한다.
>   - 개인정보 처리자의 사업장 등의 보기 쉬운 장소에 게시하는 방법
>   - 관보(공공기관인 경우)나 개인정보 처리자의 사업장 등이 있는 시 · 도 이상의 지역을 주된 보급 지역으로 하는 일반 일간신문, 일반 주간신문 또는 인터넷신문에 싣는 방법
>   - 같은 제목으로 연 2회 이상 발행하여 정보 주체에게 배포하는 간행물 · 소식지 · 홍보지 또는 청구서 등에 지속적으로 싣는 방법
>   - 재화나 서비스를 제공하기 위하여 개인정보 처리자와 정보 주체가 작성한 계약서 등에 실어 정보 주체에게 발급하는 방법

ⓑ 개인정보 처리 방침의 내용과 개인정보 처리자와 정보 주체 간에 체결한 계약의 내용이 다른 경우에는 정보 주체에게 유리한 것을 적용한다.

ⓢ 보호 위원회는 개인정보 처리 방침의 작성 지침을 정하여 개인정보 처리자에게 그 준수를 권장할 수 있다.

② 개인정보 처리 방침의 평가 및 개선 권고(법 제30조의2)

㉠ 보호 위원회는 개인정보 처리 방침에 관하여 평가한다.

㉡ 개인정보 처리 방침 평가 사항

• 법에 따라 개인정보 처리 방침에 포함하여야 할 사항을 적정하게 정하고 있는지 여부

• 개인정보 처리 방침을 알기 쉽게 작성하였는지 여부

• 개인정보 처리 방침을 정보 주체가 쉽게 확인할 수 있는 방법으로 공개하고 있는지 여부

㉢ 보호 위원회는 평가 결과 개선이 필요하다고 인정하는 경우에는 개인정보 처리자에게 개선을 권고할 수 있다.

(3) 개인정보 보호 책임자

① 개인정보 보호 책임자의 지정(법 제31조 제1항, 제2항)

㉠ 개인정보 처리자는 개인정보의 처리에 관한 업무를 총괄해서 책임질 개인정보 보호 책임자를 지정해야 한다.

㉡ 종업원 수, 매출액 등이 대통령령으로 정하는 기준에 해당하는 개인정보 처리자의 경우에는 지정하지 아니할 수 있다.

㉢ 개인정보 보호 책임자를 지정하지 않는 경우에는 개인정보 처리자의 사업주 또는 대표자가 개인정보 보호 책임자가 된다.

② 개인정보 보호 책임자의 지정 요건(영 제32조 제2항)

㉠ 공공기관

• 국회, 법원, 헌법재판소, 중앙선거관리위원회의 행정사무를 처리하는 기관 및 중앙행정기관 : 고위공무원단에 속하는 공무원 또는 그에 상당하는 공무원

• 정무직 공무원을 장으로 하는 국가기관 : 3급 이상 공무원 또는 그에 상당하는 공무원

• 고위공무원, 3급 공무원 또는 그에 상당하는 공무원 이상의 공무원을 장으로 하는 국가기관 : 4급 이상 공무원 또는 그에 상당하는 공무원

• 기타 국가기관(소속 기관을 포함) : 해당 기관의 개인정보 처리 관련 업무를 담당하는 부서의 장

• 시 · 도 및 시 · 도 교육청 : 3급 이상 공무원 또는 그에 상당하는 공무원

• 시 · 군 및 자치구 : 4급 공무원 또는 그에 상당하는 공무원

• 각급 학교 : 해당 학교의 행정사무를 총괄하는 사람

• 기타 공공기관 : 개인정보 처리 관련 업무를 담당하는 부서의 장

㉡ 공공기관 외의 개인정보 처리자

• 사업주 또는 대표자

• 임원(임원이 없는 경우에는 개인정보 처리 관련 업무를 담당하는 부서의 장)

③ 개인정보 보호 책임자의 업무(법 제31조 제3항)

    ㉠ 개인정보 보호 계획의 수립 및 시행

    ㉡ 개인정보 처리 실태 및 관행의 정기적인 조사 및 개선

    ㉢ 개인정보 처리와 관련한 불만의 처리 및 피해구제

    ㉣ 개인정보 유출 및 오용 · 남용 방지를 위한 내부 통제시스템의 구축

    ㉤ 개인정보 보호 교육 계획의 수립 및 시행

    ㉥ 개인정보 파일의 보호 및 관리 · 감독

    ㉦ 그 밖에 개인정보의 적절한 처리를 위하여 대통령령으로 정한 업무(영 제32조 제1항)

        • 개인정보 처리 방침의 수립 · 변경 및 시행

        • 개인정보 보호 관련 자료의 관리

        • 처리 목적이 달성되거나 보유기간이 지난 개인정보의 파기

④ 개인정보 보호 책임자의 권한과 의무(법 제31조 제4항~제8항)

    ㉠ 개인정보 보호 책임자는 업무를 수행함에 있어서 필요한 경우 개인정보의 처리 현황, 처리 체계 등에 대하여 수시로 조사하거나 관계 당사자로부터 보고를 받을 수 있다.

    ㉡ 개인정보 보호와 관련하여 개인정보 보호법 및 다른 관계 법령의 위반 사실을 알게 된 경우에는 즉시 개선 조치를 하여야 하며, 필요하면 소속 기관 또는 단체의 장에게 개선 조치를 보고해야 한다.

    ㉢ 개인정보 처리자는 개인정보 보호 책임자가 업무를 수행함에 있어서 정당한 이유 없이 불이익을 주거나 받게 하여서는 아니 되며, 개인정보 보호 책임자가 업무를 독립적으로 수행할 수 있도록 보장해야 한다.

    ㉣ 개인정보 처리자는 개인정보의 안전한 처리 및 보호, 정보의 교류, 그 밖에 대통령령으로 정하는 공동의 사업을 수행하기 위하여 개인정보 보호 책임자를 구성원으로 하는 개인정보 보호 책임자 협의회를 구성 · 운영할 수 있다.

    ㉤ 보호 위원회는 개인정보 보호 책임자 협의회의 활동에 필요한 지원을 할 수 있다.

> **더 알아보기**   **표준 개인정보 보호지침에 따른 개인정보 보호 책임자의 공개**
>
> • 개인정보 처리자가 개인정보 보호 책임자를 지정하거나 변경하는 경우 개인정보 보호 책임자의 지정 및 변경 사실, 성명과 부서의 명칭, 전화번호 등 연락처를 공개해야 한다.
> • 개인정보 처리자는 개인정보 보호 책임자를 공개하는 경우 개인정보 보호와 관련한 고충 처리 및 상담을 실제로 처리할 수 있는 연락처를 공개해야 한다.
> • 개인정보 보호 책임자와 개인정보 보호 업무를 처리하는 담당자의 성명, 부서의 명칭, 전화번호 등 연락처를 함께 공개할 수 있다.

(4) 개인정보 유출 등의 통지 및 신고

① 개인정보 유출 등(표준 개인정보 보호지침 제25조)

    개인정보의 분실 · 도난 · 유출(이하 "유출 등"이라 함)은 법령이나 개인정보처리자의 자유로운 의사에 의하지 않고 개인정보가 해당 개인정보처리자의 관리 · 통제권을 벗어나 제3자가 그 내용을 알 수 있는 상태에 이르게 된 것을 말한다.

② 개인정보 유출 등의 통지(법 제34조)

　　㉠ 개인정보 처리자는 개인정보가 분실·도난·유출되었음을 알게 되었을 때에는 지체 없이 해당 정보 주체에게 알려야 한다.

　　㉡ 정당한 사유(정보 주체의 연락처를 알 수 없는 경우 등)가 있는 경우에는 통지를 갈음하는 조치를 할 수 있다.

　　㉢ 통지 사항
- 유출 등이 된 개인정보의 항목
- 유출 등이 된 시점과 그 경위
- 유출 등으로 인하여 발생할 수 있는 피해를 최소화하기 위하여 정보 주체가 할 수 있는 방법 등에 관한 정보
- 개인정보 처리자의 대응조치 및 피해구제 절차
- 정보 주체에게 피해가 발생한 경우 신고 등을 접수할 수 있는 담당 부서 및 연락처

　　㉣ 통지 방법(영 제39조)
- 유출 등이 되었음을 알게 되었을 때 서면 등의 방법으로 72시간 이내에 정보 주체에게 통지해야 한다.
- 정당한 사유가 있는 경우에는 정보 주체가 쉽게 알 수 있도록 개인정보 처리자의 인터넷홈페이지에 30일 이상 게시하는 것으로 통지를 갈음할 수 있다.
- 인터넷홈페이지를 운영하지 아니하는 개인정보 처리자의 경우에는 사업장 등의 보기 쉬운 장소에 통지 사항을 30일 이상 게시하는 것으로 통지를 갈음할 수 있다.

개인정보 보호법 시행령 제39조(개인정보 유출 등의 통지)

① 개인정보 처리자는 개인정보가 분실·도난·유출(이하 이 조 및 제40조에서 "유출 등"이라 한다)되었음을 알게 되었을 때에는 서면 등의 방법으로 72시간 이내에 법 제34조 제1항 각호의 사항을 정보 주체에게 알려야 한다. 다만, 다음 각호의 어느 하나에 해당하는 경우에는 해당 사유가 해소된 후 지체 없이 정보 주체에게 알릴 수 있다.
　　1. 유출 등이 된 개인정보의 확산 및 추가 유출 등을 방지하기 위하여 접속경로의 차단, 취약점 점검·보완, 유출 등이 된 개인정보의 회수·삭제 등 긴급한 조치가 필요한 경우
　　2. 천재지변이나 그 밖에 부득이한 사유로 인하여 72시간 이내에 통지하기 곤란한 경우
② 제1항에도 불구하고 개인정보 처리자는 같은 항에 따른 통지를 하려는 경우로서 법 제34조 제1항 제1호 또는 제2호의 사항에 관한 구체적인 내용을 확인하지 못한 경우에는 개인정보가 유출된 사실, 그때까지 확인된 내용 및 같은 항 제3호부터 제5호까지의 사항을 서면 등의 방법으로 우선 통지해야 하며, 추가로 확인되는 내용에 대해서는 확인되는 즉시 통지해야 한다.
③ 제1항 및 제2항에도 불구하고 개인정보 처리자는 정보 주체의 연락처를 알 수 없는 경우 등 정당한 사유가 있는 경우에는 법 제34조 제1항 각호 외의 부분 단서에 따라 같은 항 각호의 사항을 정보 주체가 쉽게 알 수 있도록 자신의 인터넷홈페이지에 30일 이상 게시하는 것으로 제1항 및 제2항의 통지를 갈음할 수 있다. 다만, 인터넷홈페이지를 운영하지 아니하는 개인정보 처리자의 경우에는 사업장 등의 보기 쉬운 장소에 법 제34조 제1항 각호의 사항을 30일 이상 게시하는 것으로 제1항 및 제2항의 통지를 갈음할 수 있다.

　　㉤ 개인정보 처리자는 개인정보가 유출 등이 된 경우 그 피해를 최소화하기 위한 대책을 마련하고 필요한 조치를 하여야 한다.

③ 개인정보 유출 등의 신고(법 제34조)

㉠ 개인정보 처리자는 개인정보의 유출 등이 있음을 알게 되었을 때에는 개인정보의 유형, 유출 등의 경로 및 규모 등을 고려하여 보호 위원회 또는 한국인터넷진흥원에 신고해야 한다.

㉡ 개인정보 유출 등의 경로가 확인되어 해당 개인정보를 회수·삭제하는 등의 조치를 통해 정보 주체의 권익침해 가능성이 현저히 낮아진 경우에는 신고하지 않을 수 있다.

㉢ 보호 위원회 또는 한국인터넷진흥원은 개인정보 유출의 피해 확산 방지, 피해 복구 등을 위한 기술을 지원할 수 있다.

㉣ 개인정보 유출 신고

신고 대상	개인정보 처리자(공공기관 및 민간기업)
신고 기관	개인정보 보호 위원회 및 KISA(한국인터넷진흥원)
신고 기한	유출 등이 되었음을 알게 되었을 때 72시간 이내
신고 방법	서면 등
신고 기준	• 1천 명 이상의 정보 주체에 관한 개인정보가 유출 등이 된 경우 • 민감정보 또는 고유 식별정보가 유출 등이 된 경우 • 개인정보 처리시스템 또는 개인정보 취급자가 개인정보 처리에 이용하는 정보기기에 대한 외부로부터의 불법적인 접근에 의해 개인정보가 유출 등이 된 경우
신고 내용	• 유출 등이 된 개인정보의 항목 • 유출 등이 된 시점과 그 경위 • 유출 등으로 인하여 발생할 수 있는 피해를 최소화하기 위하여 정보 주체가 할 수 있는 방법 등에 관한 정보 • 개인정보 처리자의 대응조치 및 피해구제 절차 • 정보 주체에게 피해가 발생한 경우 신고 등을 접수할 수 있는 담당 부서 및 연락처
과태료	3천만 원 이하

> **개인정보 보호법 시행령 제40조(개인정보 유출 등의 신고)**
> ① 개인정보 처리자는 다음 각호의 어느 하나에 해당하는 경우로서 개인정보가 유출 등이 되었음을 알게 되었을 때에는 72시간 이내에 법 제34조 제1항 각호의 사항을 서면 등의 방법으로 보호 위원회 또는 같은 조 제3항 전단에 따른 전문기관에 신고해야 한다. 다만, 천재지변이나 그 밖에 부득이한 사유로 인하여 72시간 이내에 신고하기 곤란한 경우에는 해당 사유가 해소된 후 지체 없이 신고할 수 있으며, 개인정보 유출 등의 경로가 확인되어 해당 개인정보를 회수·삭제하는 등의 조치를 통해 정보 주체의 권익침해 가능성이 현저히 낮아진 경우에는 신고하지 않을 수 있다.
> 1. 1천 명 이상의 정보 주체에 관한 개인정보가 유출 등이 된 경우
> 2. 민감정보 또는 고유 식별정보가 유출 등이 된 경우
> 3. 개인정보 처리시스템 또는 개인정보 취급자가 개인정보 처리에 이용하는 정보기기에 대한 외부로부터의 불법적인 접근에 의해 개인정보가 유출 등이 된 경우
> ② 제1항에도 불구하고 개인정보 처리자는 제1항에 따른 신고를 하려는 경우로서 법 제34조 제1항 제1호 또는 제2호의 사항에 관한 구체적인 내용을 확인하지 못한 경우에는 개인정보가 유출 등이 된 사실, 그때까지 확인된 내용 및 같은 항 제3호부터 제5호까지의 사항을 서면 등의 방법으로 우선 신고해야 하며, 추가로 확인되는 내용에 대해서는 확인되는 즉시 신고해야 한다.
> ③ 법 제34조 제3항 전단 및 후단에서 "대통령령으로 정하는 전문기관"이란 각각 한국인터넷진흥원을 말한다.

(5) 개인정보 파일의 등록 및 공개

① 개인정보 파일 등록(법 제32조 제1항~제3항)

    ㉠ 공공기관의 장이 개인정보 파일을 운용 혹은 등록한 사항이 변경된 경우에는 다음의 등록 사항을 보호 위원회에 등록하여야 한다.

    ㉡ 등록 사항

- 개인정보 파일의 명칭
- 개인정보 파일의 운영 근거 및 목적
- 개인정보 파일에 기록되는 개인정보의 항목
- 개인정보의 처리 방법
- 개인정보의 보유기간
- 개인정보를 통상적 또는 반복적으로 제공하는 경우에는 그 제공받는 자
- 그 밖에 대통령령으로 정하는 사항(영 제33조 제1항)
  - 개인정보 파일을 운용하는 공공기관의 명칭
  - 개인정보 파일로 보유하고 있는 개인정보의 정보 주체 수
  - 해당 공공기관에서 개인정보 처리 관련 업무를 담당하는 부서
  - 개인정보의 열람 요구를 접수·처리하는 부서
  - 개인정보 파일의 개인정보 중 열람을 제한하거나 거절할 수 있는 개인정보의 범위 및 제한 또는 거절 사유

    ㉢ 등록 제외 개인정보 파일

- 국가 안전, 외교상 비밀, 그 밖에 국가의 중대한 이익에 관한 사항을 기록한 개인정보 파일
- 범죄의 수사, 공소의 제기 및 유지, 형 및 감호의 집행, 교정처분, 보호처분, 보안관찰처분과 출입국관리에 관한 사항을 기록한 개인정보 파일
- 조세범처벌법에 따른 범칙 행위 조사 및 관세법에 따른 범칙행위 조사에 관한 사항을 기록한 개인정보 파일
- 일회적으로 운영되는 파일 등 지속적으로 관리할 필요성이 낮다고 인정되어 대통령령으로 정하는 개인정보 파일
  - 회의 참석 수당 지급, 자료·물품의 송부, 금전의 정산 등 단순 업무수행을 위해 운영되는 개인정보 파일로서 지속적 관리 필요성이 낮은 개인정보 파일
  - 공중위생 등 공공의 안전과 안녕을 위하여 긴급히 필요한 경우로서 일시적으로 처리되는 개인정보 파일
  - 그 밖에 일회적 업무처리만을 위해 수집된 개인정보 파일로서 저장되거나 기록되지 않는 개인정보 파일

• 다른 법령에 따라 비밀로 분류된 개인정보 파일

> **개인정보 보호법 제58조(개인정보의 안전한 관리 적용의 일부 제외)**
> • 국가안전보장과 관련된 정보 분석을 목적으로 수집 또는 제공 요청되는 개인정보
> • 언론, 종교단체, 정당이 각각 취재·보도, 선교, 선거 입후보자 추천 등 고유 목적을 달성하기 위하여 수집·이용하는 개인정보

② 보호 위원회는 필요하면 개인정보 파일의 등록 여부와 그 내용을 검토하여 해당 공공기관의 장에게 개선을 권고할 수 있다.

② 개인정보 파일 공개(법 제32조 제3항~제6항)

㉠ 보호 위원회는 정보 주체의 권리보장 등을 위하여 필요한 경우 개인정보 파일의 등록 현황을 누구든지 쉽게 열람할 수 있도록 공개할 수 있다.

㉡ 등록과 공개의 방법, 범위 및 절차에 관하여 필요한 사항은 대통령령으로 정한다.

> **개인정보 보호법 시행령 제34조(개인정보 파일의 등록 및 공개 등)**
> • 공공기관의 장은 개인정보 파일 운용을 시작한 날부터 60일 이내에 보호 위원회에 해당 등록 사항을 등록해야 한다. 등록 후 등록한 사항이 변경된 경우에도 또한 같다.
> • 개인정보 파일의 등록 현황을 공개하는 경우에는 보호 위원회가 구축하는 인터넷 사이트에 게재해야 한다.
> • 보호 위원회는 개인정보 파일의 등록 사항을 등록하거나 변경하는 업무를 전자적으로 처리할 수 있도록 시스템을 구축·운영할 수 있다.

㉢ 국회, 법원, 헌법재판소, 중앙선거관리위원회(그 소속 기관을 포함)의 개인정보 파일 등록 및 공개에 관하여는 국회규칙, 대법원규칙, 헌법재판소규칙 및 중앙선거관리위원회규칙으로 정한다.

CHAPTER 03 정보 주체의 권리

1 개인정보 보호법상 정보 주체의 권리

(1) 개인정보의 처리에 관한 정보를 제공받을 권리(법 제4조 제1호)

① 정보 주체는 개인정보 수집, 이용, 제공 등의 처리 목적과 범위 등에 관한 정보를 개인정보 처리자로부터 제공받을 권리가 있다.

② 개인정보 처리자는 개인정보 수집 · 이용 · 제공 목적 · 범위 등의 고지, 개인정보 처리 방침의 수립 · 공개 등의 의무가 있다.

(2) 개인정보의 처리에 관한 동의 여부, 동의 범위 등을 선택하고 결정할 권리(법 제4조 제2호)

① 개인정보 자기결정권의 핵심은 정보 주체가 개인정보 처리자의 개인정보 처리에 대하여 실질적인 통제권을 갖는 것이다.

② 정보 주체에게 개인정보 처리 여부 및 동의 범위 등을 선택할 수 있는 권리를 부여한다고 하더라도 개인정보 처리자가 사실상 동의를 강요하면 정보 주체의 권리가 형식화하기 때문에 포괄적인 동의를 금지하고 있다.

(3) 개인정보의 처리 여부를 확인하고 개인정보에 대한 열람 및 전송을 요구할 권리(법 제4조 제3호)

① 정보 주체가 자신의 개인정보를 누가 얼마나 가지고 있고 어떻게 이용 · 제공 · 관리하고 있는지를 확인할 수 있도록 자신의 개인정보에 접근권을 보장하고 있다.

② 열람 요구권은 개인정보 처리자의 무분별한 개인정보 수집 · 이용 · 제공을 방지하는 기능도 수행한다.

(4) 개인정보의 처리 정지, 정정 · 삭제 및 파기를 요구할 권리(법 제4조 제4호)

① 개인정보 처리자의 잘못된 개인정보 처리로 인한 피해를 방지하기 위하여 정보 주체에게 불완전하거나 부정확한 정보에 대한 처리정지 · 정정 · 삭제를 요구할 권리를 보장하고 있다.

② 이용자에게는 정보통신 서비스 제공자 등에 대하여 개인정보 수집 · 이용 · 제공 등에 관한 동의를 철회할 권리를 보장하고 있다.

③ 정보 주체는 개인정보 유출 등의 피해를 방지하고 오남용이 발생하지 않도록 개인정보의 처리 목적이 달성되는 등 개인정보를 계속해서 보관할 필요성이 없어진 경우에는 자신의 개인정보를 파기해 달라고 요구할 수도 있다.

(5) 개인정보의 처리로 인하여 발생한 피해를 신속하고 공정한 절차에 따라 구제받을 권리(법 제4조 제5호)

① 정보 주체는 개인정보의 수집·이용·제공 등으로 피해가 발생한 경우, 신속하고 공정한 절차에 따라 피해의 심각성에 비례하여 적절한 보상을 받을 권리를 가진다.

② 입증책임의 전환(법 제39조 제1항 단서 참고), 분쟁조정 제도(법 제40조~제50조 참고) 및 권리침해 중지 단체소송제도(법 제51조~제57조 참고), 법정·징벌적 손해배상제도(법 제39조의2 및 제39조 제3항 참고), 정보통신 서비스 제공자 등의 손해배상책임 보장 조치 의무(법 제39조의9 참고) 등을 도입하고 있다.

(6) 완전히 자동화된 개인정보 처리에 따른 결정을 거부하거나 그에 대한 설명 등을 요구할 권리(법 제4조 제6호)

① 정보 주체는 완전히 자동화된 시스템으로 개인정보를 처리하여 이루어지는 결정(예 AI 기반 면접, 신용평가 등)이 자신의 권리 또는 의무에 중대한 영향을 미치는 경우 해당 개인정보 처리자의 결정을 거부하거나 결정에 대한 설명 등을 요구할 수 있는 권리를 가진다.

② 개인정보 처리자는 정보 주체가 자동화된 결정을 거부하거나 이에 대한 설명 등을 요구한 경우에는 정당한 사유가 없는 한 자동화된 결정을 적용하지 아니하거나 인적 개입에 의한 재처리·설명 등 필요한 조치를 해야 한다.

2 정보 주체의 권리보장

(1) 개인정보의 열람(법 제35조)

① 열람 요구권

㉠ 정보 주체가 자신의 개인정보를 개인정보 보호법에 따라 해당 개인정보 처리자에 열람을 요구할 수 있는 권리를 말한다.

㉡ 정보 주체는 권리보장을 위해 개인정보 처리자가 마련한 방법과 절차에 따라 개인정보의 열람을 요구해야 한다.

개인정보 보호법 시행령 제41조 제2항(개인정보 열람 요구 방법과 절차 마련 시 준수 사항)
- 서면, 전화, 전자우편, 인터넷 등 정보 주체가 쉽게 활용할 수 있는 방법으로 제공할 것
- 개인정보를 수집한 창구의 지속적 운영이 곤란한 경우 등 정당한 사유가 있는 경우를 제외하고는 최소한 개인정보를 수집한 창구 또는 방법과 동일하게 개인정보의 열람을 요구할 수 있도록 할 것
- 인터넷홈페이지를 운영하는 개인정보 처리자는 홈페이지에 열람 요구 방법과 절차를 공개할 것

---

② 열람을 요구할 수 있는 사항(영 제41조 제1항)

정보 주체는 자신의 개인정보에 대한 열람을 요구하려면 다음의 사항 중 열람하려는 사항을 개인정보처리자가 마련한 방법과 절차에 따라 요구해야 한다.

㉠ 개인정보의 항목 및 내용

㉡ 개인정보의 수집·이용의 목적

㉢ 개인정보 보유 및 이용 기간

㉣ 개인정보의 제3자 제공 현황

㉤ 개인정보 처리에 동의한 사실 및 내용

③ 열람 요구 방법(법 제35조 제1항, 제2항)

　　㉠ 정보 주체는 개인정보 처리자가 처리하는 자신의 개인정보에 대한 열람을 해당 개인정보 처리자에게 요구할 수 있다.

　　㉡ 정보 주체가 자신의 개인정보에 대한 열람을 공공기관에 요구하고자 할 때에는 공공기관에 직접 열람을 요구하거나 보호 위원회를 통하여 열람을 요구할 수 있다.

④ 열람 의무(법 제35조 제3항)

　　㉠ 개인정보 처리자는 열람을 요구받았을 때에는 대통령령으로 정하는 기간(10일) 내에 정보 주체가 해당 개인정보를 열람할 수 있도록 해야 한다.

　　㉡ 개인정보를 10일 내에 열람할 수 없는 정당한 사유가 있을 때에는 정보 주체에게 그 사유를 알리고 열람을 연기할 수 있으며, 그 사유가 소멸하면 지체 없이 열람하게 해야 한다.

⑤ 열람 요구의 제한 · 거절

　　㉠ 열람 제한 · 거절 사유(법 제35조 제4항)

　　　• 법률에 따라 열람이 금지되거나 제한되는 경우

　　　• 다른 사람의 생명 · 신체를 해할 우려가 있거나 다른 사람의 재산과 그 밖의 이익을 부당하게 침해할 우려가 있는 경우

　　　• 공공기관이 다음의 어느 하나에 해당하는 업무를 수행할 때 중대한 지장을 초래하는 경우

　　　　－ 조세의 부과 · 징수 또는 환급에 관한 업무

　　　　－ 초 · 중등교육법 및 고등교육법에 따른 각급 학교, 평생교육법에 따른 평생교육시설, 그 밖의 다른 법률에 따라 설치된 고등교육기관에서의 성적 평가 또는 입학자 선발에 관한 업무

　　　　－ 학력 · 기능 및 채용에 관한 시험, 자격 심사에 관한 업무

　　　　－ 보상금 · 급부금 산정 등에 대하여 진행 중인 평가 또는 판단에 관한 업무

　　　　－ 다른 법률에 따라 진행 중인 감사 및 조사에 관한 업무

　　㉡ 열람 요구사항 중 일부가 제한 · 거절 사유에 해당하는 경우에는 그 일부는 열람을 제한할 수 있으며, 열람이 제한되는 사항을 제외한 부분은 열람할 수 있도록 해야 한다(영 제42조 제1항 참고).

　　㉢ 개인정보 처리자가 정보 주체의 열람을 제한하거나 거절하려는 경우 열람 요구를 받은 날부터 10일 이내에 거절의 사유 및 이의 제기 방법을 열람 거절 통지서로 해당 정보 주체에게 알려야 한다(영 제42조 제2항 참고).

(2) 개인정보의 전송 요구(법 제35조의2) [시행일 : 미지정]

① 전송 요구권

　　㉠ 정보 주체가 개인정보 처리자에게 자신에 관한 개인정보를 본인 또는 개인정보관리 전문기관 또는 다른 개인정보 처리자에 전송을 요구할 수 있는 권리를 말한다.

개인정보법 제35조의3 제1항(개인정보 전문기관의 업무)
- 개인정보의 전송 요구권 행사 지원
- 정보 주체의 권리행사를 지원하기 위한 개인정보 전송시스템의 구축 및 표준화
- 정보 주체의 권리행사를 지원하기 위한 개인정보의 관리 · 분석
- 그 밖에 대통령령으로 정하는 업무

ⓒ 정보 주체는 개인정보 처리 능력 등을 고려하여 개인정보 처리자에 개인정보를 전송할 것을 요구할 수 있다.

ⓒ 정보 주체의 전송 요구로 인하여 타인의 권리나 정당한 이익을 침해해서는 안 된다.

ⓔ 개인정보 처리자는 요구받은 개인정보를 시간, 비용, 기술적으로 허용되는 합리적인 범위에서 해당 정보를 컴퓨터 등 정보처리장치로 처리 가능한 형태로 전송하여야 한다.

② 전송을 요구하는 개인정보 요건

ⓐ 정보 주체 본인에 관한 개인정보로 다음의 어느 하나에 해당하는 정보
- 정보 주체의 동의를 얻어 수집한 개인정보
- 계약 이행 또는 계약을 체결 과정에서 정보 주체의 요청에 따라 수집한 개인정보
- 개인정보 보호 위원회가 전송 대상으로 심의 · 의결한 개인정보

ⓑ 개인정보 처리자가 수집한 개인정보를 기초로 분석 · 가공하여 별도로 생성한 정보가 아닌 것

ⓒ 컴퓨터 등 정보처리장치로 처리되는 개인정보일 것

③ 법률과 관련 규정에도 불구하고 전송해야 하는 개인정보

ⓐ 국세기본법 제81조의13(비밀 유지)

ⓑ 지방세기본법 제86조(비밀 유지)

ⓒ 그 밖에 대통령령으로 정하는 법률의 규정

④ 요구의 철회, 거절 · 중단

ⓐ 정보 주체는 전송 요구를 철회할 수 있다.

ⓑ 개인정보 처리자는 사유(정보 주체의 본인 여부가 확인되지 아니하는 경우 등)가 발생할 경우 정보 주체의 전송 요구를 거절하거나 전송을 중단할 수 있다.

(3) 개인정보 정정 · 삭제(법 제36조)

① 정정 · 삭제 요구권

ⓐ 자신의 개인정보를 열람한 정보 주체는 개인정보 처리자에게 그 개인정보의 정정 또는 삭제를 요구할 수 있으며, 개인정보 처리자는 정정 · 삭제 요구권을 보장해야 한다.

ⓑ 개인정보 처리자가 개인정보를 삭제할 때에는 복구 또는 재생되지 않도록 해야 한다.

ⓒ 다른 법령에서 그 개인정보가 수집 대상으로 명시되어 있는 경우에는 개인정보 삭제를 요구할 수 없다.
　　예 통신비밀보호법 시행령 제41조(전기통신사업자의 협조의무 등), 인구주택총조사 규칙 제4조(조사 사항)

② 개인정보 정정 · 삭제 요구 대상

ⓐ 개인정보는 개인정보 처리자가 보유하고 있으며, 정보 주체가 열람할 수 있는 개인정보에 한정된다.

ⓑ 개인정보 처리자가 열람을 제한하거나 거절할 수 있는 개인정보는 정정 · 삭제 요구권이 인정되지 않는다.

③ 개인정보 정정 · 삭제 요구 방법 및 절차

ⓐ 정보 주체는 개인정보 처리자가 마련한 방법과 절차에 따라 요구하여야 한다.

ⓛ 개인정보 처리자는 정보 주체의 정정·삭제 요구를 받았을 때에는 다른 법령에 특별한 절차가 규정되어 있는 경우를 제외하고는 지체 없이 그 개인정보를 조사하여 정보 주체의 요구에 따라 정정·삭제 등 필요한 조치를 한 후 그 결과를 정보 주체에게 알려야 한다.

> **개인정보 보호법 시행령 제43조 제1항(개인정보 정정·삭제 방법과 절차 마련 시 준수 사항)**
> • 서면, 전화, 전자우편, 인터넷 등 정보 주체가 쉽게 활용할 수 있는 방법으로 제공할 것
> • 개인정보를 수집한 창구의 지속적 운영이 곤란한 경우 등 정당한 사유가 있는 경우를 제외하고는 최소한 개인정보를 수집한 창구 또는 방법과 동일하게 개인정보의 정정 또는 삭제를 요구할 수 있도록 할 것
> • 인터넷홈페이지를 운영하는 개인정보 처리자는 홈페이지에 정정 또는 삭제 요구 방법과 절차를 공개할 것

ⓒ 개인정보 처리자는 해당 정보 주체에게 정정·삭제 요구사항 확인에 필요한 증거자료를 제출하게 할 수 있다.

ⓔ 개인정보 처리자는 개인정보 정정·삭제 요구를 받은 날부터 10일 이내에 해당 개인정보의 정정·삭제 등의 조치를 한 경우에는 그 조치를 한 사실을, 삭제 요구에 따르지 아니한 경우에는 그 사실 및 이유와 이의 제기 방법을 개인정보 정정·삭제 결과 통지서로 해당 정보 주체에게 알려야 한다.

(4) 개인정보 처리정지 등(법 제37조)

① 개인정보 처리정지 요구권

ⓐ 정보 주체는 자신의 개인정보 처리의 정지를 요구하거나 개인정보 처리에 대한 동의를 철회할 수 있다.

ⓛ 공공기관에 대하여 등록 대상이 되는 개인정보 파일 중 자신의 개인정보에 대한 처리의 정지를 요구하거나 개인정보 처리에 대한 동의를 철회할 수 있다.

ⓒ 개인정보 처리자는 개인정보 처리정지 요구를 받았을 때에는 지체 없이 정보 주체의 요구에 따라 개인정보 처리의 전부를 정지하거나 일부를 정지해야 한다.

② 처리정지 요구 거절 사유

ⓐ 법률에 특별한 규정이 있거나 법령상 의무를 준수하기 위하여 불가피한 경우

ⓛ 다른 사람의 생명·신체를 해할 우려가 있거나 다른 사람의 재산과 그 밖의 이익을 부당하게 침해할 우려가 있는 경우

ⓒ 공공기관이 개인정보를 처리하지 아니하면 다른 법률에서 정하는 소관 업무를 수행할 수 없는 경우

ⓔ 개인정보를 처리하지 아니하면 정보 주체와 약정한 서비스를 제공하지 못하는 등 계약의 이행이 곤란한 경우로서 정보 주체가 그 계약의 해지 의사를 명확하게 밝히지 아니한 경우

③ 개인정보 처리자의 의무

ⓐ 개인정보 처리자는 정보 주체가 동의를 철회한 때에는 지체 없이 수집된 개인정보를 복구·재생할 수 없도록 파기하는 등 필요한 조치를 해야 한다.

ⓛ 개인정보 처리자는 처리정지 요구를 거절하거나 동의 철회에 따른 조치를 하지 아니하였을 때에는 정보 주체에게 지체 없이 그 사유를 알려야 한다.

ⓒ 개인정보 처리자는 개인정보 처리정지 요구를 받은 날부터 10일 이내에 해당 개인정보의 처리정지 조치를 한 경우에는 그 조치를 한 사실을, 처리정지 요구에 따르지 않은 경우에는 그 사실 및 이유와 이의 제기 방법을 개인정보 처리정지 요구에 대한 결과 통지서로 해당 정보 주체에게 알려야 한다(영

제44조 제2항).

  ② 개인정보 처리자는 정보 주체의 요구에 따라 처리가 정지된 개인정보에 대하여 지체 없이 해당 개인정보의 파기 등 필요한 조치를 해야 한다.

(5) 개인정보 처리로 인하여 발생한 피해를 구제받을 권리

 ① 개인정보 침해 시 구제 방법

개인정보 침해사고 신고 및 상담	개인정보와 관련하여 권리나 이익을 침해받은 경우 개인정보 침해신고센터를 통해 상담과 신고 접수를 할 수 있다.
분쟁조정 신청	개인정보 침해 발생 시 개인정보 분쟁조정위원회에 분쟁조정을 신청하여 비용 없이 신속하게 피해를 구제받을 수 있다.
손해배상청구	정보 주체는 개인정보 처리자가 개인정보 보호법을 위반한 행위로 손해를 입으면 개인정보 처리자에게 손해배상을 청구할 수 있다.
단세소송 신청	법원에 권리침해 행위의 금지 · 중지를 구하는 소송을 제기할 수 있다.

 ② 손해배상책임(법 제39조)

  ㉠ 손해배상청구권의 성립 요건

- 개인정보 보호법에 위반한 침해행위가 있을 것
- 위반행위로 인해 손해가 발생했을 것
- 침해행위와 손해 사이에 인과관계가 있을 것
- 고의 또는 과실 및 책임능력이 있을 것

  ㉡ 고의 · 과실에 대한 입증책임

  개인정보 처리자는 고의 또는 과실이 없음을 입증하지 아니하면 책임을 면할 수 없다. 즉, 개인정보 처리자는 고의 또는 과실이 없음을 스스로 증명해야 한다.

  ㉢ 징벌적 손해배상

  개인정보 처리자의 고의 또는 중대한 과실로 인하여 개인정보가 분실 · 도난 · 유출 · 위조 · 변조 또는 훼손된 경우로서 정보 주체에게 손해가 발생한 때에는 법원은 그 손해액의 5배를 넘지 아니하는 범위에서 손해배상액을 정할 수 있다.

  ㉣ 징벌적 손해배상액 산정 시 고려 사항

- 고의 또는 손해 발생의 우려를 인식한 정도
- 위반행위로 인하여 입은 피해 규모
- 위법행위로 인하여 개인정보 처리자가 취득한 경제적 이익
- 위반행위에 따른 벌금 및 과징금
- 위반행위의 기간 · 횟수 등
- 개인정보 처리자의 재산 상태
- 개인정보 처리자가 정보 주체의 개인정보 분실 · 도난 · 유출 후 해당 개인정보를 회수하기 위하여 노력한 정도
- 개인정보 처리자가 정보 주체의 피해구제를 위하여 노력한 정도

③ 법정 손해배상의 청구(법 제39조의2)

　　㉠ 법정 손해배상책임의 청구 요건

　　　• 개인정보 처리자의 고의 또는 과실로 인한 개인정보의 분실·도난·유출·위조·변조 또는 훼손이 있을 것

　　　• 300만 원 이하의 범위에서 상당한 금액을 손해액으로 청구할 것

　　　• 고의 또는 과실 및 책임능력이 있을 것

　　㉡ 손해액 산정

　　　법원은 법정 손해배상청구가 있는 경우에 변론 전체의 취지와 증거조사의 결과를 고려하여 300만 원 범위에서 상당한 손해액을 인정할 수 있다.

　　㉢ 청구 변경

　　　징벌적 손해배상을 청구한 정보 주체는 사실심의 변론이 종결되기 전까지 법정 손해배상청구로 변경할 수 있다.

(6) 국내 대리인 지정(법 제31조의2)

① 국내 대리인

　　㉠ 국내에 주소 또는 영업소가 없는 개인정보 처리자로서 매출액, 개인정보의 보유 규모 등을 고려하여 국내 대리인을 지정해야 한다.

　　㉡ 국내 대리인은 국내에 주소 또는 영업소가 있어야 한다.

　　㉢ 국내 대리인이 개인정보 보호 위반한 경우에는 개인정보 처리자가 그 행위를 한 것으로 본다.

② 국내 대리인 역할

　　㉠ 개인정보 보호 책임자의 업무

　　㉡ 개인정보 유출 등의 통지 및 신고

　　㉢ 물품·서류 등 자료의 제출

> **개인정보 보호법 시행령 제32조의2 제1항(국내 대리인 지정 대상자의 범위)**
> 다음 어느 하나에 해당하는 자를 말한다.
> 1. 전년도(법인인 경우에는 전 사업연도를 말한다) 전체 매출액이 1조 원 이상인 자
> 2. 전년도 말 기준 직전 3개월간 그 개인정보가 저장·관리되고 있는 국내 정보 주체의 수가 일일 평균 100만 명 이상인 자
> 3. 관계 물품·서류 등 자료의 제출을 요구받은 자로서 국내 대리인을 지정할 필요가 있다고 보호 위원회가 심의·의결한 자

③ 국내 대리인의 지정

　　㉠ 지정은 문서로 해야 한다.

　　㉡ 국내 대리인을 지정한 경우에는 국내 대리인의 성명(법인의 경우에는 그 명칭 및 대표자의 성명)과 국내 대리인의 주소(법인의 경우에는 영업소 소재지), 전화번호, 전자우편 주소를 개인정보 처리 방침에 포함해야 한다.

04 분쟁해결절차

1 개인정보 분쟁조정 위원회

(1) 개인정보 분쟁조정 제도

① 개인정보 권리를 침해받았다고 주장하는 자가 개인정보 분쟁조정 위원회에 분쟁조정을 신청하여 권리를 구제받는 제도를 말한다.

② 비용이 많이 들고 시간이 오래 걸리는 소송제도와는 달리 개인정보 분쟁조정 제도는 비용이 들지 않고 개인정보에 관한 분쟁을 신속하게 해결할 수 있다.

③ 개인정보 분쟁 사건을 전문적으로 다루는 개인정보 분쟁조정위원회를 통해 공정한 결과를 얻을 수 있다.

	개인정보 보호법 제42조(공정한 심의 · 의결을 위한 위원의 제척 · 기피 · 회피)
제척	• 위원이 제척사유에 중 어느 하나에 해당하면 분쟁조정위원회에 신청된 분쟁조정 사건의 심의 · 의결에서 제척된다. • 제척사유 　– 위원 또는 그 배우자나 배우자였던 자가 그 사건의 당사자가 되거나 그 사건에 관하여 공동의 권리자 또는 의무자의 관계에 있는 경우 　– 위원이 그 사건의 당사자와 친족이거나 친족이었던 경우 　– 위원이 그 사건에 관하여 증언, 감정, 법률 자문을 한 경우 　– 위원이 그 사건에 관하여 당사자의 대리인으로서 관여하거나 관여하였던 경우
기피	• 위원에게 공정한 심의 · 의결을 기대하기 어려운 사정이 있으면 당사자는 위원장에게 기피신청을 할 수 있다. • 위원장은 기피신청에 대하여 개인정보 분쟁조정위원회의 의결을 거치지 아니하고 결정한다.
회피	위원은 제척사유나 기피사유가 있는 경우에는 스스로 그 사건의 심의 · 의결에서 회피할 수 있다.

④ 개인정보 분쟁조정위원회는 사실조사를 통해 개인정보 권리침해 중지, 손해배상, 원상회복, 제도 개선 등의 결정을 한다.

⑤ 개인정보 분쟁조정위원회의 결정은 분쟁의 당사자가 모두 수락하면 재판상 화해의 효력이 발생한다.

⑥ 조정성립 후 당사자가 결정 내용을 이행하지 않을 시 법원으로부터 집행문을 부여받아 강제집행을 할 수 있다.

⑦ 개인정보 분쟁조정 제도에서는 신청 내용과 요건에 따라 개인정보 분쟁조정(일반 분쟁조정)과 집단 분쟁조정으로 구분하여 조정절차를 운영하고 있다.

(2) 설치 및 구성(법 제40조)

① 개인정보에 관한 분쟁의 조정을 위하여 개인정보 분쟁조정위원회를 둔다.

② 개인정보 분쟁조정위원회는 위원장 1명을 포함한 30명 이내의 위원으로 구성하며, 위원은 당연직 위원과 위촉위원으로 구성한다.

③ 위촉위원은 개인정보 보호 위원회 위원장이 위촉하고, 대통령령으로 정하는 국가기관 소속 공무원은 당연직 위원이 된다.

> **개인정보 보호법 제40조 제3항(개인정보 분쟁조정 위원의 자격)**
> • 개인정보 보호 업무를 관장하는 중앙행정기관의 고위공무원단에 속하는 공무원으로 재직하였던 사람 또는 이에 상당하는 공공부문 및 관련 단체의 직에 재직하고 있거나 재직하였던 사람으로서 개인정보 보호 업무의 경험이 있는 사람
> • 대학이나 공인된 연구기관에서 부교수 이상 또는 이에 상당하는 직에 재직하고 있거나 재직하였던 사람
> • 판사 · 검사 또는 변호사로 재직하고 있거나 재직하였던 사람
> • 개인정보 보호와 관련된 시민사회단체 또는 소비자단체로부터 추천을 받은 사람
> • 개인정보 처리자로 구성된 사업자단체의 임원으로 재직하고 있거나 재직하였던 사람

④ 위원장은 위원 중에서 공무원이 아닌 사람으로 개인정보 보호 위원회 위원장이 위촉한다.

⑤ 위원장과 위촉위원의 임기는 2년으로 하되, 1차에 한하여 연임할 수 있다.

> **개인정보 보호법 제41조(위원의 신분보장)**
> 위원은 자격정지 이상의 형을 선고받거나 심신상의 장애로 직무를 수행할 수 없는 경우를 제외하고는 그의 의사에 반하여 면직되거나 해촉되지 아니한다.

⑥ 분쟁조정 업무를 효율적으로 수행하기 위하여 조정부를 둘 수 있다.

    ㉠ 조정부는 조정사건 분야별로 5명 이내의 위원으로 구성한다.

    ㉡ 조정부는 분쟁조정위원회 위원장이 지명하는 5명 이내의 위원으로 구성하되, 그중 1명은 변호사 자격이 있는 위원으로 한다(영 제49조 제1항).

    ㉢ 조정부가 분쟁조정위원회에서 위임받아 의결한 사항은 분쟁조정위원회에서 의결한 것으로 본다.

> **개인정보 보호법 제40조 제7항(개의 및 의결)**
> 분쟁조정위원회 또는 조정부는 재적 위원 과반수의 출석으로 개의하며 출석위원 과반수의 찬성으로 의결한다.

(3) 기능 및 권한

① 자료의 요청 및 사실조사(법 제45조)

    ㉠ 분쟁조정위원회는 분쟁조정 신청을 받았을 때에는 해당 분쟁의 조정을 위하여 필요한 자료를 분쟁당사자에게 요청할 수 있다.

    ㉡ 위원 또는 대통령령으로 정하는 사무기구의 소속 공무원으로 하여금 사건과 관련된 장소에 출입하여 관련 자료를 조사하거나 열람하게 할 수 있다.

    ㉢ 관계 기관 등에 자료 또는 의견의 제출 등 필요한 협조를 요청할 수 있다.

    ㉣ 분쟁당사자나 참고인을 위원회에 출석하도록 하여 그 의견을 들을 수 있다.

② 조정 전 합의 권고(법 제46조) : 분쟁조정 신청을 받았을 때 당사자에게 그 내용을 제시하고 조정 전 합의를 권고할 수 있다.

③ 분쟁의 조정(법 제47조)

    ㉠ 다음 어느 하나의 사항을 포함하여 조정안을 작성할 수 있다.

        • 조사 대상 침해행위의 중지

        • 원상회복, 손해배상, 그 밖에 필요한 구제 조치

        • 같거나 비슷한 침해의 재발을 방지하기 위하여 필요한 조치

    ㉡ 분쟁조정위원회는 조정안을 작성하면 지체 없이 각 당사자에게 제시하여야 한다.

    ㉢ 조정안을 제시받은 당사자가 제시받은 날부터 15일 이내에 수락 여부를 알리지 아니하면 조정을 수락한 것으로 본다.

2 개인정보 분쟁조정

(1) 일반 분쟁조정 절차

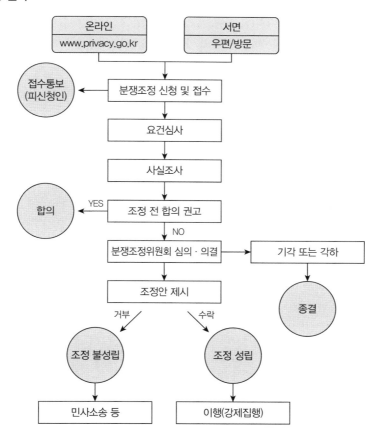

① 분쟁조정 사건의 접수 및 통보

    ㉠ 개인정보에 관한 분쟁조정은 인터넷홈페이지, 우편·전화 등을 통해 신청인이 직접 또는 대리로 신청할 수 있다.

    ㉡ 분쟁조정 사건이 접수되면 신청자와 상대방에게 접수 사실이 통보된다.

② 사실확인 및 당사자 의견 청취

    ㉠ 사건담당자는 전화, 우편, 전자우편 등 다양한 수단을 이용한 자료 수집을 통해 분쟁조정 사건에 대한 사실조사를 실시한다.

    ㉡ 사실조사가 완료되면 이를 토대로 사실조사 보고서를 작성하여 본 사건을 위원회에 회부한다.

③ 조정 전 합의 권고

    ㉠ 분쟁조정위원회는 조정 전 당사자 간의 자율적인 노력으로 원만히 분쟁이 해결될 수 있도록 합의를 권고할 수 있다.

    ㉡ 합의 권고로 당사자 간의 합의가 성립하면 사건은 종결된다.

④ 위원회의 조정절차 개시

    ㉠ 조정 전 합의가 이루어지지 않으면 위원회를 통해 조정절차가 진행된다.

    ㉡ 조정절차가 진행되면 당사자의 의견 청취, 증거 수집, 전문가 자문, 현장 조사 등 필요한 절차를 거쳐 쌍방에게 합당한 조정안을 제시하고 이를 받아들일 것을 권고하며, 이 경우 사건의 신청자나 상대방은 위원회의 회의에 참석하여 자신의 의견을 개진할 수 있다.

⑤ 조정의 성립

    ㉠ 분쟁조정위원회의 조정을 통해 내려진 결정에 대하여 조정안을 제시받은 날부터 15일 이내에 신청인과 상대방이 이를 수락한 경우, 조정이 성립된다.

    ㉡ 조정안에 대한 수락 여부를 알리지 않으면 조정안을 수락한 것으로 보아 절차를 진행한다. 당사자가 위원회의 조정안을 수락하고자 하는 경우, 위원회가 송부한 조정서에 기명날인하여 위원회에 제출한다.

    ㉢ 양 당사자가 모두 조정안을 수락하면 조정이 성립되어 조정서가 작성되고 조정절차가 종료된다.

    ㉣ 당사자 중 일방이 조정안을 수락하지 않을 경우, 민사소송을 제기하는 등 다른 구제 절차를 진행할 수 있다.

⑥ 효력의 발생

분쟁조정위원회의 조정 결정에 대해 신청인과 상대방이 이를 수락하여 조정이 성립된 경우, 양 당사자 간의 조정서는 재판상 화해와 같은 효력을 갖는다.

(2) 집단 분쟁조정 절차

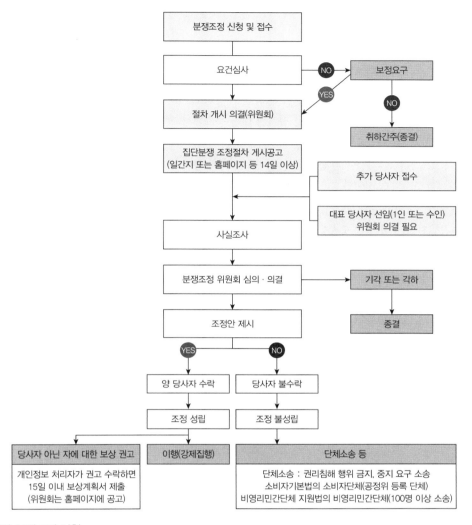

① 집단 분쟁조정 신청

　㉠ 의뢰 또는 신청기관 : 국가, 지방자치단체, 한국소비자원 또는 소비자단체, 사업자가 분쟁조정위원회
　　에 서면(집단분쟁 조정 의뢰·신청서)으로 의뢰 또는 신청할 수 있다.

　㉡ 신청 요건 : 피해 또는 권리침해를 입은 정보 주체의 수가 50명 이상이고, 사건의 중요한 쟁점(피해
　　의 원인이나 결과)이 사실상 또는 법률상 공통되어야 한다(영 제52조).

> **개인정보 보호법 시행령 제52조(집단분쟁 조정의 신청 대상)**
> 개인정보 보호법 제49조 제1항에서 "대통령령으로 정하는 사건"이란 다음 각호의 요건을 모두 갖춘 사건을 말한다.
> 1. 피해 또는 권리침해를 입은 정보 주체의 수가 다음 각 목의 정보 주체를 제외하고 50명 이상일 것
>   가. 개인정보 처리자와 분쟁 해결이나 피해보상에 관한 합의가 이루어진 정보 주체
>   나. 같은 사안으로 다른 법령에 따라 설치된 분쟁조정 기구에서 분쟁조정 절차가 진행 중인 정보 주체
>   다. 해당 개인정보 침해로 인한 피해에 대하여 법원에 소(訴)를 제기한 정보 주체
> 2. 사건의 중요한 쟁점이 사실상 또는 법률상 공통될 것

② 집단 분쟁조정 절차의 개시 및 공고

ㄱ 집단 분쟁조정을 의뢰 또는 신청받은 분쟁조정위원회는 위원회의 의결로 집단 분쟁조정의 절차를 개시할 수 있다.

ㄴ 분쟁조정위원회는 인터넷홈페이지 또는 일간지에 14일 이상 그 절차의 개시를 공고해야 한다.

③ 참가 신청

집단 분쟁조정의 당사자가 아닌 정보 주체 또는 개인정보 처리자가 추가로 집단 분쟁조정의 당사자로 참가하려면 해당 사건의 집단 분쟁조정 절차에 대한 공고에서 정하는 기간 내에 문서로 신청할 수 있다.

④ 조정 결정

ㄱ 분쟁조정위원회는 집단 분쟁조정의 당사자 중에서 공동의 이익을 대표하기에 적합한 1인 또는 수인을 대표당사자로 선임할 수 있다.

ㄴ 분쟁조정위원회는 대표당사자를 상대로 조정절차를 진행한다.

ㄷ 조정위원회는 집단 분쟁조정 절차 개시 공고가 종료된 날의 다음 날부터 60일 이내에 그 분쟁조정을 마쳐야 한다.

ㄹ 부득이한 사정이 있는 경우에는 조정 기한을 연장할 수 있다.

ㅁ 조정안은 당사자에게 제시되고, 당사자가 제시받은 날부터 15일 이내에 조정안에 대한 수락 여부를 위원회에 알려야 한다.

ㅂ 만약 15일 이내에 수락 여부를 알리지 않으면 조정안을 수락한 것으로 본다.

⑤ 조정의 효력

조정이 성립된 경우 그 조정 내용은 재판상 화해와 동일한 효력이 있다.

⑥ 보상 권고

ㄱ 분쟁조정위원회는 피신청인이 분쟁조정위원회의 집단분쟁 조정의 내용을 수락한 경우에 집단분쟁 조정의 당사자가 아닌 자로서 피해를 입은 정보 주체에 대한 보상계획서를 작성하여 조정위원회에 제출하도록 권고할 수 있다.

ㄴ 보상계획서 제출을 권고 받은 개인정보 처리자는 그 권고를 받은 날부터 15일 이내에 권고의 수락 여부를 위원회에 알려야 한다.

ㄷ 분쟁조정 위원장은 집단 분쟁조정 절차에 참가하지 못한 정보 주체가 보상계획서에 따라 피해보상을 받을 수 있도록 사업자가 제출한 보상계획서를 일정한 기간동안 인터넷홈페이지 등을 통해 알릴 수 있다.

3 개인정보 단체소송

(1) 개인정보 단체소송의 원고적격(법 제51조)

① 개인정보 단체소송을 제기할 수 있는 자는 공정거래위원회에 등록한 소비자단체와 비영리민간단체로 한정되어 있다.

② 소비자단체

ㄱ 소비자기본법 제29조에 따라 공정거래위원회에 등록한 소비자단체로서 일정한 요건을 갖춘 단체를 말한다.

ⓛ 요건
- 정관에 따라 상시적으로 정보 주체의 권익증진을 주된 목적으로 하는 단체일 것
- 단체의 정회원 수가 1천 명 이상일 것
- 소비자기본법 제29조에 따른 등록 후 3년이 경과하였을 것

> **소비자기본법 제29조(소비자단체의 등록)**
> ① 다음 각호의 요건을 모두 갖춘 소비자단체는 대통령령이 정하는 바에 따라 공정거래위원회 또는 지방자치단
> 체에 등록할 수 있다.
> 　1. 제28조 제1항 제2호 및 제5호의 업무를 수행할 것
> 　2. 물품 및 용역에 대하여 전반적인 소비자 문제를 취급할 것
> 　3. 대통령령이 정하는 설비와 인력을 갖출 것
> 　4. 비영리민간단체 지원법 제2조 각호의 요건을 모두 갖출 것
> ② 공정거래위원회 또는 지방자치단체의 장은 제1항의 규정에 따라 등록을 신청한 소비자단체가 제1항 각호의
> 요건을 갖추었는지 여부를 심사하여 등록 여부를 결정하여야 한다.

③ 비영리민간단체
　㉠ 비영리민간단체 지원법 제2조에 따른 비영리민간단체로서 일정한 요건을 갖춘 단체를 말한다.
　ⓛ 요건
- 법률상 또는 사실상 동일한 침해를 입은 100명 이상의 정보 주체로부터 단체소송의 제기를 요청받을 것
- 정관에 개인정보 보호를 단체의 목적으로 명시한 후 최근 3년 이상 이를 위한 활동 실적이 있을 것
- 단체의 상시 구성원 수가 5천 명 이상일 것
- 중앙행정기관에 등록되어 있을 것

(2) 소 제기 요건과 청구범위

① 일정한 요건을 갖춘 소비자단체와 비영리민간단체는 개인정보 처리자가 분쟁조정위원회의 집단 분쟁조정을 거부하거나 결과를 수락하지 아니한 경우 법원에 권리침해 행위의 금지 · 중지를 구하는 소송을 제기할 수 있다.

② 단체는 단체소송을 통하여 권리침해 행위의 금지 · 중지를 청구할 수 있을 뿐이므로 개인정보 유출 또는 오 · 남용으로 인한 손해배상을 청구하는 소송과 같이 금전을 청구하는 소송이나 권리침해 이전으로의 원상회복을 구하는 취지의 소송은 단체소송을 통해서 제기할 수 없다.

③ 정보 주체가 손해배상 또는 원상회복을 청구하기 위해서는 개별적으로 별도의 민사소송을 제기할 수 있다.

(3) 전속관할(법 제52조)

① 단체소송의 소는 피고의 주된 사무소 또는 영업소가 있는 곳의 지방법원 본원 합의부의 관할에 전속한다.

② 주된 사무소나 영업소가 없는 경우에는 주된 업무담당자의 주소가 있는 곳의 지방법원 본원 합의부의 관할에 전속한다.

③ 외국 사업자인 경우 대한민국에 있는 이들의 주된 사무소 · 영업소 또는 업무 담당자의 주소에 따라 정한다.

(4) 편면적 변호사강제주의(법 제53조)

① 개인정보 단체소송의 원고는 변호사를 소송대리인으로 선임하여 소를 제기하여야 한다.

② 변호사를 소송대리인으로 선임하지 않는다면 법원이 소각하 사유가 된다.

③ 개인정보 단체소송 규칙 제11조에 따르면 원고의 소송대리인 전원이 사망 또는 사임하거나 해임된 때에는 원고가 새로운 소송대리인을 선임할 때까지 소송절차가 중지된다.

> **개인정보 단체소송 규칙 제11조(소송대리인의 사임 등)**
> ① 원고의 소송대리인 전원이 사망 또는 사임하거나 해임된 때에는 원고가 새로운 소송대리인을 선임할 때까지 소송절차가 중지된다.
> ② 제1항에 따라 소송절차가 중지된 경우 법원은 원고에게 1개월 이상의 기간을 정하여 변호사를 선임할 것을 명하여야 한다.
> ③ 원고가 제2항에 따른 명령을 받고도 정해진 기간 내에 변호사를 선임하지 아니한 때에는 법원은 결정으로 소를 각하하여야 한다.
> ④ 제3항의 결정에 대하여는 즉시항고를 할 수 있다.

(5) 개인정보 단체소송의 확정판결 효력(법 제56조)

① 원고의 청구를 기각하는 판결이 확정된 경우 이와 동일한 사안에 관하여는 다른 단체는 단체소송을 제기할 수 없다.

② 개인정보 단체소송의 확정판결은 다른 단체에도 효과를 미친다.

③ 원고의 청구를 기각하는 판결이 확정된 경우라도 그 사안과 관련하여 국가 · 지방자치단체 또는 국가 · 지방자치단체가 설립한 기관에 의하여 새로운 증거가 나타난 경우이거나 기각판결이 원고의 고의로 인한 것임이 밝혀진 경우에는 다른 단체가 동일 사안에 대하여 다시 단체소송을 제기할 수 있다.

(6) 적용법(법 제57조)

① 개인정보 단체소송에 관하여 이 법에 특별한 규정이 없는 경우에는 민사소송법을 적용한다.

② 단체소송의 허가 결정이 있는 경우에는 민사집행법에 따른 보전처분을 할 수 있다.

③ 단체소송의 절차에 관하여 필요한 사항은 대법원규칙으로 정한다.

더 알아보기　단체소송과 집단소송의 차이

구분	단체소송	집단소송
청구권자	일정 요건을 구비한 단체(예 소비자단체, 비영리 민간단체)	이해관계가 밀접한 다수의 피해자 집단(대표당사자가 소송을 수행)
소송목적	위법행위의 금지 · 중지	금전적 피해 구제(손해배상청구)
기대효과	피해의 확산 방지 및 예방	피해의 사후적 구제
판결 효과	다른 단체에도 판결의 효력이 미침	모든 피해자에게 판결의 효과가 미침(단, 제외 신청을 한 사람은 제외)

적중예상문제

01 개인정보 보호에 대한 설명으로 옳지 않은 것은?

① 개인정보 자기결정권이나 익명 표현의 자유도 국가 안전보장·질서유지 또는 공공복리를 위하여 필요한 경우에는 헌법 제37조 제2항에 따라 법률로써 제한될 수 있다.

② 개인정보 보호법은 개인정보의 누설이나 권한 없는 처리 또는 다른 사람의 이용에 제공하는 등 부당한 목적으로 사용한 행위를 처벌하도록 규정하고 있다. 여기에서 '누설'이라 함은 아직 이를 알지 못하는 타인에게 알려주는 일체의 행위를 말한다.

③ 헌법 제10조의 인간의 존엄과 가치, 행복추구권과 헌법 제17조의 사생활의 비밀과 자유에서 도출되는 개인정보 자기결정권은 자신에 관한 정보가 언제 누구에게 어느 범위까지 알려지고 또 이용되도록 할 것인지를 스스로 결정할 수 있는 권리이다.

④ 개인정보 자기결정권의 보호 대상이 되는 개인정보는 개인의 신체, 신념, 사회적 지위, 신분 등과 같이 인격 주체성을 특징짓는 사항으로서 개인의 동일성을 식별할 수 있게 하는 일체의 정보를 의미하는 것이므로 개인의 내밀한 영역에 속하는 정보에 국한되고 공적 생활에서 형성되었거나 이미 공개된 개인정보는 포함되지 않는다.

⑤ 헌법 제21조에서 보장하고 있는 표현의 자유는 개인이 인간으로서의 존엄과 가치를 유지하고 국민주권을 실현하는 데 필수 불가결한 자유로서, 자신의 신원을 누구에게도 밝히지 않은 채 익명 또는 가명으로 자신의 사상이나 견해를 표명하고 전파할 익명 표현의 자유도 그 보호영역에 포함된다.

> **해설** ④ 개인정보 자기결정권의 보호 대상이 되는 개인정보는 개인의 신체, 신념, 사회적 지위, 신분 등과 같이 인격 주체성을 특징짓는 사항으로서 개인의 동일성을 식별할 수 있게 하는 일체의 정보라고 할 수 있고, 반드시 개인의 내밀한 영역에 속하는 정보에 국한되지 않고 공적 생활에서 형성되었거나 이미 공개된 개인정보까지 포함한다. 또한 그러한 개인정보를 대상으로 한 조사·수집·보관·처리·이용 등의 행위는 모두 원칙적으로 개인정보 자기 결정권에 대한 제한에 해당한다.

02 개인정보 보호법 제6조의 다른 법률과의 관계에 대한 설명으로 옳은 것은?

① 신용정보법 등 개별법에 특별 규정이 있는 경우 해당 법률의 규정이 우선 적용된다.

② 의료법, 초·중등교육법 등 개별법의 적용을 받으면 개인정보 보호법의 적용이 면제된다.

③ 개별법에서 개인정보 보호법과 다른 규정을 두고 있으면 무조건 해당 개별법의 규정이 우선 적용된다.

④ 개인정보 보호에 관하여는 다른 법률에 특별한 규정이 있더라도 개인정보 보호법에서 정한 바를 따른다.

⑤ 시행령이나 시행규칙, 고시, 조례 등에 개인정보 보호법과 다른 특별한 규정이 있으면 그 시행령 등이 우선 적용된다.

> **해설** ② 개별법을 적용받는 자라고 해서 개인정보 보호법의 적용이 면제되는 것은 아니다. 개인정보를 처리하는 자는 누구든지 이 법의 규정을 적용받는다. 다만, 해당 개별법에 이 법의 내용과 다른 특별한 규정이 있는 경우 해당 법률의 규정이 우선 적용된다.
> ③ 개별법에서 개인정보 보호법과 다른 규정을 두고 있다고 해서 무조건 해당 개별법의 규정이 우선 적용되는 것은 아니다. 개별법의 목적, 취지, 내용 등을 전반적으로 고려해서 이 법의 적용을 배제할 의도가 분명하다고 인정되는 경우 또는 이 법의 규정을 그대로 적용할 경우 이 법과 개별법 사이에 모순이 발생하거나 불합리한 상황 또는 왜곡된 결과가 발생하는 경우만 개별법 규정이 우선 적용된다.
> ④ 개인정보의 처리 및 보호에 관하여 다른 법률에 특별한 규정이 있는 경우를 제외하고는 이 법에서 정하는 바에 따른다(법 제6조 제1항).
> ⑤ 다른 '법률'에 특별한 규정이 있는 경우에만 그 법률의 규정이 이 법에 우선하여 적용되므로 법률이 아닌 시행령이나 시행규칙 고시, 조례 등에 이 법과 다른 특별한 규정이 있다고 하여도 그 시행령 등은 우선 적용되지 않는다.

03 개인정보 보호법상 개인정보 보호 원칙에 대한 설명으로 옳지 않은 것은?

① 개인정보 처리자는 정보 주체의 사생활 침해를 최소화하는 방법으로 개인정보를 처리하여야 한다.

② 개인정보 처리자는 개인정보의 처리 목적에 필요한 범위에서 개인정보의 정확성, 완전성 및 최신성이 보장되도록 하여야 한다.

③ 개인정보 처리자는 개인정보의 처리 목적에 필요한 범위에서 적합하게 개인정보를 처리하여야 하며, 그 목적 외의 용도로 활용하여서는 아니 된다.

④ 개인정보 처리자는 개인정보의 처리 목적을 명확하게 하여야 하고 그 목적에 필요한 범위에서 최소한의 개인정보만을 적법하고 정당하게 수집하여야 한다.

⑤ 개인정보 처리자는 개인정보를 익명 또는 가명으로 처리하여도 개인정보 수집 목적을 달성할 수 있는 경우 가명 처리가 가능한 경우에는 가명에 의하여, 가명 처리로 목적을 달성할 수 없는 경우에는 익명에 의하여 처리될 수 있도록 하여야 한다.

> **해설** ⑤ 개인정보 처리자는 개인정보를 익명 또는 가명으로 처리하여도 개인정보 수집 목적을 달성할 수 있는 경우 익명 처리가 가능한 경우에는 익명에 의하여, 익명 처리로 목적을 달성할 수 없는 경우에는 가명에 의하여 처리될 수 있도록 하여야 한다(법 제3조 제7항).

04 보기의 설명에 해당하는 OECD 프라이버시 8원칙은?

> 개인정보는 정보 주체의 동의가 있는 경우나 법률의 규정에 의한 경우를 제외하고는 명확화된 목적 이외의 용도로 공개되거나 이용되어서는 안 된다.

① 수집 제한의 원칙
② 정보 정확성의 원칙
③ 목적 명확화의 원칙
④ 이용 제한의 원칙
⑤ 안전성 확보의 원칙

해설 ④ 이용 제한의 원칙에 대한 설명이다.

OECD 프라이버시 8원칙

수집 제한의 원칙	개인정보의 수집은 합법적이고 공정한 절차에 의하여 가능한 한 정보 주체에게 알리거나 동의를 얻은 후에 수집되어야 한다.
정보 정확성의 원칙	개인정보는 그 이용 목적에 부합하는 것이어야 하고, 이용 목적에 필요한 범위 내에서 정확하고 완전하며 최신의 상태로 유지해야 한다.
목적 명확화 원칙	개인정보는 수집 시 목적이 명확해야 하며, 이를 이용할 경우에도 수집 목적의 실현 또는 수집 목적과 양립되어야 하고 목적이 변경될 때마다 명확히 해야 한다.
이용 제한의 원칙	개인정보는 정보 주체의 동의가 있는 경우나 법률의 규정에 의한 경우를 제외하고는 명확화된 목적 이외의 용도로 공개되거나 이용되어서는 안 된다.
안전성 확보의 원칙	개인정보의 분실, 불법적인 접근, 훼손, 사용, 변조, 공개 등의 위험에 대비하여 합리적인 안전 보호 장치를 마련해야 한다.
처리 방침 공개의 원칙	개인정보의 처리와 정보처리장치의 설치, 활용 및 관련 정책은 일반에게 공개해야 한다.
정보 주체 참여의 원칙	정보 주체인 개인은 자신과 관련된 정보의 존재 확인, 열람 요구, 이의 제기 및 정정, 삭제, 보완 청구권을 가진다.
책임의 원칙	개인정보 관리자는 위에서 제시한 원칙들이 지켜지도록 필요한 제반 조치를 취해야 한다.

05 개정된 개인정보 보안법(2023년 9월 15일 시행)에 대한 설명으로 옳지 않은 것은?

① 개인정보 수집ㆍ이용 요건을 개선하여 정보통신 서비스 제공자의 경우 법 제15조의 규정을 따라야 한다.

② 코로나19 확산 상황에서 '공중위생, 공공의 안전을 위해 긴급히 필요한 경우'에는 개인정보를 수집ㆍ이용 및 제공할 수 있도록 하였다.

③ 모든 개인정보 처리자를 대상으로 일원화되어 있던 개인정보 처리 요건이 정보통신 서비스 제공자(온라인 사업자)와 공공기관ㆍ오프라인으로 이원화하였다.

④ 명백히 정보 주체 또는 제3자의 급박한 생명, 신체, 재산의 이익을 위하여 필요하다고 인정되면 국민의 생명 등 보호를 위해 우선하여 개인정보 수집ㆍ이용이 가능하도록 하였다.

⑤ 법 개정으로 모든 개인정보 처리자는 법 제15조 제1항 제1호부터 제7호까지의 사유 중 어느 하나에 해당하는 경우에는 개인정보를 수집할 수 있으며 그 수집 목적의 범위에서 이용할 수 있게 되었다.

> **해설** ③ 개인정보를 수집ㆍ이용 및 제공하는 요건이 정보통신 서비스 제공자(온라인 사업자)와 공공기관ㆍ오프라인 등 개인정보 처리자가 서로 다르게 규율되고 있던 개인정보 처리 요건을 일원화하였다.

06 개인정보 보호법 제20조 제1항의 정보 주체 이외로부터 수집한 개인정보가 아닌 것은?

① 포털 사이트에 공개된 자료

② 제3자로부터 제공받은 정보

③ 자체적으로 생산하거나 생성된 정보

④ 학교ㆍ기관 홈페이지 등에 공개된 자료

⑤ 신문ㆍ잡지에 공개되어 있어 수집한 정보

> **해설** ③ 정보 주체 이외로부터 수집한 개인정보에는 제3자로부터 제공받은 정보, 신문ㆍ잡지ㆍ인터넷 등에 공개되어 있어 수집한 정보 등이 해당된다. 예를 들어, 인물 DB 사업자가 학교ㆍ기관 홈페이지 등에 공개된 자료를 통하여 개인정보를 수집하는 경우가 이에 해당한다. 그러나 자체적으로 생산하거나 생성된 정보는 제외한다.

07 다음 중 개인정보 보호법 제23조에 따른 '민감정보'로 짝지어진 것은?

> ㄱ. 가족 및 친인척 관계
> ㄴ. 학력, 혈액형
> ㄷ. 노동조합 · 정당의 가입 · 탈퇴
> ㄹ. 봉사활동과 사회활동 경력
> ㅁ. 유전자 검사 등의 결과로 얻어진 유전정보
> ㅂ. 보호감호, 치료감호, 보호관찰
> ㅅ. 건강, 성생활 등에 관한 정보

① ㄷ, ㅅ
② ㄴ, ㄷ, ㄹ, ㅁ
③ ㄷ, ㄹ, ㅁ, ㅂ
④ ㄷ, ㅁ, ㅂ, ㅅ
⑤ ㄹ, ㅁ, ㅂ, ㅅ

해설 법 제23조에서 민감정보란 사상 · 신념, 노동조합 · 정당의 가입 · 탈퇴, 정치적 견해, 건강, 성생활 등에 관한 정보, 그 밖에 정보 주체의 사생활을 현저히 침해할 우려가 있는 개인정보로서 대통령령이 정하는 정보이다.

ㄷ. '노동조합 · 정당의 가입 · 탈퇴에 관한 정보'란 노동조합 또는 정당에의 가입 · 탈퇴에 관한 정보를 말한다. 반드시 적법한 노동조합이거나 정당일 필요는 없다. 또한, 노동조합 또는 정당에의 가입 및 탈퇴에 관한 직접적인 정보 이외에 노동조합비 또는 정당 회비 납입내역 등 그 가입 여부를 확인할 수 있는 정보도 포함하는 것으로 본다.

ㅅ. '건강 및 성생활 등에 관한 정보'란 개인의 과거 및 현재의 병력, 신체적 · 정신적 장애(장애등급 유무 등), 성적 취향 등에 관한 정보를 말한다. 혈액형은 이에 해당하지 않는다.

ㅁ · ㅂ. 그 밖에 정보 주체의 사생활을 현저히 침해할 우려가 있는 개인정보란 개인정보 보호법 시행령 제18조 각호의 하나에 해당하는 정보를 말한다.

민감정보의 범위(영 제18조)
1. 유전자 검사 등의 결과로 얻어진 유전정보
2. 형의 실효 등에 관한 법률 제2조 제5호에 따른 범죄경력자료에 해당하는 정보
    가. 벌금 이상의 형의 선고, 면제 및 선고유예
    나. 보호감호, 치료감호, 보호관찰
    다. 선고유예의 실효
    라. 집행유예의 취소
    마. 벌금 이상의 형과 함께 부과된 몰수, 추징, 사회봉사명령, 수강명령 등의 선고 또는 처분
3. 개인의 신체적, 생리적, 행동적 특징에 관한 정보로서 특정 개인을 알아볼 목적으로 일정한 기술적 수단을 통해 생성한 정보
4. 인종이나 민족에 관한 정보

08 개인정보 보호법상 개인정보 처리를 위하여 정보 주체의 동의가 필요한 경우는?

① 개인정보 처리자가 통계작성을 위하여 가명 정보를 처리하는 경우
② 개인정보 처리자가 국외 이전에 따른 개인정보를 이전하는 경우
③ 공공기관이 접수된 민원을 처리하기 위하여 신고자를 확인하는 경우
④ 공공기관의 홈페이지에서 담당 직원의 회사 전화번호나 이메일이 기재된 경우
⑤ 거래 체결 전에 거래상대방의 신용도 평가를 위해 정보를 수집·이용하는 경우

> **해설** ② 개인정보 처리자는 개인정보를 국외로 제공(조회되는 경우를 포함)·처리위탁·보관(이하 이 절에서 "이전"이라 한다)하여서는 아니 된다. 다만, 정보 주체로부터 국외 이전에 관한 별도의 동의를 받은 경우에는 개인정보를 국외로 이전할 수 있다(법 제28조의8 제1항).
> ① 개인정보 처리자는 통계작성, 과학적 연구, 공익적 기록보존 등을 위하여 정보 주체의 동의 없이 가명 정보를 처리할 수 있다(법 제28조의2 제1항).
> ③ 공공기관이 법령 등에서 정하는 소관 업무 수행을 위해 불가피한 경우(법 제15조 제1항 3호)에 해당한다. 공공기관의 경우에는 개인정보를 수집할 수 있도록 명시적으로 허용하는 법률 규정이 없더라도 법령 등에서 소관 업무를 정하고 있고 그 소관 업무의 수행을 위하여 불가피하게 개인정보를 수집할 수밖에 없는 경우에는 정보 주체의 동의 없이 개인정보 수집이 허용된다.
> ④ 인터넷홈페이지 등 공개된 매체, 장소 등에 정보 주체가 자신의 개인정보를 수집·이용해도 된다는 명시적인 동의의 사를 표시하거나, 홈페이지의 성격, 게시물 내용 등에 비추어 사회 통념상 동의의사가 있었다고 인정되면, 해당 정보 주체의 개인정보는 동의 없이 수집·이용할 수 있다(표준 개인정보 보호지침 제6조 제4항). 공공기관의 홈페이지에서 담당 직원의 회사 전화번호나 이메일이 기재된 경우, 이는 담당 직원이 담당하고 있는 업무와 관련한 목적을 위해서는 직원의 전화번호와 이메일을 수집·이용할 수 있다.
> ⑤ 개인정보 처리자는 정보 주체와의 계약체결이나 이행을 위해 불가피하게 필요한 개인정보는 정보 주체에 대한 고지·동의 없이도 개인정보를 수집할 수 있다(법 제15조 제1항 4호). 이때 '계약체결'에는 계약체결을 위한 준비 단계도 포함된다.

09 개인정보 보호법상 주민등록번호 처리 제한에 대한 설명으로 옳지 않은 것은?

① 개인정보 처리자는 법률에서 구체적으로 주민등록번호의 처리를 요구하거나 허용한 경우 주민등록번호를 처리할 수 있다.
② 개인정보 처리자는 주민등록번호 처리가 불가피한 경우로서 보호 위원회가 고시로 정하는 경우 주민등록번호를 처리할 수 있다.
③ 개인정보 처리자는 정보 주체의 급박한 생명, 신체, 재산의 이익을 위하여 필요하다고 인정되는 경우 주민등록번호를 처리할 수 있다.
④ 개인정보 처리자는 정보 주체가 인터넷홈페이지 회원가입 시 주민등록번호를 기입해야 하는 경우 주민등록번호를 처리할 수 있다.
⑤ 개인정보 처리자는 주민등록번호가 분실·도난·유출·위조·변조 또는 훼손되지 아니하도록 암호화 조치를 통하여 안전하게 보관하여야 한다.

> **해설** ④ 개인정보 처리자는 주민등록번호를 처리하는 경우에도 정보 주체가 인터넷홈페이지를 통하여 회원으로 가입하는 단계에서는 주민등록번호를 사용하지 아니하고도 회원으로 가입할 수 있는 방법을 제공하여야 한다(법 제24조의2 제3항).

10 개인정보 보호법상 고정형 영상정보처리기기를 설치 · 운영할 수 없는 곳은?

① 교도소 · 구치소 및 그 지소

② 은행 ATM 시설

③ 불특정 다수가 이용하는 목욕실, 화장실, 발한실, 탈의실

④ 공공시설, 문화재, 지하철역, 공공건물

⑤ 의료법에 따른 정신병원, 정신요양시설 및 정신재활시설

해설 ③ 누구든지 불특정 다수가 이용하는 목욕실, 화장실, 발한실, 탈의실 등 개인의 사생활을 현저히 침해할 우려가 있는 장소의 내부를 볼 수 있도록 고정형 영상정보처리기기를 설치 · 운영하여서는 아니 된다. 다만, 교도소, 정신보건 시설 등 법령에 근거하여 사람을 구금하거나 보호하는 시설로서 대통령령으로 정하는 시설에 대하여는 그러하지 아니하다(법 제25조 제2항).
① 형의 집행 및 수용자의 처우에 관한 법률 제2조 제1호에 따른 교정시설
② 법 제25조 제1항 2호
④ 법 제25조 제1항 3호
⑤ 정신건강증진 및 정신질환자 복지서비스 지원에 관한 법률 제3조 제5호부터 제7호

11 개인정보 보호법과 동법 시행령에 따른 고유 식별정보에 대한 설명으로 옳지 않은 것은?

① 고유 식별정보는 법령에 따라 개인을 고유하게 구별하기 위하여 부여된 식별정보로서 대통령령으로 정하는 정보를 말한다.

② 개인정보 처리자는 법령에서 구체적으로 고유 식별정보의 처리를 요구하거나 허용하는 경우에는 고유 식별정보를 처리할 수 없다.

③ 보호 위원회는 개인정보 처리자에게 안정성 확보에 필요한 조치를 하였는지에 대한 조사를 온라인 또는 서면을 통하여 필요한 자료를 제출하게 하는 방법으로 한다.

④ 개인정보 처리자가 고유 식별정보를 처리하는 경우 그 고유 식별정보가 분실 · 도난 · 유출 · 위조 · 변조 또는 훼손되지 아니하도록 암호화 등 안전성 확보에 필요한 조치를 하여야 한다.

⑤ 보호 위원회는 공공기관 또는 5만 명 이상의 정보 주체에 관하여 고유 식별정보를 처리하는 개인정보 처리자에 대하여 안전성 확보에 필요한 조치를 하였는지를 2년마다 1회 이상 조사해야 한다.

해설 ① 법 제24조 제1항, 영 제19조 제1항
③ 영 제21조 제4항
④ 법 제24조 제3항
⑤ 영 제21조 제3항
고유 식별정보 처리 제한(법 제24조 제1항)
개인정보 처리자는 다음의 경우를 제외하고는 법령에 따라 개인을 고유하게 구별하기 위하여 부여된 식별정보로서 대통령령으로 정하는 정보(이하 "고유 식별정보"라 한다)를 처리할 수 없다.
1. 정보 주체에게 제15조 제2항 각호 또는 제17조 제2항 각호의 사항을 알리고 다른 개인정보의 처리에 대한 동의와 별도로 동의를 받은 경우
2. 법령에서 구체적으로 고유 식별정보의 처리를 요구하거나 허용하는 경우

12 개인정보 보호법상 가명 정보의 처리 등에 대한 설명으로 옳지 않은 것은?

① 개인정보 처리자는 민감정보 또는 고유식별번호를 과학적 연구 등 목적으로 동의 없이 처리할 수 있다.

② 개인정보 처리자는 가명 정보를 제3자에게 제공하는 경우에는 특정 개인을 알아보기 위하여 사용될 수 있는 정보를 포함해서는 아니 된다.

③ 개인정보 처리자는 정보 주체의 동의 없이 가명 정보를 제공·공개하기 위해서는 통계작성, 과학적 연구, 공익적 기록보존 등의 목적에 해당하여야 한다.

④ 통계작성, 과학적 연구, 공익적 기록보존 등을 위한 서로 다른 개인정보 처리자 간의 가명 정보의 결합은 보호 위원회 또는 관계 중앙행정기관의 장이 지정하는 전문기관이 수행한다.

⑤ 가명 정보를 통계작성 목적으로 제공받은 경우 통계작성 목적으로만 처리해야 한다.

> **해설** ⑤ 가명 정보를 정보 주체의 동의 없이 처리할 수 있는 목적 범위는 통계작성, 과학적 연구, 공익적 기록보존 등의 목적이다. 따라서 가명 정보를 통계작성 목적으로 제공받았다 하더라도 통계작성 외에 과학적 연구, 공익적 기록보존 목적 등으로 해당 정보 주체의 동의 없이 처리할 수 있다(법 제28조의2).
> ① 가명 정보의 처리에 관한 특례(제3절)는 일반 개인정보에 대한 규정에 우선하여 적용되므로 민감정보 또는 고유 식별정보도 가명 처리의 대상이 될 수 있다. 다만, 최소 처리 원칙(제3조 제1항)에 따라 처리 목적과의 관련성을 고려하여 가명 정보 처리 목적과 관련이 없는 민감정보 또는 고유 식별정보는 삭제하여야 한다.
> ② 법 제28조의2 제2항
> ③ 법 제28조의2 제1항
> ④ 법 제28조의3 제1항

13 개인정보 보호법상 개인정보 보호 책임자에 대한 설명으로 옳지 않은 것은?

① 개인정보 보호 책임자는 개인정보 처리와 관련한 불만의 처리 및 피해구제에 관한 업무를 수행한다.

② 개인정보 보호 책임자를 지정하지 않는 경우에는 개인정보 처리 관련 업무를 담당하는 부서의 장이 개인정보 보호 책임자가 된다.

③ 개인정보 보호 책임자는 개인정보 보호와 관련하여 이 법 및 다른 관계 법령의 위반 사실을 알게 된 경우에는 즉시 개선 조치를 해야 한다.

④ 개인정보 보호 책임자는 업무를 수행함에 있어서 필요한 경우 개인정보의 처리 현황, 처리 체계 등에 대하여 관계 당사자로부터 보고를 받을 수 있다.

⑤ 개인정보 처리자는 개인정보 보호 책임자를 구성원으로 하는 개인정보 보호 책임자 협의회를 운영할 수 있으며, 보호 위원회는 개인정보 보호 책임자 협의회의 활동에 필요한 지원을 할 수 있다.

> **해설** ② 개인정보 보호 책임자를 지정하지 아니하는 경우에는 개인정보 처리자의 사업주 또는 대표자가 개인정보 보호 책임자가 된다(법 제31조 제2항).
> ① 법 제31조 제3항 참고
> ③ 법 제31조 제5항
> ④ 법 제31조 제4항
> ⑤ 법 제31조 제7항, 제8항

14 개인정보 처리자는 개인정보가 분실 · 도난 · 유출되었음을 알게 되었을 때에는 지체 없이 해당 정보 주체에게 알려야 한다. 다음 중 개인정보 보호법상 개인정보 처리자가 정보 주체에게 통지해야 할 사항으로 옳은 것은?

> ㄱ. 유출 등이 된 시점과 그 경위
> ㄴ. 유출 등이 된 개인정보의 항목
> ㄷ. 개인정보 처리자의 대응조치 및 피해구제 절차
> ㄹ. 정보 주체에게 피해가 발생한 경우 신고 등을 접수할 수 있는 담당 부서 및 연락처
> ㅁ. 유출 등으로 인하여 발생할 수 있는 피해를 최소화하기 위하여 정보 주체가 할 수 있는 방법 등에 관한 정보

① ㄱ, ㄴ, ㄷ
② ㄱ, ㄴ, ㄷ, ㄹ
③ ㄱ, ㄴ, ㄷ, ㅁ
④ ㄱ, ㄷ, ㄹ, ㅁ
⑤ ㄱ, ㄴ, ㄷ, ㄹ, ㅁ

해설 개인정보 유출 등의 통지 사항(법 제34조 제1항)
- 유출 등이 된 개인정보의 항목
- 유출 등이 된 시점과 그 경위
- 유출 등으로 인하여 발생할 수 있는 피해를 최소화하기 위하여 정보 주체가 할 수 있는 방법 등에 관한 정보
- 개인정보 처리자의 대응조치 및 피해 구제절차
- 정보 주체에게 피해가 발생한 경우 신고 등을 접수할 수 있는 담당부서 및 연락처

15 개인정보 보호법에서 규정하고 있는 정보 주체의 권리에 해당하지 않는 것은?

① 개인정보의 처리에 관한 정보를 제공받을 권리
② 개인정보 보호와 관련된 정책, 제도 및 법령의 개선을 요구할 권리
③ 개인정보의 처리에 관한 동의 여부, 동의 범위 등을 선택하고 결정할 권리
④ 개인정보의 처리 여부를 확인하고 개인정보에 대한 열람 및 전송을 요구할 권리
⑤ 개인정보의 처리로 인하여 발생한 피해를 신속하고 공정한 절차에 따라 구제받을 권리

해설 ② 개인정보 보호와 관련된 정책, 제도 및 법령의 개선에 관한 사항은 보호 위원회의 소관 사무에 해당한다.
정보 주체의 권리(법 제4조)
- 개인정보의 처리에 관한 정보를 제공받을 권리
- 개인정보의 처리에 관한 동의 여부, 동의 범위 등을 선택하고 결정할 권리
- 개인정보의 처리 여부를 확인하고 개인정보에 대한 열람 및 전송을 요구할 권리
- 개인정보의 처리정지, 정정 · 삭제 및 파기를 요구할 권리
- 개인정보의 처리로 인하여 발생한 피해를 신속하고 공정한 절차에 따라 구제받을 권리
- 완전히 자동화된 개인정보 처리에 따른 결정을 거부하거나 그에 대한 설명 등을 요구할 권리

16 개인정보 보호 위원회와 개인정보 분쟁조정위원회에 대한 설명으로 가장 옳지 않은 것은?

① 보호 위원회의 회의와 분쟁조정위원회는 재적 위원 과반수의 출석으로 개의하고, 출석위원 과반수의 찬성으로 의결한다.

② 보호 위원회 위원의 임기는 2년으로 연임할 수 있으며, 분쟁조정위원회 위촉위원의 임기는 3년으로 1차에 한하여 연임할 수 있다.

③ 보호 위원회는 상임위원 2명을 포함한 9명의 위원으로 구성하며, 분쟁조정위원회는 위원장 1명을 포함한 30명 이내의 위원으로 구성한다.

④ 보호 위원회 위원장은 국무총리의 제청으로 대통령이 임명·위촉하며, 개인정보 분쟁조정위원회의 위원장은 위원 중에서 공무원이 아닌 사람으로 보호 위원회 위원장이 위촉한다.

⑤ 심의·의결의 공정을 기대하기 어려운 사정이 있는 경우 보호 위원회 위원은 기피신청을 할 수 있으며 보호 위원회의 의결로 이를 결정하며, 분쟁조정위원회 위원은 위원장에게 기피신청을 할 수 있으며 위원장은 분쟁조정위원회의 의결을 거치지 아니하고 결정한다.

> **해설** ② 개인정보 보호 위원회 위원의 임기는 3년으로 하되, 한 차례만 연임할 수 있다(법 제7조의4 제1항). 개인정보 분쟁조정위원회의 위원장과 위촉위원의 임기는 2년으로 하되, 1차에 한하여 연임할 수 있다(법 제40조 제5항).

17 개인정보 보호법상 정보 주체와 개인정보 처리자에 대한 설명으로 옳지 않은 것은?

① 개인정보 처리자는 열람 등 요구를 하는 자에게 수수료와 우송료를 청구할 수 있다.

② 자신의 개인정보 열람 요구는 대리인을 통해 할 수 없으므로 정보 주체가 직접 요구해야 한다.

③ 만 14세 미만 아동의 법정대리인은 개인정보 처리자에게 그 아동의 개인정보 열람 등 요구를 할 수 있다.

④ 개인정보 처리자는 정보 주체가 열람 등 요구를 할 수 있는 구체적인 방법과 절차를 마련하고, 정보 주체가 알 수 있도록 공개하여야 한다.

⑤ 개인정보 처리자는 정보 주체가 열람 등 요구에 대한 거절 등 조치에 대하여 불복이 있는 경우 이의를 제기할 수 있도록 필요한 절차를 마련해야 한다.

> **해설** ② 정보 주체는 열람, 전송, 정정·삭제, 처리정지 및 동의 철회, 거부·설명 등의 요구를 문서 등 대통령령으로 정하는 방법·절차에 따라 대리인에게 하게 할 수 있다(법 제38조 제1항).
> ① 법 제38조 제3항
> ③ 법 제38조 제2항
> ④ 법 제38조 제4항
> ⑤ 법 제38조 제5항

18 개인정보 보호법 제21조 제1항의 개인정보가 불필요하게 된 때가 아닌 것은?

① 개인정보 처리자의 폐업 · 청산
② 대금 완제일이나 채권소멸 시효기간의 만료
③ 개인정보 처리자가 당초 고지하고 동의를 받았던 보유기간
④ 동의를 받거나 법령 등에서 인정된 수집 · 이용 · 제공 목적의 달성된 때
⑤ 회원 탈퇴, 제명, 계약 관계 종료, 동의 철회 등에 따른 개인정보 처리의 법적 근거 소멸

> **해설** ③ 법 제21조 제1항에 따라 개인정보 처리자는 개인정보가 불필요하게 되었을 때에는 지체 없이 해당 개인정보를 파기해야 한다. 이때 '개인정보가 불필요하게 되었을 때'란 개인정보의 처리 목적이 달성되었거나, 해당 서비스의 폐지, 사업이 종료된 경우, 개인정보 처리자가 당초 고지하고 동의를 받았던 보유기간이 경과된 경우 등이다. 따라서 개인정보 처리자는 처리 목적이 달성되거나, 해당 서비스 및 사업이 종료된 경우, 정당한 사유가 없는 한 필요 없게 된 날로부터 근무일 기준 5일 이내에 개인정보를 파기하여야 한다(표준 개인정보 보호지침 제10조 제1항).

19 개인정보 침해사고에 대한 피해구제 제도에 대한 설명으로 옳은 것은?

① 집단 분쟁조정은 정보 주체의 피해 또는 권리침해 행위의 금지 또는 중지를 구하기 위함이다.
② 정보 주체의 피해 또는 권리침해가 다수의 정보 주체에게 같거나 비슷한 유형으로 발생한 사건에 대하여는 보호 위원회에 일괄적인 조정을 의뢰 또는 신청할 수 있다.
③ 개인정보 처리자의 고의 또는 중대한 과실로 인하여 개인정보가 유출된 경우로서 정보 주체에게 손해가 발생한 때에는 법원은 그 손해액의 3배를 넘지 아니하는 범위에서 손해배상액을 정할 수 있다.
④ 개인정보 보호법에는 개인정보 단체소송을 제기할 수 있는 단체에 대한 제한을 두고 있지 않으므로 법인격이 있는 단체라면 어느 단체든지 권리침해 행위의 금지 · 중지를 구하는 소송을 제기할 수 있다.
⑤ 개인정보 처리자의 개인정보 보호법 위반행위로 손해를 입은 정보 주체는 개인정보 처리자에게 손해배상을 청구할 수 있고, 그 개인정보 처리자는 고의 또는 과실이 없음을 입증하지 않으면 책임을 면할 수 없다.

> **해설** ③ · ⑤ 개인정보 처리자의 고의 또는 중대한 과실로 인하여 개인정보가 분실 · 도난 · 유출 · 위조 · 변조 또는 훼손된 경우로서 정보 주체에게 손해가 발생한 때에는 법원은 그 손해액의 5배를 넘지 아니하는 범위에서 손해배상액을 정할 수 있다. 다만, 개인정보 처리자가 고의 또는 중대한 과실이 없음을 증명한 경우에는 그러하지 아니하다(법 제39조 제3항).
> ① 집단 분쟁조정을 거부하거나 집단 분쟁조정의 결과를 수락하지 아니한 경우에는 법원에 권리침해 행위의 금지 · 중지를 구하는 것은 단체소송의 목적에 해당한다(법 제51조 참고).
> ② 국가 및 지방자치단체, 개인정보 보호단체 및 기관, 정보 주체, 개인정보 처리자는 정보 주체의 피해 또는 권리침해가 다수의 정보 주체에게 같거나 비슷한 유형으로 발생하는 경우로서 대통령령으로 정하는 사건에 대하여는 분쟁조정위원회에 일괄적인 분쟁조정을 의뢰 또는 신청할 수 있다(법 제49조 제1항).
> ④ 법 제51조에서는 개인정보 단체소송을 제기할 수 있는 자를 일정한 요건을 갖춘 소비자단체나 비영리단체로 한정하고 있다.

20 집단 분쟁조정의 신청 및 조정절차에 대한 설명으로 옳은 것은?

① 집단 분쟁조정은 소비자기본법 제29조에 따라 공정거래위원회에 등록한 소비자단체와 비영리민간
단체 지원법 제2조에 따른 비영리민간단체가 신청할 수 있다.

② 집단 분쟁조정의 기간은 절차의 게시 공고가 종료된 날부터 90일 이내로 한다. 다만 부득이한 사정
이 있는 경우에는 분쟁조정위원회의 의결로 기간을 연장할 수 있다.

③ 집단 분쟁조정 사건을 신청하면 개인정보 분쟁조정위원회는 의결로써 집단 분쟁조정 절차를 개시할
수 있으며, 10일 이상의 기간동안 절차의 개시를 홈페이지 또는 일반 일간 신문에 공고하여야 한다.

④ 분쟁조정위원회는 그 의결로써 집단 분쟁조정의 당사자 중에서 공동의 이익을 대표하기에 가장 적합
한 1인 또는 수인을 대표당사자로 선임할 수 있다.

⑤ 분쟁조정위원회는 집단 분쟁조정의 당사자가 아닌 정보 주체 또는 개인정보 처리자로부터 그 분쟁조
정의 당사자에 추가로 포함할 수 없다.

> **해설** ④ 집단 분쟁조정의 당사자 중에서 대표당사자로 선임할 수 있다(법 제49조 제4항 참고).
> ① 일정한 요건을 갖춘 소비자단체와 비영리단체는 단체소송을 신청할 수 있는 대상이다. 집단 분쟁조정 신청권자는 국
> 가 및 지방자치단체, 개인정보 보호단체 및 기관, 정보 주체, 개인정보 처리자이다(법 제49조 제1항 참고).
> ② 집단 분쟁조정은 집단 분쟁조정 절차의 게시 공고가 종료된 날의 다음 날부터 60일 이내에 이를 심사해서 조정안을
> 작성해야 한다(법 제49조 제7항 참고).
> ③ 집단 분쟁조정 절차는 14일 이상 개시한다(영 제53조 참고).
> ⑤ 집단 분쟁조정 절차의 참가는 분쟁조정위원회는 집단 분쟁조정의 당사자가 아닌 정보 주체 또는 개인정보 처리자로
> 부터 그 분쟁조정의 당사자에 추가로 포함될 수 있도록 하는 신청을 받을 수 있다(법 제49조 제3항).

PART 3

개인정보 라이프 사이클 관리

01 개인정보의 수집과 이용

1 개인정보 오너십의 이해

(1) 정보 주체의 관점

① 정보 주체들이 과거 프라이버시 인식이 변화하는 과정에서 프라이버시 개념을 제대로 인식하지 못했기 때문에 개인정보 오너십(Owenership, 소유권)을 갖는 주체가 본인임을 인식하지 못하는 경우가 많다.

② 정보 주체들의 '정보보호 인식의 수준을 높인다'는 말은 정보보호에 대한 구성원들의 생각을 긍정적인 방향으로 바꾼다는 것으로, 기업의 정보보안 체계를 유지하고 개선하기 위해서는 기업 구성원, 즉 사람의 생각을 긍정적인 방향으로 이끌어야 한다.

③ 최근 나타나고 있는 보안 위협이 인적 요소(Human Factor)로 집중되고 있고, 이러한 접촉면을 통해서 공격과 피해가 나타나고 있는 점을 고려했을 때 정보보호에 대한 사람의 생각이 긍정적인 방향으로 바뀌어야 한다.

④ 개인정보 처리자가 불명확하게 개인정보를 수집했거나 동의받은 목적 범위를 넘어서 이용하는 등 개인정보 관리자로서의 권리를 남용하여 발생하는 각종 부작용을 예방하기 위해서는 정보 주체가 자신의 정보를 확인하고 정정할 수 있는 청구권적 성격의 권리를 갖고 있음을 인지해야 한다.

⑤ 기업 구성원 교육에 있어서도 랜섬웨어 악성코드가 포함된 이메일의 첨부파일을 클릭할 경우 부담해야 하는 법적 책임에 대한 내용보다는, 이 같은 이메일의 선별 방법과 신고 채널을 알려주는 정보보호 교육을 해야 한다. 이런 관점에서의 정보보호 교육을 들은 정보 주체는 정보보안 부서가 실행하는 보안 통제의 필요성과 중요성에 대한 이해도 높아진다.

⑥ 기업이 추구하는 정보보안 체계의 수준과 기업 구성원이 생각하는 업무적인 편리함의 접점을 찾은 후에, 접점을 기준으로 정보보호 인식을 단계적으로 높여 나가며 이를 유지 · 개선하는 단계를 거치도록 한다.

⑦ 최근 발생하는 개인정보의 유출과 노출 사고들로 인하여 정보 주체들은 개인정보에 대한 개념뿐만 아니라 개인정보 오너십에 대한 인식이 확대되어 개인정보 처리자에게 법이 보장한 권리를 적극적으로 행사하는 사례들이 많이 증가하고 있다.

⑧ 개인정보 침해 발생 시 인격권 침해에 따른 정신적 피해 발생 및 보이스피싱, 사이버 스토킹, 명의도용 등의 금전적 피해가 발생할 수 있다. 개인정보 유출로 인한 피해 발생 시 회복이 어렵고 피해자 개인이나 특정 서비스 제공자에 의해 피해가 복구되기 전에 다른 온라인 기반 서비스로 전파되어 2차 피해가 실시간으로 발생할 수 있다.

PART 3

(2) 개인정보 처리자의 관점

① 개인정보 처리자가 정보 주체의 개인정보를 보다 효과적으로 이용·관리하기 위해서는 개인정보 수집에서 파기까지의 단계에서 정보의 접근 권한 설정부터 외부로부터의 침해행위 차단을 위한 권한 부여 등의 일련의 과정에 대한 책임소재가 명확해야만 한다.

② 과거 개인정보 처리 업무는 정보 주체가 누려야 할 권리를 배제한 수익 위주의 서비스 개발 및 관련 시스템 구축에만 주력했다. 그 결과 개인정보 라이프 사이클에 대해 책임질 오너십이 실종된 경우가 많이 발생하였으며 이러한 결과가 개인정보의 유·노출 사고로 이어져 개인정보 보호가 IT·보안산업의 키워드가 된 계기라 할 수 있다.

③ 결국 개인정보의 마케팅에서의 활용이 비즈니스의 연속성을 보장하고 매출과 직결될 뿐만 아니라 개인정보 처리자의 존폐를 좌우할 정도로 사업의 중요한 축을 이루는 시점에서 이러한 개인정보의 라이프 사이클에 대해 전반적으로 책임질 수 있는 오너십을 갖는 것은 개인정보 처리자의 덕목일 뿐만 아니라 사회적 책임(CSR : Corporate Social Responsibility)이라 할 수 있다.

④ 보안 업무의 발전 과정

정보 자체가 경영에 중요한 요소이다 보니 2000년대 초반에는 CIO(Chief Information Officer, 최고 정보 책임자)에 의한 정보 경영이 강조되어 정보시스템 관리자가 CIO로 격상된 경우가 많았다. 이는 IT를 기반으로 한 디지털 정보 시대에 정보의 생성, 이용, 소멸을 총괄적으로 책임지는 진정한 '정보 경영', 나아가 '지식 경영'을 실현하고 보안 대책을 총괄적으로 수립하는 CSO(Chief Security Officer 최고 보안 책임자), CPO(Chief Privacy Officer 최고 개인정보 책임자)의 필요성 때문이었다.

시기	기업에서의 위상	업무
1980년대 이전	관리부서에 소속	• 기업에서 보조적인 관리업무 • 출입 통제와 도난의 방지를 주 업무로 함
1980년대	보안 관리자	• 기업 경영의 한 부분으로 정착 • 주로 물리적인 통제와 물리적 자산의 보호가 주가 됨
1990년대	보안 담당 이사	• 손실 예방관리 업무 • 기업의 인적·지적·물적 자산의 통제와 더불어 직원의 부정행위 예방과 감사 업무가 추가됨
2000년대	정보보호 책임자 (CSO, CPO)	• 위험관리와 정보의 수집과 분석 • 개방화 경제 환경에서 기업환경의 급변에 따른 미래의 위험 요소를 예측
2010년대	위기관리 총괄책임자 (CISO, CRO)	• 정보와 인프라 위험 요소에 대한 총괄 분석 • 잠재적인 모든 위험 요소에 대해 측정하고 관리하는 전문 보안 총괄 책임 업무를 함

⑤ 정보보호 최고책임자의 업무

    ㉠ 최근 정보와 보안에 대한 전문성을 강화하는 차원에서 CISO(Chief Information Security Officer, 정보보호 최고책임자)가 생겨나고 있다.

    ㉡ 정보보호의 관점에서 잠재적인 경영 위험 요소를 파악하고 측정하여 이에 대한 대응계획을 세워 관리하여, 위험관리 정책을 개발하고 전사적 위험관리의 프레임워크를 구성, 위험관리 조직 구성 및 인력 배치 등을 총괄하는 CRO(Chief Risk Officer, 최고위험관리 책임자)로 포괄적인 보안 위협 요소를 총괄 관리하기도 한다.

    ㉢ 정보보호 책임자는 기업이나 조직의 개인정보 취급에 따른 기술적 · 관리적 · 물리적 보호조치를 위해 컴플라이언스(Compliance) 대응에 필요한 각종 정보보호와 관련된 법률 · 고시 · 가이드 · 지침 등을 준수하게 하고, 이를 적용하여 고객 확대 및 유지를 위한 안전한 정보환경을 구축하는 데 중점을 두고 임무를 수행한다.

    ㉣ 전자금융거래법에 따른 정보보호 최고책임자 업무(전자금융거래법 제21조의2 제4항)

- 전자금융거래의 안정성 확보 및 이용자 보호를 위한 전략 및 계획의 수립
- 정보기술 부문의 보호
- 정보기술 부문의 보안에 필요한 인력관리 및 예산 편성
- 전자금융거래의 사고 예방 및 조치
- 그 밖에 전자금융거래의 안정성 확보를 위하여 대통령령으로 정하는 사항

    ㉤ 정보통신망법에 따른 정보보호 최고책임자 업무(정보통신망법 제45조의3 제4항)

- 정보보호 계획의 수립 · 시행 및 개선
- 정보보호 실태와 관행의 정기적인 감사 및 개선
- 정보보호 위험의 식별 평가 및 정보보호 대책 마련
- 정보보호 교육과 모의 훈련 계획의 수립 및 시행
- 정보보호산업의 진흥에 관한 법률 제13조에 따른 정보보호 공시에 관한 업무
- 정보통신기반 보호법 제5조 제5항에 따른 정보보호 책임자의 업무
- 전자금융거래법 제21조의2 제4항에 따른 정보보호 최고책임자의 업무
- 개인정보 보호법 제31조 제2항에 따른 개인정보 보호 책임자의 업무
- 그 밖에 이 법 또는 관계 법령에 따라 정보보호를 위하여 필요한 조치의 이행

ⓑ 정보보호 최고책임자와 개인정보 보호 책임자의 업무 비교

정보보호 최고책임자	개인정보 보호 책임자
정보통신망법 제45조의3 제4항	개인정보 보호법 제31조 제3항
1. 정보보호 최고책임자는 다음 각 목의 업무를 총괄한다. 　가. 정보보호 계획의 수립 · 시행 및 개선 　나. 정보보호 실태와 관행의 정기적인 감사 및 개선 　다. 정보보호 위험의 식별 평가 및 정보보호 대책 마련 　라. 정보보호 교육과 모의 훈련 계획의 수립 및 시행 2. 정보보호 최고책임자는 다음 각 목의 업무를 겸할 수 있다. 　가. 정보보호산업의 진흥에 관한 법률 제13조에 따른 정보보호 공시에 관한 업무 　나. 정보통신기반 보호법 제5조 제5항에 따른 정보보호 책임자의 업무 　다. 전자금융거래법 제21조의2 제4항에 따른 정보보호최고책임자의 업무 　라. 개인정보 보호법 제31조 제2항에 따른 개인정보 보호 책임자의 업무 　마. 그 밖에 이 법 또는 관계 법령에 따라 정보보호를 위하여 필요한 조치의 이행	1. 개인정보 보호 계획의 수립 및 시행 2. 개인정보 처리 실태 및 관행의 정기적인 조사 및 개선 3. 개인정보 처리와 관련한 불만의 처리 및 피해 구제 4. 개인정보 유출 및 오용 · 남용 방지를 위한 내부통제시스템의 구축 5. 개인정보 보호 교육 계획의 수립 및 시행 6. 개인정보파일의 보호 및 관리 · 감독 7. 그 밖에 개인정보의 적절한 처리를 위하여 대통령령으로 정한 업무
	개인정보 보호법 시행령 제32조 제1항
	1. 법 제30조에 따른 개인정보 처리 방침의 수립 · 변경 및 시행 2. 개인정보 보호 관련 자료의 관리 3. 처리 목적이 달성되거나 보유기간이 지난 개인정보의 파기

(3) 정부의 관점

① 현대 사회의 통괄 관리를 위하여 국가 정보화가 필수적이고 이를 통해 국가 기능 및 경쟁력을 강화하여 체제를 유지한다. 이를 위해 국민의 개인정보가 전제되어야 하므로 전자정부의 추진에 있어 개인정보 보호를 소홀히 하면 공공행정의 신뢰와 국가 브랜드 하락, 전자정부 추진의 무효화가 발생할 수 있다.

② 정부는 개인정보 보호에 대한 법률과 제도의 정비 및 실제 정보 제공, 이용 주체들의 행태에 대한 규율 수준을 감독하고 있으므로 정부 또는 공공기관 자체의 개인정보 보호와 관리는 기업, 개인에 비해 더 높은 비난 가능성을 내포할 수 있다.

③ 개인정보 보호 관련 주요 법규

관련 법규	주요 내용
개인정보 보호법	개인정보 처리 과정상의 정보 주체와 개인정보 처리자의 권리 · 의무 등을 규정(공공 · 민간 구분 없이 모든 개인정보 처리자에게 적용)
신용정보의 이용 및 보호에 관한 법률	개인 신용정보의 취급 단계별 보호조치 및 의무 사항에 관한 규정[신용정보를 취급하는 금융회사(은행, 보험, 카드 등)에 적용]
위치정보의 보호 및 이용 등에 관한 법률	개인위치정보 수집, 이용 · 제공 파기 및 정보 주체의 권리 등 규정
표준 개인정보 보호지침	개인정보 취급자 및 처리자가 준수하여야 하는 개인정보의 처리에 관한 기준, 개인정보 침해의 유형 및 예방조치 등에 관한 세부 사항 규정
개인정보의 안전성 확보 조치 기준	개인정보 처리자가 개인정보를 처리함에 있어서 개인정보가 분실 · 도난 · 유출 · 변조 · 훼손되지 아니하도록 안전성을 확보하기 위하여 취하여야 하는 최소한의 기준 규정
개인정보 영향평가에 관한 고시	영향평가 수행을 위한 평가기관의 지정 및 영향평가의 절차 등에 관한 세부 기준 규정
개인정보 위험도 분석 기준	개인정보 처리시스템의 보호 수준을 진단하여 암호화에 상응하는 조치 필요 여부를 판단할 수 있는 기준을 규정

④ 특정 분야 적용 규정 마련

기본적인 개인정보 보호 규정 외에 특정 분야에만 적용되는 규정을 마련한다. 예를 들어, 교육 분야는 교육기본법 및 초중등교육법 내의 개인정보 보호 관련 규정, 교육기관 및 교육행정기관의 개인정보 보호 업무 지침 등이 있고, 민원 업무는 민원 사무 처리에 관한 법률 등이 있다.

더 알아보기 특정 IT기술 관련 개인정보 보호 규정의 예

관련 지침	주요 내용
RFID 프라이버시 보호 가이드라인	RFID 활용 시 개인정보 보호 조치 사항
• 위치정보의 보호 및 이용 등에 관한 법률 • 위치정보의 관리적 · 기술적 보호조치 가이드라인	위치정보 수집 및 이용 시 개인정보 보호 조치 사항
바이오 정보보호 가이드라인	지문, 홍채 등 생체 정보 수집 · 이용 시 개인정보 보호조치 사항

2 개인정보 라이프 사이클의 이해

(1) 개인정보 라이프 사이클의 정의

① 개인정보 라이프 사이클(Life-Cycle, 개인정보 생명주기)은 사업자가 해당 서비스를 제공하기 위해 이용자의 개인정보를 취득하여 활용하는 단계로서, 통상적으로 수집, 보유, 이용 · 제공, 파기의 4단계로 구분한다.

수집	정보 주체의 개인정보를 취득하는 단계로서, 통상적으로 웹사이트 회원가입, 서면 신청서 작성, 민원 접수 등의 형태를 통해 이루어진다.
보유	수집한 개인정보를 보유하는 단계로서, 보유한 개인정보를 안전하게 관리하며 정보 주체의 개인정보 열람 · 정정 권리 등을 보장한다.
이용 · 제공	수집 · 저장한 개인정보를 업무적인 목적으로 이용하거나 수집한 공공기관 외의 제3의 기관에 정보를 제공하는 행위를 말한다. 예를 들어, 특정 자격제도를 운영함에 있어 자격 검정 시험을 주관하는 기관과 자격제도를 운영하는 기관이 다른 경우에는 자격 검정 시험 주관 기관이 합격자 명단을 자격제도 운영기관과 연계하여 제공한다.
파기	수집 · 이용 목적이 달성된 개인정보를 파기하는 행위를 말한다. 예를 들어, 이용자가 웹사이트 회원을 탈퇴한 경우에는 특정한 사유가 없는 한 회원이 아닌 사람의 정보를 계속 보유하고 있을 필요가 없으므로 해당 정보를 파기해야 한다.

② 개인정보는 각종 분야에서 처리되는 데이터의 대부분을 차지하고 있으므로 개인정보 라이프 사이클 분석의 필요성이 점차 커지고 있다.

ㄱ 사회 전 영역에서 업무 프로세스가 시스템화됨에 따라 IT 의존도가 증가하였고 거대한 데이터 집단이 생겨났다.

ㄴ 데이터 홍수 시대에서 개인정보의 범위는 확대되고, 활용 사례도 기하급수적으로 증가하고 있다.

ㄷ 개인정보 생성부터 보관, 이용 및 제공, 파기까지의 생명주기 분석을 통하여 산업 특성을 고려한 개인정보의 안전한 관리 방안이 필수적이다.

③ 개인정보를 처리하는 단위 업무를 구분하고 업무별 데이터 흐름에 따른 라이프 사이클을 분석한다.

(2) 개인정보 흐름 분석의 이해

① 개인정보 영향평가 시 개인정보 흐름에 대한 파악을 위해 정보시스템 내 개인정보 흐름을 분석하는 작업을 말한다.

② 개인정보 흐름 분석 4단계

㉠ 개인정보 처리 업무 분석

- 영향평가 대상 업무 중에서 개인정보 처리 업무를 도출하여 평가범위를 선정
- 개인정보를 처리(수집, 생성, 연계, 연동, 기록, 저장, 보유, 가공, 편집, 검색, 출력, 정정, 복구, 이용, 제공, 공개, 파기 등)하는 모든 업무를 파악

㉡ 개인정보 흐름표 작성

개인정보의 수집, 보유, 이용 · 제공, 파기에 이르는 개인정보 라이프 사이클별 현황을 식별하여 개인정보 처리 현황을 명확히 알 수 있도록 흐름표 작성

더 알아보기

개인정보 흐름표 – '개인정보의 수집' 작성 예시

업무명	수집					
	수집항목	수집경로	수집대상	수집주기	수집담당자	수집근거
민원 처리	(필수) 성명, 주민등록번호, 전화번호, 이메일 주소, 민원 내용 (선택) 집 전화번호	온라인 (홈페이지)	민원인	상시	–	이용자 동의/ OO법 제O조 제O항 (주민등록번호)
		오프라인 (민원 신청서 작성)	민원인	상시	안내 창구 담당자	이용자 동의/ OO법 제O조 제O항 (주민등록번호)

개인정보 흐름표 – '개인정보의 보유·이용' 작성 예시

업무명	보유 · 이용						
	보유형태	민원 처리			통계관리		
		이용목적	개인정보 취급자	이용방법	이용목적	개인정보 취급자	이용방법
민원 처리	Web DB	민원 처리 및 결과 관리	민원 처리 담당자, 민원 관련 업무 담당자	A 시청 홈페이지	통계 정리	통계 담당자	관리자 홈페이지
	Web DB, 캐비닛 –						

개인정보 흐름표 – '개인정보의 제공, 파기' 작성 예시

업무명	제공						파기		
	제공목적	제공자	수신자	제공정보	제공방법	제공근거	보관기간	파기 담당자	파기 절차
민원 처리	민원 처리 실적 집계	통계 담당자	OO 도청	민원인 성명, 민원 접수 내용, 처리 결과	실시간 DB 연동	전자 정부법 시행령	민원 처리 완료 후 1년	DB 관리자	일 단위 DB 파기
							Web DB 입력 후 스캔 후 파기	통계 담당자	주 단위 문서 절단

ⓒ 개인정보 흐름도 작성

개인정보 흐름표를 기반으로 개인정보의 수집, 보유, 이용·제공, 파기에 이르는 라이프 사이클별 현황을 식별하여 개인정보 처리 현황을 명확히 알 수 있도록 흐름도 작성

더 알아보기　민원 처리시스템 총괄 개인정보 흐름도 예시

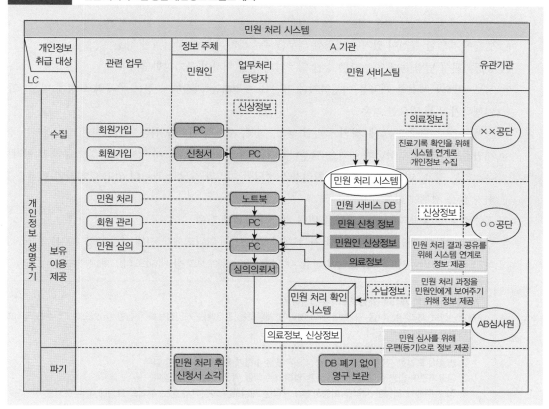

ⓓ 정보시스템 구조도 작성

- 개인정보 처리시스템, 개인정보 내·외부 연계시스템 및 관련 인프라의 구성 파악
- 다른 단계와 병렬로 진행할 수 있으며, 분석 초기에 작성하여 타 단계 진행 시 참고 가능

3 개인정보 수집·이용 원칙

(1) 개인정보의 수집·이용 특징

① 개인정보 처리자는 다음의 어느 하나에 해당하는 경우 개인정보를 수집할 수 있으며, 수집 목적의 범위에서 이용할 수 있다.

ㄱ 정보 주체의 동의를 받은 경우

ㄴ 법률에 특별한 규정이 있거나 법령상 의무를 준수하기 위하여 불가피한 경우

ㄷ 공공기관이 법령 등에서 정하는 소관 업무의 수행을 위하여 불가피한 경우

ㄹ 정보 주체와 체결한 계약을 이행하거나 계약을 체결하는 과정에서 정보 주체의 요청에 따른 조치를 이행하기 위해 필요한 경우

ㅁ 명백히 정보 주체 또는 제3자의 급박한 생명, 신체, 재산의 이익을 위하여 필요하다고 인정되는 경우

ㅂ 개인정보 처리자의 정당한 이익을 달성하기 위하여 필요한 경우로서 명백하게 정보 주체의 권리보다 우선하는 경우. 이 경우 개인정보 처리자의 정당한 이익과 상당한 관련이 있고 합리적인 범위를 초과하지 않은 경우에 한함

ㅅ 공중위생 등 공공의 안전과 안녕을 위해 긴급히 필요한 경우

ㅇ 이를 위반하여 개인정보를 수집한 자는 개인정보 보호 위원회에게 전체 매출액의 100분의 3을 초과하지 않는 범위에서 과징금을 부과받을 수 있음(개인정보 보호법 제64조의2 제1항 제1호)

> **개인정보 보호법 제15조(개인정보의 수집·이용)**
> ① 개인정보 처리자는 다음 각 호의 어느 하나에 해당하는 경우에는 개인정보를 수집할 수 있으며 그 수집 목적의 범위에서 이용할 수 있다.
> 1. 정보 주체의 동의를 받은 경우
> 2. 법률에 특별한 규정이 있거나 법령상 의무를 준수하기 위하여 불가피한 경우
> 3. 공공기관이 법령 등에서 정하는 소관 업무의 수행을 위하여 불가피한 경우
> 4. 정보 주체와 체결한 계약을 이행하거나 계약을 체결하는 과정에서 정보 주체의 요청에 따른 조치를 이행하기 위하여 필요한 경우
> 5. 명백히 정보 주체 또는 제3자의 급박한 생명, 신체, 재산의 이익을 위하여 필요하다고 인정되는 경우
> 6. 개인정보 처리자의 정당한 이익을 달성하기 위하여 필요한 경우로서 명백하게 정보 주체의 권리보다 우선하는 경우. 이 경우 개인정보 처리자의 정당한 이익과 상당한 관련이 있고 합리적인 범위를 초과하지 아니하는 경우에 한한다.
> 7. 공중위생 등 공공의 안전과 안녕을 위하여 긴급히 필요한 경우

② 개인정보 처리자는 동의를 받을 때에는 아래의 사항을 정보 주체에게 알려야 하며, 변경하는 경우에도 이를 알리고 동의를 받아야 한다.

ㄱ 개인정보의 수집·이용 목적

ㄴ 수집하려는 개인정보의 항목

ㄷ 개인정보의 보유 및 이용 기간

② 동의를 거부할 권리가 있다는 사실 및 동의 거부에 따른 불이익이 있는 경우에는 그 불이익의 내용

개인정보 보호법 제15조(개인정보의 수집 · 이용)

② 개인정보 처리자는 제1항 제1호에 따른 동의를 받을 때에는 다음 각 호의 사항을 정보 주체에게 알려야 한다. 다음 각 호의 어느 하나의 사항을 변경하는 경우에도 이를 알리고 동의를 받아야 한다.

1. 개인정보의 수집 · 이용 목적
2. 수집하려는 개인정보의 항목
3. 개인정보의 보유 및 이용 기간
4. 동의를 거부할 권리가 있다는 사실 및 동의 거부에 따른 불이익이 있는 경우에는 그 불이익의 내용

더 알아보기 개인정보 수집·이용 시 동의 안내 예시

개인정보 수집 · 이용 시 동의 안내
• 개인정보의 수집 · 이용 목적 : 회원제 서비스 제공, 본인확인, 물품 배송 • 수집하려는 개인정보의 필수항목 : ID, PW, 이름, 주소, 전화번호, IP, 서비스 이용기록 • 개인정보의 보유 및 이용 기간 : 회원 탈퇴 등 서비스 목적 달성 후 즉시 파기, 서비스 이용의 혼선 방지를 위해 이용 계약 해지 후 1개월 간
☐ 동의함　　☐ 동의하지 않음
수집하려는 개인정보의 선택항목 : 전자우편주소
☐ 동의함　　☐ 동의하지 않음
동의를 거부할 권리가 있다는 사실 및 동의 거부에 따른 불이익이 있는 경우에는 그 불이익의 내용 : 원하지 않는 경우 개인정보를 수집 · 이용에 동의하지 않을 수 있으며, 이러한 경우 회원제 서비스를 제공받으실 수 없습니다.
☐ 동의함　　☐ 동의하지 않음

③ 개인정보 처리자는 처음의 수집 목적과 합리적으로 관련된 범위에서 정보 주체에게 불이익이 발생하는지 여부, 암호화 등 안전성 확보에 필요한 조치를 하였는지의 여부 등을 고려하여 정보 주체의 동의 없이 개인정보를 이용할 수 있다.

개인정보 보호법 제15조(개인정보의 수집 · 이용)

③ 개인정보 처리자는 당초 수집 목적과 합리적으로 관련된 범위에서 정보 주체에게 불이익이 발생하는지 여부, 암호화 등 안전성 확보에 필요한 조치를 하였는지 여부 등을 고려하여 대통령령으로 정하는 바에 따라 정보 주체의 동의 없이 개인정보를 이용할 수 있다.

ⓒ 법률에 특별한 규정이 있는 경우 : 전자상거래상에서의 소비자 보호에 관한 법률의 상거래 기록, 통신비밀보호법의 통신사실 확인 자료 등

법률	조문 내용
신용정보법	**제40조(신용정보회사 등의 금지사항)** ① 신용정보회사 등은 다음 각 호의 행위를 하여서는 아니 된다. 4. 특정인의 소재 및 연락처(이하 "소재 등"이라 한다)를 알아내는 행위. 다만, 채권추심회사가 그 업무를 하기 위하여 특정인의 소재 등을 알아내는 경우 또는 다른 법령에 따라 특정인의 소재 등을 알아내는 것이 허용되는 경우에는 그러하지 아니하다.
보험업법	**제176조(보험요율 산출기관)** ⑩ 보험요율 산출기관은 순보험요율을 산출하기 위하여 필요한 경우 또는 보험회사의 보험금 지급 업무에 필요한 경우에는 음주운전 등 교통법규 위반 또는 운전 면허(건설기계관리법 제26조 제1항 본문에 따른 건설기계조종사 면허를 포함한다. 이하 제177조에서 같다)의 효력에 관한 개인정보를 보유하고 있는 기관의 장으로부터 그 정보를 제공받아 보험회사가 보험계약자에게 적용할 순보험료의 산출 또는 보험금 지급 업무에 이용하게 할 수 있다.
자동차 손해배상 보장법	**제14조(진료기록의 열람 등)** ① 보험회사 등은 의료기관으로부터 제12조 제2항에 따라 자동차 보험 진료수가를 청구받으면 그 의료기관에 대하여 관계 진료기록의 열람을 청구할 수 있다. ② 제12조의2에 따라 심사 등을 위탁받은 전문심사기관은 심사 등에 필요한 진료기록ㆍ주민등록ㆍ출입국관리 등의 자료로서 대통령령으로 정하는 자료(이하 "진료기록 등"이라 한다)의 제공을 국가, 지방자치단체, 의료기관, 보험회사 등, 보험요율 산출기관, 공공기관의 운영에 관한 법률에 따른 공공기관 및 그 밖의 공공단체 등에 요청할 수 있다. ③ 제1항에 따른 청구를 받은 의료기관 및 제2항에 따른 요청을 받은 기관은 정당한 사유가 없으면 이에 따라야 한다. ④ 보험회사 등은 보험금 지급 청구를 받은 경우 대통령령으로 정하는 바에 따라 경찰청 등 교통사고 조사기관에 대하여 교통사고 관련 조사기록의 열람을 청구할 수 있다. 이 경우 경찰청 등 교통사고 조사기관은 특별한 사정이 없으면 열람하게 하여야 한다.
병역법	**제11조의2(자료의 제출 요구 등)** ① 지방병무청장은 병역판정검사와 관련하여 병역판정검사 전담 의사, 병역판정검사 전문의사 또는 제12조의2에 따라 신체검사를 위하여 파견된 군의관(軍醫官) 등이 질병이나 심신장애의 확인을 위하여 필요하다고 인정하는 경우 의료법에 따른 의료기관의 장, 국민건강보험법에 따른 국민건강보험공단의 장, 초ㆍ중등교육법에 따른 학교의 장 등에 대하여 병역판정검사 대상자의 진료기록ㆍ치료 관련 기록 내역, 학교생활기록부 등의 제출을 요구할 수 있다. 이 경우 자료 제출을 요구받은 사람은 특별한 사유가 없으면 요구에 따라야 한다. ② 누구든지 제1항에 따라 취득한 병역판정검사 대상자에 대한 정보ㆍ자료를 공개 또는 누설하거나 다른 사람에게 제공하는 등 병역판정검사 외의 목적으로 사용하여서는 아니 된다.
의료법	**제21조의2(진료기록의 송부 등)** ① 의료인 또는 의료기관의 장은 다른 의료인 또는 의료기관의 장으로부터 제22조 또는 제23조에 따른 진료기록의 내용 확인이나 진료기록의 사본 및 환자의 진료 경과에 대한 소견 등을 송부 또는 전송할 것을 요청받은 경우 해당 환자나 환자 보호자의 동의를 받아 그 요청에 응하여야 한다. 다만, 해당 환자의 의식이 없거나 응급환자인 경우 또는 환자의 보호자가 없어 동의를 받을 수 없는 경우에는 환자나 환자 보호자의 동의 없이 송부 또는 전송할 수 있다. **제22조(진료기록부 등)** ① 의료인은 각각 진료기록부, 조산기록부, 간호기록부, 그 밖의 진료에 관한 기록(이하 "진료기록부 등"이라 한다)을 갖추어 두고 환자의 주된 증상, 진단 및 치료 내용 등 보건복지부령으로 정하는 의료행위에 관한 사항과 의견을 상세히 기록하고 서명하여야 한다. ② 의료인이나 의료기관 개설자는 진료기록부 등[제23조 제1항에 따른 전자의무기록(電子醫務記錄)을 포함하며, 추가 기재ㆍ수정된 경우 추가 기재ㆍ수정된 진료기록부 등 및 추가 기재ㆍ수정 전의 원본을 모두 포함한다. 이하 같다]을 보건복지부령으로 정하는 바에 따라 보존하여야 한다. ③ 의료인은 진료기록부 등을 거짓으로 작성하거나 고의로 사실과 다르게 추가기재ㆍ수정하여서는 아니 된다.

ⓛ 법령상 의무를 준수하기 위하여 불가피한 경우

개인정보를 수집하지 않고는 법령에서 부과하는 의무를 이행하는 것이 불가능하거나 개인정보 처리
자가 다른 방법을 사용하여 의무를 이행하는 것이 현저히 곤란한 경우

예 사업자들에게 부과된 결함상품 리콜 의무(소비자기본법), 각종 법령에 따른 본인확인 또는 연령
확인 의무(정보통신망법, 청소년보호법, 공직선거법, 금융실명거래 및 비밀보장에 관한 법률, 선
원법, 법원보안관리대의 설치 · 조직 및 분장사무 등에 관한 규칙) 등

더 알아보기

법령에 따라 본인확인이 필요한 경우
• 정보통신망법 제44조의5 : 게시판 이용자의 본인확인
• 금융실명거래 및 비밀보장에 관한 법률 제3조 : 금융실명거래를 위한 실명 확인
• 법원보안관리대의 설치, 조직 및 분장사무 등에 관한 규칙 제5조 : 법원 경비 관리 대원은 주민등록증 또는 그 밖의 신분
을 확인할 수 있는 자료에 의하여 청사 출입자의 신분을 확인하여야 함
• 선원법에 따른 신원조사
• 그 밖에 공공기관이 접수된 민원을 처리하기 위하여 신고자를 확인하는 경우

법령에 따라 연령 확인이 필요한 경우
• 청소년보호법 제16조 : 청소년유해매체물 판매 · 대여 · 배포 등을 하고자 하는 경우 그 상대방의 연령을 확인하여야 함
• 청소년보호법 제29조 : 청소년유해업소 업주는 종업원을 고용하고자 하는 때 그 연령을 확인해야 하며, 출입자의 연령을
확인하여 청소년이 당해 업소에 출입 · 이용하지 못하게 해야 함
• 민법상 미성년자 보호제도 : 우리나라 법원은 미성년자의 적극적인 기망행위만을 사술로 인정하고 사술의 존재에 대하여
이를 주장하는 상대방이 입증하여야 한다고 판시하고 있음, 따라서 미성년자와 거래를 하는 사업자는 미성년자인지 여부
를 신분증 확인과 같은 보다 적극적인 수단에 따라 확인하여야 할 필요가 있음

ⓒ 공공기관이 법령 등에서 정하는 소관 업무의 수행을 위하여 불가피한 경우
예 주민등록법의 등초본 교부, 주택임대차보호법의 전출입 신고 등

더 알아보기 공공기관의 소관 업무 인용 예시

• 인사혁신처가 정부조직법 제22조의3, 인사혁신처와 그 소속 기관 직제 및 인사혁신처와 그 소속 기관 직제 시행규칙에
따라 공무원의 인사 · 윤리 · 복무 · 연금 등 관리를 위해 공무원 인사 관련 파일을 수집 · 이용하거나 국가인재 데이터베이
스 시스템을 구축 · 운영하는 경우
• 국민건강보험공단이 국민건강보험법 제14조에 따라 보험급여 관리 등을 위하여 진료 내역 등을 수집 · 이용하는 경우

ⓡ 정보 주체와의 계약체결 · 이행을 위해 불가피하게 필요한 경우 : 계약체결이나 이행을 위해 불가피
하게 필요한 개인정보는 정보 주체에 대한 고지 · 동의 없이도 개인정보를 수집할 수 있으며, 계약 미
체결 시에는 수집한 개인정보는 즉시 파기하여야 한다.

• 계약체결 시 수집 : 보험회사가 계약체결을 위해 청약자의 자동차 사고 이력, 다른 유사보험의 가
입 여부 등에 관한 정보를 수집
• 계약이행 시 수집 : 고객 물품구매 후 배송을 위한 주소, 연락처 수집

ⓜ 급박한 생명, 신체, 재산의 이익을 위하여 필요하다고 인정되는 경우
- 의사표시를 할 수 없는 상태 : 정신 미약, 교통사고, 수술(의사표시를 하기 어려운 의료행위 포함) 등으로 정보 주체가 자신의 의사표시를 할 수 없거나, 태풍·홍수·화재 등 재난 상태에 고립되어 있거나 납치·감금 등 범죄자들의 수중에 구금되어 있어 정보 주체의 의사를 물어볼 수 없는 경우
  - 예 위치정보의 보호 및 이용 등에 관한 법률의 긴급구조 등
- 사전동의를 받을 수 없는 경우 : 주소불명, 전화 불통, 이메일 차단 등 불가피한 사유로 사전에 동의를 받을 수 없는 경우에 한함. 당해 사유가 해소된 때에는 개인정보의 처리를 즉시 중단하여야 하며, 정보 주체에게 사전동의 없이 개인정보를 수집 또는 이용한 사실, 그 사유와 이용 내역을 알려야 함
- 명백히 정보 주체 등의 이익을 위한 경우
- 급박한 생명·신체·재산상 이익
  - 예 조난·홍수 등으로 실종되거나 고립된 사람을 구조하기 위하여 연락처, 주소, 위치정보 등 개인정보를 수집하는 경우, 고객이 전화사기(보이스피싱)에 걸린 것으로 보여 은행이 임시로 자금 이체를 중단시키고 고객에게 사실 확인을 하고자 하는 경우

ⓗ 개인정보 처리자의 정당한 이익을 달성하기 위해 필요한 경우
- 개인정보 처리자의 정당한 이익
- 명백하게 정보 주체의 권리보다 우선
- 상당한 관련성과 합리적 범위 내의 수집
  - 예 신용정보의 이용 및 보호에 관한 법률의 채권추심 등

ⓢ 친목 단체의 운영을 위한 경우 : 친목 단체는 친목 단체의 운영을 위하여 회원의 개인정보를 수집·이용하는 경우 정보 주체의 동의를 받을 필요가 없다(개인정보 보호법 제58조 제3항).

ⓞ 정보 주체의 동의 없이 개인정보 이용 시 고려 사항(개인정보 보호법 제15조 제3항)
- 당초 수집 목적과 관련성이 있는지 여부
- 개인정보를 수집한 정황 또는 처리 관행에 비추어 볼 때 개인정보의 추가적인 이용 또는 제공에 대한 예측 가능성이 있는지 여부
- 정보 주체의 이익을 부당하게 침해하는지 여부
- 가명 처리 또는 암호화 등 안전성 확보에 필요한 조치를 하였는지 여부

④ 개인정보의 수집 제한

　㉠ 개인정보 처리자는 개인정보를 수집하는 경우에는 그 목적에 필요한 범위 내에서 최소한의 개인정보
　　만을 수집해야 한다. 이 경우 최소한의 개인정보 수집이라는 입증책임은 개인정보 처리자가 부담한다.

　㉡ 개인정보 처리자는 정보 주체의 동의를 받아 개인정보를 수집하는 경우 필요한 최소한의 정보 외의
　　개인정보 수집에는 동의하지 않을 수 있다는 사실을 구체적으로 알리고 개인정보를 수집해야 한다.

　㉢ 개인정보 처리자는 정보 주체가 필요한 최소한의 정보 외의 개인정보 수집에 동의하지 않는다는 이유
　　로 정보 주체에게 재화 또는 서비스의 제공을 거부해서는 안 된다.

　㉣ 이를 위반하여(개인정보 보호법 제16조 제3항 위반) 재화 또는 서비스의 제공을 거부한 자는 3천만
　　원 이하의 과태료를 부과받는다(개인정보 보호법 제75조 제2항 제1호).

　㉤ 다른 법률과의 관계

> **신용정보법 제15조(수집 및 처리의 원칙)**
> ① 신용정보회사, 본인 신용정보관리회사, 채권추심회사, 신용정보집중기관 및 신용정보제공 · 이용자(이하 "신용정
> 　보회사 등"이라 한다)는 신용정보를 수집하고 이를 처리할 수 있다. 이 경우 이 법 또는 정관으로 정한 업무 범위
> 　에서 수집 및 처리의 목적을 명확히 하여야 하며, 이 법 및 개인정보 보호법에 따라 그 목적 달성에 필요한 최소
> 　한의 범위에서 합리적이고 공정한 수단을 사용하여 신용정보를 수집 및 처리하여야 한다.
>
> **신용정보법 제32조(개인 신용정보 제공 · 활용에 대한 동의)**
> ⑤ 신용정보회사 등은 신용정보 주체가 선택적 동의 사항에 동의하지 아니한다는 이유로 신용정보 주체에게 서비스
> 　의 제공을 거부하여서는 아니 된다.
>
> **개인정보 보호법 제16조(개인정보의 수집 제한)**
> ① 개인정보 처리자는 제15조 제1항 각 호의 어느 하나에 해당하여 개인정보를 수집하는 경우에는 그 목적에 필요
> 　한 최소한의 개인정보를 수집하여야 한다. 이 경우 최소한의 개인정보 수집이라는 입증책임은 개인정보 처리자가
> 　부담한다.
> ② 개인정보 처리자는 정보 주체의 동의를 받아 개인정보를 수집하는 경우 필요한 최소한의 정보 외의 개인정보 수
> 　집에는 동의하지 아니할 수 있다는 사실을 구체적으로 알리고 개인정보를 수집하여야 한다.
> ③ 개인정보 처리자는 정보 주체가 필요한 최소한의 정보 외의 개인정보 수집에 동의하지 아니한다는 이유로 정보
> 　주체에게 재화 또는 서비스의 제공을 거부하여서는 아니 된다.

⑤ 개인정보 처리자는 동의를 서면(전자문서 및 전자거래 기본법 제2조 제1호에 따른 전자문서를 포함)으
　로 받을 때에는 개인정보의 수집 · 이용 목적, 수집 · 이용하려는 개인정보의 항목 등 중요한 내용을 명
　확히 표시하여 알아보기 쉽게 해야 한다.

> **개인정보 보호법 제22조(동의를 받는 방법)**
> ② 개인정보 처리자는 제1항의 동의를 서면(전자문서 및 전자거래 기본법 제2조 제1호에 따른 전자문서를 포함한다)으
> 　로 받을 때에는 개인정보의 수집 · 이용 목적, 수집 · 이용하려는 개인정보의 항목 등 대통령령으로 정하는 중요한 내
> 　용을 보호 위원회가 고시로 정하는 방법에 따라 명확히 표시하여 알아보기 쉽게 하여야 한다.

⑥ 개인정보의 이용·제공 내역의 통지

㉠ 다음의 기준에 해당하는 개인정보 처리자는 수집한 개인정보의 이용·제공 내역이나 이용·제공 내역을 확인할 수 있는 정보시스템에 접속하는 방법을 정보 주체에게 통지해야 한다.

- 5만 명 이상의 정보 주체에 관하여 민감정보 또는 고유 식별정보를 처리하는 자
- 100만 명 이상의 정보 주체에 관하여 개인정보를 처리하는 자

> **개인정보 보호법 제20조의2(개인정보 이용·제공 내역의 통지)**
> ① 대통령령으로 정하는 기준에 해당하는 개인정보 처리자는 이 법에 따라 수집한 개인정보의 이용·제공 내역이나 이용·제공 내역을 확인할 수 있는 정보시스템에 접속하는 방법을 주기적으로 정보 주체에게 통지하여야 한다. 다만, 연락처 등 정보 주체에게 통지할 수 있는 개인정보를 수집·보유하지 아니한 경우에는 통지하지 않을 수 있다.
>
> **개인정보 보호법 시행령 제15조의3(개인정보 이용·제공 내역의 통지)**
> ① 법 제20조의2 제1항 본문에서 "대통령령으로 정하는 기준에 해당하는 개인정보 처리자"란 다음 각 호의 어느 하나에 해당하는 개인정보 처리자를 말한다.
> 　1. 5만 명 이상의 정보 주체에 관하여 민감정보 또는 고유 식별정보를 처리하는 자
> 　2. 100만 명 이상의 정보 주체에 관하여 개인정보를 처리하는 자

㉡ 개인정보 이용·제공 내역의 통지는 다음의 정보 주체를 제외한 정보 주체에게 해야 한다.

- 통지에 대한 거부 의사를 표시한 정보 주체
- 개인정보 처리자가 업무수행을 위해 그에 소속된 임직원의 개인정보를 처리한 경우 해당 정보 주체
- 개인정보 처리자가 업무수행을 위해 다른 공공기관, 법인, 단체의 임직원 또는 개인의 연락처 등의 개인정보를 처리한 경우 해당 정보 주체
- 법률에 특별한 규정이 있거나 법령상 의무를 준수하기 위하여 이용·제공한 개인정보의 정보 주체
- 공공기관이 법령 등에서 정하는 소관 업무의 수행을 위하여 이용·제공한 개인정보의 정보 주체

> **개인정보 보호법 시행령 제15조의3(개인정보 이용·제공 내역의 통지)**
> ② 법 제20조의2 제1항에 따른 통지의 대상이 되는 정보 주체는 다음 각 호의 정보 주체를 제외한 정보 주체로 한다.
> 　1. 통지에 대한 거부 의사를 표시한 정보 주체
> 　2. 개인정보 처리자가 업무수행을 위해 그에 소속된 임직원의 개인정보를 처리한 경우 해당 정보 주체
> 　3. 개인정보 처리자가 업무수행을 위해 다른 공공기관, 법인, 단체의 임직원 또는 개인의 연락처 등의 개인정보를 처리한 경우 해당 정보 주체
> 　4. 법률에 특별한 규정이 있거나 법령상 의무를 준수하기 위하여 이용·제공한 개인정보의 정보 주체
> 　5. 공공기관이 법령 등에서 정하는 소관 업무의 수행을 위하여 이용·제공한 개인정보의 정보 주체

㉢ 개인정보의 수집·이용 목적, 수집한 개인정보의 항목 및 개인정보를 제공받은 제3자와 그 제공 목적, 제공한 개인정보의 항목의 정보를 정보 주체에게 통지한다.

> **개인정보 보호법 시행령 제15조의3(개인정보 이용·제공 내역의 통지)**
> ③ 정보 주체에게 통지해야 하는 정보는 다음 각 호와 같다.
> 　1. 개인정보의 수집·이용 목적 및 수집한 개인정보의 항목
> 　2. 개인정보를 제공받은 제3자와 그 제공 목적 및 제공한 개인정보의 항목. 다만, 통신비밀보호법 제13조, 제13조의2, 제13조의4 및 전기통신사업법 제83조 제3항에 따라 제공한 정보는 제외한다.

ⓔ 정보 주체가 통지 내용을 쉽게 확인할 수 있는 서면 · 전자우편 · 전화 · 문자전송 등의 방법과 재화 · 서비스를 제공하는 과정에서 알림창을 통해 알리는 방법을 통하여 정보 주체에게 연 1회 이상 통지해야 한다(개인정보 보호법 제20조의2 제1항 및 개인정보 보호법 시행령 제15조의3 제4항).

> **개인정보 보호법 시행령 제15조의3(개인정보 이용 · 제공 내역의 통지)**
> ④ 통지는 다음 각 호의 어느 하나에 해당하는 방법으로 연 1회 이상 해야 한다.
>   1. 서면 · 전자우편 · 전화 · 문자전송 등 정보 주체가 통지 내용을 쉽게 확인할 수 있는 방법
>   2. 재화 및 서비스를 제공하는 과정에서 정보 주체가 쉽게 알 수 있도록 알림창을 통해 알리는 방법(법 제20조의2 제1항에 따른 개인정보의 이용 · 제공 내역을 확인할 수 있는 정보시스템에 접속하는 방법을 통지하는 경우로 한정한다.)

⑦ 정보 주체의 동의를 받는 경우

　ㄱ 개인정보 처리자는 개인정보의 처리에 대하여 정보 주체(만14세 미만 아동의 법정대리인을 포함)의 동의를 받을 때에는 각각의 동의 사항을 구분하여 정보 주체가 이를 명확하게 인지할 수 있도록 알리고 동의를 받아야 한다. 다음의 어느 하나에 해당하는 경우에는 동의 사항을 구분하여 각각 동의를 받아야 한다.

- 개인정보의 수집 · 이용 시 정보 주체의 동의를 받는 경우
- 개인정보의 제공 시 정보 주체의 동의를 받는 경우
- 개인정보의 목적 외 이용 · 제3자에게 제공 시 정보 주체로부터 별도의 동의를 받은 경우
- 개인정보 처리자로부터 개인정보를 제공받은 자가 정보 주체로부터 별도의 동의를 받은 경우
- 민감정보의 처리 시 개인정보 보호법 제15조 제2항 각 호 또는 제17조 제2항 각 호의 사항을 알리고 다른 개인정보의 처리에 대한 동의와 별도로 동의를 받은 경우
- 고유 식별정보의 처리 시 개인정보 보호법 제15조 제2항 각 호 또는 제17조 제2항 각 호의 사항을 알리고 다른 개인정보의 처리에 대한 동의와 별도로 동의를 받은 경우
- 재화나 서비스를 홍보하거나 판매를 권유하기 위해 개인정보의 처리에 대한 동의를 받으려는 경우
- 그 밖에 정보 주체를 보호하기 위해 동의 사항을 구분하여 동의를 받아야 할 필요가 있는 경우로서 개인정보 보호법 시행령으로 정하는 경우

> **개인정보 보호법 제22조 (동의를 받는 방법)**
> ① 개인정보 처리자는 이 법에 따른 개인정보의 처리에 대하여 정보 주체(제22조의2 제1항에 따른 법정대리인을 포함한다. 이하 이 조에서 같다)의 동의를 받을 때에는 각각의 동의 사항을 구분하여 정보 주체가 이를 명확하게 인지할 수 있도록 알리고 동의를 받아야 한다. 이 경우 다음 각 호의 경우에는 동의 사항을 구분하여 각각 동의를 받아야 한다.

옵트인 (Opt-in)	정보 주체에게 개인정보 수집·이용·제공에 대한 동의를 먼저 받은 후 개인정보를 처리하는 방식의 선동의 후사용
옵트아웃 (Opt-out)	정보 주체의 동의를 받지 않고 개인정보를 수집·이용한 후, 정보 주체가 거부 의사를 밝히면 개인정보 활용을 중지하는 방식의 선사용 후배제

ⓛ 개인정보 처리자는 정보 주체로부터 위에 따른 동의를 받으려는 때에는 정보 주체가 동의 여부를 선택할 수 있다는 사실을 명확하게 알 수 있도록 표시해야 한다.

> **개인정보 보호법 시행령 제17조(동의를 받는 방법)**
> ④ 개인정보 처리자는 정보 주체로부터 동의를 받으려는 때에는 정보 주체가 동의 여부를 선택할 수 있다는 사실을 명확하게 알 수 있도록 표시해야 한다.

ⓒ 개인정보 처리자는 만 14세 미만 아동의 개인정보를 처리하기 위하여 정보 주체의 동의를 받아야 할 때에는 그 법정대리인의 동의를 받아야 한다. 이 경우 해당 아동으로부터 직접 법정대리인의 성명·연락처에 관한 정보를 수집할 수 있다.

> **개인정보 보호법 제22조의2(아동의 개인정보 보호)**
> ① 개인정보 처리자는 만 14세 미만 아동의 개인정보를 처리하기 위하여 이 법에 따른 동의를 받아야 할 때에는 그 법정대리인의 동의를 받아야 하며, 법정대리인이 동의하였는지를 확인하여야 한다.
> ② 제1항에도 불구하고 법정대리인의 동의를 받기 위하여 필요한 최소한의 정보로서 대통령령으로 정하는 정보는 법정대리인의 동의 없이 해당 아동으로부터 직접 수집할 수 있다.

ⓒ 개인정보 처리자는 정보 주체의 동의 없이 처리할 수 있는 개인정보에 대해 그 항목과 처리의 법적 근거를 정보 주체의 동의를 받아 처리하는 개인정보와 구분하여 개인정보 보호법 제30조 제2항에 따라 공개하거나 전자우편 등 서면, 전자우편, 팩스, 전화, 문자전송 또는 이에 상당하는 방법으로 정하는 방법에 따라 정보 주체에게 알려야 한다. 이 경우 동의 없이 처리할 수 있는 개인정보라는 입증책임은 개인정보 처리자가 부담한다.

> **개인정보 보호법 제22조(동의를 받는 방법)**
> ③ 개인정보 처리자는 정보 주체의 동의 없이 처리할 수 있는 개인정보에 대해서는 그 항목과 처리의 법적 근거를 정보 주체의 동의를 받아 처리하는 개인정보와 구분하여 제30조 제2항에 따라 공개하거나 전자우편 등 대통령령으로 정하는 방법에 따라 정보 주체에게 알려야 한다. 이 경우 동의 없이 처리할 수 있는 개인정보라는 입증책임은 개인정보 처리자가 부담한다.
>
> **개인정보 보호법 시행령 제17조(동의를 받는 방법)**
> ⑤ "대통령령으로 정하는 방법"이란 서면, 전자우편, 팩스, 전화, 문자전송 또는 이에 상당하는 방법(이하 "서면 등의 방법"이라 한다)을 말한다.

ⓜ 정보 주체의 동의를 얻는 방법에 관한 위의 사항을 위반하여 동의를 얻은 자는 1천만 원 이하의 과태료를 부과받는다(개인정보 보호법 제75조 제4항 제3호).

ⓑ 개인정보 처리자는 개인정보의 처리에 대하여 다음의 어느 하나에 해당하는 방법으로 정보 주체의 동의를 받아야 한다(개인정보 보호법 제22조 제7항, 개인정보 보호법 시행령 제17조 제2항).

- 동의 내용이 적힌 서면을 정보 주체에게 직접 발급하고 정보 주체가 서명하거나 날인한 동의서를 받는 방법
- 우편 또는 팩스 등의 방법으로 전달하고, 정보 주체가 서명하거나 날인한 동의서를 받는 방법
- 전화를 통하여 동의 내용을 정보 주체에게 알리고 동의의 의사표시를 확인하는 방법
- 전화를 통하여 동의 내용을 정보 주체에게 알리고 정보 주체에게 인터넷주소 등을 통하여 동의 사항을 확인하도록 한 후 다시 전화를 통하여 그 동의 사항에 대한 동의의 의사표시를 확인하는 방법
- 인터넷홈페이지 등에 동의 내용을 게재하고 정보 주체가 동의 여부를 표시하도록 하는 방법
- 동의 내용이 적힌 전자우편을 발송하여 정보 주체로부터 동의의 의사표시가 적힌 전자우편을 받는 방법
- 그 밖에 위의 방법에 준하는 방법으로 동의 내용을 알리고 동의의 의사표시를 확인하는 방법

동의 내용 안내 방법	동의 의사를 확인하는 방법
서면	서면(서명 또는 날인)
전화	음성
전화(간략 사항)+인터넷(세부 사항)	음성+클릭
인터넷	클릭
전자우편 발신	전자우편 수신
그 밖에 유사한 방법	

ⓐ 개인정보 처리자가 정보 주체로부터 동의를 받으려는 때에는 정보 주체가 동의 여부를 선택할 수 있다는 사실을 명확하게 알 수 있도록 표시해야 한다(개인정보 보호법 시행령 제17조 제4항).

ⓞ 개인정보 처리자는 정보 주체가 선택적으로 동의할 수 있는 사항을 동의하지 않거나 개인정보의 목적 외 이용·제3자에게 제공을 동의하지 않는 경우 및 재화·서비스를 홍보하거나 판매를 권유하기 위한 개인정보의 처리에 동의하지 않는다는 이유로 정보 주체에게 재화 또는 서비스의 제공을 거부해서는 안 된다(개인정보 보호법 제22조 제5항).

ⓩ 이를 위반하여 정보 주체에게 위의 각 사실을 알리지 않은 자는 3천만 원 이하의 과태료를 부과받는다(개인정보 보호법 제75조 제2항 제1호).

더 알아보기 서면 동의 시 중요한 내용을 표시하는 방법(고시 제4조)

1. 글씨의 크기는 최소한 9포인트 이상으로서 다른 내용보다 20퍼센트 이상 크게 하여 알아보기 쉽게 할 것
2. 글씨의 색깔, 굵기 또는 밑줄 등을 통하여 그 내용이 명확히 표시되도록 할 것
3. 동의 사항이 많아 중요한 내용이 명확히 구분되기 어려운 경우에는 중요한 내용이 쉽게 확인될 수 있도록 그 밖의 내용과 별도로 구분하여 표시할 것. 그러나 약관과 개인정보 처리에 대한 동의를 일괄하여 한 번의 서명을 받는 경우에는 정보 주체가 자신의 개인정보 처리에 대한 사항을 자세하게 인지하지 못할 우려가 있고 정보 주체의 선택권 행사가 어려울 수 있으므로 개인정보 처리에 대한 동의는 약관에 대한 동의와는 별도로 동의를 받아야 한다.
예 중요한 내용에는 줄을 달리하거나 글씨 간 간격의 충분한 띄어쓰기 등을 통해 그 밖의 내용과 별도로 구분하여 표시

⑧ 정보 주체 이외로부터 개인정보를 수집한 경우

    ㉠ 개인정보 처리자가 정보 주체 이외로부터 수집한 개인정보를 처리하는 때에는 정보 주체의 요구가 있으면 즉시 다음의 모든 사실을 정보 주체에게 알려야 한다.

- 개인정보의 수집 출처
- 개인정보의 처리 목적
- 개인정보 처리의 정지를 요구하거나 동의를 철회할 권리가 있다는 사실

개인정보 보호법 제20조(정보 주체 이외로부터 수집한 개인정보의 수집 출처 등 통지)
① 개인정보 처리자가 정보 주체 이외로부터 수집한 개인정보를 처리하는 때에는 정보 주체의 요구가 있으면 즉시 다음 각 호의 모든 사항을 정보 주체에게 알려야 한다.
1. 개인정보의 수집 출처
2. 개인정보의 처리 목적
3. 개인정보 처리의 정지를 요구하거나 동의를 철회할 권리가 있다는 사실

    ㉡ 이를 위반하여 정보 주체에게 위의 각 사실을 알리지 않은 자는 3천만 원 이하의 과태료를 부과받는다(개인정보 보호법 제75조 제2항 제2호).

더 알아보기   **정보 주체 이외로부터 수집한 개인정보란?**

- 제3자로부터 제공받은 정보, 신문·잡지·인터넷 등에 공개되어 있어 수집한 정보 등이 해당된다.
  예 인물 DB 사업자가 학교·기관 홈페이지 등에 공개된 자료를 통하여 개인정보를 수집하는 경우
- 자체적으로 생산·생성된 정보는 제외한다.

    ㉢ 위의 사항에도 불구하고 처리하는 개인정보의 종류·규모, 종업원 수 및 매출액 규모 등을 고려하여 다음의 어느 하나에 해당하는 개인정보 처리자가 정보 주체 이외로부터 개인정보를 수집하여 처리하는 때에는 위의 모든 사항을 정보 주체에게 알려야 한다(개인정보 보호법 제20조 제2항 본문 및 개인정보 보호법 시행령 제15조의2 제1항).

- 5만 명 이상의 정보 주체에 관하여 민감정보 또는 고유 식별정보를 처리하는 자
- 100만 명 이상의 정보 주체에 관하여 개인정보를 처리하는 자
- 다만, 개인정보 처리자가 수집한 정보에 연락처 등 정보 주체에게 알릴 수 있는 개인정보가 포함되지 않은 경우에는 알릴 필요가 없음(개인정보 보호법 제20조 제2항 단서)

    ㉣ 개인정보 처리자는 개인정보의 수집 출처, 처리 목적 및 개인정보 처리의 정지를 요구할 권리가 있다는 사실을 개인정보를 제공받은 날부터 3개월 이내에 정보 주체에게 알려야 한다(개인정보 보호법 제20조 제1항 및 개인정보 보호법 시행령 제15조의2 제2항).

- 정보 주체가 통지 내용을 쉽게 확인할 수 있는 서면·전자우편·전화·문자전송 등의 방법
- 재화·서비스를 제공하는 과정에서 알림창을 통해 알리는 방법

ⓜ 개인정보의 수집 출처 등에 관한 사항을 알리는 것과 이용·제공 내역의 통지는 함께 할 수 있다(개인정보 보호법 시행령 제15조의2 제3항).

> **제15조의2(개인정보 수집 출처 등 통지 대상·방법·절차)**
> ③ 개인정보 처리자는 법 제20조 제2항에 따라 개인정보의 수집 출처 등에 관한 사항을 알리는 것과 법 제20조의2 제1항에 따른 이용·제공 내역의 통지를 함께 할 수 있다.

ⓗ 이를 위반하여 정보 주체에게 위의 각 사실을 알리지 않은 자는 3천만 원 이하의 과태료가 부과된다(개인정보 보호법 제75조 제2항 제2호).

ⓢ 다만, 아래 사항에 대하여 정보 주체의 동의를 받은 범위에서 연 2회 이상 주기적으로 개인정보를 제공받아 처리하는 경우에는 개인정보를 제공받은 날부터 3개월 이내에 정보 주체에게 알리거나 그 동의를 받은 날부터 기산하여 연 1회 이상 정보 주체에게 알려야 한다(개인정보 보호법 제17조 제2항 제1호부터 제4호까지 및 개인정보 보호법 시행령 제15조의2 제2항 단서).
- 개인정보를 제공받는 자
- 개인정보를 제공받는 자의 개인정보 이용 목적
- 제공하는 개인정보의 항목
- 개인정보를 제공받는 자의 개인정보 보유 및 이용 기간

ⓞ 개인정보 처리자는 위와 같이 개인정보의 수집 출처 등을 정보 주체에게 알린 경우 다음의 사항을 해당 개인정보를 파기할 때까지 보관·관리해야 한다(개인정보 보호법 시행령 제15조의2 제4항).
- 정보 주체에게 알린 사실
- 알린 시기
- 알린 방법

ⓩ 다음의 어느 하나에 해당하는 경우에는 정보 주체에게 위의 사실을 알릴 필요가 없다. 다만, 정보 주체의 권리보다 명백히 우선하는 경우에 한한다(개인정보 보호법 제20조 제4항).
- 통지를 요구하는 대상이 되는 개인정보가 다음의 어느 하나에 해당하는 개인정보 파일에 포함되어 있는 경우
  - 국가 안전, 외교상 비밀, 그 밖에 국가의 중대한 이익에 관한 사항을 기록한 개인정보 파일
  - 범죄의 수사, 공소의 제기 및 유지, 형 및 감호의 집행, 교정처분, 보호처분, 보안관찰처분과 출입국관리에 관한 사항을 기록한 개인정보 파일
  - 조세범 처벌법에 따른 범칙 행위 조사 및 관세법에 따른 범칙 행위 조사에 관한 사항을 기록한 개인정보 파일
  - 공공기관의 내부적 업무처리만을 위하여 사용되는 개인정보 파일
  - 다른 법령에 따라 비밀로 분류된 개인정보 파일
- 통지로 인하여 다른 사람의 생명·신체를 해할 우려가 있거나 다른 사람의 재산과 그 밖의 이익을 부당하게 침해할 우려가 있는 경우

⑨ 정보 주체의 개인정보 처리정지 권리

　㉠ 정보 주체는 개인정보 처리자에게 자신의 개인정보 처리정지를 요구할 수 있으며, 공공기관의 경우
　　등록된 자신의 개인정보 파일에 대한 처리정지를 요구할 수 있다(개인정보 보호법 제37조 제1항).

　㉡ 이때, 개인정보 처리자는 지체 없이 개인정보 처리의 전부 또는 일부를 정지해야 한다. 다만 다음의
　　경우에 해당하는 경우 정보 주체의 처리정지 요구를 거절할 수 있고, 이 경우 그 사유를 정보 주체에
　　게 알려야 한다.

　　• 법률에 특별한 규정이 있거나 법령상 의무를 준수하기 위하여 불가피한 경우
　　• 다른 사람의 생명 · 신체를 해할 우려가 있거나 다른 사람의 재산과 그 밖의 이익을 부당하게 침해
　　　할 우려가 있는 경우
　　• 공공기관이 개인정보를 처리하지 아니하면 다른 법률에서 정하는 소관 업무를 수행할 수 없는 경우
　　• 개인정보를 처리하지 아니하면 정보 주체와 약정한 서비스를 제공하지 못하는 등 계약의 이행이 곤
　　　란한 경우로서 정보 주체가 그 계약의 해지 의사를 명확하게 밝히지 아니한 경우

⑩ 개인정보의 목적 외 이용 · 제공 제한

　㉠ 개인정보 처리자는 개인정보를 수집 · 이용 범위를 초과하여 이용하거나 제3자에 대한 제공 범위를
　　초과하여 제3자에게 제공해서는 안 된다.

> **개인정보 보호법 제18조(개인정보의 목적 외 이용 · 제공 제한)**
> ① 개인정보 처리자는 개인정보를 제15조 제1항에 따른 범위를 초과하여 이용하거나 제17조 제1항 및 제28조의8
> 　제1항에 따른 범위를 초과하여 제3자에게 제공하여서는 아니 된다.

　㉡ 다음의 어느 하나에 해당하는 경우에는 정보 주체 또는 제3자의 이익을 부당하게 침해할 우려가 있을
　　때를 제외하고는 개인정보를 목적 외의 용도로 이용하거나 이를 제3자에게 제공할 수 있다.

　　• 정보 주체로부터 별도의 동의를 받은 경우 : 개인정보 처리자가 정보 주체로부터 동의를 받을 때에
　　　는 다음의 사항을 정보 주체에게 알려야 한다. 다음의 어느 하나의 사항을 변경하는 경우에도 이를
　　　알리고 동의를 받아야 한다(개인정보 보호법 제18조 제3항).
　　　－ 개인정보를 제공받는 자
　　　－ 개인정보의 이용 목적(제공 시에는 제공받는 자의 이용 목적을 말함)
　　　－ 이용 또는 제공하는 개인정보의 항목
　　　－ 개인정보의 보유 및 이용 기간(제공 시에는 제공받는 자의 보유 및 이용 기간을 말함)
　　　－ 동의를 거부할 권리가 있다는 사실 및 동의 거부에 따른 불이익이 있는 경우에는 그 불이익의
　　　　내용
　　• 다른 법률에 특별한 규정이 있는 경우
　　• 명백히 정보 주체 또는 제3자의 급박한 생명, 신체, 재산의 이익을 위하여 필요하다고 인정되는 경우
　　• 공중위생 등 공공의 안전과 안녕을 위하여 긴급히 필요한 경우
　　• 다만, 아래의 경우는 공공기관의 경우로 한정한다(개인정보 보호법 제18조 제2항).
　　　－ 개인정보를 목적 외의 용도로 이용하거나 이를 제3자에게 제공하지 않으면 다른 법률에서 정하
　　　　는 소관 업무를 수행할 수 없는 경우로서 개인정보 보호 위원회의 심의 · 의결을 거친 경우

– 조약, 그 밖의 국제협정의 이행을 위하여 외국정부 또는 국제기구에 제공하기 위하여 필요한 경우

– 범죄의 수사와 공소의 제기 및 유지를 위하여 필요한 경우

– 법원의 재판업무 수행을 위하여 필요한 경우

– 형(刑) 및 감호, 보호처분의 집행을 위하여 필요한 경우

개인정보 보호법 제18조(개인정보의 목적 외 이용·제공 제한)

② 제1항에도 불구하고 개인정보 처리자는 다음 각 호의 어느 하나에 해당하는 경우에는 정보 주체 또는 제3자의 이익을 부당하게 침해할 우려가 있을 때를 제외하고는 개인정보를 목적 외의 용도로 이용하거나 이를 제3자에게 제공할 수 있다. 다만, 제5호부터 제9호까지에 따른 경우는 공공기관의 경우로 한정한다.

　1. 정보 주체로부터 별도의 동의를 받은 경우

　2. 다른 법률에 특별한 규정이 있는 경우

　3. 명백히 정보 주체 또는 제3자의 급박한 생명, 신체, 재산의 이익을 위하여 필요하다고 인정되는 경우

　5. 개인정보를 목적 외의 용도로 이용하거나 이를 제3자에게 제공하지 아니하면 다른 법률에서 정하는 소관 업무를 수행할 수 없는 경우로서 보호 위원회의 심의·의결을 거친 경우

　6. 조약, 그 밖의 국제협정의 이행을 위하여 외국정부 또는 국제기구에 제공하기 위하여 필요한 경우

　7. 범죄의 수사와 공소의 제기 및 유지를 위하여 필요한 경우

　8. 법원의 재판 업무수행을 위하여 필요한 경우

　9. 형(刑) 및 감호, 보호처분의 집행을 위하여 필요한 경우

　10. 공중위생 등 공공의 안전과 안녕을 위하여 긴급히 필요한 경우

③ 개인정보 처리자는 제2항 제1호에 따른 동의를 받을 때에는 다음 각 호의 사항을 정보 주체에게 알려야 한다. 다음 각 호의 어느 하나의 사항을 변경하는 경우에도 이를 알리고 동의를 받아야 한다.

　1. 개인정보를 제공받는 자

　2. 개인정보의 이용 목적(제공 시에는 제공받는 자의 이용 목적을 말한다)

　3. 이용 또는 제공하는 개인정보의 항목

　4. 개인정보의 보유 및 이용 기간(제공 시에는 제공받는 자의 보유 및 이용 기간을 말한다)

　5. 동의를 거부할 권리가 있다는 사실 및 동의 거부에 따른 불이익이 있는 경우에는 그 불이익의 내용

ⓒ 이를 위반하여 개인정보를 이용하거나 제3자에게 제공한 자 및 그 사정을 알면서도 영리 또는 부정한 목적으로 개인정보를 제공받은 자는 5년 이하의 징역 또는 5천만 원 이하의 벌금에 처해진다(개인정보 보호법 제71조 제2호).

⑪ 동의, 통지, 공개·게시의 구분

　㉠ 동의 : 의사나 의견을 같이 하는 것을 말하며, 이용자와 개별적으로 연락을 하여야 하고, 반드시 이용자로부터 회신 등의 피드백을 받아야 한다. 개인정보의 최초 수집 이후에 이용 목적 확대, 제3자 제공 등으로 추가적인 동의를 얻으려면 전화, 이메일 주소, 우편 등을 통해 개별적으로 연락하고 회신을 받아야 한다.

　㉡ 고지 : 동의는 개인정보를 최초 수집하는 경우가 아닌 최초 수집 후에 추가적으로 동의를 받는 경우를 의미하는 데 비해, 최초 가입을 하는 경우에는 이용자에게 법률에 규정된 사항을 이용자가 쉽게 이해할 수 있도록 '고지'하고 이에 대한 '동의'를 받아야 한다.

　㉢ 통지 : 정보 주체와 개별적으로 연락을 해야 하지만 회신 등의 피드백을 받을 필요는 없는 것이다. 대표적으로 영업 양도·양수 사실을 정보 주체에게 통지하는 경우 등이 해당하며, 이 경우 전화·전자우편·우편 등을 통해 해당 사실을 알리기만 하면 되고 별도로 회신받을 필요가 없다.

ⓔ 안내(공개 · 게시) : 개별적인 연락처를 활용할 필요도 없고 회신을 필요로 하지도 않는다. 인터넷 웹사이트의 공지사항 코너 등 이용자가 서비스를 이용하면서 쉽게 확인할 수 있는 곳에 해당 정보를 게시하는 것 등이 해당하며, 다만, 개인정보 취급 방침과 같이 게시 장소가 법률로써 특별히 지정된 경우도 있다.

⑫ 개인정보 수집 · 이용 시 동의에 관한 벌칙 규정

위반행위	벌칙
동의 획득 방법 위반(제22조 제1항~제3항까지 위반)	1천만 원 이하 과태료(제75조 제4항 제3호)
선택적으로 동의하지 않은 경우 재화 또는 서비스의 제공을 거부한 자(제22조 제5항 위반)	3천만 원 이하 과태료(제75조 제2항 제2호)
만 14세 미만 아동 개인정보 처리 시 법정대리인 동의를 받지 아니한 자(제22조의2 제1항 위반)	5년 이하의 징역 또는 5천만 원 이하의 벌금(제71조 제3호)
만 14세 미만 아동 개인정보 처리 시 법정대리인 동의를 받지 아니한 경우(제22조의2 제1항 위반)	위반행위 관련 매출액의 100분의 3 이하 과징금(제64조의2 제1항 제2호)

(2) 개인정보 수집 · 이용 시 유의사항

① 업무처리에 필요한 최소한의 개인정보 수집

ㄱ 처리하고자 하는 업무에 꼭 필요한 최소한의 개인정보는 무엇인지 파악한다.

ㄴ 고유 식별정보, 민감정보는 일반 개인정보와 구분하여 처리하여야 한다(개인정보 보호법 제23조, 제24조).

- 고유 식별정보 : 주민등록번호, 운전 면허번호, 여권번호, 외국인등록번호
- 민감정보 : 사상, 신념, 노동조합 · 정당의 가입 탈퇴, 정치적 견해, 건강, 성생활 등에 관한 정보, 유전정보, 범죄경력자료 등

ㄷ 개인정보를 수집하여 수행하려는 업무 목적 등을 고려하여 합리적인 범위 내에서 필요한 최소한의 개인정보를 수집하여야 한다.

더 알아보기 채용 계약과 관련 없는 구직자의 과도한 개인정보를 수집한 사례

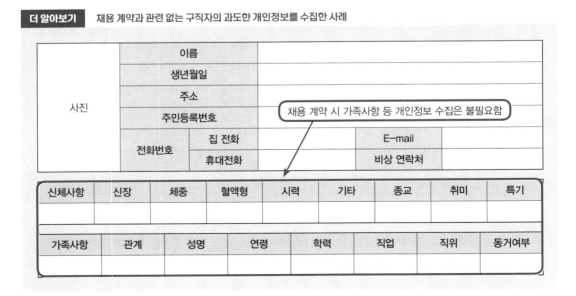

  ② 연락처가 필요한 경우, 휴대전화번호, 자택 전화번호, 회사 전화번호, 전자우편 주소 등의 연락처 중 각각의 용도를 정보 주체에게 알리고, 정보 주체의 선택에 따라 필요한 최소한의 개인정보를 수집하여야 한다.

  ⑩ 개인정보 처리 목적에 필요한 범위 내에서 최소한의 개인정보라는 입증책임은 개인정보 처리자가 부담하고, 수집 정보가 불필요하게 된 경우에는 파기하는 등 지속적으로 관리하여야 한다.

② 개인정보의 보유기간 확인(개인정보 보호법 제21조, 제30조)

  ㉠ 개인정보 처리방침, 관련 법령 등을 통해 수집 · 이용할 개인정보의 보유기간을 확인한다.

  ㉡ 일시적인 개인정보 수집 · 이용 등 보유기간이 따로 명시되어 있지 않다면 업무의 특성을 고려하여 필요 최소한의 보유기간을 설정한다.

③ 수집 · 이용에 정보 주체의 동의가 필요한지 확인(개인정보 보호법 제15조 제1항)

  ㉠ 개인정보를 수집 · 이용하기 위해서는 반드시 정보 주체의 동의를 받아야 한다.

  ㉡ 동의 없이 개인정보 수집 · 이용이 가능한 경우는 다음과 같다.

   • 법률에 특별한 규정이 있거나 법령상 의무 준수를 위해 불가피한 경우

   • 공공기관이 법령 등에서 정하는 소관 업무수행을 위해 불가피한 경우

   • 정보 주체와의 계약의 체결 및 이행을 위해 불가피하게 필요한 경우

   • 정보 주체 또는 법정대리인이 의사표시를 할 수 없는 상태에 있거나 주소불명 등으로 사전동의를 받을 수 없는 경우로서 명백히 정보 주체 또는 제3자의 급박한 생명, 신체, 재산의 이익을 위하여 필요하다고 인정되는 경우(당해 사유가 해소된 때에는 개인정보의 처리를 즉시 중단하고, 정보 주체에게 개인정보 수집 · 이용한 사실, 그 사유와 이용 내역을 통지하여야 함)

   • 개인정보 처리자의 정당한 이익을 달성하기 위하여 필요한 경우로서 명백하게 정보 주체의 권리보다 우선하는 경우

  ㉢ 민감정보 또는 고유 식별정보를 처리하기 위해서는 정보 주체의 별도 동의가 필요하다. 다만, 법령에서 민감정보 또는 고유 식별정보의 처리를 요구하거나 허용하는 경우에는 동의를 받지 않고 개인정보의 수집 이용이 가능하다(개인정보 보호법 제23조, 제24조, 제24조의2).

개인정보 보호법 제24조의2(주민등록번호 처리의 제한)
① 개인정보 처리자는 다음 각 호의 어느 하나에 해당하는 경우를 제외하고는 주민등록번호를 처리할 수 없다.
 1. 법률 · 대통령령 · 국회규칙 · 대법원규칙 · 헌법재판소규칙 · 중앙선거관리위원회규칙 및 감사원규칙에서 구체적으로 주민등록번호의 처리를 요구하거나 허용한 경우
 2. 정보 주체 또는 제3자의 급박한 생명, 신체, 재산의 이익을 위하여 명백히 필요하다고 인정되는 경우
 3. 제1호 및 제2호에 준하여 주민등록번호 처리가 불가피한 경우로서 보호 위원회가 고시로 정하는 경우

④ 개인정보의 제3자 제공 여부를 파악하고 필요한 최소한의 개인정보를 제공

  ㉠ 제공하는 개인정보의 항목을 최소화하여 제공한다.

  ㉡ 개인정보를 제공받는 제3자의 범위를 최소화하여 제공한다.

   • 제공받는 자의 범위를 '~ 등'으로 포괄적으로 고지하여 개인정보 처리자의 임의로 그 범위가 확대되지 않아야 한다.

- 제공받은 제3자를 확인할 수 있는 홈페이지 링크 등을 안내해야 한다.
- 개인정보를 제공받는 제3자의 특정이 어려운 특별한 사정이 있는 경우, 특별한 사정 및 제3자의 유형 등을 알리고 동의를 받을 수 있다.

⑤ 개인정보를 처리하는 주체(개인정보 처리자)가 누구인지 명확히 고지

⑥ 개인정보 처리 내용을 명확하게 인지할 수 있도록 구체적으로 알림

  ㉠ 처리 내용별 동의 시 알려야 할 사항은 구체적 맥락을 고려하여 동의 여부 판단에 필요한 내용을 정보 주체가 명확하게 인지할 수 있도록 구체적으로 알려야 한다.

  ㉡ 개인정보 수집 항목 등은 구체적으로 명시하는 것이 바람직하다. '~ 등'과 같이 알리고 이를 근거로 수집 항목을 확대하는 것은 충분히 알리고 동의를 받은 것이 아니므로 분쟁 소지가 있다.

  ㉢ 동의 거부 시 불이익의 내용은 구체적이고 명확하게 고지하여 정보 주체의 동의 선택권이 침해되지 않도록 하여야 한다.

  ㉣ 동의를 받을 때에는 각각의 동의 사항을 구분하여 정보 주체가 이를 명확하게 인지할 수 있도록 알리고 각각 동의를 받아야 한다.

  ㉤ 수행하려는 개인정보 처리가 2가지 이상인 경우 각각 동의를 받아야 한다. 즉, 정보 주체로부터 동의를 받아 성명, 연락처, 주소, 생년월일을 '회원 관리' 목적으로 수집 · 이용하고, 제휴 서비스 제공 목적으로 다른 사업자에게 성명, 연락처, 생년월일을 제공하려고 하는 경우에는 개인정보의 수집 · 이용과 다른 사업자에게의 제공을 구분하여 알리고, 각각 동의를 받아야 한다.

  ㉥ 서면(전자문서 포함) 동의 시에는 수집 · 이용 목적, 항목 등 대통령령으로 정하는 중요한 내용을 알아보기 쉽게 명확히 표시해야 한다.

  ㉦ 개인정보의 수집 · 이용 목적 중 재화나 서비스의 홍보 또는 판매 권유 등을 위하여 해당 개인정보를 이용하여 정보 주체에게 연락할 수 있다는 사실, 민감정보, 여권번호 · 운전 면허번호 · 외국인등록번호 등의 정보 처리 사실, 개인정보의 보유 및 이용 기간(제공 시에는 제공받는 자의 보유 및 이용 기간), 개인정보를 제공받는 자 및 개인정보를 제공받는 자의 개인정보 이용 목적 등은 개인정보 보호위원회가 고시하는 방법으로 표시하여야 한다.

⑦ 상품 및 서비스 홍보와 마케팅 목적으로 개인정보를 수집하는 경우 그 목적을 명확히 알 수 있도록 고지

⑧ 주민등록번호를 제외한 고유 식별정보 및 민감정보는 법령에 근거가 있거나 별도로 동의를 받은 경우에만 처리

  ㉠ 고유 식별정보(주민등록번호 제외)나 민감정보는 법령상 근거 없이 개인정보 처리자의 주관적 필요에 따라 처리하는 것을 지양해야 한다.

  ㉡ 법령에 근거가 없으나 꼭 필요한 경우에는 그 목적을 명확히 하고, 정보 주체로부터 별도의 동의를 받아 처리하여야 한다.

  ㉢ 향후 수집 가능성이 있다는 이유로 고유 식별정보나 민감정보의 처리 동의를 받지 않아야 한다.

⑨ 주민등록번호는 법률 · 대통령령 · 국회규칙 · 대법원규칙 · 헌법재판소규칙 · 중앙선거관리위원회규칙 및 감사원규칙에 근거가 있는 경우에 한하여 처리

  ㉠ 주민등록번호는 정보 주체의 동의를 근거로 처리할 수 없으며, 법률 · 대통령령 등에서 구체적으로 주민등록번호의 처리를 요구하거나 허용한 경우 등에 한하여 처리할 수 있다.

ⓛ 주민등록번호를 개인정보 보호법 제24조의2 제1항에 따라 처리하는 경우 정보 주체가 인터넷홈페이지를 통하여 회원으로 가입하는 단계에서는 주민등록번호를 사용하지 않고도 회원으로 가입할 수 있는 방법을 제공해야 한다.

　　ⓒ 주민등록번호를 처리하는 경우 목적 및 법적 근거 등을 안내하는 것이 바람직하다.

⑩ 동의 내용은 서면, 전화, 인터넷, 모바일앱, 전자우편 등을 통해 평이한 언어로 누구나 쉽게 이해할 수 있도록 해야 하며, 음성의 경우에는 '일상 대화 속도'로 알려야 함

　　㉠ 지나치게 많은 법률 용어, 장문 등은 지양하여야 하며, 불가피하게 전문용어를 사용하는 경우 별도의 용어 설명을 제공한다.

　　ⓛ 동의의사 확인은 서명ㆍ날인, 정보 주체의 음성, '동의함'을 표시한 전자우편, 인터넷홈페이지 '동의' 항목에 클릭 등 적극적인 동작이나 진술을 통해 분명하게 나타나야 하며, '동의함'이 기본값(Defalt)으로 미리 체크되어 있으면 안 된다.

　　ⓒ 개인정보 처리가 증가하고 다양화되어 동의 시 알려야 할 사항이 많아지고 복잡해질 수 있으므로, 정보 주체가 동의 여부에 필요한 정보를 충분히 습득하여 이해한 후, 동의 여부를 결정하고 의사 표현을 할 수 있도록 다양한 방법을 강구하여야 한다.

⑪ 만 14세 미만 아동의 개인정보를 처리하기 위하여 동의를 받을 때에는 그 법정대리인의 동의를 받아야 함

　　㉠ 법정대리인의 동의를 받기 위하여 필요한 최소한의 정보는 법정대리인의 동의 없이 해당 아동으로부터 직접 수집할 수 있다.

　　ⓛ 인터넷 등 비대면 회원가입 시, 만 14세 미만인지 여부는 정보 주체가 "법정 생년월일"을 직접 입력하거나 "만 14세 이상" 항목에 스스로 체크하는 방법으로 확인하는 것이 바람직하다.

⑫ 동의가 필요한 사항과 불필요한 사항을 구분하고, 동의가 불필요한 사항은 동의 요구 대상에서 제외

　　㉠ 동의가 필요한 사항과 불필요한 사항을 구분하지 않고 동의를 요구하여, 정보 주체의 선택에 혼란을 초래하지 않도록 주의한다.

　　ⓛ 동의가 불필요한 개인정보를 처리하는 경우, 해당 처리와 관련된 개인정보 항목, 목적 및 그 처리 근거 등을 정보 주체가 알 수 있도록 안내하는 것이 바람직하다.

⑬ 정보 주체에게 동의 여부에 대한 실질적인 선택권을 보장

　　㉠ 정보 주체가 동의 여부를 선택할 수 있는 경우에는 동의 거부를 이유로 다른 서비스의 이용을 제한해서는 안 된다.

　　ⓛ 일반적으로 사업주와 근로자, 행정주체와 일반 국민 관계에서는 자유로운 동의권 보장에 한계가 있으므로 동의 외에 다른 근거로 개인정보를 처리하는 것이 바람직하다. 다만, 정보 주체에게 이익을 주거나 소식 전달을 위해 연락처를 처리하려는 경우 등에는 동의를 근거로 할 수 있다.

　　　• 강요로 볼 수 있는 사례 : 고용주가 근로자에게 사업장 내 감시장비의 필요성과 타당성에 대한 설명과 양해를 충분히 구하지 않고, 근로자에게 동의를 요구하는 것

　　　• 강요가 아닌 사례 : 행정주체가 홈페이지에서 동의를 하는 경우에 한해 행정청의 소식지를 발송하는 경우

⑭ 정보 주체가 동의를 거부하거나 처리정지를 요구하는 등의 이유로 별도의 비용이나 대가를 요구하는 등 불이익을 주어서는 안 됨

개인정보 관리

1 개인정보 저장·관리

(1) 개인정보 저장·관리의 이해

① 개인정보 처리자가 정보 주체의 개인정보를 취급할 때에는 개인정보가 분실·도난·유출·변조 또는 훼손되지 않도록 안전성 확보에 필요한 기술적·관리적·물리적 보호조치를 취해야 한다.

② 최근 개인정보 유·노출 사고에 대한 집단소송의 판례를 보면, 개인정보 처리자가 개인정보 보호를 위해 취할 수 있는 기술적·관리적·물리적 보호조치를 얼마나 체계적으로 관리하기 위해 노력하는가, 사업적 환경에 있어서 얼마나 중요성 있게 관리하고 있는가 등이 위법성 여부를 판단하는 핵심 사안이며, 이를 얼마나 효율적으로 입증하느냐가 소송 결과에 중대한 영향을 끼치고 있다는 것을 알 수 있다.

③ 정보 주체의 개인정보를 얼마나 잘 관리하는지야말로 개인정보 처리자가 해야 하는 기본 사항이다.

④ 개인정보 유·노출로 인한 피해와 개인정보 처리자의 역할

  ㉠ 유출 : 정보 주체의 "개인정보"에 대하여 개인정보 처리자가 통제를 상실하거나 권한 없는 자의 접근을 허용한 경우를 말한다.

외부 공격, DB 관리자페이지 공격으로 인한 유출 사례

• 조치
  Step 1. 접속 권한을 IP주소, 포트, MAC 주소 등으로 제한하여 인가받지 않은 접근을 제한
  Step 2. 정보통신망을 통해 외부에서 시스템에 접속 시 가상사설망(VPN) 등 안전한 접속 수단을 사용하거나 안전한 인증수단을 적용
  Step 3. 개인정보 취급자의 계정 설정 시 안전한 비밀번호 사용(영문, 특수문자, 숫자로 최소 8자리 이상)

외부 공격, 지능형 지속 공격(APT, Advanced Persistent Threat)으로 인한 유출 사례

• 공격자 행동
  피싱사이트 제작 → 피싱사이트에서 ID/PW 입력 → 탈취 계정으로 가족사진 또는 동생 이메일 주소 등 획득 → 동생 이메일 주소로 악성코드 첨부한 메일 발송 → 악성코드 감염 → C&C 서버 접속 및 명령 수신 → 취약점 이용하여 관리자 PC 장악 → DB 내 개인정보 탈취 → 탈취한 개인정보를 C&C 서버로 전송
• 조치
  Step 1. APT 공격 대응 솔루션 도입·운영 및 스팸 메일과 첨부파일 필터링 및 차단
  Step 2. 의심스러운 이메일 열람 및 이메일 내 링크 주소 클릭, 첨부파일 실행 등 금지
  Step 3. 정기 보안 교육과 모의 훈련을 통해 취급자의 인식 강화

더 알아보기   C&C(Command & Control) 서버

  일반적으로 감염된 좀비 PC가 해커가 원하는 공격을 수행하도록 원격지에서 명령을 내리거나 악성코드를 제어하는 서버

ⓛ 노출 : 홈페이지상 개인정보가 공개되어 누구든지 알아볼 수 있는 상태를 말한다.

개인정보가 포함된 게시글 및 댓글 게시, 이용자 문의 댓글에 개인정보 노출 사례

- 조치
  Step 1. 게시물을 비공개로 전환(게시물 작성자 또는 사이트관리자)
  Step 2. 공개 필요시 마스킹 등의 방법을 통해 최소한의 개인정보를 기재
  Step 3. 검색엔진에 노출 여부 확인 및 저장된 페이지 삭제

더 알아보기

운영자 개인정보 노출 예방수칙 5계명
1. 게시판 운영 시 개인정보 노출 주의 안내
2. 개인정보가 포함된 게시글 및 댓글 작성 시 비공개 설정
3. 불가피하게 개인정보가 포함된 게시글·댓글 작성 시 마스킹 등 비식별 처리
4. 첨부파일을 등록하기 전 개인정보 유무 확인 후 게시
5. 주기적인 개인정보 노출 점검
　예 검색엔진(구글, 네이버, 다음 등) 확장 기능을 이용한 개인정보 주기적 점검('번호', '주민', '전화', '여권' 등의 검색 단어 활용)

개발자 개인정보 노출 예방수칙 6계명
1. 관리자페이지의 안전한 보호 : 관리자페이지는 접속이 필요한 관리자 등 가급적 내부망에서만 연결되도록 구성하고, VPN이나 전용망 등 안전한 접속 수단 및 OTP, 휴대폰, 공인인증서 등 안전한 인증수단을 적용하고, 인가된 IP로 제한하는 기능을 적용
2. 게시판은 비공개 또는 비밀글 설정이 가능하도록 구축
3. 접속경로(URL) 설정, 소스 코드 개발 등에 개인정보 사용 금지
4. 접속경로(URL) 식별자 '숨김' 처리하여 보호
5. 홈페이지 개편 시 웹·소스 코드 취약점 점검
6. 디렉토리 리스팅 여부 점검

(2) 개인정보 저장·관리 시 유의사항

① 정보 주체가 회원 탈퇴 혹은 서비스 해지 등 동의 철회 이후에도 관련 법률 등에 따라 개인정보를 보유해야 하는 경우에는 회원의 개인정보 DB와 분리하여 해지 고객의 개인정보를 별도로 관리하고, 그 접근 권한을 최소화하여 일반 직원들의 접근을 제한하고 반드시 필요한 경우에만 열람 혹은 처리가 가능하도록 해야 한다.

② 정보 주체가 텔레마케팅에 대한 수신 거부 의사를 밝힌 경우에는 개인정보 텔레마케팅에 대해 동의를 철회한 것이므로 당해 정보 주체의 개인정보는 텔레마케팅에 이용할 수 없다.

③ 정보 주체가 개인정보 취급 위탁에 대해 동의하지 않거나 동의를 철회한 경우에는 당해 정보 주체의 개인정보를 위탁업체에 의해 이루어지는 상품 홍보 및 부가서비스 가입 권유 텔레마케팅 등에 이용해서는 안 된다.

2 개인정보 파기의 원칙

(1) 개인정보의 파기

① 개인정보 처리자는 보유기간의 경과, 개인정보의 처리 목적 달성, 가명 정보의 처리 기간 경과 등 그 개인정보가 불필요하게 되었을 때에는 지체 없이 그 개인정보를 파기해야 한다(개인정보 보호법 제21조 제1항 본문).

② 이를 위반하여 개인정보를 파기하지 않은 자는 3천만 원 이하의 과태료를 부과받는다(개인정보 보호법 제75조 제2항 제4호).

③ 개인정보를 수집한 목적이 달성된 경우에 계속해서 개인정보를 보유할 경우, 개인정보의 유출과 오용 가능성이 높아지므로 개인정보가 불필요하게 된 때에는 이를 파기하도록 함으로써 개인정보를 안전하게 보호하려는 데 목적이 있다.

④ 개인정보 처리자는 처리 목적이 달성되거나 해당 서비스 및 사업이 종료된 경우, 정당한 사유가 없는 한 필요 없게 된 날로부터 5일 이내에 개인정보를 파기하여야 한다(표준 개인정보 보호지침 제10조 제1항).

   ㉠ 개인정보가 불필요하게 된 때
   - 개인정보 처리자가 당초 고지하고 동의를 받았던 보유기간의 경과
   - 동의를 받거나 법령 등에서 인정된 수집 · 이용 · 제공 목적의 달성
   - 회원 탈퇴, 제명, 계약 관계 종료, 동의 철회 등에 따른 개인정보 처리의 법적 근거 소멸
   - 개인정보 처리자의 폐업 · 청산
   - 대금 완제일이나 채권 소멸시효 기간의 만료

   ㉡ 개인정보의 보존 필요성이 있는지 여부는 객관적으로 판단하여야 하며 자의적으로 해석해서는 안 된다.

⑤ 파기 방법

   ㉠ 완전파괴(소각 · 파쇄 등)
   다시 복원하거나 재생할 수 없는 형태로 완벽하게 파기

   ㉡ 하드 디스크 등 매체 전체의 데이터를 파기하는 경우
   - 하드디스크, USB 메모리의 경우 '로우레벨포맷(하드디스크를 공장에서 나온 초기상태로 만들어주는 포맷)' 방법으로 파기
   - 0, 1 혹은 랜덤값으로 기존 데이터를 여러 번 덮어씌우는 와이핑 방법으로 파기
   - 디스크 플레터에 강력한 힘으로 구멍을 내어 복구가 불가능하도록 하는 천공 방법으로 파기
   - CD/DVD의 경우 가위 등으로 작은 입자로 조각내거나, 전용 CD 파쇄기, CD 파쇄가 가능한 문서 파쇄기로 파기
   - 고온에 불타는 종류의 매체는 소각하여 파기
   - 자기장치를 이용해 강한 자기장으로 데이터를 복구 불가능하게 하는 디가우저 파기

   ㉢ 고객 서비스에 이용 중인 DB서버에 저장된 일부 데이터를 파기하는 경우
   - 서비스 중인 DB의 해당 개인정보 위에 임의의 값(Null값 등)을 덮어쓰기 한 후 삭제
   - DB의 특정 부분에 덮어쓰기가 곤란한 경우에는 테이블 데이터에 대한 논리적인 삭제도 허용되나, 신속하게 다른 데이터로 덮어쓰기 될 수 있도록 운영

  ㉣ 전자적 파일 형태 외의 경우

   • 개인정보 기록물, 인쇄물, 서면, 기타 기록매체인 경우, 파쇄 또는 소각

   • 완전 파기가 어려울 경우, 해당 부분을 마스킹, 구멍 뚫기 등으로 삭제

⑥ 개인정보의 분리 저장 및 관리

 ㉠ 개인정보가 불필요하게 된 경우라도 다른 법령에 따라 개인정보를 파기하지 않고 보존해야 하는 경우에 개인정보 처리자는 해당 개인정보 또는 개인정보 파일을 다른 개인정보와 분리하여 저장·관리해야 한다(개인정보 보호법 제21조 제1항 단서·제3항).

 ㉡ 파기하지 않은 개인정보가 기존 개인정보와 혼재되어 있으면 개인정보의 목적 외 이용이나 유출, 오·남용의 위험성이 커지므로 이를 방지하기 위한 규정이며 미파기 정보는 오로지 다른 법령에서 보존하도록 한 목적 범위 내에서만 처리 가능하도록 관리되어야 한다.

  예) 회원들을 대상으로 한 메일 발송 시, 탈퇴 회원에게도 같이 발송되는 경우의 방지

 ㉢ 이를 위반하여 개인정보를 분리하여 저장·관리하지 않은 자는 1천만 원 이하의 과태료를 부과받는다(개인정보 보호법 제75조 제4항 제2호).

개인정보 보호법 제21조(개인정보의 파기)

① 개인정보 처리자는 보유기간의 경과, 개인정보의 처리 목적 달성, 가명 정보의 처리 기간 경과 등 그 개인정보가 불필요하게 되었을 때에는 지체 없이 그 개인정보를 파기하여야 한다. 다만, 다른 법령에 따라 보존하여야 하는 경우에는 그러하지 아니하다.

② 개인정보 처리자가 제1항에 따라 개인정보를 파기할 때에는 복구 또는 재생되지 아니하도록 조치하여야 한다.

③ 개인정보 처리자가 제1항 단서에 따라 개인정보를 파기하지 아니하고 보존하여야 하는 경우에는 해당 개인정보 또는 개인정보 파일을 다른 개인정보와 분리하여서 저장·관리하여야 한다.

④ 개인정보의 파기 방법 및 절차 등에 필요한 사항은 대통령령으로 정한다.

개인정보 보호법 시행령 제16조(개인정보의 파기 방법)

① 개인정보 처리자는 법 제21조에 따라 개인정보를 파기할 때에는 다음 각 호의 구분에 따른 방법으로 해야 한다.

 1. 전자적 파일 형태인 경우 : 복원이 불가능한 방법으로 영구 삭제. 다만, 기술적 특성으로 영구 삭제가 현저히 곤란한 경우에는 법 제58조의2에 해당하는 정보로 처리하여 복원이 불가능하도록 조치해야 한다.

 2. 제1호 외의 기록물, 인쇄물, 서면, 그 밖의 기록매체인 경우 : 파쇄 또는 소각

② 제1항에 따른 개인정보의 안전한 파기에 관한 세부 사항은 보호 위원회가 정하여 고시한다.

(개인정보 보호 위원회) 표준 개인정보 보호지침 제10조(개인정보의 파기 방법 및 절차)

① 개인정보 처리자는 개인정보의 보유기간이 경과하거나 개인정보의 처리 목적 달성, 해당 서비스의 폐지, 사업의 종료 등 그 개인정보가 불필요하게 되었을 때에는 정당한 사유가 없는 한 그로부터 5일 이내에 그 개인정보를 파기하여야 한다.

② 영 제16조 제1항 제1호의 '복원이 불가능한 방법'이란 현재의 기술 수준에서 사회 통념상 적정한 비용으로 파기한 개인정보의 복원이 불가능하도록 조치하는 방법을 말한다.

③ 개인정보 처리자는 개인정보의 파기에 관한 사항을 기록·관리하여야 한다.

④ 개인정보 보호 책임자는 개인정보 파기 시행 후 파기 결과를 확인하여야 한다.

⑤ 개인정보 처리자 중 공공기관의 개인정보 파일 파기에 관하여는 제55조 및 제56조를 적용한다.

개인정보의 안전성 확보 조치 기준 제13조

① 개인정보 처리자는 개인정보를 파기할 경우 다음 각 호 중 어느 하나의 조치를 하여야 한다.

 1. 완전 파괴(소각·파쇄 등)

 2. 전용 소자 장비(자기장을 이용해 저장장치의 데이터를 삭제하는 장비)를 이용하여 삭제

 3. 데이터가 복원되지 않도록 초기화 또는 덮어쓰기 수행

② 개인정보 처리자가 개인정보의 일부만을 파기하는 경우, 제1항의 방법으로 파기하는 것이 어려울 때에는 다음 각 호의 조치를 하여야 한다.
1. 전자적 파일 형태인 경우 : 개인정보를 삭제한 후 복구 및 재생되지 않도록 관리 및 감독
2. 제1호 외의 기록물, 인쇄물, 서면, 그 밖의 기록매체인 경우 : 해당 부분을 마스킹, 구멍 뚫기 등으로 삭제
③ 기술적 특성으로 제1항 및 제2항의 방법으로 파기하는 것이 현저히 곤란한 경우에는 법 제58조의2에 해당하는 정보로 처리하여 복원이 불가능하도록 조치를 하여야 한다.

⑦ 파기 의무의 예외
ㄱ 개인정보 처리자는 다른 법령에 따라 보존해야 하는 경우에는 예외적으로 개인정보를 파기하지 않아도 되며, 이 경우 그 법적 근거를 명확히 해야 한다.
ㄴ 다른 법령에서 보존기간으로 정한 기간이 만료한 경우에는 지체 없이 파기해야 한다.
ㄷ 개인정보 처리자가 개인정보 보유기간을 고지하고 동의를 받는 경우 그 보유기간을 정할 때에는 필요 최소한으로 보유기간을 정해야 하고, 이에 대한 입증책임은 개인정보 처리자가 부담한다.
⑧ 법령상 보관 의무가 있는 개인정보의 보존 방법
ㄱ 개인정보 처리자는 법령에 따라 개인정보를 파기하지 않고 보존하는 경우에는 물리적 또는 기술적 방법으로 해당 개인정보 또는 개인정보 파일을 다른 개인정보와 분리해서 저장·관리하여야 한다(개인정보 보호법 제21조 제3항, 표준 개인정보 보호지침 제11조 제1항).
ㄴ 미파기 정보가 기존 개인정보와 혼재되어 있으면 개인정보의 목적 외 이용이나 유출, 오·남용의 위험성이 커지므로 이를 방지하기 위한 규정이다.
ㄷ 미파기 정보는 오로지 다른 법령에서 보존하도록 한 목적 범위 내에서만 처리 가능하도록 관리되어야 한다.
ㄹ 개인정보 처리자는 법령에 근거하여 개인정보 또는 개인정보파일을 분리 저장·관리한다는 점을 개인정보 처리 방침 등을 통하여 정보 주체가 알 수 있도록 하여야 한다(표준 개인정보 보호지침 제11조 제2항).
⑨ 벌칙 규정

위반행위	벌칙
개인정보 미파기(제21조 제1항 위반)	3천만 원 이하 과태료(제75조 제2항 제4호)
개인정보를 분리하여 저장·관리하지 아니한 경우(제21조 제3항 위반)	1천만 원 이하 과태료(제75조 제4항 제2호)

(2) 사례로 보는 개인정보 파기의 이해

① 쇼핑몰, 음식점 등 비대면으로 온라인 판매 또는 배달을 하는 업체에서 빈번히 물품(음식)을 주문하는 경우 수집한 개인정보의 보유기간 및 파기 시점은?
→ 전자상거래법에 따라 계약 및 대금결제, 물품(음식)의 공급에 관한 기록을 5년 동안 보존할 수 있다. 하지만, 이용자가 1년 동안 온라인서비스를 이용하지 않는 경우에는 개인정보 보호법에 따라 개인정보를 파기하거나 다른 이용자의 개인정보와 분리하여 별도로 저장·관리해야 한다. 파기 시점은 온라인을 통하여 물품(음식)을 최종적으로 주문한 다음 날부터 계산한다.

② 문서를 파기·보관할 때 보유 목적이 서로 다른 개인정보의 경우 어느 정도까지 파기 또는 분리 보관해야 하는지?

→ 개인정보 보유기간은 개인정보 처리 요건에 따라 구분하여 산정하고, 개인정보 파일이 포함하고 있는 개인정보의 보유기간이 서로 다른 경우에는 보유기간이 경과하여 파기되는 개인정보를 제외하고, 보존하여야 하는 개인정보를 '물리적 또는 기술적 방법'으로 분리하여 저장·관리해야 한다. 그리고 보존하여야 하는 개인정보에 대하여 '개인정보 처리 방침' 등을 통하여 법령에 근거하여 해당 개인정보 또는 개인정보 파일을 저장·관리한다는 점을 정보 주체가 알 수 있도록 해야 한다.

③ 회원 관리 시스템에서 회원 탈퇴 시, 이름, 연락처, 주소 등 개인을 식별하는 정보는 모두 지체 없이 파기하였다. 이때, 생성 정보였던 회원 번호도 함께 파기해야 하는지?

→ 개인정보 보호법 제21조 제1항에 따라 개인정보 처리자는 다른 법령에 따라 보존하여야 하는 경우 이외에는 보유기간이 경과하거나 처리 목적 달성 등 그 개인정보가 불필요하게 되었을 때 지체 없이 그 개인정보를 파기하여야 한다. 다만, 법 제58조의2에 따라 시간·비용·기술 등을 합리적으로 고려할 때 다른 정보를 사용하여도 더이상 개인을 알아볼 수 없는 정보에는 적용하지 않는다. 따라서, 관련 정보가 모두 파기되어 연계 생성된 회원 번호를 더이상 누구의 개인정보인지 알아볼 수 없다면 이는 익명 정보로서 파기하지 않아도 된다.

④ 회원가입 시 '회원 탈퇴 즉시 개인정보 삭제'로 고지하고 있으나 쿠폰 부정 사용 등 불량회원을 식별하기 위해 일부 개인정보를 탈퇴 후 1개월 동안 보존하고 있는 경우, 수집동의서에 회원 탈퇴 후 1개월까지 보관이라 명시하고 동의를 받아야 하는지?

→ 개인정보 보호법 제21조 제1항에 따라 개인정보 처리자는 다른 법령에 따라 보존하여야 하는 경우 이외에는 보유기간이 경과하거나 처리 목적 달성 등 그 개인정보가 불필요하게 되었을 때 지체 없이 그 개인정보를 파기하여야 하나, 회원가입 시 혹은 탈퇴 이전에 연장 보존에 대한 동의를 받은 경우에는 해당 정보를 연장하여 보존할 수 있다.

⑤ 고객이 TV홈쇼핑, 온라인 쇼핑몰을 통해 여행 상품에 대해 상담하였으나, 실제로 계약이 체결되지 않은 경우, 고객이 예약 후 취소한 경우 개인정보의 파기는 어떻게 해야 하는지?

→ TV홈쇼핑, 온라인 쇼핑몰로부터 제공받은 고객정보를 바탕으로 여행 상담 이후 계약체결이 되지 않고 상담으로만 끝나는 경우라면 제공받은 고객정보는 지체 없이(5일 이내) 파기하여야 한다. 다만, 고객이 예약 후 취소한 경우 고객이 여행 상품에 대한 비용 결제는 하지 않았다면 지체 없이 파기하는 것이 바람직하고 고객이 여행 상품에 대한 비용 결제를 완료하였다면 환불 등 과정을 거쳐야 하므로 법적 근거에 따라 그 기간 동안 보유해야 한다.

⑥ 쇼핑몰에서 탈퇴한 회원들의 개인정보를 파기하려고 하는데, 일부 회원들은 할부 요금이 아직 미납되었거나 제품 A/S 기간이 남아있다. 이러한 경우에는 어떻게 해야 하는지?

→ 사업자는 개인정보의 수집·이용 목적이 달성된 경우 등에는 5일 이내에 개인정보를 파기하여야 하나, 예외적으로 "다른 법률에 따라 개인정보를 보존하여야 하는 경우"에는 개인정보를 파기하지 않고 보존할 수 있다. 예를 들어, 전자상거래 등에서의 소비자 보호에 관한 법률 및 시행령에서는 대금결제 및 재화 공급에 관한 기록을 5년간 보관하도록 하고 있으므로, 질의와 같이 요금 미납, A/S 등에 해당하는 경우에는 동법에 의거 5년간 개인정보 보관이 가능하다.

3 개인정보 처리 시 유의 사항

(1) 개인정보 수집 단계 시 보호조치

① 웹사이트에서 개인정보를 수집하는 경우, 주민등록번호 대체기술(공공 I-PIN 등), 암호화, 전자서명 기술(GPKI, NPKI 등) 등을 활용하여 개인정보가 노출되지 않도록 필요한 보호조치를 취하여야 한다.

② 키보드를 통한 개인정보 노출을 방지하고, 웹사이트에서 회원가입이나 본인확인 등을 위해 주민등록번호나 계좌번호 등 민감한 개인정보를 입력하는 경우, 이를 별표(*) 등의 임의 문자로 치환하여 개인정보 노출을 차단하여야 한다.

③ 사용자 PC와 웹서버 간 SSL 인증서 또는 응용프로그램을 통하여 암호화하여야 한다.

(2) 개인정보 저장 및 보유 단계에서의 보호조치

① 개인정보 파일을 보관하는 전산실이나 자료실에는 CCTV, 감시카메라 등의 감시장비 또는 전자출입증 등의 출입 통제장치를 설치하고, 출입 내역을 기록·관리하여야 한다.

② 외부 공격으로부터 내부 네트워크를 보호하기 위한 보안시스템을 설치 운영하여야 한다.

③ 허용되지 않은 불법 인터넷 사이트나 P2P, 메신저, 웹하드, FTP 파일 송수신, Telnet, 공유폴더 등 내부 정보 유출 매체가 되는 인터넷서비스의 이용을 통제하여야 한다.

④ 고유 식별정보, 비밀번호, 바이오 정보의 경우, 데이터 암호화 등의 대책을 수립하여 해킹 등에 의한 개인정보 유출을 최대한 방지하여야 한다.

⑤ 개인정보 DB 전체 또는 DB 테이블 내의 중요 개인정보에 대한 사용자 및 그룹별 접근 권한을 최소화하고, 그에 따른 접근을 통제하여야 한다.

⑥ DB 접근 내역에 대한 로그(해당 개인정보 파일의 명칭, 접근 데이터 항목, 접근일시, 접근 주체 및 해당 IP 등)를 저장 관리하여야 한다.

⑦ CD/USB 등 휴대용 저장 매체는 국가정보원의 'USB 메모리 등 휴대용 저장 매체 보안 관리지침'에 의거 관리하여야 하며, 주기적으로 수량 및 보관 상태를 점검하고 반출·입을 통제하여야 한다.

⑧ CD/USB 등 휴대용 저장 매체에 개인정보를 장기간 저장하거나 타 기관에 제공하기 위해 저장하는 경우, 비밀번호 설정 또는 암호화 등의 보안 조치를 수행하여야 한다.

⑨ 특히, 개인정보가 저장된 CD/USB 등의 휴대용 저장 매체를 보관·관리하는 경우, 잠금장치가 있는 캐비닛 등의 장소에 안전하게 보관하여야 한다.

(3) 개인정보 이용 및 제공 단계에서의 보호조치

① 아이디/패스워드를 이용하여 인증을 수행하는 기관은 비밀번호 유효기한 설정, 동일 또는 유사 비밀번호의 재이용 제한, 최저 비밀번호 문자 수의 설정 등을 통해 안전성을 확보하여야 하며, 패스워드 저장 시에는 암호화하여 저장하여야 한다.

② 일정 횟수 이상의 입력 오류가 발생할 경우, 경고 메시지와 함께 더 이상의 인증 시도를 막을 수 있도록 보호조치를 취하여야 한다.

③ 대량의 개인정보 또는 민감한 개인정보를 취급하는 자에 대해서는 공인인증서(GPKI, NPKI 등) 등의 안전한 방식으로 인증토록 해야 한다.

④ 컴퓨터 바이러스, 스파이웨어 등 악성프로그램 침투 여부를 항시 점검, 치료할 수 있는 백신 프로그램을 설치하고, 자동 패치 및 업데이트를 실시하여야 한다.

⑤ 웹 어플리케이션 개발 시 OWASP Top 10 보안 취약점(www.owasp.org), 국가정보원 8대 취약점 (www.ncsc.go.kr)에서 언급된 주요 항목에 대해 개발단계에서 보안 사항을 고려하여 개발하여야 하며, 지속적인 취약점 점검과 업데이트를 수행하여야 한다.

⑥ 개인정보 처리시스템의 사용자별 또는 그룹별 권한관리를 통해 과도한 권한설정을 통한 권한 오남용을 방지하고, 권한 부여 내역을 주기적으로 점검하여야 한다.

⑦ C/S 프로그램을 이용한 업무처리 시, 화면캡처 방지프로그램을 이용하여 업무화면 복제를 방지하는 기능을 제공하고, 캡처한 이미지를 저장, 출력, 복사하는 등의 메뉴를 권한에 따라 제어하여야 한다.

⑧ 웹브라우저를 이용한 업무처리 시, 웹브라우저 화면상에서 소스 보기 기능, 화면 캡처 또는 키보드나 마우스를 이용한 Drag, Drop, Copy 및 Paste 기능 등을 통제하여야 한다.

⑨ 각 기관은 해당 웹사이트에 개인정보가 노출되지 않도록 점검 관리하여야 하며, 구글 등 검색엔진에 개인정보가 노출되지 않도록 기술적 조치를 취하여야 한다.

⑩ 각 기관은 업무 PC 내에 보유 목적이 끝난 개인정보가 잔존하고 있는지 여부를 주기적으로 점검하고 불필요한 개인정보는 즉시 삭제하거나 필요한 경우 암호화하여 저장하여야 한다.

⑪ 각 기관은 개인정보 처리 내역에 대해 식별 인증 정보(일시, IP주소, ID), 서비스 이용 정보(생성, 수정, 삭제, 검색, 출력 등)에 대한 접속기록을 6개월 이상 보관·관리하여야 한다.

⑫ 각 기관은 개인정보 처리 내역을 모니터링하고 반기별 1회 점검하여 직원들이 동료 직원 및 유명 인사 등에 대한 조회, 혹은 권한을 벗어난 조회 및 비합리적으로 많은 개인정보를 조회하는 경우 열람 금지 및 경고 조치하여야 한다.

⑬ 고유 식별정보, 민감정보, 대량의 개인정보를 포함하고 있는 파일의 경우, 사용자별 파일에 대한 접근 권한을 차등 부여하여 비인가자의 접근을 방지하고 허용된 범위 내에서 처리될 수 있도록 통제하여야 한다.

⑭ 출력물의 경우 고유 식별정보, 민감정보, 대량의 개인정보를 포함하는 파일에 대해 인쇄를 금지하거나 부득이하게 인쇄를 할 경우 출력자 성명, 일시 등을 기재하여 문서 유출 등을 방지하여야 한다.

더 알아보기 **지우개(잊힐 권리) 서비스**

- 아동·청소년 시기에 작성한 게시물 중 개인정보가 포함된 게시물에 대해 삭제 또는 검색되지 않도록 도와주어 개인정보를 지켜주는 서비스이다.
- 신청 자격은 만 24세 이하이며, 아동·청소년 시기(만 18세 미만)에 작성한 게시물 중 개인정보를 포함하고 있는 게시물에 해당한다.
- 개인정보를 포함한 게시물의 범위는 이름, 생년월일, 전화번호, 주소, 사진 등 특정 개인을 알아볼 수 있는 정보를 포함하고 있는 게시물을 말한다.
- 게시판 관리자에게 게시물 삭제 또는 삭제된 것처럼 보이지 않게 해달라고 요청, 게시물이 검색 결과에 나타나지 않도록 요청, 기타 다른 사람이 작성한 게시물에 자신의 개인정보가 포함되어 있어 사생활 침해나 명예훼손이 우려되는 경우, 불법 촬영물 등이 올라와 있는 경우에 상담을 통한 안내 등이 가능하다.
- 신청 게시물이 공공의 이익과 관련되어 있다고 판단되는 경우, 게시판 사업자와 연락이 닿지 않는 등 사업자의 협조를 구하기 어려운 경우 등은 예외로 한다.

1 제3자 제공의 이해

(1) 관련 개념

① 제공의 개념

개인정보 '제공'이란 개인정보의 저장 매체나 개인정보가 담긴 출력물·책자 등을 물리적으로 이전하거나 네트워크를 통한 개인정보의 전송, 개인정보에 대한 제3자의 접근 권한 부여, 개인정보 처리자와 제3자의 개인정보 공유 등 개인정보의 이전 또는 공동 이용 상태를 초래하는 모든 행위를 말한다(표준 개인정보 보호지침 제7조 제1항).

② 제3자의 개념

㉠ 개인정보 보호법 제17조의 '제3자'란 정보 주체와 정보 주체에 관한 개인정보를 수집·보유하고 있는 개인정보 처리자를 제외한 모든 자를 의미하며, 정보 주체의 대리인(명백히 대리의 범위 내에 있는 것에 한함)과 개인정보 보호법 제26조 제2항에 따른 수탁자는 제외한다(표준 개인정보 보호지침 제7조 제2항).

㉡ 개인정보 처리자로부터 영업을 양수한 자(영업 양수자)는 제외한다(개인정보 보호법 제27조 제3항 참조).

㉢ 제3자란 계열회사·모회사−자회사·관계회사 등 자신이 아닌 모든 자, 즉 개인·공공기관·일반사업자 등을 말한다.

③ 개인정보 제공에 해당하는 행위

㉠ 개인정보 저장 매체(인쇄물·USB·외장 하드·디스크·CD·플래시메모리 등) 및 수기 문서 직접 전달 행위

㉡ 제3자에게 DB 시스템 접속 권한을 허용하여 개인정보를 열람·복사할 수 있게 하는 행위

㉢ 제3자와의 공용계정 및 DB 시스템 공유로 개인정보를 공유하는 행위

㉣ FTP(File Transfer Protocol) 또는 파일 업·파일 다운로드 등 네트워크를 통한 개인정보 전달 행위

㉤ 개인정보를 확인할 수 있는 그 밖의 모든 행위(SNS, 이메일, 맨눈 등)

(2) 개인정보 제3자 제공과 구분해야 할 개념

개인정보의 이전이 있는 것으로 보이는 경우 먼저 그 목적, 형태, 당사자 간의 관계 등에 비추어 그것이 개인정보 처리자의 내부적인 이용, 제3자 제공, 업무위탁, 영업 양도·합병 중에서 어느 개념에 해당하는지 판단하여야 해당 사안에 적용되는 규정을 확정할 수 있다.

① 개인정보의 이용

개인정보 처리자(기관·단체·법인 등) 내에서 개인정보의 지배·관리권 이전 없이 스스로 목적으로 쓰는 것(같은 개인정보 처리자 내의 다른 부서가 이용)은 제3자에게 개인정보가 이전되는 것이 아니므로 개인정보의 제공이 아니다.

② 업무위탁

개인정보 처리자의 업무를 처리할 목적으로 개인정보가 제3자(수탁자)에게 이전되지만, '제공'은 제공받는 자의 업무를 처리할 목적 및 이익을 위해서 개인정보가 이전된다는 점에서 차이가 있다.

→ 업무위탁의 경우 위탁자로부터 업무를 위탁받은 '수탁자'는 제3자에 해당하지 않으므로 개인정보의 제공이 아니다.

→ 개인정보 보호법 제26조에서 별도의 규정을 두고 있으며, 제공과 관련한 규정은 적용되지 않는다.

③ 영업의 양도·합병

개인정보의 처리 형태가 변하는 것이 아니라 그 관리 주체만 변한다는 점에서 '제공'과는 차이가 있다.

→ 개인정보 보호법 제27조에서 별도의 규정을 두고 있으며, 제공과 관련한 규정은 적용되지 않는다.

(3) 제3자 제공(공유)이 가능한 경우

① 정보 주체의 동의를 받은 경우(개인정보 보호법 제17조 제1항 제1호)

ㄱ 정보 주체로부터 미리 받아 둔 동의의 범위 내에서 개인정보 제3자 제공이 가능하다(미리 받아 둔 동의의 범위를 넘어서는 경우는 '개인정보의 목적 외 제공(개인정보 보호법 제18조)'에 해당한다).

ㄴ 동의를 받을 때 고지 사항(변경 시에도 동의를 받아야 함, 개인정보 보호법 제17조 제2항)

- 개인정보를 제공받는 자
- 개인정보를 제공받는 자의 개인정보 이용 목적
- 제공하는 개인정보의 항목
- 개인정보를 제공받는 자의 개인정보 보유 및 이용 기간
- 동의를 거부할 권리가 있다는 사실 및 동의 거부에 따른 불이익이 있는 경우에는 그 불이익의 내용

② 수집 목적 범위에서 개인정보를 제공하는 경우(개인정보 보호법 제17조 제1항 제2호)

ㄱ 법률에 특별한 규정이 있거나 법령상 의무를 준수하기 위하여 불가피한 경우

ㄴ 공공기관이 법령 등에서 정하는 소관 업무의 수행을 위하여 불가피한 경우

ㄷ 명백히 정보 주체 또는 제3자의 급박한 생명, 신체, 재산의 이익을 위하여 필요하다고 인정되는 경우

ㄹ 개인정보 처리자의 정당한 이익을 달성하기 위하여 필요한 경우로서 명백하게 정보 주체의 권리보다 우선하는 경우(개인정보 처리자의 정당한 이익과 상당한 관련이 있고 합리적인 범위를 초과하지 아니하는 경우)

ㅁ 공중위생 등 공공의 안전과 안녕을 위하여 긴급히 필요한 경우

③ 개인정보의 목적 외 제공 제한

ㄱ 개인정보 처리자는 개인정보를 제3자 제공(공유 포함) 가능 범위(개인정보 보호법 제17조 제1항)를 초과하여 제3자에게 제공하여서는 아니 된다.

ⓛ 개인정보 처리자는 개인정보를 국외 이전 가능 범위(개인정보 보호법 제28조의8 제1항)를 초과하여 제3자에게 제공하여서는 아니 된다.

(4) 개인정보의 목적 외 이용 · 제공 시 유의사항

① 개인정보의 목적 외 이용 · 제공의 기록 · 관리(개인정보 보호법 시행령 제15조)

공공기관은 개인정보 보호법 제18조 제2항에 따라 개인정보를 목적 외의 용도로 이용하거나 이를 제3자에게 제공하는 경우에는 다음의 사항을 보호 위원회가 정하여 고시하는 개인정보의 목적 외 이용 및 제3자 제공 대장에 기록하고 관리해야 한다.

ⓐ 이용하거나 제공하는 개인정보 또는 개인정보 파일의 명칭

ⓑ 이용 기관 또는 제공받는 기관의 명칭

ⓒ 이용 목적 또는 제공받는 목적

ⓓ 이용 또는 제공의 법적 근거

ⓔ 이용하거나 제공하는 개인정보의 항목

ⓕ 이용 또는 제공의 날짜, 주기 또는 기간

ⓖ 이용하거나 제공하는 형태

ⓗ 법 제18조 제5항에 따라 제한을 하거나 필요한 조치를 마련할 것을 요청한 경우에는 그 내용

② 개인정보의 목적 외 이용 · 제공의 제한 및 조치

ⓐ 개인정보 처리자는 개인정보 보호법 제18조 제2항 각 호의 어느 하나의 경우에 해당하여 개인정보를 목적 외의 용도로 제3자에게 제공하는 경우에는 개인정보를 제공받는 자에게 이용 목적, 이용 방법, 그 밖에 필요한 사항에 대하여 제한을 하거나, 개인정보의 안전성 확보를 위하여 필요한 조치를 마련하도록 요청하여야 한다. 이 경우 요청을 받은 자는 개인정보의 안전성 확보를 위하여 필요한 조치를 하여야 한다(개인정보 보호법 제18조 제5항).

ⓑ 개인정보 처리자가 개인정보 보호법 제18조 제2항에 따라 개인정보를 목적 외의 용도로 제3자에게 제공하는 경우에는 개인정보를 제공받는 자에게 이용 목적, 이용 방법, 이용 기간, 이용 형태 등을 제한하거나, 개인정보의 안전성 확보를 위하여 필요한 구체적인 조치를 마련하도록 문서(전자문서 포함)로 요청하여야 한다. 이 경우 요청을 받은 자는 그에 따른 조치를 취하고 그 사실을 개인정보를 제공한 개인정보 처리자에게 문서로 알려야 한다(표준 개인정보 보호지침 제8조 제1항).

③ 개인정보의 목적 외 이용 · 제공의 책임 관계 규명

개인정보 보호법 제18조 제2항에 따라 개인정보를 목적 외의 용도로 제3자에게 제공하는 자는 해당 개인정보를 제공받는 자와 개인정보의 안전성 확보 조치에 관한 책임 관계를 명확히 하여야 한다(표준 개인정보 보호지침 제8조 제2항).

④ 개인정보의 목적 외 이용 · 제공의 고지사항

개인정보 처리자가 개인정보 보호법 제18조 제3항 제1호에 따라 정보 주체에게 개인정보를 제공받는 자를 알리는 경우에는 그 성명(법인 또는 단체는 그 명칭)과 연락처를 함께 알려야 한다(표준 개인정보 보호지침 제8조 제3항).

⑤ 개인정보의 목적 외 이용 · 제공의 공개 방법

공공기관은 개인정보 보호법 제18조 제2항 제2호부터 제6호까지, 제8호부터 제10호까지에 따라 개인정보를 목적 외의 용도로 이용하거나 이를 제3자에게 제공하는 경우에는 그 이용 또는 제공의 법적 근거, 목적 및 범위 등에 관하여 필요한 사항을 보호 위원회가 고시로 정하는 바에 따라 관보 또는 인터넷홈페이지 등에 게재하여야 한다(개인정보 보호법 제18조 제4항).

(5) 개인정보의 추가적인 이용 · 제공의 기준(개인정보 보호법 제17조 제4항)

개인정보 처리자는 당초 수집 목적과 합리적으로 관련된 범위에서 정보 주체에게 불이익이 발생하는지 여부, 암호화 등 안전성 확보에 필요한 조치를 하였는지 여부 등을 고려하여 대통령령으로 정하는 바에 따라 정보 주체의 동의 없이 개인정보를 제공할 수 있다.

개인정보의 추가적인 이용 · 제공의 기준 등(개인정보 보호법 시행령 제14조의2)
① 개인정보 처리자는 법 제15조 제3항 또는 제17조 제4항에 따라 정보 주체의 동의 없이 개인정보를 이용 또는 제공(이하 "개인정보의 추가적인 이용 또는 제공"이라 한다)하려는 경우에는 다음 각 호의 사항을 고려해야 한다.
　1. 당초 수집 목적과 관련성이 있는지 여부
　2. 개인정보를 수집한 정황 또는 처리 관행에 비추어 볼 때 개인정보의 추가적인 이용 또는 제공에 대한 예측 가능성이 있는지 여부
　3. 정보 주체의 이익을 부당하게 침해하는지 여부
　4. 가명 처리 또는 암호화 등 안전성 확보에 필요한 조치를 하였는지 여부
② 개인정보 처리자는 개인정보의 추가적인 이용 또는 제공이 지속적으로 발생하는 경우에는 제1항 각 호의 고려 사항에 대한 판단 기준을 법 제30조 제1항에 따른 개인정보 처리 방침에 공개하고, 법 제31조 제1항에 따른 개인정보 보호 책임자가 해당 기준에 따라 개인정보의 추가적인 이용 또는 제공을 하고 있는지 여부를 점검해야 한다.

개인정보 보호 책임자의 지정 등(개인정보 보호법 제31조)
① 개인정보 처리자는 개인정보의 처리에 관한 업무를 총괄해서 책임질 개인정보 보호 책임자를 지정하여야 한다. 다만, 종업원 수, 매출액 등이 대통령령으로 정하는 기준에 해당하는 개인정보 처리자의 경우에는 지정하지 아니할 수 있다.
② 제1항 단서에 따라 개인정보 보호 책임자를 지정하지 아니하는 경우에는 개인정보 처리자의 사업주 또는 대표자가 개인정보 보호 책임자가 된다.
③ 개인정보 보호 책임자는 다음 각 호의 업무를 수행한다.
　1. 개인정보 보호 계획의 수립 및 시행
　2. 개인정보 처리 실태 및 관행의 정기적인 조사 및 개선
　3. 개인정보 처리와 관련한 불만의 처리 및 피해구제
　4. 개인정보 유출 및 오용 · 남용 방지를 위한 내부 통제시스템의 구축
　5. 개인정보 보호 교육 계획의 수립 및 시행
　6. 개인정보 파일의 보호 및 관리 · 감독
　7. 그 밖에 개인정보의 적절한 처리를 위하여 대통령령으로 정한 업무
④ 개인정보 보호 책임자는 제3항 각 호의 업무를 수행함에 있어서 필요한 경우 개인정보의 처리 현황, 처리 체계 등에 대하여 수시로 조사하거나 관계 당사자로부터 보고를 받을 수 있다.
⑤ 개인정보 보호 책임자는 개인정보 보호와 관련하여 이 법 및 다른 관계 법령의 위반 사실을 알게 된 경우에는 즉시 개선 조치를 하여야 하며, 필요하면 소속 기관 또는 단체의 장에게 개선 조치를 보고하여야 한다.
⑥ 개인정보 처리자는 개인정보 보호 책임자가 제3항 각 호의 업무를 수행함에 있어서 정당한 이유 없이 불이익을 주거나 받게 하여서는 아니 되며, 개인정보 보호 책임자가 업무를 독립적으로 수행할 수 있도록 보장하여야 한다.
⑦ 개인정보 처리자는 개인정보의 안전한 처리 및 보호, 정보의 교류, 그 밖에 대통령령으로 정하는 공동의 사업을 수행하기 위하여 제1항에 따른 개인정보 보호 책임자를 구성원으로 하는 개인정보 보호 책임자 협의회를 구성 · 운영할 수 있다.
⑧ 보호 위원회는 제7항에 따른 개인정보 보호 책임자 협의회의 활동에 필요한 지원을 할 수 있다.
⑨ 제1항에 따른 개인정보 보호 책임자의 자격요건, 제3항에 따른 업무 및 제6항에 따른 독립성 보장 등에 필요한 사항은 매출액, 개인정보의 보유 규모 등을 고려하여 대통령령으로 정한다.

(6) 개인정보를 제공받은 자의 이용 · 제공 제한(개인정보 보호법 제19조)

개인정보 처리자로부터 개인정보를 제공받은 자는 다음의 어느 하나에 해당하는 경우를 제외하고는 개인정보를 제공받은 목적 외의 용도로 이용하거나 이를 제3자에게 제공하여서는 아니 된다.

① 정보 주체로부터 별도의 동의를 받은 경우

② 다른 법률에 특별한 규정이 있는 경우

(7) 과징금의 부과(개인정보 보호법 제64조의2 제1항 제1호)

보호 위원회는 제15조 제1항, 제17조 제1항, 제18조 제1항 · 제2항(제26조 제8항에 따라 준용되는 경우를 포함한다) 또는 제19조를 위반하여 개인정보를 처리한 경우에는 해당 개인정보 처리자에게 전체 매출액의 100분의 3을 초과하지 아니하는 범위에서 과징금을 부과할 수 있다. 다만, 매출액이 없거나 매출액의 산정이 곤란한 경우로서 대통령령으로 정하는 경우에는 20억 원을 초과하지 아니하는 범위에서 과징금을 부과할 수 있다.

(8) 벌칙(개인정보 보호법 제71조)

다음의 어느 하나에 해당하는 자는 5년 이하의 징역 또는 5천만 원 이하의 벌금에 처한다.

- 제17조 제1항 제2호에 해당하지 아니함에도 같은 항 제1호(제26조 제8항에 따라 준용되는 경우를 포함한다)를 위반하여 정보 주체의 동의를 받지 아니하고 개인정보를 제3자에게 제공한 자 및 그 사정을 알면서도 개인정보를 제공받은 자
- 제18조 제1항 · 제2항, 제27조 제3항 또는 제28조의2(제26조 제8항에 따라 준용되는 경우를 포함한다), 제19조 또는 제26조 제5항을 위반하여 개인정보를 이용하거나 제3자에게 제공한 자 및 그 사정을 알면서도 영리 또는 부정한 목적으로 개인정보를 제공받은 자

2 개인정보 처리 업무위탁

(1) 개인정보 처리 업무위탁의 개념

① 개인정보 처리 업무위탁이란 개인정보를 수집 · 이용하는 본래 목적과 관련하여 위탁자 자신의 업무처리 및 이익에 필요하여 개인정보를 이전하는 것을 말한다.

② 위탁자와 수탁자의 정의(개인정보 보호법 제26조 제2항 참조)

㉠ 위탁자는 개인정보의 처리 업무를 위탁하는 개인정보 처리자를 말한다.

㉡ 수탁자는 개인정보 처리 업무를 위탁받아 처리하는 자(개인정보 처리 업무를 위탁받아 처리하는 자로부터 위탁받은 업무를 다시 위탁받은 제3자를 포함)를 말한다.

(2) 제3자 제공과 업무위탁의 구분

① 제3자 제공과 업무위탁의 개념

㉠ 제3자 제공의 개념

제3자 제공은 정보 주체와 계약한 개인정보 처리자가 본래의 계약 목적과는 상관없이 제3자에게 재화 및 서비스를 제공하는 것을 말한다. 이 경우 개인정보 처리자로부터 개인정보를 제공받은 제3자와

자신의 개인정보를 제공한 정보 주체가 또 다른 계약을 맺게 된다. 즉, 제3자 제공은 정보 주체의 개인정보를 제공받는 업체 등의 사업 목적에 필요하여 개인정보를 제공하는 것이다.

    ⓒ 업무위탁의 개념

업무위탁은 개인정보 처리자가 정보 주체와 계약한 서비스를 수행하는 데 필요한 업무 일부를 다른 업체가 수행하는 과정에서 개인정보가 제공되는 것을 말한다. 이는 개인정보 처리자가 자신의 업무와 관련된 일부 업무를 타인, 즉 제3자가 그 자신의 권한과 책임 아래 수행하게 하는 것이라고 할 수 있다. 즉, 업무위탁은 개인정보를 제공하는 쪽의 사무를 처리하기 위해 개인정보를 제공하는 것이다.

② 업무위탁과 제3자 제공의 차이점

개인정보가 타인에게 이전 또는 공유된다는 점에서는 차이가 없지만, 제3자 제공이 정보 주체의 개인정보가 제3자의 책임 아래 그 제3자의 이익을 위해 처리되는 것과 달리, 개인정보 처리 업무위탁은 위탁자가 자신의 이익을 얻기 위한 업무처리 범위 내에서 개인정보를 처리하고 수탁자를 선정 · 관리 · 감독한다는 점에서 차이가 있다.

③ 업무위탁과 제3자 제공의 비교

구분	업무위탁	제3자 제공
관련 조항	개인정보 보호법 제26조	개인정보 보호법 제17조
예시	배송업무 위탁, TM 위탁 등	사업제휴, 개인정보 판매
이전 목적	위탁자의 이익을 위해 처리(수탁업무 처리)	제3자의 이익을 위해 처리
예측 가능성	정보 주체가 사전 예측 가능(정보 주체의 신뢰 범위 내)	정보 주체가 사전 예측 곤란(정보 주체의 신뢰 범위 밖)
이전 방법	• 원칙 : 위탁 사실 공개 • 예외 : 위탁 사실 고지(마케팅 업무위탁)	원칙 : 제공 목적 등 고지 후 정보 주체 동의 획득
관리 · 감독 책임	위탁자 책임	제공받는 자 책임
손해배상책임	위탁자 부담(사용자 책임)	제공받는 자 부담

> **더 알아보기**   업무위탁 및 제3자 제공 업무 구분 예시

업무위탁	제3자 제공
고객 불만 접수 처리 등 민원 및 서비스 안내 대응을 위한 콜센터 아웃소싱	통신회사가 보험 영업 TM에 활용하도록 고객정보를 보험사에 제공
대리점 등 외부 영업망을 통한 개인정보의 수집	
수집한 가입신청서의 전산 입력 아웃소싱	초고속 통신업체가 부가서비스 TM에 활용하도록 고객정보를 제휴사에 제공
고객정보 DB 시스템 위탁 운영(전산 아웃소싱) 등	호텔이 보험회사와 공동으로 이벤트를 개최하여 응모한 고객정보를 카드 판촉 활동에 이용되도록 카드회사에 제공
요금 고지서 및 DM 발송 위탁 등	
물품 배송 및 서비스 A/S 아웃소싱	케이블방송사가 자회사인 초고속인터넷 업체의 TM에 활용하도록 고객정보를 자회사에 제공

(3) 업무위탁의 유형

① 개인정보 처리 업무위탁 : 개인정보의 수집·관리업무 그 자체를 위탁하는 경우

② 개인정보 취급 업무위탁 : 개인정보의 이용·제공이 수반되는 일반업무를 위탁하는 경우

(4) 업무위탁의 절차 및 방식

① 업무위탁에 포함될 내용 및 형식

개인정보 처리자가 제3자에게 개인정보의 처리업무를 위탁하는 경우에는 다음의 내용이 포함된 문서로 하여야 한다(개인정보 보호법 제26조 제1항).

㉠ 위탁 업무수행 목적 외 개인정보의 처리 금지에 관한 사항

㉡ 개인정보의 기술적·관리적 보호조치에 관한 사항

㉢ 그 밖에 개인정보의 안전한 관리를 위한 사항(개인정보 보호법 시행령 제28조 제1항)

개인정보의 처리 업무위탁 시 조치(개인정보 보호법 시행령 제28조)
① 법 제26조 제1항 제3호에서 "대통령령으로 정한 사항"이란 다음 각 호의 사항을 말한다.
  1. 위탁 업무의 목적 및 범위
  2. 재위탁 제한에 관한 사항
  3. 개인정보에 대한 접근 제한 등 안전성 확보 조치에 관한 사항
  4. 위탁 업무와 관련하여 보유하고 있는 개인정보의 관리 현황 점검 등 감독에 관한 사항
  5. 법 제26조 제2항에 따른 수탁자(이하 "수탁자"라 한다)가 준수하여야 할 의무를 위반한 경우의 손해배상 등 책임에 관한 사항

---

② 수탁자 선정 시 고려 사항(표준 개인정보 보호지침 제16조)

위탁자가 수탁자를 선정할 때에는 다음과 같은 개인정보 처리 및 보호 역량을 종합적으로 고려하여야 한다.

㉠ 인력과 물적 시설

㉡ 재정 부담 능력

㉢ 기술 보유의 정도

㉣ 책임능력

③ 위탁 업무의 내용 및 수탁자 공개 방식(개인정보 보호법 제26조 제2항)

위탁자는 위탁하는 업무의 내용과 수탁자를 정보 주체가 언제든지 쉽게 확인할 수 있도록 다음과 같은 방법에 따라 공개하여야 한다.

㉠ 위탁자가 위탁자의 인터넷홈페이지에 위탁하는 업무의 내용과 수탁자를 지속적으로 게재한다(개인정보 보호법 시행령 제28조 제2항).

㉡ 인터넷홈페이지에 게재할 수 없는 경우에는 다음의 어느 하나 이상의 방법으로 위탁하는 업무의 내용과 수탁자를 공개하여야 한다(개인정보 보호법 시행령 제28조 제3항).

  • 위탁자의 사업장 등의 보기 쉬운 장소에 게시하는 방법

  • 관보(위탁자가 공공기관인 경우만 해당)나 위탁자의 사업장 등이 있는 시·도 이상의 지역을 주된 보급 지역으로 하는 신문 등의 진흥에 관한 법률 제2조 제1호 가목·다목 및 같은 조 제2호에 따른 일반 일간신문, 일반주간신문 또는 인터넷신문에 싣는 방법

- 같은 제목으로 연 2회 이상 발행하여 정보 주체에게 배포하는 간행물·소식지·홍보지 또는 청구서 등에 지속적으로 싣는 방법
- 재화나 서비스를 제공하기 위하여 위탁자와 정보 주체가 작성한 계약서 등에 실어 정보 주체에게 발급하는 방법

④ 업무위탁 시 정보 주체에 대한 통지(개인정보 보호법 제26조 제3항)

㉠ 위탁자가 재화 또는 서비스를 홍보하거나 판매를 권유하는 업무를 위탁하는 경우에는 서면 등의 방법(개인정보 보호법 시행령 제28조 제4항)에 따라 위탁하는 업무의 내용과 수탁자를 정보 주체에게 알려야 한다. 위탁하는 업무의 내용이나 수탁자가 변경된 경우에도 또한 같다.

㉡ 위탁자가 과실 없이 서면으로 위탁하는 업무의 내용과 수탁자를 정보 주체에게 알릴 수 없는 경우에는 해당 사항을 인터넷홈페이지에 30일 이상 게재하여야 한다. 다만, 인터넷홈페이지를 운영하지 아니하는 위탁자의 경우에는 사업장 등의 보기 쉬운 장소에 30일 이상 게시하여야 한다(개인정보 보호법 시행령 제28조 제5항).

(5) 위탁자와 수탁자의 책임과 의무

① 업무위탁자의 책임과 의무

㉠ 위탁자는 업무위탁으로 인하여 정보 주체의 개인정보가 분실·도난·유출·위조·변조 또는 훼손되지 아니하도록 수탁자를 교육하고, 처리 현황 점검 등 대통령령으로 정하는 바에 따라 수탁자가 개인정보를 안전하게 처리하는지를 감독하여야 한다(개인정보 보호법 제26조 제4항).

㉡ 위탁자는 수탁자가 개인정보 처리 업무를 수행하는 경우에 개인정보 처리법 또는 개인정보 처리법 시행령에 따라 개인정보 처리자가 준수하여야 할 사항과 개인정보 보호법 제26조 제1항 각 호의 사항을 준수하는지를 감독하여야 한다(개인정보 보호법 시행령 제28조 제6항).

② 업무수탁자의 책임과 의무

㉠ 수탁자는 개인정보 처리자로부터 위탁받은 해당 업무 범위를 초과하여 개인정보를 이용하거나 제3자에게 제공하여서는 아니 된다(개인정보 보호법 제26조 제5항).

예 금지되는 경우 : 개인정보 처리자로부터 개인정보의 처리를 위탁받은 이후, 위탁 업무와 별개로 수탁자의 목적으로 마케팅 등을 하는 행위

㉡ 수탁자는 위탁받은 개인정보의 처리 업무를 제3자에게 다시 위탁하려는 경우에는 위탁자의 동의를 받아야 한다(개인정보 보호법 제26조 제6항).

㉢ 수탁자의 개인정보 보호조치 의무(표준 개인정보 보호지침 제17조)

수탁자는 위탁받은 개인정보를 보호하기 위하여 개인정보의 안전성 확보 조치 기준 고시에 따른 관리적·기술적·물리적 조치를 하여야 한다.

㉣ 수탁자가 위탁받은 업무와 관련하여 개인정보를 처리하는 과정에서 이 법을 위반하여 발생한 손해배상책임에 대하여는 수탁자를 개인정보 처리자의 소속 직원으로 본다(개인정보 보호법 제26조 제7항). 이에 따라 개인정보 처리자는 수탁자가 낸 손해에 민법상의 사용자 책임, 즉 대위책임을 부담한다. 다만, 위탁자가 수탁자의 과실에 대해 정보 주체에게 손해배상을 하게 되면, 위탁자는 수탁자에게 구상권을 행사할 수 있다.

③ 개인정보 보호법상 수탁자에 관한 준용(개인정보 보호법 제26조 제8항)

수탁자에 관하여는 제15조부터 제18조까지, 제21조, 제22조, 제22조의2, 제23조, 제24조, 제24조의2, 제25조, 제25조의2, 제27조, 제28조, 제28조의2부터 제28조의5까지, 제28조의7부터 제28조의11까지, 제29조, 제30조, 제30조의2, 제31조, 제33조, 제34조, 제34조의2, 제35조, 제35조의2, 제36조, 제37조, 제37조의2, 제38조, 제59조, 제63조, 제63조의2 및 제64조의2를 준용한다. 이 경우 "개인정보 처리자"는 "수탁자"로 본다.

(6) 개인정보 처리 재위탁 시 준수 사항

① 원칙

개인정보 처리 업무의 재위탁은 개인정보 유출 등의 위험성을 높이므로 최소한의 범위로 한정하여야 한다. 특히 개인정보 위험을 증가시키는지, 정보 주체의 권리에 불이익한 영향을 미치는지 등을 미리 검토하여 재위탁하는 것이 바람직하다.

② 위탁자 조치 사항

- 위탁자는 재수탁자를 교육하고 개인정보 처리 현황을 감독할 의무가 있다. 다만, 교육 및 감독의 방법에 있어 수탁자와의 사전 협의를 통해 합리적인 수준으로 다양한 방법을 활용할 수 있다.
- 위탁자는 재위탁하는 업무의 내용과 재수탁자를 정보 주체가 언제든지 쉽게 확인할 수 있도록 공개해야 한다. 다만, 홈페이지 내 링크(예 수탁자의 개인정보 처리방침 링크 등)를 통한 공개 등 다양한 수단을 활용할 수 있다.

③ 수탁자 조치 사항

개인정보 처리를 재위탁하려는 수탁자는 재위탁 사실을 위탁자에게 미리 알리고 동의를 받아야 한다. 수탁자는 재수탁자와의 관계에서는 민법 제756조의 사용자 배상책임을 부담하게 되므로 재수탁자에 대한 관리·감독 의무가 있다.

④ 재수탁자 조치 사항

재수탁자는 수탁자와 동일하게 개인정보 보호를 위한 모든 조치를 수행해야 한다.

(7) 과태료(개인정보 보호법)

과태료 수준	위반행위	조문
1천만 원 이하	제26조 제1항을 위반하여 업무위탁 시 같은 항 각 호의 내용이 포함된 문서로 하지 아니한 자	제75조 제4항 제4호
2천만 원 이하	제26조 제6항을 위반하여 위탁자의 동의를 받지 아니하고 제3자에게 다시 위탁한 자	제75조 제3항 제1호
3천만 원 이하	제26조 제3항을 위반하여 정보 주체에게 알려야 할 사항을 알리지 아니한 자	제75조 제2항 제12호

3 영업의 양도 등

(1) 영업의 양도 등의 개념

① 관련 용어의 정의

    ㉠ 양도 : 권리나 재산, 법률에서의 지위 따위를 다른 사람에게 넘겨주는 일

    ㉡ 영업 양도 : 영업재산과 영업권을 상속, 매매, 증여, 계약에 따라 타인에게 넘기는 일

    ㉢ 양수 : 다른 사람의 권리, 재산 및 법률상의 지위 따위를 넘겨받는 일

    ㉣ 영업 양수 : 일정한 영리 활동을 목적으로 기능하는 조직적인 재산을 다른 법인으로부터 매수하는 일

② 관련 개념

    ㉠ 영업의 양도 또는 합병 등으로 영업자산을 다른 사업자에게 이전할 때에는 기존 사업자의 개인정보 DB 등에 관한 권리·의무도 함께 다른 사업자에게 승계되므로, 개인정보 보호법에서는 정보 주체가 동의 철회나 탈퇴 등 정보 주체의 권리를 행사할 기회를 미리 부여하기 위해 통지의무를 규정하였다.

    ㉡ 영업의 양도 또는 합병이 개인정보가 제3자에게 이전된다는 점에서 '제공'과 유사하기는 하지만, 영업의 양도 또는 합병은 그 개인정보를 이용한 업무의 형태는 변하지 않고 그저 개인정보의 관리 주체만 변경된다는 점에서 '제공'과는 차이가 있으므로 별도의 규정(개인정보 보호법 제27조)을 두었고, 제공 관련 규정은 적용되지 않는다.

(2) 영업 양도 등에 따른 개인정보의 이전 제한

① 적용 대상이 되는 영업 양도, 영업 양수, 합병 등

    영업의 전부 또는 일부 양도, 합병, 회사의 분할 및 분할합병의 경우 적용된다.

② 통지의무자 및 통지 시기

    ㉠ 개인정보를 다른 사람에게 이전하는 개인정보 처리자

      • 미리 해당 정보 주체에게 이전 사실을 통지해야 한다(개인정보 보호법 제27조 제1항).

      • 개인정보 DB가 실제로 이전하는 시점이 아니라 합병 등 계약 체결 시점에 통지하여야 한다.

    ㉡ 영업 양도·합병 등으로 개인정보를 이전받는 자

      • 개인정보를 이전받았을 때 지체 없이 그 사실을 정보 주체에게 통지해야 한다(개인정보 보호법 제27조 제2항 본문).

      • 개인정보를 이전하는 개인정보 처리자가 정보 주체에게 그 이전 사실을 이미 알린 경우에는 통지의무가 없다(개인정보 보호법 제27조 제2항 단서).

③ 통지 사항(개인정보 보호법 제27조 제1항)

    ㉠ 개인정보를 이전하려는 사실

    ㉡ 개인정보를 이전받는 자(영업 양수자 등)의 성명(법인의 경우 그 명칭), 주소, 전화번호 및 그 밖의 연락처

    ㉢ 정보 주체가 개인정보의 이전을 원하지 아니하는 경우 조치할 수 있는 방법 및 절차

④ 통지 수단

　㉠ 서면

　㉡ 통지의 예외 수단(개인정보 보호법 시행령 제29조 제2항)

　　• 영업양도자 등이 과실 없이 서면 등의 방법으로 통지 사항을 알릴 수 없는 경우 : 인터넷홈페이지에 30일 이상 게시

　　• 인터넷홈페이지에 게재할 수 없는 정당한 사유가 있는 경우

　　　− 영업 양도자 등의 사업장 등의 보기 쉬운 장소에 30일 이상 게시하는 방법

　　　− 영업 양도자 등의 사업장 등이 있는 시 · 도 이상의 지역을 주된 보급 지역으로 하는 신문 등의 진흥에 관한 법률 제2조 제1호 가목 · 다목 또는 같은 조 제2호에 따른 일반 일간신문 · 일반주간신문 또는 인터넷신문에 싣는 방법

영업 양도 등에 따른 개인정보의 이전 제한(개인정보 보호법 제27조)

① 개인정보 처리자는 영업의 전부 또는 일부의 양도 · 합병 등으로 개인정보를 다른 사람에게 이전하는 경우에는 미리 다음 각 호의 사항을 대통령령으로 정하는 방법에 따라 해당 정보 주체에게 알려야 한다.

　1. 개인정보를 이전하려는 사실

　2. 개인정보를 이전받는 자(이하 "영업 양수자 등"이라 한다)의 성명(법인의 경우에는 법인의 명칭을 말한다), 주소, 전화번호 및 그 밖의 연락처

　3. 정보 주체가 개인정보의 이전을 원하지 아니하는 경우 조치할 수 있는 방법 및 절차

② 영업 양수자 등은 개인정보를 이전받았을 때에는 지체 없이 그 사실을 대통령령으로 정하는 방법에 따라 정보 주체에게 알려야 한다. 다만, 개인정보 처리자가 제1항에 따라 그 이전 사실을 이미 알린 경우에는 그러하지 아니하다.

③ 영업 양수자 등은 영업의 양도 · 합병 등으로 개인정보를 이전받은 경우에는 이전 당시의 본래 목적으로만 개인정보를 이용하거나 제3자에게 제공할 수 있다. 이 경우 영업 양수자 등은 개인정보 처리자로 본다.

영업 양도 등에 따른 개인정보 이전의 통지(개인정보 보호법 시행령 제29조)

① 법 제27조 제1항 각 호 외의 부분과 같은 조 제2항 본문에서 "대통령령으로 정하는 방법"이란 서면 등의 방법을 말한다.

② 법 제27조 제1항에 따라 개인정보를 이전하려는 자(이하 이 항에서 "영업 양도자 등"이라 한다)가 과실 없이 제1항에 따른 방법으로 법 제27조 제1항 각 호의 사항을 정보 주체에게 알릴 수 없는 경우에는 해당 사항을 인터넷홈페이지에 30일 이상 게재하여야 한다. 다만, 인터넷홈페이지에 게재할 수 없는 정당한 사유가 있는 경우에는 다음 각 호의 어느 하나의 방법으로 법 제27조 제1항 각 호의 사항을 정보 주체에게 알릴 수 있다.

　1. 영업 양도자 등의 사업장 등의 보기 쉬운 장소에 30일 이상 게시하는 방법

　2. 영업 양도자 등의 사업장 등이 있는 시 · 도 이상의 지역을 주된 보급지역으로 하는 「신문 등의 진흥에 관한 법률」 제2조 제1호 가목 · 다목 또는 같은 조 제2호에 따른 일반 일간신문 · 일반주간신문 또는 인터넷신문에 싣는 방법

---

(3) 벌칙(개인정보 보호법)

제27조 제3항을 위반하여 개인정보를 이용하거나 제3자에게 제공한 자 및 그 사정을 알면서도 영리 또는 부정한 목적으로 개인정보를 제공받은 자는 5년 이하의 징역 또는 5천만 원 이하의 벌금에 처한다(제71조 제2호).

(4) 과태료(개인정보 보호법 제75조 제4항 제6호)

제27조 제1항·제2항을 위반하여 정보 주체에게 개인정보의 이전 사실을 알리지 아니한 자에게는 1천만 원 이하의 과태료를 부과한다.

4 개인정보의 국외 이전

(1) 개인정보의 국외 이전 금지 원칙과 예외

① 개인정보 처리자는 개인정보를 국외로 이전(제공·조회·처리위탁·보관)하여서는 아니 된다. 다만, 다음의 어느 하나에 해당하는 경우에는 개인정보를 국외로 이전할 수 있다(개인정보 보호법 제28조의8 제1항).

    ㉠ 정보 주체로부터 국외 이전에 관한 별도의 동의를 받은 경우

    ㉡ 법률, 대한민국을 당사자로 하는 조약 또는 그 밖의 국제협정에 개인정보의 국외 이전에 관한 특별한 규정이 있는 경우

    ㉢ 정보 주체와의 계약의 체결 및 이행을 위하여 개인정보의 처리위탁·보관이 필요한 경우로서 다음의 어느 하나에 해당하는 경우

      • (2)의 ①, ㉠~㉫의 사항을 제30조에 따른 개인정보 처리방침에 공개한 경우

      • 전자우편 등 대통령령으로 정하는 방법(서면 등의 방법)에 따라 (2)의 ①, ㉠~㉫의 사항을 정보 주체에게 알린 경우

    ㉣ 개인정보를 이전받는 자가 제32조의2에 따른 개인정보 보호 인증 등 보호 위원회가 정하여 고시하는 인증을 받은 경우로서 다음의 조치를 모두 한 경우

      • 개인정보 보호에 필요한 안전조치 및 정보 주체 권리보장에 필요한 조치

      • 인증받은 사항을 개인정보가 이전되는 국가에서 이행하기 위하여 필요한 조치

개인정보의 국외 이전 인증(개인정보 보호법 시행령 제29조의8)

① 보호 위원회는 법 제28조의8 제1항 제4호 각 목 외의 부분에 따른 인증을 고시하려는 경우에는 다음 각 호의 순서에 따른 절차를 모두 거쳐야 한다.

    1. 제34조의6에 따른 개인정보 보호 인증 전문기관의 평가

    2. 제5조 제1항 제1호에 따른 개인정보의 국외 이전 분야 전문위원회(이하 "국외 이전 전문위원회"라 한다)의 평가

    3. 정책협의회의 협의

② 보호 위원회는 법 제28조의8 제1항 제4호 각 목 외의 부분에 따른 인증을 고시할 때에는 5년의 범위에서 유효기간을 정하여 고시할 수 있다.

③ 제1항 및 제2항에서 규정한 사항 외에 인증의 고시 절차 등에 관하여 필요한 사항은 보호 위원회가 정하여 고시한다.

⑩ 개인정보가 이전되는 국가 또는 국제기구의 개인정보 보호 체계, 정보 주체 권리보장 범위, 피해구제 절차 등이 이 법에 따른 개인정보 보호 수준과 실질적으로 동등한 수준을 갖추었다고 보호 위원회가 인정하는 경우

국가 등에 대한 개인정보 보호 수준 인정(개인정보 보호법 시행령 제29조의9)

① 보호 위원회는 법 제28조의8 제1항 제5호에 따라 개인정보가 제공(조회되는 경우를 포함한다) · 처리위탁 · 보관 (이하 이 장에서 "이전"이라 한다)되는 국가 또는 국제기구(이하 "이전 대상국 등"이라 한다)의 개인정보 보호 체계, 정보 주체 권리보장 범위, 피해구제 절차 등이 법에 따른 개인정보 보호 수준과 실질적으로 동등한 수준을 갖추었다고 인정하려는 경우에는 다음 각 호의 사항을 종합적으로 고려해야 한다.
  1. 이전 대상국 등의 법령, 규정 또는 규칙 등 개인정보 보호 체계가 법 제3조에서 정하는 개인정보 보호 원칙에 부합하고, 법 제4조에서 정하는 정보 주체의 권리를 충분히 보장하고 있는지 여부
  2. 이전 대상국 등에 개인정보 보호 체계를 보장하고 집행할 책임이 있는 독립적 감독기관이 존재하는지 여부
  3. 이전 대상국 등의 공공기관(이와 유사한 사무를 수행하는 기관을 포함한다)이 법률에 따라 개인정보를 처리하는 지 여부 및 이에 대한 피해구제 절차 등 정보 주체에 대한 보호 수단이 존재하고 실질적으로 보장되는지 여부
  4. 이전 대상국 등에 정보 주체가 쉽게 접근할 수 있는 피해구제 절차가 존재하는지 여부 및 피해구제 절차가 정보 주체를 효과적으로 보호하고 있는지 여부
  5. 이전 대상국 등의 감독기관이 보호 위원회와 정보 주체의 권리 보호에 관하여 원활한 상호 협력이 가능한지 여부
  6. 그 밖에 이전 대상국 등의 개인정보 보호 체계, 정보 주체의 권리보장 범위, 피해구제 절차 등의 개인정보 보호 수준을 인정하기 위해 필요한 사항으로서 보호 위원회가 정하여 고시하는 사항
② 보호 위원회는 제1항에 따른 인정을 하려는 경우에는 다음 각 호의 절차를 거쳐야 한다.
  1. 국외 이전 전문위원회의 평가
  2. 정책협의회의 협의
③ 보호 위원회는 제1항에 따른 인정을 할 때에는 정보 주체의 권리 보호 등을 위하여 필요한 경우 이전 대상국 등으로 이전되는 개인정보의 범위, 이전받는 개인정보 처리자의 범위, 인정 기간, 국외 이전의 조건 등을 이전 대상국 등별로 달리 정할 수 있다.
④ 보호 위원회는 제1항에 따른 인정을 한 경우에는 인정 기간 동안 이전 대상국 등의 개인정보 보호 수준이 법에 따른 수준과 실질적으로 동등한 수준을 유지하고 있는지 점검해야 한다.
⑤ 보호 위원회는 제1항에 따른 인정을 받은 이전 대상국 등의 개인정보 보호 체계, 정보 주체의 권리보장 범위, 피해구제 절차 등의 수준이 변경된 경우에는 해당 이전 대상국 등의 의견을 듣고 해당 이전 대상국 등에 대한 인정을 취소하거나 그 내용을 변경할 수 있다.
⑥ 보호 위원회가 제1항에 따른 인정을 하거나 제5항에 따라 인정을 취소하거나 그 내용을 변경하는 경우에는 그 사실을 관보에 고시하고 보호 위원회 인터넷홈페이지에 게재해야 한다.
⑦ 제1항부터 제6항까지에서 규정한 사항 외에 이전 대상국 등에 대한 인정에 필요한 사항은 보호 위원회가 정하여 고시한다.

---

② 개인정보 처리자는 ①의 ㉠~㉢ 외의 부분 단서에 따라 개인정보를 국외로 이전하는 경우 국외 이전과 관련한 이 법의 다른 규정, 제17조부터 제19조까지의 규정 및 제5장의 규정을 준수하여야 하고, 대통령령으로 정하는 보호조치를 하여야 한다(개인정보 보호법 제28조의8 제4항).

> **개인정보의 국외 이전 시 보호조치 등(개인정보 보호법 시행령 제29조의10)**
> ① 개인정보 처리자는 법 제28조의8 제1항 각 호 외의 부분 단서에 따라 개인정보를 국외로 이전하는 경우에는 같은 조 제4항에 따라 다음 각 호의 보호조치를 해야 한다.
> 1. 제30조 제1항에 따른 개인정보 보호를 위한 안전성 확보 조치
> 2. 개인정보 침해에 대한 고충 처리 및 분쟁 해결에 관한 조치
> 3. 그 밖에 정보 주체의 개인정보 보호를 위하여 필요한 조치
> ② 개인정보 처리자는 법 제28조의8 제1항 각 호 외의 부분 단서에 따라 개인정보를 국외로 이전하는 경우에는 제1항 각 호의 사항에 관하여 이전받는 자와 미리 협의하고 이를 계약 내용 등에 반영해야 한다.

③ 개인정보 처리자는 개인정보 보호법을 위반하는 사항을 내용으로 하는 개인정보의 국외 이전에 관한 계약을 체결하여서는 아니 된다(개인정보 보호법 제28조의8 제5항).

(2) 별도의 동의를 받을 때의 통지 사항

① 개인정보 처리자는 (1)의 ①, ㉠에 따른 동의를 받을 때에는 미리 다음의 사항을 정보 주체에게 알려야 한다(개인정보 보호법 제28조의8 제2항).

   ㉠ 이전되는 개인정보 항목

   ㉡ 개인정보가 이전되는 국가, 시기 및 방법

   ㉢ 개인정보를 이전받는 자의 성명(법인인 경우에는 그 명칭과 연락처)

   ㉣ 개인정보를 이전받는 자의 개인정보 이용목적 및 보유 · 이용 기간

   ㉤ 개인정보의 이전을 거부하는 방법, 절차 및 거부의 효과

② 개인정보 처리자는 ①의 ㉠~㉤의 어느 하나에 해당하는 사항을 변경하는 경우에는 정보 주체에게 알리고 동의를 받아야 한다(개인정보 보호법 제28조의8 제3항).

(3) 개인정보의 국외 이전 중지 명령(개인정보 보호법 제28조의9)

① 보호 위원회는 개인정보의 국외 이전이 계속되고 있거나 추가적인 국외 이전이 예상되는 경우로서 다음의 어느 하나에 해당하는 경우에는 개인정보 처리자에게 개인정보의 국외 이전을 중지할 것을 명할 수 있다.

   ㉠ (1)의 ①~③을 위반한 경우

ⓛ 개인정보를 이전받는 자나 개인정보가 이전되는 국가 또는 국제기구가 이 법에 따른 개인정보 보호
수준에 비하여 개인정보를 적정하게 보호하지 아니하여 정보 주체에게 피해가 발생하거나 발생할 우
려가 현저한 경우

국외 이전 중지 명령의 기준 등(개인정보 보호법 시행령 제29조의11)
① 보호 위원회는 법 제28조의9 제1항에 따라 개인정보의 국외 이전을 중지할 것을 명하려는 경우에는 다음 각 호
의 사항을 종합적으로 고려해야 한다.
　1. 국외로 이전되었거나 추가적인 국외 이전이 예상되는 개인정보의 유형 및 규모
　2. 법 제28조의8 제1항, 제4항 또는 제5항 위반의 중대성
　3. 정보 주체에게 발생하거나 발생할 우려가 있는 피해가 중대하거나 회복하기 어려운 피해인지 여부
　4. 국외 이전의 중지를 명하는 것이 중지를 명하지 않는 것보다 명백히 정보 주체에게 이익이 되는지 여부
　5. 법 제64조 제1항 각 호에 해당하는 조치를 통해 개인정보의 보호 및 침해 방지가 가능한지 여부
　6. 개인정보를 이전받는 자나 개인정보가 이전되는 이전 대상국 등이 정보 주체의 피해구제를 위한 실효적인 수
　　단을 갖추고 있는지 여부
　7. 개인정보를 이전받는 자나 개인정보가 이전되는 이전 대상국 등에서 중대한 개인정보 침해가 발생하는 등 개
　　인정보를 적정하게 보호하기 어렵다고 인정할 만한 사유가 존재하는지 여부
② 보호 위원회는 법 제28조의9 제1항에 따라 개인정보의 국외 이전을 중지할 것을 명하려는 경우에는 국외 이전
　전문위원회의 평가를 거쳐야 한다.
③ 보호 위원회는 법 제28조의9 제1항에 따라 개인정보의 국외 이전을 중지할 것을 명할 때에는 개인정보 처리자에
　게 중지 명령의 내용, 사유, 이의 제기 절차·방법 및 그 밖에 필요한 사항을 문서로 알려야 한다.
④ 제1항부터 제3항까지에서 규정한 사항 외에 개인정보의 국외 이전 중지 명령의 기준 등에 관하여 필요한 사항은
　보호 위원회가 정하여 고시한다.

---

② 개인정보 처리자는 국외 이전 중지 명령을 받은 경우에는 명령을 받은 날부터 7일 이내에 보호 위원회에
이의를 제기할 수 있다.

국외 이전 중지 명령에 대한 이의 제기(개인정보 보호법 시행령 제29조의12)
① 법 제28조의9 제2항에 따라 이의를 제기하려는 자는 같은 조 제1항에 따른 국외 이전 중지 명령을 받은 날부터 7일
　이내에 보호 위원회가 정하는 이의신청서에 이의신청 사유를 증명할 수 있는 서류를 첨부하여 보호 위원회에 제출해
　야 한다.
② 보호 위원회는 제1항에 따라 이의신청서를 제출받은 날부터 30일 이내에 그 처리 결과를 해당 개인정보 처리자에게
　문서로 알려야 한다.
③ 제1항 및 제2항에서 규정한 사항 외에 이의 제기의 절차 등에 관하여 필요한 사항은 보호 위원회가 정하여 고시한다.

---

(4) 상호주의(개인정보 보호법 제28조의10)

제28조의8에도 불구하고 개인정보의 국외 이전을 제한하는 국가의 개인정보 처리자에 대해서는 해당 국가
의 수준에 상응하는 제한을 할 수 있다. 다만, 조약 또는 그 밖의 국제협정의 이행에 필요한 경우에는 그러
하지 아니하다.

(5) 준용규정(개인정보 보호법 제28조의11)

제28조의8 제1항 각 호 외의 부분 단서에 따라 개인정보를 이전받은 자가 해당 개인정보를 제3국으로 이전하는 경우에 관하여는 제28조의8 및 제28조의9를 준용한다. 이 경우 "개인정보 처리자"는 "개인정보를 이전받은 자"로, "개인정보를 이전받는 자"는 "제3국에서 개인정보를 이전받는 자"로 본다.

(6) 과징금의 부과(개인정보 보호법 제64조의2 제1항)

보호 위원회는 다음의 어느 하나에 해당하는 경우에는 해당 개인정보 처리자에게 전체 매출액의 100분의 3을 초과하지 아니하는 범위에서 과징금을 부과할 수 있다. 다만, 매출액이 없거나 매출액의 산정이 곤란한 경우로서 대통령령으로 정하는 경우에는 20억 원을 초과하지 아니하는 범위에서 과징금을 부과할 수 있다.

① 제28조의8 제1항(제26조 제8항 및 제28조의11에 따라 준용되는 경우를 포함한다)을 위반하여 개인정보를 국외로 이전한 경우(제7호)

② 제28조의9 제1항(제26조 제8항 및 제28조의11에 따라 준용되는 경우를 포함한다)을 위반하여 국외 이전 중지 명령을 따르지 아니한 경우(제8호)

(7) 과태료(개인정보 보호법 제75조 제2항 제14호)

제28조의8 제4항(제28조의11에 따라 준용되는 경우를 포함한다)을 위반하여 보호조치를 하지 아니한 자에게는 3천만 원 이하의 과태료를 부과한다.

더 알아보기

개인정보 국외 이전 인증(개인정보 국외 이전 운영 등에 관한 규정 제3장)
제11조(인증에 대한 개인정보 보호 인증 전문기관의 평가) 개인정보 보호 인증 전문기관이 영 제29조의8 제1항 제1호에 따라 평가를 할 때에는 별표1의 기준에 따라 해당 인증의 개인정보 보호 수준, 정보 주체의 권리 보호 적절성 등을 평가하고 그 내용을 보호 위원회에 제출하여야 한다.
제12조(인증에 대한 국외 이전 전문위원회의 평가) 국외 이전 전문위원회가 영 제29조의8 제1항 제2호에 따라 평가를 할 때에는 별표1의 기준에 따라 해당 인증의 개인정보 보호 수준, 정보 주체의 권리 보호 적절성 등을 평가하고 그 내용을 보호 위원회에 제출하여야 한다.
제13조(인증에 대한 정책협의회의 협의) 보호 위원회는 영 제29조의8 제1항 제3호에 따라 정책협의회를 개최하여 해당 인증에 대하여 관계기관과 협의하여야 한다.
제14조(인증에 대한 보호 위원회 심의·의결) 보호 위원회는 제11조에 따른 개인정보 보호 인증 전문기관 평가 내용, 제12조에 따른 국외 이전 전문위원회 평가 내용, 제13조에 따른 정책협의회 협의 내용 등을 종합적으로 고려하여, 보호 위원회의 심의·의결을 거쳐 법 제28조의8 제1항 제4호에 따라 고시하는 인증을 정한다.
제15조(개인정보 국외 이전 인증) 제14조에 따라 보호 위원회가 정하는 인증은 별표2와 같다.
제16조(유효기간과 갱신) ① 보호 위원회는 영 제29조의8 제2항에 따른 유효기간 만료 전에 해당 인증의 유효기간 갱신 여부를 심의하고, 이를 갱신할 수 있다.
② 제1항에 따른 심의를 하려는 경우 제11조부터 제14조까지의 절차를 거쳐야 한다.
제17조(인증의 제외) 보호 위원회는 이 장에 따라 고시한 인증의 개인정보 보호 수준이 법 제32조의2에 따른 개인정보 보호 인증의 개인정보 보호 수준에 미치지 못한다고 판단하는 경우 해당 인증에 대해 제11조부터 제14조까지의 절차를 거쳐 해당 인증을 별표2에서 제외할 수 있다.

국가 등에 대한 개인정보 보호 수준 인정(개인정보 국외 이전 운영 등에 관한 규정 제4장)

제18조(이전 대상국 등 인정에 대한 국외 이전 전문위원회 평가) 국외 이전 전문위원회가 영 제29조의9 제2항에 따라 평가를 할 때에는 영 제29조의9 제1항 각 호의 사항에 따라 이전 대상국 등의 개인정보 보호 수준, 정보 주체의 권리 보호 적절성 등을 평가하고 평가 내용을 보호 위원회에 제출하여야 한다.

제19조(이전 대상국 등 인정에 대한 정책협의회의 협의) 보호 위원회는 영 제29조의9 제2항 제2호에 따라 정책협의회를 개최하여 해당 이전 대상국 등 인정에 대해 관계기관과 협의하여야 한다.

제20조(이전 대상국 등 인정에 대한 보호 위원회 심의·의결) 보호 위원회는 제18조에 따른 국외 이전 전문위원회 평가 내용 및 제19조에 따른 정책협의회 협의 내용 등을 종합적으로 고려하여, 보호 위원회의 심의·의결을 거쳐 법 제28조의8 제1항 제5호에 따라 이전 대상국 등의 인정 여부를 정한다.

제21조(이전 대상국 등 인정 기간 및 갱신) ① 보호 위원회는 영 제29조의9 제3항에 따른 이전 대상국 등의 인정 기간 만료 전에 갱신 여부를 심의하고, 이를 연장할 수 있다.

② 제1항에 따른 심의를 하려는 경우 제18조부터 제20조까지의 절차를 거쳐야 한다.

제22조(이전 대상국 등 인정의 내용 변경 및 취소) 보호 위원회는 영 제29조9 제5항에 따라 인정을 취소하거나 그 내용을 변경할 경우에는 해당 이전 대상국 등의 의견을 듣고 제18조부터 제20조까지의 절차를 거쳐야 한다.

개인정보 국외 이전 중지 명령(개인정보 국외 이전 운영 등에 관한 규정 제5장)

제23조(국외 이전 중지 명령에 대한 국외 이전 전문위원회 평가 등) 국외 이전 전문위원회가 영 제29조의11 제2항에 따른 평가를 할 때에는 영 제29조의11 제1항 각 호의 사항에 따라 법령 위반의 중대성, 피해의 심각성 등을 평가하고 평가 내용을 보호 위원회에 제출하여야 한다.

제24조(국외 이전 중지 명령에 대한 보호 위원회 심의·의결) ① 보호 위원회는 국외 이전 전문위원회 평가 내용 등을 고려하여 보호 위원회의 심의·의결을 거쳐 해당 개인정보 처리자에 대한 개인정보 국외 이전 중지를 명한다.

② 보호 위원회는 중지 명령 심의에 필요한 경우 해당 개인정보 처리자에게 관련 자료를 요청할 수 있다.

제25조(국외 이전 중지 명령의 통보 등) 영 제29조의11 제3항에 따라 개인정보 처리자에게 국외 이전 중지를 명하는 문서는 별지 제1호 서식에 따른다.

제26조(국외 이전 중지 명령 이의 제기 등) ① 영 제29조의12 1항에 따라 보호 위원회가 정하는 이의신청서는 별지 제2호의 서식에 따른다.

② 보호 위원회는 제1항에 따른 중지 명령 이의 제기를 받은 경우에는 30일 이내에 중지 명령 해제 여부를 결정하고 그 내용을 신청인에게 문서로 알려야 한다.

제27조(국외 이전 중지 명령의 해제) ① 보호 위원회는 다음 각 호의 어느 하나에 해당하는 경우 개인정보의 국외 이전 중지 명령을 해제할 수 있다.

  1. 보호 위원회가 법 제28조의9 제1항 각 호의 어느 하나에 해당하지 않는다고 인정하는 경우
  2. 보호 위원회가 개인정보 처리자의 법 제28조의9 제2항에 따른 이의 제기가 정당하다고 인정하는 경우
  3. 그 밖에 보호 위원회가 필요하다고 인정하는 경우

② 법 제28조의9에 따라 국외 이전의 중지를 명령받은 개인정보 처리자가 제1항 제1호에 따라 중지 명령의 해제를 요청하려는 경우에는 별지 제3호의 서식과 이를 증명하는 데 필요한 서류를 첨부하여 보호 위원회에 제출하여야 한다.

③ 보호 위원회는 제1항에 따라 중지 명령을 해제할 때에는 해당 개인정보 처리자에게 문서로 알려야 한다.

적중예상문제

01 개인정보 처리자가 개인정보 수집 시 정보 주체에게 동의를 받아야 할 항목으로 옳지 않은 것은?

① 개인정보의 수집 이용 목적

② 수집하는 개인정보의 항목

③ 개인정보의 파기

④ 개인정보의 보유 이용 기간

⑤ 동의 거부에 따른 불이익이 있는 경우 그 불이익의 내용

> 해설 개인정보 수집 시 동의 사항으로 파기에 대한 사항은 동의받지 않아도 된다.
>
> **개인정보의 수집 · 이용(개인정보 보호법 제15조 제2항)**
> 개인정보 처리자는 동의를 받을 때에는 다음 각 호의 사항을 정보 주체에게 알려야 한다. 다음 각 호의 어느 하나의 사항을 변경하는 경우에도 이를 알리고 동의를 받아야 한다.
> 1. 개인정보의 수집 · 이용 목적
> 2. 수집하려는 개인정보의 항목
> 3. 개인정보의 보유 및 이용 기간
> 4. 동의를 거부할 권리가 있다는 사실 및 동의 거부에 따른 불이익이 있는 경우에는 그 불이익의 내용

02 다음 중 개인정보 보호법 제15조에 따른 개인정보의 수집 · 이용에 관한 내용으로 옳지 않은 것은?

① 정보 주체의 동의를 받은 경우에는 개인정보를 수집할 수 있다.

② 개인정보 처리자가 수집한 개인정보는 그 수집 목적의 범위에서 이용할 수 있다.

③ 법률에 특별한 규정이 있거나 법령상 의무를 준수하기 위해 피할 수 없는 경우에는 개인정보를 수집할 수 있다.

④ 개인정보 처리자의 정당한 이익을 달성하기 위하여 필요한 경우로서 명백하게 정보 주체의 권리보다 우선하는 경우에는 정보 주체 동의없이 개인정보를 수집할 수 있다.

⑤ 정보 주체와 체결한 계약을 이행하거나 계약을 체결하는 과정에서 정보 주체의 요청에 따른 조치를 이행하기 위해 필요한 경우에는 반드시 정보 주체의 동의를 받아 개인정보를 수집할 수 있다.

> 해설 개인정보 처리자는 정보 주체와 체결한 계약을 이행하거나 계약을 체결하는 과정에서 정보 주체의 요청에 따른 조치를 이행하기 위하여 필요한 경우에는 정보 주체의 동의없이 개인정보를 수집할 수 있다.

03 개인정보 처리자가 개인정보를 수집할 수 있는 경우로 틀린 것은?

① 정보 주체의 동의를 받은 경우
② 법률에 특별한 규정이 있거나 법령상 의무를 준수하기 위해 피할 수 없는 경우
③ 공공기관이 법령 등에서 정하는 소관 업무의 수행을 위하여 피할 수 없는 경우
④ 정보 주체와의 체결한 계약을 이행하는 과정에서 정보 주체의 요청에 따른 조치를 이행하기 위해 필요한 경우
⑤ 정보 주체의 정당한 이익을 달성하기 위하여 필요한 경우로서 명백하게 개인정보 처리자의 권리보다 우선하는 경우

> **해설** 개인정보 처리자의 정당한 이익을 달성하기 위하여 필요한 경우로서 명백하게 정보 주체의 권리보다 우선하는 경우로, 이 경우 개인정보 처리자의 정당한 이익과 상당한 관련이 있고 합리적인 범위를 초과하지 않은 경우에 개인정보의 수집이 가능하다.

04 다음 중 개인정보의 수집 이용에 대한 사항에서 개인정보 처리자가 동의를 받을 때 정보 주체에게 알려야 할 항목을 모두 고른 것은?

> ㄱ. 개인정보의 수집 · 이용 목적
> ㄴ. 수집하려는 개인정보의 항목
> ㄷ. 개인정보의 보유 및 이용 기간
> ㄹ. 동의를 거부할 권리가 있다는 사실 및 동의 거부에 따른 불이익이 있는 경우에는 그 불이익의 내용

① ㄱ, ㄷ, ㄹ
② ㄴ, ㄷ, ㄹ
③ ㄱ, ㄷ, ㄹ
④ ㄱ, ㄷ
⑤ ㄱ, ㄴ, ㄷ, ㄹ

> **해설** ㄱ, ㄴ, ㄷ, ㄹ. 개인정보 처리자가 개인정보 수집에 대한 동의를 받을 때 정보 주체에게 알려야 하는 사항이다.

05 다음 중 개인정보 보호법에 의해 동의를 받는 방법에 대한 설명으로 틀린 것은?

① 개인정보 처리자는 만 14세 미만 아동의 개인정보를 처리하기 위하여 정보 주체의 동의를 받아야 할 때 필요한 정보는 법정대리인의 동의 없이 해당 아동으로부터 직접 수집할 수 없다.

② 개인정보 처리자는 정보 주체로부터 동의를 받으려는 때에는 정보 주체가 동의 여부를 선택할 수 있다는 사실을 명확하게 알 수 있도록 표시해야 한다.

③ 개인정보의 처리에 대하여 정보 주체의 동의를 받을 때에는 정보 주체와의 계약체결 등을 위하여 정보 주체의 동의 없이 처리할 수 있는 개인정보와 정보 주체의 동의가 필요한 개인정보를 구분하여야 한다. 이 경우 동의 없이 처리할 수 있는 개인정보라는 입증책임은 개인정보 처리자가 부담한다.

④ 개인정보 처리자는 정보 주체에게 재화나 서비스를 홍보하거나 판매를 권유하기 위해 개인정보의 처리에 대한 동의를 받으려는 때에는 정보 주체가 이를 명확하게 인지할 수 있도록 알리고 동의를 받아야 한다.

⑤ 개인정보 처리자는 개인정보의 처리에 대하여 정보 주체의 동의를 받을 때에는 각각의 동의사항을 구분하여 정보 주체가 이를 명확하게 인지할 수 있도록 알리고 동의사항을 구분하여 각각 동의를 받아야 한다.

> **해설** 개인정보 처리자는 만 14세 미만 아동의 개인정보를 처리하기 위하여 법정대리인의 동의를 받기 위하여 필요한 최소한의 정보로서 대통령령으로 정하는 정보는 법정대리인의 동의 없이 해당 아동으로부터 직접 수집할 수 있다.
>
> **개인정보 보호법 제22조의2(아동의 개인정보 보호)**
> ① 개인정보 처리자는 만 14세 미만 아동의 개인정보를 처리하기 위하여 이 법에 따른 동의를 받아야 할 때에는 그 법정대리인의 동의를 받아야 하며, 법정대리인이 동의하였는지를 확인하여야 한다.
> ② 제1항에도 불구하고 법정대리인의 동의를 받기 위하여 필요한 최소한의 정보로서 대통령령으로 정하는 정보는 법정대리인의 동의 없이 해당 아동으로부터 직접 수집할 수 있다.

06 다음 보기에서 설명하고 있는 행위는 무엇인가?

> 침해 사실, 입영, 합격 등 개인 보호법이 정한 일정 사항을 서면이나 전자우편, 전화 및 문자전송 등 정보 주체가 내용을 쉽게 확인할 수 있는 방법으로 알리는 행위

① 고지   ② 동의
③ 통지   ④ 공개
⑤ 게시

> **해설** **고지, 동의, 통지, 공개 · 게시 용어의 구분**
> • 고지 : 이용자에게 법률에 규정된 사항을 이용자가 쉽게 이해할 수 있도록 알게 함
> • 동의 : 의사나 의견을 같이 하는 것으로, 이용자로부터 회신 등의 피드백을 받아야 함
> • 통지 : 전화 · 전자우편 · 우편 등을 통해 정보 주체에게 해당 사실을 알림
> • 공개 · 게시 : 어떤 내용을 소개하여 알려주어 이용자가 파악할 수 있도록 함

07 다음 중 개인정보의 수집 · 이용이 적절하지 않은 것은?

① 조세 담당 공무원이 자신과 채권 채무 관계로 소송 중인 사람에 관한 납세 정보를 조회하여 소송에 이용한 경우

② 개인정보 처리 목적 외 이용을 위하여 목적 외 이용 동의서의 작성 요구

③ 통신사 서비스 만족도 조사를 위해 ARS를 통해 개인정보를 수집하는 경우

④ 개인정보 처리 업무위탁을 위하여 개인정보 처리위탁 동의서 작성 요구

⑤ 정보 주체가 간접 수집 출처를 요구하여 3일 이내에 고지한 경우

> **해설** 개인정보 처리자의 정당한 이익을 달성하기 위하여 필요한 경우로서 명백하게 정보 주체의 권리보다 우선하는 경우에는 개인정보 처리자가 개인정보를 수집할 수 있으나, 이 경우에는 개인정보 처리자의 정당한 이익과 관련이 있고 합리적인 범위를 초과하지 않은 경우에 한하므로 이에 해당되지 않는 경우로 적절하지 않다.

08 다음 중 개인정보 파기에 대한 설명으로 옳지 않은 것은?

① 당초 고지하고 동의를 받았던 보유기간이 경과하고 정당한 사유가 없으면 불필요하게 된 날로부터 근무일 기준 7일 이내에 개인정보를 파기하여야 한다.

② 개인정보 처리자는 개인정보의 처리 목적 달성, 가명 정보의 처리 기간 경과 등 그 개인정보가 불필요하게 되었을 때에는 지체 없이 그 개인정보를 파기해야 한다.

③ 위반하여 개인정보를 파기하지 않으면 3천만 원 이하의 과태료를 부과받는다.

④ 개인정보 처리자가 법령에 따라 개인정보를 파기하지 않고 보존하는 경우에는 해당 개인정보를 다른 개인정보와 분리하여 저장 · 관리해야 한다.

⑤ 개인정보를 파기할 때에는 복구나 재생이 되지 않도록 해야 한다.

> **해설** 개인정보 처리자는 개인정보의 보유기간이 경과하거나 개인정보의 처리 목적 달성, 해당 서비스의 폐지, 사업의 종료 등 그 개인정보가 불필요하게 되었을 때에는 정당한 사유가 없는 한 그로부터 5일 이내에 그 개인정보를 파기하여야 한다(표준 개인정보 보호지침 제10조 제1항).

09 다음 중 이용자의 개인정보 파기 시점에 대한 설명으로 틀린 것은?

① 이용자가 회원 관리 시스템에서 회원 탈퇴했을 경우, 이름, 연락처, 주소 등 개인을 식별하는 정보는 모두 지체 없이 파기한다.

② 이용자가 회원 관리 시스템에서 회원 탈퇴했을 경우, 회원가입 시 생성 정보였던 회원 번호도 반드시 함께 파기한다.

③ 이용자가 회원가입 시 개인정보 연장보관에 대한 동의를 받았다면 회원 탈퇴 후 해당 정보를 연장보관한다.

④ 이용자가 TV홈쇼핑을 통해 상품에 대해 상담했으나 계약이 체결되지 않은 경우라면 제공받은 고객 정보는 지체 없이(5일 이내) 파기한다.

⑤ 퇴직한 근로자의 개인정보는 근로기준법에서 정한 사용증명서 발급을 위한 퇴직근로자 개인정보 보존 연한인 최소 3년 이후에 파기해야 한다.

> **해설** 회원가입 시 생성 정보였던 회원 번호는 개인을 식별할 수 없는 숫자이고 개인정보가 아니므로 파기가 불필요하다. 개인정보 보호법 제21조 제1항에 따라 개인정보 처리자는 다른 법령에 따라 보존해야 하는 경우 외에는 보유기간이 경과하거나 처리 목적 달성 등 그 개인정보가 불필요하게 되었을 때 지체 없이 그 개인정보를 파기해야 한다. 따라서, 개인정보의 처리 목적이 달성된 경우, 개인을 식별할 수 있는 정보(이름, 연락처, 주소 등)는 모두 지체 없이 파기해야 한다. 다만 법 제58조의2에 따라 이 법은 시간·비용·기술 등을 합리적으로 고려할 때 다른 정보를 사용해도 더 이상 개인을 알아볼 수 없는 정보에는 적용하지 않으므로 관련 정보가 모두 파기되어 연계 생성된 회원 번호를 더 이상 누구의 개인정보인지 알아볼 수 없다면, 이는 익명 정보로서 파기하지 않아도 된다.

10 다음 중 개인정보 처리자가 개인정보를 파기하는 방법에 대한 설명으로 틀린 것은?

① 디가우저(Degausser)를 이용해 하드디스크나 자기테이프에 저장된 개인정보를 삭제한다.

② 개인정보가 저장된 하드디스크를 최소 1회 이상 완전 포맷하여 데이터가 복원되지 않도록 한다.

③ 데이터가 저장되는 디스크 플래터에 강력한 힘으로 구멍을 내어 복구가 불가능하도록 하는 천공 방법으로 파기한다.

④ 개인정보가 저장된 회원가입서 등의 종이문서, 하드디스크나 자기테이프를 파쇄기로 파기하거나 소각장, 소각로에서 태워서 파기한다.

⑤ 0, 1 또는 랜덤 값으로 기존 데이터를 여러 번 덮어씌우는 와이핑 방법으로 파기한다.

> **해설** 개인정보가 저장된 하드디스크에 대해 완전 포맷을 최소 3회 이상, 데이터 영역에 무작위 값으로 덮어쓰기를 최소 3회 이상하여 파기할 것을 권고한다.

11 개인정보 보호법에서 개인정보의 파기 및 보존 시 가장 적절하지 않은 경우는?

① 개인정보의 수집 · 이용 · 제공 목적을 달성하게 된 때에는 해당 개인정보를 즉시 파기해야 한다.

② 대금 완제일이나 채권소멸 시효기간이 만료된 후 3일 이내에 해당 개인정보를 파기해야 한다.

③ 개인정보를 파기하지 않고 보관할 시에는 다른 개인정보와 분리하여 저장 · 관리한다.

④ 전자적 파일 형태인 경우, 복원이 불가능한 방법으로 영구 삭제한다.

⑤ 회원 탈퇴, 제명, 계약 관계 종료, 동의 철회 등에 따라 개인정보 처리의 법적 근거가 소멸된 경우에는 해당 개인정보를 파기해야 한다.

> **해설** 개인정보 처리자는 개인정보가 불필요하게 되었을 때에는 지체 없이 해당 개인정보를 파기해야 한다. "개인정보가 불필요하게 되었을 때"란 개인정보의 처리 목적이 달성되었거나, 해당 서비스의 폐지, 사업이 종료된 경우 등이 포함된다. 따라서 개인정보 처리자는 처리 목적이 달성되거나, 해당 서비스 및 사업이 종료된 경우, 정당한 사유가 없는 한 필요 없게 된 날로부터 근무일 기준 5일 이내에 개인정보를 파기하여야 한다(표준지침 제10조 제1항). 개인정보의 보존 필요성이 있는지의 여부는 객관적으로 판단해야 하며 자의적으로 해석하면 안 된다.

12 다음 사례에 대한 설명으로 옳지 않은 것은?

> 고객이 TV홈쇼핑, 온라인 쇼핑몰을 통해 여행 상품에 대해 상담하였으나 이후 실제로 계약이 체결되지는 않았고 고객이 예약 후 취소하였다.

① 여행 상담 시 제공받은 고객정보는 지체 없이(5일 이내) 파기해야 한다.

② 고객이 여행 상품에 대한 비용을 이미 결제하였다면 수집한 개인정보는 즉시 파기하고 환불 조치를 위한 개인정보를 고객에게 다시 제공받아야 한다.

③ 개인정보를 파기하지 않고 보관할 시에는 다른 개인정보와 분리하여 저장 · 관리한다.

④ 고객이 예약 후 취소한 경우, 고객이 여행 상품에 대한 비용 결제는 하지 않았다면 지체 없이 파기하는 것이 바람직하다.

⑤ 고객이 여행 상품에 대한 비용을 이미 결제하였다면 다른 법률에 따라 개인정보를 보존하여야 하는 경우에 해당되므로 개인정보를 파기하지 않고 보존할 수 있다.

> **해설** TV홈쇼핑, 온라인 쇼핑몰로부터 제공받은 고객정보를 바탕으로 여행 상담 이후 계약체결이 되지 않고 상담으로만 끝나는 경우라면 제공받은 고객정보는 지체 없이(5일 이내) 파기하여야 한다. 그러나 고객이 예약 후 취소한 경우로 고객이 여행 상품에 대한 비용 결제를 완료하였다면 환불 등의 과정을 거쳐야 하므로 법적 근거에 따라 그 기간동안 보유해야 한다.

13 다음 중 의료법에 따른 개인정보 보존의무 기간의 연결이 올바른 것은?

① 환자 명부 – 5년
② 진료기록부 – 5년
③ 처방전 – 3년
④ 수술 기록 – 5년
⑤ 방사선 사진(영상물 포함) 및 그 소견서 – 3년

> 해설 **진료기록부 등의 보존(의료법 시행규칙 제15조 제1항)**
> 의료인이나 의료기관 개설자는 진료기록부 등을 다음에 정하는 기간 동안 보존하여야 하되, 계속적인 진료를 위하여 필요한 경우에는 1회에 한정하여 정하는 기간 범위에서 기간을 연장하여 보존할 수 있다.
> • 환자 명부 – 5년
> • 진료기록부 – 10년
> • 처방전 – 2년
> • 수술 기록 – 10년
> • 검사 내용 및 검사 소견 기록 – 5년
> • 방사선 사진(영상물 포함) 및 그 소견서 – 5년

14 다음 중 개인정보 파기 사유에 대한 설명으로 틀린 것은?

① 영업의 양수에 따른 개인정보를 이전한 경우
② 사업의 폐업의 경우
③ 동의를 받은 개인정보의 보유 · 이용 기간이 끝난 경우
④ 개인정보 수집 이용 목적을 달성한 경우
⑤ 대금 완제일이나 채권소멸시효 기간이 만료된 경우

> 해설 개인정보 처리자는 보유기간의 경과, 개인정보의 처리 목적 달성 등 그 개인정보가 불필요하게 되었을 때에는 지체 없이 그 개인정보를 파기하여야 하며, 다만 다른 법령에 따라 보존하여야 하는 경우에는 그러하지 아니하다(개인정보 보호법 제21조 제1항 개인정보의 파기).
>
> **불필요하게 된 때**
> • 개인정보 처리자가 당초 고지하고 동의를 받았던 보유기간의 경과
> • 동의를 받거나 법령 등에서 인정된 수집 · 이용 · 제공 목적의 달성
> • 회원 탈퇴, 제명, 계약 관계 종료, 동의 철회 등에 따른 개인정보 처리의 법적 근거 소멸
> • 개인정보 처리자의 폐업 · 청산
> • 대금 완제일이나 채권소멸 시효기간의 만료

15 개인정보 보유기간에 대한 법률 규정으로 틀린 것은?

① 전자상거래 등에서의 소비자보호에 관한 법률 시행령 제6조에서는 계약 또는 청약 철회에 관한 기록을 5년 동안 보존하도록 한다.
② 통신비밀보호법 제15조의2 및 동 시행령 제41조에서는 전기통신일시, 전기통신 개시 · 종료시간을 12개월 동안 보존하도록 한다.
③ 신용정보의 이용 및 보호에 관한 법률 제20조에서는 개인 신용정보의 처리에 대한 기록을 3년 동안 보존하도록 한다.
④ 통신비밀보호법 제15조의2 및 동 시행령 제41조에서는 인터넷 사용자가 정보통신망에 접속하기 위해 사용하는 정보통신기기의 위치를 확인할 수 있는 접속지의 추적자료를 3개월 동안 보존하도록 한다.
⑤ 전자상거래 등에서의 소비자보호에 관한 법률 시행령 제6조에서는 소비자 불만 · 분쟁 처리 기록을 5년 동안 보존하도록 한다.

> 해설 소비자의 불만 또는 분쟁 처리에 관한 기록은 전자상거래 등에서의 소비자보호에 관한 법률 제6조 및 동 시행령 제6조에 따라 3년 동안 보존해야 한다.

16 다음 중 개인정보 처리자가 예외적으로 개인정보를 목적 외 이용 · 제공하고자 하는 사유에 해당하지 않는 것은?

① 개인정보를 목적 외의 용도로 이용하거나 이를 제3자에게 제공하지 않으면 다른 법률에서 정하는 소관 업무를 수행할 수 없는 경우
② 정보 주체의 별도의 동의가 있는 경우
③ 다른 법률에 특별한 규정이 있는 경우
④ 급박한 생명 · 신체 · 재산상 이익을 위하여 필요한 경우
⑤ 범죄 수사와 공소의 제기 및 유지를 위해서 필요한 경우

> 해설 ① 개인정보를 목적 외의 용도로 이용하거나 이를 제3자에게 제공하지 않으면 다른 법률에서 정하는 소관 업무를 수행할 수 없는 경우로서 보호 위원회의 심의 · 의결을 거친 경우에 한해서 예외적으로 개인정보를 목적 외 이용 · 제공할 수 있다.
>
> **개인정보 보호법 제18조(개인정보의 목적 외 이용 · 제공 제한)**
> ② 제1항에도 불구하고 개인정보 처리자는 다음 각 호의 어느 하나에 해당하는 경우에는 정보 주체 또는 제3자의 이익을 부당하게 침해할 우려가 있을 때를 제외하고는 개인정보를 목적 외의 용도로 이용하거나 이를 제3자에게 제공할 수 있다. 다만, 제5호부터 제9호까지에 따른 경우는 공공기관의 경우로 한정한다.
>   1. 정보 주체로부터 별도의 동의를 받은 경우
>   2. 다른 법률에 특별한 규정이 있는 경우
>   3. 명백히 정보 주체 또는 제3자의 급박한 생명, 신체, 재산의 이익을 위하여 필요하다고 인정되는 경우
>   4. 삭제 〈2020. 2. 4.〉
>   5. 개인정보를 목적 외의 용도로 이용하거나 이를 제3자에게 제공하지 아니하면 다른 법률에서 정하는 소관 업무를 수행할 수 없는 경우로서 보호 위원회의 심의 · 의결을 거친 경우
>   6. 조약, 그 밖의 국제협정의 이행을 위하여 외국 정부 또는 국제기구에 제공하기 위하여 필요한 경우
>   7. 범죄의 수사와 공소의 제기 및 유지를 위하여 필요한 경우
>   8. 법원의 재판 업무수행을 위하여 필요한 경우
>   9. 형(刑) 및 감호, 보호처분의 집행을 위하여 필요한 경우
>   10. 공중위생 등 공공의 안전과 안녕을 위하여 긴급히 필요한 경우

17 개인정보 보호법에 의한 개인정보 파기에 대한 설명으로 틀린 것은?

① 개인정보를 수집한 목적이 달성된 경우에도 계속해서 보유하면 개인정보 유출 및 오용 가능성이 높아지므로 개인정보가 불필요하게 된 때에는 이를 파기하여야 한다.

② 개인정보를 파기할 때에는 다시 복원하거나 재생할 수 없는 형태로 완벽하게 파기하여야 한다.

③ 개인정보 처리자가 개인정보 보유기간을 고지하고 동의 받는 경우 그 보유기간을 정할 때에는 필요 최소한으로 정해야 하며, 필요한 기간이라는 입증책임은 개인정보 처리자가 부담한다.

④ 개인정보 처리자는 처리 목적이 달성된 경우로부터 근무일 기준 3일 이내에 개인정보를 파기하여야 한다.

⑤ 개인정보를 파기하지 않고 보존하는 경우에는 해당 개인정보 또는 개인정보 파일을 다른 개인정보와 분리해서 저장·관리하여야 한다.

> **해설** 개인정보 처리자는 처리목적이 달성되거나, 해당 서비스 및 사업이 종료된 경우, 정당한 사유가 없는 한 필요 없게 된 날로부터 근무일 기준 5일 이내에 개인정보를 파기하여야 한다.

18 다음 중 개인정보 보호법상 제3자를 모두 고른 것은?

> ㄱ. 개인
> ㄴ. 수탁자
> ㄷ. 영업 양수자
> ㄹ. 공공기관
> ㅁ. 정보 주체의 대리인
> ㅂ. 계열회사
> ㅅ. 자회사

① ㄱ, ㄷ

② ㄴ, ㄹ, ㅁ

③ ㄴ, ㅁ, ㅂ

④ ㄱ, ㄹ, ㅂ, ㅅ

⑤ ㄱ, ㄹ, ㅁ, ㅂ

> **해설** 제3자의 개념
> - 개인정보 보호법 제17조의 "제3자"란 정보 주체와 정보 주체에 관한 개인정보를 수집·보유하고 있는 개인정보 처리자를 제외한 모든 자를 의미하며, 정보 주체의 대리인(명백히 대리의 범위 내에 있는 것에 한함)과 개인정보 보호법 제26조 제2항에 따른 수탁자는 제외한다(표준 개인정보 보호지침 제7조 제2항).
> - 개인정보 처리자로부터 영업을 양수한 자(영업 양수자)는 제외한다(개인정보 보호법 제27조 제3항 참조).
> - 제3자란 계열회사·모회사-자회사·관계회사 등 자신이 아닌 모든 자, 즉 개인·공공기관·일반사업자 등을 말한다.

19 개인정보의 목적 외 이용 및 제3자 제공 대장에 기록하고 관리해야 하는 항목이 아닌 것은?

① 이용 기관 또는 제공받는 기관의 연혁

② 이용 또는 제공의 법적 근거

③ 이용하거나 제공하는 개인정보의 항목

④ 이용 또는 제공의 날짜, 주기 또는 기간

⑤ 이용하거나 제공하는 형태

> **해설** **개인정보의 목적 외 이용 또는 제3자 제공의 관리(개인정보 보호법 시행령 제15조)**
> 공공기관은 개인정보 보호법 제18조 제2항에 따라 개인정보를 목적 외의 용도로 이용하거나 이를 제3자에게 제공하는 경우에는 다음의 사항을 보호 위원회가 정하여 고시하는 개인정보의 목적 외 이용 및 제3자 제공 대장에 기록하고 관리해야 한다.
> • 이용하거나 제공하는 개인정보 또는 개인정보 파일의 명칭
> • 이용 기관 또는 제공받는 기관의 명칭
> • 이용 목적 또는 제공받는 목적
> • 이용 또는 제공의 법적 근거
> • 이용하거나 제공하는 개인정보의 항목
> • 이용 또는 제공의 날짜, 주기 또는 기간
> • 이용하거나 제공하는 형태
> • 개인정보 보호법 제18조 제5항에 따라 제한을 하거나 필요한 조치를 마련할 것을 요청한 경우에는 그 내용

20 OO치과는 원활한 진료와 행정처리를 위해 전산 정보시스템을 활용한다. 또한 내원하는 방문객 및 환자들의 개인정보가 들어 있는 전산 정보시스템의 체계적 관리를 위해 A업체와 위·수탁 계약을 체결하였다. 다음 중 문서에 포함되어야 할 개인정보 위·수탁 관련 사항으로 옳지 않은 것은?

① 위탁 업무 수행 목적 외 개인정보의 처리 금지에 관한 사항

② 개인정보의 기술적·관리적 보호조치에 관한 사항

③ 개인정보에 대한 접근 제한 등 안전성 확보 조치에 관한 사항

④ 위탁 업무와 관련하여 보유하고 있는 개인정보의 관리 현황 점검 등 감독에 관한 사항

⑤ 개인정보 처리자가 준수하여야 할 의무를 위반한 경우의 손해배상 등 책임에 관한 사항

> **해설** **업무위탁에 따른 개인정보의 처리 제한(개인정보 보호법 제26조)**
> ① 개인정보 처리자가 제3자에게 개인정보의 처리 업무를 위탁하는 경우에는 다음 각 호의 내용이 포함된 문서로 하여야 한다.
> 1. 위탁 업무 수행 목적 외 개인정보의 처리 금지에 관한 사항
> 2. 개인정보의 기술적·관리적 보호조치에 관한 사항
> 3. 그 밖에 개인정보의 안전한 관리를 위하여 대통령령으로 정한 사항
>
> **개인정보의 처리 업무위탁 시 조치(개인정보 보호법 시행령 제28조)**
> ① 법 제26조 제1항 제3호에서 "대통령령으로 정한 사항"이란 다음 각 호의 사항을 말한다.
> 1. 위탁 업무의 목적 및 범위
> 2. 재위탁 제한에 관한 사항
> 3. 개인정보에 대한 접근 제한 등 안전성 확보 조치에 관한 사항
> 4. 위탁 업무와 관련하여 보유하고 있는 개인정보의 관리 현황 점검 등 감독에 관한 사항
> 5. 법 제26조 제2항에 따른 수탁자(이하 "수탁자"라 한다)가 준수하여야 할 의무를 위반한 경우의 손해배상 등 책임에 관한 사항

21 다음 중 업무위탁과 제3자 제공의 차이점에 대한 설명으로 옳지 않은 것은?

① 업무위탁은 위탁자의 이익을 위해 처리, 제3자 제공은 제3자의 이익을 위해 처리
② 업무위탁은 정보 주체가 사전 예측 가능, 제3자 제공은 정보 주체가 사전 예측 곤란
③ 업무위탁은 고지 후 정보 주체의 동의 획득, 제3자 제공은 위탁 사실 공개가 원칙
④ 업무위탁의 관리 · 감독은 위탁자 책임, 제3자 제공의 관리 · 감독은 제공받는 자 책임
⑤ 업무위탁의 손해배상책임은 위탁자 부담, 제3자 제공의 손해배상책임은 제공받는 자 부담

해설 ③ 업무위탁은 위탁 사실 공개가 원칙, 제3자 제공은 고지 후 정보 주체의 동의 획득

22 개인정보 처리자가 영업의 전부 또는 일부의 양도 · 합병 등으로 개인정보를 다른 사람에게 이전하는 경우 해당 정보 주체에게 알려야 하는 사항으로 옳은 것을 모두 고른 것은?

> ㄱ. 개인정보를 이전하려는 사실
> ㄴ. 개인정보를 이전받는 자의 성명(법인은 명칭)
> ㄷ. 개인정보 처리자의 성명(법인은 명칭)
> ㄹ. 개인정보를 이전받는 자의 주소
> ㅁ. 개인정보 처리자의 주소
> ㅂ. 개인정보 처리자의 전화번호
> ㅅ. 개인정보를 이전받는 자의 전화번호

① ㄱ, ㄴ, ㄹ, ㅅ
② ㄱ, ㄴ, ㅁ, ㅅ
③ ㄴ, ㄷ, ㅂ, ㅅ
④ ㄴ, ㅁ, ㅂ, ㅅ
⑤ ㄷ, ㄹ, ㅁ, ㅅ

해설 **영업 양도 등에 따른 개인정보의 이전 제한(개인정보 보호법 제27조 제1항)**
개인정보 처리자는 영업의 전부 또는 일부의 양도 · 합병 등으로 개인정보를 다른 사람에게 이전하는 경우에는 미리 다음 각 호의 사항을 대통령령으로 정하는 방법에 따라 해당 정보 주체에게 알려야 한다.
1. 개인정보를 이전하려는 사실
2. 개인정보를 이전받는 자(이하 "영업 양수자 등"이라 한다)의 성명(법인의 경우에는 법인의 명칭을 말한다), 주소, 전화번호 및 그 밖의 연락처
3. 정보 주체가 개인정보의 이전을 원하지 아니하는 경우 조치할 수 있는 방법 및 절차

23 다음 중 개인정보 처리자가 개인정보를 국외로 이전할 수 없는 경우를 모두 고른 것은?

> ㄱ. 정보 주체로부터 국외 이전에 관한 별도의 동의를 받은 경우
> ㄴ. 법률, 대한민국을 당사자로 하는 조약 또는 그 밖의 국제협정에 개인정보의 국외 이전에 관한 특별한 규정이 있는 경우
> ㄷ. 정보 주체와의 계약의 체결 및 이행을 위하여 개인정보의 처리위탁·보관이 필요한 경우
> ㄹ. 개인정보를 이전받는 자가 개인정보 보호 인증 등 보호 위원회가 정하여 고시하는 인증을 받은 경우
> ㅁ. 개인정보가 이전되는 국가 또는 국제기구의 개인정보 보호 체계, 정보 주체 권리보장 범위, 피해구제 절차 등이 개인정보 보호법에 따른 개인정보 보호 수준과 형식적으로 동등한 수준을 갖추었다고 개인정보 처리자가 인정하는 경우

① ㄴ, ㄷ

② ㄷ

③ ㄴ

④ ㄷ, ㄹ, ㅁ

⑤ ㅁ

> **해설** ㅁ. 개인정보가 이전되는 국가 또는 국제기구의 개인정보 보호 체계, 정보 주체 권리보장 범위, 피해구제 절차 등이 개인정보 보호법에 따른 개인정보 보호 수준과 실질적으로 동등한 수준을 갖추었다고 보호 위원회가 인정하는 경우(개인정보 보호법 제28조의8 제1항 제5호) 개인정보를 국외로 이전할 수 있다.

24 정보 주체의 동의를 받지 아니하고 개인정보를 제3자에게 제공한 자 및 그 사정을 알면서도 개인정보를 제공받은 자에게 부과되는 벌금으로 옳은 것은?

① 1년 이하의 징역 또는 1천만 원 이하의 벌금

② 3년 이하의 징역 또는 3천만 원 이하의 벌금

③ 5년 이하의 징역 또는 5천만 원 이하의 벌금

④ 7년 이하의 징역 또는 7천만 원 이하의 벌금

⑤ 10년 이하의 징역 또는 1억 원 이하의 벌금

> **해설** 다음의 어느 하나에 해당하는 자는 5년 이하의 징역 또는 5천만 원 이하의 벌금에 처한다.
> • 제17조 제1항 제2호에 해당하지 아니함에도 같은 항 제1호(제26조 제8항에 따라 준용되는 경우를 포함한다)를 위반하여 정보 주체의 동의를 받지 아니하고 개인정보를 제3자에게 제공한 자 및 그 사정을 알면서도 개인정보를 제공받은 자(개인정보 보호법 제71조 제1호)
> • 제18조 제1항·제2항, 제19조를 위반하여 개인정보를 이용하거나 제3자에게 제공한 자 및 그 사정을 알면서도 영리 또는 부정한 목적으로 개인정보를 제공받은 자(개인정보 보호법 제71조 제2호)

25 다음 중 1천만 원 이하의 과태료를 부과받는 법 위반행위를 한 자는?

① 업무위탁 시 같은 항의 내용이 포함된 문서로 하지 아니한 자

② 위탁자의 동의를 받지 아니하고 제3자에게 다시 위탁한 자

③ 정보 주체에게 알려야 할 사항을 알리지 아니한 자

④ 국외 이전 시 보호조치를 하지 아니한 자

⑤ 해당 법령을 위반하여 개인정보를 이용하거나 제3자에게 제공한 자

> **해설** ① 개인정보 보호법 제75조 제4항 제4호
> ② 2천만 원 이하(개인정보 보호법 제75조 제3항 제1호)
> ③ 3천만 원 이하(개인정보 보호법 제75조 제2항 제12호)
> ④ 3천만 원 이하(개인정보 보호법 제75조 제2항 제14호)
> ⑤ 벌칙[5년 이하의 징역 또는 5천만 원 이하의 벌금(개인정보 보호법 제71조 제2호)]

교육이란 사람이 학교에서 배운 것을 잊어버린 후에 남은 것을 말한다.

– 알버트 아인슈타인 –

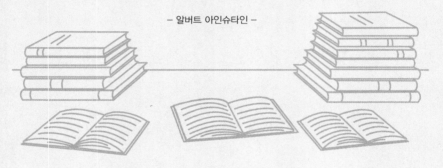

PART 4

개인정보의
보호조치

개인정보의 안전성 확보 조치 기준의 개요

1 개요

(1) 개인정보의 안전성 확보 조치 기준 제정

개인정보 보호법·시행령 등에 따라 개인정보 보호 위원회 고시로 위임한 개인정보 처리자가 준수해야 할 개인정보의 안전성 확보 조치에 관한 세부 기준을 마련하였다.

(2) 개인정보의 안전성 확보 조치 기준 개정 목적

① 개인정보 보호법 시행령의 정보통신 서비스 특례규정이 일반규정으로 통합됨에 따라 개인정보의 안전성 확보 조치 기준과 개인정보의 기술적·관리적 보호조치 기준을 통합하고 기술 제도를 중립적으로 개선하기 위함이다.

② 개인정보 보호법 시행령에 공공 시스템 운영기관 등의 개인정보 안전성 확보 조치 등이 신설됨에 따라 공공 시스템 지정 기준 및 공공 시스템 운영기관의 안전조치 기준을 규정하여 공공 시스템 운영기관의 개인정보 보호를 강화하기 위함이다.

(3) 개인정보의 안전성 확보 조치 기준 개정 내용(2023년 9월 22일 개정)

① 안전성 확보 조치 관련 고시

규정의 통합·체계화	• 일반규정인 개인정보의 안전성 확보 조치 기준과 특례규정인 개인정보의 기술적·관리적 보호조치 기준을 통합하여 체계화 • 수범자를 개인정보 처리자로 일원화하고, [별표] 개인정보 처리자 유형 및 개인정보 보유량에 따른 안전조치 기준을 삭제
내부 관리계획의 수립·시행 점검(제4조)	일반규정과 특례규정의 내부 관리계획에 포함할 사항 등을 통합하여 체계화하고 개인정보 취급자 등에 대한 교육조항 신설
접근 권한의 관리(제5조)	비밀번호 작성 규칙의 인증수단을 안전하게 적용하고 관리로 수정하여 비밀번호 외 인증수단이 수용되도록 기술 중립적으로 개정
악성 프로그램 등의 방지(제9조)	정당한 사유가 있는 경우 보안 프로그램 일 1회 업데이트, 응용 프로그램 등의 보안 업데이트 즉시 업데이트 지연을 허용
개인정보 파기(제13조)	기술적 특성으로 영구삭제가 현저히 곤란한 경우에는 개인정보 보호법 제58조의2(적용 제외)에 해당하는 정보로 처리하여 복원이 불가능하도록 조치

② 공공 시스템 운영기관 등에 대한 특례 신설

공공 시스템 운영기관의 안전조치 기준 적용(제14조)	공공 시스템에 해당하는 개인정보 처리 시스템의 지정 기준 규정
공공 시스템 운영기관 내부 관리 계획의 수립 · 시행(제15조)	공공 시스템 운영기관은 공공 시스템별로 관리책임자 지정, 관리책임자의 역할 및 책임에 관한 사항 등을 포함하여 내부 관리계획을 수립
공공 시스템 운영기관의 접근 권한의 관리(제16조)	공공 시스템 운영기관은 공공 시스템에 대한 접근 권한을 부여 · 변경 또는 말소하려는 때에는 인사정보와 연계하고 접근 권한 부여 · 변경 또는 말소 내역 등을 반기별 1회 이상 점검
공공 시스템 운영기관의 접속기록 보관 및 점검(제17조)	• 공공 시스템에 접속한 자의 접속기록 등을 자동화된 방식으로 분석하여 불법적인 개인정보 유출 및 오용 · 남용 시도를 탐지하고 그 사유를 소명 • 공공 시스템 운영기관은 공공 시스템 이용 기관이 소관 개인정보 취급자의 접속기록을 직접 점검할 수 있는 기능을 제공

2 목적 및 대상

(1) 목적

개인정보 처리자가 개인정보를 처리함에 있어서 개인정보가 분실 · 도난 · 유출 · 위조 · 변조 · 훼손되지 않도록 안전성 확보에 필요한 기술적 · 관리적 · 물리적 안전조치에 관한 최소한의 기준을 정하기 위함이다.

(2) 적용 대상

① 개인정보 처리자
② 개인정보 처리자로부터 개인정보를 제공받은 자
③ 개인정보 처리자로부터 개인정보 처리를 위탁받은 자(수탁자)

(3) 주요 내용

① 안전조치의 적용 원칙
② 내부 관리계획의 수립 · 시행 및 점검
③ 접근 권한의 관리
④ 접근통제
⑤ 개인정보의 암호화
⑥ 접속기록의 보관 및 점검
⑦ 악성 프로그램 등 방지
⑧ 물리적 안전조치
⑨ 재해 · 재난 대비 안전조치
⑩ 출력 · 복사 시 안전조치
⑪ 개인정보의 파기
⑫ 공공 시스템 운영기관의 안전조치 기준 적용
⑬ 공공 시스템 운영기관의 내부 관리계획의 수립 · 시행

⑭ 공공 시스템 운영기관의 접근 권한의 관리

⑮ 공공 시스템 운영기관의 접속기록의 보관 및 점검

3 용어의 정의

(1) 개인정보 처리 시스템

> 데이터베이스시스템 등 개인정보를 처리할 수 있도록 체계적으로 구성한 시스템을 말한다.

① 개인정보 처리 시스템은 일반적으로 데이터베이스(DB) 내의 데이터에 접근할 수 있도록 해주는 응용시스템이며, 데이터베이스를 구축하거나 운영하는 데 필요한 시스템을 말한다.

② 개인정보 처리 시스템은 개인정보 처리자의 개인정보 처리 방법, 시스템 구성 및 운영환경 등에 따라 달라질 수 있다.

③ 업무용 컴퓨터의 경우에도 데이터베이스 응용 프로그램이 설치 · 운영되어 다수의 개인정보 취급자가 개인정보를 처리하는 경우에는 개인정보 처리 시스템에 해당할 수 있다.

④ 데이터베이스 응용 프로그램이 설치 · 운영되지 않는 PC, 노트북과 같은 업무용 컴퓨터는 개인정보 처리 시스템에서 제외된다.

⑤ 개인정보 처리 시스템에는 개인정보가 저장되는 데이터베이스(DB), 데이터베이스를 생성하고 처리 · 관리하는 데이터베이스 관리 시스템(DBMS), 데이터베이스를 쉽게 이용하는 데 필요한 응용 프로그램 등 데이터베이스시스템의 구성요소가 모두 포함된다.

⑥ 업무용 컴퓨터, 노트북 등도 데이터베이스 관련 응용 프로그램이 설치 · 운영되어 개인정보 처리자가 개인정보를 처리할 수 있도록 구성되었다면 개인정보 처리 시스템에 해당할 수 있다.

> **더 알아보기** 개인정보 처리 시스템
>
> • 데이터베이스를 구성 · 운영하는 시스템 그 자체
> • 응용 프로그램(Web 서버, WAS 등) 등을 데이터베이스의 개인정보를 처리할 수 있도록 구성한 때
> • 개인정보의 처리를 위해 파일처리 시스템으로 구성한 때 등

(2) 이용자

> 정보통신망 이용촉진 및 정보보호 등에 관한 법률 제2조 제1항 제4호에 따른 정보통신 서비스 제공자가 제공하는 정보통신 서비스를 이용하는 자를 말한다.

① 정보통신 서비스 제공자가 제공하는 정보통신 서비스를 이용하는 자이다.

② 개인정보 보호법에 의한 권리의 행사 주체라고도 할 수 있다.

  ㉠ 처리되는 정보에 의하여 알아볼 수 있는 사람

  ㉡ 법인이나 단체가 아닌 살아있는 사람

  ㉢ 처리되는 정보의 주체가 되는 자

(3) 접속기록

개인정보 처리 시스템에 접속하는 자가 개인정보 처리 시스템에 접속하여 수행한 업무 내역에 대하여 식별자, 접속일시, 접속지 정보, 처리한 정보 주체 정보, 수행업무 등을 전자적으로 기록한 것을 말한다. 이 경우 접속이란 개인정보 처리 시스템과 연결되어 데이터 송신 또는 수신이 가능한 상태를 말한다.

① 접속기록 : 이용자와 개인정보 취급자 등의 접속기록을 모두 포함한다.

② 식별자 : 개인정보 처리 시스템에 접속한 자를 식별할 수 있도록 부여된 ID 등이다.

③ 접속일시 : 개인정보 처리 시스템에 접속한 시점 또는 업무를 수행한 시점(예 연 - 월 - 일, 시:분:초)이다.

④ 접속지를 알 수 있는 정보 : 개인정보 처리 시스템에 접속한 자의 컴퓨터 또는 서버의 IP 주소 등이다.

⑤ 수행업무 : 이용자 또는 개인정보 취급자가 개인정보 처리 시스템을 이용하여 수행한 업무를 알 수 있는 정보이다.

    ㉠ 이용자 측면 : 자신의 개인정보 조회, 수정, 탈퇴 등을 한 내용을 알 수 있는 정보

    ㉡ 개인정보 처리자 측면 : 개인정보 처리 시스템에서 처리(개인정보를 수집, 생성, 연계, 연동, 기록, 저장, 보유, 가공, 편집, 검색, 출력, 정정(訂正), 복구, 이용, 제공, 공개, 파기(破棄), 그 밖에 이와 유사한 행위)한 내용을 알 수 있는 정보

⑥ 전자적으로 기록한 것 : 수기로 작성한 문서가 아니라 개인정보 처리 시스템의 로그(Log) 파일 또는 로그 관리시스템 등에 전자적으로 기록한 것이다.

(4) 정보통신망

정보통신망 이용촉진 및 정보보호 등에 관한 법률 제2조 제1항 제1호의 전기통신사업법 제2조 제2호에 따른 전기통신설비를 이용하거나 전기통신설비와 컴퓨터 및 컴퓨터의 이용 기술을 활용하여 정보를 수집ㆍ가공ㆍ저장ㆍ검색ㆍ송신 또는 수신하는 정보통신체계를 말한다.

정보통신망은 전기통신을 하기 위한 기계ㆍ기구ㆍ선로 기타 전기통신에 필요한 설비를 이용하거나 전기통신설비와 컴퓨터 및 컴퓨터의 이용 기술을 활용하여 정보를 수집ㆍ가공ㆍ저장ㆍ검색ㆍ송신 또는 수신하는 정보통신체계를 말한다.

(5) P2P(Peer to Peer)

정보통신망을 통해 서버의 도움 없이 개인과 개인이 직접 연결되어 파일을 공유하는 것을 말한다.

① P2P는 서버 등의 중간 매개자 없이 정보 제공자(개인)와 정보 수신자(개인)가 직접 연결되어 각 개인이 가지고 있는 파일 등을 공유하는 것을 말한다(개인↔개인).

② 정보 제공자 및 정보 수신자 모두가 동시에 접속하지 않고서도 정보 제공자가 어떠한 파일을 공유하면 정보 수신자가 그 파일을 내려받을 수 있는 형태를 말한다.

③ 개인이 인터넷상에서 정보 검색 등을 통해 파일을 찾는 방식(개인↔서버)과는 다른 개념이다.

(6) 공유설정

컴퓨터 소유자의 파일을 타인이 조회 · 변경 · 복사 등을 할 수 있도록 설정하는 것을 말한다.

공유설정은 컴퓨터 소유자의 파일, 폴더 등을 타인이 접근하여 조회, 변경, 복사 등을 할 수 있도록 권한을 설정하는 것을 말한다.

(7) 모바일 기기

무선망을 이용할 수 있는 스마트폰, 태블릿 컴퓨터 등 개인정보 처리에 이용되는 휴대용 기기를 말한다.

① 모바일 기기는 손에 들거나 몸에 간편하게 지니고 다닐 수 있는 스마트폰, 태블릿PC, PDA(Personal Digital Assistant) 등을 이동통신망, 와이파이(Wi-Fi) 등의 무선망을 이용하여 개인정보 처리에 이용되는 휴대용 기기이다.

② 개인정보 처리에 이용되는 휴대용 기기의 의미는 개인정보 처리자가 업무를 목적으로 개인정보 취급자로 하여금 개인정보 처리에 이용하도록 하는 휴대용 기기를 말한다.

③ 개인 소유의 휴대용기기라 할지라도 개인정보 처리자의 업무 목적으로 개인정보 처리에 이용되는 경우는 모바일 기기에 포함된다. 단, 개인정보 처리자의 업무 목적으로 개인정보 처리에 이용되지 않는 휴대용기기는 모바일 기기에서 제외된다.

(8) 비밀번호

정보 주체 및 개인정보 취급자 등이 개인정보 처리 시스템 또는 정보통신망을 관리하는 시스템 등에 접속할 때 식별자와 함께 입력하여 정당한 접속 권한을 가진 자라는 것을 식별할 수 있도록 시스템에 전달해야 하는 고유의 문자열로서 타인에게 공개되지 않는 정보를 말한다.

① 비밀번호란 정보 주체 또는 개인정보 취급자 등이 개인정보 처리 시스템, 업무용 컴퓨터 또는 정보통신망 등에 접속할 때 계정정보(ID)와 함께 입력하여 정당한 접속 권한을 가진 자라는 것을 식별할 수 있도록 시스템에 전달해야 하는 고유의 문자열로서 타인에게 공개되지 않는 정보를 말한다.

② 사용자 인증 및 비밀번호의 기능으로 생체인식, 보안카드, 일회용 비밀번호(One Time Password)가 사용되기도 한다.

③ 식별자는 정보 주체 식별을 위한 목적으로 사용되는 ID, 사용자 이름, 사용자 계정명 등을 말한다.

④ 문자열은 영문 대문자(예 A~Z), 영문 소문자(예 a~z), 숫자(예 0~9), 특수문자(예 ~, !, @ 등)을 말한다.

⑤ 타인에게 공개되지 않은 정보의 의미는 타인이 비밀번호를 파악할 수 있도록 관리되어서는 안 된다는 것이다. 이는 본인 이외의 내부 직원 또는 비인가자나 공격자 등에 의하여 고의 또는 악의적으로 개인정보 처리 시스템 등에 접속하여 개인정보를 유출하는 등 불법행위가 가능하기 때문이다.

(9) 생체정보

지문, 얼굴, 홍채, 정맥, 음성, 필적 등 개인의 신체적, 생리적, 행동적 특징에 관한 정보로서 특정 개인을 인증·식별하거나 개인에 관한 특징을 알아보기 위해 일정한 기술적 수단을 통해 처리되는 정보를 말한다.

① 지문, 얼굴, 홍채, 정맥, 음성, 필적 등의 생체정보는 개인마다 고유의 특징을 갖고 있어 개인을 식별하는 정보로 사용된다.

② 생체정보는 특정 개인을 인증·식별하거나 개인의 특징을 알아보기 위한 목적으로 처리되는 정보로서 신체적 특징, 생리적 특징과 행동적 특징을 기반으로 생성된 정보로 구분할 수 있다.

　㉠ 신체적·행동적·생리적 특징의 구분

신체적 특징	지문, 얼굴, 홍채, 정맥, 음성, 망막의 혈관 모양, 손바닥, 손가락의 정맥 모양, 장문, 귓바퀴 모양, 열상 등
생리적 특징	뇌파, 심전도, 유전정보 등
행동적 특징	필적, 키보드 타이핑(자판 입력 간격·속도), 입술 움직임, 걸음걸이 등

　㉡ 입력장치를 통한 정보수집의 구분

원본정보	사람의 신체적 또는 행동적 특징을 입력장치를 통해 최초로 수집되어 가공되지 않은 정보
특징정보	원본 정보 중 특정 알고리즘을 통해 특징만을 추출하여 생성된 정보

(10) 생체인식정보

생체정보 중 특정 개인을 인증 또는 식별할 목적으로 일정한 기술적 수단을 통해 처리되는 정보를 말한다.

지문, 얼굴, 홍채, 정맥, 음성, 필적 등의 생체정보가 특정 개인을 인증 또는 식별할 목적으로 사용되는 경우 생체인식정보에 해당하며, 생체인식정보는 안전한 알고리즘으로 암호화하여 저장해야 한다.

(11) 인증 정보

개인정보 처리 시스템 또는 정보통신망을 관리하는 시스템 등에 접속을 요청하는 자의 신원을 검증하는 데 사용되는 정보를 말한다.

① 시스템 등에 접속을 요청하는 자는 해당 시스템에 접속하여 업무를 수행하기 위해서 시스템에 알려주어야 하는 ID 등의 정보로서, 시스템에 등록 시 이용자가 선택하거나 계정(또는 권한) 관리자가 부여한 고유한 문자열이다.

② 신원을 검증하는 데 사용되는 정보는 해당 시스템에서 업무를 수행할 수 있는 정당한 식별자임을 증명하기 위하여 식별자와 연계된 정보로서 비밀번호, 생체인식정보, 전자서명 값 등이 있다.

(12) 내부망

인터넷망 차단, 접근 통제 시스템 등에 의해 인터넷 구간에서의 접근이 통제 또는 차단되는 구간을 말한다.

인터넷 구간과 물리적으로 망이 분리되어 있거나, 비인가된 불법적인 접근을 차단하는 기능 등을 가진 접근 통제 시스템에 의하여 인터넷 구간에서의 직접 접근이 불가능하도록 통제·차단된 구간이다.

내부망 구성도(예시 1)

내부망 구성도(예시 2)

(13) 위험도 분석

개인정보 유출에 영향을 미칠 수 있는 다양한 위험 요소를 식별·평가하고 해당 위험 요소를 적절하게 통제할 방안 마련을 위해 종합적으로 분석하는 행위를 말한다.

① 위험도 분석이란 개인정보 처리 시 다양한 위험 요소를 사전에 식별·평가하고 해당 위험 요소를 적절하게 통제할 방안 마련을 위하여 종합적으로 분석하는 행위이다.

② 개인정보 유출에 영향을 미칠 수 있는 위험 요소는 내부자의 고의·과실 등 관리적인 측면과 개인정보 처리 시스템, 관리용 단말기 등의 악성코드 감염으로 인한 해킹 등 기술적인 측면 그리고 비인가자의 전산실 출입 등 물리적인 측면으로 나눌 수 있다.

③ 위험 요소 식별·평가 및 통제 방안으로는 개인정보 처리 시스템 등 자산식별, 위협 확인, 위험 확인, 대책 마련, 사후관리 등이 해당할 수 있다.

(14) 보조 저장매체

> 이동형 하드디스크(HDD), USB 메모리 등 자료를 저장할 수 있는 매체로서 개인정보 처리 시스템 또는 개인용 컴퓨터 등과 쉽게 연결·분리할 수 있는 저장매체를 말한다.

보조 저장매체에는 이동형 하드디스크, USB 메모리, CD, DVD, SD 메모리카드 등은 물론 경우에 따라서는 스마트폰도 보조 저장매체에 포함될 수 있다.

02 개인정보의 안전성 확보 조치 기준

1 안전조치의 기준 적용

> **안전조치의 적용 원칙(제3조)**
> 개인정보 처리자는 처리하는 개인정보의 보유 수, 유형 및 정보 주체에게 미치는 영향 등을 고려하여 스스로의 환경에 맞는
> 개인정보의 안전성 확보에 필요한 조치를 적용하여야 한다.

(1) 안전성 확보 조치

① 개인정보 처리자는 개인정보의 보유 수, 유형, 영향 등을 고려한 개인정보의 안전성 확보 조치를 해야
한다.

② 개인정보 처리자 유형별 분류 기준은 제4조 내부 관리계획 수립 · 시행의 단서 사항으로 일부 남아 있다
(예 1만 명 미만의 정보 주체에 관하여 개인정보를 처리하는 소상공인 · 개인 · 단체의 경우에는 생략
가능).

(2) 개인정보 처리자 유형 및 보유량 안전조치

① 개인정보 처리자 유형에는 공공기관, 대기업, 중견기업, 중소기업, 소상공인, 개인, 단체 등이 있다.

② 개인정보 처리자는 개인정보 보유량의 변경 · 변동 가능 여부에 대하여 정기적으로 확인해야 한다.

③ 개인정보 처리자 유형 또는 개인정보 보유량이 변동되는 경우에도 해당하는 유형의 안전조치 기준을 적
용하여야 한다.

2 내부 관리계획의 수립 · 시행 · 점검

내부 관리계획의 수립 · 시행 및 점검(제4조)

① 개인정보 처리자는 개인정보의 분실 · 도난 · 유출 · 위조 · 변조 또는 훼손되지 아니하도록 내부 의사결정 절차를 통하여 다음 각호의 사항을 포함하는 내부 관리계획을 수립 · 시행하여야 한다. 다만, 1만 명 미만의 정보 주체에 관하여 개인정보를 처리하는 소상공인 · 개인 · 단체의 경우에는 생략할 수 있다.

1. 개인정보 보호조직의 구성 및 운영에 관한 사항
2. 개인정보 보호 책임자의 자격 요건 및 지정에 관한 사항
3. 개인정보 보호 책임자와 개인정보 취급자의 역할 및 책임에 관한 사항
4. 개인정보 취급자에 대한 관리 · 감독 및 교육에 관한 사항
5. 접근 권한의 관리에 관한 사항
6. 접근통제에 관한 사항
7. 개인정보의 암호화 조치에 관한 사항
8. 접속기록 보관 및 점검에 관한 사항
9. 악성 프로그램 등 방지에 관한 사항
10. 개인정보의 유출, 도난 방지 등을 위한 취약점 점검에 관한 사항
11. 물리적 안전조치에 관한 사항
12. 개인정보 유출 사고 대응 계획 수립 · 시행에 관한 사항
13. 위험분석 및 관리에 관한 사항
14. 개인정보 처리 업무를 위탁하는 경우 수탁자에 대한 관리 및 감독에 관한 사항
15. 개인정보 내부 관리계획의 수립, 변경 및 승인에 관한 사항
16. 그 밖에 개인정보 보호를 위하여 필요한 사항

② 개인정보 처리자는 다음 각호의 사항을 정하여 개인정보 보호 책임자 및 개인정보 취급자를 대상으로 사업 규모, 개인정보 보유 수, 업무 성격 등에 따라 차등화하여 필요한 교육을 정기적으로 실시하여야 한다.

1. 교육 목적 및 대상
2. 교육 내용
3. 교육 일정 및 방법

③ 개인정보 처리자는 제1항 각호의 사항에 중요한 변경이 있는 경우에는 이를 즉시 반영하여 내부 관리계획을 수정하여 시행하고, 그 수정 이력을 관리하여야 한다.

④ 개인정보 보호 책임자는 접근 권한 관리, 접속기록 보관 및 점검, 암호화 조치 등 내부 관리계획의 이행 실태를 연 1회 이상 점검 · 관리하여야 한다.

(1) 개인정보 보호조직의 구성 및 운영

① 개인정보 처리자는 개인정보 처리 과정 전반에서 개인정보를 안전하게 관리 · 보호하기 위하여 개인정보 보호조직을 구성하고 운영해야 한다.

② 개인정보 보호조직은 개인정보의 종류, 중요도, 보유량, 개인정보의 처리 방법 및 환경 등을 고려하여 개인정보 처리자 스스로 구성 및 운영하도록 해야 한다.

③ 개인정보 보호조직은 인사 명령, 업무분장, 내부 관리계획 등에 명시하도록 하며 인력의 지정에 관한 사항, 역할, 책임, 역량, 요건 등 적정성에 관한 사항 등을 포함할 수 있다.

④ 개인정보 보호조직 역할

  ㉠ 개인정보 보호 책임자 : 개인정보 처리에 관한 업무를 총괄하여 책임지는 자

  ㉡ 개인정보 보호 담당 : 개인정보 보호 책임자의 지휘 · 감독하에 개인정보 보호 책임자의 업무를 지원하는 자

ⓒ 개인정보 취급 부서 : 개인정보를 처리하는 부서

ⓓ 개인정보 취급자 : 개인정보 처리자의 지휘·감독을 받아 개인정보를 처리하는 업무를 담당하는 자

⑤ 개인정보 보호조직 구성도

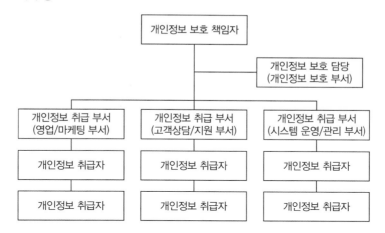

(2) 개인정보 보호 책임자의 자격 요건 및 지정

① 개인정보 보호 책임자는 개인정보 처리에 관한 전반적인 사항을 결정하고 그 제반 책임을 질 수 있어야 한다.

② 개인정보 보호 책임자는 개인정보 보호 법령 및 제도 및 기술 등에 대해 이해와 지식을 보유해야 한다.

③ 개인정보 보호 책임자는 개인정보의 수집·이용·제공 등 처리에 대하여 실질적인 권한을 가져야 한다.

④ 개인정보 보호 책임자는 조직 내에서 개인정보 처리에 관한 독자적인 의사결정을 할 수 있는 지위에 있어야 한다.

⑤ 개인정보 보호 책임자는 개인정보 보호 관련 계획 수립·시행, 처리, 실태 조사 및 개선, 이용자 고충 처리, 내부 통제 시스템 구축 등의 역할을 한다.

⑥ 개인정보 처리자가 개인정보 보호 책임자를 지정하거나 변경하는 경우에는 개인정보 처리 방침에 공개하여야 한다.

⑦ 개인정보 처리자는 이용자의 개인정보를 보호하고 개인정보와 관련한 이용자의 고충을 처리하기 위하여 개인정보 보호 책임자를 인사 명령 등으로 공식적으로 지정해야 한다.

⑧ 책임 있는 의사결정을 할 수 있는 임원, 개인정보의 처리에 대해 실질적 권한을 가진 부서의 장 등을 개인정보 보호 책임자로 지정할 수 있다.

⑨ 개인정보 처리자는 자격 요건을 충족한 자를 개인정보 보호 책임자로 지정하여야 하며, 이에 관한 사항을 내부 관리계획에 포함해야 한다.

개인정보 보호 책임자의 지정(개인정보 보호법 제31조 제1항)
개인정보 처리자는 개인정보의 처리에 관한 업무를 총괄해서 책임질 개인정보 보호 책임자를 지정하여야 한다.

개인정보 보호 책임자의 업무 및 지정 요건(개인정보 보호법 시행령 제32조 제2항, 24.9.15 시행)
1. 공공기관
   가. 국회, 법원, 헌법재판소, 중앙선거관리위원회의 행정사무를 처리하는 기관 및 중앙행정 기관 : 고위공무원단에 속하는 공무원(고위공무원) 또는 그에 상당하는 공무원
   나. 가목 외에 정무직공무원을 장(長)으로 하는 국가기관 : 3급 이상 공무원(고위공무원을 포함) 또는 그에 상당하는 공무원
   다. 가목 및 나목 외에 고위공무원, 3급 공무원 또는 그에 상당하는 공무원 이상의 공무원을 장으로 하는 국가기관 : 4급 이상 공무원 또는 그에 상당하는 공무원
   라. 가목부터 다목까지의 규정에 따른 국가기관 외의 국가기관(소속 기관 포함) : 해당 기관의 개인정보 처리 관련 업무를 담당하는 부서의 장
   마. 시·도 및 시·도 교육청 : 3급 이상 공무원 또는 그에 상당하는 공무원
   바. 시·군 및 자치구 : 4급 공무원 또는 그에 상당하는 공무원
   사. 각급 학교 : 해당 학교의 행정사무를 총괄하는 사람
   아. 가목부터 사목까지의 규정에 따른 기관 외의 공공기관 : 개인정보 처리 관련 업무를 담당하는 부서의 장. 다만, 개인정보 처리 관련 업무를 담당하는 부서의 장이 2명 이상인 경우에는 해당 공공기관의 장이 지명하는 부서의 장이 된다.
2. 공공기관 외의 개인정보 처리자
   가. 사업주 또는 대표자
   나. 임원(임원이 없는 경우에는 개인정보 처리 관련 업무를 담당하는 부서의 장)

(3) 개인정보 보호 책임자 및 개인정보 취급자의 역할 및 책임

① 개인정보 처리자는 개인정보 보호 책임자가 형식적으로 외부에 보여주기 위한 장치가 아닌 개인정보 처리자의 내부 관리체계를 강화하고 자율규제를 활성화하는 등 개인정보 보호 책임자에게 실질적인 권한과 의무를 부여해야 한다.

② 개인정보 처리자는 개인정보의 처리에 관한 업무를 총괄해서 책임질 개인정보 보호 책임자를 지정하여야 한다(보호법 제31조).

③ 개인정보 보호 책임자를 지정하지 않을 경우에는 개인정보 처리자의 사업주 또는 대표자가 개인정보 보호 책임자가 된다(보호법 제31조).

④ 개인정보 보호 책임자는 업무를 수행하면서 필요하면 개인정보의 처리 현황, 처리 체계 등에 대하여 수시로 조사하거나 관계 당사자로부터 보고를 받을 수 있다(보호법 제31조).

⑤ 개인정보 보호 책임자는 개인정보 보호와 관련하여 개인정보 보호 법령 등의 위반 사실을 알게 되면 즉시 개선 조치를 하여야 한다(보호법 제31조).

⑥ 개인정보 처리자는 개인정보 보호 책임자가 업무를 수행함에 있어서 정당한 이유 없이 불이익을 주거나 받게 하여서는 안 되며, 개인정보 보호 책임자가 업무를 독립적으로 수행할 수 있도록 보장하여야 한다(보호법 제31조).

⑦ 개인정보 보호 책임자는 개인정보 보호 관련 계획 수립·시행, 처리 실태 조사 및 개선, 이용자 고충 처리, 내부 통제 시스템 구축 등의 역할을 한다.

⑧ 개인정보 보호 책임자는 필요하면 사업주 또는 대표자에게 조사 결과 및 개선 조치를 보고하는 등 개인 정보 보호 업무에 관하여 책임질 수 있어야 한다.

(4) 개인정보 취급자에 대한 교육

① 개인정보 처리자는 개인정보의 적정한 취급을 위하여 개인정보 보호 책임자 및 개인정보 취급자에게 최소 연 1회 이상 필요한 교육을 해야 한다.

② 교육의 구체적인 사항에는 교육 목적, 교육 대상, 교육 내용(프로그램 등), 교육 일정 및 방법을 포함해야 한다.

③ 교육의 수립은 내부 관리계획 등에 규정하거나 'ㅇㅇ년 개인정보 보호 교육 계획(안)' 등의 형태로 할 수 있다.

④ 교육 내용은 개인정보 보호 책임자 및 개인정보 취급자의 지위나 직책, 업무 내용과 특성, 업무 숙련도, 조직 환경, 피교육자의 지식수준 등에 따라 각기 그 방식을 다르게 편성할 수 있다.

⑤ 해당 업무 수행을 위한 분야별 전문기술 교육, 필수사항(예 개인정보 보호 관련 법률 및 제도, 내부 관리계획 등)을 포함한 교육을 한다.

⑥ 교육 방법에는 사내교육, 외부교육, 위탁교육 등 여러 종류가 있을 수 있으며, 조직의 여건 및 환경을 고려하여 집체교육, 온라인 교육 등 다양한 방법을 활용할 수 있다.

⑦ 교육 결과의 세부 실적은 개인정보 처리자가 실시한 교육 과정별 수료증 발급 등으로 관리할 수 있다.

⑧ 교육참석자를 확인할 수 있는 정보는 교육 장소를 출입한 기록(예 출석 태그)과 교육참석자 수기 서명 자료 등을 활용할 수 있다.

⑨ 개인정보 보호 교육 내용

ㄱ 개인정보 보호의 중요성

ㄴ 내부 관리계획의 제·개정에 따른 준수 및 이행

ㄷ 위험 및 대책이 포함된 조직 보안 정책, 보안지침, 지시 사항, 위험관리 전략

ㄹ 개인정보 처리 시스템의 안전한 운영·사용법(예 하드웨어, 소프트웨어 등)

ㅁ 개인정보의 안전성 확보 조치 기준

ㅂ 개인정보 보호 업무의 절차, 책임, 방법

ㅅ 개인정보 처리 절차별 준수사항 및 금지 사항

ㅇ 개인정보 유·노출 및 침해 신고 등에 따른 사실 확인 및 보고, 피해구제 절차 등

(5) 접근 권한의 관리

① 개인정보 처리 시스템 등에 접근 권한이 없는 자의 접근을 방지하기 위한 관리 사항이다.

② 개인정보 취급자 등에게 업무 수행에 필요한 최소한의 범위로 접근 권한을 부여하며, 변경·말소에 대한 내역을 기록하고 최소 3년간 보관한다.

③ 개인정보 취급자 등에 대한 비밀번호 작성 규칙을 수립 및 적용한다.

(6) 접근통제에 관한 사항

① 정보통신망을 통한 개인정보 처리 시스템 등에 불법적인 접근을 차단하고 개인정보의 침해사고를 예방·방지하기 위함이다.

② 정보통신망을 통한 불법적인 접근을 방지하기 위해 위한 침입 차단, 침입 탐지 기능을 포함한 조치를 한다.

③ 개인정보 취급자가 정보통신망을 통해 외부에서 개인정보 처리 시스템에 접속하는 경우에는 안전한 접속 수단 또는 안전한 인증수단을 적용해야 한다.

④ 개인정보 유·노출 방지를 위한 업무용 컴퓨터 등에 대한 안전조치를 해야 한다.

⑤ 고유 식별정보를 처리하는 인터넷 홈페이지에 대한 취약점 점검 및 개선 조치를 해야 한다.

(7) 개인정보의 암호화 조치 사항

① 고유 식별정보, 비밀번호 및 생체인식정보가 개인정보 처리 시스템 등에 저장되거나 정보통신망을 통해 전송되는 경우, 노출 및 위·변조 등을 방지해야 한다.

② 고유 식별정보, 비밀번호 및 생체인식정보는 안전한 알고리즘으로 암호화하여 저장한다.

③ 고유 식별정보, 비밀번호 및 생체인식정보는 정보통신망을 통해 송신 시 암호화한다.

(8) 접속기록의 보관 및 점검

개인정보 취급자가 개인정보 처리 시스템에 접속한 정보 등을 확인할 수 있는 중요한 사항으로 다음 접속기록의 보관·점검 사항을 포함해야 한다.

① 개인정보 취급자가 개인정보 처리 시스템에 접속한 기록의 보관기간을 확인한다.

② 개인정보 처리 시스템의 접속기록 점검 주기는 월 1회 이상으로 한다.

③ 개인정보를 다운로드 했을 경우 사유를 반드시 확인하여야 하는 기준과 사유 확인에 필요한 사항 등을 포함해야 한다.

④ 개인정보 처리자의 업무환경을 고려한 다운로드 기준(예 다운로드 정보 주체의 수, 일정 기간 내 다운로드 횟수 등)을 정하여 업무 목적 외의 불법행위 등으로 의심할 수 있는 다운로드에 대해 그 사유를 반드시 확인해야 한다.

(9) 악성 프로그램 등 방지

업무용 컴퓨터 등에 악성 프로그램 등의 설치로 인한 개인정보의 유출을 예방하기 위해 다음의 악성 프로그램 등 방지에 관한 사항을 포함해야 한다.

① 백신 소프트웨어 등의 보안 프로그램을 설치하고 운영한다.

② 보안 프로그램은 최신 상태로 유지하고 보안 업데이트를 한다.

(10) 물리적 안전조치(개인정보 처리 시스템 포함)

① 개인정보가 보관된 물리적 장소나 서류·보조 저장매체 등을 안전하게 관리하기 위해 물리적 안전조치에 관한 사항을 포함해야 한다.

　㉠ 전산실 등 물리적 보관 장소를 두고 있는 경우에는 출입 통제 절차를 수립·운영한다.

　㉡ 서류, 보조 저장매체 등은 잠금장치가 있는 안전한 장소에 보관한다.

ⓒ 보조 저장매체의 반출 · 입 통제를 위한 보안대책 등을 마련한다.

② 재난정보처리자는 재해 · 재난 발생 시 개인정보 처리 시스템 보호를 통한 개인정보의 손실, 훼손 등을 방지하기 위해 재해 · 재난 대비 안전조치에 관한 사항을 포함해야 한다.

ⓐ 개인정보 처리 시스템 보호를 위한 대응 절차 마련 및 점검

ⓑ 개인정보 처리 시스템 백업 및 복구를 위한 계획 마련 등

(11) 개인정보 유출 사고 대응 계획 수립 · 시행

① 개인정보 유출 사고 발생 시 신속한 대응을 통해 피해 발생을 최소화하기 위하여 긴급조치, 유출 신고 및 통지, 피해 신고 접수 및 피해구제 등의 사고 대응 계획을 수립 · 시행하여야 한다.

② 개인정보 유출 사고 대응 절차

ⓐ 개인정보 유출 대응체계 구축

개인정보 유출 사실을 CEO에게 보고 → 개인정보 유출 신속대응팀(예 개인정보 보호 책임자, 개인정보 보호 담당자, 정보보호 담당자, 고객지원 부서) 구성 · 운영

ⓑ 피해 최소화 및 긴급조치

해킹	유출된 시스템 분리 · 차단 조치, 관련 로그 등 증거자료 확보, 유출 원인 분석, 이용자 및 개인정보 취급자 비밀번호 변경 등
내부자 유출	유출 경로 확인, 유출에 활용된 컴퓨터/USB/이메일/출력물 등 회수, 취급자의 접근 권한 확인, 비정상 접근 경로 차단 등
이메일 오발송	발송 이메일 즉시 회수, 수신자에게 오발송 메일 삭제 요청, 대용량 메일서버 운영자에게 파일 삭제 요청, 파일 전송 시 암호화 등
개인정보 노출	• 검색엔진 : 노출된 개인정보 삭제 요청, 로봇 배제 규칙 적용 등 외부접근 차단 • 시스템 오류 : 소스 코드, 서버 설정 오류 등 원인 파악 및 수정 등 • 취급자 부주의 노출 : 게시글 삭제, 첨부파일에서 개인정보 마스킹 처리 등

ⓒ 유출통지 및 신고

• 개인정보 유출 신고

구분	개인정보 처리자	정보통신 서비스 제공자 등	신용정보회사 등에서의 상거래 기업 및 법인에 한정
규모	1천 명 이상	1명 이상	1만 명 이상
시점	5일 이내	24시간 이내	5일 이내
기관	개인정보 보호 위원회/한국인터넷진흥원		

• 개인정보 유출통지

구분	개인정보 처리자	정보통신 서비스 제공자 등	신용정보회사 등에서의 상거래 기업 및 법인에 한정
규모	1명 이상		
시점	5일 이내	24시간 이내	5일 이내
방법	서면, 홈페이지, 전화, 팩스, 이메일, 우편 등 개별 통지		
통지 내용	유출된 개인정보 항목, 유출 시점 및 경위, 정보 주체 피해 최소화 조치, 개인정보 처리자 대응조치 및 피해 구제 절차, 피해 신고 · 상담 부서 및 연락처 등		

ⓔ 정보 주체 피해구제 및 재발 방지

정보 주체 피해구제	• 홈페이지 등을 통한 유출 여부 조회 기능 제공 • 유출로 인한 피해 신고, 접수, 상담, 문의 등 각종 민원 대응 방안 마련 • 유출 대응 현장 혼란 최소화 방안 강구 • 보이스피싱 등 2차 피해 방지를 위한 유의 사항 안내 • 피해 보상 계획 마련 및 손해배상제도 등 안내
재발 방지 대책 마련	• 개인정보 유출 원인 등에 대한 적절하나 대책 마련 • 취급자 대상 정기적인 개인정보 보호 교육 실시 • 홈페이지 취약점 제거 등 유출 사고 예방을 위한 안전조치 강화 등

(12) 위험도의 분석 및 관리

① 개인정보 유출에 영향을 미칠 수 있는 다양한 위험 요소를 사전에 식별 · 평가하기 위해 위험도 분석 및 대응 방안을 마련해야 한다.

② 해당 위험 요소를 적절하게 통제할 방안을 마련하기 위해 종합적으로 분석하는 등 위험도 분석 및 대응 방안을 마련해야 한다.

③ 위험도 분석 및 대응 방안

    ⊙ '개인정보 위험도 분석 기준 및 해설서'에 따른 위험도 분석을 수행하고 대응 방안을 마련한다.

    ⊙ 개인정보 처리자가 처리하는 개인정보의 종류 및 중요도, 개인정보를 처리하는 방법 및 환경 등에 따라 국제표준 및 전문기관 권고사항 등을 적용하는 등 개인정보 처리자 스스로 이행할 수도 있다.

④ 위험도 분석 및 대응 방안

자산식별	개인정보, 개인정보 처리 시스템 등 보호 대상을 명확하게 확인
위협 확인	자산에 손실 또는 해를 끼칠 수 있는 위협 요소(예 취약점 등) 확인
위험 확인	위협으로 인하여 자산에 영향을 끼칠 수 있는 위험의 내용과 정도 확인
대책 마련	위험에 대한 적절한 통제 방안 마련
사후관리	위험 대책을 적용하고 지속해서 개선 · 관리를 위한 안전조치 사항 관리

(13) 개인정보 처리 업무를 위탁하는 경우 수탁자에 대한 관리 및 감독

① 개인정보 처리자는 위탁으로 정보 주체의 개인정보가 분실 · 도난 · 유출 · 변조 · 훼손되지 아니하도록 수탁자를 정기적으로 교육해야 하고, 수탁자가 개인정보를 안전하게 처리하는지를 감독해야 한다.

② 수탁자의 개인정보 처리 현황 및 실태, 목적 외 이용 · 제공, 재위탁 여부, 안전성 확보 조치 여부 등을 정기적으로 점검 등 관리 · 감독해야 한다.

③ 내부 관리계획에는 수탁자에 대한 교육 및 감독의 시기와 방법, 절차, 점검 항목 등을 포함해야 한다.

④ 개인정보 처리자는 수탁자 교육 및 감독에 대한 기록을 남기고 문제점이 발견된 경우 그에 따른 개선 조치를 하여야 한다.

업무위탁에 따른 개인정보의 처리 제한(개인정보 보호법 제26조 제4항)

위탁자는 업무위탁으로 인하여 정보 주체의 개인정보가 분실·도난·유출·위조·변조 또는 훼손되지 아니하도록 수탁자를 교육하고, 처리 현황 점검 등 대통령령으로 정하는 바에 따라 수탁자가 개인정보를 안전하게 처리하는지를 감독하여야 한다.

(14) 개인정보 내부 관리계획의 수립, 변경, 승인에 관한 사항

① 내부 관리계획은 조직 전체를 대상으로 마련하며, 기술적·관리적·물리적 보호조치에 관한 사항은 모두 포함한다.

　　㉠ 문서 제목은 내부 방침에 따라 다른 용어로 사용할 수 있다.

　　㉡ 사업 규모, 서비스의 유형, 개인정보 보유 수, 처리하는 개인정보의 유형 및 중요도, 개인정보를 처리하는 방법 및 환경, 보안 위험 요인 등을 고려하여 각자 환경에 맞는 내부 관리계획을 수립한다.

　　㉢ 내부 관리계획을 구체적으로 수립한 후에 세부 지침, 절차, 가이드, 안내서 등을 추가로 수립한다.

② 개인정보 처리자는 자신의 환경을 고려하여 수립한 내부 관리계획의 승인에 관한 사항을 마련해야 한다.

　　㉠ 내부 관리계획은 전사적인 계획 내에서 시행될 수 있도록 사업주 또는 대표자에게 내부 결재 등의 승인을 받아야 한다.

　　㉡ 사내 게시판 게시, 교육 등의 방법으로서 모든 임직원 및 관련자에게 전달해야 한다.

　　㉢ 개인정보 처리 방법 및 환경 등의 변화로 인하여 내부 관리계획에 중요한 변경이 있을 때는 그 변경 사항을 즉시 반영하고 내부 관리계획을 승인받는다.

　　㉣ 내부 관리계획 수정·변경 시 내용 및 시행 시기 등 그 이력의 관리는 승인받아야 한다.

(15) 그 외 개인정보 보호를 위해 필요한 사항

① 개인정보 처리자는 처리하는 개인정보의 종류 및 중요도, 보유량을 고려하여 안전조치 사항을 반드시 추가해야 한다.

② 개인정보를 처리하는 방법 및 환경 등을 고려하여 개인정보의 분실·도난·유출·위조·변조, 훼손되지 않도록 추가적으로 안전조치를 포함해야 한다.

③ 인증제도·인증마크의 도입, 소프트웨어 보안 취약점 점검 및 모의해킹, 내·외부 관리 실태 점검 및 평가 등에 관한 사항이 이에 해당될 수 있다.

3 접근 권한의 관리

> **접근 권한의 관리(제5조)**
> ① 개인정보 처리자는 개인정보 처리 시스템에 대한 접근 권한을 개인정보 취급자에게만 업무 수행에 필요한 최소한의 범위로 차등 부여하여야 한다.
> ② 개인정보 처리자는 개인정보 취급자 또는 개인정보 취급자의 업무가 변경되었을 경우 지체 없이 개인정보 처리 시스템의 접근 권한을 변경 또는 말소하여야 한다.
> ③ 개인정보 처리자는 제1항 및 제2항에 의한 권한 부여, 변경 또는 말소에 대한 내역을 기록하고, 그 기록을 최소 3년간 보관하여야 한다.
> ④ 개인정보 처리자는 개인정보 처리 시스템에 접근할 수 있는 계정을 발급하는 경우 정당한 사유가 없는 한 개인정보 취급자별로 계정을 발급하고 다른 개인정보 취급자와 공유되지 않도록 하여야 한다.
> ⑤ 개인정보 처리자는 개인정보 취급자 또는 정보 주체의 인증수단을 안전하게 적용하고 관리하여야 한다.
> ⑥ 개인정보 처리자는 정당한 권한을 가진 개인정보 취급자 또는 정보 주체만이 개인정보 처리 시스템에 접근할 수 있도록 일정 횟수 이상 인증에 실패한 경우 개인정보 처리 시스템에 대한 접근을 제한하는 등 필요한 조치를 하여야 한다.

(1) 접근 권한의 차등 부여

① 개인정보 처리자는 개인정보의 분실·도난·유출·변조·훼손 방지를 위하여 개인정보 처리 시스템에 대한 접근 권한을 업무 담당자별로 차등 부여하고 접근통제를 위한 안전조치를 취한다.

② 개인정보 처리자가 가명 정보를 처리하는 경우, 가명 정보에 접근 권한이 있는 담당자가 특정 개인을 알아보기 위한 목적으로 가명 정보를 처리하는 것을 방지하기 위하여 가명 정보에 접근할 수 있는 담당자와 추가 정보에 접근할 수 있는 담당자를 반드시 구분하여야 한다.

    ㉠ 가명 정보에 접근 권한이 있는 담당자가 특정 개인을 식별할 수 있는 정보에 접근할 수 없도록 제한하여야 한다.

    ㉡ 가명 정보와 추가 정보에 대한 접근 권한의 분리가 어려운 정당한 사유가 있는 경우에는 업무 수행에 필요한 최소한 접근 권한 부여 및 접근 권한의 보유 현황을 기록으로 보관하는 등 접근 권한을 관리 및 통제하여야 한다.

③ 개인정보 처리 시스템의 데이터베이스(DB)에 대한 직접적인 접근은 데이터베이스 운영·관리자에 한정하는 등의 안전조치를 적용할 필요성이 있다.

(2) 정보 접근 권한의 변경 및 말소

① 조직 내 임직원의 인사이동(예 전보, 퇴직, 휴직)으로 사용자 계정의 변경·말소가 필요하면 사용자 계정 관리 절차에 따라 통제하여 인가되지 않는 자의 접근을 차단해야 한다.

② 직원의 퇴직 시 그 계정을 지체 없이 변경·말소하는 조치 등을 내부 관리계획 등에 반영하여 이행하도록 한다.

③ 직원의 퇴직 시 계정 말소를 효과적으로 이행하기 위해 퇴직 점검표에 사용자 계정의 말소 항목을 반영하여, 계정 말소 여부의 확인을 받을 수 있다.

④ 개인정보 처리자는 접근 권한 부여, 변경, 말소 내역을 전자적으로 기록하거나, 수기로 작성한 관리대장 등에 기록하고 해당 기록을 최소 3년간 보관하여야 한다.

⑤ 신청자 정보, 신청일시, 승인자 · 발급자 정보, 신청 및 발급 사유 등 발급 과정과 이력 등을 확인할 수 있도록 필요한 정보를 보관하여야 한다.

(3) 사용자 계정 발급 및 보안

① 개인정보 시스템에 접속 가능한 사용자 계정은 개인정보 취급자별로 발급하고, 다른 개인정보 취급자와 공유되지 않도록 해야 한다.

② 다수의 개인정보 취급자가 동일한 업무를 수행한다 하더라도 하나의 사용자 계정을 공유하지 않도록 개인정보 취급자별로 아이디(ID)를 발급하여 사용한다.

③ 각 개인정보 취급자별 개인정보 처리 내역에 대한 책임 추적성을 확보하여야 한다.

> **더 알아보기**　**책임 추적성(Accountability)**
>
> 개인정보 취급에 따른 문제 발생 시 사용자 계정을 기반으로 책임소재를 파악하는 것이다.

(4) 비밀번호 작성 규칙의 수립 · 적용

① 개인정보 처리자는 개인정보 취급자 또는 정보 주체가 안전한 비밀번호를 설정하여 이행할 수 있도록 비밀번호 작성 규칙을 수립해야 한다.

② 개인정보 처리자는 비밀번호 작성 규칙을 개인정보 처리 시스템, 접근통제 시스템, 인터넷 홈페이지 등에 적용해야 한다.

③ 비밀번호는 정당한 접속 권한을 가지지 않는 자가 추측 혹은 접속을 시도할 수 없도록 문자, 숫자 등으로 조합 · 구성하여야 한다.

④ 비밀번호 이외의 추가적인 인증에 사용되는 휴대폰 인증, 일회용 비밀번호(OTP) 등은 비밀번호 작성 규칙을 적용하지 않을 수 있다.

⑤ 개인정보 처리 시스템의 데이터베이스(DB)에 접속하는 DB 관리자의 비밀번호는 복잡하게 구성하고 변경 주기를 짧게 하는 등 강화된 안전조치를 적용할 필요가 있다.

> **더 알아보기**　**비밀번호 설정을 위한 활용 Tip**
>
> 안전한 비밀번호 설정을 위해 한국인터넷진흥원(KISA)의 암호 이용 활성화 홈페이지(https://seed.kisa.or.kr)에서 제공하는 '패스워드 선택 및 이용안내서'나 비밀번호 안전성 검증 소프트웨어 등을 활용할 수 있다.

(5) 비밀번호 작성 규칙

① 비밀번호는 문자, 숫자의 조합, 구성에 따라 최소 8자리 또는 10자리 이상의 길이로 구성한다.
　　㉠ 최소 8자리 이상 비밀번호 : 두 종류 이상의 문자(예 알파벳 대문자와 소문자, 특수문자, 숫자를 포함)를 이용하여 구성한다.
　　㉡ 최소 10자리 이상 비밀번호 : 하나의 문자 종류로 구성한다. 단, 숫자로만 구성 시 취약할 수 있다.

② 비밀번호는 추측하거나 유추하기 어렵게 설정한다.

③ 동일한 문자 반복(예 aaabbb, 123123 등), 키보드에서 나란히 있는 문자열(예 qwer 등), 일련번호(예 12345678 등), 가족 이름, 생일, 전화번호 등은 사용하지 않는다.

④ 비밀번호가 제3자에게 노출되었을 경우 지체 없이 새로운 비밀번호로 변경해야 한다.

(6) 계정번호 · 비밀번호 오입력 시의 조치

① 개인정보 처리자는 계정정보 또는 비밀번호를 일정 횟수 이상 잘못 입력한 경우에는 접근을 제한하는 등 기술적 조치를 하여야 한다.

　㉠ 5회 이상 계정정보 · 비밀번호를 잘못 입력한 경우 사용자 계정 잠금조치를 한다.

　㉡ 계정정보 · 비밀번호 입력과 동시에 추가적인 인증수단(예 인증서, OTP 등)을 적용하여 정당한 접근 권한자임을 확인한다.

② 개인정보 취급자에게 개인정보 처리 시스템에 대한 접근을 재부여하는 경우에도 반드시 개인정보 취급 자 여부를 확인 후 계정 잠금 해제 등의 조치가 필요하다.

(7) 비밀번호의 공격 방법

① 일반적인 비밀번호 공격 방법은 사전공격과 무작위 대입 공격이 있다.

　㉠ 사전공격(Dictionary Attack) : 자주 사용되는 단어를 비밀번호에 대입하는 것이다.

　㉡ 무작위 대입 공격(Brute Force) : 가능한 한 모든 문자열 조합 및 경우의 수 대입으로 비밀번호에 대 입해 보는 것이다.

　㉢ 사전공격 · 무작위 대입 공격의 대응 방안

　　• 일정 시간 반복된 로그인 실패 시 차단한다.

　　• 정해진 로그인 실패 횟수 초과 시 계정을 잠근다.

　　• 비밀번호나 ID의 일정한 횟수 실패 시에 차단한다.

② 레인보우 테이블 공격

　㉠ 해시 함수(예 MD5, SHA-1, SHA-2 등)을 사용하여 만들어 낼 수 있는 값들을 저장한 표를 이용한 공격이다.

　㉡ 사전공격이나 무작위 공격에 비해 시간이 적게 소요된다.

　㉢ 비밀번호 보안대책

　　• 암호화 연결(S-HTTP, SSH 등)이나 프로토콜을 사용한다.

　　• 서버에서 비밀번호 파일을 해시 파일로 일방향 암호화하여 저장한다.

　　• 비밀번호의 만료 기간을 설정한다.

　　• 사용자에게 주기적인 비밀번호 변경 요청과 동일한 비밀번호 재사용을 금지한다.

　　• 비밀번호 파일에 대한 접근을 통제한다.

　　• 실패한 로그인 시도 횟수를 제한하도록 임계치를 설정한다.

　　• 새로운 사용자 계정 생성과 처음 로그인 시 반드시 새로운 비밀번호 변경을 강제한다.

4 접근통제

접근통제(제6조)
① 개인정보 처리자는 정보통신망을 통한 불법적인 접근 및 침해사고 방지를 위해 다음 각 호의 안전조치를 하여야 한다.
　　1. 개인정보 처리 시스템에 대한 접속 권한을 인터넷 프로토콜(IP) 주소 등으로 제한하여 인가받지 않은 접근을 제한
　　2. 개인정보 처리 시스템에 접속한 인터넷 프로토콜(IP) 주소 등을 분석하여 개인정보 유출 시도 탐지 및 대응
② 개인정보 처리자는 개인정보 취급자가 정보통신망을 통해 외부에서 개인정보 처리 시스템에 접속하려는 경우 인증서, 보안 토큰, 일회용 비밀번호 등 안전한 인증수단을 적용하여야 한다. 다만, 이용자가 아닌 정보 주체의 개인정보를 처리하는 개인정보 처리 시스템의 경우 가상사설망 등 안전한 접속 수단 또는 안전한 인증수단을 적용할 수 있다.
③ 개인정보 처리자는 처리하는 개인정보가 인터넷 홈페이지, P2P, 공유설정 등을 통하여 권한이 없는 자에게 공개되거나 유출되지 않도록 개인정보 처리 시스템, 개인정보 취급자의 컴퓨터 및 모바일 기기 등에 조치를 하여야 한다.
④ 개인정보 처리자는 개인정보 처리 시스템에 대한 불법적인 접근 및 침해사고 방지를 위하여 개인정보 취급자가 일정 시간 이상 업무처리를 하지 않는 경우에는 자동으로 접속이 차단되도록 하는 등 필요한 조치를 하여야 한다.
⑤ 개인정보 처리자는 업무용 모바일 기기의 분실·도난 등으로 개인정보가 유출되지 않도록 해당 모바일 기기에 비밀번호 설정 등의 보호조치를 하여야 한다.
⑥ 전년도 말 기준 직전 3개월간 그 개인정보가 저장·관리되고 있는 이용자 수가 일일 평균 100만 명 이상인 개인정보 처리자는 개인정보 처리 시스템에서 개인정보를 다운로드 또는 파기할 수 있거나 개인정보 처리 시스템에 대한 접근 권한을 설정할 수 있는 개인정보 취급자의 컴퓨터 등에 대한 인터넷망 차단 조치를 하여야 한다. 다만, 클라우드컴퓨팅 발전 및 이용자 보호에 관한 법률 제2조 제3호에 따른 클라우드컴퓨팅 서비스를 이용하여 개인정보 처리 시스템을 구성·운영하는 경우에는 해당 서비스에 대한 접속 외에는 인터넷을 차단하는 조치를 하여야 한다.

(1) 정보통신망을 통한 불법적인 접근 및 침해사고 방지 조치

개인정보 처리자는 개인정보 처리 시스템에서 정보통신망을 통한 불법적인 접근 및 침해사고를 방지하기 위해 다음의 기능을 포함한 안전조치를 한다.

① 침입 차단 기능 : 개인정보 처리 시스템에 대한 접속 권한을 IP(Internet Protocol) 주소, 포트(Port), MAC(Media Access Control) 주소 등으로 제한하여 인가받지 않은 접근을 제한하도록 한다.

② 침입 탐지 기능 : 개인정보 처리 시스템에 접속한 IP(Internet Protocol) 주소, 포트(Port), MAC(Media Access Control) 주소 등을 분석하여 불법적인 개인정보 유출 시도를 탐지하고 접근 제한·차단 등 적절한 대응조치를 해야 한다.

③ 침입 차단 및 침입 탐지 기능을 갖는 장비 설치와 함께 침입 차단 및 침입 탐지 정책설정, 개인정보 처리 시스템에 접속한 이상 행위 대응, 로그 훼손 방지 등 적절한 운영·관리가 필요하다.

더 알아보기

불법적인 접근
인가되지 않은 자(내·외부자 모두 포함)가 사용자 계정 탈취, 자료 유출 등의 목적으로 개인정보 처리 시스템, 개인정보 취급자의 컴퓨터 등에 접근하는 것

침해사고
해킹, 컴퓨터바이러스, 논리폭탄, 메일폭탄, 서비스 거부 또는 고출력 전자기파 등의 방법으로 정보통신망 또는 이와 관련된 정보 시스템을 공격하는 행위를 하여 발생한 사태

(2) 침입 차단 · 침입 탐지 기능을 갖춘 장비의 설치 방법

① 침입 차단 시스템, 침입 탐지 시스템, 침입 방지 시스템, 웹 방화벽, 보안 운영체제(Secure OS), 로그 분석시스템, ACL(Access Control List)을 적용한 네트워크 장비, 통합보안관제시스템 등을 활용하여 설치 · 운영하여야 한다.

② 스위치 등의 네트워크 장비에서 제공하는 ACL(Access Control List : 접근제어목록) 등 기능을 이용하여 IP 주소 등을 제한함으로써 침입 차단 기능을 구현할 수 있다.

③ 인터넷데이터센터(IDC), 클라우드 서비스, 보안업체 등에서 제공하는 보안 서비스 등도 활용할 수 있다.

④ 공개용 무료 소프트웨어(S/W)를 사용하거나, 운영체제(OS)에서 제공하는 기능을 활용하여 해당 기능을 포함한 시스템을 설치 · 운영할 수 있다.

⑤ 공개용 무료 소프트웨어를 사용하는 경우에는 접근 제한 기능 및 유출 탐지 기능이 모두 충족되는지, 해당 S/W가 정기적으로 업데이트되는지 등을 사전에 점검하고 설치 · 운영하여야 한다.

⑥ 접근 제한 기능 및 유출 탐지 기능의 충족을 위해서는 단순히 시스템을 설치하는 것만으로는 부족하며, 신규 위협 대응 및 정책의 관리를 위한 다음 방법을 활용하여 체계적으로 운영 · 관리해야 한다.

   ㉠ 정책 설정 운영 : 신규 위협 대응 등을 위하여 접근 제한 정책 및 유출 탐지 정책을 설정하고 지속적인 업데이트 적용 및 운영 · 관리를 해야 한다.
- 신규 취약점 또는 침해사고 발생 시 보안 업데이트를 적용
- 과도하게 허용되거나 사용되지 않는 정책 등에 대하여 주기적 검토 및 조치

   ㉡ 이상 행위 대응 : 모니터링 등을 통해 인가받지 않은 접근을 제한하거나 인가자의 비정상적인 행동에 대응한다.
- 동일 IP, 해외 IP 주소에서의 과도한 또는 비정상적인 접속 시도 탐지 및 차단 조치
- 개인정보 처리 시스템에서 과도한 또는 비정상적인 트래픽 발생 시 탐지 및 차단 조치 등

   ㉢ 로그 분석 : 로그 등의 대조 또는 분석을 통하여 이상 행위를 탐지 또는 차단한다.

> **더 알아보기**
>
> 로그는 침입 차단 시스템 또는 침입 탐지 시스템의 로그기록에 한정하지 않고, 개인정보 처리 시스템의 접속기록, 네트워크 장비의 로그기록, 보안장비 소프트웨어의 기록 등을 포함해야 한다.

⑦ IP 주소 등에는 IP 주소, 포트 그 자체뿐만 아니라, 해당 IP 주소의 행위(예 과도한 접속 성공 및 실패, 부적절한 명령어 등 이상 행위 관련 패킷)를 포함한다.

(3) 개인정보 처리자의 안전한 접속 수단 및 인증수단 적용

① 인터넷 구간 등 외부로부터 개인정보 처리 시스템에 대한 접속은 원칙적으로 차단해야 하지만, 개인정보 처리자의 업무 특성이나 필요에 의한 경우에는 안전한 접속 수단 등을 통해 적용해야 한다.

② 개인정보 취급자는 노트북, 업무용 컴퓨터, 모바일 기기 등 외부에서 정보통신망을 통해 개인정보 처리 시스템에 접속이 필요한 경우에는 안전한 접속수단을 적용하거나 안전한 인증수단을 적용해야 한다.

③ 접속 수단 및 인증수단

가상사설망 및 전용선 구성

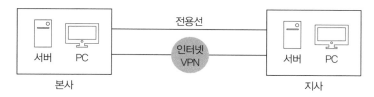

접속 수단	가상사설망 (VPN; Virtual Private Network)	개인정보 취급자가 사업장 내의 개인정보 처리 시스템에 대해 원격으로 접속할 때 IPsec이나 SSL 기반의 암호 프로토콜을 사용한 터널링 기술을 통해 안전한 암호통신을 할 수 있도록 해주는 보안 시스템
	전용선	물리적으로 독립된 회선으로서 두 지점 간에 독점적으로 사용하는 회선 예 개인정보 처리자와 개인정보 취급자, 본점과 지점 간 직통으로 연결하는 회 선 등
인증 수단	인증서 (PKI; Public Key Infrastructure)	전자상거래 등에서 상대방과의 신원확인, 거래 사실 증명, 문서의 위·변조 여 부 검증 등을 위해 사용하는 전자서명으로서 해당 전자서명을 생성한 자의 신 원을 확인하는 수단
	보안 토큰	암호 연산장치 등으로 내부에 저장된 정보가 외부로 복사, 재생성되지 않도록 공인인증서 등을 안전하게 보호할 수 있는 수단 예 스마트카드, USB 토큰 등
	일회용 비밀번호 (OTP; One Time Password)	무작위로 생성되는 난수를 일회용 비밀번호로 한 번 생성하고, 그 인증값이 한 번만 사용되도록 하는 방식

더 알아보기

• IPsec(IP Security Protocol) : 인터넷 프로토콜(IP) 통신 보안을 위해 패킷에 암호화 기술이 적용된 프로토콜 집합이다.
• SSL(Secure Socket Layer) : 웹 브라우저(클라이언트)와 웹서버(서버) 간에 데이터를 안전하게 주고받기 위해 암호화 기
술이 적용된 보안 프로토콜이다.
• IPsec, SSL 등의 기술이 사용된 가상사설망을 안전하게 사용하기 위해서는, 잘 알려진 취약점(예 Open SSL의
HeartBleed 취약점)들을 조치하고 사용할 필요가 있다.

(4) 개인정보의 공개, 유출 방지를 위한 접근통제 조치

① 개인정보 처리자는 취급 중인 개인정보가 인터넷 홈페이지 등을 통해 열람 권한이 없는 자에게 공개되거
나 유출되지 않도록 접근통제 등에 관한 다음의 안전조치를 해야 한다.

㉠ 인터넷 홈페이지 중 서비스 제공에 사용되지 않거나 관리되지 않는 사이트 또는 URL(Uniform
Resource Locator)에 대한 삭제 또는 차단 조치를 한다.

㉡ 인터넷 홈페이지의 설계·개발 오류 또는 개인정보 취급자의 업무상 부주의 등으로 인터넷 서비스 검
색엔진(구글링 등) 등을 통해 관리자 페이지와 취급 중인 개인정보가 노출되지 않도록 필요한 조치를
한다.

② 인터넷 홈페이지를 통하여 개인정보가 유출될 수 있는 위험성을 줄이기 위하여 정기적으로 웹 취약점 점검을 권고해야 한다.

   ㉠ 유·노출 방지 조치 : 개인정보 처리자는 인터넷 홈페이지의 규모, 여건 등을 고려하여 자신의 환경에 맞는 보호조치를 하되, 보안대책 마련, 보안 기술 마련, 운영 및 관리 측면에서의 개인정보 유·노출 방지 조치를 하여야 한다.

더 알아보기　　인터넷 홈페이지를 통한 개인정보 유·노출 유형

- 검색엔진(구글링 등) 등을 통한 개인정보 유·노출
- 웹 취약점을 통한 개인정보 유·노출
- 인터넷 게시판을 통한 개인정보 유·노출
- 홈페이지 설계·구현 오류로 인한 개인정보 유·노출
- 기타 방법을 통한 개인정보 유·노출

   ㉡ 보안대책 마련 : 인터넷 홈페이지 설계 시 개인정보 유·노출에 영향을 미칠 수 있는 위험 요소를 분석하여 다음의 보안대책을 마련해야 한다.

     • 입력 데이터의 유효성 검증
     • 인증, 접근통제 등의 보호조치 적용
     • 에러, 오류 상황이 처리되지 않거나 불충분하게 처리되지 않도록 구성
     • 세션을 안전하게 관리하도록 구성 등

   ㉢ 보안 기술 적용 : 인터넷 홈페이지 개발 시 개인정보 유·노출 방지를 위한 다음의 보안 기술을 적용하여야 한다.

     • 홈페이지 주소(URL), 소스 코드, 임시 저장 페이지 등에 개인정보 사용 금지
     • 홈페이지에 관리자 페이지의 주소 링크 생성 금지, 관리자 페이지 주소는 쉽게 추측하기 어렵게 생성, 관리자 페이지 노출 금지
     • 엑셀 파일 등 숨기기 기능에 의한 개인정보 유·노출 금지
     • 시큐어 코딩(Secure Coding) 도입
     • 취약점을 점검하고 그 결과에 따른 적절한 개선 조치
     • 인증 우회(Authentication bypass)에 대비하는 조치 등

더 알아보기　　시큐어 코딩(Secure Coding) 항목

- 입력 데이터 검증 및 표현(SQL 삽입 등)
- 보안 기능(부적절한 인가 등)
- 시간 및 상태(종료되지 않는 반복문 등)
- 에러처리(오류 상황 대응 부재 등)
- 코드 오류(해제된 자원 사용)
- 캡슐화(잘못된 세션에 의한 정보 노출)
- API 오용(취약한 API 사용 등) 등

ⓔ 운영 및 관리 : 다음의 인터넷 홈페이지 운영·관리 시 개인정보 유·노출 방지를 위한 보안대책 및 기술 적용에 따른 적정성을 검증하고 개선 조치를 해야 한다.

- 인터넷 홈페이지 등에 보안대책을 정기적으로 검토
- 홈페이지 게시글, 첨부파일 등에 개인정보 포함 금지, 정기적 점검 및 삭제 등의 조치
- 서비스 중단 또는 관리되지 않는 홈페이지는 전체 삭제 또는 차단 조치
- 공격패턴, 위험분석, 침투 테스트 등을 수행하고 발견되는 결함에 따른 개선 조치
- 취약점을 점검하고 그 결과에 따른 적절한 개선 조치 등

더 알아보기

- 취약점 점검 항목 : SQL Injection 취약점, CrossSiteScript 취약점, File Upload 및 Download 취약점, ZeroBoard 취약점, Directory Listing 취약점, URL 및 Parameter 변조 등이 있다.
- 취약점 점검 항목은 행정안전부, 국가사이버안전센터(NCSC), 한국인터넷진흥원(KrCERT), OWASP(오픈소스 웹 보안 프로젝트) 등에서 발표하는 항목을 참조하도록 한다.
  - 인터넷 홈페이지의 취약점 점검 시에는 기록을 남겨 책임 추적성 확보 및 앞으로 개선 조치 등에 활용할 수 있도록 할 필요가 있다.
  - 인터넷 홈페이지의 취약점 점검은 정보통신 서비스 제공자 등의 자체 인력, 보안업체 등을 활용할 수 있으며, 취약점 점검은 상용 도구, 공개용 도구, 자체 제작 도구 등을 사용할 수 있다.
  - 취약점 점검과 함께 정기적으로 웹 쉘 등을 점검하고 조치한다면 처리 중인 개인정보가 인터넷 홈페이지를 통해 열람 권한이 없는 자에게 공개되거나 유출되는 위험성을 더욱 줄일 수 있다.
  - 기술과 서비스 발전에 따라 시스템 등에 신규 취약점은 계속적으로 발생하고 있으며, 정기적인 취약점 점검 및 개선 조치 등 개인정보 유출을 예방하기 위한 보호조치가 필요하다.

③ 개인정보 처리자는 개인정보 처리 시스템, 업무용 컴퓨터, 모바일 기기, 관리용 단말기 등에 P2P, 공유 설정은 하지 않는 것이 원칙이나, 업무상 필요한 경우에는 반드시 권한 설정 등의 조치를 통해 권한이 있는 자만 접근할 수 있도록 설정해야 한다.

ⓕ 업무상 꼭 필요해도 드라이브 전체 또는 불필요한 폴더가 공유되지 않도록 조치하고, 공유폴더에 개인정보 파일이 포함되지 않도록 정기적인 점검이 필요하다.

ⓛ ⓕ외에도 상용 웹메일, 웹하드, 메신저, SNS 서비스 등을 통하여 고의 혹은 부주의로 인한 개인정보 유·노출 방지 조치 등이 해당할 수 있다.

ⓒ P2P, 웹하드 등의 사용을 제한하는 경우에도 단순한 사용금지 조치가 아니라 시스템상에서 해당 포트를 차단하는 등 근본적인 안전조치를 취하는 것이 필요하다.

- 불가피하게 공유설정 등을 할 때는 업무용 컴퓨터에 접근 권한 비밀번호를 설정하고, 사용이 완료된 후에는 공유설정을 제거한다.
- 파일 전송이 주된 목적일 때에는 읽기 권한만을 주고 상대방이 쓰기를 할 때만 개별적으로 쓰기 권한을 설정한다.
- P2P 프로그램, 상용 웹메일, 웹하드, 메신저, SNS 서비스 등을 통하여 고의·부주의로 인한 개인정보 유·노출을 방지한다.
- WPA2(Wi-Fi Protected Access 2) 등 보안 프로토콜이 적용된 무선망을 이용한다.

④ 개인정보 처리자는 공개된 무선망을 이용하여 개인정보를 처리하는 경우 취급 중인 개인정보가 신뢰되지 않은 무선접속장치(AP), 무선전송구간 및 무선접속장치의 취약점 등에 의해 열람 권한이 없는 자에게 공개·유출되지 않도록 접근통제 등에 관한 안전조치를 해야 하며 다음의 방식들을 활용할 수 있다.

    ㉠ 비밀번호 등 송신 시 SSL, VPN 등의 보안 기술이 적용된 전용 프로그램을 사용하거나 암호화하여 송신한다(예 모바일 기기, 노트북 등에서 개인정보 처리 시스템에 개인정보를 전송할 때, 전송 암호화 기능이 탑재된 별도의 앱(App)이나 프로그램을 설치·이용하여 전송).

    ㉡ 고유 식별정보 등이 포함된 파일을 송신할 때, 파일을 암호화하여 저장한 후에 송신한다(예 모바일 기기, 노트북 등에서 개인정보 처리 시스템에 고유 식별정보가 포함된 파일을 송신할 때 암호화 저장한 후에 송신함).

    ㉢ 개인정보 유출 방지 조치가 적용된 공개된 무선망을 이용한다(예 모바일 기기, 노트북 등에서 설치자를 신뢰할 수 있고 관리자 비밀번호 등을 보안 취약점이 조치된 무선접속장치에 안전한 비밀번호를 적용한 WPA2(Wi-Fi Protected Access 2) 보안 프로토콜을 사용하는 공개된 무선망을 사용).

(5) 자동적인 시스템의 접속차단

① 개인정보 처리자는 개인정보 처리 시스템에 불법적인 접근 및 침해사고 방지를 위하여 개인정보 취급자가 일정 시간 이상 업무처리를 하지 않을 때는 자동으로 시스템 접속이 차단되도록 최대 접속 시간제한 등의 조치를 하여야 한다.

    ㉠ 최대 접속 시간제한 조치는 개인정보 처리 시스템에 접속하는 업무용 컴퓨터 등에서 해당 개인정보 처리 시스템에 대한 접속의 차단을 의미한다.

    ㉡ 최대 접속 시간이 경과하면 개인정보 처리 시스템과 연결이 완전히 차단되어 정보의 송·수신이 불가능한 상태가 되어야 한다.

    ㉢ 개인정보 취급자가 일정 시간 이상 업무처리를 하지 않아 개인정보 처리 시스템에 접속이 차단된 이후, 다시 접속하고자 할 때에도 최초의 접속 방법·절차 등과 동일한 방법으로 해야 한다.

② 자동 접속차단 조치를 하지 않는 경우

    ㉠ 개인정보 처리 시스템에 접속차단 등의 조치 없이 업무용 컴퓨터에 화면보호기만을 설정한 때

    ㉡ 개인정보 처리 시스템 등에 다시 접속 시 자동 로그인 기능을 사용한 때

    ㉢ 서버접근제어 프로그램 등을 이용하여 별도의 로그인 절차 없이 개인정보 처리 시스템에 접속이 가능하도록 구성하면서 해당 프로그램에 접속차단 조치를 하지 않은 때

③ 개인정보 처리자 등은 개인정보를 처리하는 방법 및 환경, 보안 위험 요인, 업무 특성(예 DB운영·관리, 시스템 모니터링 및 유지보수 등) 등을 고려하여 자신의 환경에 맞는 최대 접속 시간을 각각 정하여 시행할 수 있다.

④ 최대 접속 시간은 최소한(예 10~30분 이내)으로 정해야 하며, 장시간 접속이 필요할 때는 접속 시간 등 그 기록을 보관·관리해야 한다.

(6) 업무용 모바일 기기의 분실 · 도난 등에 의한 개인정보 유출 보호조치

① 업무용 모바일 기기는 성능 및 처리 속도가 향상되어 대량의 개인정보 처리에 활용되고 있으나, 이동성 · 휴대성 등으로 인하여 기기가 분실 · 도난되는 경우에는 해당 기기를 통하여 개인정보 처리 시스템에 접속하지 못하도록 조치해야 한다.

② 모바일 기기에 저장된 개인정보가 유출되지 않도록 비밀번호 설정 등의 안전조치를 하여야 한다.

　　㉠ 비밀번호, 패턴, PIN, 지문, 홍채 등을 사용하여 화면 잠금 설정

　　㉡ 디바이스 암호화 기능을 사용하여 애플리케이션, 데이터 등 암호화

　　㉢ USIM 카드에 저장된 개인정보 보호를 위한 USIM 카드 잠금 설정

　　㉣ 모바일 기기 제조사 및 이동통신사의 제공 기능을 이용한 원격 잠금, 원격 데이터 삭제

　　㉤ 중요한 개인정보를 처리하는 모바일 기기는 MDM 등 모바일 단말 관리 프로그램을 설치하여 원격 잠금, 원격 데이터 삭제, 접속 통제 등

> **더 알아보기**　　MDM(Mobile Device Management)
>
> MDM은 무선망을 이용해 원격으로 스마트폰 등의 모바일 기기를 제어하는 솔루션으로, 분실된 모바일 기기의 위치 추적, 잠금 설정, 정보 삭제, 특정 사이트 접속 제한 등의 기능을 제공한다.

(7) 인터넷망 차단 조치

① 개인정보 처리자는 전년도 말 기준 직전 3개월 간 그 개인정보가 저장 · 관리되고 있는 이용자 수가 일일평균 100만 명 이상이면 개인정보 취급자의 컴퓨터 등에 인터넷망 차단 조치를 해야 한다.

② 클라우드컴퓨팅 서비스를 이용하여 개인정보 처리 시스템을 구성 · 운영하는 경우에는 해당 서비스에 대한 접속 외에는 인터넷을 차단하는 조치를 하여야 한다.

> **더 알아보기**　　클라우드컴퓨팅 서비스
>
> 집적 · 공유된 정보통신기기, 정보통신설비, 소프트웨어 등 정보통신자원을 이용자의 요구나 수요 변화에 따라 정보통신망을 통하여 신축적으로 이용할 수 있도록 하는 정보처리체계를 활용하여 상용(商用)으로 타인에게 정보통신자원을 제공하는 서비스이다.
> - 서버, 저장장치, 네트워크 등을 제공하는 서비스
> - 응용 프로그램 등 소프트웨어를 제공하는 서비스
> - 응용 프로그램 등 소프트웨어의 개발 · 배포 · 운영 · 관리 등을 위한 환경을 제공하는 서비스
> - 그 외 위 서비스를 둘 이상 복합하는 서비스

5 개인정보의 암호화

개인정보의 암호화(제7조)

① 개인정보 처리자는 비밀번호, 생체인식정보 등 인증 정보를 저장 또는 정보통신망을 통하여 송·수신하는 경우에 이를 안전한 암호 알고리즘으로 암호화하여야 한다. 다만, 비밀번호를 저장하는 경우에는 복호화되지 아니하도록 일방향 암호화하여 저장하여야 한다.

② 개인정보 처리자는 다음 각호에 해당하는 이용자의 개인정보에 대해서는 안전한 암호 알고리즘으로 암호화하여 저장하여야 한다.
1. 주민등록번호
2. 여권번호
3. 운전 면허번호
4. 외국인등록번호
5. 신용카드번호
6. 계좌번호
7. 생체인식정보

③ 개인정보 처리자는 이용자가 아닌 정보 주체의 개인정보를 다음 각호와 같이 저장하는 경우에는 암호화하여야 한다.
1. 인터넷망 구간 및 인터넷망 구간과 내부망의 중간지점(DMZ : Demilitarized Zone)에 고유 식별정보를 저장하는 경우
2. 내부망에 고유 식별정보를 저장하는 경우(다만, 주민등록번호 외의 고유 식별정보를 저장하는 경우에는 다음 각 목의 기준에 따라 암호화의 적용 여부 및 적용 범위를 정하여 시행할 수 있다)
   가. 법 제33조에 따른 개인정보 영향평가의 대상이 되는 공공기관의 경우에는 해당 개인정보 영향평가의 결과
   나. 암호화 미적용 시 위험도 분석에 따른 결과

④ 개인정보 처리자는 개인정보를 정보통신망을 통하여 인터넷망 구간으로 송·수신하는 경우에는 이를 안전한 암호 알고리즘으로 암호화하여야 한다.

⑤ 개인정보 처리자는 이용자의 개인정보 또는 이용자가 아닌 정보 주체의 고유 식별정보, 생체인식정보를 개인정보 취급자의 컴퓨터, 모바일 기기 및 보조 저장매체 등에 저장할 때는 안전한 암호 알고리즘을 사용하여 암호화한 후 저장하여야 한다.

⑥ 10만 명 이상의 정보 주체에 관하여 개인정보를 처리하는 대기업·중견기업·공공기관 또는 100만 명 이상의 정보 주체에 관하여 개인정보를 처리하는 중소기업·단체에 해당하는 개인정보 처리자는 암호화된 개인정보를 안전하게 보관하기 위하여 안전한 암호키 생성, 이용, 보관, 배포 및 파기 등에 관한 절차를 수립·시행하여야 한다.

(1) 정보통신망을 통한 송·수신 시 안전한 암호화

① 개인정보 처리자는 고유 식별정보, 비밀번호, 생체인식정보 등을 정보통신망을 통하여 송·수신하는 경우에는 안전한 암호 알고리즘으로 암호화해야 한다.

㉠ 고유 식별정보란 개인을 고유하게 구별하기 위한 식별정보로서 주민등록번호, 여권번호, 외국인 등록번호 등을 의미한다.

㉡ 비밀번호란 정보 주체 또는 개인정보 취급자 등이 개인정보 처리 시스템, 업무용 컴퓨터, 정보통신망 등에 접속할 때 식별자와 함께 입력하여 정당한 접속 권한을 가진 자라는 것을 식별할 수 있도록 시스템에 전달해야 하는 고유의 문자열로서 타인에게 공개되지 않는 정보를 의미한다.

㉢ 생체인식정보란 지문, 얼굴, 홍채, 정맥, 음성, 필적 등 개인을 식별할 수 있는 신체적·행동적 특징에 관한 정보로서 그로부터 가공되거나 생성된 정보를 포함한다.

㉣ 정보통신망이란 전기통신설비를 이용하거나 전기통신설비와 컴퓨터 및 컴퓨터의 이용 기술을 활용하여 정보를 수집·가공·저장·검색·송신·수신하는 정보통신체계를 말한다.

② 개인정보 처리자는 자신이 제공하는 인터넷 홈페이지에서 이용자가 입력하는 고유 식별정보, 비밀번호, 생체인식정보를 암호화하여 송·수신하거나 전달해야 한다.

③ 정보통신망을 통하여 비밀번호를 송신하는 경우에는 SSL 등의 통신 암호 프로토콜이 탑재된 기술을 활용해야 한다.

더 알아보기   SSL(Secure Socket Layer)

- 웹 브라우저와 웹서버 간에 데이터를 안전하게 주고받기 위해 암호화 기술이 적용된 보안 프로토콜이다.
- 개인정보 암호화 전송 기술 사용 시 안전한 전송을 위해 잘 알려진 취약점(예 Open SSL 사용 시 HeartBleed 취약점)들을 조치하고 사용할 필요가 있다.

④ 보조 저장매체를 통해 고유 식별정보, 비밀번호, 생체인식정보를 전달하는 경우에도 암호화하여야 하며, 이를 위해 다음의 방법이 사용될 수 있다.

ㄱ 암호화 기능을 제공하는 보안 USB 등의 보조 저장매체에 저장하여 전달한다.

ㄴ 해당 개인정보를 암호화 저장한 후 보조 저장매체에 저장하여 전달한다.

⑤ 고유 식별정보, 비밀번호, 생체인식정보를 제외한 개인정보(예 성명, 연락처 등)는 암호화 조치가 필수는 아니나, 개인정보의 위·변조 및 유·노출 등을 고려하여 가급적 암호화 조치를 권장한다.

(2) 일방향 암호화 저장

① 개인정보 처리자는 비밀번호, 생체인식정보를 DB 또는 파일 등에 저장하는 경우에는 노출, 위·변조되지 않도록 개인정보 처리 시스템, 업무용 컴퓨터, 보조 저장매체 등에 일방향 암호화(해시 함수 적용)하여 저장해야 한다.

ㄱ 비밀번호는 복호화되지 않도록 일방향(해시 함수) 암호화해야 한다. 일방향 암호화는 저장된 값으로 원본값을 유추하거나 복호화할 수 없도록 한 암호화 방법이다.

ㄴ 인증검사 시에는 개인정보 취급자·이용자 등이 입력한 비밀번호를 일방향 함수에 적용하여 얻은 결과값과 시스템에 저장된 값을 비교하여 인증된 사용자임을 확인한다.

ㄷ 생체인식정보를 식별 및 인증 등의 업무에 활용하기 위하여 수집·이용하는 경우에는 암호화 조치를 하여야 하며 복호화가 가능한 양방향 암호화 저장을 할 수 있다.

더 알아보기   비밀번호 재발급 인증 확인

개인정보 처리자는 이용자가 비밀번호의 분실 등을 이유로 재발급을 원할 때는 정당한 이용자 여부를 확인 가능한 수단(예 SMS, 이메일 등)을 활용하여 임시 비밀번호를 부여하고, 이용자가 이를 확인한 후 사이트에서 비밀번호를 변경하여 사용하도록 한다.

ㄹ 비밀번호를 암호화할 때는 국내·외 암호 연구 관련 기관에서 사용 권고하는 안전한 암호 알고리즘으로 암호화하여 저장하도록 한다.

ⓜ 사용 권고하는 일방향 암호 알고리즘

NIST(미국)	CRYPTREC(일본)	ECRYPT(유럽)	국내
SHA-224/256/384/512	SHA-256/384/512	SHA-224/256/384/512 Whirlpool	SHA-224/256/384/512

- 국내 · 외 암호 연구 관련 기관에서 대표적으로 다뤄지는 권고 암호 알고리즘만 표시한다. MD5, SHA-1 등 보안 강도가 낮은 것으로 판명된 암호 알고리즘을 사용하여서는 안 된다.
- 처리 속도 등 기술 발전에 따라 사용 권고 암호 알고리즘은 달라질 수 있으므로, 암호화 적용 시 국내 · 외 암호 관련 연구기관에서 제시하는 최신 정보 확인이 필요하다.

② 무작위 대입 공격(Brute Force), 레인보우 테이블 공격 등을 이용한 비밀번호 복호화에 대응하기 위하여 난수 추가(Salting) 등의 조치를 하여야 한다.

(3) 개인정보를 안전한 암호 알고리즘으로 암호화 저장

① 주민등록번호, 여권번호, 운전 면허번호, 외국인등록번호, 신용카드번호, 계좌번호, 생체인식정보는 국내 및 미국, 일본, 유럽 등의 국외 암호 연구 관련 기관에서 사용 권고하는 안전한 암호 알고리즘으로 암호화하여 저장하여야 한다.

더 알아보기 주민등록번호 처리의 제한(개인정보 보호법 제24조의2)

- 개인정보 처리자는 다음의 경우를 제외하고는 주민등록번호를 처리할 수 없다.
  - 법률 · 대통령령 · 국회규칙 · 대법원규칙 · 헌법재판소규칙 · 중앙선거관리위원회규칙 및 감사원규칙에서 구체적으로 주민등록번호의 처리를 요구하거나 허용한 경우
  - 정보 주체 또는 제3자의 급박한 생명, 신체, 재산의 이익을 위하여 명백히 필요하다고 인정되는 경우
  - 위의 경우에 준하여 주민등록번호 처리가 불가피한 경우로서 보호 위원회가 고시로 정하는 경우
- 개인정보 처리자는 주민등록번호가 분실 · 도난 · 유출 · 위조 · 변조 · 훼손되지 아니하도록 암호화 조치를 통하여 안전하게 보관하여야 한다.
- 개인정보 처리자는 주민등록번호를 처리하는 경우에도 정보 주체가 인터넷 홈페이지를 통하여 회원으로 가입하는 단계에서는 주민등록번호를 사용하지 아니하고도 회원으로 가입할 방법을 제공하여야 한다.

② 사용 권고하는 암호 알고리즘

분류		NIST(미국) (2015)	CRYPTREC(일본) (2013)	ECRYPT(유럽) (2018)	국내 (2018)
대칭키 암호 알고리즘 (블록암호)		• AES−128/192/256 • 3TDEA	• AES−128/192/256 • Camellia−128/192/256	• AES−128/192/256 • Camellia−128/192/256 • Serpent−128/192/256	• SEED • HIGHT • ARIA−128/192/256 • LEA−128/192/256
해시 함수		• SHA−224/256/384/512 • SHA−512/224 • SHA−512/256 • SHA3−224/256/384/512	SHA−256/384/512	• SHA−256/384/512 • SHA−512/256 • SHA3−256/384/512 • SHA3−shake128/256 • Whirlpool−512 • BLAKE−256/384/512	• SHA−224/256/384/512/ • SHA−512/224 • SHA−512/256 • SHA3−224/256/384/512 • LSH−224/256/384/512 • LSH−512−224 • LSH−512−256
공개키 암호 알고리즘	키 공유용	• DH • ECDH • MQV • ECMQV	• DH • ECDH	• ECIES−KEM • PSEC−KEM • RSA−KEM	• DH • ECDH
	암·복호 화용	RSA(사용 권고하는 키 길이 확인 필요)	RSA−OAEP	RSA−OAEP	RSAES
			(키 길이 2048bits 이상)		
	전자 서명용	• RSA • DSA • ECDSA	• RSA−PSS • PSASSA−PKCS(v1.5) • DSA • ECDSA	• RSA−PSS • ISO−9796−2RSA−DS2 • PV Signatures • Schnorr • ECSchnorr • KDSA • ECKDSA • XMSS	• RSA−PSS • KCDSA • ECDSA • EC−KCDSA

㉠ 국내 암호 알고리즘은 검증 대상 보호 함수(IT 보안인증 사무국) 국내 표준들을 기반으로 구성하며 그 외의 암호 알고리즘을 사용할 경우 국외 권고(안)를 참고하기 권장한다.

㉡ 미국 대칭키 알고리즘 : 3TDEA는 세 개의 키가 다른 TDEA(Triple Data Encryption Algorithm) 이다.

㉢ 유럽의 해시 함수 중 SHA 3−shake 128/256 : 가변적 출력값을 가지며, 안전성이 최대 128/256bit 인 SHA−3의 일종이다.

㉣ 유럽의 공개키 암호 알고리즘(전자서명용) 중 KDSA/ECKDSA : ISO/IEC 14888−3 표준에 있는 KCDSA, EC−KCDSA를 KDSA, ECKDSA로 표기하였다.

③ 암호화에 사용되는 암호키는 암호화된 데이터를 복호화할 수 있는 중요한 정보이므로 암호키의 안전한 관리 절차 수립·시행을 권고한다.

구분	공공기관	민간 부문(법인 · 단체 · 개인)
대칭키 암호 알고리즘	• SEED • LEA • HIGHT • ARIA	• SEED • HIGHT • ARIA−128/192/256 • AES−128/192/256 • Camelia−128/192/256 등
공개키 암호 알고리즘 (메시지 암 · 복호화)	RSAES−OAEP	• RSA • RSAES−OAEP 등
일방향 암호 알고리즘	SHA−224/256/384/512	• SHA−224/256/384/512 • Whirlpool 등

(4) 인터넷 구간 및 인터넷 구간과 DMZ(Demilitarized Zone)에 고유 식별정보의 저장 암호화

① 인터넷 구간 : 개인정보 처리 시스템과 인터넷이 직접 연결된 구간을 의미한다.

② DMZ 구간

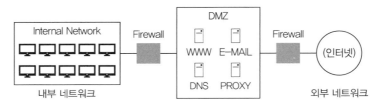

ⓐ 인터넷과 내부망 사이에 위치한 중간지점 또는 인터넷 구간 사이에 위치한 중간지점으로서 인터넷 구간에서 직접 접근이 가능한 영역을 말한다(예 침입 차단 시스템 등으로 접근 제한 등을 수행하는 경우에도 해당).

ⓑ 내부망 : 접근통제 시스템 등에 의해 차단되어 외부에서 직접 접근이 불가능한 영역이다.

③ 인터넷 구간이나 DMZ 구간은 외부에서 직접 접근이 가능하므로 외부자의 침입을 받을 가능성이 있으므로 다음의 방법으로 저장한다.

ⓐ DMZ 구간에 주민등록번호, 외국인등록번호, 운전 면허번호, 여권번호 등의 고유 식별정보를 저장하는 경우 암호화하여 저장해야 한다.

ⓑ 비밀번호 및 생체인식정보를 저장하는 경우에도 암호화하여 저장해야 한다.

(5) 내부망에 고유 식별정보를 저장할 때의 암호화

① 내부망에 주민등록번호를 저장하는 경우에는 개인정보 영향평가나 암호화 미적용 시의 위험도 분석의 결과와 관계없이 암호화해야 한다.

ⓐ 주민등록번호 처리의 제한(개인정보 보호법 제24조의2 제2항)

개인정보 처리자는 주민등록번호가 분실 · 도난 · 유출 · 위조 · 변조 또는 훼손되지 아니하도록 암호화 조치를 통하여 안전하게 보관하여야 한다. 이 경우 암호화 적용 대상 및 대상별 적용 시기 등에 관하여 필요한 사항은 개인정보의 처리 규모와 유출 시 영향 등을 고려하여 대통령령으로 정한다.

ⓛ 주민등록번호 암호화 적용 대상(개인정보 보호법 시행령 제21조의2)

- 암호화 조치를 하여야 하는 암호화 적용 대상은 주민등록번호를 전자적인 방법으로 보관하는 개인정보 처리자로 한다.
- 개인정보 처리자에 대한 암호화 적용 시기

100만 명 미만의 정보 주체에 관한 주민등록번호를 보관하는 개인정보 처리자	2017년 1월 1일
100만 명 이상의 정보 주체에 관한 주민등록번호를 보관하는 개인정보 처리자	2018년 1월 1일

- 보호 위원회는 기술적 · 경제적 타당성 등을 고려하여 암호화 조치의 세부적인 사항을 정하여 고시할 수 있다.

② 내부망에 주민등록번호를 제외한 고유 식별정보를 저장하는 경우에는 다음에 따라 암호화의 적용 여부 및 적용 범위를 정하여 시행할 수 있다.

㉠ 영향평가의 대상이 되는 개인정보 파일을 운용하는 공공기관은 해당 개인정보 영향평가의 결과

개인정보 영향평가 (개인정보 보호법 제33조 제1항 · 제2항)	• 공공기관의 장은 대통령령으로 정하는 기준에 해당하는 개인정보 파일의 운용으로 인하여 정보 주체의 개인정보 침해가 우려되는 경우에는 그 위험 요인의 분석과 개선 사항 도출을 위한 평가(영향평가)를 하고 그 결과를 보호 위원회에 제출하여야 한다. • 보호 위원회는 대통령령으로 정하는 인력 · 설비 및 그 밖에 필요한 요건을 갖춘 자를 영향평가를 수행하는 기관(평가기관)으로 지정할 수 있으며, 공공기관의 장은 영향평가를 평가기관에 의뢰하여야 한다.
개인정보 영향평가의 대상 (개인정보 보호법 시행령 제35조)	• 구축 · 운용 또는 변경하려는 개인정보 파일로서 5만 명 이상의 정보 주체에 관한 민감정보 또는 고유 식별정보의 처리가 수반되는 개인정보 파일 • 구축 · 운용하고 있는 개인정보 파일을 해당 공공기관 내부 또는 외부에서 구축 · 운용하고 있는 다른 개인정보 파일과 연계하려는 경우로서 연계 결과 50만 명 이상의 정보 주체에 관한 개인정보가 포함되는 개인정보 파일 • 구축 · 운용 또는 변경하려는 개인정보 파일로서 100만 명 이상의 정보 주체에 관한 개인정보 파일 • 개인정보 영향평가(영향평가)를 받은 후에 개인정보 검색 체계 등 개인정보 파일의 운용 체계를 변경하려는 경우 그 개인정보 파일. 이 경우 영향평가 대상은 변경된 부분으로 한정한다.

ⓛ 공공기관 이외의 개인정보 처리자는 암호화 미적용 시 위험도 분석에 따른 결과

- 위험도 분석이란 개인정보 처리 시스템에 적용하고 있는 개인정보 보호조치 이행 여부와 개인정보 유출 시 정보 주체의 권리를 침해할 위험의 정도를 위험도 분석 기준을 이용하여 분석하는 행위이다.
- 위험도 분석 기준은 개인정보 처리자가 내부망에 고유 식별정보(단, 주민등록번호 제외)를 암호화하지 않고 저장하는 경우 이행하여야 할 최소한의 보호조치 기준으로 어느 하나의 항목이라도 '아니오'에 해당하는 경우 암호화의 대상이 된다.
- 위험도 분석은 최초 분석 이후에도 해당 개인정보 파일과 관련된 개인정보 처리 시스템의 증설, 내 · 외부망과의 연계, 기타 운영환경 변화의 경우에 지속적으로 실시해야 한다.
- 위험도 분석 기준의 현황 조사는 개인정보 파일 현황 · 고유 식별정보 현황으로 나뉜다.
- 위험도 분석 점검 항목은 기관 기준으로는 정책 기반과 네트워크 기반으로 구분되며, 개인정보 처리 시스템 기준으로는 DB 및 Application 기반과 웹(Web) 기반으로 분류된다.

(6) 정보통신망을 통한 개인정보 송·수신 시 암호화

① 개인정보 처리자는 이용자의 성명, 연락처 등의 개인정보와 인증 정보를 정보통신망을 통해 인터넷 구간으로 송·수신 시에는 안전한 보안서버 구축 등의 조치를 통해 암호화해야 한다.

　　㉠ SSL 인증서를 이용한 보안서버는 별도의 보안 프로그램 설치 없이, 웹서버에 설치된 SSL 인증서를 통해 개인정보를 암호화 전송하는 방식이다.

　　㉡ 응용 프로그램을 이용한 보안서버는 웹서버에 접속하여 보안 프로그램을 설치하여 이를 통해 개인정보를 암호화 전송하는 방식이다.

더 알아보기

- SSL(Secure Socket Layer) : 웹 브라우저와 웹서버 간에 데이터를 안전하게 주고받기 위해 암호화 기술이 적용된 보안 프로토콜이다.
- 보안서버 구축 시에는 잘 알려진 취약점(예 Open SSL의 HeartBleed 취약점 등)을 조치하여 운영할 필요가 있다.

(7) 개인정보를 컴퓨터, 모바일 기기, 보조 저장매체에 저장 시

① 개인정보 처리자는 다음의 경우에는 안전한 암호화 알고리즘이 탑재된 암호화 소프트웨어 등을 이용하여 해당 파일을 암호화하여 불법적인 유·노출 및 접근 등으로부터 보호해야 한다.

　　㉠ 업무용 컴퓨터 또는 모바일 기기에 고유 식별정보를 저장하여 관리하는 경우

　　㉡ 개인정보 처리 시스템으로부터 개인정보 취급자의 업무용 컴퓨터, 모바일 기기에 내려받아 저장하는 경우

② 오피스 파일 형태일 때의 암호화 설정 방법은 다음과 같다.

　　㉠ 한컴 오피스 : 파일 〉 다른 이름으로 저장하기 〉 문서 암호 설정에서 암호 설정 가능

　　㉡ MS 오피스 : 파일 〉 다른 이름으로 저장하기 〉 도구 〉 일반 옵션에서 암호 설정 가능

　　㉢ 어도비 아크로뱃 : 고급 〉 보안 〉 암호로 암호화 또는 인증서로 암호화

③ MS Windows 등 운영체제에서 제공하는 암호화 기능을 활용한다.

　　MS Windows 폴더(파일) 암호화 : 암호화 폴더(파일) 선택하고 마우스 오른쪽 버튼 클릭 〉 속성 〉 일반 〉 고급에서 암호 설정 가능

④ 모바일 기기에 저장할 때는 디바이스 암호화 기능을 활용한다.

　　㉠ 모바일 기기의 분실·도난 등으로 개인정보가 유출되지 않도록 모바일 기기 제조사 및 이동통신사가 제공하는 기능을 이용한 원격 잠금, 원격 데이터 삭제 등이 있다.

　　㉡ MDM(Mobile Device Management) 등 모바일 단말 관리 프로그램을 설치하여 원격 잠금, 원격 데이터 삭제, 접속 통제 등을 추가로 할 수 있다.

⑤ 보조 저장매체에 저장할 때는 이용자의 개인정보를 암호화한 후 저장하거나 암호화 기능을 제공하는 보안 USB 등을 활용한다.

⑥ 개인정보 처리 시스템으로부터 개인정보 파일을 내려받는 경우 암호 설정이 된 상태로 내려받는 기능을 활용한다.

⑦ 암호화 적용 기준 요약표

구분				암호화 기준
정보통신망, 보조 저장매체를 통한 송신 시	비밀번호, 생체인식정보 고유 식별정보			암호화 송신
개인정보 처리 시스템에 저장 시	비밀번호			일방향(해시 함수) 암호화 저장
	생체인식정보			암호화 저장
	고유식별정보	주민등록번호		암호화 저장
		여권번호, 외국인 등록번호, 운전 면허번호	인터넷 구간, 인터넷 구간과 내부망의 중간지점(DMZ)	암호화 저장
			내부망에 저장	암호화 저장 또는 다음 항목에 따라 암호화 적용 여부·적용 범위를 정하여 시행 ① 개인정보 영향평가 대상이 되는 공공기관의 경우, 그 개인정보 영향평가의 결과 ② 암호화 미적용 시 위험도 분석에 따른 결과
업무용 컴퓨터, 모바일 기기에 저장 시	비밀번호, 생체인식정보, 고유 식별정보			암호화 저장 ※ 비밀번호는 일방향 암호화 저장

⑧ 파일 암호화에 사용되는 비밀번호는 비밀번호 작성 규칙을 적용하고, 암호 알고리즘은 보안 강도 128비트 이상을 사용하는 것이 바람직하다.

(8) 인구 비례에 따른 암호키 관리

① 다음의 개인정보를 처리하는 개인정보 처리자는 암호화된 개인정보를 안전하게 보관하기 위하여 안전한 암호키 생성, 이용, 보관, 배포 및 파기 등에 관한 절차를 수립·시행하여야 한다.
　　㉠ 10만 명 이상의 정보 주체에 관하여 개인정보를 처리하는 대기업·중견기업·공공기관
　　㉡ 100만 명 이상의 정보 주체에 관하여 개인정보를 처리하는 중소기업·단체

② 암호키의 수명주기

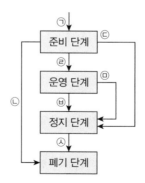

　㉠ 암호키는 생성됨과 동시에 준비 단계
　㉡ 암호키가 생성되고 한 번도 사용되지 않은 경우, 폐기 가능
　㉢ 준비 단계의 암호키가 손상 시, 해당 암호키를 정지 단계로 전환
　㉣ 준비 단계의 암호키가 사용될 준비가 되면 키 관리자는 해당 암호키를 적절한 때에 운영 단계로 전환

ⓜ 운영 단계의 암호키가 손상되면 키 관리자는 암호키를 정지 단계로 전환

ⓗ 암호키의 유효기간이 만료되는 등으로 더 이상 사용되지 않지만 암호키에 대한 접근이 필요한 경우, 키 관리자는 해당 암호키를 운영 단계에서 정지 단계로 전환

ⓢ 정지 단계에 있는 암호키가 더 이상 필요하지 않은 경우, 해당 암호키를 폐기 단계로 전환하고 폐기

③ 암호키의 관리

준비 단계	암호키가 사용되기 이전 단계(미생성 상태, 준비 상태)
운영 단계	암호키가 암호 알고리즘 및 연산에 사용되는 단계(운영 상태)
정지 단계	암호키가 더 이상 사용되지 않지만, 암호키에 대한 접근은 가능한 단계(정지 · 위험 상태)
폐기 단계	암호키가 더 이상 사용될 수 없는 단계(폐기 · 사고 상태)

㉠ 준비 단계
- 암호키 사용자나 암호키가 사용될 시스템을 설정한다(ⓔ 사용자 등록 기능, 시스템 초기화 기능, 사용자 초기화 기능, 키 자료 설치 기능, 키 설정 기능, 키 등록 기능 등).
- 암호키 생성 : 난수발생기(RBG) 이용, 비대칭키 알고리즘의 키 생성, 대칭키 알고리즘의 키 생성
- 암호키 분배 : 대칭키 알고리즘의 키 분배, 비대칭키 알고리즘의 키 분배, 기타 키 자료 생성 및 분배

㉡ 운영 단계
- 암호키 저장 : 유효기간 동안 사용되는 키 자료들을 필요에 따라 장비 모듈에 보관하거나 저장매체에 보관한다.
- 암호키 가용 : 키 손상 가능성이 있어 키 백업 및 복구 기술이 필요하다.
- 암호키 변경 : 운영 중인 암호키를 다른 암호키로 교체하는 것이다.

㉢ 정지 단계
- 정보 보관과 키 복구 : 보관된 정보는 수정이 불가한 상태이거나 새로운 보관키를 이용하여 주기적으로 암호화해야 한다. 중요한 정보에 관한 보관키는 백업되어야 하고 사본은 다른 곳에 보관한다. 그리고 키 자료의 복구는 보관된 다른 정보를 복호화하거나 인증 시 필요하다.
- 실체 말소 : 보관 도메인에 속해 있는 실체의 권한을 삭제해야 하는데, 이는 말소된 실체의 키 자료 사용을 방지하기 위해서이다.
- 키 말소 : 관련된 정보가 유효하지 않을 경우 말소되는데, 일반적으로 키를 등록한 제3의 기관에서 수행한다.
- 키 파기 : 암호키의 사본을 만들 때, 이에 대한 관리는 최종 파기를 위해 필요하다.
- 키 취소 : 키 손상 등의 키 자료를 제거하는 경우에 필요하다.

㉣ 폐기 단계
- 폐기 단계에서는 키 자료에 대한 모든 기록은 삭제되어야 하지만, 감사 목적으로 특정 키 속성 유지가 필요할 수도 있다.
- 폐기 상태 · 사고 상태의 암호키들 특성에 대한 기록을 유지함으로써 수명주기 동안 손상된 키를 추적할 수 있다.

④ 키 유형별 유효기간

키 유형	키 유효기간		키 유형	키 유효기간	
	발신자	수신자		발신자	수신자
개인 서명키	1~3년		공개키 전송키	1~2년	
공개 서명 검증키	키 크기에 따라 다름		대칭키 합의키		
개인 인증키	1~2년		개인 고정키 합의키		
공개 인증키			공개 고정키 합의키		
대칭 인증키	2년 이하	(발신자 기간+3년) 이하	개인 임시키 합의키	하나의 키 합의 트랜잭션	
대칭 암호키			공개 임시키 합의키		
대칭키 암호키			대칭 인가키	2년 이하	
대칭/공개 RNG키	리시딩에 따라 다름		개인 인가키		
대칭 마스터키	약 1년		공개 인가키		
개인키 전송키	2년 이하				

(9) 암호키 유형과 암호화 방식

① 대칭키 암호화 방식

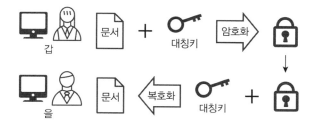

ⓐ 대칭키 암호화 방식은 대칭키 암호 알고리즘을 사용하여 전송하고자 하는 평문을 암호화라 하고 복호화하는데 동일한 키를 사용하는 방식이다.

ⓑ 대칭키 암호화 방식은 공개키 암호화 방식에 비해 빠른 처리 속도를 제공하고, 암호키의 길이가 공개키 암호화 방식보다 상대적으로 작아서 일반적인 정보의 기밀성을 보장하는 용도로 사용되고 있다.

ⓒ 정보 교환 당사자 간에 동일한 키를 공유해야 하므로 여러 사람과의 정보 교환 시 많은 키를 유지·관리해야 하는 어려움이 있다.

ⓓ 대표적인 대칭키 암호 알고리즘은 SEED, ARIA, LEA, HIGHT, 국외의 AES, 3TDEA, Camellia 등이 있다.

② 공개키 암호화 방식(비대칭키 암호화 방식)

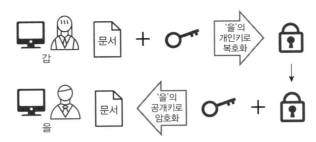

- ㉠ 공개키 암호화 방식은 공개키 암호 알고리즘을 사용하여 암호화하며 공개키와 개인키의 키 쌍이 존재하여 평문을 암·복호화하는 데 서로 다른 키를 사용하는 방식으로 비대칭키 암호화 방식이라고도 한다.
- ㉡ 공개키 암호화 방식은 데이터 암호화 속도가 대칭키 암호화 방식에 비해 느리기 때문에 일반적으로 대칭키 암호화 방식의 키 분배나 전자서명 또는 카드번호와 같은 작은 크기의 데이터 암호화에 많이 사용되고 있다.
- ㉢ 대표적인 공개키 암호 알고리즘은 국외의 RSA, EIGamal, ECC 등이 있다.

③ 일방향(해시 함수) 암호화
- ㉠ 일방향 암호화 방식은 해시 함수를 이용하여 암호화된 값을 생성하며 복호화되지 않는 방식이다.
- ㉡ 해시 함수는 임의의 길이를 갖는 메시지를 입력으로 하여 고정된 길이의 해시값 또는 해시 코드라 불리는 값을 생성하며 동일한 입력 메시지에 대해 항상 동일한 값을 생성한다. 해시값만으로는 입력 메시지를 유추할 수 없어 비밀번호와 같이 복호화 없이 입력값의 정확성 검증이 필요한 경우 등에 사용되고 있다.
- ㉢ 대표적인 해시 함수로는 국외의 SHA-2(SHA-224/256/384/512), SHA-3, Whirlpool 등이 있다.

6 접속기록의 보관 및 점검

접속기록의 보관 및 점검(제8조)
① 개인정보 처리자는 개인정보 취급자의 개인정보 처리 시스템에 대한 접속기록을 1년 이상 보관·관리하여야 한다. 다만, 다음 각호의 어느 하나에 해당하는 경우에는 2년 이상 보관·관리하여야 한다.
   1. 5만 명 이상의 정보 주체에 관한 개인정보를 처리하는 개인정보 처리 시스템에 해당하는 경우
   2. 고유 식별정보 또는 민감정보를 처리하는 개인정보 처리 시스템에 해당하는 경우
   3. 개인정보 처리자로서 전기통신사업법 제6조 제1항에 따라 등록하거나 같은 항 단서에 따라 신고한 기간통신사업자에 해당하는 경우
② 개인정보 처리자는 개인정보의 오·남용, 분실·도난·유출·위조·변조 또는 훼손 등에 대응하기 위하여 개인정보 처리 시스템의 접속기록 등을 월 1회 이상 점검하여야 한다. 특히 개인정보의 다운로드가 확인된 경우에는 내부 관리계획 등으로 정하는 바에 따라 그 사유를 반드시 확인하여야 한다.
③ 개인정보 처리자는 접속기록이 위·변조 및 도난, 분실되지 않도록 해당 접속기록을 안전하게 보관하기 위한 조치를 하여야 한다.

(1) 접속기록의 보관 · 관리

① 접속기록 항목

계정	개인정보 처리 시스템에서 접속자를 식별할 수 있도록 부여된 ID 등 계정정보 예 계정 : A0001(개인정보 취급자 계정)
접속일시	접속한 시간 또는 업무를 수행한 시간(연−월−일, 시:분:초) 예 접속일시 : 2024−02−25, 17:00:00
접속지 정보	개인정보 처리 시스템에 접속한 자의 컴퓨터 또는 서버의 IP 주소 등 예 접속지 정보 : 192.168.100.1(접속한 자의 IP 주소)
처리한 정보 주체 정보	개인정보 취급자가 누구의 개인정보를 처리하였는지를 알 수 있는 식별정보(ID, 고객번호, 학번, 사번 등) 예 처리한 정보 주체 정보 : CLI060719(정보 주체를 특정하여 처리한 경우 정보 주체의 식별정보)
수행업무	개인정보 처리 시스템에서 개인정보 취급자가 개인정보를 처리[개인정보를 수집, 생성, 연계, 연동, 기록, 저장, 보유, 가공, 편집, 검색, 출력, 정정(訂正), 복구, 이용, 제공, 공개, 파기(破棄) 등의 수행업무]한 내용을 알 수 있는 정보 예 수행업무 : 회원목록 조회, 수정, 삭제, 다운로드 등

㉠ 개인정보 처리자는 접속기록을 최소 1년 이상 보관 · 관리하여야 한다.

㉡ 개인정보 유출 등으로 인한 피해 가능성이 매우 높은 특수성 등으로 인하여 다음의 개인정보 처리 시스템에 대한 접속기록은 최소 2년 이상 보관 · 관리하여야 한다.

- 5만 명 이상의 정보 주체에 관하여 개인정보를 처리하는 개인정보 처리 시스템의 경우
- 고유 식별정보 또는 민감정보를 처리하는 개인정보 처리 시스템의 경우
- 개인정보 처리자로서 기간통신사업의 등록을 하거나 신고한 기간통신사업자에 해당하는 경우

㉢ 개인정보 처리자는 접속기록을 최소 보관기간 이후에도 즉시 삭제하지 않고 책임 추적성을 확보할 만한 기간 동안 보관 · 관리할 수 있도록 개인정보 처리 시스템에 저장된 개인정보의 중요도 및 민감도 등을 고려하여 내부 관리계획에 보관기간을 정하고 이를 이행하여야 한다.

㉣ 비인가자의 개인정보 처리 시스템에 대한 접속 시도 기록 및 정보 주체에 대한 접속기록까지 보관 · 관리하고 정기적으로 확인 · 감독 등을 통하여 개인정보 처리 시스템에 대한 불법적인 접근 및 비정상 행위 등에 대한 안전조치를 강화할 수 있다.

② 접속기록 남길 때의 유의 사항

㉠ 기록하는 정보 주체 정보의 경우 민감하거나 과도한 개인정보가 저장되지 않도록 하여야 한다.

㉡ 가명 정보를 처리하는 경우 추가 정보의 사용 없이는 정보 주체를 식별할 수 없으므로 정보 주체를 구별할 수 있는 정보(예 가명 정보 ID, 일련번호 등)가 있다면 '처리한 정보 주체 정보' 항목으로 해당 정보를 기록하여야 하며, 정보 주체를 구별할 수 있는 정보가 없는 경우는 '처리한 정보 주체 정보' 항목을 남기지 않을 수 있다.

㉢ 검색 조건문(쿼리)을 통해 대량의 개인정보를 처리했을 경우 해당 검색 조건문을 정보 주체 정보로 기록할 수 있으나, 이 경우 DB 테이블 변경 등으로 책임 추적성 확보가 어려울 수 있으므로 해당 시점의 DB를 백업하는 등 책임 추적성 확보를 위해 필요한 조치를 해야 한다.

(2) 접속기록의 점검 및 확인

① 개인정보 처리자는 개인정보 처리 시스템의 접속기록을 월 1회 이상 정기적으로 점검하여야 한다.

② 정기적 점검을 통해 비인가된 개인정보 처리, 대량의 개인정보에 대한 조회, 정정, 다운로드, 삭제, 출력 등의 비정상 행위를 탐지하고 적절한 대응조치를 할 필요가 있다.

> **더 알아보기**   접속기록 내 비정상적 행위
>
> - 계정 : 접근 권한이 부여되지 않은 계정으로 접속한 행위 등
> - 접속일시 : 출근 시간 전, 퇴근 시간 후, 새벽 시간, 휴무일 등 업무시간 외에 접속한 행위 등
> - 접속지 정보 : 인가되지 않은 단말기 또는 지역(IP)에서 접속한 행위 등
> - 처리한 정보 주체 정보 : 특정 정보 주체에 대하여 과도하게 조회, 다운로드 등의 행위 등
> - 수행업무 : 대량의 개인정보에 대한 조회, 정정, 다운로드, 삭제 등의 행위 등
> - 그 밖에 짧은 시간에 하나의 계정으로 여러 지역(IP)에서 접속한 행위 등

③ 개인정보 처리자는 접속기록 점검을 개인정보 처리 시스템 운영 부서가 자체적으로 하도록 하거나 특정 부서가 여러 개의 개인정보 처리 시스템을 통합하여 점검할 수 있다.

④ 개인정보처리자는 다음과 같은 방법 등으로서 개인정보 취급자의 접속기록을 안전하게 보관·관리하여 야 한다.

   ㄱ 상시적으로 접속기록 백업을 수행하여 개인정보 처리 시스템 이외의 별도의 보조 저장매체나 별도의 저장장치에 보관한다.

   ㄴ 접속기록에 대한 위·변조를 방지하기 위해서는 CD-ROM, DVD-R, WORM(Write Once Read Many) 등과 같은 덮어쓰기 방지 매체를 사용한다.

   ㄷ 접속기록을 수정 가능한 매체(하드디스크, 자기 테이프 등)에 백업하는 경우에는 무결성 보장을 위해 위·변조 여부를 확인할 수 있는 정보를 별도의 장비에 보관·관리한다.

⑤ 개인정보 처리 시스템의 접속기록은 임의적인 수정·삭제 등이 불가능하도록 접근권한을 제한하는 등의 안전조치를 하여야 한다.

(3) 위·변조, 도난, 분실로부터의 안전한 접속기록 보관

① 개인정보 처리자는 다음의 방법으로서 개인정보 취급자의 접속기록을 안전하게 보관·관리하여야 한다.

   ㄱ 상시적으로 접속기록 백업을 수행하여 개인정보 처리 시스템 이외 별도의 보조 저장매체나 별도의 저 장장치에 보관한다.

   ㄴ 접속기록에 대한 위·변조를 방지하기 위해서는 CD-ROM, DVD-R, WORM(Write Once Read Many) 등과 같은 덮어쓰기 방지 매체를 사용한다.

   ㄷ 접속기록을 수정할 수 있는 매체(예 하드디스크, 자기 테이프 등)에 백업하는 경우에는 무결성 보장 을 위해 위·변조 여부를 확인할 수 있는 정보를 별도의 장비에 보관·관리해야 한다.

   ㄹ 접속기록을 HDD에 보관하고, 위·변조 여부를 확인할 수 있는 정보(예 MAC 값, 전자서명 값 등)는 별도의 HDD 또는 관리대장에 보관하는 방법 등으로 관리할 수 있다.

② 개인정보 처리 시스템의 접속기록은 임의적인 수정·삭제 등이 불가능하도록 접근 권한을 제한하는 등 의 안전조치를 해야 한다.

7 고유 식별정보

(1) 고유 식별정보의 처리 제한

① 개인정보 처리자는 고유 식별정보를 정보통신망 또는 보조 저장매체 등을 통해 전달하는 경우 암호화하여 전송해야 한다.

② 인터넷 구간 및 인터넷 구간과 내부망의 중간지점(DMZ)에 고유 식별정보를 저장하는 경우에도 반드시 암호화해야 한다.

③ 내부망에 주민등록번호를 제외한 고유 식별정보를 저장하는 경우 영향평가의 결과에 따라 암호화의 적용 여부 및 적용 범위를 정하여 시행할 수 있다.

④ 개인정보 처리자는 다음의 경우 외에는 고유 식별정보를 처리할 수 없다.

  ㉠ 정보 주체에게 다른 개인정보의 처리에 대한 동의와 별도로 동의를 받은 경우

  ㉡ 법령에서 구체적으로 고유 식별정보의 처리를 요구하거나 허용하는 경우

⑤ 개인정보 처리자는 고유 식별정보를 처리하는 경우, 그 고유 식별정보가 분실·도난·유출·위조·변조·훼손되지 않도록 암호화 등 안전성 확보에 필요한 조치를 하여야 한다.

⑥ 보호 위원회는 처리하는 개인정보의 종류·규모, 종업원 수 및 매출액 규모 등을 고려하여 공공기관, 5만 명 이상의 정보 주체에 관하여 고유 식별정보를 처리하는 자가 안전성 확보 조치를 하였는지를 2년마다 1회 이상 정기적으로 조사하여야 한다.

⑦ 보호 위원회는 한국인터넷진흥원, 보호 위원회가 인정 고시하는 법인, 단체, 기관으로 하여금 정기적인 조사를 수행하게 할 수 있다.

(2) 노출된 개인정보의 삭제·차단

① 개인정보 처리자는 고유 식별정보, 계좌정보, 신용카드 정보 등 개인정보가 정보통신망을 통하여 공중(公衆)에 노출되지 아니하도록 하여야 한다.

② 개인정보 처리자는 공중에 노출된 개인정보에 대하여 보호 위원회 또는 한국인터넷진흥원의 요청이 있는 경우에는 해당 정보를 삭제하거나 차단하는 등 필요한 조치를 하여야 한다.

8 악성 프로그램의 방지

> **악성 프로그램 등 방지(제9조)**
> ① 개인정보 처리자는 악성 프로그램 등을 방지·치료할 수 있는 보안 프로그램을 설치·운영하여야 하며, 다음 각호의 사항을 준수하여야 한다.
>   1. 프로그램의 자동 업데이트 기능을 사용하거나, 정당한 사유가 없는 한 일 1회 이상 업데이트를 실시하는 등 최신의 상태로 유지
>   2. 발견된 악성 프로그램 등에 대해 삭제 등 대응조치
> ② 개인정보 처리자는 악성 프로그램 관련 경보가 발령된 경우 또는 사용 중인 응용 프로그램이나 운영체제 소프트웨어의 제작업체에서 보안 업데이트 공지가 있는 경우 정당한 사유가 없는 한 즉시 이에 따른 업데이트 등을 실시하여야 한다.

(1) 보안 프로그램의 설치·운영 및 준수사항

① 개인정보 처리자는 악성 프로그램 등으로 개인정보가 위·변조, 유출되지 않도록 이를 방지·치료할 수 있는 백신 소프트웨어 등 보안 프로그램을 설치·운영해야 한다.

  ㉠ 보안 프로그램은 그 목적과 기능에 따라 다양한 종류의 제품이 있으므로, 개인정보 처리자는 자신의 환경에 맞는 보안 프로그램을 설치하도록 한다.

  ㉡ 개인정보 처리자는 설치한 보안 프로그램을 적절하게 운영하여야 한다.

- 보안 프로그램 설치 후, 최신 상태의 보안 업데이트를 적용
- 보안 프로그램의 정책·환경 설정 등을 통해 사내의 보안정책을 적용
- 보안 프로그램을 통해 발견되는 악성 프로그램 등 확산 방지 조치(예 삭제·치료, 물리적 차단·분리 등)

② 백신 소프트웨어 등 보안 프로그램은 자동 업데이트 기능을 사용하거나, 일 1회 이상 업데이트를 실시하여 최신의 상태로 유지해야 한다.

  ㉠ 백신 소프트웨어 등의 보안 프로그램은 실시간 감시 등을 위해 항상 실행된 상태를 유지해야 한다.

  ㉡ 실시간으로 신종·변종 악성 프로그램이 유포됨에 따라 백신 상태를 최신의 업데이트 상태로 적용하여 유지해야 한다.

  ㉢ 대량의 개인정보를 처리하거나 민감한 정보 등 중요도가 높은 개인정보를 처리하는 경우에는 키보드, 화면, 메모리해킹, 랜섬웨어 등 신종 악성 프로그램에 대해 대응할 수 있도록 보안 프로그램을 운영하여 항상 최신의 상태로 유지해야 한다.

(2) 악성 프로그램 경보 및 보안 업데이트

① 다음의 경우에는 감염을 예방하고, 감염된 경우에는 피해를 최소화하기 위해 즉시 업데이트를 해야 한다.
  ㉠ 운영체제(OS)·응용 프로그램의 보안 취약점을 악용하는 악성 프로그램 경보의 발령
  ㉡ 응용 프로그램, 운영체제 소프트웨어의 제작업체에서 보안 업데이트 공지

② 운영체제나 응용 프로그램 보안 업데이트 시, 현재 운영 중인 응용 프로그램의 업무 연속성이 이루어질 수 있도록 보안 업데이트를 적용하는 것이 필요하며, 가능한 한 자동으로 보안 업데이트가 설정되도록 할 필요가 있다.

③ 한컴 오피스, MS 오피스 등 개인정보 처리에 자주 이용되는 응용 프로그램은 자동 업데이트 설정 시 보안 업데이트 공지에 따른 즉시 업데이트가 용이한 편이다.

④ 개인정보 처리 시스템 등에 대한 보안 업데이트 적용 사항, 적용 일자 등 설치·변경·제거 사항을 기록하는 등 형상 관리를 통해 관리체계를 강화할 수 있다.

⑤ 사이버 위기 경보 단계 및 보안 업데이트 공지 여부를 지속적으로 확인하여 보안 업데이트 적용 시점 및 방법 등을 검토하고 적용해야 한다.

> **더 알아보기** 형상 관리(Configuration Management)
>
> • 정보 보호시스템의 개발 과정에서 시스템에 관련된 모든 변경을 추적하여 시스템의 현재 상태를 항상 알 수 있도록 관리하는 것
> • 형상 관리 문서 구성 내용 : 형상 목록, 현상 식별 방법, 형상 관리체계

(3) 악성 프로그램 삭제 및 대응조치

① 개인정보 처리자는 백신 소프트웨어 등의 보안 프로그램을 설치·운영하여 발견된 바이러스, 웜, 트로이목마, 스파이웨어 등의 악성 프로그램 등에 대해 삭제, 치료 등의 대응조치를 해야 한다.

② 발견된 악성 프로그램에 대해 백신 소프트웨어에서의 삭제, 치료 등의 기능을 지원하지 않는 경우에는 개인정보 처리 시스템, 업무용 컴퓨터 등을 분리하는 등 악성 프로그램의 확산 방지를 위한 적절한 안전 조치를 취하여야 한다.

③ 불법 또는 비인가된 보안 프로그램을 사용 시 신규 취약점 등을 삭제하기 위한 업데이트 지원을 받지 못하거나, 악성코드 침투 경로로 이용되어 개인정보가 유출될 수 있으므로 정품 S/W만을 사용하도록 한다.

바이러스 (Virus)	자기 복제 능력을 갖추고 사용자 몰래 파일을 통해 자신 또는 자신의 변형을 감염시켜 기생하는 악성코드이다.
웜 (Worm)	• 자신을 복제하여 네트워크 연결을 통해 다른 컴퓨터로 빠르게 전파되는 독립실행 프로그램으로 서비스 거부 현상 등이 있다. • 사용자의 어떤 행위도 요구하지 않고 스스로 전파되는 성질은 바이러스와 구별된다.
트랩도어 (Trap Door)	• 시스템 설계자가 시스템 접근의 편의와 보수를 쉽게 하려고 고의로 시스템 보안을 제거한 비밀 통로로서, 백도어(Back Door)라고도 한다. • 최종 단계에서 삭제되어야 하는 트랩도어가 남아 있으면 컴퓨터 범죄에 악용되기도 한다.
트로이목마 (Trojan Horse)	• 자기 복제 능력이 없는 악성 루틴이 숨어 있는 프로그램으로 사용자가 트로이목마를 실행시켜, 시스템에 접근할 수 있는 백도어를 만들게 하거나, 시스템에 피해를 주게 된다. • 감염 컴퓨터를 원격 조정하거나 데이터 파괴 등의 변종이 나타난다.
스파이웨어 (Spyware)	• 사용자의 동의 없이 광고 목적 등으로 설치되어 컴퓨터의 정보를 수집·전송하는 악성 소프트웨어로 금융정보 및 신상정보, 암호를 비롯한 각종 정보를 수집한다. • 자기 복제 능력은 없으나 프로그램 제거 등을 방해한다.
랜섬웨어 (Ransomware)	• 사용자 컴퓨터의 데이터를 암호화시켜 파일을 사용할 수 없도록 한 후 암호화를 풀어주는 대가로 금전을 요구하는 악성 프로그램이다. • 백신으로는 치료가 불가능하다.
논리폭탄 (Logic Bomb)	미리 정해진 조건이 충족되면 발생하는 악성 프로그램이다.

9   물리적 안전조치

물리적 안전조치(제10조)
① 개인정보 처리자는 전산실, 자료 보관실 등 개인정보를 보관하고 있는 물리적 보관 장소를 별도로 두고 있는 경우에는 이에 대한 출입 통제 절차를 수립·운영하여야 한다.
② 개인정보 처리자는 개인정보가 포함된 서류, 보조 저장매체 등을 잠금장치가 있는 안전한 장소에 보관하여야 한다.
③ 개인정보 처리자는 개인정보가 포함된 보조 저장매체의 반출·입 통제를 위한 보안대책을 마련하여야 한다. 다만, 별도의 개인정보 처리 시스템을 운영하지 아니하고 업무용 컴퓨터 또는 모바일 기기를 이용하여 개인정보를 처리하는 경우에는 이를 적용하지 아니할 수 있다.

(1) 물리적 보관 장소의 출입 통제 절차

① 개인정보 처리자는 개인정보를 보관하고 있는 물리적 보관 장소(예 전산실, 자료 보관실 등)를 별도로 둔 경우에는 비인가자의 출입 등으로 인한 개인정보의 유출 등의 방지를 위한 출입 통제 절차를 수립·운영하여야 한다.

   ⊙ 전산실 : 다량의 정보 시스템을 운영하기 위한 별도의 물리적인 공간으로 전기 시설(UPS, 발전기 등), 공조 시설(항온항습기 등), 소방시설(소화설비 등) 등을 갖춘 시설

ⓒ 자료 보관실 : 가입신청서 등의 문서나 DAT(Digital Audio Tape), LTO(Linear Tape Open), DLT(Digital Linear Tape), 하드디스크 등이 보관된 물리적 저장장소

② 출입 통제 방법

ⓖ 물리적 접근·방지 장치의 설치·운영

출입 내역을 비밀번호 기반의 출입 통제장치, 스마트카드 기반의 출입 통제장치, 지문 등 생체인식정보 기반의 출입 통제장치, CCTV·카메라 기반 출입 통제장치 등의 전자적 매체에 기록한다.

ⓛ 수기 문서 대장 기록 방법 : 출입 내역의 문서 등에 출입자, 출입일시, 출입목적, 소속 등을 직접 수기로 기록한다.

③ 출입 통제 절차

ⓖ 출입 요청 및 승인 : 전산실, 자료 보관실 등에 출입 신청서를 작성하여 개인정보 보호 책임자 또는 전산실, 자료 보관실 등 운영·관리책임자의 승인을 받아야 한다.

ⓛ 출입 기록 작성 : 출입에 관한 사항을 출입 관리대장에 기록하고 해당 업무 관계자가 이를 확인하도록 해야 한다.

ⓒ 출입 기록 관리 : 정상·비정상적인 출입 여부, 장비 반입·반출의 적정성 등을 정기적으로 검토하여야 한다.

④ 출입 신청서 및 관리대장 작성

ⓖ 출입 신청서 : 소속, 부서명, 신청자, 연락처, 출입 일자, 입실·퇴실 시간, 출입 목적, 작업 내역 등

ⓛ 출입 관리대장 : 출입 일자, 입실·퇴실 시간, 출입자 정보(소속, 성명, 연락처), 출입 목적, 승인부서, 입회자 정보(성명 등), 승인자 서명 등

(2) 개인정보가 포함된 서류, 보조 저장매체 등의 보관

개인정보 처리자는 개인정보가 포함된 서류, 보조 저장매체(예 이동형 하드디스크, USB 메모리, SSD 등) 등은 금고, 잠금장치가 있는 캐비닛 등 안전한 장소에 보관하여야 한다.

(3) 보조 저장매체의 반출·입 통제를 위한 보안대책

① 개인정보 처리 시스템을 운영하는 개인정보 처리자는 보조 저장매체(예 USB 메모리, 이동형 하드디스크 등)를 통해 개인정보가 유출되지 않도록 개인정보가 저장·전송되는 보조 저장매체의 반출·입 통제를 위한 보안대책을 마련해야 한다.

② 별도의 개인정보 처리 시스템을 운영하지 아니하고 업무용 컴퓨터 또는 모바일 기기를 이용하여 개인정보를 처리하는 경우에는 보조 저장매체 반출·입 통제를 위한 보안대책 마련이 필수는 아니나, 관련 대책 마련을 권장해야 한다.

(4) 보조 저장매체의 반출·입 통제를 위한 보안대책 마련 시 고려 사항

① 보조 저장매체 보유 현황 파악 및 반출·입 관리계획

② 개인정보 취급자 및 수탁자 등에 의한 개인정보 유출 가능성

③ 보조 저장매체의 안전한 사용 방법 및 비인가된 사용에 대한 대응

④ USB를 PC에 연결 시 바이러스 점검 디폴트로 설정 등 기술적 안전조치 방안 등

■10 재해 · 재난 대비 안전조치

> **재해 · 재난 대비 안전조치(제11조)**
> 10만 명 이상의 정보 주체에 관하여 개인정보를 처리하는 대기업 · 중견기업 · 공공기관 또는 100만 명 이상의 정보 주체에 관하여 개인정보를 처리하는 중소기업 · 단체에 해당하는 개인정보 처리자는 화재, 홍수, 단전 등의 재해 · 재난 발생 시 개인정보 처리 시스템 보호를 위한 다음 각 호의 조치를 하여야 한다.
> 1. 위기 대응 매뉴얼 등 대응 절차를 마련하고 정기적으로 점검
> 2. 개인정보 처리 시스템 백업 및 복구를 위한 계획을 마련

(1) 위기 대응 매뉴얼 대응 절차 및 정기 점검

① 위기 대응 매뉴얼 대응과 절차

　㉠ 재난이란 국민의 생명 · 신체 · 재산과 국가에 피해를 주거나 줄 수 있는 것이며, 재해란 재난으로 인하여 발생하는 피해이다(재난 및 안전관리 기본법 제3조, 자연재해대책법 제2조 참고).

　㉡ 개인정보 처리자는 재해 · 재난 발생 시 개인정보의 손실 및 훼손 등을 방지하고 개인정보 유출 사고 등을 예방하기 위하여 개인정보 처리 시스템 보호를 위한 위기 대응 매뉴얼 등 대응 절차를 문서화하여 마련하고 이에 따라 대처하여야 한다.

② 정기적 점검

　㉠ 개인정보 처리자는 대응 절차의 적정성과 실효성을 보장하기 위하여 정기적으로 점검해야 한다.

　㉡ 재해 · 재난 대응 절차에 변경이 있는 경우에는 변경사항을 반영하는 등 적절한 조치를 해야 한다.

　㉢ 재해 · 재난으로 개인정보 등에 중대한 영향을 초래하거나 해를 끼칠 수 있는 사안 등에 대해서는 사업주 · 대표 · 임원 등에게 보고 후, 의사결정 절차를 통하여 적절한 대책을 마련해야 한다.

(2) 재해 · 재난 시 개인정보 처리 시스템 백업 및 복구 계획

① 재해복구계획은 정보 시스템의 재해나 재난 발생에 대비하여 실제 상황이 발생하였을 때 취해야 할 행동 절차를 미리 준비하는 것으로, 개인정보 처리자는 재해 · 재난 발생 시 혼란을 완화하고 신속한 의사결정을 위한 개인정보 처리 시스템 백업 및 복구를 위한 계획을 마련하여야 한다.

② 백업 및 복구를 위한 계획에는 개인정보 처리 시스템 등 백업 및 복구 대상, 방법 및 절차 등을 포함하도록 한다.

③ 개인정보 처리 시스템 백업 및 복구 계획은 위기 대응 매뉴얼 등에 포함할 수 있다.

④ 개인정보 처리 시스템 위기 대응 매뉴얼 및 백업 복구 계획

　㉠ 개인정보 처리 시스템 구성 요소(예 개인정보 보유량, 종류 · 중요도, 시스템 연계 장비 · 설비 등)

　㉡ 재해 · 재난 등에 따른 파급효과(예 개인정보 유출, 손실, 훼손 등) 및 초기대응 방안

　㉢ 개인정보 처리 시스템 백업 및 복구 우선순위, 목표 시점 · 시간

　㉣ 개인정보 처리 시스템 백업 및 복구 방안(예 복구센터 마련, 백업 계약 체결, 비상 가동 등)

　㉤ 업무분장, 책임 및 역할

　㉥ 실제 발생 가능한 사고에 대한 정기적 점검, 사후 처리 및 지속 관리 등

⑤ 백업 유형

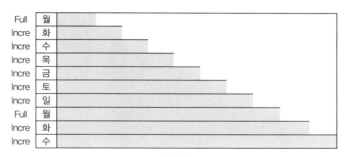

전체백업

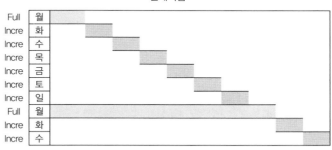

증분백업

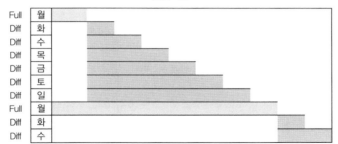

차등백업

전체백업 (Full Backup)	• 변경(Changed) 데이터나 고유(Unique) 데이터를 전혀 구분하지 않고 백업할 때마다 모든 데이터의 복사본을 만드는 백업 방식이다. • 복구 시 일부 다른 백업 방식보다 간편하고 시간이 증분 백업에 비해 상대적으로 덜 걸린다는 장점이 있다.
증분백업 (Incremental Backup)	• 전체백업과는 달리 최종 전체백업 혹은 최종 증분백업 이후에 변경된 파일만을 복사한다. • 전체백업과 비교할 때 증분백업은 매일 백업해야 하는 파일의 양이 적어 빠른 백업 윈도가 가능하다는 점이 장점이다. • 복구 과정에서는 최종 백업된 전체 및 모든 후속 증분 이미지나 복사본까지 복구해야 하므로 복구 작업이 번거로워지고 시간이 훨씬 더 걸릴 수도 있다.
차등백업 (Differential Backup)	• 전체백업 이후 변경된 모든 데이터를 백업하는 방식으로, 이는 바로 이전의 전체백업 혹은 증분백업 이후 변경된 데이터만 복사하는 증분백업과는 다르다. • 일단 파일이 변경되면 예정된 다음 전체백업 시까지 매일 백업하므로, 파일이 변경될 때마다 파일 크기가 증가하게 되며, 다음 전체백업 때까지 파일 크기가 점점 커진다. • 전체백업 이미지와 가장 최근의 차등 이미지만 복구하면 되기 때문에 복구 시점에 따라 다르긴 하지만 대개 증분 백업보다 복구 속도가 빠르다.

⑥ 재해복구 시스템의 유형 구분

　㉠ 구축 형태별

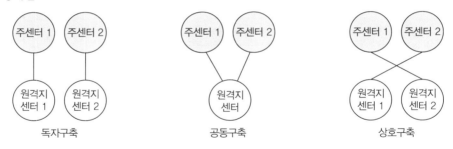

독자 구축	재해복구 시스템을 독자적으로 구축하는 방식, 보안성 · 복구 신뢰성은 가장 높으나 구축 · 유지 비용이 많이 든다.
공동 구축	둘 이상의 기관이 재해복구 시스템을 공동 이용하는 방식, 독자 구축보다 비용이 적게 소요되나, 보안성 · 재해복구 면에서 기관 간의 동시 복구가 불가능하다.
상호 구축	둘 이상의 기관이 재해복구 시스템의 역할을 상호 수행하거나, 단일기관이 복수의 정보 시스템 사이트로 상호 재해복구 시스템의 역할을 수행하게 하는 방식이다. 구축 · 운영비용은 저렴하나 보안성 · 재해복구의 신뢰성은 매우 낮다.

　㉡ 운영 주체별

자체 운영	기관 자체의 인력으로 재해복구 시스템을 운영하는 방식, 보안성 · 신뢰성은 가장 높으나 운영비용이 많이 들고, 재해복구 시 추가 인력을 확보해야 한다.
공동 운영	둘 이상의 기관이 재해복구 시스템의 인력을 상호 공유하는 방식으로, 기관협조에 의존적이다. 운영비용은 자체 운영에 비해 저렴하나 기관 상호 간의 신뢰가 전제되어야 하므로 보안성 등에 문제가 발생한다.
위탁 운영	재해복구 시스템 운영을 외부 기관에 위탁하는 방식으로, 위탁운영자의 신뢰도에 따라 달라진다. 위탁업체의 보안성 운영 유지의 최대 관건이며 초기 투자 비용이 적게 드는 장점이 있다.

　㉢ 복구 수준별

미러 사이트 (Mirror Site)	• DBMS(Data Base Management System)에 대한 실시간 미러링으로 재해 발생 시 복제 시스템을 구성한다. • 주 센터와 백업센터 간 네트워크 이중화 구성으로 신속한 복구가 가능하다. • Active/Active 방식 : 주 센터와 동일한 수준의 정보기술 자원을 원격지에 구축하고, 주 센터와 재해복구센터가 모두 운용 상태로 서비스하는 방식이다. • RTO(목표 복구 시간)와 RPO(목표 복구 시점)는 이론적으로 0이다.
핫 사이트 (Hot Site)	• 주 센터와 백업센터 간의 DB를 직접 이중화하는 방안이다. • 백업센터에서 동일한 전산센터를 구축하여 수 시간 내 재난복구 시스템이 가동된다. • Active/Standby 방식 : 자원을 대기 상태로 사이트에 보유하면서 동기적 또는 비동기적 방식으로, 실시간 미러링을 통하여 데이터를 최신 상태로 유지하는 방식이다. • RTO(목표 복구 시간)는 수 시간(약 4시간) 이내이다. • RPO(목표 복구 시점)는 0을 지향한다.

웜 사이트 (Warm Site)	• 주 센터와 동일한 수준의 정보기술 자원을 보유하는 대신, 중요성이 높은 기술 자원만 부분적으로 보유하는 방식이다. • 주 센터 장비 일부 및 데이터 백업만을 준비하여 재해 발생 시 주요 업무 데이터만 복구하는 시설이다. • 실시간 미러링을 수행하지 않는다. • 주기적으로 데이터 백업 테이프를 보관 및 소산하는 방식이다. • 운용비용은 저렴하나 복구에 다소 시간이 걸리고 불완전한 복구 수준이 될 수 있다. • 부분적으로 설비가 있는 백업 사이트로서 가격이 저렴한 선택적인 주변기기를 가지고 있다. • RTO(목표 복구 시간)는 수 일에서 여러 주가 걸린다. • RPO(목표 복구 시점)는 수 시간에서 1일 정도로 핫 사이트에 비해 다소 길다.
콜드 사이트 (Cold Site)	• 데이터, 원격지 배치(Batch)형 작업, 비실시간 백업 등으로 처리한다. • 재난 발생 시에 컴퓨터실 외에 별다른 장비를 갖고 있지 않다. • 운용비용은 저렴하나 복구 시간이 길고 복구 신뢰도도 낮다. • RTO(목표 복구 시간)는 주 센터의 데이터를 주기적으로 수주에서 수개월로 원격지에 백업한다. • RPO(목표 복구 시점)는 수 일에서 여러 주가 걸린다.

더 알아보기   RTO(Recovery Time Objective) 및 RPO(Recovery Point Objective)

RTO	• 재해 발생 후 애플리케이션과 프로세스를 복구하는 데 허용되는 최대 지연 목표 시간이다. • 백업 및 실행할 애플리케이션과 프로세스를 복구할 미래의 시간을 결정한다. • 선형 시간 프레임, 이벤트 날짜 등과 같은 여러 요소에 의존하는 다양한 복원 시간이 있어서 계산이 복잡하고 복구 비용이 많이 든다. • RTO가 작으면 시스템 가용성 비용이 증가하고, RTO가 크면 시스템 다운 비용이 증가한다.
RPO	• 서비스 중단 시점과 마지막 복구 시점 사이(다운타임)에 최대로 허용되는 데이터의 손실 시점이다. • 운영을 재해 이전 상태로 되돌리기 위해 수행해야 하는 작업을 결정한다. • 데이터 사용량이 대체로 일관되고 더 적은 변수를 포함하므로 계산하고 구현하기가 더 용이하며 경제적이다. • RPO가 작으면 데이터 가용성 비용이 증가하고 RPO가 크면 데이터 손실 비용이 증가한다.

⑦ BCP(Business Continuity Planning, 업무 연속성 계획)

    ㉠ 각종 재해 · 재난 등의 위기로부터 재해 및 업무복구를 위해 비상계획 등의 비즈니스 연속성을 보장하려는 계획이다.

    ㉡ BCP의 수립 절차

프로젝트 범위 설정 및 기획	• 조직의 독특한 사업경영과 정보 시스템의 지원 서비스를 조사하여, 다음 활동 단계로 나가기 위한 프로젝트 계획을 수립하는 단계 • 명확한 범위, 조직, 시간, 인원 등을 정의 • 프로젝트의 근본 취지나 요구사항이 조직 전체 및 BCP의 개발에 가장 중요한 역할 수행을 할 부서나 직원에게 명료하게 전달
사업 영향 평가 (BIA; Business Impact Analysis)	• 시스템이나 통신서비스의 심각한 중단 사태에 따라 각 사업 단위가 받게 될 재정적 손실의 영향을 파악하고 문서화하는 단계 • RTO, RPO, 핵심 우선순위 결정
복구 전략 개발	• 사업 영향 평가 단계에서 수집된 정보를 활용하여, 시간 임계적(Time Critical) 사업기능을 지원하는 데 필요한 복구 자원을 추정하는 단계 • 사업의 지속 전략 정의 및 문서화 • 여러 가지 복구 방안에 대한 평가와 이에 따른 예상 비용에 대한 자료를 경영자에게 제시
복구 계획 수립	• 사업을 지속하기 위한 실제 복구 계획을 수립하는 단계 • 효과적인 복구 과정을 수행하기 위하여 명시적인 문서화를 진행하며, 반드시 경영 자산목록 정보와 상세한 복구팀의 행동계획을 포함
프로젝트의 수행 테스트 및 유지보수	• 테스트와 유지보수 활동 현황을 포함하여, 향후 수행할 엄격한 테스트 및 유지보수 관리 절차의 수립 단계 • 교육, 인식 제고, 훈련 및 시험, 변경 관리

11 출력 · 복사 시 안전조치

> **출력 · 복사 시 안전조치(제12조)**
> ① 개인정보 처리자는 개인정보 처리 시스템에서 개인정보의 출력 시(인쇄, 화면표시, 파일생성 등) 용도를 특정하여야 하며, 용도에 따라 출력 항목을 최소화하여야 한다.
> ② 개인정보 처리자는 개인정보가 포함된 종이 인쇄물, 개인정보가 복사된 외부 저장매체 등 개인정보의 출력 · 복사물을 안전하게 관리하기 위해 필요한 안전조치를 하여야 한다.

(1) 출력 항목의 최소화

① 개인정보 처리자는 개인정보 처리 시스템에서 개인정보를 출력할 때(예) 인쇄, 화면표시, 파일생성 등)는 용도에 따라 출력 항목을 최소화해야 한다.

② 개인정보 처리자는 업무 수행 형태 및 목적, 유형, 장소 등 여건 및 환경에 따라 개인정보 처리 시스템에 대한 접근 권한 범위 내에서 최소한의 개인정보를 출력한다.

(2) 출력 시 주의사항

① 오피스(엑셀 등)에서 개인정보가 숨겨진 필드 형태로 저장되지 않도록 조치한다.

② 웹페이지 소스 보기 등을 통하여 불필요한 개인정보가 출력되지 않도록 조치한다.

(3) 출력 · 복사 기록의 안전조치

① 개인정보 처리자는 개인정보가 포함된 종이 인쇄물, 외부 저장매체 등 출력 · 복사물을 통해 개인정보의 분실 · 도난 · 유출 등을 방지한다.

② 개인정보 처리자는 출력 · 복사물을 안전하게 관리하기 위해 다음의 출력 · 복사물 등에 필요한 보호조치를 갖추어야 한다.

　　㉠ 출력 · 복사물 보호 및 관리 정책, 규정, 지침 등 마련

　　㉡ 출력 · 복사물 생산 · 관리대장 마련 및 기록

　　㉢ 출력 · 복사물 운영 · 관리부서 지정 · 운영

　　㉣ 출력 · 복사물 외부 반출 및 재생산 통제 · 신고 · 제한 등

12 개인정보의 파기

> **개인정보의 파기(제13조)**
> ① 개인정보 처리자는 개인정보를 파기할 경우 다음 각호 중 어느 하나의 조치를 하여야 한다.
> 　1. 완전 파괴(소각 · 파쇄 등)
> 　2. 전용 소자 장비(자기장을 이용해 저장장치의 데이터를 삭제하는 장비)를 이용하여 삭제
> 　3. 데이터가 복원되지 않도록 초기화 또는 덮어쓰기 수행
> ② 개인정보 처리자가 개인정보의 일부만을 파기하는 경우, 제1항의 방법으로 파기하는 것이 어려울 때는 다음 각호의 조치를 하여야 한다.
> 　1. 전자적 파일 형태인 경우 : 개인정보를 삭제한 후 복구 및 재생되지 않도록 관리 및 감독
> 　2. 제1호 외의 기록물, 인쇄물, 서면, 그 밖의 기록 매체인 경우 : 해당 부분을 마스킹, 구멍 뚫기 등으로 삭제
> ③ 기술적 특성으로 제1항 및 제2항의 방법으로 파기하는 것이 현저히 곤란한 경우에는 개인정보 보호법 제58조의2에 해당하는 정보로 처리하여 복원이 불가능하도록 조치하여야 한다.

(1) 개인정보를 파기할 때의 조치

① 개인정보 처리자는 보유 기간의 경과, 개인정보의 처리 목적 달성 등 개인정보가 불필요하게 되었을 때는 지체 없이 그 개인정보를 파기하여야 한다.

② 개인정보를 파기할 때는 복구 또는 재생되지 않도록 다음의 조치를 해야 한다.

　　㉠ 완전 파괴(소각 · 파쇄 등) : 개인정보가 저장된 회원 가입신청서 등의 종이 문서, 하드디스크나 자기 테이프를 파쇄기로 파기하거나 용해 또는 소각장, 소각로에서 태워서 파기 등

　　㉡ 전용 소자(消磁) 장비를 이용한 삭제 : 디가우저(Degausser, 전자기 소자를 이용해서 데이터를 파괴하는 장비)를 이용해 하드디스크나 자기테이프에 저장된 개인정보를 삭제

　　㉢ 데이터가 복원되지 않도록 초기화 또는 덮어쓰기 수행

　　　• 개인정보가 저장된 하드디스크에 대해 완전 포맷(3회 이상 권고)

　　　• 데이터 영역에 무작위 값(0, 1 등)으로 덮어쓰기(3회 이상 권고)

　　　• 해당 드라이브를 안전한 알고리즘 및 키 길이로 암호화하여 저장 후 삭제하고 암호화에 사용된 키 완전 폐기 및 무작위 값으로 덮어쓰기 등

③ 개인정보를 파기할 때는 파기를 전문으로 수행하는 업체를 활용할 수도 있다.

④ 개인정보 파기의 시행 및 파기 결과의 확인은 개인정보 보호 책임자의 책임하에 수행되어야 하며, 파기에 관한 사항을 기록·관리하여야 한다.

(2) 개인정보 일부를 파기할 때의 조치

① 저장 중인 개인정보 중 보유 기간이 지난 다음의 일부 개인정보를 파기하는 경우를 말한다.

    ㉠ 운영 중인 개인정보가 포함된 여러 파일 중, 특정 파일을 파기하는 경우

    ㉡ 개인정보가 저장된 백업용 디스크나 테이프에서 보유 기간이 만료된 특정 파일이나 특정 정보 주체의 개인정보만 파기하는 경우

    ㉢ 운영 중인 데이터베이스에서 탈퇴한 특정 회원의 개인정보를 파기하는 경우

    ㉣ 회원가입 신청서가 기록된 종이 문서의 정보 중, 특정 필드의 정보를 파기하는 경우 등

② 개인정보 처리자가 개인정보의 일부만 파기하는 경우, 복구 또는 재생되지 않도록 개인정보가 저장된 매체 형태에 따라 다음 중 어느 하나의 조치를 해야 한다.

    ㉠ 전자적 파일 형태 : 개인정보를 삭제한 후 복구 및 재생되지 않도록 관리 및 감독

    ㉡ 전자적 파일 형태 외의 기록물, 인쇄물, 서면, 그 밖의 기록 매체

        • 해당 부분을 마스킹, 천공 등으로 삭제

        • 회원가입 신청서에 기재된 주민등록번호 삭제 시, 해당 신청서에서 주민등록번호가 제거되도록 절삭, 천공 또는 펜 등으로 마스킹

더 알아보기

개인정보를 삭제하는 방법
• 운영체제, 응용 프로그램, 상용 도구 등에서 제공하는 삭제 기능을 사용하여 삭제
• 백업 시 파기 대상 정보 주체의 개인정보를 제외한 백업 등(운영체제, 응용 프로그램, 상용 도구 등에서 제공하는 삭제 기능을 사용하는 경우에도 가능한 복구 불가능 방법을 사용해야 복구 및 재생의 위험을 줄일 수 있음)

복구 및 재생되지 않도록 관리·감독하는 방법
복구 관련 기록·활동에 대해 모니터링하거나 주기적 점검을 통해 비인가된 복구에 대해 조치

---

13 공공안전 시스템 운영기관 등의 개인정보 안전성 확보 조치

(1) 공공안전 시스템 운영기관의 안전성 확보 조치(2024년 9월 15일 시행)

개인정보 처리 시스템 중에서 개인정보 보호 위원회가 지정하는 공공 시스템을 운영하는 공공기관은 개인정보의 안전성 확보 조치 외에 다음의 조치를 해야 한다.

① 단일접속 시스템

2개 이상 기관의 공통 또는 유사한 업무를 지원하기 위하여 단일 시스템을 구축하여 다른 기관이 접속하여 이용할 수 있도록 한 단일접속 시스템으로서 다음 중 어느 하나에 해당하는 경우

    ㉠ 100만 명 이상의 정보 주체에 관한 개인정보를 처리하는 시스템

ⓛ 개인정보 처리 시스템에 대한 개인정보 취급자의 수가 200명 이상인 시스템

ⓒ 정보 주체의 사생활을 현저히 침해할 우려가 있는 민감한 개인정보를 처리하는 시스템

② 표준 배포 시스템

2개 이상 기관의 공통 또는 유사한 업무 지원을 위한 표준이 되는 시스템을 개발하여 다른 기관이 운영할 수 있도록 배포한 표준 배포 시스템으로서 대국민 서비스를 위한 행정업무 또는 민원 업무처리용으로 사용하는 공공 시스템

③ 기관별로 운영하는 개별 시스템

기관의 고유한 업무 수행을 지원하기 위하여 기관별로 운영하는 개별 시스템으로서 다음 중 어느 하나에 해당하는 공공 시스템

ⓐ 100만 명 이상의 정보 주체에 관한 개인정보를 처리하는 시스템

ⓛ 개인정보 처리 시스템에 대한 개인정보 취급자의 수가 200명 이상인 시스템

ⓒ 주민등록 정보 시스템과 연계하여 운영되는 시스템

ⓓ 총사업비가 100억 원 이상인 시스템

(2) 공공 시스템의 지정 예외 개인정보 처리 시스템

① 체계적인 개인정보 검색이 어려운 시스템

② 내부적 업무처리만을 위하여 사용되는 시스템

③ 개인정보가 유출될 가능성이 상대적으로 낮다고 보호 위원회가 인정하는 시스템

(3) 공공시스템 운영기관의 내부 관리계획 수립 · 시행

① 관리책임자의 지정에 관한 사항

② 관리책임자의 역할 및 책임에 관한 사항

③ 개인정보 취급자의 역할 및 책임에 관한 사항

④ 내부 관리계획 중 다음의 사항

ⓐ 개인정보 취급자에 대한 관리 · 감독 및 교육에 관한 사항

ⓛ 접근 권한의 관리에 관한 사항

ⓒ 접근 통제에 관한 사항

ⓓ 접속기록 보관 및 점검에 관한 사항

⑤ 공공 시스템 운영기관의 접근 권한의 관리 사항

⑥ 공공 시스템 운영기관의 접속기록 보관 및 점검에 관한 사항

(4) 공공 시스템 운영기관의 접근 권한의 관리

① 공공 시스템 운영기관은 공공 시스템에 대한 접근 권한을 부여, 변경 또는 말소하려는 때에는 인사정보와 연계하여야 한다.

② 공공 시스템 운영기관은 인사정보에 등록되지 않은 자에게 개인정보 처리 시스템에 접근할 수 있는 계정을 발급해서는 안 된다. 다만, 긴급상황 등 불가피한 사유가 있는 경우에는 발급할 수 있으며, 그 사유를 내역에 포함해야 한다.

③ 공공 시스템 운영기관은 개인정보 처리 시스템에 접근할 수 있는 계정을 발급할 때는 개인정보 보호 교육을 실시하고, 보안 서약을 받아야 한다.

④ 공공 시스템 운영기관은 정당한 권한을 가진 개인정보 취급자에게만 접근 권한이 부여·관리되고 있는지 확인하기 위하여 접근 권한 부여, 변경 또는 말소내역 등을 반기별 1회 이상 점검하여야 한다.

⑤ 공공 시스템 이용 기관은 소관 개인정보 취급자의 계정 발급 등 접근 권한의 부여·관리를 직접 하는 경우 ②부터 ④까지의 조치를 해야 한다.

(5) 공공 시스템 운영기관의 접속기록 보관 및 점검(제17조)

① 자동화된 방식의 분석·조치

공공 시스템 접속기록 등을 자동화된 방식으로 분석하여 불법적인 개인정보 유출 및 오용·남용 시도를 탐지하고 그 사유를 소명하도록 하는 등 필요한 조치를 하여야 한다.

② 기관의 직접 점검

공공 시스템 운영기관은 공공 시스템 이용 기관이 소관 개인정보 취급자의 접속기록을 직접 점검할 수 있는 기능을 제공하여야 한다.

(6) 재검토 기한(제18조)

개인정보 보호 위원회는 이 고시에 대하여 2023년 9월 15일을 기준으로 매 3년이 되는 시점(매 3년째의 9월 14일까지)마다 그 타당성을 검토하여 개선 등의 조치를 하여야 한다.

(7) 2024년 9월 15일부터 시행되는 조치

① 종전의 (개인정보 보호 위원회) 개인정보의 기술적·관리적 보호조치 기준(개인정보 보호 위원회고시 제2021-3호) 적용 대상인 개인정보 처리자

ㄱ 일정 횟수 인증 실패 시 개인정보 처리 시스템에 대한 접근 제한(제5조 제6항)

ㄴ 개인정보를 대규모로 처리하는 개인정보 처리자의 암호키 관리 절차 수립·시행(제7조 제6항)

ㄷ 개인정보 처리 시스템의 접속기록 점검(제8조 제2항)

ㄹ 재해·재난 대비 안전조치 개정 규정(제11조)

② 종전의 (개인정보 보호 위원회) 개인정보의 안전성 확보 조치 기준(개인정보 보호 위원회고시 제2021-2호) 적용 대상인 개인정보 처리자

ㄱ 인터넷망 구간 송·수신 시 알고리즘 암호화(제7조 제4항)

ㄴ 출력·복사 시 보호조치의 개정 규정(제12조 제2항)

ㄷ 정보 주체에 관한 개정 규정(제5조 제6항)

③ 공공 시스템 운영기관과 공공 시스템 이용 기관

ㄱ 공공 시스템 운영기관의 안전조치 기준 적용(제14조)

ㄴ 공공 시스템 운영기관의 내부 관리계획의 수립·시행(제15조)

ㄷ 공공 시스템 운영기관의 접근 권한의 관리(제16조)

ㄹ 공공 시스템 운영기관의 접속기록 보관 및 점검(제17조)

14 개인정보의 보호조치 FAQ

질문 01 개인정보 처리 시스템에서 개인정보의 출력 시 용도에 따른 출력 항목의 최소화라는 의미는 무엇인가?

답변 개인정보 처리자는 업무 수행 형태 및 목적, 유형, 장소 등 여건 및 환경에 따라 개인정보 처리 시스템에 대한 접근 권한 범위 내에서 최소한의 개인정보를 출력하도록 조치하라는 것이다.

질문 02 개인정보 처리 시스템의 범위는 어디까지인가?

답변 개인정보 처리 시스템이란 일반적으로 데이터베이스(DB) 내의 데이터에 접근할 수 있도록 해주는 응용시스템을 의미하며, 데이터베이스를 구축하거나 운영하는 데 필요한 시스템이다. 그러나 개인정보 처리 시스템은 개인정보 처리자의 개인정보 처리 방법, 시스템 구성 및 운영환경 등에 따라 달라질 수 있다. 가령 온라인 서비스 제공을 위한 데이터베이스를 구축·운영하면서 회원 관리, 민원 처리 등 개인 정보처리가 수반되는 서비스 제공을 위한 웹서버, 애플리케이션 서버, 중계 서버로 시스템을 구성했다면 이것은 모두 개인정보 처리 시스템에 해당할 수 있다. 업무용 컴퓨터에 데이터베이스 응용 프로그램이 설치·운영되어 다수의 개인정보 취급자가 사용할 경우에도 개인정보 처리 시스템에 해당할 수 있다. 그러나 데이터베이스 응용 프로그램이 설치·운영되지 않는 PC, 노트북과 같은 업무용 컴퓨터는 개인정보 처리 시스템에서 제외된다.

질문 03 개인정보 처리 시스템에 접근 권한의 변경·말소는 어떻게 해야 하나?

답변 개인정보 처리자는 전보 또는 퇴직 등 인사이동이 발생하여 개인정보 취급자의 업무가 변경되었을 경우 지체 없이 개인정보 처리 시스템의 접근 권한을 변경 또는 말소해야 한다. 여기서, 지체 없이의 의미는 정당한 사유가 없는 한 즉시 조치해야 함을 의미한다. 개인정보 처리자는 불완전한 접근 권한의 변경 또는 말소 조치로 인하여 정당한 권한이 없는 자가 개인정보 처리 시스템에 접근될 수 없도록 해야 한다.

질문 04 이용자가 접속하는 웹페이지도 개인정보 시스템인가?

답변 이용자가 접속하는 웹페이지를 통해 데이터베이스 내의 데이터(개인정보)에 접근하여 조회, 수정, 삭제 등 처리할 수 있다면 개인정보 처리 시스템에 해당한다.

질문 05 개인용 스마트폰에서 회사 e-mail 서버로부터 자료를 주고받아 개인정보 처리 업무를 수행하는 경우에, 모바일 기기에 포함되는가?

답변 모바일 기기에 포함된다. 개인용 스마트폰이나 태블릿PC에 회사의 업무용 앱(App)을 설치하여 업무 목적의 개인정보를 처리하는 경우, 개인용 스마트폰이나 태블릿PC에 설치된 메일 읽기 프로그램을 사용하여 회사 메일서버에 접속하여 업무 목적의 개인정보를 처리하는 경우 등은 모바일 기기에 해당한다. 다만, 개인용 스마트폰이 회사 e-mail 서버로부터 자료를 주고받더라도 개인정보가 포함되지 않거나, 회사 업무 목적이 아닌 경우는 모바일 기기에서 제외된다.

질문 06 내부망에 저장하는 주민등록번호는 영향평가나 위험도 분석을 통해 암호화하지 않고 보유할 수 있는가?

답변 내부망에 주민등록번호를 저장하더라도, 개인정보 보호법 제24조의2, 개인정보 보호법 시행령 제21조의2에 따라 개인정보 영향평가나 암호화 미적용 시 위험도 분석의 결과에 관계없이 암호화해야 한다.

질문 07 내부 관리계획 수립 시, 문서 제목을 반드시 내부 관리계획으로 해야 하나?

답변 내부 관리계획의 문서 제목은 가급적 내부 관리계획이라는 용어를 사용하는 것이 바람직하나, 개인정보처리자의 내부 방침에 따라 다른 용어를 사용할 수도 있다. 다른 용어를 사용하는 경우에도 개인정보의 안전성 확보 조치 기준 제4조(내부 관리계획의 수립·시행 및 점검)에 관한 사항을 이행해야 한다.

질문 08 공공기관에서 암호화를 수행하는 경우, 개인정보의 안전성 확보 조치 기준에서 규정하는 사항과 다른 기관에서 규정하는 지침 등이 있는 경우에는 어느 규정을 준수해야 하는가?

답변 개인정보의 안전성 확보 조치 기준의 제7조(개인정보의 암호화)에서 규정하는 사항을 이행하면 개인정보 보호법상 암호화 의무는 준수한 것으로 볼 수 있다. 다만, 해당 분야에 관련된 다른 암호화 지침 등이 있는 경우에는 해당 규정도 준수해야 한다.

질문 09 공공기관에서 고객정보 데이터베이스를 운영하고 있을 때, 개인정보 보호법에서 규정하는 암호화 대상은 무엇인가?

답변 개인정보 보호법상에서 요구되는 암호화 대상은 비밀번호, 생체인식정보, 고유 식별정보(주민등록번호, 외국인등록번호, 운전 면허번호, 여권번호) 등이다. 개인정보 처리자는 비밀번호, 생체인식정보, 고유 식별정보 등을 정보통신망 또는 보조 저장매체 등을 통해 전달하는 경우 암호화하여 전송해야 한다. 또한 인터넷 구간 및 인터넷 구간과 내부망의 중간지점(DMZ)에 고유 식별정보를 저장하는 경우에도 반드시 암호화해야 하며, 내부망에 주민등록번호를 제외한 고유 식별정보를 저장하는 경우 영향평가의 결과에 따라 암호화의 적용 여부 및 적용 범위를 정하여 시행할 수 있다.

질문 10 개인정보 처리자의 접근 권한 부여는 어떻게 해야 하나?

답변 개인정보 처리자는 개인정보 처리 시스템에 접근 권한을 서비스 제공을 위해 필요한 최소한의 인원에게 부여해야 한다. 특히, 개인정보 처리 시스템의 데이터베이스(DB)에 직접 접속은 데이터베이스 운영·관리자에 한정하는 등의 보호조치를 적용한다. 개인정보 처리자는 개인정보 처리 시스템에 열람, 수정, 다운로드 등 접근 권한을 부여할 때는 서비스 제공을 위해 필요한 범위에서 구체적으로 차등화하여 부여해야 한다.

질문 11 침입 탐지 및 유출 탐지 기능을 갖춘 접근통제 장치만 설치한다면, 개인정보의 안전성 확보 조치 기준에서 정한 접근통제 요구사항을 충족할 수 있나?

답변 단순히 방화벽 등 정보보호 솔루션을 구매 및 설치하는 것만으로는 부족하며 신규 위협 대응 및 정책의 관리를 위하여 정책설정의 지속적인 업데이트 적용 및 운영·관리, 이상 행위 대응, 로그 분석 등의 방법으로 체계적으로 운영·관리를 해야 한다.

질문 12 비밀번호와 관련된 다른 조치(5회 이상 비밀번호 입력 오류 시 로그인 제한 등)를 적용할 때도 개인정보 취급자의 비밀번호 작성 규칙은 반드시 8자리 또는 10자리로 이상으로 해야 하나?

답변 개인정보의 안전성 확보 조치 기준에서는 개인정보 취급자를 대상으로 영문자(영문 대문자, 영문 소문자), 숫자, 특수문자 중 2종류 이상을 조합하여 최소 10자리 이상 또는 3종류 이상을 조합하여 최소 8자리 이상의 길이로 구성하도록 정하고 있으므로 이행하여야 한다.

질문 13 암호화해야 하는 생체인식정보의 대상은 어디까지인가?

답변 생체인식정보를 식별 및 인증 등의 업무에 활용하기 위하여 수집·이용하는 경우에는 암호화 조치를 하여야 하며 복호화가 가능한 양방향 암호화 저장을 할 수 있다.

질문 14 업무용 PC에서 고유 식별정보나 생체인식정보를 처리하는 경우 개인정보 암호화는 어떻게 해야 하나?

답변 PC에 저장된 개인정보의 경우 상용프로그램(예 한글, 엑셀 등)에서 제공하는 비밀번호 설정 기능을 사용하여 암호화를 적용하거나, 안전한 암호화 알고리즘을 이용하는 소프트웨어를 사용하여 암호화해야 한다.

질문 15 전산실 또는 자료 보관실이 없는 중소기업의 경우, 개인정보의 안전성 확보 조치 기준 제10조(물리적 안전조치) 조항을 준수해야 하나?

답변 개인정보가 포함된 서류나 보조 저장매체 등을 운영하는 경우에는 잠금장치가 있는 캐비닛 등 안전한 장소에 보관하여야 하며, 보조 저장매체의 반출·입 통제를 위한 보안대책을 마련하여 운영해야 한다. 다만, 전산실, 자료 보관실 등 개인정보를 보관하고 있는 물리적 보관 장소를 별도로 두고 있지 않은 경우에는 이에 대한 출입 통제 절차를 수립·운영하지 않을 수 있다.

질문 16 접속기록에는 어떤 정보를 보관·관리하여야 하나?

답변 접속기록에는 계정(개인정보 처리 시스템에서 접속자를 식별할 수 있도록 부여된 ID 등 계정정보), 접속일시(접속한 시간 또는 업무를 수행한 시간), 접속지 정보(개인정보 처리 시스템에 접속한 자의 컴퓨터 또는 서버의 IP 주소), 정보 주체의 정보(개인정보 취급자가 누구의 개인정보를 처리하였는지를 알 수 있는 식별정보), 수행업무(개인정보 취급자가 개인정보 처리 시스템을 이용하여 개인정보를 처리한 내용을 알 수 있는 정보)가 포함된다.

질문 17 접속기록에 기록하는 '처리한 정보 주체 정보'의 범위는?

답변 접속기록에 기록하는 처리한 정보 주체의 정보는 개인정보 취급자가 처리한 정보 주체를 확인할 수 있는 식별정보(예 ID, 고객 번호, 학번, 사번 등)를 기록하여야 하며, 민감하거나 과도한 개인정보가 저장되지 않도록 해야 한다. 또한, 다량의 정보 주체의 정보를 처리한 경우 검색 조건문을 정보 주체의 정보로 기록할 수 있다. 다만, 변경이 빈번하게 발생하거나 임시로 활용하는 테이블에 저장된 개인정보를 처리하는 경우, 검색 조건문을 정보 주체의 정보로 기록하면 책임 추적성 확보가 어려울 수 있으므로 해당 시점의 DB를 백업하는 등 필요한 조치를 하여야 한다.

질문 18 월 1회 이상 접속기록을 점검할 때 보관하고 있는 모든 접속기록에 대하여 점검해야 하는가?

답변 월 1회 이상 접속기록 점검을 할 때 보관하고 있는 모든 접속기록을 점검할 필요는 없다. 개인정보 처리자가 기존에 점검을 완료한 접속기록임을 확인하였을 경우, 해당 접속기록에 대하여 별도의 점검을 하지 않을 수 있다. 또한, 내부 관리계획에서 정하는 점검기준 및 점검 범위는 실질적인 개인정보 유출 및 오·남용을 확인할 수 있도록 타당하고 합리적으로 수립·이행해야 한다.

질문 19 재해·재난 대비 안전조치는 반드시 필요한가?

답변 재해·재난 발생 시 개인정보 처리 시스템에 보관된 개인정보의 손실, 훼손 등을 방지하고 개인정보 유출 사고 등을 예방하기 위한 안전조치는 반드시 필요하다. 개인정보 처리자는 재해·재난 발생 시 혼란을 완화하고 신속한 의사결정을 위하여 대응 절차 마련 및 점검, 백업 및 복구 계획 수립 등을 해야 한다.

질문 20 전용선의 범위는 어디까지인가?

답변 물리적으로 독립된 회선으로서 두 지점 간에 사용하는 회선으로, 개인정보 처리자와 개인정보 취급자 또는 본점과 지점 간에 직통으로 연결하는 회선이다.

적중예상문제

01 개인정보의 안전성 확보 조치 기준상의 용어 설명으로 옳지 않은 것은?

① 개인정보 처리 시스템이란 데이터베이스시스템 등 개인정보를 처리할 수 있도록 체계적으로 구성한 시스템을 말한다.

② 접속기록이란 개인정보 처리 시스템에 접속하는 자가 개인정보 처리 시스템에 접속하여 수행한 업무 내역에 대하여 식별자, 접속일시, 접속지 정보, 처리한 정보 주체 정보, 수행업무 등을 전자적으로 기록한 것을 말한다.

③ P2P(Peer to Peer)란 정보통신망을 통해 서버의 도움 없이 개인과 개인이 직접 연결되어 파일을 공유하는 것을 말한다.

④ 생체정보란 특정 개인을 인증 또는 식별할 목적으로 일정한 기술적 수단을 통해 처리되는 정보를 말한다.

⑤ 내부망이란 인터넷망 차단, 접근 통제 시스템 등에 의해 인터넷 구간에서의 접근이 통제 또는 차단되는 구간을 말한다.

> **해설** ④ 생체인식정보에 관한 내용이다. 생체정보란 지문, 얼굴, 홍채, 정맥, 음성, 필적 등 개인의 신체적, 생리적, 행동적 특징에 관한 정보로서 특정 개인을 인증·식별하거나 개인에 관한 특징을 알아보기 위해 일정한 기술적 수단을 통해 처리되는 정보를 말한다.

02 개인정보의 안전성 확보 조치 기준상 다음에서 설명하는 사람은?

> • 법인이나 단체가 아닌 살아있는 사람
> • 처리되는 정보에 의하여 알아볼 수 있는 사람
> • 개인정보 보호법에 의한 권리의 행사 주체

① 이용자
② 식별자
③ 개인정보 취급자
④ 개인정보 처리자
⑤ 개인정보 보호 책임자

> **해설** 이용자란 정보통신 서비스 제공자가 제공하는 정보통신 서비스를 이용하는 자를 말한다.

03 개인정보의 안전성 확보 조치 기준상 개정(2023. 9. 22.) 내용이 아닌 것은?

① 규정의 통합·체계화 – 일반규정인 개인정보의 안전성 확보 조치 기준과 특례규정인 개인정보의 기술적·관리적 보호조치 기준을 통합하여 체계화하였다.

② 내부 관리계획의 수립·시행 점검 – 일반규정과 특례규정의 내부 관리계획에 포함할 사항 등을 통합하여 체계화하고 개인정보 취급자 등에 대한 교육조항을 신설하였다.

③ 개인정보의 파기 – 기술적 특성으로 영구삭제가 현저히 곤란한 경우에도 개인정보 보호법의 적용제외에 해당하는 정보로 처리하여 복원이 불가능하도록 조치하였다.

④ 악성 프로그램 등 방지 – 정당한 사유가 있는 경우에도 응용 프로그램 등의 보안 업데이트 즉시 업데이트 지연을 허용해서는 안 된다.

⑤ 공공 시스템 운영기관의 안전조치 기준 적용 – 공공 시스템에 해당하는 개인정보 처리 시스템의 지정 기준을 규정하였다.

> **해설** 악성 프로그램 등 방지 : 정당한 사유가 있는 경우 보안 프로그램 일 1회 업데이트 실시, 응용 프로그램 등의 보안 업데이트 즉시 업데이트 등 지연을 허용하였다(개인정보의 안전성 확보 조치 기준 제9조).

04 개인정보의 안전성 확보 조치 기준의 목적이 아닌 것은?

① 안전성 확보에 필요한 정보통신망 설치

② 안전성 확보에 필요한 기술적 안전조치에 관한 최소한의 기준 마련

③ 개인정보가 훼손되지 않도록 안정성 확보에 기준 마련

④ 안전성 확보에 필요한 관리적 안전조치에 관한 최소한의 기준 마련

⑤ 개인정보가 분실·도난·유출·위조·변조되지 않도록 함

> **해설** 개인정보 처리자가 개인정보를 처리함에 있어서 개인정보가 분실·도난·유출·위조·변조·훼손되지 않도록 안전성 확보에 필요한 기술적·관리적·물리적 안전조치에 관한 최소한의 기준을 정하기 위함이다(개인정보의 안전성 확보 조치 기준 제1조).

05 개인정보의 안정성 확보 조치 기준상의 안전조치의 기준에 대한 내용으로 옳은 것은?

① 개인정보 취급자는 처리하는 개인정보의 보유 수와 유형, 영향 등을 고려한 개인정보의 안전성 조치를 해야 한다.

② 개인정보 처리자는 정보 주체에 미치는 영향 등을 고려하여 스스로의 환경에 맞는 개인정보의 안전성 확보에 필요한 조치를 적용하여야 한다.

③ 개인정보 처리자는 1만 명 미만의 단체 · 소상공인 등에 대해서는 개인정보 처리를 생략할 수 없다.

④ 개인정보 처리자는 모든 정보 주체의 개인정보 안전성 확보에 필요한 조치를 적용해야 한다.

⑤ 개인정보 처리자는 1만명 미만의 대기업, 중견기업, 중소기업, 공공기관 등의 개인정보를 처리하는 경우에는 안전성 확보 조치를 생략할 수 있다.

> 해설　① · ② 개인정보 처리자는 처리하는 개인정보의 보유 수, 유형 및 정보 주체에게 미치는 영향 등을 고려하여 스스로의 환경에 맞는 개인정보의 안전성 확보에 필요한 조치를 적용하여야 한다(개인정보의 안전성 확보 조치 기준 제3조).
> ③ · ④ · ⑤ 개인정보 처리자는 1만 명 미만의 정보 주체에 관하여 개인정보를 처리하는 소상공인 · 개인 · 단체의 경우에는 생략할 수 있다(개인정보의 안전성 확보 조치 기준 제4조 제1항 단서).

06 개인정보 안전성 확보 조치 기준 상 내부 관리계획의 수립 · 시행의 내용으로 옳지 않은 것은?

① 개인정보 보호조직의 구성 및 운영에 관한 사항

② 접근 권한의 관리에 관한 사항

③ 악성 프로그램 등 방지에 관한 사항

④ 개인정보 보호 책임자의 자격 요건 및 지정에 관한 사항

⑤ 개인정보 처리자에 대한 관리 · 감독 및 교육에 관한 사항

> 해설　⑤ 개인정보 취급자에 대한 관리 · 감독 및 교육에 관한 사항을 포함하는 내부 관리계획을 수립 · 시행해야 한다(개인정보 안전성 확보 조치 제4조).

07 개인정보 보호 책임자 등을 대상으로 사업 규모, 개인정보 보유 수, 업무 성격 등에 따라 차등화하여 실시해야 하는 교육 사항을 모두 고른 것은?

> ㄱ. 교육 계획
> ㄴ. 교육 목적
> ㄷ. 교육 일정
> ㄹ. 교육 관리
> ㅁ. 교육 인원
> ㅂ. 교육 방법

① ㄱ, ㄷ, ㄹ
② ㄴ, ㄹ, ㅁ
③ ㄴ, ㄷ, ㅂ
④ ㄷ, ㄹ, ㅁ
⑤ ㄹ, ㅁ, ㅂ

해설 개인정보 처리자는 다음의 사항을 정하여 개인정보 보호 책임자 및 개인정보 취급자를 대상으로 사업 규모, 개인정보 보유 수, 업무 성격 등에 따라 차등화하여 필요한 교육을 정기적으로 실시하여야 한다(개인정보의 안전성 확보 조치 기준 제4조 제2항).
1. 교육 목적 및 대상
2. 교육 내용
3. 교육 일정 및 방법

08 개인정보 안전성 확보 조치 기준상의 내부 관리계획에서 개인정보 보호조직의 구성·운영으로 옳지 않은 것은?

① 개인정보 처리자는 개인정보 처리 과정 전반에서 개인정보를 안전하게 관리·보호하기 위하여 개인정보 보호조직을 구성하고 운영해야 한다.
② 개인정보 보호조직은 개인정보의 종류, 중요도, 보유량, 개인정보의 처리 방법 및 환경 등을 고려하여 개인정보 처리자 스스로 구성 및 운영하도록 해야 한다.
③ 개인정보 보호조직은 인사 명령, 업무 분장, 내부 관리계획 등에 명시하도록 하며 인력의 지정에 관한 사항, 역할, 책임, 역량, 요건 등 적정성에 관한 사항 등을 포함할 수 있다.
④ 개인정보 취급자는 개인정보 처리에 관한 업무를 총괄하여 책임지는 자이다.
⑤ 개인정보 보호 담당은 개인정보 보호 책임자의 지휘·감독하에 개인정보 보호 책임자의 업무를 지원하는 자이다.

해설 ④ 개인정보 보호 책임자는 개인정보 처리에 관한 업무를 총괄하여 책임지는 자이며, 개인정보 취급자는 개인정보 처리자의 지휘·감독을 받아 개인정보를 처리하는 업무를 담당하는 자이다.

09 개인정보 안전성 확보 조치 기준상의 내부 관리계획에서 개인정보 접근 통제의 내용으로 옳지 않은 것은?

① 정보통신망을 통한 개인정보 처리 시스템 등에 불법적인 접근을 차단하고 개인정보의 침해사고를 예방·방지하기 위함이다.

② 정보통신망을 통한 불법적인 접근 방지를 위한 침입 차단, 침입 탐지 기능을 포함한 조치를 해야 한다.

③ 개인정보 취급자가 정보통신망을 통해 외부에서 개인정보 처리 시스템에 접속하는 경우에는 안전한 접속 수단을 적용해야 한다.

④ 개인정보 취급자 등에 대한 비밀번호 작성 규칙을 수립 및 적용해야 한다.

⑤ 고유 식별정보를 처리하는 인터넷 홈페이지에 대한 취약점 점검 및 개선 조치를 해야 한다.

해설 ④ 개인정보 접근 권한의 관리에 관한 내용이다. 개인정보 접근 통제를 위해서는 ①·②·③·⑤ 외에 개인정보 유출·노출 방지를 위한 업무용 컴퓨터 등에 대한 안전조치를 해야 한다.

PART 4

10 개인정보 안전성 확보 조치 기준상의 물리적 안전조치에 관한 내용으로 옳지 않은 것은?

① 개인정보 처리자는 전산실, 자료 보관실 등의 물리적 보관 장소는 출입 통제 절차를 수립·운영해야 한다.

② 개인정보 처리자는 개인정보가 포함된 보조 저장매체의 반출·입 통제를 위한 보안대책 등을 마련한다.

③ 가입신청서 등의 문서나 DAT(Digital Audio Tape), DLT(Digital Linear Tape), LTO(Linear Tape Open), 하드디스크 등은 잠금장치가 있는 안전한 장소에 보관한다.

④ 물리적 접근 방지를 위한 장치로 비밀번호, 스마트카드, 지문 등의 생체인식정보 기반의 출입 통제 장치 등이 있다.

⑤ 하드디스크나 보조 저장매체 등을 안전하게 관리하기 위해서는 전자적 출입 통제장치 외의 물리적 장소는 별도로 마련하지 않아도 된다.

해설 ⑤ 전자적·기술적 출입통제장치 외에 물리적 저장장소를 별도로 마련해야 한다.

11 개인정보 안전성 확보 조치 기준상 내부 관리계획에서 개인정보 수탁자에 대한 관리·감독으로 옳지 않은 것은?

① 개인정보 처리자는 수탁자가 개인정보를 안전하게 처리하는지 관리·감독해야 한다.

② 수탁자의 개인정보 처리 현황, 실태, 목적 외 이용·제공, 재위탁 여부, 안전성 확보 조치 여부 등을 정기적으로 점검 등 관리·감독해야 한다.

③ 내부 관리계획에는 수탁자에 대한 교육, 감독 시기와 방법, 절차, 점검 항목 등은 제외한다.

④ 개인정보 처리자는 수탁자 교육 및 감독에 대한 기록을 남기고 문제점이 발견된 경우 그에 따른 개선 조치를 해야 한다.

⑤ 개인정보 처리자는 위탁으로 정보 주체의 개인정보가 분실·도난·유출·변조·훼손되지 아니하도록 수탁자를 정기적으로 교육해야 한다.

> **해설** ③ 내부 관리계획에는 수탁자에 대한 교육 및 감독의 시기와 방법, 절차, 점검 항목 등을 포함해야 한다.

12 개인정보의 안전망 확보 조치 기준상 정보통신망을 통한 불법적 접근, 침해사고 방지 조치로 옳지 않은 것은?

① 개인정보 처리 시스템에서 침해사고는 인가되지 않은 자가 사용자 계정 탈취, 자료 유출 등의 목적으로 개인정보 처리 시스템, 개인정보 취급자의 컴퓨터 등에 접근하는 것을 말한다.

② 개인정보 처리자는 개인정보 처리 시스템에서 정보통신망을 통한 불법적인 접근·침해사고 방지를 위한 침입 차단 기능과 침입 탐지 기능을 포함한 안전조치를 해야 한다.

③ 개인정보 처리 시스템에 대한 접속 권한을 IP 주소, 포트, MAC 주소 등으로 제한하여 인가받지 않은 접근을 제한하는 것을 침입 차단 기능이라고 한다.

④ 침입 탐지 기능이란 개인정보 처리 시스템에 접속한 IP 주소, 포트, MAC 주소 등을 분석하여 불법적인 개인정보 유출 시도를 탐지하고 접근 제한·차단 등 적절한 대응조치를 하는 것이다.

⑤ 침입 차단 및 침입 탐지 기능을 갖는 장비 설치와 함께 침입 차단 및 침입 탐지 정책 설정, 개인정보 처리 시스템에 접속한 이상 행위 대응, 로그 훼손 방지 등 적절한 운영·관리가 필요하다.

> **해설** ① 불법적인 접근에 대한 설명이다. 침해사고는 해킹, 컴퓨터바이러스, 논리폭탄, 메일폭탄, 서비스 거부 또는 고출력 전자기파 등의 방법으로 정보통신망 또는 이와 관련된 정보 시스템을 공격하는 행위를 하여 발생한 사태를 말한다.

13 정보통신망을 통한 불법적인 접근 방지를 위한 침입 차단·탐지 기능 장비의 설치 방법으로 옳지 않은 것은?

① 침입 차단 시스템, 침입 탐지시스템, 침입 방지 시스템, 웹 방화벽, 보안 운영체제, 로그 분석시스템, ACL을 적용한 네트워크 장비, 통합보안관제시스템 등을 활용하여 설치·운영하여야 한다.

② IP 주소 등에는 IP 주소, 포트 그 자체뿐만 아니라, 해당 IP 주소의 행위를 포함한다.

③ 공개용 무료 소프트웨어(S/W)를 사용하거나, 운영체제(OS)에서 제공하는 기능을 활용하여 해당 기능을 포함한 시스템을 설치·운영할 수 있다.

④ 스위치 등의 네트워크 장비에서 제공하는 ACL(Access Control List) 등의 기능을 이용하여 IP 주소 등을 포함함으로써 침입 차단 기능을 구현할 수 있다.

⑤ 인터넷데이터센터(IDC), 클라우드 서비스, 보안업체 등에서 제공하는 보안 서비스 등도 활용할 수 있다.

> **해설** 스위치 등의 네트워크 장비에서 제공하는 ACL(Access Control List : 접근제어목록) 등의 기능을 이용하여 IP 주소 등을 제한함으로써 침입 차단 기능을 구현할 수 있다.

14 개인정보의 공개·유출 방지를 위한 접근통제 조치에 대한 설명으로 옳지 않은 것은?

① 모바일 기기, 노트북 등에서 개인정보 처리 시스템에 개인정보를 전송할 때, 전송 암호화 기능이 탑재된 별도의 앱(App)이나 프로그램을 설치·이용하여 전송한다.

② 노트북 등에서 개인정보 처리 시스템에 고유 식별정보가 포함된 파일을 송신할 때, 파일을 암호화하여 저장한 후에 송신한다.

③ 모바일 기기, 노트북 등에서 설치자를 신뢰하고 관리자 비밀번호 등의 보안 취약점이 조치된 무선접속장치에 안전한 비밀번호를 적용한 WPA2(Wi-Fi Protected Access 2) 보안 프로토콜을 사용하는 비공개 유선망을 사용한다.

④ P2P, 웹하드 등의 사용을 제한하는 경우에도 단순한 사용금지 조치가 아니라 시스템상에서 해당 포트를 차단하는 등 근본적인 안전조치를 취하는 것이 필요하다.

⑤ 인터넷 홈페이지를 통하여 개인정보가 유출될 수 있는 위험성을 줄이기 위하여 정기적으로 웹 취약점 점검을 권고해야 한다.

> **해설** 모바일 기기, 노트북 등에서 설치자를 신뢰하고 관리자 비밀번호 등의 보안 취약점이 조치된 무선접속장치에 안전한 비밀번호를 적용한 WPA2(Wi-Fi Protected Access 2) 보안 프로토콜을 사용하는 공개된 무선망을 사용한다.

15 정보통신망을 통한 송·수신 시 안전한 개인정보 암호화의 설명으로 옳지 않은 것은?

① 생체인식정보란 정보 주체가 개인정보 처리 시스템 등에 접속할 때 정당한 접속 권한을 가진 자라는 것을 식별할 수 있는 고유의 문자열로 생성된 정보를 말한다.

② 개인정보 처리자는 자신이 제공하는 인터넷 홈페이지에서 이용자가 입력하는 비밀번호, 생체인식정보를 암호화하여 송·수신하거나 전달해야 한다.

③ 정보통신망을 통하여 비밀번호를 송신하는 경우에는 SSL 등의 통신 암호 프로토콜이 탑재된 기술을 활용해야 한다.

④ 개인정보 처리자는 비밀번호, 생체인식정보 등을 정보통신망을 통하여 송·수신하는 경우에는 안전한 암호 알고리즘으로 암호화해야 한다.

⑤ 보조 저장매체를 통해 비밀번호, 생체인식정보를 전달하는 경우에도 암호화하여야 한다.

해설 ① 비밀번호에 대한 설명이다. 생체인식정보란 지문, 얼굴, 홍채, 정맥, 음성, 필적 등 개인을 식별할 수 있는 신체적·행동적 특징에 관한 정보로서 그로부터 가공되거나 생성된 정보를 포함하는 것이다.

16 인터넷 구간 및 인터넷 구간과 DMZ에 고유 식별정보의 저장 암호화 내용으로 옳지 않은 것은?

① DMZ 구간은 인터넷과 내부망 사이에 위치한 중간 지점으로서 인터넷 구간에서 직접 접근이 가능한 영역을 말한다.

② 내부망은 접근통제 시스템 등에 의해 차단되지만 외부에서는 직접 접근이 가능한 영역을 의미한다.

③ DMZ 구간에 주민등록번호, 외국인등록번호, 운전 면허번호, 여권번호 등의 고유 식별정보를 저장하는 경우 암호화하여 저장해야 한다.

④ 인터넷 구간은 개인정보 처리 시스템과 인터넷이 직접 연결된 구간을 의미한다.

⑤ 인터넷 구간이나 DMZ 구간은 외부에서 직접 접근이 가능하므로 외부자의 침입을 받을 가능성이 있다.

해설 ② 내부망은 접근통제 시스템 등에 의해 차단되어 외부에서 직접 접근이 불가능한 영역을 의미한다.

17 다음 암호화 적용 기준에 관한 내용으로 옳지 않은 것은?

① 정보통신망, 보조 저장매체를 통해 송 · 수신할 때 비밀번호, 생체인식정보, 고유 식별정보는 암호화하여 송신한다.

② 여권번호, 운전 면허번호 등은 인터넷 구간과 내부망 중간지점(DMZ)에 암호화하여 저장한다.

③ 개인정보 영향평가의 대상이 되는 공공기관의 경우 그 개인정보 영향평가의 결과는 암호화 저장하여 내부망에 저장한다.

④ 고유 식별정보 중 주민등록번호는 내부망에 암호화 적용 여부, 적용 범위를 정하여 저장한다.

⑤ 업무용 컴퓨터에 비밀번호를 암호화하여 저장할 때는 일방향 암호화 저장을 해야 한다.

> **해설** ④ 고유 식별정보 중 주민등록번호는 암호화하여 저장한다.
> **내부망에 저장하여 암호화 저장 또는 암호화 적용 여부, 적용 범위를 정하여 시행하는 경우**
> • 개인정보 영향평가 대상이 되는 공공기관의 경우, 그 개인정보 영향평가의 결과
> • 암호화 미적용 시 위험도 분석에 따른 결과

18 수신자 · 발신자 암호키 유효기간이 같은 것끼리 바르게 묶은 것은?

ㄱ. 개인 서명키	ㄴ. 개인 인증키
ㄷ. 공개 인증키	ㄹ. 공개 인가키
ㅁ. 공개 RNG키	ㅂ. 대칭키 합의키
ㅅ. 대칭 마스터키	

① ㄱ, ㄴ, ㅁ ② ㄴ, ㄷ, ㅂ
③ ㄷ, ㄹ, ㅅ ④ ㄹ, ㅁ, ㅂ
⑤ ㄱ, ㄹ, ㅅ

> **해설** ② 개인 인증키, 공개 인증키, 대칭키 합의키는 수 · 발신자의 유효기간이 1~2년이다.
> **암호키 유형에 따라 권장하는 유효기간**

키 유형	키 유효기간		키 유형	키 유효기간	
	발신자	수신자		발신자	수신자
개인 서명키	1~3년		공개키 전송키	1~2년	
공개 서명 검증키	키 크기에 따라 다름		대칭키 합의키		
개인 인증키	1~2년		개인 고정키 합의키		
공개 인증키			공개 고정키 합의키		
대칭 인증키	2년 이하	(발신자 기간+3년) 이하	개인 임시키 합의키	하나의 키 합의 트랜잭션	
대칭 암호키			공개 임시키 합의키		
대칭키 암호키			대칭 인가키	2년 이하	
대칭/공개 RNG키	리시딩에 따라 다름		개인 인가키		
대칭 마스터키	약 1년		공개 인가키		
개인키 전송키	2년 이하				

19 다음 중 접속기록의 보관 및 점검에 관한 설명으로 옳지 않은 것은?

① 개인정보 처리자는 개인정보 취급자의 개인정보 처리 시스템에 대한 접속기록을 1년 이상 보관 · 관리하여야 한다.

② 개인정보 처리자는 5만 명 이상의 정보 주체에 관한 개인정보를 처리하는 개인정보 처리 시스템에 해당하는 경우 개인정보 처리 시스템에 대한 접속기록을 2년 이상 보관 · 관리하여야 한다.

③ 개인정보 처리자는 고유 식별정보 또는 민감정보를 처리하는 개인정보 처리 시스템에 해당하는 경우 개인정보 처리 시스템에 대한 접속기록을 2년 이상 보관 · 관리하여야 한다.

④ 개인정보 처리자는 개인정보의 오 · 남용, 분실 · 도난 · 유출 · 위조 · 변조 또는 훼손 등에 대응하기 위하여 개인정보 처리 시스템의 접속기록 등을 분기별 1회 이상 점검하여야 한다.

⑤ 개인정보 처리자는 접속기록이 위 · 변조 및 도난, 분실되지 않도록 해당 접속기록을 안전하게 보관하기 위한 조치를 하여야 한다.

> **해설** ④ 개인정보 처리자는 개인정보의 오 · 남용, 분실 · 도난 · 유출 · 위조 · 변조 또는 훼손 등에 대응하기 위하여 개인정보 처리 시스템의 접속기록 등을 월 1회 이상 점검하여야 한다(개인정보의 안전성 확보 조치 기준 제8조 제2항).
> ① 개인정보의 안전성 확보 조치 기준 제8조 제1항
> ② · ③ 개인정보 유출 등으로 인한 피해 가능성이 매우 높은 특수성 등으로 인하여 해당 개인정보 처리 시스템에 대한 접속기록은 최소 2년 이상 보관 · 관리하여야 한다(개인정보의 안전성 확보 조치 기준 제8조 제1항 제1호, 제2호).
> ⑤ 개인정보의 안전성 확보 조치 기준 제8조 제3항

20 고유 식별정보의 처리 제한에 관한 내용이 아닌 것은?

① 개인정보 처리자는 고유 식별정보 등 개인정보가 정보통신망을 통하여 공중(公衆)에 노출되지 않게 해야 하며, 보호위원회의 요청이 있는 경우 해당 정보를 삭제 · 차단하는 조치를 해야 한다.

② 보호 위원회는 처리하는 개인정보의 종류 · 규모, 종업원 수 및 매출액 규모 등을 고려하여 공공기관, 5만 명 이상의 정보 주체에 관하여 고유 식별정보를 처리하는 자가 안전성 확보 조치를 하였는지를 2년마다 1회 이상 정기적으로 조사하여야 한다.

③ 개인정보 처리자는 그 고유 식별정보가 분실 · 도난 · 유출 · 위조 · 변조 · 훼손되지 않도록 암호화 등 안전성 확보에 필요한 조치를 하여야 한다.

④ 개인정보 처리자는 정보 주체에게 다른 개인정보의 처리에 대한 동의와 별도로 동의를 받은 경우 고유 식별정보를 처리할 수 있다.

⑤ 개인정보 처리자는 법령에서 구체적으로 고유 식별정보의 처리를 요구하거나 허용하는 경우 고유 식별정보를 처리할 수 있다.

> **해설** ① 노출된 개인정보의 삭제 · 차단에 대한 내용이다.

21 개인정보의 안전성 확보 조치 기준상의 악성 프로그램 등 방지에 관한 내용으로 옳지 않은 것은?

① 개인정보 처리자는 악성 프로그램 등을 방지·치료할 수 있는 보안 프로그램을 설치·운영하여야 한다.

② 프로그램의 자동 업데이트 기능을 사용하거나, 정당한 사유가 없는 한 월 1회 이상 업데이트를 하는 등 최신의 상태로 유지해야 한다.

③ 발견된 악성 프로그램 등에 대해 삭제 등 대응 조치를 실시해야 한다.

④ 개인정보 처리자는 악성 프로그램 관련 경보가 발령된 경우 또는 사용 중인 응용 프로그램이나 운영체제 소프트웨어의 제작업체에서 보안 업데이트 공지가 있는 경우 정당한 사유가 없는 한 즉시 이에 따른 업데이트 등을 실시하여야 한다.

⑤ 백도어는 관리자나 개발자가 시스템 접근을 용이하게 하려고 숨겨놓은 시스템 비밀 통로이다.

> **해설** ② 프로그램의 자동 업데이트 기능을 사용하거나, 정당한 사유가 없는 한 일 1회 이상 업데이트를 실시하는 등 최신의 상태로 유지해야 한다(개인정보의 안전성 확보 조치 기준 제9조 제1항 제1호).
> ① 개인정보의 안전성 확보 조치 기준 제9조 제1항
> ③ 개인정보의 안전성 확보 조치 기준 제9조 제1항 제2호
> ④ 개인정보의 안전성 확보 조치 기준 제9조 제2항
> ⑤ 트랩도어라고도 하며 최종 단계에서 삭제되어야 하는 백 도어가 남아 있으면 컴퓨터 범죄에 악용되기도 한다.

22 다음 중 악성 프로그램에 대한 설명으로 옳지 않은 것은?

① 컴퓨터바이러스 : 자기 복제 능력을 갖추고 사용자 몰래 프로그램에 자신 또는 자신의 변형을 감염시켜 기생하는 악성코드이다.

② 웜 : 자신을 복제하여 네트워크 연결을 통해 다른 컴퓨터로 빠르게 전파되는 악성 프로그램이다.

③ 트랩도어 : 사용자 컴퓨터의 데이터를 암호화시켜 파일을 사용할 수 없도록 한 후 암호화를 풀어주는 대가로 금전을 요구하는 악성 프로그램이다.

④ 트로이목마 : 자기 복제 능력이 없는 악성 루틴이 숨어 있는 프로그램이다.

⑤ 스파이웨어 : 사용자의 동의 없이 광고 목적 등으로 설치되어 컴퓨터의 정보를 수집·전송하는 악성 소프트웨어이다.

> **해설** ③ 랜섬웨어에 관한 설명이다.
> 트랩도어(백도어)는 시스템 설계자가 시스템 접근을 용이하게 해서 보수를 쉽게 하려고 고의로 시스템 보안을 제거한 비밀 통로로, 최종 단계에서 삭제되어야 하는 트랩도어가 남아 있으면 컴퓨터 범죄에 악용되기도 한다.

23 개인정보의 안전성 확보 조치 기준상의 물리적 안전조치 설명으로 틀린 것은?

① 개인정보 처리자는 전산실, 자료 보관실 등 개인정보를 보관하고 있는 물리적 보관 장소를 별도로 두고 있는 경우에는 이에 대한 출입 통제 절차를 수립·운영하여야 한다.

② 개인정보 처리자는 개인정보가 포함된 서류, 보조 저장매체 등을 잠금장치가 있는 안전한 장소에 보관하여야 한다.

③ 개인정보 처리자는 개인정보가 포함된 보조 저장매체의 반출·입 통제를 위한 보안대책을 마련하여야 한다.

④ 자료 보관실은 다량의 정보 시스템을 운영하기 위한 별도의 물리적인 공간으로 전기시설, 공조시설, 소방시설 등을 갖춘 시설을 뜻한다.

⑤ 물리적 보관 장소의 출입 통제 방법에는 물리적 접근 방지를 위한 장치와 수기 문서 대장 기록 방법이 있다.

> **해설** ④ 전산실에 대한 설명이다. 자료 보관실은 가입신청서 등의 문서나 DAT(Digital Audio Tape), LTO(Linear Tape Open), DLT(Digital Linear Tape), 하드디스크 등이 보관된 물리적 보관 장소이다.
> ① 개인정보의 안전성 확보 조치 기준 제10조 제1항
> ② 개인정보의 안전성 확보 조치 기준 제10조 제2항
> ③ 개인정보의 안전성 확보 조치 기준 제10조 제3항
> ⑤ 물리적 보관 장소의 출입 통제 방법으로는 비밀번호 기반 출입 통제장치, 스마트카드 기반 출입 통제장치, 지문 등 생체인식정보 기반 출입 통제장치 등의 물리적 접근 방지를 위한 장치가 있으며, 출입자, 출입일시, 출입 목적, 소속 등을 수기로 기록·관리하는 수기 문서 대장이 있다.

24 개인정보의 안전성 확보 조치 기준상의 재해·재난 대비 안전조치의 설명으로 틀린 것은?

① 10만 명 이상의 정보 주체에 관하여 개인정보를 처리하는 대기업·중견기업·공공기관의 개인정보 처리자는 화재, 홍수, 단전 시 위기 대응 매뉴얼 등 대응 절차를 마련하고 정기적으로 점검해야 한다.

② RTO는 재해 발생 후 애플리케이션과 프로세스를 복구하는 데까지 허용되는 최대 지연 목표 시간이다.

③ RPO는 서비스 중단 시점과 마지막 복구 시점 사이(다운타임)에 최대로 허용되는 데이터 손실 지점이다.

④ 미러 사이트는 DBMS(Data Base Management System)에 대한 실시간 미러링으로 재해 발생 시에 복제 시스템을 구성한다.

⑤ RTO가 작으면 데이터 가용성 비용이 증가하고 RTO가 크면 데이터 손실 비용이 증가한다.

> **해설** ⑤ RPO에 관한 내용이다.
> RTO가 작으면 시스템 가용성 비용이 증가하고, RTO가 크면 시스템 다운 비용이 증가한다. 반면, RPO가 작으면 데이터 가용성 비용이 증가하고 RPO가 크면 데이터 손실 비용이 증가한다.

25 주 센터와 동일한 수준의 정보기술 자원을 보유하는 대신, 중요성이 높은 기술 자원만 부분적으로 보유하는 방식은?

① 미러 사이트

② 웜 사이트

③ 핫 사이트

④ 콜드 사이트

⑤ 웹사이트

> 해설 **복구 수준별 재해복구 시스템**

웜 사이트 **(Warm Site)**	• 주 센터와 동일한 수준의 정보기술 자원을 보유하는 대신, 중요성이 높은 기술 자원만 부분적으로 보유하는 방식이다. • 주 센터 장비 일부 및 데이터 백업만을 준비하여 재해 발생 시 주요 업무 데이터만 복구하는 시설이다. • 실시간 미러링을 수행하지 않는다.
미러 사이트 **(Mirror Site)**	• DBMS(Data Base Management System)에 대한 실시간 미러링으로 재해 발생 시에 복제 시스템을 구성한다. • 주 센터와 백업센터 간 네트워크 이중화 구성으로 신속한 복구가 가능하다.
핫 사이트 **(Hot Site)**	• 주 센터와 백업센터 간의 DB를 직접 이중화하는 방안이다. • 백업센터에서 동일한 전산센터를 구축하여 수 시간 내 재난복구 시스템이 가동된다.
콜드 사이트 **(Cold Site)**	• 데이터, 원격지 배치(Batch)형 작업, 비실시간 백업 등으로 처리한다. • 재난 발생 시에 컴퓨터실 외에 별다른 장비를 가지고 있지 않다. • 운용비용은 저렴하나 복구 시간이 길고 복구 신뢰도도 낮다.

26 BCP(업무 연속성 계획) 수립 절차 중 BIA라고도 하는 단계는?

① 프로젝트 범위 설정 및 기획

② 사업 영향 평가

③ 복구 전략 개발

④ 복구 계획 수립

⑤ 프로젝트의 수행 테스트 및 유지보수

> 해설 **BCP(Business Continuity Planning) 수립 절차**
> 프로젝트 범위 설정 및 기획 → 사업 영향 평가(BIA) → 복구 전략 개발 → 복구 계획 수립 → 프로젝트의 수행 테스트 및 유지보수

27 개인정보의 안전성 확보 조치 기준상의 출력·복사 시 안전조치에 관한 설명으로 틀린 것은?

① 개인정보 처리자는 개인정보 처리 시스템에서 개인정보의 출력 시 용도를 특정하여야 하며, 용도에 따라 출력 항목을 최소화하여야 한다.

② 개인정보 처리자는 개인정보가 포함된 종이 인쇄물, 개인정보가 복사된 외부 저장매체 등 개인정보의 출력·복사물을 안전하게 관리하기 위해 필요한 안전조치를 하여야 한다.

③ 개인정보 처리자는 개인정보 처리 시스템에서 개인정보 출력 시 웹페이지 소스 보기 등을 통하여 불필요한 개인정보가 출력되지 않도록 조치하여야 한다.

④ 개인정보 처리자는 개인정보 처리 시스템에서 개인정보 출력 시 엑셀 등에서 개인정보가 숨겨진 필드 형태로 저장되도록 조치해야 한다.

⑤ 개인정보 처리자는 업무 수행 형태 및 목적, 유형, 장소 등 여건 및 환경에 따라 개인정보 처리 시스템에 대한 접근 권한 범위 내에서 최소한의 개인정보를 출력해야 한다.

`해설` ④ 개인정보 처리자는 오피스(엑셀 등)에서 개인정보가 숨겨진 필드 형태로 저장되지 않도록 조치해야 한다.

28 개인정보의 안전성 확보 조치 기준상 개인정보의 파기에 관한 설명으로 틀린 것은?

① 개인정보 처리자가 개인정보의 일부만을 파기하는 경우, 전자적 파일 형태 외의 기록물, 인쇄물인 경우 해당 부분을 마스킹, 구멍 뚫기 등으로 삭제해야 한다.

② 개인정보를 파기할 때는 복구 또는 재생되지 않도록 디가우저(Degausser)를 이용해 하드디스크나 자기테이프에 저장된 개인정보를 삭제해야 한다.

③ 개인정보가 저장된 회원 가입신청서 등의 종이 문서는 소각장, 소각로에서 태워서 완전파기해야 한다.

④ 파기할 드라이브를 안전한 알고리즘 및 키 길이로 암호화하여 저장 후 삭제하고 암호화에 사용된 키를 완전 폐기 및 무작위 값으로 덮어쓰기 한다.

⑤ 개인정보를 파기할 때는 보안상의 이유로 관련 업체를 이용하면 안 된다.

`해설` ⑤ 개인정보 파기 시 파기를 전문으로 수행하는 업체를 활용할 수도 있다.

29 온라인상에서 정보 주체의 추가적인 정보를 확인하는 방법으로 옳지 않은 것은?

① My-PIN

② i-PIN

③ 주민등록증

④ 공인인증서

⑤ 휴대전화

> **해설** My-PIN : 온라인이 아닌 일상생활에서 본인 확인을 위한 13자리 번호로, 나이, 출생지, 성별 등 개인 식별정보는 전혀 포함되어 있지 않다.

30 공공안전 시스템 운영기관이 기관의 고유한 업무 수행을 지원하기 위하여 기관별로 운영하는 개별 시스템에 해당하지 않는 것은?

① 100만 명 이상의 정보 주체에 관한 개인정보를 처리하는 시스템

② 개인정보 처리 시스템에 대한 개인정보 취급자의 수가 200명 이상인 시스템

③ 주민등록법에 따른 주민등록정보 시스템과 연계하여 운영되는 시스템

④ 총사업비가 100억 원 이상인 시스템

⑤ 정보 주체의 사생활을 현저히 침해할 우려가 있는 민감한 개인정보를 처리하는 시스템

> **해설** ⑤ 정보 주체의 사생활을 현저히 침해할 우려가 있는 민감한 개인정보를 처리하는 시스템은 공공안전 시스템 운영기관이 단일 시스템을 구축하여 다른 기관이 접속하여 이용할 수 있도록 한 단일접속 시스템에 해당한다.
> ① · ② · ③ · ④ 개인정보의 안전성 확보 조치 기준 제14조 제1항 제3호

오랫동안 꿈을 그리는 사람은 마침내 그 꿈을 닮아간다.

– 앙드레 말로 –

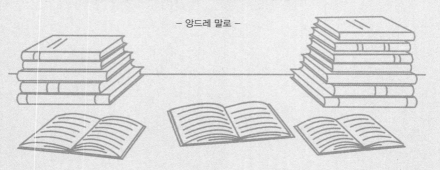

PART 5

개인정보 관리체계

01 개인정보 관리체계 개요

1 개인정보 관리체계 개념

(1) 정보보호의 정의

① 정보보호(Information Security)란 정보의 주체가 의도하지 않은 정보의 유출, 변경, 파괴를 방지하는 것을 말한다. 정보의 생성, 처리, 저장, 전송, 출력 등 정보 순환의 모든 과정에서 정보의 기밀성(Confidentiality), 무결성(Integrity), 가용성(Availability), 인증(Authentication), 부인방지(Non-Repudiation) 등을 하기 위한 제반 수단과 활동이다.

② **정보보호의 목표와 특징** : 정보보호의 5가지 기본적인 목표로 기밀성, 무결성, 가용성, 인증, 부인방지가 있다. 기타 책임추적성, 신뢰성 등이 있다.

기밀성 (Confidentiality)	비인가된 개인, 단체, 프로세스 등으로부터 중요한 정보를 보호하는 것으로, 정당한 사용자에게만 접근을 허용함으로써 정보의 안전을 보장하는 것
무결성 (Integrity)	정보의 저장과 전달 시에 비인가된 방식으로 정보와 소프트웨어가 변경되지 않도록 정확성과 안정성을 확보하는 것. 즉, 정보의 내용이 변경되거나 파괴되지 않음을 보장함
가용성 (Availability)	인가된 사용자가 정보나 서비스를 요구할 때 언제든지 즉시 사용 가능하도록 제공하는 것
인증 (Authentication)	정보 주체가 본인이 맞는지를 인정하기 위해 사용하는 방법
부인방지 (Non-Repudiation)	메시지의 송수신이나 교환 후에 그 사실을 증명함으로써 사실 부인을 방지하는 기술

③ 정보보호 관리(Information Security Management System)는 자산을 외부로부터 유·노출이나 오용, 데이터 유실 등으로부터 방어하고 정보나 정보 시설을 방어하는 데 관련된 모든 일련의 활동을 말한다.

④ 정보보호 관리 이행을 위한 활동에는 정보보호 정책 및 조직 수립, 정보보호 범위 설정, 정보자산의 식별, 위험관리, 구현, 사후관리 활동 등이 있다.

⑤ 이러한 지속적인 관리를 위해 정보보호 관리체계(ISMS)를 수립하고 조직이나 기업에서 전담 조직이 지속적으로 운영관리해야 한다.

(2) 개인정보 관리체계의 정의

① 기업이 고객의 개인정보 보호 활동을 체계적·지속적으로 수행하기 위해 필요한 일련의 보호조치이다.

② 기업이 고객 등 정보 주체의 개인정보를 안전하게 보호할 수 있도록 기술적·관리적·물리적·조직적인 다양한 보호 대책을 구현하고 지속적으로 관리·운영하는 종합적인 체계를 의미한다.

PART 5

③ 관리 절차 과정

계획	명확한 목표를 정하고 전략을 수립
실행	수립된 계획을 실행
검토	계획에 대비하여 수립 결과를 검토
반영	차기 계획에 검토 결과를 반영

(3) 개인정보 관리체계 수립의 이점

① 개인정보의 수집·이용 및 제공, 저장 및 관리, 파기에 이르는 주기를 지속 관리함으로써 법적 측면에서 적절한 대응이 이루어질 수 있다.

② 개인정보 유출 사고 발생 등으로 인한 자산 피해와 이러한 보안 사고를 막기 위한 보호 대책 간 투자 비용의 남용을 방지하고 투자의 균형을 맞출 수 있다.

③ 개인정보 보호 법률 요구사항과 보호 대책 수립을 이해하고 협조함으로써 조직 내의 보안성 향상을 위한 인식 제고에 영향을 미친다.

④ 개인정보 보호 관련 기술 및 노하우를 축적하고, 장기적으로 사고에 적시 대응할 수 있는 능력을 갖출 수 있다.

2 글로벌 개인정보 감독기구

(1) 글로벌 개인정보 감독기구 협의체(GPA; Global Privacy Assembly)

① 86개 국가 및 경제협의체의 130개 회원 기관이 참여하는(2019년 기준) 글로벌 개인정보 감독기구협의체로 한국은 2002년부터 참여하고 있다.

② 1979년 첫 번째 회의를 개최하여 ICDPPC(International Conference of Data Protection and Privacy Commissioners)라는 명칭으로 시작되었으며, 2020년 GPA로 명칭을 변경하였다. 매년 1회 정기 총회를 개최하여 다양한 협력 방안을 논의하고 있다.

③ 개인정보 보호 관련 지식 전파·공유·지원을 통하여 각국의 감독기구가 효과적으로 업무를 수행할 수 있도록 지원하며 새로운 기술과 산업의 발전에 따른 개인정보 보호 이슈에 대응하기 위하여 다양한 역량 강화 활동을 수행한다.

④ 개인정보 감독기구는 GPA「자격위원회 기준, 규칙 및 인정의 원칙」에 규정한 자격 요건을 갖춘 경우 회원 기관으로 가입할 수 있으며, 한 국가에서 복수의 기관도 가입할 수 있다.

(2) 아태지역 개인정보 감독기구 협의체(APPA; Asia Pacific Privacy Authorities)

① 아시아·태평양 13개국 19개 회원 기관이 참여하는 아태지역 개인정보 감독기구 협의체로(2020년 기준) 한국은 2004년부터 참여하고 있다.

② 1992년 아태지역 개인정보 감독기구 협력을 위한 포럼으로 시작되었으며 매년 연 2회 정기회의를 개최하고 있다.

③ 회원 기관은 각 국가별 개인정보 보호 법제 동향, 개인정보 보호 인식 제고, 조사·집행 및 피해 구제사례 등을 공유하고, 개인정보 보호 관련 규제 복잡성을 해소하고 합리적 규제와 법 집행을 위해 협력한다.

④ GPA, APEC CPEA(Cross-Border Privacy Enforcement Agreement), OECD GPEN(Global Privacy Enforcement Network)의 회원 기관은 APPA에 가입할 수 있다.

(3) 개인정보 보호 국제협약(CoE Convention 108; Council of Europe Convention 108)

① 1950년 발표된 유럽인권조약에 근거해 유럽평의회가 1981년 채택한 개인정보 보호 관련 국제협약이다.

② 세계 최초의 개인정보 보호 관련 국제협약으로 OECD 프라이버시 가이드라인의 원칙을 대부분 반영하면서 참여국의 협력 및 의무 사항을 규정한다.

③ 협약 자체의 집행력은 없지만 협약에 가입한 국가는 협약의 개인정보 보호 규정을 국내법에 반영하는 것이 의무화되어 있다.

④ 2018년 환경 및 기술 발전에 따라 민감정보, 개인정보 국외 이전 등의 내용이 반영되어 개정(modernization)된 223호 협약을 채택하였다. 108호 협약은 55개 국가가 서명·비준하였고, 223호 협약은 34개국이 서명하고 8개국이 비준하였다(2020년 기준). 한국은 2012년부터 옵서버(Observer)로 참여하고 있다.

3 개인정보 보호 마크 제도

개인정보를 안전하게 처리하고 보호하기 위한 제도로 조직이나 기업이 개인정보 보호에 적합한 수준의 관리체계를 갖춘 경우, 이를 인증받을 수 있도록 하는 제도이다. 국가별로 마련된 법률이나 규정에 기반을 두고 있으며, 일반적으로는 개인정보 보호에 대한 일련의 기준을 충족하고 인증기관의 평가를 통과한 조직이나 기업이 마크를 부여받는다.

(1) 미국 BBBOnline

① 미국경영개선협회에서 주관하는 마크로 신뢰성(Reliability) 마크와 프라이버시(Privacy) 마크 등 두 가지 마크로 구성되어 있다.

② 프라이버시 마크는 BBB 회원사의 개인정보보호방침(Privacy Policy)을 온라인으로 심사하여 마크를 부여한다.

③ BBBOnline(Privacy)은 조직 내 엄격한 수준의 개인정보보호 원칙을 준수하고 공신력 있는 기관을 통하여 정기점검을 받으며, 소비자 불만처리 절차를 갖추고 있음을 표시하도록 한다.

④ 심사 기준

　　㉠ 범위의 이행

　　㉡ 정보수집

　　㉢ 접속 및 수정

　　㉣ 행위정보, 예측정보, 민감정보

　　㉤ 정보의 통합

　　㉥ 정보 접근 제한

　　㉦ 사업영역

　　㉧ 정보공유

　　㉨ 어린이 보호

(2) 일본 Privacy Mark

① 일본 통상산업성은 1997년 민간 부문에 있어서 개인정보 관리의 가이드라인을 제시하였다.

② 가이드라인 제정 후 민간사업자가 중심이 되어 개인정보관리를 위한 마크 제도의 도입이 적극 검토되었는데, 이에 따라 마련된 제도가 '일본 정보처리개발협회'의 '개인정보 보호 마크 제도'이다.

③ 심사 기준

　　㉠ 개인정보 보호 방침의 제정 여부

　　㉡ 개인정보의 특정

　　㉢ 내부규정의 정비 여부

　　　　• 부문별 개인정보 보호 체계, 권한 책임에 관한 규정

　　　　• 개인정보 수집 · 이용 · 제공 및 관리에 관한 규정

　　　　• 정보 주체로부터 개인정보에 관한 개시 · 정정 · 삭제에 관한 규정

　　　　• 개인정보 교육에 관한 규정

　　　　• 개인정보 보호 감사에 관한 규정

　　　　• 내부규정의 위반에 관한 처벌 규정

　　㉣ 내부규정의 준수에 필요한 계획(교육계획, 감사계획)

(3) 한국 PRIVACY 인증마크

① '개인정보 보호 협회'에서 주관하는 제도로, 개인정보 보호에 대한 법규 준수 및 안전한 개인정보 관리를 위한 보호조치 이행 여부 확인을 위한 민간 인증제도이다.

② ePRIVACY : 주로 소기업이 운영하는 웹사이트 등의 개인정보 보호 법규 준수 여부를 심사한다.

③ ePRIVACY PLUS : 인증 대상 웹사이트와 해당 웹사이트와 연계된 시스템 전반의 개인정보 보호조치를 심사한다.

④ PRIVACY : 웹사이트에 국한하지 않고 각종 정보 시스템(의료, 유통, 학사관리 등)을 심사한다.

국외 주요 개인정보 인증제도

1 ISO/IEC 27001(정보보안 경영시스템 인증)

(1) 개요

① 국제표준화기구(ISO; International Organization for Standardization) 및 국제전기기술위원회(IEC; International Electrotechnical Commission)에서 제정한 정보보호 관리체계에 대한 국제 인증 표준이다.

② 국가별 인정기관 및 인증기관을 지정하여 운영하고 있으며, 인증기관 내 인증위원회에서 인증 결과를 심의 · 의결한다.

(2) 인증 기준

① 보안정책, 자산분류, 위험관리 등 11개 영역, 133개 통제 항목에 대한 규격을 만족하는 기업이 엄격한 심사를 통과함으로써 획득할 수 있다.

② 요구사항 : 적용 범위, 인용 표준, 용어와 정의, 조직 상황, 리더십, 계획, 지원, 운용, 성과평가, 개선 등

(3) 인증 절차

① 심사 방법 : 문서심사와 현장 심사로 이루어진다.

② 유효기간 : 유효기간은 3년이며, 인증 취득 후 연 1회 이상 사후관리를 받아야 한다.

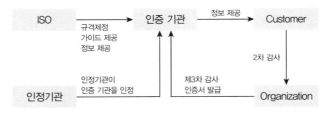

ISO27001 인증 절차

- 국제표준화기구(ISO : International Organization for Standardization)가 2019년 8월 신규 제정한 '국제표준 개인정보 보호 경영 시스템 인증'으로 조직이 개인정보 보호를 위해 갖춰야 할 요구사항과 가이드라인이 포함되어 있다.
- 운용 · 보유 중인 정보에 대해 보호 정책 준수, 물리적 보안, 정보 접근통제 등 49개 항목 117개 기준 요건을 충족한 경우 주어진다.
- ISO/IEC 27001의 확장 영역으로, 조직의 프라이버시 관리를 위해 PIMS(Privacy Information Management System)를 수립 · 구현 · 유지관리하고 지속적으로 개선하기 위한 요구사항 및 지침을 제공한다.
- 개인식별정보(PII : Personally Identifiable Information) 처리에 대한 책임과 책임을 갖는 PII 컨트롤러와 PII 프로세서에 대한 지침을 제공한다.

2 BS 10012(개인정보 관리 시스템 표준)

(1) 개요

① 개인정보 관리 시스템(PIMS : Personal Information Management System)에 대한 규격으로, 영국 표준 기구(BSI : British Standards Institution)에서 2009년 발행한 표준이다.

② EU 개인정보 보호 지침, OECD 개인정보 보호 8원칙, 영국의 데이터 보호법(Data Protection Act) 등을 기반으로 제정되었으며 개인정보 관리 시스템을 수립 · 이행 · 운영하고 개인정보 관리 활동에 대한 감사와 경영 검토 등 세부 항목을 충족할 수 있도록 마련되었다.

(2) 인증 절차

① 심사 방법 : 문서심사와 현장 심사(원격 심사)로 이루어진다.

② 유효기간은 3년이며, 인증 취득 후 연 1회 이상 사후관리를 받아야 한다.

3 APEC CBPR(아시아–태평양 경제협력체 국경 간 개인정보 보호 인증제도)

(1) 개요

① APEC 회원국 간 자유롭고 안전한 개인정보 이전을 지원하기 위하여 APEC 회원국이 개인정보 보호 원칙을 기반으로 개발한 기업의 개인정보 보호 체계 인증제도이다.

② 국내뿐 아니라 APEC 회원 국가 및 기업에서 운영 · 적용되는 인증제도로 국제적으로 통용된다.

③ CBPR 인증을 이행할 수 있는 법 제도적 환경을 갖춘 국가에서만 인증기관 운영을 허용하여 인증에 대한 신뢰도를 제고한다.

(2) 인증 체계

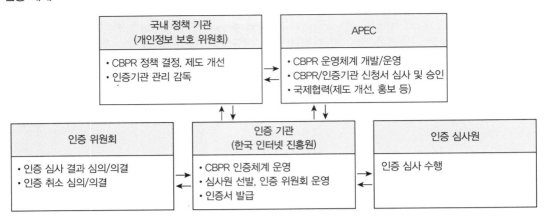

(3) 인증 기준

1	**개인정보 관리체계 수립(2)**	1.1 정책 수립 1.2 책임자 지정
2	**개인정보 수집(9)**	2.1 최소 수집 2.2 개인정보 처리 방침 공개 2.3 수집 시 고지
3	**개인정보 이용 · 위탁 · 제공(7)**	3.1 이용 3.2 제공 · 위탁 3.3 자료 제출 요구 대응
4	**정보 주체 권리(11)**	4.1 열람권 4.2 정정 · 삭제권 4.3 선택권
5	**무결성(5)**	5.1 최신성 유지 5.2 최신 정보 공유
6	**보호 대책(16)**	6.1 보호 대책 수립 · 이행 6.2 보호 대책 평가 · 개선 6.3 수탁사의 보호 대책 6.4 제3자의 보호 대책 6.5 파기 6.6 임직원 인식 제고

(4) 인증 절차

구분	신청기관	인증기관	비고
1단계 준비	① 인증 준비 ② 인증 신청	③ 신청 접수 ④ 예비 점검	소요 기간 : 1~3개월 ① 인증 기준에 맞는 관리체계 운영 최소 1개월 이상 ② 심사 신청 서류 제출 : APEC CBPR 인증 신청서 · 명세서 · 인증 기준에 대한 자가 평가지 등 ④ 인증 범위 및 인증 준비상태 점검
2단계 심사	② 심사계획 접수 및 인증심사 준비 ⑤ 결함보고서 확인 ⑦ 보완 조치 및 보완 조치 내역서 제출	① 심사팀 구성 및 심사 계획 통보 ③ 인증심사 ④ 결함보고서 작성 ⑥ 인증심사 종료 및 보완 조치 요청 ⑧ 보완 조치 완료 확인	소요기간 : 1~2개월 ③ 인증심사 : 인증 기준에 맞는 관리 체계 수립 및 이행 여부 심사(2~3일) ⑦ 보완 조치 : 확인된 결함사항 보완(40일 이내, 타당한 사유 시 60일 추가 가능)
3단계 인증	④ 인증서 수령	① 심사결과 보고서 작성 ② 인증 위원회 개최 ③ 인증서 발급	소요기간 : 1~2개월 ③ 인증서 유효기간 : 1년
4단계 유지관리	① 갱신심사 신청	② 1단계~3단계	소요기간 : 2~3개월 ①~② 최초 인증심사와 동일한 과정

국내 주요 개인정보 인증제도

1 정보보호 및 개인정보 보호 관리체계 인증(ISMS-P)

(1) 개요

① 정보보호 및 개인정보 보호를 위한 일련의 조치와 활동이 인증 기준에 적합함을 인터넷진흥원 또는 인증기관이 증명하는 제도이다.

② 정보보호 및 개인정보 보호 관리체계 인증 기준은 다음과 같이 3개 영역에서 총 101개의 인증 기준으로 구성되어 있다.

관리체계 수립 및 운영	관리체계 기반 마련, 위험관리, 관리체계 운영, 관리체계 점검 및 개선의 4개 분야 16개 인증 기준으로 구성
보호 대책 요구사항	12개 분야 64개 인증 기준으로 구성
개인정보 처리 단계별 요구사항	개인정보 생명주기에 따른 개인정보 수집 시 보호조치, 개인정보 보유 및 이용 시 보호조치, 개인정보 제공 시 보호조치, 개인정보 파기 시 보호조치와 정보 주체 권리보호를 포함하여 5개 분야 21개의 인증 기준으로 구성

③ ISMS-P 인증의 유형

구분	인증 범위	내용
ISMS-P	정보보호 및 개인정보 보호 관리체계 인증	• 정보서비스의 운영 및 보호에 필요한 조치, 물리적 위치, 정보자산 • 개인정보 처리를 위한 수집, 보유, 이용, 파기에 관여하는 개인정보 처리 시스템, 취급자를 포함 • 정보서비스에 개인정보 흐름이 포함되어 개인정보 처리 단계별 보안을 강화하고자 하는 경우
ISMS	정보보호 관리체계 인증	• 정보서비스의 운영 및 보호에 필요한 조직, 물리적 위치, 정보자산을 포함 • 조직의 정보보호를 위해 인증을 취득하고자 하는 기관

④ ISMS-P 인증의 표시

ⓐ 정보보호 및 개인정보 보호 관리체계 인증 등에 관한 고시 제34조에 따라 다음과 같이 표시한다.

ⓑ 인증 번호는 유일성, 간결성, 관리의 용이성 등을 고려하여 최초 심사, 갱신심사의 구분 없이 최초 발급 순서별로 부여한다.

ⓒ 인증 번호는 아래와 같은 형식으로 부여한다.

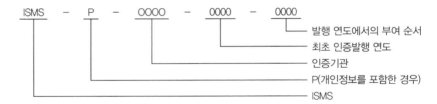

ⓒ 인증표시에 대한 유의 사항

- 인증 취득 사실의 홍보는 인증서를 발급받은 날부터 효력이 유지되는 동안에만 사용할 수 있다. 인증이 취소된 경우에는 인증에 대한 홍보, 인증서 사용을 중지하여야 한다.
- 인증 표시를 사용하는 경우 유효기간, 인증 범위를 함께 표시하여야 한다.
- 인증을 취득한 자는 인증의 사실을 과장되거나 불명확한 표현을 사용하여 광고할 수 없다.
- 예비인증을 취득한 자는 예비인증 마크 사용과 함께 예비인증의 사실을 표시하여야 한다.
- 인증 표시는 지정된 색상으로 사용할 수 있다. 또한 색상이 명확하게 나타날 수 있는 바탕색 위에 흑백으로 사용하거나 표시된 인쇄물의 주된 단일색상으로 사용할 수 있다.
- 인증 표시의 크기는 표시물 대상의 크기나 표시 장소의 여건에 따라 조정할 수 있으며, 같은 비율로 축소 또는 확대하여 표시할 수 있다.
- 일반문서, 편지의 상단, 송장, 홍보 책자 등에 인증 취득 사실의 내용을 홍보할 수 있다.

⑤ ISMS-P 인증의 법적 근거

기관	과학기술정보통신부	개인정보 보호 위원회
법	정보통신망법 제47조	개인정보 보호법 제32조의2
하위 법령	• 정보통신망 이용 촉진 및 정보보호에 관한 법률 제47조 • 정보통신망 이용 촉진 및 정보보호에 관한 법률 시행령 제47조~제54조 • 정보통신망 이용 촉진 및 정보보호에 관한 법률 시행규칙 제3조	• 개인정보 보호법 제32조의2 • 개인정보 보호법 시행령 제34조의2~제34조의8
고시	정보보호 및 개인정보 보호 관리체계 인증 등에 관한 고시	

더 알아보기   **ISMS-P 인증의 기대효과**

- 일회성 정보보호 대책에서 벗어나 체계적, 종합적인 정보보호 관리체계를 구현함으로써 기업의 정보보호 및 개인정보 보호 관리 수준을 향상시킬 수 있다.
- 기업은 지속적이고 체계적인 ISMS-P 구축을 통해 해킹, DDoS 등의 침해사고 및 개인정보 유출 사고 발생 시 신속하게 대응할 수 있으며, 피해 및 손실을 최소화할 수 있다.
- 기업 경영진이 직접 정보보호 의사결정에 참여함으로써 정보보호 및 개인정보 보호 업무에 대한 책임성과 신뢰성을 향상시킬 수 있다.
- ISMS-P 인증을 취득한 기관은 정보보호 및 개인정보 보호에 대한 신뢰성을 높여 대외 이미지를 제고할 수 있다.
- ISMS-P 인증을 취득한 기관은 공공부문 사업 입찰 시 가산점 부여 등의 인센티브를 얻을 수 있다.

(2) ISMS-P 인증 대상

① 인증 임의 신청자

㉠ ISMS-P를 구축·운영하여 적합성 여부를 판단하고자 하는 모든 개인정보 처리자(공공기관, 민간기업, 법인, 단체 및 개인)와 정보통신 서비스 제공자는 자율적으로 인증을 신청할 수 있다.

㉡ 임의 신청자의 경우 인증 범위를 신청기관이 정하여 신청할 수 있으며, 심사 기준 및 절차는 의무 대상자와 동일하다.

② 인증 의무 대상자(정보통신망법 제47조 2항)

전기통신사업법 제2조 제8호에 따른 전기통신사업자와 전기통신사업자의 전기통신역무를 이용하여 정보를 제공하거나 정보의 제공을 매개하는 자로서, 다음 표에서 기술한 의무 대상자 기준에 하나라도 해당되는 자

정보통신망 서비스 제공자 (ISP)	전기통신사업법 제6조 제1항에 따른 허가를 받은 자로서, 서울특별시 및 모든 광역시에서 정보통신망 서비스를 제공하는 자('서울특별시 및 모든 광역시'에서 서비스를 제공하지 않는 정보통신망 서비스 제공자의 경우, 정보통신망법 제47조 제2항 제3호의 기준을 적용함) 예 인터넷 접속 서비스, 인터넷전화 서비스, 이동통신 서비스
집적 정보통신시설 사업자 (IDC)	정보통신망법 제46조에 따른 집적 정보통신시설 사업자 예 서버 호스팅, 스토리지 호스팅, 코로케이션, 네트워크 제공 서비스(회선 임대 포함), 보안관리 서비스, 도메인 관리 서비스
매출액 또는 이용자 수 요건에 따른 대상자	전년도 말 기준 직전 3개월간 정보통신 서비스 일일 평균 이용자 수가 100만 명 이상인 자(단, 전자금융거래법 제2조 제3호에 따른 금융회사는 제외) 예 포털, 인터넷 쇼핑, 인터넷 게임, 인터넷 방송 등
	정보통신 서비스 부문 전년도(법인인 경우에는 전 사업연도를 말한다) 매출액이 100억 원 이상인 자 예 포털, 인터넷 쇼핑, 인터넷 게임, 인터넷 방송, 예약 서비스, 유선방송 서비스(Cable-SO) 등
	연간 매출액 또는 세입이 1,500억 원 이상인 자 중에서 다음에 해당되는 경우 – 의료법 제3조의4에 따른 상급종합병원 – 직전 연도 12월 31일 기준으로, 재학생 수가 1만 명 이상인 고등교육법 제2조에 따른 학교

③ 인증 의무 대상자 유의사항

㉠ 인증 의무 대상자 기준 중에서 정보통신망법 제47조 제2항의 어느 한 가지 이상의 기준에 해당할 경우, 인증 의무 대상자가 된다.

㉡ 인증 의무 대상자는 스스로 법에서 정한 인증 의무 대상자 기준 해당 여부를 확인하여 인증을 받아야 하며, 만약 의무 대상자임에도 불구하고 인증을 취득하지 않은 사실이 확인되는 경우 과태료(3천만 원 이하) 부과 대상이 될 수 있다.

※ 인증심사 신청 시 취득하고자 하는 인증에 따라 ISMS 단일 인증, ISMS-P 단일 인증, 다수 인증(ISMS & ISMS-P) 중 하나를 정하여 신청할 수 있다.

㉢ 인증 의무 대상자 중 정보통신망 서비스 제공자와 집적 정보통신시설 사업자는 매출액 및 이용자 수와 관계없이 인증 의무 대상자에 해당한다.

㉣ 집적 정보통신시설의 일부를 임대하여 서비스를 재판매하는 사업자(VIDC)는 매출액 및 이용자 수 기준을 따르게 된다.

㉤ ISMS 인증 의무 대상자의 경우 '의무 대상자'로 최초 해당한 연도의 다음 해 8월 31일까지 인증을 취득해야 한다(고시 제19조 제4항, 부칙 제2조).

※ 상기 사항은 통합 고시 시행(2018년 11월 7일) 후 인증 의무 대상자(2019년도 의무 대상자)부터 해당한다.

㉥ 관리체계 구축 및 운영에 필요한 소요 기간을 확인하여 인증심사에 차질이 없도록 준비해야 한다.

㉦ 준비부터 인증 취득까지는 약 6개월 이상이 소요되고, 인증 신청을 위해서는 최소 2개월 이상의 운영 기간이 필요하다.

(3) ISMS-P 인증 절차

① ISMS-P 인증 체계

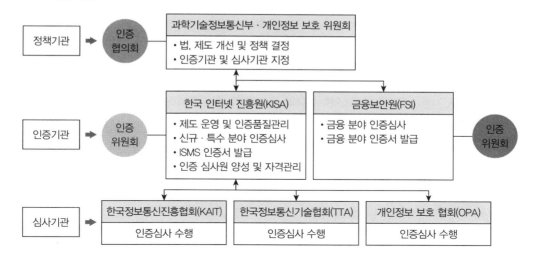

② ISMS-P 심사 절차

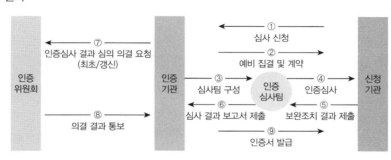

준비 및 신청 단계	• 인증 기준에 따른 관리체계 구축 · 운영(2개월 이상) • 신청 서류 공문접수(신청 공문 + 인증 신청서, 관리체계 운영 명세서, 법인/개인 사업자 등록증) • 심사 준비상태 점검
예비 점검 및 계약 단계	• 인증 범위 및 신청기업 준비상태 예비 점검 • 수수료 산정 > 계약 > 수수료 납부
심사 단계	• 관리체계 수립 및 구현 이행 여부 심사(서면 심사+현장 심사) • 결함 사항 보완 조치 요청 • 심사 시 발견된 결함에 대한 보완 조치(40일) • 심사팀장은 보완 조치 결과 현장 확인(필요시 추가 보완 요청 : 60일, 재조치 기간 포함) ※ 연장 기간 포함 최대 100일 이내 보완 조치가 완료되지 않으면 인증 취소(최초 심사의 경우, 심사 무효) • 심사 결과 보고서(심의안건) 작성
인증 단계	• 최초/갱신심사 심의 의결(인증위원회), 유지(인증기관) • 심사 결과 검토 · 심의 • 인증 기준에 적합 시 인증서 발급(유효기간: 3년)

③ ISMS-P 인증유지

| 최초심사 | ←→ | 사후심사 | ←→ | 사후심사 | ←→ | 갱신심사 |
| | 1년 | | 1년 | | 1년 | |

최초 심사	• 인증을 처음으로 취득할 때 진행하는 심사 • 인증의 범위에 중요한 변경이 있어 다시 인증을 신청할 때에도 실시 • 최초 심사를 통해 인증을 취득하면 3년의 유효기간 부여
사후 심사	• 인증을 취득한 이후 정보보호 관리체계가 지속적으로 유지되고 있는지 확인하는 것을 목적으로, 인증 유효기간 중 매년 1회 이상 시행하는 심사 • 인증발급일 기준으로 매 1년 이전에 심사를 완료해야 하며, 인증 유효기간 내 심사를 받지 않을 경우 인증이 취소됨
갱신 심사	• ISMS-P 인증의 유효기간은 3년이며 갱신심사는 인증 유효기간이 만료될 때 유효기간 연장을 목적으로 시행하는 인증심사 • 유효기간(인증발급일 기준) 만료 3개월 전에 심사를 받아야 하며, 인증 유효기간 내 심사를 받지 않을 경우 인증은 효력을 상실 • 갱신심사를 통해 연장되는 인증 유효기간은 3년이며, 최초 심사와 마찬가지로 인증위원회에서 인증 유효기간 연장에 대한 심의 · 의결을 받아야 함

(4) ISMS-P 인증 기준

① ISMS-P 인증 범위

구분		인증 범위	상세 범위
ISMS-P 인증 범위	ISMS 인증 범위	정보통신 서비스 등의 운영을 위한 조직 및 인력	• 시스템 운영팀, 정보보안팀, 인사팀 등 • 관제, 재해복구
		정보통신 서비스 등의 운영을 위한 물리적 장소	• 시스템 운영 장소 • 정보서비스 운영 관련 부서
		정보통신 서비스 등의 운영을 위한 설비	정보통신설비, 컴퓨터 장치 및 네트워크 장비 등
	개인정보 보호	개인정보 처리를 위한 조직 및 인력	• 고객센터, 영업점, 물류센터 • 개인정보 보호팀 등
		개인정보 처리를 위한 물리적 장소	• 개인정보 처리 부서 • 개인정보 처리 수탁사

② ISMS-P 인증 기준

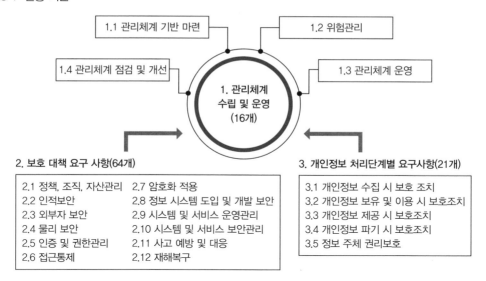

③ 정보보호 및 개인정보 보호 관리체계 인증 기준 구성

영역	분야	적용 여부	
		ISMS	ISMS-P
1. 관리체계 수립 및 운영 (16개)	1.1. 관리체계 기반 마련		
	1.2. 위험관리	○	○
	1.3. 관리체계 운영	○	○
	1.4. 관리체계 점검 및 개선	○	○
2. 보호 대책 요구사항 (64개)	2.1. 정책, 조직, 자산 관리	○	○
	2.2. 인적 보안	○	○
	2.3. 외부자 보안	○	○
	2.4. 물리 보안	○	○
	2.5. 인증 및 권한 관리	○	○
	2.6. 접근통제	○	○
	2.7. 암호화 적용	○	○
	2.8. 정보 시스템 도입 및 개발 보안	○	○
	2.9. 시스템 및 서비스 운영관리	○	○
	2.10. 시스템 및 서비스 보안관리	○	○
	2.11. 사고 예방 및 대응	○	○
	2.12. 재해복구	○	○
3. 개인정보 처리 단계별 요구사항 (21개)	3.1. 개인정보 수집 시 보호조치	–	○
	3.2. 개인정보 보유 및 이용 시 보호조치	–	○
	3.3. 개인정보 제공 시 보호조치	–	○
	3.4. 개인정보 파기 시 보호조치	–	○
	3.5. 정보 주체 권리보호	–	○

④ 관리체계 수립 및 운영 인증 기준

분야	1.1 관리체계 기반 마련

1.1.1 경영진의 참여
[인증 기준] 최고경영자는 정보보호 및 개인정보 보호 관리체계의 수립과 운영 활동 전반에 경영진의 참여가 이루어질 수 있도록 보고 및 의사결정 체계를 수립하여 운영하여야 한다.

[결함사례]
- 정보보호 및 개인정보 보호 정책서에 분기별로 정보보호 및 개인정보 보호 현황을 경영진에게 보고하도록 명시하였으나, 장기간 관련 보고를 수행하지 않은 경우
- 중요 정보보호 활동(위험평가, 위험 수용 수준 결정, 정보보호 대책 및 이행계획 검토, 정보보호 대책 이행 결과 검토, 보안감사 등)을 수행하면서 관련 활동 관련 보고, 승인 등 의사결정에 경영진 또는 경영진의 권한을 위임받은 자가 참여하지 않았거나 관련 증거자료가 확인되지 않은 경우

1.1.2 최고 책임자의 지정
[인증 기준] 최고경영자는 정보보호 업무를 총괄하는 정보보호 최고 책임자와 개인정보 보호 업무를 총괄하는 개인정보 보호 책임자를 예산 · 인력 등 자원을 할당할 수 있는 임원급으로 지정하여야 한다.

[결함사례]
- 정보통신망법에 따른 정보보호 최고 책임자 지정 및 신고 의무 대상자임에도 불구하고 정보보호 최고 책임자를 지정 및 신고하지 않은 경우
- 개인정보 보호와 관련된 실질적인 권한 및 지위를 보유하고 있지 않은 인원을 개인정보 보호 책임자로 지정하고 있어, 개인정보 처리에 관한 업무를 총괄해서 책임질 수 있다고 보기 어려운 경우
- 조직도상에 정보보호 최고 책임자 및 개인정보 보호 책임자를 명시하고 있으나, 인사 발령 등의 공식적인 지정 절차를 거치지 않은 경우
- ISMS 인증 의무 대상자이면서 전년도 말 기준 자산총액이 5천억 원을 초과한 정보통신 서비스 제공자이지만 정보보호 최고 책임자가 CIO를 겸직하고 있는 경우

1.1.3 조직 구성
[인증 기준] 최고경영자는 정보보호와 개인정보 보호의 효과적 구현을 위한 실무조직, 조직 전반의 정보보호와 개인정보 보호 관련 주요 사항을 검토 및 의결할 수 있는 위원회, 전사적 보호 활동을 위한 부서별 정보보호와 개인정보 보호 담당자로 구성된 협의체를 구성하여 운영하여야 한다.

[결함사례]
- 정보보호 및 개인정보 보호 위원회를 구성하였으나, 임원 등 경영진이 포함되어 있지 않고 실무 부서의 장으로 구성되어 있어 조직의 중요 정보 및 개인정보 보호에 관한 사항을 결정할 수 없는 경우
- 내부 지침에 따라 중요 정보처리 부서 및 개인정보 처리 부서의 장(팀장급)으로 구성된 정보보호 및 개인정보 보호 실무 협의체를 구성하였으나, 장기간 운영 실적이 없는 경우
- 정보보호 및 개인정보 보호 위원회를 개최하였으나, 연간 정보보호 및 개인정보 보호 계획 및 교육계획, 예산 및 인력 등 정보보호 및 개인정보 보호에 관한 주요 사항이 검토 및 의사결정이 되지 않은 경우
- 정보보호 및 개인정보 보호 관련 심의 · 의결을 위해 정보보호 위원회를 구성하여 운영하고 있으나, 운영 및 IT 보안 관련 조직만 참여하고 개인정보 보호 관련 조직은 참여하지 않고 있어 개인정보 보호에 관한 사항을 결정할 수 없는 경우

1.1.4 범위 설정
[인증 기준] 조직의 핵심 서비스와 개인정보 처리 현황 등을 고려하여 관리체계 범위를 설정하고, 관련된 서비스를 비롯하여 개인정보 처리 업무와 조직, 자산, 물리적 위치 등을 문서화하여야 한다.

[결함사례]
- 정보 시스템 및 개인정보 처리시스템 개발 업무에 관련한 개발 및 시험 시스템, 외주업체 직원, PC, 테스트용 단말기 등이 관리체계 범위에서 누락된 경우
- 정보보호 및 개인정보 보호 관리체계 범위로 설정된 서비스 또는 사업에 대하여 중요 의사결정자 역할을 수행하고 있는 임직원, 사업 부서 등의 핵심 조직(인력)을 인증 범위에 포함하지 않은 경우
- 정보 시스템 및 개인정보 처리시스템 개발업무에 관련한 개발 및 시험 시스템, 개발자 PC, 테스트용 단말기, 개발조직 등이 관리체계 범위에서 누락된 경우

1.1.5 정책 수립

[인증 기준] 정보보호와 개인정보 보호 정책 및 시행 문서를 수립·작성하며, 이때 조직의 정보보호와 개인정보 보호 방침 및 방향을 명확하게 제시하여야 한다. 또한 정책과 시행문서는 경영진 승인을 받고, 임직원 및 관련자에게 이해하기 쉬운 형태로 전달하여야 한다.

[결함사례]

- 내부규정에 따르면 정보보호 및 개인정보 보호 정책서 제·개정 시에는 정보보호 및 개인정보 보호 위원회의 의결을 거치도록 하고 있으나, 최근 정책서 개정 시 위원회에 안건으로 상정하지 않고 정보보호 최고 책임자 및 개인정보 보호 책임자의 승인을 근거로만 개정한 경우
- 정보보호 및 개인정보 보호 정책 및 지침서가 최근에 개정되었으나, 해당 사항이 관련 부서 및 임직원에게 공유·전달되지 않아 일부 부서에서는 구버전의 지침서를 기준으로 업무를 수행하고 있는 경우
- 정보보호 및 개인정보 보호 정책 및 지침서를 보안 부서에서만 관리하고 있고, 임직원이 열람할 수 있도록 게시판, 문서 등의 방법으로 제공하지 않는 경우

1.1.6 자원 할당

[인증 기준] 최고경영자는 정보보호와 개인정보 보호 분야별 전문성을 갖춘 인력을 확보하고, 관리체계의 효과적 구현과 지속적 운영을 위한 예산 및 자원을 할당하여야 한다.

[결함사례]

- 정보보호 및 개인정보 보호 조직을 구성하는데, 분야별 전문성을 갖춘 인력이 아닌 정보보호 관련 또는 IT 관련 전문성이 없는 인원으로만 보안 인력을 구성한 경우
- 개인정보 처리시스템의 기술적·관리적 보호조치의 요건을 갖추기 위한 최소한의 보안 솔루션 도입, 안전조치 적용 등을 위한 비용을 최고경영자가 지원하지 않고 있는 경우
- 인증을 취득한 이후에 인력과 예산 지원을 대폭 줄이고 기존 인력을 다른 부서로 배치하거나 일부 예산을 다른 용도로 사용하는 경우

분야	1.2 위험관리

1.2.1 정보자산 식별

[인증 기준] 조직의 업무 특성에 따라 정보자산 분류 기준을 수립하여 관리체계 범위 내 모든 정보자산을 식별·분류하고, 중요도를 산정한 후 그 목록을 최신으로 관리하여야 한다.

[결함사례]

- 정보보호 및 개인정보 보호 관리체계 범위 내의 자산 목록에서 중요 정보 취급자 및 개인정보 취급자 PC를 통제하는 데 사용되는 출력물 보안, 문서 암호화, USB 매체 제어 등의 내부정보 유출통제 시스템이 누락된 경우
- 정보보호 및 개인정보 보호 관리체계 범위 내에서 제3자로부터 제공받은 개인정보가 있으나, 해당 개인정보에 대한 자산 식별이 이루어지지 않은 경우
- 내부 지침에 명시된 정보자산 및 개인정보 보안등급 분류 기준과 자산 관리 대장의 분류 기준이 일치하지 않은 경우
- 온프레미스 자산에 대해서는 식별이 이루어졌으나, 외부에 위탁한 IT 서비스(웹호스팅, 서버호스팅, 클라우드 등)에 대한 자산 식별이 누락된 경우(단, 인증 범위 내)
- 고유 식별정보 등 개인정보를 저장하고 있는 백업 서버의 기밀성 등급을 (하)로 산정하는 등 정보자산 중요도 평가의 합리성 및 신뢰성이 미흡한 경우

1.2.2 현황 및 흐름 분석

[인증 기준] 관리체계 전 영역에 대한 정보서비스 및 개인정보 처리 현황을 분석하고 업무 절차와 흐름을 파악하여 문서화하며, 이를 주기적으로 검토하여 최신성을 유지하여야 한다.

[결함사례]

- 관리체계 범위 내 주요 서비스의 업무 절차·흐름 및 현황에 문서화가 이루어지지 않은 경우
- 개인정보 흐름도를 작성하였으나, 실제 개인정보의 흐름과 상이한 부분이 다수 존재하거나 중요한 개인정보 흐름이 누락되어 있는 경우
- 최초 개인정보 흐름도 작성 이후에 현행화가 이루어지지 않아 변화된 개인정보 흐름이 흐름도에 반영되지 않고 있는 경우

1.2.3 위험평가

[인증 기준] 조직의 대내외 환경분석을 통해 유형별 위협 정보를 수집하고 조직에 적합한 위험평가 방법을 선정하여 관리체계 전 영역에 대하여 연 1회 이상 위험을 평가하며, 수용할 수 있는 위험은 경영진의 승인을 받아 관리하여야 한다.

[결함사례]

- 수립된 위험관리계획서에 위험평가 기간 및 위험관리 대상과 방법이 정의되어 있으나, 위험관리 수행 인력과 소요 예산 등 구체적인 실행계획이 누락되어 있는 경우
- 전년도에는 위험평가를 수행하였으나, 금년도에는 자산 변경이 없었다는 사유로 위험평가를 수행하지 않은 경우
- 위험관리 계획에 따라 위험 식별 및 평가를 수행하고 있으나, 범위 내 중요 정보자산에 대한 위험 식별 및 평가를 수행하지 않았거나, 정보보호 관련 법적 요구사항 준수 여부에 따른 위험을 식별 및 평가하지 않은 경우
- 위험관리 계획에 따라 위험 식별 및 평가를 수행하고 수용 가능한 목표 위험 수준을 설정하였으나, 관련 사항을 경영진(정보보호 최고 책임자 등)에 보고하여 승인받지 않은 경우
- 내부 지침에 정의한 위험평가 방법과 실제 수행한 위험평가 방법이 상이할 경우
- 정보보호 관리체계와 관련된 관리적·물리적 영역의 위험 식별 및 평가를 수행하지 않고, 단순히 기술적 취약점 진단 결과를 위험평가 결과로 갈음하고 있는 경우
- 수용 가능한 목표위험수준(DoA)을 타당한 사유 없이 과도하게 높이는 것으로 결정함에 따라, 실질적으로 대응이 필요한 주요 위험들이 조치가 불필요한 위험(수용 가능한 위험)으로 지정된 경우

1.2.4 보호 대책 선정

[인증 기준] 위험평가 결과에 따라 식별된 위험을 처리하기 위하여 조직에 적합한 보호 대책을 선정하고, 보호 대책의 우선순위와 일정·담당자·예산 등을 포함한 이행계획을 수립하여 경영진의 승인을 받아야 한다.

[결함사례]

- 정보보호 및 개인정보 보호 대책에 대한 이행계획은 수립하였으나, 정보보호 최고 책임자 및 개인정보 보호 책임자에게 보고가 이루어지지 않은 경우
- 위험감소가 요구되는 일부 위험의 조치 이행계획이 누락되어 있는 경우
- 법에 따라 의무적으로 이행하여야 할 사항, 보안 취약성이 높은 위험 등을 별도의 보호조치 계획 없이 위험 수용으로 결정하여 조치하지 않은 경우
- 위험 수용에 대한 근거와 타당성이 미흡하고, 시급성 및 구현 용이성 등의 측면에서 즉시 또는 단기 조치가 가능한 위험 요인에 대해서도 특별한 사유 없이 장기 조치계획으로 분류한 경우

분야		1.3 관리체계 운영

1.3.1 보호 대책 구현

[인증 기준] 선정한 보호 대책은 이행계획에 따라 효과적으로 구현하고, 경영진은 이행결과의 정확성과 효과성 여부를 확인하여야 한다.

[결함사례]

- 정보보호 및 개인정보 보호 대책에 대한 이행 완료 결과를 정보보호 최고 책임자 및 개인정보 보호 책임자에게 보고하지 않은 경우
- 위험 조치 이행 결과 보고서는 '조치 완료'로 명시되어 있으나, 관련된 위험이 여전히 존재하거나 이행 결과의 정확성 및 효과성이 확인되지 않은 경우
- 전년도 정보보호 대책 이행계획에 따라 중·장기로 분류된 위험들이 해당연도에 구현이 되고 있지 않거나 이행 결과를 경영진이 검토 및 확인하고 있지 않은 경우
- 운영 명세서에 작성된 운영 현황이 실제와 일치하지 않고, 운영 명세서에 기록되어 있는 관련 문서, 결재 내용, 회의록 등이 존재하지 않는 경우
- 이행계획 시행에 대한 결과를 정보보호 최고 책임자 및 개인정보 보호 책임자에게 보고하였으나, 일부 미이행된 건에 대한 사유 보고 및 후속 조치가 이루어지지 않은 경우

1.3.2 보호 대책 공유

[인증 기준] 보호 대책의 실제 운영 또는 시행할 부서 및 담당자를 파악하여 관련 내용을 공유하고 교육하여 지속적으로 운영되도록 하여야 한다.

[결함사례]

정보보호 대책을 마련하여 구현하고 있으나, 관련 내용을 충분히 공유·교육하지 않아 실제 운영 또는 수행 부서 및 담당자가 해당 내용을 인지하지 못하고 있는 경우

1.3.3 운영 현황 관리

[인증 기준] 조직이 수립한 관리체계에 따라 상시적 또는 주기적으로 수행하여야 하는 운영 활동 및 수행 내역은 식별 및 추적이 가능하도록 기록하여 관리하고, 경영진은 주기적으로 운영 활동의 효과성을 확인하여 관리하여야 한다.

[결함사례]

- 정보보호 및 개인정보 보호 관리체계 운영 현황 중 주기적 또는 상시적인 활동이 요구되는 활동 현황을 문서화하지 않은 경우
- 정보보호 및 개인정보 보호 관리체계 운영 현황에 대한 문서화는 이루어졌으나, 해당 운영현황에 대한 주기적인 검토가 이루어지지 않아 월별 및 분기별 활동이 요구되는 일부 정보보호 및 개인정보 보호 활동이 누락되었고 일부는 이행 여부를 확인할 수 없는 경우

분야	1.4 관리체계 점검 및 개선

1.4.1 법적 요구사항 준수 검토

[인증 기준] 조직이 준수하여야 할 정보보호 및 개인정보 보호 관련 법적 요구사항을 주기적으로 파악하여 규정에 반영하고, 준수 여부를 지속적으로 검토하여야 한다.

[결함사례]

- 정보통신망법 및 개인정보 보호법이 최근 개정되었으나 개정 사항이 조직에 미치는 영향을 검토하지 않았으며, 정책서·시행문서 및 법적 준거성 체크리스트 등에도 해당 내용을 반영하지 않아 정책서·시행문서 및 법적 준거성 체크리스트 등의 내용이 법령 내용과 일치하지 않는 경우
- 조직에서 준수하여야 할 법률이 개정되었으나, 해당 법률 준거성 검토를 장기간 수행하지 않은 경우
- 법적 준거성 준수 여부에 대한 검토가 적절히 이루어지지 않아 개인정보 보호법 등 법규 위반 사항이 다수 발견된 경우
- 개인정보 보호법에 따라 개인정보 손해배상책임 보장제도 적용 대상이 되었으나, 이를 인지하지 못하여 보험 가입이나 준비금 적립을 하지 않은 경우 또는 보험 가입을 하였으나 이용자 수 및 매출액에 따른 최저 가입 금액 기준을 준수하지 못한 경우
- 정보보호 공시 의무 대상 사업자이지만 법에 정한 시점 내에 정보보호 공시가 시행되지 않은 경우
- 모바일앱을 통해 위치 정보 사업자로부터 이용자의 개인위치정보를 전송받아 서비스에 이용하고 있으나, 위치기반서비스 사업 신고를 하지 않은 경우
- 국내에 주소 또는 영업소가 없는 개인정보 처리자로서 전년도 말 기준 직전 3개월간 그 개인정보가 저장·관리되고 있는 국내 정보 주체의 수가 일일 평균 100만 명 이상인 자에 해당되어 국내 대리인 지정 의무에 해당됨에도 불구하고, 국내 대리인을 문서로 지정하지 않은 경우

1.4.2 관리체계 점검

[인증 기준] 관리체계가 내부 정책 및 법적 요구사항에 따라 효과적으로 운영되고 있는지 독립성과 전문성이 확보된 인력을 구성하여 연 1회 이상 점검하고, 발견된 문제점을 경영진에게 보고하여야 한다.

[결함사례]

- 관리체계 점검 인력에 점검 대상으로 식별된 전산팀 직원이 포함되어 전산팀 관리 영역에 대한 점검에 관여하고 있어, 점검의 독립성이 훼손된 경우
- 금년도 관리체계 점검을 실시하였으나, 점검 범위가 일부 영역에 국한되어 있어 정보보호 및 개인정보 보호 관리체계 범위를 충족하지 못한 경우
- 관리체계 점검팀이 위험평가 또는 취약점 점검 등 관리체계 구축 과정에 참여한 내부 직원 및 외부 컨설턴트로만 구성되어, 점검의 독립성이 확보되었다고 볼 수 없는 경우

1.4.3 관리체계 개선

[인증 기준] 법적 요구사항 준수 검토 및 관리체계 점검을 통해 식별된 관리 체계상의 문제점에 대한 원인을 분석하고 재발 방지 대책을 수립·이행하여야 하며, 경영진은 개선 결과의 정확성과 효과성 여부를 확인하여야 한다.

[결함사례]
- 내부 점검을 통하여 발견된 정보보호 및 개인정보 보호 관리체계 운영상 문제점이 매번 동일하게 반복되어 발생되는 경우
- 내부규정에는 내부 점검 시 발견된 문제점에 대해서는 근본 원인에 대한 분석 및 재발 방지 대책을 수립하도록 되어 있으나, 최근에 수행된 내부 점검에서는 발견된 문제점에 대하여 근본 원인분석 및 재발 방지 대책이 수립되지 않은 경우
- 관리 체계상 문제점에 대한 재발 방지 대책을 수립하고 핵심성과지표를 마련하여 주기적으로 측정하고 있으나, 그 결과에 대하여 경영진 보고가 장기간 이루어지지 않은 경우
- 관리체계 점검 시 발견된 문제점에 대하여 조치계획을 수립하지 않았거나 조치 완료 여부를 확인하지 않은 경우

⑤ 보호 대책 요구사항 인증 기준

분야	2.1 정책, 조직, 자산 관리

2.1.1 정책의 유지관리

[인증 기준] 정보보호 및 개인정보 보호 관련 정책과 시행문서는 법령 및 규제, 상위 조직 및 관련 기관 정책과의 연계성, 조직의 대내외 환경변화 등에 따라 주기적으로 검토하여 필요한 경우 제·개정하고 그 내역을 이력 관리하여야 한다.

[결함사례]
- 지침서와 절차서 간 패스워드 설정 규칙에 일관성이 없는 경우
- 정보보호 활동(정보보호 교육, 암호화, 백업 등)의 대상, 주기, 수준, 방법 등이 관련 내부규정, 지침, 절차에 서로 다르게 명시되어 일관성이 없는 경우
- 데이터베이스에 대한 접근 및 작업 이력을 효과적으로 기록 및 관리하기 위하여 데이터베이스 접근통제 솔루션을 신규로 도입하여 운영하고 있으나, 보안시스템 보안 관리지침 및 데이터베이스 보안 관리지침 등 내부 보안지침에 접근통제, 작업 이력, 로깅, 검토 등에 관한 사항이 반영되어 있지 않은 경우
- 개인정보 보호 정책이 개정되었으나 정책 시행 기준일이 명시되어 있지 않으며, 관련 정책의 작성일, 작성자 및 승인자 등이 누락되어 있는 경우
- 개인정보 보호 관련 법령, 고시 등에 중대한 변경 사항이 발생하였으나, 이러한 변경이 개인정보 보호 정책 및 시행문서에 미치는 영향을 검토하지 않았거나 변경 사항을 반영하여 개정하지 않은 경우

2.1.2 조직의 유지관리

[인증 기준] 조직의 각 구성원에게 정보보호와 개인정보 보호 관련 역할 및 책임을 할당하고, 그 활동을 평가할 수 있는 체계와 조직 및 조직의 구성원 간 상호 의사소통할 수 있는 체계를 수립하여 운영하여야 한다.

[결함사례]
- 내부 지침 및 직무기술서에 정보보호 최고 책임자, 개인정보 보호 책임자 및 관련 담당자의 역할과 책임을 정의하고 있으나, 실제 운영 현황과 일치하지 않는 경우
- 정보보호 최고 책임자 및 관련 담당자의 활동을 주기적으로 평가할 수 있는 목표, 기준, 지표 등의 체계가 마련되어 있지 않은 경우
- 내부 지침에는 부서별 정보보호 담당자는 정보보호와 관련된 KPI를 설정하여 인사 평가 시 반영하도록 되어 있으나, 부서별 정보보호 담당자의 KPI에 정보보호와 관련된 사항이 전혀 반영되어 있지 않은 경우
- 정보보호 최고 책임자 및 개인정보 보호 책임자가 지정되어 있으나, 관련 법령에서 요구하는 역할 및 책임이 내부 지침이나 직무기술서 등에 구체적으로 명시되어 있지 않은 경우

2.1.3 정보자산 관리

[인증 기준] 정보자산의 용도와 중요도에 따른 취급 절차 및 보호 대책을 수립·이행하고, 자산별 책임소재를 명확히 정의하여 관리하여야 한다.

[결함사례]
- 내부 지침에 따라 문서에 보안등급을 표기하도록 되어 있으나, 이를 표시하지 않은 경우
- 정보자산별 담당자 및 책임자를 식별하지 않았거나, 자산 목록 현행화가 미흡하여 퇴직, 전보 등 인사이동이 발생하여 주요 정보자산의 담당자 및 책임자가 변경되었음에도 이를 식별하지 않은 경우
- 식별된 정보자산에 대한 중요도 평가를 실시하여 보안등급을 부여하고 정보 자산 목록에 기록하고 있으나, 보안등급에 따른 취급 절차를 정의하지 않은 경우

2.2.1 주요 직무자 지정 및 관리

[인증 기준] 개인정보 및 중요 정보의 취급이나 주요 시스템 접근 등 주요 직무의 기준과 관리 방안을 수립하고, 주요 직무자를 최소한으로 지정하여 그 목록을 최신으로 관리하여야 한다.

[결함사례]
- 주요 직무자 명단(개인정보 취급자 명단, 비밀정보관리자 명단 등)을 작성하고 있으나, 대량의 개인정보 등 중요 정보를 취급하는 일부 임직원(DBA, DLP 관리자 등)을 명단에 누락한 경우
- 주요 직무자 및 개인정보 취급자 목록을 관리하고 있으나, 퇴사한 임직원이 포함되어 있고 최근 신규 입사한 인력이 포함되어 있지 않는 등 현행화 관리가 되어 있지 않은 경우
- 부서 단위로 개인정보 취급자 권한을 일괄 부여하고 있어 실제 개인정보를 취급할 필요가 없는 인원까지 과다하게 개인정보 취급자로 지정된 경우
- 내부 지침에는 주요 직무자 권한 부여 시에는 보안팀의 승인을 받고 주요 직무에 따른 보안 서약서를 작성하도록 하고 있으나, 보안팀 승인 및 보안 서약서 작성 없이 등록된 주요 직무자가 다수 존재하는 경우

2.2.2 직무 분리

[인증 기준] 권한 오 · 남용 등으로 인한 잠재적인 피해 예방을 위하여 직무 분리 기준을 수립하고 적용하여야 한다. 다만 불가피하게 직무 분리가 어려운 경우 별도의 보완 대책을 마련하여 이행하여야 한다.

[결함사례]
- 조직의 규모와 인원이 담당자별 직무 분리가 충분히 가능한 조직임에도 업무 편의성만을 사유로 내부규정으로 정한 직무분리 기준을 준수하고 있지 않은 경우
- 조직의 특성상 경영진의 승인을 받은 후 개발과 운영 직무를 병행하고 있으나, 직무자 간 상호 검토, 상위관리자의 주기적인 직무수행 모니터링 및 변경 사항 검토 · 승인, 직무자의 책임추적성 확보 등의 보완통제 절차가 마련되어 있지 않은 경우

2.2.3 보안 서약

[인증 기준] 정보자산을 취급하거나 접근권한이 부여된 임직원 · 임시직원 · 외부자 등이 내부 정책 및 관련 법규, 비밀유지의무 등 준수사항을 명확히 인지할 수 있도록 업무 특성에 따른 정보보호 서약을 받아야 한다.

[결함사례]
- 신규 입사자에 대해서는 입사 절차상에 보안 서약서를 받도록 규정하고 있으나, 최근에 입사한 일부 직원의 보안 서약서 작성이 누락된 경우
- 임직원에 대해서는 보안 서약서를 받고 있으나, 정보처리시스템에 직접 접속이 가능한 외주 인력에 대해서는 보안 서약서를 받지 않은 경우
- 제출된 정보보호 및 개인정보 보호 서약서를 모아 놓은 문서철이 비인가자가 접근 가능한 상태로 사무실 책상에 방치되어 있는 등 관리가 미흡한 경우
- 개인정보 취급자에 대하여 보안 서약서만 받고 있으나, 보안 서약서 내에 비밀유지에 대한 내용만 있고 개인정보 보호에 관한 책임 및 내용이 포함되어 있지 않은 경우

2.2.4 인식 제고 및 교육훈련

[인증 기준] 임직원 및 관련 외부자가 조직의 관리체계와 정책을 이해하고 직무별 전문성을 확보할 수 있도록 연간 인식 제고 활동 및 교육훈련 계획을 수립 · 운영하고, 그 결과에 따른 효과성을 평가하여 다음 계획에 반영하여야 한다.

[결함사례]
- 전년도에는 연간 정보보호 및 개인정보 보호 교육계획을 수립하여 이행하였으나, 당해 연도에 타당한 사유 없이 연간 정보보호 및 개인정보 보호 교육계획을 수립하지 않은 경우
- 연간 정보보호 및 개인정보 보호 교육계획에 교육 주기와 대상은 명시하고 있으나, 시행 일정, 내용 및 방법 등의 내용이 포함되어 있지 않은 경우
- 연간 정보보호 및 개인정보 보호 교육계획에 전 직원을 대상으로 하는 개인정보 보호 인식 교육은 일정 시간 계획되어 있으나, 개인정보 보호 책임자 및 개인정보 담당자 등 직무별로 필요한 개인정보 보호 관련 교육계획이 포함되어 있지 않은 경우
- 정보보호 및 개인정보 보호 교육계획서 및 결과 보고서를 확인한 결과, 인증범위 내의 정보자산 및 설비에 접근하는 외주 용역업체 직원(전산실 출입 청소원, 경비원, 외주개발자 등)을 교육 대상에서 누락한 경우
- 당해 연도 정보보호 및 개인정보 보호 교육을 실시하였으나, 교육 시행 및 평가에 관한 기록(교육 자료, 출석부, 평가 설문지, 결과 보고서 등) 일부를 남기지 않고 있는 경우
- 정보보호 및 개인정보 보호 교육 미이수자를 파악하지 않고 있거나, 해당 미이수자에 대한 추가 교육 방법(전달 교육, 추가 교육, 온라인 교육 등)을 수립 · 이행하고 있지 않은 경우

2.2.5 퇴직 및 직무 변경 관리

[인증 기준] 퇴직 및 직무 변경 시 인사 · 정보보호 · 개인정보 보호 · IT 등 관련 부서별 이행하여야 할 자산반납, 계정 및 접근권한 회수 · 조정, 결과 확인 등의 절차를 수립 · 관리하여야 한다.

[결함사례]
- 직무 변동에 따라 개인정보 취급자에서 제외된 인력의 계정과 권한이 개인정보 처리시스템에 그대로 남아 있는 경우
- 최근에 퇴직한 주요 직무자 및 개인정보 취급자에 대하여 자산반납, 권한 회수 등의 퇴직 절차 이행 기록이 확인되지 않은 경우
- 임직원 퇴직 시 자산반납 관리는 잘 이행하고 있으나, 인사 규정에서 정한 퇴직자 보안점검 및 퇴직확인서를 작성하지 않은 경우
- 개인정보 취급자 퇴직 시 개인정보 처리시스템의 접근권한은 지체 없이 회수되었지만, 출입통제 시스템 및 VPN 등 일부 시스템의 접근권한이 회수되지 않은 경우

2.2.6 보안 위반 시 조치

[인증 기준] 임직원 및 관련 외부자가 법령, 규제 및 내부 정책을 위반한 경우 이에 따른 조치 절차를 수립 · 이행하여야 한다.

[결함사례]
- 정보보호 및 개인정보 보호 규정 위반자에 대한 처리 기준 및 절차가 내부규정에 전혀 포함되어 있지 않은 경우
- 보안시스템(DLP, 데이터베이스 접근제어시스템, 내부정보 유출통제 시스템 등)을 통하여 정책 위반이 탐지된 관련자에게 경고 메시지를 전달하고 있으나, 이에 대한 소명 및 추가 조사, 징계 처분 등 내부규정에 따른 후속 조치가 이행되고 있지 않은 경우

분야	2.3 외부자 보안

2.3.1 외부자 현황 관리

[인증 기준] 업무의 일부(개인정보 취급, 정보보호, 정보 시스템 운영 또는 개발 등)를 외부에 위탁하거나 외부의 시설 또는 서비스(집적 정보통신시설, 클라우드 서비스, 애플리케이션 서비스 등)를 이용하는 경우 그 현황을 식별하고 법적 요구사항 및 외부 조직 · 서비스로부터 발생되는 위험을 파악하여 적절한 보호 대책을 마련하여야 한다.

[결함사례]
- 내부규정에 따라 외부 위탁 및 외부 시설 · 서비스 현황을 목록으로 관리하고 있으나, 몇 개월 전에 변경된 위탁업체가 목록에 반영되어 있지 않은 등 현행화 관리가 미흡한 경우
- 관리체계 범위 내 일부 개인정보 처리시스템을 외부 클라우드 서비스로 이전하였으나, 이에 대한 식별 및 위험평가가 수행되지 않은 경우

2.3.2 외부자 계약 시 보안

[인증 기준] 외부 서비스를 이용하거나 외부자에게 업무를 위탁하는 경우 이에 따른 정보보호 및 개인정보 보호 요구사항을 식별하고, 관련 내용을 계약서 또는 협정서 등에 명시하여야 한다.

[결함사례]
- IT 운영, 개발 및 개인정보 처리 업무를 위탁하는 외주용역업체에 대한 위탁계약서가 존재하지 않는 경우
- 개인정보 처리 업무를 위탁하는 외부 업체와의 위탁계약서상에 개인정보 보호법 등 법령에서 요구하는 일부 항목(관리 · 감독에 관한 사항 등)이 포함되어 있지 않은 경우
- 인프라 운영과 개인정보 처리 업무 일부를 외부 업체에 위탁하고 있으나, 계약서 등에는 위탁 업무의 특성에 따른 보안 요구사항을 식별 · 반영하지 않고 비밀 유지 및 손해배상에 관한 일반 사항만 규정하고 있는 경우

2.3.3 외부자 보안 이행 관리

[인증 기준] 계약서, 협정서, 내부 정책에 명시된 정보보호 및 개인정보 보호 요구사항에 따라 외부자의 보호 대책 이행 여부를 주기적인 점검 또는 감사 등 관리 · 감독하여야 한다.

[결함사례]
- 회사 내에 상주하여 IT 개발 및 운영 업무를 수행하는 외주업체에 대해서는 정기적으로 보안점검을 수행하고 있지 않은 경우
- 개인정보 수탁자에 대하여 보안 교육을 실시하라는 공문을 발송하고 있으나, 교육 수행 여부를 확인하고 있지 않은 경우
- 수탁자가 자체적으로 보안점검을 수행한 후 그 결과를 통지하도록 하고 있으나, 수탁자가 보안점검을 충실히 수행하고 있는지 여부에 대하여 확인하는 절차가 존재하지 않아 보안점검 결과의 신뢰성이 매우 떨어지는 경우
- 개인정보 처리 업무 수탁자 중 일부가 위탁자의 동의 없이 해당 업무를 제3자에게 재위탁한 경우
- 영리 목적의 광고성 정보전송 업무를 타인에게 위탁하면서 수탁자에 대한 관리 · 감독을 수행하지 않고 있는 경우

2.3.4 외부자 계약 변경 및 만료 시 보안

[인증 기준] 외부자 계약만료, 업무종료, 담당자 변경 시에는 제공한 정보자산 반납, 정보 시스템 접근 계정 삭제, 중요 정보 파기, 업무 수행 중 취득 정보의 비밀유지 확약서 징구 등의 보호 대책을 이행하여야 한다.

[결함사례]

- 일부 정보 시스템에서 계약 만료된 외부자의 계정 및 권한이 삭제되지 않고 존재하는 경우
- 외주용역사업 수행 과정에서 일부 용역업체 담당자가 교체되거나 계약만료로 퇴직하였으나, 관련 인력들에 대한 퇴사 시 보안 서약서 등 내부규정에 따른 조치가 이행되지 않은 경우
- 개인정보 처리 위탁한 업체와 계약 종료 이후 보유하고 있는 개인정보를 파기하였는지 여부를 확인 · 점검하지 않은 경우

분야	2.4 물리 보안

2.4.1 보호구역 지정

[인증 기준] 물리적 · 환경적 위협으로부터 개인정보 및 중요 정보, 문서, 저장매체, 주요 설비 및 시스템 등을 보호하기 위하여 통제구역 · 제한구역 · 접견 구역 등 물리적 보호구역을 지정하고 각 구역별 보호 대책을 수립 · 이행하여야 한다.

[결함사례]

- 내부 물리 보안 지침에는 개인정보 보관 시설 및 시스템 구역을 통제구역으로 지정한다고 명시되어 있으나, 멤버십 가입신청 서류가 보관되어 있는 문서고 등 일부 대상 구역이 통제구역에서 누락된 경우
- 내부 물리 보안 지침에 통제구역에 대해서는 지정된 양식의 통제구역 표지판을 설치하도록 명시하고 있으나, 일부 통제구역에 표지판을 설치하지 않은 경우

2.4.2 출입 통제

[인증 기준] 보호구역은 인가된 사람만이 출입하도록 통제하고 책임 추적성을 확보할 수 있도록 출입 및 접근 이력을 주기적으로 검토하여야 한다.

[결함사례]

- 통제구역을 정의하여 보호 대책을 수립하고 출입 가능한 임직원을 관리하고 있으나, 출입기록을 주기적으로 검토하지 않아 퇴직, 전배 등에 따른 장기 미출입자가 다수 존재하고 있는 경우
- 전산실, 문서고 등 통제구역에 출입통제 장치가 설치되어 있으나, 타당한 사유 또는 승인 없이 장시간 개방 상태로 유지하고 있는 경우
- 일부 외부 협력업체 직원에게 과도하게 전 구역을 상시 출입할 수 있는 출입카드를 부여하고 있는 경우

2.4.3 정보 시스템 보호

[인증 기준] 정보 시스템은 환경적 위협과 유해 요소, 비인가 접근 가능성을 감소시킬 수 있도록 중요도와 특성을 고려하여 배치하고, 통신 및 전력 케이블이 손상을 입지 않도록 보호하여야 한다.

[결함사례]

- 시스템 배치도가 최신 변경 사항을 반영하여 업데이트되지 않아 장애가 발생된 정보 시스템을 신속하게 확인할 수 없는 경우
- 서버실 바닥 또는 랙에 많은 케이블이 정리되지 않고 뒤엉켜 있어 전기적으로 간섭, 손상, 누수, 부주의 등에 의한 장애 발생이 우려되는 경우

2.4.4 보호 설비 운영

[인증 기준] 보호 구역에 위치한 정보 시스템의 중요도 및 특성에 따라 온도 · 습도 조절, 화재 감지, 소화설비, 누수 감지, UPS, 비상 발전기, 이중전원선 등의 보호 설비를 갖추고 운영 절차를 수립 · 운영하여야 한다.

[결함사례]

- 본사 전산실 등 일부 보호구역에 내부 지침에 정한 보호 설비를 갖추고 있지 않은 경우
- 전산실 내에 UPS, 소화설비 등의 보호 설비는 갖추고 있으나, 관련 설비에 대한 운영 및 점검 기준을 수립하고 있지 않은 경우
- 운영 지침에 따라 전산실 내에 온 · 습도 조절기를 설치하였으나, 용량 부족으로 인하여 표준 온 · 습도를 유지하지 못하여 장애 발생 가능성이 높은 경우

PART 5

2.4.5 보호구역 내 작업

[인증 기준] 보호구역 내에서의 비인가행위 및 권한 오·남용 등을 방지하기 위한 작업 절차를 수립·이행하고, 작업 기록을 주기적으로 검토하여야 한다.

[결함사례]
- 전산실 출입 로그에는 외부 유지보수 업체 직원의 출입 기록이 남아 있으나, 이에 대한 보호구역 작업 신청 및 승인 내역이 존재하지 않은 경우(내부규정에 따른 보호구역 작업 신청 없이 보호구역 출입 및 작업이 이루어지고 있는 경우)
- 내부규정에는 보호구역 내 작업 기록에 대하여 분기별 1회 이상 점검하도록 되어 있으나, 특별한 사유 없이 장기간 동안 보호구역 내 작업 기록에 대한 점검이 이루어지고 있지 않은 경우

2.4.6 반출입 기기 통제

[인증 기준] 보호구역 내 정보 시스템, 모바일 기기, 저장매체 등에 대한 반출입 통제 절차를 수립·이행하고 주기적으로 검토하여야 한다.

[결함사례]
- 이동 컴퓨팅 기기 반출입에 대한 통제 절차를 수립하고 있으나, 통제구역 내 이동 컴퓨팅 기기 반입에 대한 통제를 하고 있지 않아 출입이 허용된 내·외부인이 이동 컴퓨팅 기기를 제약 없이 사용하고 있는 경우
- 내부 지침에 따라 전산장비 반출입이 있는 경우 작업계획서에 반출입 내용을 기재하고 관리 책임자의 서명을 받도록 되어 있으나, 작업계획서의 반출입 기록에 관리책임자의 서명이 다수 누락되어 있는 경우

2.4.5 업무환경 보안

[인증 기준] 공용으로 사용하는 사무용 기기(문서고, 공용 PC, 복합기, 파일서버 등) 및 개인 업무환경(업무용 PC, 책상 등)을 통해 개인정보 및 중요 정보가 비인가자에게 노출 또는 유출되지 않도록 클린 데스크, 정기 점검 등 업무환경 보호 대책을 수립·이행하여야 한다.

[결함사례]
- 개인정보 내부 관리계획서 내 개인정보 보호를 위한 생활 보안 점검(클린 데스크 운영 등)을 정기적으로 수행하도록 명시하고 있으나, 이를 이행하지 않은 경우
- 멤버십 가입신청서 등 개인정보가 포함된 서류를 잠금장치가 없는 사무실 문서함에 보관한 경우
- 직원들의 컴퓨터 화면보호기 및 패스워드가 설정되어 있지 않고, 휴가자 책상 위에 중요문서가 장기간 방치되어 있는 경우
- 회의실 등 공용 사무 공간에 설치된 공용 PC에 대한 보호 대책이 수립되어 있지 않아 개인정보가 포함된 파일이 암호화되지 않은 채로 저장되어 있거나, 보안 업데이트 미적용, 백신 미설치 등 취약한 상태로 유지하고 있는 경우

분야	2.5 인증 및 권한 관리

2.5.1 사용자 계정 관리

[인증 기준] 정보 시스템과 개인정보 및 중요 정보에 대한 비인가 접근을 통제하고 업무 목적에 따른 접근권한을 최소한으로 부여할 수 있도록 사용자 등록·해지 및 접근권한 부여·변경·말소 절차를 수립·이행하고, 사용자 등록 및 권한 부여 시 사용자에게 보안책임이 있음을 규정화하고 인식시켜야 한다.

[결함사례]
- 사용자 및 개인정보 취급자에 대한 계정·권한에 대한 사용자 등록, 해지 및 승인 절차 없이 구두요청, 이메일 등으로 처리하여 이에 대한 승인 및 처리 이력이 확인되지 않는 경우
- 개인정보 취급자가 휴가, 출장, 공가 등에 따른 업무 백업을 사유로 공식적인 절차를 거치지 않고 개인정보 취급자로 지정되지 않은 인원에게 개인정보 취급자 계정을 알려주는 경우
- 정보 시스템 또는 개인정보 처리시스템 사용자에게 필요 이상의 과도한 권한을 부여하여 업무상 불필요한 정보 또는 개인정보에 접근이 가능한 경우

2.5.2 사용자 식별

[인증 기준] 사용자 계정은 사용자별로 유일하게 구분할 수 있도록 식별자를 할당하고 추측 가능한 식별자 사용을 제한하여야 하며, 동일한 식별자를 공유하여 사용하는 경우 그 사유와 타당성을 검토하여 책임자의 승인 및 책임 추적성 확보 등 보완대책을 수립·이행하여야 한다.

[결함사례]

- 정보 시스템(서버, 네트워크, 침입차단 시스템, DBMS 등)의 계정 현황을 확인한 결과, 제조사에서 제공하는 기본 관리자 계정을 기술적으로 변경 가능함에도 불구하고 변경하지 않고 사용하고 있는 경우
- 개발자가 개인정보 처리시스템 계정을 공용으로 사용하고 있으나, 타당성 검토 또는 책임자의 승인 등이 없이 사용하고 있는 경우
- 외부 직원이 유지보수하고 있는 정보 시스템의 운영 계정을 별도의 승인 절차 없이 개인 계정처럼 사용하고 있는 경우

2.5.3 사용자 인증

[인증 기준] 정보 시스템과 개인정보 및 중요 정보에 대한 사용자의 접근은 안전한 인증 절차와 필요에 따라 강화된 인증 방식을 적용하여야 한다. 또한 로그인 횟수 제한, 불법 로그인 시도 경고 등 비인가자 접근통제 방안을 수립·이행하여야 한다.

[결함사례]

- 개인정보 취급자가 공개된 외부 인터넷망을 통하여 이용자의 개인정보를 처리하는 개인정보 처리 시스템에 접근 시 안전한 인증수단을 적용하지 않고 ID·비밀번호 방식으로만 인증하고 있는 경우
- 정보 시스템 및 개인정보 처리시스템 로그인 실패 시 해당 ID가 존재하지 않거나 비밀번호가 틀림을 자세히 표시해 주고 있으며, 로그인 실패횟수에 대한 제한이 없는 경우

2.5.4 비밀번호 관리

[인증 기준] 법적 요구사항, 외부 위협요인 등을 고려하여 정보 시스템 사용자 및 고객, 회원 등 정보 주체(이용자)가 사용하는 비밀번호 관리 절차를 수립·이행하여야 한다.

[결함사례]

- 정보보호 및 개인정보 보호 관련 정책, 지침 등에서 비밀번호 생성규칙의 기준을 정하고 있으나, 일부 정보 시스템 및 개인정보 처리시스템에서 내부 지침과 상이한 비밀번호를 사용하고 있는 경우
- 비밀번호 관련 내부규정에는 비밀번호 초기화 시 임시 비밀번호를 부여받고 강제적으로 변경하도록 되어 있으나, 실제로는 임시 비밀번호를 그대로 사용하고 있는 경우
- 비밀번호 관련 내부규정에는 사용자 및 개인정보 취급자의 비밀번호 변경 주기를 정하고 이행하도록 하고 있음에도 불구하고 변경하지 않고 그대로 사용하고 있는 경우

2.5.5 특수 계정 및 권한 관리

[인증 기준] 정보 시스템 관리, 개인정보 및 중요 정보 관리 등 특수 목적을 위하여 사용하는 계정 및 권한은 최소한으로 부여하고 별도로 식별하여 통제하여야 한다.

[결함사례]

- 정보 시스템 및 개인정보 처리시스템의 관리자 및 특수권한 부여 등의 승인 이력이 시스템이나 문서상으로 확인이 되지 않거나, 승인 이력과 특수권한 내역이 서로 일치되지 않는 경우
- 내부규정에는 개인정보 관리자 및 특수권한 보유자를 목록으로 작성·관리하도록 되어 있으나 이를 작성·관리하고 있지 않거나, 보안시스템 관리자 등 일부 특수권한이 식별·관리되지 않는 경우
- 정보 시스템 및 개인정보 처리시스템의 유지보수를 위하여 분기 1회에 방문하는 유지보수용 특수 계정이 사용기간 제한 없이 상시로 활성화되어 있는 경우
- 관리자 및 특수권한의 사용 여부를 정기적으로 검토하지 않아 일부 특수권한자의 업무가 변경되었음에도 불구하고 기존 관리자 및 특수권한을 계속 보유하고 있는 경우

2.5.6 접근권한 검토

[인증 기준] 정보 시스템과 개인정보 및 중요 정보에 접근하는 사용자 계정의 등록 · 이용 · 삭제 및 접근권한의 부여 · 변경 · 삭제 이력을 남기고 주기적으로 검토하여 적정성 여부를 점검하여야 한다.

[결함사례]
- 접근권한 검토와 관련된 방법, 점검 주기, 보고 체계, 오 · 남용 기준 등이 관련 지침에 구체적으로 정의되어 있지 않아 접근권한 검토가 정기적으로 수행되지 않은 경우
- 내부 정책, 지침 등에 장기 미사용자 계정에 대한 잠금(비활성화) 또는 삭제 조치하도록 되어 있으나, 6개월 이상 미접속한 사용자의 계정이 활성화되어 있는 경우(접근권한 검토가 충실히 수행되지 않아 해당 계정이 식별되지 않은 경우)
- 접근권한 검토 시 접근권한의 과다 부여 및 오 · 남용 의심 사례가 발견되었으나, 이에 대한 상세 조사, 내부 보고 등의 후속 조치가 수행되지 않은 경우

분야	2.6 접근통제

2.6.1 네트워크 접근

[인증 기준] 네트워크에 대한 비인가 접근을 통제하기 위하여 IP 관리, 단말 인증 등 관리 절차를 수립 · 이행하고, 업무 목적 및 중요도에 따라 네트워크 분리(DMZ, 서버팜, DB존, 개발존 등)와 접근통제를 적용하여야 한다.

[결함사례]
- 네트워크 구성도와 인터뷰를 통하여 확인한 결과, 외부 지점에서 사용하는 정보 시스템 및 개인정보 처리시스템과 IDC에 위치한 서버 간 연결 시 일반 인터넷 회선을 통하여 데이터 송수신을 처리하고 있어 내부규정에 명시된 VPN이나 전용망 등을 이용한 통신이 이루어지고 있지 않은 경우
- 내부망에 위치한 데이터베이스 서버 등 일부 중요 서버의 IP주소가 내부규정과 달리 공인 IP로 설정되어 있고, 네트워크 접근 차단이 적용되어 있지 않은 경우
- 서버팜이 구성되어 있으나, 네트워크 접근제어 설정 미흡으로 내부망에서 서버팜으로의 접근이 과도하게 허용되어 있는 경우
- 외부자(외부 개발자, 방문자 등)에게 제공되는 네트워크를 별도의 통제 없이 내부 업무 네트워크와 분리하지 않은 경우
- 내부규정과는 달리 MAC 주소 인증, 필수 보안 소프트웨어 설치 등의 보호 대책을 적용하지 않은 상태로 네트워크 케이블 연결만으로 사내 네트워크에 접근 및 이용할 수 있는 경우

2.6.2 정보 시스템 접근

[인증 기준] 서버, 네트워크시스템 등 정보 시스템에 접근을 허용하는 사용자, 접근제한 방식, 안전한 접근수단 등을 정의하여 통제하여야 한다.

[결함사례]
- 사무실에서 서버 관리자가 IDC에 위치한 윈도우 서버에 접근 시 터미널 서비스를 이용하여 접근하고 있으나, 터미널 서비스에 대한 세션 타임아웃 설정이 되어 있지 않아 장시간 아무런 작업을 하지 않아도 해당 세션이 차단되지 않는 경우
- 서버 간 접속이 적절히 제한되지 않아 특정 사용자가 본인에게 인가된 서버에 접속한 후 해당 서버를 경유하여 다른 인가받지 않은 서버에도 접속할 수 있는 경우
- 타당한 사유 또는 보완 대책 없이 안전하지 않은 접속 프로토콜(Telnet, FTP 등)을 사용하여 접근하고 있으며, 불필요한 서비스 및 포트를 오픈하고 있는 경우
- 모든 서버로의 접근은 서버접근제어 시스템을 통하도록 접근통제 정책을 가져가고 있으나, 서버접근제어 시스템을 통하지 않고 서버에 접근할 수 있는 우회 경로가 존재하는 경우

2.6.3 응용 프로그램 접근

[인증 기준] 사용자별 업무 및 접근 정보의 중요도 등에 따라 응용 프로그램 접근권한을 제한하고, 불필요한 정보 또는 중요 정보 노출을 최소화할 수 있도록 기준을 수립하여 적용하여야 한다.

[결함사례]

- 응용 프로그램의 개인정보 처리 화면 중 일부 화면의 권한 제어 기능에 오류가 존재하여 개인정보 열람 권한이 없는 사용자에게도 개인정보가 노출되고 있는 경우
- 응용 프로그램의 관리자 페이지가 외부 인터넷에 오픈되어 있으면서 안전한 인증수단이 적용되어 있지 않은 경우
- 응용 프로그램에 대하여 타당한 사유 없이 세션 타임아웃 또는 동일 사용자 계정의 동시 접속을 제한하고 있지 않은 경우
- 응용 프로그램을 통하여 개인정보를 다운로드 받는 경우 해당 파일 내에 주민등록번호 등 업무상 불필요한 정보가 과도하게 포함되어 있는 경우
- 응용 프로그램의 개인정보 조회 화면에서 like 검색을 과도하게 허용하고 있어, 모든 사용자가 본인의 업무 범위를 초과하여 성씨만으로도 전체 고객 정보를 조회할 수 있는 경우
- 개인정보 표시 제한 조치 기준이 마련되어 있지 않거나 이를 준수하지 않는 등의 사유로 동일한 개인정보 항목에 대하여 개인정보 처리시스템 화면별로 서로 다른 마스킹 기준이 적용된 경우
- 개인정보 처리시스템의 화면상에는 개인정보가 마스킹되어 표시되어 있으나, 웹브라우저 소스 보기를 통하여 마스킹되지 않은 전체 개인정보가 노출되는 경우

2.6.4 데이터베이스 접근

[인증 기준] 테이블 목록 등 데이터베이스 내에서 저장·관리되고 있는 정보를 식별하고, 정보의 중요도와 응용 프로그램 및 사용자 유형 등에 따른 접근통제 정책을 수립·이행하여야 한다.

[결함사례]

- 대량의 개인정보를 보관·처리하고 있는 데이터베이스를 인터넷을 통하여 접근 가능한 웹 응용 프로그램과 분리하지 않고 물리적으로 동일한 서버에서 운영하고 있는 경우
- 개발자 및 운영자들이 응용 프로그램에서 사용하고 있는 계정을 공유하여 운영 데이터베이스에 접속하고 있는 경우
- 내부규정에는 데이터베이스의 접속 권한을 오브젝트별로 제한하도록 되어 있으나, 데이터베이스 접근권한을 운영자에게 일괄 부여하고 있어 개인정보 테이블에 접근할 필요가 없는 운영자에게도 과도하게 접근 권한이 부여된 경우
- 데이터베이스 접근제어 솔루션을 도입하여 운영하고 있으나, 데이터베이스 접속자에 대한 IP주소 등이 적절히 제한되어 있지 않아 데이터베이스 접근제어 솔루션을 우회하여 데이터베이스에 접속하고 있는 경우
- 개인정보를 저장하고 있는 데이터베이스의 테이블 현황이 파악되지 않아, 임시로 생성된 테이블에 불필요한 개인정보가 파기되지 않고 대량으로 저장되어 있는 경우

2.6.5 무선 네트워크 접근

[인증 기준] 무선 네트워크를 사용하는 경우 사용자 인증, 송수신 데이터 암호화, AP 통제 등 무선 네트워크 보호 대책을 적용하여야 한다. 또한 AD Hoc 접속, 비인가 AP 사용 등 비인가 무선 네트워크 접속으로부터 보호 대책을 수립·이행하여야 한다.

[결함사례]

- 외부인용 무선 네트워크와 내부 무선 네트워크 영역대가 동일하여 외부인도 무선 네트워크를 통하여 별도의 통제 없이 내부 네트워크에 접근이 가능한 경우
- 무선 AP 설정 시 정보 송수신 암호화 기능을 설정하였으나, 안전하지 않은 방식으로 설정한 경우
- 업무 목적으로 내부망에 연결된 무선 AP에 대하여 무선 AP 관리자 비밀번호 노출(디폴트 비밀번호 사용), 접근제어 미적용 등 보안 설정이 미흡한 경우

2.6.6 원격접근 통제

[인증 기준] 보호구역 이외 장소에서의 정보 시스템 관리 및 개인정보 처리는 원칙적으로 금지하고, 재택근무 · 장애 대응 · 원격협업 등 불가피한 사유로 원격접근을 허용하는 경우 책임자 승인, 접근 단말 지정, 접근 허용범위 및 기간 설정, 강화된 인증, 구간 암호화, 접속 단말 보안(백신, 패치 등) 등 보호 대책을 수립 · 이행하여야 한다.

[결함사례]

- 내부규정에는 시스템에 대한 원격접근은 원칙적으로 금지하고 불가피한 경우 IP 기반의 접근통제를 통하여 승인된 사용자만 접근할 수 있도록 명시하고 있으나, 시스템에 대한 원격 데스크톱 연결, SSH 접속이 IP주소 등으로 제한되어 있지 않아 모든 PC에서 원격 접속이 가능한 경우
- 원격 운영관리를 위하여 VPN을 구축하여 운영하고 있으나, VPN에 대한 사용 승인 또는 접속 기간 제한 없이 상시 허용하고 있는 경우
- 외부 근무자를 위하여 개인 스마트 기기에 업무용 모바일앱을 설치하여 운영하고 있으나, 악성코드, 분실 · 도난 등에 의한 개인정보 유출을 방지하기 위한 적절한 보호 대책(백신, 초기화, 암호화 등)을 적용하고 있지 않은 경우
- 외부 접속용 VPN에서 사용자별로 원격접근이 가능한 네트워크 구간 및 정보 시스템을 제한하지 않아 원격접근 인증을 받은 사용자가 전체 내부망 및 정보 시스템에 과도하게 접근이 가능한 경우

2.6.7 인터넷 접속 통제

[인증 기준] 인터넷을 통한 정보 유출, 악성코드 감염, 내부망 침투 등을 예방하기 위하여 주요 정보 시스템, 주요 직무수행 및 개인정보 취급 단말기 등에 대한 인터넷 접속 또는 서비스(P2P, 웹하드, 메신저 등)를 제한하는 등 인터넷 접속 통제 정책을 수립 · 이행하여야 한다.

[결함사례]

- 개인정보 보호법에 따라 인터넷망 차단 조치를 적용하였으나, 개인정보 처리시스템의 접근권한 설정 가능자 등 일부 의무 대상자에 대하여 인터넷망 차단 조치 적용이 누락된 경우
- 개인정보 보호법에 따른 인터넷망 차단 조치 의무 대상으로서 인터넷망 차단 조치를 적용하였으나, 다른 서버를 경유한 우회접속이 가능하여 인터넷망 차단 조치가 적용되지 않은 환경에서 개인정보 처리시스템에 접속하여 개인정보의 다운로드, 파기 등이 가능한 경우
- DMZ 및 내부망에 위치한 일부 서버에서 불필요하게 인터넷으로의 직접 접속이 가능한 경우
- 인터넷 PC와 내부 업무용 PC를 물리적 망분리 방식으로 인터넷망 차단 조치를 적용하고 망간 자료전송시스템을 구축 · 운영하고 있으나, 자료 전송에 대한 승인 절차가 부재하고 자료 전송 내역에 대한 주기적 검토가 이루어지고 있지 않은 경우
- 내부규정에는 개인정보 취급자가 P2P 및 웹하드 사이트 접속 시 책임자 승인을 거쳐 특정 기간 동안만 허용하도록 되어 있으나, 승인 절차를 거치지 않고 예외 접속이 허용된 사례가 다수 존재하는 경우

분야	2.7 암호화 적용

2.7.1 암호정책 적용

[인증 기준] 개인정보 및 주요 정보보호를 위하여 법적 요구사항을 반영한 암호화 대상, 암호 강도, 암호 사용 정책을 수립하고 개인정보 및 주요 정보의 저장 · 전송 · 전달 시 암호화를 적용하여야 한다.

[결함사례]

- 내부 정책 · 지침에 암호통제 관련 법적 요구사항을 고려한 암호화 대상, 암호 강도, 저장 및 전송 시 암호화 방법, 암호화 관련 담당자의 역할 및 책임 등에 관한 사항이 적절히 명시되지 않은 경우
- 암호정책을 수립하면서 해당 기업이 적용받는 법규를 잘못 적용하여 암호화 관련 법적 요구사항을 준수하지 못하고 있는 경우(예를 들어, 이용자의 계좌번호를 저장하면서 암호화 미적용)
- 개인정보 취급자 및 정보 주체의 비밀번호에 대하여 일방향 암호화를 적용하였으나, 안전하지 않은 MD5 알고리즘을 사용한 경우
- 개인정보 처리자가 관련 법규 및 내부규정에 따라 인터넷 쇼핑몰에 대하여 보안서버를 적용하였으나, 회원 정보 조회 및 변경, 비밀번호 찾기, 비밀번호 변경 등 이용자의 개인정보가 전송되는 일부 구간에 암호화 조치가 누락된 경우
- 정보 시스템 접속용 비밀번호, 인증키 값 등이 시스템 설정 파일 및 소스 코드 내에 평문으로 저장되어 있는 경우

2.7.2 암호키 관리

[인증 기준] 암호키의 안전한 생성·이용·보관·배포·파기를 위한 관리 절차를 수립·이행하고, 필요시 복구 방안을 마련하여야 한다.

[결함사례]

- 암호정책 내에 암호키 관리와 관련된 절차, 방법 등이 명시되어 있지 않아 담당자별로 암호키 관리 수준 및 방법 상이 등 암호키 관리에 취약 사항이 존재하는 경우
- 내부규정에 중요 정보를 암호화할 경우 관련 책임자 승인하에 암호화 키를 생성하고 암호키 관리대장을 작성하도록 정하고 있으나, 암호키 관리대장에 일부 암호키가 누락되어 있거나 현행화되어 있지 않은 경우
- 개발시스템에 적용되어 있는 암호키와 운영시스템에 적용된 암호키가 동일하여, 암호화된 실데이터가 개발시스템을 통해 쉽게 복호화가 가능한 경우

분야	2.8 정보 시스템 도입 및 개발 보안

2.8.1 보안 요구사항 정의

[인증 기준] 정보 시스템의 도입·개발·변경 시 정보보호 및 개인정보 보호 관련 법적 요구사항, 최신 보안 취약점, 안전한 코딩 방법 등 보안 요구사항을 정의하고 적용하여야 한다.

[결함사례]

- 정보 시스템 인수 전 보안성 검증 기준 및 절차가 마련되어 있지 않은 경우
- 신규 시스템 도입 시 기존 운영환경에 대한 영향 및 보안성을 검토하도록 내부규정을 마련하고 있으나, 최근 도입한 일부 정보 시스템에 대하여 인수 시 보안 요건에 대해 세부 기준 및 계획이 수립되지 않았으며, 이에 따라 인수 시 보안성 검토가 수행되지 않은 경우
- 개발 관련 내부 지침에 개발과 관련된 주요 보안 요구사항(인증 및 암호화, 보안 로그 등)이 정의되어 있지 않은 경우
- '개발 표준 정의서'에 사용자 패스워드를 안전하지 않은 암호화 알고리즘(MD5, SHA1)으로 사용하도록 되어 있어 관련 법적 요구사항을 적절히 반영하지 않는 경우

2.8.2 보안 요구사항 검토 및 시험

[인증 기준] 사전 정의된 보안 요구사항에 따라 정보 시스템이 도입 또는 구현되었는지를 검토하기 위하여 법적 요구사항 준수, 최신 보안 취약점 점검, 안전한 코딩 구현, 개인정보 영향평가 등의 검토 기준과 절차를 수립·이행하고, 발견된 문제점에 대한 개선 조치를 수행하여야 한다.

[결함사례]

- 정보 시스템 구현 이후 개발 관련 내부 지침 및 문서에 정의된 보안 요구사항을 시험하지 않고 있는 경우
- 응용 프로그램 테스트 시나리오 및 기술적 취약점 점검 항목에 입력값 유효성 체크 등의 중요 점검 항목 일부가 누락된 경우
- 구현 또는 시험 과정에서 알려진 기술적 취약점이 존재하는지 여부를 점검하지 않거나, 타당한 사유 또는 승인 없이 확인된 취약점에 대한 개선 조치를 이행하지 않은 경우
- 공공기관이 5만 명 이상 정보 주체의 고유 식별정보를 처리하는 등 영향평가 의무 대상 개인정보 파일 및 개인정보 처리시스템을 신규로 구축하면서 영향평가를 실시하지 않은 경우
- 공공기관이 영향평가를 수행한 후 영향평가기관으로부터 영향평가서를 받은 지 2개월이 지났음에도 불구하고 영향평가서를 개인정보 보호 위원회에 제출하지 않은 경우
- 신규 시스템 도입 시 기존 운영환경에 대한 영향 및 보안성을 검토(취약점 점검 등)하도록 내부 지침을 마련하고 있으나, 최근 도입한 일부 정보 시스템에 대하여 인수 시 취약점 점검 등 보안성 검토가 수행되지 않은 경우

2.8.3 시험과 운영환경 분리

[인증 기준] 개발 및 시험 시스템은 운영시스템에 대한 비인가 접근 및 변경의 위험을 감소시키기 위하여 원칙적으로 분리하여야 한다.

[결함사례]

- 타당한 사유 또는 승인 없이 별도의 개발 환경을 구성하지 않고 운영환경에서 직접 소스 코드 변경을 수행하고 있는 경우
- 불가피하게 개발시스템과 운영시스템을 분리하지 않고 운영 중에 있으나, 이에 대한 상호 검토 내역, 모니터링 내역 등이 누락되어 있는 경우
- 개발시스템이 별도로 구성되어 있으나, 개발 환경으로부터 운영환경으로의 접근이 통제되지 않아 개발자들이 개발시스템을 경유하여 불필요하게 운영시스템 접근이 가능한 경우

2.8.4 시험 데이터 보안

[인증 기준] 시스템 시험 과정에서 운영데이터의 유출을 예방하기 위하여 시험 데이터의 생성과 이용 및 관리, 파기, 기술적 보호조치에 관한 절차를 수립 · 이행하여야 한다.

[결함사례]
- 개발 서버에서 사용할 시험 데이터 생성에 대한 구체적 기준 및 절차가 수립되어 있지 않은 경우
- 타당한 사유 및 책임자 승인 없이 실 운영데이터를 가공하지 않고 시험 데이터로 사용하고 있는 경우
- 불가피한 사유로 사전 승인을 받아 실 운영데이터를 시험 용도로 사용하면서, 테스트 데이터베이스에 대하여 운영 데이터베이스와 동일한 수준의 접근통제를 적용하고 있지 않은 경우
- 실 운영데이터를 테스트 용도로 사용한 후 테스트가 완료되었음에도 실 운영데이터를 테스트 데이터베이스에서 삭제하지 않은 경우

2.8.5 소스 프로그램 관리

[인증 기준] 소스 프로그램은 인가된 사용자만이 접근할 수 있도록 관리하고, 운영환경에 보관하지 않는 것을 원칙으로 하여야 한다.

[결함사례]
- 별도의 소스 프로그램 백업 및 형상 관리 시스템이 구축되어 있지 않으며, 이전 버전의 소스 코드를 운영 서버 또는 개발자 PC에 승인 및 이력 관리 없이 보관하고 있는 경우
- 형상 관리 시스템을 구축하여 운영하고 있으나 형상 관리 시스템 또는 형상 관리 시스템에 저장된 소스 코드에 대한 접근 제한, 접근 및 변경이력이 적절히 관리되지 않고 있는 경우
- 내부규정에는 형상 관리 시스템을 통하여 소스 프로그램 버전관리를 하도록 되어 있으나, 최신 버전의 소스 프로그램은 개발자 PC에만 보관되어 있고 이에 대한 별도의 백업이 수행되고 있지 않은 경우

2.8.6 운영환경 이관

[인증 기준] 신규 도입 · 개발 또는 변경된 시스템을 운영환경으로 이관할 때는 통제된 절차를 따라야 하고, 실행 코드는 시험 및 사용자 인수 절차에 따라 실행되어야 한다.

[결함사례]
- 개발 · 변경이 완료된 소스 프로그램을 운영환경으로 이관 시 검토 · 승인하는 절차가 마련되어 있지 않은 경우
- 운영 서버에 서비스 실행에 불필요한 파일(소스 코드 또는 배포 모듈, 백업본, 개발 관련 문서, 매뉴얼 등)이 존재하는 경우
- 내부 지침에 운영환경 이관 시 안전한 이관 · 복구를 위하여 변경 작업 요청서 및 결과서를 작성하도록 정하고 있으나, 관련 문서가 확인되지 않은 경우
- 내부 지침에는 모바일앱을 앱 마켓에 배포하는 경우 내부 검토 및 승인을 받도록 하고 있으나, 개발자가 해당 절차를 거치지 않고 임의로 앱 마켓에 배포하고 있는 경우

분야	2.9 시스템 및 서비스 운영관리

2.9.1 변경 관리

[인증 기준] 정보 시스템 관련 자산의 모든 변경 내역을 관리할 수 있도록 절차를 수립 · 이행하고, 변경 전 시스템의 성능 및 보안에 미치는 영향을 분석하여야 한다.

[결함사례]
- 최근 DMZ 구간 이중화에 따른 변경 작업을 수행하였으나, 변경 후 발생할 수 있는 보안 위험성 및 성능 평가에 대한 수행 · 승인 증거자료가 확인되지 않은 경우
- 최근 네트워크 변경 작업을 수행하였으나 관련 검토 및 공지가 충분히 이루어지지 않아 네트워크 구성도 및 일부 접근통제 시스템(침입 차단 시스템, 데이터베이스 접근제어시스템 등)의 접근통제 리스트(ACL)에 적절히 반영되어 있지 않은 경우
- 변경 관리 시스템을 구축하여 정보 시스템 입고 또는 변경 시 성능 및 보안에 미치는 영향을 분석 · 협의하고 관련 이력을 관리하도록 하고 있으나, 해당 시스템을 통하지 않고도 시스템 변경이 가능하며, 관련 변경 사항이 적절히 검토되지 않는 경우

2.9.2 성능 및 장애관리

[인증 기준] 정보 시스템의 가용성 보장을 위하여 성능 및 용량 요구사항을 정의하고 현황을 지속적으로 모니터링하여야 하며, 장애 발생 시 효과적으로 대응하기 위한 탐지 · 기록 · 분석 · 복구 · 보고 등의 절차를 수립 · 관리하여야 한다.

[결함사례]

- 성능 및 용량 관리를 위한 대상별 요구사항(임계치 등)을 정의하고 있지 않거나 정기 점검보고서 등에 기록하고 있지 않아 현황을 파악할 수 없는 경우
- 성능 또는 용량 기준을 초과하였으나 관련 검토 및 후속 조치 방안 수립 · 이행이 이루어지고 있지 않은 경우
- 전산장비 장애 대응 절차를 수립하고 있으나 네트워크 구성 및 외주업체 변경 등의 내 · 외부 환경변화가 적절히 반영되어 있지 않은 경우
- 장애 처리 절차와 장애 유형별 조치 방법 간 일관성이 없거나 예상소요시간 산정에 대한 근거가 부족하여 신속 · 정확하고 체계적인 대응이 어려운 경우

2.9.3 백업 및 복구관리

[인증 기준] 정보 시스템의 가용성과 데이터 무결성을 유지하기 위하여 백업 대상, 주기, 방법, 보관 장소, 보관기간, 소산 등의 절차를 수립 · 이행하여야 한다. 아울러 사고 발생 시 적시에 복구할 수 있도록 관리하여야 한다.

[결함사례]

- 백업 대상, 주기, 방법, 절차 등이 포함된 백업 및 복구 절차가 수립되어 있지 않은 경우
- 백업정책을 수립하고 있으나 법적 요구사항에 따라 장기간(6개월, 3년, 5년 등) 보관이 필요한 백업 대상 정보가 백업정책에 따라 보관되고 있지 않은 경우
- 상위 지침 또는 내부 지침에 따라 별도로 백업하여 관리하도록 명시된 일부 시스템(보안시스템 정책 및 로그 등)에 대한 백업이 이행되고 있지 않은 경우
- 상위 지침 또는 내부 지침에는 주기적으로 백업 매체에 대한 복구 테스트를 수행하도록 정하고 있으나 복구 테스트를 장기간 실시하지 않은 경우

2.9.4 로그 및 접속기록 관리

[인증 기준] 서버, 응용 프로그램, 보안시스템, 네트워크시스템 등 정보 시스템에 대한 사용자 접속 기록, 시스템로그, 권한 부여 내역 등의 로그 유형, 보존기간, 보존 방법 등을 정하고 위 · 변조, 도난, 분실되지 않도록 안전하게 보존 · 관리하여야 한다.

[결함사례]

- 로그 기록 대상, 방법, 보존기간, 검토 주기, 담당자 등에 대한 세부 기준 및 절차가 수립되어 있지 않은 경우
- 보안 이벤트 로그, 응용 프로그램 및 서비스 로그(윈도우 2008 서버 이상) 등 중요 로그에 대한 최대 크기를 충분하게 설정하지 않아 내부 기준으로 정한 기간 동안 기록 · 보관되고 있지 않은 경우
- 중요 Linux/UNIX 계열 서버에 대한 로그 기록을 별도로 백업하거나 적절히 보호하지 않아 사용자의 명령 실행 기록 및 접속 이력 등을 임의로 삭제할 수 있는 경우
- 개인정보 처리시스템에 접속한 기록을 확인한 결과 접속자의 계정, 접속 일시, 접속자 IP주소 정보는 남기고 있으나, 처리한 정보 주체 정보 및 수행업무(조회, 변경, 삭제, 다운로드 등)와 관련된 정보를 남기고 있지 않은 경우
- 로그 서버의 용량의 충분하지 않아서 개인정보 처리시스템 접속기록이 2개월 밖에 남아 있지 않은 경우
- 개인정보 처리자가 정보 주체 10만 명의 개인정보를 처리하는 개인정보 처리시스템의 개인정보 취급자 접속기록을 1년간만 보관하고 있는 경우

2.9.5 로그 및 접속기록 점검

[인증 기준] 정보 시스템의 정상적인 사용을 보장하고 사용자 오 · 남용(비인가 접속, 과다 조회 등)을 방지하기 위하여 접근 및 사용에 대한 로그 검토 기준을 수립하여 주기적으로 점검하며, 문제 발생 시 사후 조치를 적시에 수행하여야 한다.

[결함사례]

- 중요 정보를 처리하고 있는 정보 시스템에 대한 이상 접속(휴일 새벽 접속, 우회경로 접속 등) 또는 이상 행위(대량 데이터 조회 또는 소량 데이터의 지속적 · 연속적 조회 등)에 대한 모니터링 및 경고 · 알림 정책(기준)이 수립되어 있지 않은 경우
- 내부 지침 또는 시스템 등에 접근 및 사용에 대한 주기적인 점검 · 모니터링 기준을 마련하고 있으나 실제 이상 접속 및 이상 행위에 대한 검토 내역이 확인되지 않은 경우
- 개인정보 처리자가 개인정보 처리시스템의 접속기록 점검 주기를 분기 1회로 정하고 있는 경우
- 개인정보 처리자의 내부 관리계획에는 1,000명 이상의 정보 주체에 대한 개인정보를 다운로드한 경우에는 사유를 확인하도록 기준이 책정되어 있는 상태에서 1,000건 이상의 개인정보 다운로드가 발생하였으나 그 사유를 확인하지 않고 있는 경우

2.9.6 시간동기화

[인증 기준] 로그 및 접속기록의 정확성을 보장하고 신뢰성 있는 로그 분석을 위하여 관련 정보 시스템의 시각을 표준시각으로 동기화하고 주기적으로 관리하여야 한다.

[결함사례]
- 일부 중요 시스템(보안시스템, CCTV 등)의 시각이 표준시와 동기화되어 있지 않으며, 관련 동기화 여부에 대한 주기적 점검이 이행되고 있지 않은 경우
- 내부 NTP 서버와 시각을 동기화하도록 설정하고 있으나 일부 시스템의 시각이 동기화되지 않고 있고, 이에 대한 원인분석 및 대응이 이루어지고 있지 않은 경우

2.9.7 정보자산의 재사용 및 폐기

[인증 기준] 정보자산의 재사용과 폐기 과정에서 개인정보 및 중요 정보가 복구ㆍ재생되지 않도록 안전한 재사용 및 폐기 절차를 수립ㆍ이행하여야 한다.

[결함사례]
- 개인정보 취급자 PC를 재사용할 경우 데이터 삭제프로그램을 이용하여 완전 삭제하도록 정책 및 절차가 수립되어 있으나, 실제로는 완전 삭제 조치 없이 재사용하거나 기본 포맷만 하고 재사용하고 있는 등 관련 절차가 이행되고 있지 않은 경우
- 외부 업체를 통하여 저장매체를 폐기하고 있으나, 계약 내용상 안전한 폐기 절차 및 보호 대책에 대한 내용이 누락되어 있고 폐기 이행 증거자료 확인 및 실사 등의 관리ㆍ감독이 이루어지지 않은 경우
- 폐기된 HDD의 일련번호가 아닌 시스템명을 기록하거나 폐기 대장을 작성하지 않아 폐기 이력 및 추적할 수 있는 증거자료를 확인할 수 없는 경우
- 회수한 폐기 대상 하드디스크가 완전 삭제되지 않은 상태로 잠금장치가 되지 않은 장소에 방치되고 있는 경우

분야	2.10 시스템 및 서비스 보안관리

2.10.1 보안시스템 운영

[인증 기준] 보안시스템 유형별로 관리자 지정, 최신 정책 업데이트, 룰셋 변경, 이벤트 모니터링 등의 운영 절차를 수립ㆍ이행하고 보안 시스템별 정책적용 현황을 관리하여야 한다.

[결함사례]
- 침입차단 시스템 보안정책에 대한 정기 검토가 수행되지 않아 불필요하거나 과도하게 허용된 정책이 다수 존재하는 경우
- 보안시스템 보안정책의 신청, 변경, 삭제, 주기적 검토에 대한 절차 및 기준이 없거나, 절차는 있으나 이를 준수하지 않은 경우
- 보안시스템의 관리자 지정 및 권한 부여 현황에 대한 관리 감독이 적절히 이행되고 있지 않은 경우
- 내부 지침에는 정보보호 담당자가 보안시스템의 보안정책 변경이력을 기록ㆍ보관하도록 정하고 있으나, 정책관리대장을 주기적으로 작성하지 않고 있거나 정책관리대장에 기록된 보안정책과 실제 운영 중인 시스템의 보안정책이 상이한 경우

2.10.2 클라우드 보안

[인증 기준] 클라우드 서비스 이용 시 서비스 유형(SaaS, PaaS, IaaS 등)에 따른 비인가 접근, 설정 오류 등에 따라 중요 정보와 개인정보가 유ㆍ노출되지 않도록 관리자 접근 및 보안 설정 등에 대한 보호 대책을 수립ㆍ이행하여야 한다.

[결함사례]
- 클라우드 서비스 계약서 내에 보안에 대한 책임 및 역할 등에 대한 사항이 포함되어 있지 않은 경우
- 클라우드 서비스의 보안 설정을 변경할 수 있는 권한이 업무상 반드시 필요하지 않은 직원들에게 과도하게 부여되어 있는 경우
- 내부 지침에는 클라우드 내 사설 네트워크의 접근통제 룰(Rule) 변경 시 보안 책임자 승인을 받도록 하고 있으나, 승인절차를 거치지 않고 등록ㆍ변경된 접근제어 룰이 다수 발견된 경우
- 클라우드 서비스의 보안설정 오류로 내부 로그 파일이 인터넷을 통하여 공개되어 있는 경우

2.10.3 공개 서버 보안

[인증 기준] 외부 네트워크에 공개되는 서버의 경우 내부 네트워크와 분리하고 취약점 점검, 접근통제, 인증, 정보 수집·저장·공개 절차 등 강화된 보호 대책을 수립·이행하여야 한다.

[결함사례]
- 인터넷에 공개된 웹사이트의 취약점으로 인하여 구글 검색을 통하여 열람 권한이 없는 타인의 개인정보에 접근할 수 있는 경우
- 웹사이트에 개인정보를 게시하는 경우 승인 절차를 거치도록 내부규정이 마련되어 있으나, 이를 준수하지 않고 개인정보가 게시된 사례가 다수 존재한 경우
- 게시판 등의 웹 응용 프로그램에서 타인이 작성한 글을 임의로 수정·삭제하거나 비밀번호로 보호된 글을 열람할 수 있는 경우

2.10.4 전자거래 및 핀테크 보안

[인증 기준] 전자거래 및 핀테크 서비스 제공 시 정보 유출이나 데이터 조작·사기 등의 침해사고 예방을 위해 인증·암호화 등의 보호 대책을 수립하고, 결제 시스템 등 외부 시스템과 연계할 경우 안전성을 점검하여야 한다.

[결함사례]
- 전자결제대행업체와 위탁 계약을 맺고 연계를 하였으나, 적절한 인증 및 접근제한 없이 특정 URL을 통하여 결제 관련 정보가 모두 평문으로 전송되는 경우
- 전자결제대행업체와 외부 연계 시스템이 전용망으로 연결되어 있으나, 해당 연계 시스템에서 내부 업무 시스템으로의 접근이 침입 차단 시스템 등으로 적절히 통제되지 않고 있는 경우
- 내부 지침에는 외부 핀테크 서비스 연계 시 정보 보호팀의 보안성 검토를 받도록 되어 있으나, 최근에 신규 핀테크 서비스를 연계하면서 일정상 이유로 보안성 검토를 수행하지 않은 경우

2.10.5 정보전송 보안

[인증 기준] 타 조직에 개인정보 및 중요 정보를 전송할 경우 안전한 전송 정책을 수립하고 조직 간 합의를 통해 관리 책임, 전송 방법, 개인정보 및 중요 정보 보호를 위한 기술적 보호조치 등을 협약하고 이행하여야 한다.

[결함사례]
- 대외기관과 연계 시 전용망 또는 VPN을 적용하고 중계 서버와 인증서 적용 등을 통하여 안전하게 정보를 전송하고 있으나, 외부 기관별 연계 시기, 방식, 담당자 및 책임자, 연계 정보, 법적 근거 등에 대한 현황관리가 적절히 이루어지지 않고 있는 경우
- 중계 과정에서의 암호 해제 구간 또는 취약한 암호화 알고리즘(DES, 3DES) 사용 등에 대한 보안성 검토, 보안 표준 및 조치 방안 수립 등에 대한 협의가 이행되고 있지 않은 경우

2.10.6 업무용 단말기기 보안

[인증 기준] PC, 모바일 기기 등 단말기기를 업무 목적으로 네트워크에 연결할 경우 기기 인증 및 승인, 접근 범위, 기기 보안 설정 등의 접근통제 대책을 수립하고 주기적으로 점검하여야 한다.

[결함사례]
- 업무적인 목적으로 노트북, 태블릿PC 등 모바일 기기를 사용하고 있으나, 업무용 모바일 기기에 대한 허용 기준, 사용 범위, 승인 절차, 인증 방법 등에 대한 정책이 수립되어 있지 않은 경우
- 모바일 기기 보안관리 지침에서는 모바일 기기의 업무용 사용을 원칙적으로 금지하고 필요시 승인 절차를 통하여 제한된 기간 동안 허가된 모바일 기기만 사용하도록 정하고 있으나, 허가된 모바일 기기가 식별·관리되지 않고 승인되지 않은 모바일 기기에서도 내부 정보 시스템 접속이 가능한 경우
- 개인정보 처리 업무에 이용되는 모바일 기기에 대하여 비밀번호 설정 등 도난·분실에 대한 보호 대책이 적용되어 있지 않은 경우
- 내부규정에서는 업무용 단말기의 공유폴더 사용을 금지하고 있으나, 이에 대한 주기적인 점검이 이루어지고 있지 않아 다수의 업무용 단말기에서 과도하게 공유폴더를 설정하여 사용하고 있는 경우

2.10.7 보조 저장매체 관리

[인증 기준] 보조 저장매체를 통하여 개인정보 또는 중요 정보의 유출이 발생하거나 악성코드가 감염되지 않도록 관리 절차를 수립·이행하고, 개인정보 또는 중요 정보가 포함된 보조 저장매체는 안전한 장소에 보관하여야 한다.

[결함사례]

- 통제구역인 서버실에서의 보조 저장매체 사용을 제한하는 정책을 수립하여 운영하고 있으나, 예외 승인 절차를 준수하지 않고 보조 저장매체를 사용한 이력이 다수 확인되었으며, 보조 저장매체 관리 실태에 대한 주기적 점검이 실시되지 않아 보조 저장매체 관리대장의 현행화가 미흡한 경우
- 개인정보가 포함된 보조 저장매체를 잠금장치가 있는 안전한 장소에 보관하지 않고 사무실 서랍 등에 방치하고 있는 경우
- 보조 저장매체 통제 솔루션을 도입·운영하고 있으나, 일부 사용자에 대하여 적절한 승인 절차 없이 예외 처리되어 쓰기 등이 허용된 경우
- 전산실에 위치한 일부 공용 PC 및 전산장비에서 일반 USB 메모리에 대한 쓰기가 가능한 상황이나 매체 반입 및 사용 제한, 사용 이력 기록 및 검토 등 통제가 적용되고 있지 않은 경우

2.10.8 패치 관리

[인증 기준] 소프트웨어, 운영체제, 보안시스템 등의 취약점으로 인한 침해사고를 예방하기 위하여 최신 패치를 적용하여야 한다. 다만 서비스 영향을 검토하여 최신 패치 적용이 어려울 경우 별도의 보완 대책을 마련하여 이행하여야 한다.

[결함사례]

- 일부 시스템에서 타당한 사유나 책임자 승인 없이 OS 패치가 장기간 적용되고 있지 않은 경우
- 일부 시스템에 서비스 지원이 종료(EOS)된 OS 버전을 사용 중이나, 이에 따른 대응계획이나 보완 대책이 수립되어 있지 않은 경우
- 상용 소프트웨어 및 OS에 대해서는 최신 패치가 적용되고 있으나, 오픈소스 프로그램(Openssl, Openssh, Apache 등)에 대해서는 최신 패치를 확인하고 적용하는 절차 및 담당자가 지정되어 있지 않아 최신 보안패치가 적용되고 있지 않은 경우

2.10.9 악성코드 통제

[인증 기준] 바이러스·웜·트로이목마·랜섬웨어 등의 악성코드로부터 개인정보 및 중요 정보, 정보 시스템 및 업무용 단말기 등을 보호하기 위하여 악성코드 예방·탐지·대응 등의 보호 대책을 수립·이행하여야 한다.

[결함사례]

- 일부 PC 및 서버에 백신이 설치되어 있지 않거나, 백신 엔진이 장기간 최신 버전으로 업데이트되지 않은 경우
- 백신 프로그램의 환경설정(실시간 검사, 예약검사, 업데이트 설정 등)을 이용자가 임의로 변경할 수 있음에도 그에 따른 추가 보호 대책이 수립되어 있지 않은 경우
- 백신 중앙관리시스템에 접근통제 등 보호 대책이 미비하여 중앙관리시스템을 통한 침해사고 발생 가능성이 있는 경우 또는 백신 패턴에 대한 무결성 검증을 하지 않아 악의적인 사용자에 의한 악성코드 전파 가능성이 있는 경우
- 일부 내부망 PC 및 서버에서 다수의 악성코드 감염 이력이 확인되었으나, 감염 현황, 감염 경로 및 원인분석, 그에 따른 조치 내역 등이 확인되지 않은 경우

분야	2.11 사고 예방 및 대응

2.11.1 사고 예방 및 대응체계 구축

[인증 기준] 침해사고 및 개인정보 유출 등을 예방하고 사고 발생 시 신속하고 효과적으로 대응할 수 있도록 내·외부 침해 시도의 탐지·대응·분석 및 공유를 위한 체계와 절차를 수립하고, 관련 외부 기관 및 전문가들과 협조체계를 구축하여야 한다.

[결함사례]

- 침해사고에 대비한 침해사고 대응 조직 및 대응 절차를 명확히 정의하고 있지 않은 경우
- 내부 지침 및 절차에 침해사고 단계별(사고 전, 인지, 처리, 복구, 보고 등) 대응 절차를 수립하여 명시하고 있으나, 침해사고 발생 시 사고 유형 및 심각도에 따른 신고·통지 절차, 대응 및 복구 절차의 일부 또는 전부를 수립하고 있지 않은 경우
- 침해사고 대응 조직도 및 비상 연락망 등을 현행화하지 않고 있거나, 담당자별 역할과 책임이 명확히 정의되어 있지 않은 경우
- 침해사고 신고·통지 및 대응 협조를 위한 대외기관 연락처에 기관명, 홈페이지, 연락처 등이 잘못 명시되어 있거나, 일부 기관 관련 정보가 누락 또는 현행화되지 않은 경우
- 외부 보안관제 전문업체 등 유관기관에 침해사고 탐지 및 대응을 위탁하여 운영하고 있으나, 침해사고 대응에 대한 상호 간 관련 역할 및 책임 범위가 계약서나 SLA에 명확하게 정의되지 않은 경우
- 침해사고 대응 절차를 수립하였으나, 개인정보 침해 신고 기준, 시점 등이 법적 요구사항을 준수하지 못하는 경우

2.11.2 취약점 점검 및 조치

[인증 기준] 정보 시스템의 취약점이 노출되어 있는지를 확인하기 위하여 정기적으로 취약점 점검을 수행하고 발견된 취약점에 대해서는 신속하게 조치하여야 한다. 또한 최신 보안 취약점의 발생 여부를 지속적으로 파악하고 정보 시스템에 미치는 영향을 분석하여 조치하여야 한다.

[결함사례]
- 내부규정에 연 1회 이상 주요 시스템에 대한 기술적 취약점 점검을 하도록 정하고 있으나, 주요 시스템 중 일부가 취약점 점검 대상에서 누락된 경우
- 취약점 점검에서 발견된 취약점에 대한 보완 조치를 이행하지 않았거나, 단기간 내에 조치할 수 없는 취약점에 대한 타당성 검토 및 승인 이력이 없는 경우

2.11.3 이상 행위 분석 및 모니터링

[인증 기준] 내·외부에 의한 침해 시도, 개인정보유출 시도, 부정행위 등을 신속하게 탐지·대응할 수 있도록 네트워크 및 데이터 흐름 등을 수집하여 분석하며, 모니터링 및 점검 결과에 따른 사후 조치는 적시에 이루어져야 한다.

[결함사례]
- 외부로부터의 서버, 네트워크, 데이터베이스, 보안시스템에 대한 침해 시도를 인지할 수 있도록 하는 상시 또는 정기적 모니터링 체계 및 절차를 마련하고 있지 않은 경우
- 외부 보안관제 전문업체 등 외부 기관에 침해 시도 모니터링 업무를 위탁하고 있으나, 위탁업체가 제공한 관련 보고서를 검토한 이력이 확인되지 않거나, 위탁 대상에서 제외된 시스템에 대한 자체 모니터링 체계를 갖추고 있지 않은 경우
- 내부적으로 정의한 임계치를 초과하는 이상 트래픽이 지속적으로 발견되고 있으나, 이에 대한 대응조치가 이루어지고 있지 않은 경우

2.11.4 사고 대응 훈련 및 개선

[인증 기준] 침해사고 및 개인정보 유출 사고 대응 절차를 임직원과 이해관계자가 숙지하도록 시나리오에 따른 모의훈련을 연 1회 이상 실시하고 훈련 결과를 반영하여 대응체계를 개선하여야 한다.

[결함사례]
- 침해사고 모의훈련을 수행하지 않았거나 관련 계획서 및 결과 보고서가 확인되지 않은 경우
- 연간 침해사고 모의훈련 계획을 수립하였으나 타당한 사유 또는 승인 없이 해당 기간 내에 실시하지 않은 경우
- 모의훈련을 계획하여 실시하였으나, 관련 내부 지침에 정한 절차 및 서식에 따라 수행하지 않은 경우

2.11.5 사고 대응 및 복구

[인증 기준] 침해사고 및 개인정보 유출 징후나 발생을 인지한 때에는 법적 통지 및 신고 의무를 준수하여야 하며, 절차에 따라 신속하게 대응 및 복구하고 사고분석 후 재발 방지 대책을 수립하여 대응체계에 반영하여야 한다.

[결함사례]
- 내부 침해사고 대응 지침에는 침해사고 발생 시 내부 정보보호 위원회 및 이해관계 부서에게 보고하도록 정하고 있으나, 침해사고 발생 시 담당 부서에서 자체적으로 대응조치 후 정보보호 위원회 및 이해관계 부서에 보고하지 않은 경우
- 최근 DDoS 공격으로 의심되는 침해사고로 인하여 서비스 일부가 중단된 사례가 있으나, 이에 대한 원인분석 및 재발 방지 대책이 수립되지 않은 경우
- 외부 해킹에 의해 개인정보 유출 사고가 발생하였으나, 유출된 개인정보 건수가 소량이라는 이유로 72시간 이내에 통지 및 신고가 이루어지지 않은 경우
- 담당자의 실수에 의해 인터넷 홈페이지 게시판을 통해 1천 명 이상 정보 주체에 대한 개인정보 유출이 발생하였으나, 해당 정보 주체에 대한 유출 통지가 이루어지지 않은 경우

분야	2.12 재해복구

2.12.1 재해 · 재난 대비 안전조치

[인증 기준] 자연재해, 통신 · 전력 장애, 해킹 등 조직의 핵심 서비스 및 시스템의 운영 연속성을 위협할 수 있는 재해 유형을 식별하고 유형별 예상 피해 규모 및 영향을 분석하여야 한다. 또한 복구 목표 시간, 복구 목표 시점을 정의하고 복구 전략 및 대책, 비상시 복구 조직, 비상 연락 체계, 복구 절차 등 재해복구 체계를 구축하여야 한다.

[결함사례]
- IT 재해복구 절차서 내에 IT 재해복구 조직 및 역할 정의, 비상 연락 체계, 복구 절차 및 방법 등 중요한 내용이 누락되어 있는 경우
- 비상사태 발생 시 정보 시스템의 연속성 확보 및 피해 최소화를 위하여 백업센터를 구축하여 운영하고 있으나, 관련 정책에 백업센터를 활용한 재해복구 절차 등이 수립되어 있지 않아 재해복구 시험 및 복구가 효과적으로 진행되기 어려운 경우
- 서비스 운영과 관련된 일부 중요 시스템에 대한 복구 목표 시간이 정의되어 있지 않으며, 이에 대한 적절한 복구 대책을 마련하고 있지 않은 경우
- 재해복구 관련 지침서 등에 IT 서비스 또는 시스템에 대한 복구 우선순위, 복구 목표 시간, 복구 목표 시점 등이 정의되어 있지 않은 경우
- 현실적 대책 없이 복구 목표 시간을 과도 또는 과소하게 설정하고 있거나, 복구 목표 시점과 백업정책(대상, 주기 등)이 적절히 연계되지 않아 복구 효과성을 보장할 수 없는 경우

2.12.2 재해복구 시험 및 개선

[인증 기준] 재해복구 전략 및 대책의 적정성을 정기적으로 시험하여 시험 결과, 정보 시스템 환경변화, 법규 등에 따른 변화를 반영하여 복구 전략 및 대책을 보완하여야 한다.

[결함사례]
- 재해복구 훈련을 계획 · 시행하지 않았거나 관련 계획서 및 결과 보고서가 확인되지 않은 경우
- 재해복구 훈련 계획을 수립하였으나, 타당한 사유 또는 승인 없이 계획대로 실시하지 않았거나 관련 결과 보고가 확인되지 않은 경우
- 재해복구 훈련을 계획하여 실시하였으나, 내부 관련 지침에 정한 절차 및 서식에 따라 이행되지 않아 수립한 재해복구 절차의 적정성 및 효과성을 평가하기 위한 훈련으로 보기 어려운 경우

⑥ 개인정보 처리 단계별 요구사항 인증 기준

분야	3.1 개인정보 수집 시 보호조치

3.1.1 개인정보 수집 · 이용

[인증 기준] 개인정보는 적법하고 정당하게 수집 · 이용하여야 하며, 정보 주체의 동의를 근거로 수집하는 경우에는 적법한 방법으로 정보 주체의 동의를 받아야 한다. 또한 만 14세 미만 아동의 개인정보를 수집하는 경우에는 그 법정대리인의 동의를 받아야 하며 법정대리인이 동의하였는지를 확인하여야 한다.

[결함사례]
- 개인정보 보호법을 적용받는 개인정보 처리자가 개인정보 수집 동의 시 고지 사항에 '동의 거부 권리 및 동의 거부에 따른 불이익 내용'을 누락한 경우
- 개인정보 수집 동의 시 수집하는 개인정보 항목을 구체적으로 명시하지 않고 '~ 등'과 같이 포괄적으로 안내하는 경우
- 쇼핑몰 홈페이지에서 회원가입 시 회원가입에 필요한 개인정보 외에 추후 물품 구매 시 필요한 결제 · 배송 정보를 미리 필수 항목으로 수집하는 경우
- Q&A, 게시판을 통하여 비회원의 개인정보(이름, 이메일, 휴대폰번호)를 수집하면서 개인정보 수집 동의 절차를 거치지 않은 경우
- 만 14세 미만 아동의 개인정보를 수집하면서 법정대리인의 동의를 받지 않은 경우
- 만 14세 미만 아동에 대하여 서비스를 제공하고 있지 않지만, 회원가입 단계에서 입력받는 생년월일을 통하여 나이 체크를 하지 않아 법정대리인 동의 없이 가입된 만 14세 미만 아동 회원이 존재한 경우
- 법정대리인의 진위여부를 확인하는 절차가 미흡하여 미성년자 등 아동의 법정대리인으로 보기 어려운데도 법정대리인 동의가 가능한 경우
- 만 14세 미만 아동으로부터 법정대리인 동의를 받는 목적으로 법정대리인의 개인정보(이름, 휴대폰번호)를 수집한 이후 법정대리인의 동의가 장기간 확인되지 않았음에도 이를 파기하지 않고 계속 보유하고 있는 경우
- 법정대리인 동의에 근거하여 만 14세 미만 아동의 개인정보를 수집하였으나, 관련 기록을 보존하지 않아 법정대리인 동의와 관련된 사항(법정대리인 이름, 동의 일시 등)을 확인할 수 없는 경우

3.1.2 개인정보 수집 제한

[인증 기준] 개인정보를 수집하는 경우 처리 목적에 필요한 최소한의 개인정보만을 수집하여야 하며, 정보 주체가 선택적으로 동의할 수 있는 사항 등에 동의하지 아니한다는 이유로 정보 주체에게 재화 또는 서비스의 제공을 거부하지 않아야 한다.

[결함사례]

- 계약의 체결 및 이행을 근거로 정보 주체 동의 없이 개인정보를 수집하면서 계약의 체결 및 이행을 위해 반드시 필요하지 않은 개인정보 항목까지 과도하게 수집하는 경우
- 정보 주체로부터 선택사항에 대한 동의를 받으면서 해당 개인정보 수집에는 동의하지 아니할 수 있다는 사실을 구체적으로 알리지 않은 경우
- 회원가입 양식에서 필수와 선택 정보를 구분하여 별도 동의를 받도록 되어 있었으나, 선택 정보에 대하여 동의하지 않아도 회원가입이 가능함을 정보 주체가 인지할 수 있도록 구체적으로 알리지 않은 경우(개인정보 입력 양식에 개인정보 항목별로 필수, 선택 여부가 표시되어 있지 않은 경우 등)
- 홈페이지 회원가입 화면에서 선택사항에 대하여 동의하지 않거나 선택정보를 입력하지 않으면 다음 단계로 넘어가지 않거나 회원가입이 차단되는 경우
- 채용 계약 시 채용 예정 직무와 직접 관련이 없는 가족사항 등 과도한 개인정보를 수집하는 경우

3.1.3 주민등록번호 처리 제한

[인증 기준] 주민등록번호는 법적 근거가 있는 경우를 제외하고는 수집·이용 등 처리할 수 없으며, 주민등록번호의 처리가 허용된 경우라 하더라도 인터넷 홈페이지 등에서 대체수단을 제공하여야 한다.

[결함사례]

- 홈페이지 가입과 관련하여 실명 확인 등 단순 회원 관리 목적을 위하여 정보 주체의 동의에 근거하여 주민등록번호를 수집한 경우
- 정보 주체의 주민등록번호를 시행규칙이나 지방자치단체의 조례에 근거하여 수집한 경우
- 비밀번호 분실 시 본인확인 등의 목적으로 주민등록번호 뒤 6자리를 수집하지만, 관련된 법적 근거가 없는 경우
- 채용 전형 진행 단계에서 법적 근거 없이 입사지원자의 주민등록번호를 수집한 경우
- 콜센터에 상품, 서비스 관련 문의 시 본인확인을 위하여 주민등록번호를 수집한 경우
- 주민등록번호 수집의 법적 근거가 있다는 사유로 홈페이지 회원가입 단계에서 대체 가입 수단을 제공하지 않고 주민등록번호를 입력받는 본인확인 및 회원가입 방법만을 제공한 경우

3.1.4 민감정보 및 고유 식별정보의 처리 제한

[인증 기준] 민감정보와 고유 식별정보(주민등록번호 제외)를 처리하기 위해서는 법령에서 구체적으로 처리를 요구하거나 허용하는 경우를 제외하고는 정보 주체의 별도 동의를 받아야 한다.

[결함사례]

- 장애인에 대한 요금감면 등 혜택 부여를 위하여 장애 여부 등 건강에 관한 민감정보를 수집하면서 다른 개인정보 항목에 포함하여 일괄 동의를 받은 경우
- 회원가입 시 외국인에 한하여 외국인등록번호를 수집하면서 다른 개인정보 항목에 포함하여 일괄 동의를 받은 경우
- 민감정보 또는 고유 식별정보의 수집에 대해 별도의 동의를 받으면서 고지하여야 할 4가지 사항 중에 일부를 누락하거나 잘못된 내용으로 고지하는 경우(동의 거부 권리 및 동의 거부에 따른 불이익 사항을 고지하지 않은 경우 등)

3.1.5 개인정보 간접 수집

[인증 기준] 정보 주체 이외로부터 개인정보를 수집하거나 제3자로부터 제공받는 경우에는 업무에 필요한 최소한의 개인정보를 수집하거나 제공받아야 하며, 법령에 근거하거나 정보 주체의 요구가 있으면 개인정보의 수집 출처, 처리 목적, 처리정지의 요구 권리를 알려야 한다.

[결함사례]

- 인터넷 홈페이지, SNS에 공개된 개인정보를 수집하고 있는 상태에서 정보 주체의 수집 출처 요구에 대한 처리 절차가 존재하지 않은 경우
- 개인정보 보호법 제17조 제1항 제1호에 따라 다른 사업자로부터 개인정보 제공동의를 근거로 개인정보를 제공받았으나, 이에 대하여 해당 정보 주체에게 3개월 내에 통지하지 않은 경우(다만 제공받은 자가 5만 명 이상 정보 주체의 민감정보 또는 고유 식별정보를 처리하거나 100만 명 이상 정보 주체의 개인정보를 처리하는 경우)
- 법적 의무 대상자에 해당되어 개인정보 수집 출처를 정보 주체에게 통지하면서 개인정보의 처리 목적 또는 동의를 철회할 권리가 있다는 사실 등 필수 통지 사항을 일부 누락한 경우
- 법적 의무 대상자에 해당되어 개인정보 수집 출처를 정보 주체에게 통지하였으나, 수집 출처 통지에 관한 기록을 해당 개인정보의 파기 시까지 보관하지 않은 경우

3.1.6 영상정보처리기기 설치 · 운영

[인증 기준] 고정형 영상정보처리기기를 공개된 장소에 설치 · 운영하거나 이동형 영상정보처리기기를 공개된 장소에서 업무를 목적으로 운영하는 경우 설치 목적 및 위치에 따라 법적 요구사항을 준수하고, 적절한 보호 대책을 수립 · 이행하여야 한다.

[결함사례]
- 영상정보처리기기 안내판의 고지 문구가 일부 누락되어 운영되고 있거나, 영상정보처리기기 운영 · 관리 방침을 수립 · 운영하고 있지 않은 경우
- 영상정보처리기기 운영 · 관리 방침을 수립 운영하고 있으나, 방침 내용과 달리 보관기간을 준수하지 않고 운영되거나, 영상정보 보호를 위한 접근통제 및 로깅 등 방침에 기술한 사항이 준수되지 않는 등 관리가 미흡한 경우
- 영상정보처리기기의 설치 · 운영 사무를 외부 업체에 위탁하고 있으나, 영상정보의 관리 현황 점검에 관한 사항, 손해 배상 책임에 관한 사항 등 법령에서 요구하는 내용을 영상정보처리기기 업무 위탁 계약서에 명시하지 않은 경우
- 영상정보처리기기의 설치 · 운영 사무를 외부 업체에 위탁하고 있으나, 영상정보처리기기 안내판에 수탁자의 명칭과 연락처를 누락하여 고지한 경우

3.1.7 마케팅 목적의 개인정보 수집 · 이용

[인증 기준] 재화나 서비스의 홍보, 판매 권유, 광고성 정보전송 등 마케팅 목적으로 개인정보를 수집 · 이용하는 경우 그 목적을 정보 주체가 명확하게 인지할 수 있도록 고지하고 동의를 받아야 한다.

[결함사례]
- '홍보 및 마케팅' 목적으로 개인정보를 수집하면서 '부가서비스 제공', '제휴 서비스 제공' 등과 같이 목적을 모호하게 안내하는 경우 또는 다른 목적으로 수집하는 개인정보와 구분하지 않고 포괄 동의를 받는 경우
- 모바일앱에서 광고성 정보전송(앱 푸시)에 대하여 거부 의사를 밝혔으나, 프로그램 오류 등의 이유로 광고성 앱 푸시가 이루어지는 경우
- 온라인 회원가입 화면에서 문자, 이메일에 의한 광고성 정보전송에 대하여 디폴트로 체크되어 있는 경우
- 광고성 정보 수신 동의 여부에 대하여 2년마다 확인하지 않은 경우
- 영리 목적의 광고성 정보를 전자우편으로 전송하면서 제목이 시작되는 부분에 '(광고)' 표시를 하지 않은 경우

분야	3.2 개인정보 보유 및 이용 시 보호조치

3.2.1 개인정보 현황관리

[인증 기준] 수집 · 보유하는 개인정보의 항목, 보유량, 처리 목적 및 방법, 보유기간 등 현황을 정기적으로 관리하여야 하며, 공공기관의 경우 이를 법률에서 정한 관계기관의 장에게 등록하여야 한다.

[결함사례]
- 개인정보 파일을 홈페이지의 개인정보 파일 등록 메뉴를 통하여 목록을 관리하고 있으나, 그중 일부 홈페이지 서비스와 관련된 개인정보 파일의 내용이 개인정보 처리 방침에 누락되어 있는 경우
- 신규 개인정보 파일을 구축한 지 2개월이 경과하였으나, 해당 개인정보 파일을 개인정보 보호 위원회에 등록하지 않은 경우
- 개인정보 보호 위원회에 등록되어 공개된 개인정보 파일의 내용(수집하는 개인정보의 항목 등)이 실제 처리하고 있는 개인정보 파일 현황과 상이한 경우
- 공공기관이 임직원의 개인정보 파일, 통계법에 따라 수집되는 개인정보 파일에 대해 개인정보 파일 등록 예외 사항에 해당되지 않음에도 불구하고 해당 개인정보 파일을 개인정보 보호 위원회에 등록하지 않은 경우

3.2.2 개인정보 품질보장

[인증 기준] 수집된 개인정보는 처리 목적에 필요한 범위에서 개인정보의 정확성 · 완전성 · 최신성이 보장되도록 정보 주체에게 관리 절차를 제공하여야 한다.

[결함사례]
- 인터넷 홈페이지를 통하여 회원 정보를 변경할 때는 본인확인 절차를 거치고 있으나, 고객센터 상담원과의 통화를 통한 회원 정보 변경 시에는 본인확인 절차가 미흡하여 회원 정보의 불법적인 변경이 가능한 경우
- 온라인 회원에 대해서는 개인정보를 변경할 수 있는 방법을 제공하고 있으나, 오프라인 회원에 대해서는 개인정보를 변경할 수 있는 방법을 제공하고 있지 않은 경우

3.2.3 이용자 단말기 접근 보호

[인증 기준] 정보 주체(이용자)의 이동통신 단말장치 내에 저장되어 있는 정보 및 이동통신 단말장치에 설치된 기능에 접근이 필요한 경우 이를 명확하게 인지할 수 있도록 알리고 정보 주체(이용자)의 동의를 받아야 한다.

[결함사례]
- 스마트폰 앱에서 서비스에 불필요함에도 불구하고 주소록, 사진, 문자 등 스마트폰 내 개인정보 영역에 접근할 수 있는 권한을 과도하게 설정한 경우
- 정보통신 서비스 제공자의 스마트폰 앱에서 스마트폰 내에 저장되어 있는 정보 및 설치된 기능에 접근하면서 접근권한에 대한 고지 및 동의를 받지 않고 있는 경우
- 스마트폰 앱의 접근권한에 대한 동의를 받으면서 선택사항에 해당하는 권한을 필수권한으로 고지하여 동의를 받는 경우
- 접근권한에 대한 개별동의가 불가능한 안드로이드 6.0 미만 버전을 지원하는 스마트폰 앱을 배포하면서 선택적 접근권한을 함께 설정하여, 선택적 접근권한에 대하여 거부할 수 없도록 하고 있는 경우

3.2.4 개인정보 목적 외 이용 및 제공

[인증 기준] 개인정보는 수집 시의 정보 주체에게 고지 · 동의를 받은 목적 또는 법령에 근거한 범위 내에서만 이용 또는 제공하여야 하며, 이를 초과하여 이용 · 제공하려는 때에는 정보 주체의 추가 동의를 받거나 관계 법령에 따른 적법한 경우인지 확인하고 적절한 보호 대책을 수립 · 이행하여야 한다.

[결함사례]
- 상품배송을 목적으로 수집한 개인정보를 사전에 동의받지 않은 자사 상품의 통신판매 광고에 이용한 경우
- 고객 만족도 조사, 경품 행사에 응모하기 위하여 수집한 개인정보를 자사의 할인판매 행사 안내용 광고 발송에 이용한 경우
- 공공기관이 다른 법률에 근거하여 민원인의 개인정보를 목적 외로 타 기관에 제공하면서 관련 사항을 관보 또는 인터넷 홈페이지에 게시하지 않은 경우
- 공공기관이 범죄 수사의 목적으로 경찰서에 개인정보를 제공하면서 '개인정보 목적 외 이용 및 제3자 제공 대장'에 관련 사항을 기록하지 않은 경우

3.2.5 가명 정보 처리

[인증 기준] 가명 정보를 처리하는 경우 목적 제한, 결합 제한, 안전조치, 금지의무 등 법적 요건을 준수하고 적정 수준의 가명 처리를 보장할 수 있도록 가명 처리 절차를 수립 · 이행하여야 한다.

[결함사례]
- 통계작성 및 과학적 연구를 위하여 정보 주체 동의 없이 가명 정보를 처리하면서 가명 정보 처리에 관한 기록을 남기고 있지 않거나, 또는 개인정보 처리 방침에 관련 사항을 공개하지 않은 경우
- 가명 정보와 동일한 데이터베이스 내에 추가 정보를 분리하지 않고 보관하고 있거나, 또는 가명 정보와 추가 정보에 대한 접근권한이 적절히 분리되지 않은 경우
- 개인정보를 가명 처리하여 활용하고 있으나 적정한 수준의 가명 처리가 수행되지 않아 추가 정보의 사용 없이도 다른 정보와의 결합 등을 통하여 특정 개인을 알아볼 수 있는 가능성이 존재하는 경우
- 테스트 데이터 생성, 외부 공개 등을 위하여 개인정보를 익명 처리하였으나, 특이치 등으로 인하여 특정 개인에 대한 식별 가능성이 존재하는 등 익명 처리가 적정하게 수행되었다고 보기 어려운 경우

분야	3.3 개인정보 제공 시 보호조치

3.3.1 개인정보 제3자 제공

[인증 기준] 개인정보를 제3자에게 제공하는 경우 법적 근거에 의하거나 정보 주체의 동의를 받아야 하며, 제3자에게 개인정보의 접근을 허용하는 등 제공 과정에서 개인정보를 안전하게 보호하기 위한 보호 대책을 수립 · 이행하여야 한다.

[결함사례]
- 개인정보 처리자가 개인정보 제3자 제공 동의를 받을 때 정보 주체에게 고지하는 사항 중에 일부 사항(동의 거부권, 제공하는 항목 등)을 누락한 경우
- 개인정보를 제3자에게 제공하는 과정에서 제3자 제공 동의 여부를 적절히 확인하지 못하여 동의하지 않은 정보 주체의 개인정보가 함께 제공된 경우
- 개인정보를 제공 동의를 받을 때, 제공받는 자를 특정하지 않고 '~ 등'과 같이 포괄적으로 안내하고 동의를 받은 경우
- 회원가입 단계에서 선택사항으로 제3자 제공 동의를 받고 있으나, 제3자 제공에 동의하지 않으면 회원가입 절차가 더 이상 진행되지 않도록 되어 있는 경우
- 제공받는 자의 이용 목적과 관련 없이 지나치게 많은 개인정보를 제공하는 경우

3.3.2 개인정보 처리 업무 위탁

[인증 기준] 개인정보 처리 업무를 제3자에게 위탁하는 경우 위탁하는 업무의 내용과 수탁자 등 관련 사항을 공개하여야 한다. 또한 재화 또는 서비스를 홍보하거나 판매를 권유하는 업무를 위탁하는 경우 위탁하는 업무의 내용과 수탁자를 정보 주체에게 알려야 한다.

[결함사례]

- 홈페이지 개인정보 처리 방침에 개인정보 처리 업무 위탁 사항을 공개하고 있으나, 일부 수탁자와 위탁하는 업무의 내용이 누락된 경우
- 재화 또는 서비스를 홍보하거나 판매를 권유하는 업무를 위탁하면서, 위탁하는 업무의 내용과 수탁자를 서면 등의 방법으로 정보 주체에게 알리지 않고 개인정보 처리 방침에 공개하는 것으로 갈음한 경우
- 기존 개인정보 처리 업무 수탁자와의 계약 해지에 따라 개인정보 처리 업무 수탁자가 변경되었으나, 이에 대하여 개인정보 처리 방침에 지체 없이 반영하지 않은 경우
- 개인정보 처리 업무를 위탁받은 자가 해당 업무를 제3자에게 재위탁을 하고 있지만, 재위탁에 관한 사항을 인터넷 홈페이지 등에 공개하고 있지 않은 경우

3.3.3 영업의 양도 등에 따른 개인정보 이전

[인증 기준] 영업의 양도·합병 등으로 개인정보를 이전하거나 이전받는 경우 정보 주체 통지 등 적절한 보호조치를 수립·이행하여야 한다.

[결함사례]

- 개인정보 처리자가 영업 양수를 통하여 개인정보를 이전받으면서 양도자가 개인정보 이전 사실을 알리지 않았음에도 개인정보 이전 사실을 정보 주체에게 알리지 않은 경우
- 영업 양수도 등에 의하여 개인정보를 이전받으면서 정보 주체가 이전을 원하지 않은 경우 조치할 수 있는 방법과 절차를 마련하지 않거나, 이를 정보 주체에게 알리지 않은 경우

3.3.4 개인정보 국외 이전

[인증 기준] 개인정보를 국외로 이전하는 경우 국외 이전에 대한 동의, 관련 사항에 대한 공개 등 적절한 보호조치를 수립·이행하여야 한다.

[결함사례]

- 개인정보를 처리하는 과정에서 국외 사업자에게 개인정보 제3자 제공이 발생하였으나, 인증, 대상국 인정 등 동의 예외 요건에 해당되지 않음에도 불구하고 개인정보 국외 이전에 대한 별도 동의를 받지 않은 경우
- 국외 클라우드 서비스(국외 이전)를 이용하여 개인정보 처리위탁 및 보관을 하면서 이전되는 국가, 이전 방법 등 관련 사항을 개인정보 처리 방침에 공개하거나 정보 주체에게 알리지 않은 경우
- 개인정보 국외 이전에 대한 동의를 받으면서 이전받는 자의 명칭(업체명)만 고지하고 이전되는 국가 등에 대하여 알리지 않은 경우

분야	3.4 개인정보 파기 시 보호조치

3.4.1 개인정보 파기

[인증 기준] 개인정보의 보유기간 및 파기 관련 내부 정책을 수립하고 개인정보의 보유기간 경과, 처리 목적 달성 등 파기 시점이 도달한 때에는 파기의 안전성 및 완전성이 보장될 수 있는 방법으로 지체 없이 파기하여야 한다.

[결함사례]

- 회원 탈퇴 등 목적이 달성되거나 보유기간이 경과된 경우 회원 데이터베이스에서는 해당 개인정보를 파기하였으나, CRM·DW 등 연계된 개인정보 처리시스템에 복제되어 저장되어 있는 개인정보를 파기하지 않은 경우
- 특정 기간 동안 이벤트를 하면서 수집된 개인정보에 대하여 이벤트가 종료된 이후에도 파기 기준이 수립되어 있지 않거나 파기가 이루어지고 있지 않은 경우
- 콜센터에서 수집되는 민원 처리 관련 개인정보(상담 이력, 녹취 등)를 전자상거래법을 근거로 3년간 보존하고 있으나, 3년이 경과한 후에도 파기하지 않고 보관하고 있는 경우
- 블록체인 등 기술적 특성으로 인하여 목적이 달성된 개인정보의 완전 파기가 어려워 완전 파기 대신 익명 처리를 하였으나, 익명 처리가 적절하게 수행되지 않아 일부 개인정보의 재식별 등 복원이 가능한 경우

3.4.2 처리 목적 달성 후 보유 시 조치

[인증 기준] 개인정보의 보유기간 경과 또는 처리 목적 달성 후에도 관련 법령 등에 따라 파기하지 아니하고 보존하는 경우에는 해당 목적에 필요한 최소한의 항목으로 제한하고 다른 개인정보와 분리하여 저장·관리하여야 한다.

[결함사례]
- 탈퇴회원 정보를 파기하지 않고 전자상거래법에 따라 일정 기간 보관하면서 Flag 값만 변경하여 다른 회원 정보와 동일한 테이블에 보관하고 있는 경우
- 전자상거래법에 따른 소비자 불만 및 분쟁 처리에 관한 기록에 대해 관련 법적 요건을 잘못 적용하여 3년이 아닌 5년간 보존하도록 정하고 있는 경우
- 분리 데이터베이스를 구성하였으나 접근권한을 별도로 설정하지 않아 업무상 접근이 불필요한 인원도 분리 데이터베이스에 자유롭게 접근이 가능한 경우
- 탈퇴회원 정보를 파기하지 않고 전자상거래법에 따라 계약 또는 청약 철회, 대금결제 및 재화 공급에 관한 기록을 분리하여 보존하였으나, 전자상거래법에 따른 보존 의무가 없는 선택 정보까지 과도하게 보존한 경우

분야	3.5 정보 주체 권리보호

3.5.1 개인정보 처리 방침 공개

[인증 기준] 개인정보의 처리 목적 등 필요한 사항을 모두 포함하여 정보 주체가 알기 쉽도록 개인정보 처리 방침을 수립하고, 이를 정보 주체가 언제든지 쉽게 확인할 수 있도록 적절한 방법에 따라 공개하고 지속적으로 현행화하여야 한다.

[결함사례]
- 개인정보 처리 방침에 공개되어 있는 개인정보 수집, 제3자 제공 내역이 실제 수집 및 제공하는 내역과 다른 경우
- 개인정보 보호 책임자의 변경, 수탁자 변경 등 개인정보 처리 방침 공개 내용 중에 변경사항이 발생하였음에도 이를 반영하여 변경하지 않은 경우
- 개인정보 처리 방침이 공개는 되어 있으나, 명칭이 '개인정보 처리 방침'이 아니라 '개인정보 보호 정책'으로 되어 있고 글자 크기, 색상 등을 활용하여 정보 주체가 쉽게 찾을 수 있도록 되어 있지 않은 경우
- 개인정보 처리 방침이 몇 차례 개정되었으나, 예전에 작성된 개인정보 처리 방침의 내용을 확인할 수 있도록 공개되어 있지 않은 경우
- 전자상거래법, 상법 등 다른 법령에 따라 개인정보를 파기하지 아니하고 일정 기간 보관하고 있으나, 이에 따른 보존 근거와 보존하는 개인정보 항목을 개인정보 처리 방침에 공개하지 않은 경우

3.5.2 정보 주체 권리보장

[인증 기준] 정보 주체가 개인정보의 열람, 정정·삭제, 처리정지, 이의제기, 동의 철회 등 요구를 수집 방법·절차보다 쉽게 할 수 있도록 권리행사 방법 및 절차를 수립·이행하고, 정보 주체의 요구를 받은 경우 지체 없이 처리하고 관련 기록을 남겨야 한다. 또한 정보 주체의 사생활 침해, 명예훼손 등 타인의 권리를 침해하는 정보가 유통되지 않도록 삭제 요청, 임시 조치 등의 기준을 수립·이행하여야 한다.

[결함사례]
- 개인정보의 열람, 정정·삭제, 처리정지 요구 방법을 정보 주체가 알 수 있도록 공개하지 않은 경우
- 개인정보의 열람 요구에 대하여 정당한 사유의 통지 없이 열람 요구를 접수받은 날로부터 10일을 초과하여 회신하고 있는 경우
- 개인정보의 열람 민원에 대한 처리 내역 기록 및 보관이 이루어지지 않은 경우
- 정보 주체 당사자 또는 정당한 대리인이 맞는지에 대한 확인 절차 없이 열람 통지가 이루어지는 경우
- 개인정보의 정정·삭제 요구에 대하여 정정·삭제 요구를 접수받은 날로부터 10일을 초과하여 회신하는 경우
- 회원가입 시에는 온라인을 통하여 쉽게 회원가입이 가능하였으나, 회원 탈퇴 시에는 신분증 등 추가 서류를 제출하게 하거나 오프라인 방문을 통해서만 가능하도록 하는 경우

3.5.3 정보 주체에 대한 통지

[인증 기준] 개인정보의 이용·제공 내역 등 정보 주체에게 통지하여야 할 사항을 파악하여 그 내용을 주기적으로 통지하여야 한다.

[결함사례]
- 전년도 말 기준 직전 3개월간 일일 평균 저장·관리하고 있는 개인정보가 100만 명 이상으로서 개인정보 이용제공 내역 통지 의무 대상자에 해당됨에도 불구하고 금년도에 개인정보 이용·내역을 통지하지 않은 경우
- 개인정보 이용·제공 내역을 개별 정보 주체에게 직접적으로 통지하는 대신 홈페이지에서 단순 팝업창이나 별도 공지사항으로 안내만 한 경우

- 정보보호 관리체계 인증을 신청한 자가 다음에 해당하는 인증을 받거나 정보보호 조치를 취한 경우 인증심사의 일부를 생략할 수 있다(정보보호 및 개인정보보호 관리체계 인증 등에 관한 고시 제20조 제1항).
  - 국제인정협력기구에 가입된 인정기관이 인정한 인증기관으로부터 받은 ISO/IEC 27001 인증
  - 정보통신기반 보호법 제9조에 따른 주요 정보통신기반시설의 취약점 분석 · 평가
- 인증심사 일부 생략의 범위

2.1 정책, 조직, 자산 관리	2.1.1 정책의 유지관리
	2.1.2 조직의 유지관리
	2.1.3 정보자산 관리
2.2 인적 보안	2.2.1 주요 직무자 지정 및 관리
	2.2.2 직무 분리
	2.2.3 보안 서약
	2.2.4 인식 제고 및 교육훈련
	2.2.5 퇴직 및 직무 변경 관리
	2.2.6 보안 위반 시 조치
2.3 외부자 보안	2.3.1 외부자 현황관리
	2.3.2 외부자 계약 시 보안
	2.3.3 외부자 보안 이행 관리
	2.3.4 외부자 계약 변경 및 만료 시 보안
2.4 물리 보안	2.4.1 보호구역 지정
	2.4.2 출입 통제
	2.4.3 정보 시스템 보호
	2.4.4 보호 설비 운영
	2.4.5 보호구역 내 작업
	2.4.6 반출입 기기 통제
	2.4.5 업무환경 보안
2.12 재해 복구	2.12.1 재해 · 재난 대비 안전조치
	2.12.2 재해 복구 시험 및 개선

※ ISMS 단일 인증만 가능하며, ISMS-P 인증이나 혼합인증은 일부를 생략할 수 없다.

(5) ISMS-P 인증심사원

① 한국인터넷진흥원으로부터 ISMS-P 인증심사를 수행할 수 있는 자격을 부여받고 인증심사를 수행하는 심사원이다.

② 정보보호 및 개인정보 보호 관리체계 인증 등에 관한 고시 제13조 및 별표4에 의거 다음의 인증심사원 자격 신청 요건을 모두 충족하여야 한다.

㉠ 4년제 대학 졸업 이상 또는 이와 동등 학력을 취득한 자여야 한다.

㉡ 정보보호 및 개인정보 보호 경력을 각 1년 이상 필수로 보유해야 한다.

ⓒ 정보보호, 개인정보 보호 또는 정보기술 경력을 합하여 6년 이상을 보유해야 한다.

- 동등 학력 : 고등학교 졸업자는 4년 이상, 2년제 대학 졸업자는 2년 이상의 업무 경력
- 정보보호 경력 : 공공기관, 기업체, 교육 및 연구기관 등에서 정보통신 서비스, 정보통신기기, 소프트웨어 및 컴퓨터 관련 서비스 분야에서 계획 · 분석 · 설계 · 개발 · 운영 · 유지보수 · 컨설팅 · 감리 또는 연구개발 업무 등을 수행한 경력 또는 관련 법률 자문 경력
- 개인정보 보호 경력 : 공공기관, 기업체, 교육 및 연구기관 등에서 개인정보 보호 업무 수행, 개인정보 보호 컨설팅, 개인정보 보호 관련 법률 자문 등의 업무를 수행한 경력
- 정보기술 경력 : 공공기관, 기업체, 교육 및 연구기관 등에서 정보통신 서비스, 정보통신기기, 소프트웨어 및 컴퓨터 관련 서비스 분야에서 계획 · 분석 · 설계 · 개발 · 운영 · 유지보수 · 컨설팅 · 감리 또는 연구개발 업무 등을 수행한 경력 또는 관련 법률 자문 경력
- 변호사법에 따른 변호사의 경우에는 6년의 개인정보 보호 유관 경력을 보유한 것으로 본다.
- 동일 기간에 두 가지 이상 업무가 중복되는 경우 하나의 경력만 인정하며, 모든 해당 경력은 신청일 기준 최근 10년 이내의 경력에 한해 인정한다.

③ 다음의 학위 또는 자격을 취득한 경우 정보보호, 개인정보 보호, 정보기술 경력을 대체할 수 있다. 다만 중복으로 인정하지 않는다.

구분	경력 인정 요건	기간
정보보호 경력	정보보호 관련 박사학위 취득자	2년
	• 정보보호 관련 석사 학위 취득자 • 정보보안기사 • 정보 시스템 감사통제협회(ISACA)의 정보 시스템 감사사(CISA) • 국제정보 시스템 보안 자격협회(ISC²)의 정보 시스템 보호 전문가(CISSP)	1년
개인정보 보호 경력	개인정보 보호 관련 박사학위 취득자	2년
	• 개인정보 보호 관련 석사 학위 취득자 • 개인정보 영향평가에 관한 고시 제6조에 따른 개인정보 영향평가 전문인력 • 개인정보관리사(CPPG)	1년
정보기술 경력	• 정보기술 관련 박사학위 취득자 • 정보관리기술사, 컴퓨터 시스템 응용기술사 • 정보 시스템 감리사	2년
	• 정보기술 관련 석사 학위 취득자 • 정보 시스템 감리원 • 정보처리기사, 전자계산기조직응용기사	1년

④ 인증심사원 등급별 자격 기준

심사원보	인증심사원 자격 신청 요건을 만족하는 자로서, 인터넷진흥원이 수행하는 인증심사원 양성 과정을 통과하여 자격을 취득한 자
심사원	심사원보 자격 취득자로서 인증심사에 4회 이상 참여, 심사 일수의 합이 20일 이상인 자
선임심사원	심사원 자격 취득자로서 정보보호 및 개인정보 보호 관리체계 인증심사(ISMS-P)를 3회 이상 참여하고 심사 일수의 합이 15일 이상인 자
책임심사원	인터넷진흥원은 인증심사원의 인증심사 능력에 따라 매년 책임심사원을 지정할 수 있음

2 개인정보 영향평가(PIA : Privacy Impact Assessment)

(1) 개요

① 개인정보 파일을 운용하는 새로운 정보 시스템의 도입이나 기존에 운영 중인 개인정보 처리시스템의 중대한 변경 시, 시스템 구축·운영·변경 등이 개인정보에 미치는 영향(Impact)을 사전에 조사·예측·검토하여 개선 방안을 도출하고 이행 여부를 점검하는 절차이다.

② 개인정보 처리가 수반되는 사업 추진 시 해당 사업이 개인정보에 미치는 영향을 사전에 분석하고 이에 대한 개선 방안을 수립하여 개인정보 침해사고를 예방한다.

③ 개인정보 영향평가의 법적 근거

ⓐ 개인정보 보호법 제33조(영향평가)

ⓑ 개인정보 보호법 시행령 제35조(영향평가의 대상)

ⓒ 개인정보 보호법 시행령 제36조(영향평가 시 고려 사항)

ⓓ 개인정보 보호법 시행령 제37조(평가기관의 지정 및 지정취소)

ⓔ 개인정보 보호법 시행령 제38조(영향평가의 평가 기준 등)

ⓕ 개인정보 처리 방법에 관한 고시(개인정보 보호 위원회고시 제2020-7호) 제3조(개인정보 보호 업무 관련 장부 및 문서 서식)

ⓖ 개인정보 영향평가에 관한 고시(개인정보 보호 위원회고시 제2020-4호)

(2) 개인정보 영향평가 인증 대상

일정 규모 이상의 개인정보를 전자적으로 처리하는 개인정보 파일을 구축·운영 또는 변경하려는 공공기관은 개인정보 보호법 제33조 및 개인정보 보호법 시행령 제35조에 근거하여 영향평가를 수행한다.

구분		자격 기준
개인정보 파일 보유 건수	5만 명	5만 명 이상의 정보 주체의 민감정보 또는 고유 식별정보의 처리가 수반되는 개인정보 파일
	50만 명	해당 공공기관의 내부 또는 외부의 다른 개인정보 파일과 연계하려는 경우로서, 연계 결과 정보 주체의 수가 50만 명 이상인 개인정보 파일
	100만 명	100만 명 이상의 정보 주체 수를 포함하고 있는 개인정보 파일
개인정보 파일의 운영체계 변경		개인정보 보호법 시행령 제35조에 근거하여 영향평가를 실시한 기관이 개인정보 검색 체계 등 개인정보 파일의 운용체계를 변경하려는 경우, 변경된 부분에 대해서는 영향평가를 실시

※ 현시점 기준으로 개인정보 영향평가 대상은 아니나 가까운 시점(1년 이내)에 정보 주체의 수가 법령이 정한 기준 이상이 될 가능성이 있는 경우, 영향평가를 수행할 것을 권고

※ 법령상 규정된 대상시스템이 아니더라도 대량의 개인정보나 민감한 개인정보를 수집·이용하는 기관은 개인정보 유출 및 오·남용으로 인한 사회적 피해를 막기 위해 영향평가 수행 가능

개인정보 파일

- 개인정보를 쉽게 검색할 수 있도록 일정한 규칙에 따라 체계적으로 배열하거나 구성한 개인정보의 집합물(集合物)이다.
- 영향평가의 대상이 되는 개인정보 파일은 전자적으로 처리할 수 있는 것에 한정되어 있으므로 일반적으로 종이 등의 문서에 수기(手記)로 기록된 개인정보 문서는 대상에서 제외한다.
- 종이로 기록된 개인정보 문서가 PDF 등의 전자적인 매체로 변환될 경우 해당 PDF 파일 등은 평가 대상이 될 수 있다.

개인정보 처리시스템

- 데이터베이스 등 개인정보를 처리할 수 있도록 체계적으로 구성한 시스템이다.
- 일반적으로 데이터베이스(DB) 내의 데이터에 접근할 수 있도록 해주는 응용시스템을 의미하며 데이터베이스를 구축하거나 운영하는 데 필요한 시스템을 말한다.
- 개인정보 처리시스템은 개인정보 처리자의 개인정보 처리 방법, 시스템 구성 및 운영환경 등에 따라 달라질 수 있으며 작게는 한 대의 서버에서부터 크게는 수백 대의 서버 및 DBMS를 운영하는 것까지 다양한 규모를 가지고 있다.
- 영향평가에서는 개인정보 처리시스템 내의 개인정보 파일을 안전하게 보호하기 위하여 필요한 기술적·관리적·물리적 안전조치가 적절하게 적용되었는지를 비롯하여 개인정보의 수집, 저장, 이용, 제공, 파기 등 생명주기 상에 관련 법규를 준수하고 정보 주체의 권리를 제대로 보장하고 있는지를 확인하고 문제점이 있는 경우 개선 방안을 제시한다.

공공기관의 범위

- 국회, 법원, 헌법재판소, 중앙선거관리위원회의 행정사무를 처리하는 기관, 중앙행정기관(대통령 소속 기관과 국무총리 소속 기관을 포함한다) 및 그 소속 기관, 지방자치단체
- 그 밖의 국가기관 및 공공단체 중 대통령령으로 정하는 기관
  1. 국가인권위원회법 제3조에 따른 국가인권위원회
  2. 공공기관의 운영에 관한 법률 제4조에 따른 공공기관
  3. 지방공기업법에 따른 지방공사 및 지방공단
  4. 특별법에 의하여 설립된 특수법인
  5. 초·중등교육법, 고등교육법 및 그 밖의 다른 법률에 따라 설치된 각급 학교
- 단, 국회, 법원, 헌법재판소, 중앙선거관리위원회(그 소속 기관을 포함)의 영향평가에 관한 사항은 국회규칙, 대법원 규칙, 헌법재판소규칙 및 중앙선거관리위원회규칙으로 정하는 바에 따름(개인정보 보호법 제33조 제7항)

(3) 개인정보 영향평가 시기 및 수행 체계

① 개인정보 영향평가 시기

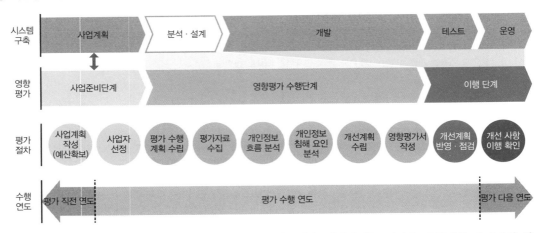

ⓐ 개인정보 처리시스템을 신규로 구축하거나 기존 시스템을 변경하려는 기관은 사업계획 단계에서 영향 의무 대상 여부를 파악하여 예산을 확보한 후 대상 시스템의 설계 완료 전에 영향평가를 수행해야 한다.

ⓑ 시스템 설계ㆍ개발 시 영향평가 결과를 반영해야 한다.

ⓒ 개인정보 처리시스템을 기 구축ㆍ운영 중이면 아래의 경우 영향평가 수행이 가능하다.

  • 수집ㆍ이용 및 관리상에 중대한 침해 위험 발생이 우려되는 경우
  • 전반적인 개인정보 보호 체계를 점검하여 개선하기 위한 경우

② 개인정보 영향평가 수행 체계

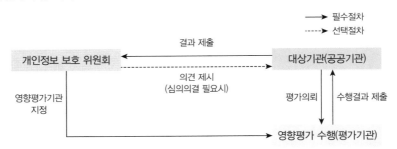

ⓐ 공공기관은 개인정보 보호 위원회가 지정한 영향평가기관에 개인정보 영향평가를 의뢰하여 수행해야 한다.

ⓑ 개인정보 영향평가 사업은 직전 연도에 예산을 확보하고, 당해 연도에 평가기관을 선정하여 대상 기관과 평가기관이 협업을 통해 영향평가서를 완성한다.

ⓒ 영향평가서는 최종 제출받은 날로부터 2개월 이내에 개인정보 보호 위원회에 제출한다.

ⓓ 영향평가서를 제출한 날로부터 1년 이내에 이행점검 확인서를 개인정보 보호 위원회에 제출한다(제출 방법 : 개인정보 보호 종합지원시스템(https://intra.privacy.go.kr)에 등록).

ⓔ 개인정보 보호 위원회는 심의ㆍ의결을 거쳐 해당 사업에 대한 의견을 제시할 수 있다.

(4) 개인정보 영향평가 절차

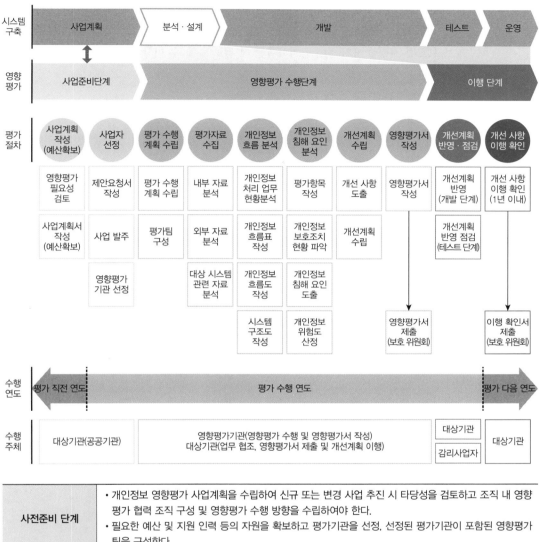

사전준비 단계	• 개인정보 영향평가 사업계획을 수립하여 신규 또는 변경 사업 추진 시 타당성을 검토하고 조직 내 영향평가 협력 조직 구성 및 영향평가 수행 방향을 수립하여야 한다. • 필요한 예산 및 지원 인력 등의 자원을 확보하고 평가기관을 선정, 선정된 평가기관이 포함된 영향평가 팀을 구성한다.
수행 단계	선정된 평가기관이 개인정보 침해 요인을 분석하고 개선계획을 수립하여 영향평가서를 작성한다.
이행 단계	영향평가의 침해 요인에 대한 개선계획을 반영하고 이를 점검한다.

(5) 개인정보 영향평가 사전 준비 단계 세부 활동

① 사업계획의 작성

    ㉠ 구축 또는 변경하고자 하는 정보화 사업(정보 시스템)에 대해 영향평가 필요성 여부를 판단한다.

    ㉡ 개인정보 보호법 시행령 제35조에 근거하여 특정 정보 주체 수 이상의 개인정보를 전자적으로 처리하는 공공기관은 영향평가를 의무적으로 수행한다.

    ㉢ 영향평가를 실시하는 3가지 유형

- 개인정보 파일을 신규 구축 · 운용하려는 경우
- 기 운용 중인 개인정보 파일의 수집, 보유, 이용 · 제공, 파기 등 처리 절차를 변경하거나 개인정보 검색 체계 등 개인정보 파일 운용체계를 변경하려는 경우
- 개인정보 파일을 타 시스템과 연계 · 제공하려는 경우

    ※ 공공기관 외의 개인정보 처리자는 개인정보 파일 운용으로 인하여 정보 주체의 개인정보 침해가 우려되는 경우에는 자율적으로 판단하여 영향평가를 하기 위하여 적극 노력한다(개인정보 보호법 제33조 제8항).

    ㉣ 대상 기관은 영향평가기관을 통해 영향평가를 수행하기 전에 영향평가 자율 수행 프로그램을 통해 맛보기 기능을 활용할 수 있다(선택사항).

    ㉤ 영향평가 사업계획서를 작성하고, 영향평가 예산 확보를 위해 사업계획에 포함한다.

② 개인정보 영향평가 기관 선정

    ㉠ 개인정보 보호 위원회가 지정한 영향평가기관을 대상으로 기관의 영향평가를 수행할 평가기관을 선정한다.

    ㉡ 사업계획서에 기반하여 영향평가 사업발주를 위한 제안요청서를 작성한다.

    ㉢ 영향평가기관 중 제안요청 사항을 충족할 수 있는 적정 기관을 선정한다.

    ㉣ 개인정보 보호법 시행령 제37조(평가기관의 지정 및 지정취소) 제5항 및 개인정보 영향평가에 관한 고시 제8조(사후관리)에 따라 보호 위원회로부터 개선 권고, 경고, 지정취소 등을 받은 경우는 평가 수행 업체로 부적절하므로 선정 시 유의한다.

(6) 개인정보 영향평가 수행 단계 세부 활동

① 영향평가 수행계획 수립

    ㉠ 효율적인 평가 수행을 위하여 사전 계획을 수립한다.

    ㉡ 영향평가팀은 평가 과정에 필요한 사항들을 정리하고 영향평가팀 내에서 공유할 수 있는 세부적인 영향평가 수행계획을 수립하여 '영향평가 수행계획서'를 작성한다.

    ㉢ 영향평가 수행계획서에는 평가목적, 평가대상 및 범위, 평가주체(영향평가팀), 평가기간, 평가절차(방법), 주요 평가사항, 평가기준 및 항목, 자료수집 및 분석계획 등을 반영한다.

    ㉣ 개인정보 보호 책임자 등에 영향평가 수행계획서를 보고하고, 영향평가 대상 사업 최종 책임자의 영향평가 수행 지시 후 평가를 실시한다.

    ㉤ 평가기관의 PM(Project Manager : 프로젝트 책임자)은 대상 기관 사업관리 담당자의 협조하에 개인정보 보호 담당자, 유관부서 담당자, 외부 전문가 등의 참여를 요청한다.

- 위탁 개발·관리되고 있는 정보 시스템의 경우에는 실제 업무 담당자와 사업담당자가 다르므로 현업 업무 담당자는 반드시 참여한다.
- 공공기관이 사업을 추진하나 실제 정보화 사업 운영·관리를 산하기관 등 외부 기관이 주관한다면 해당 산하기관 담당자가 참여한다.
- 외부 정보 시스템 구축업체에 용역을 의뢰하여 구축 사업 추진 시, 프로젝트 관리자(PM) 또는 파트 리더(PL) 등이 참여한다.

ⓑ 영향평가팀의 평가기관 PM은 각 구성원의 역할 및 책임 사항을 배분한다.

ⓢ 영향평가기관의 평가수행 인력은 반드시 상주해야 하고, 품질관리 담당자는 비상주가 가능하다.

ⓞ 영향평가팀 구성과 각 구성원의 역할 및 책임 사항의 정의가 완료되면 이를 문서화하여 '영향평가팀 구성·운영계획서'를 작성한다.

> **더 알아보기** **영향평가팀 역할 구분**

개인정보 보호 책임자	영향평가 총괄
대상기관 사업주관부서	• 영향평가 사업관리 • 영향평가 사업 진행 단계별 산출물 등에 대한 품질관리·검토 • 기관 내 업무 유관부서 협력요청 • 영향평가팀 착수회의, 중간보고 및 종료회의 등 공식 회의 주관 • 개선계획 이행 관리 및 확인
영향평가기관	• 평가계획 수립 • 영향평가팀 구성 • 영향평가 사업 수행 • 평가업무 간 수집된 자료와 산출물에 대한 보안관리, 품질관리 • 평가를 위한 중간 산출물 및 영향평가서 작성 • 영향평가 이행점검(발주기관 요청 시)
유관부서, 외부기관	• 당해 사업 관련 자료 및 영향평가팀이 요청하는 자료의 제공 • 영향평가팀 요청에 의한 인터뷰 참여 • 개인정보 흐름분석 결과 검토 및 의견제시 • 영향평가서의 검토 및 의견 제공
시스템 개발부서	• 당해 사업 관련 자료 및 영향평가팀이 요청하는 자료 제공 • 영향평가팀 요청에 의한 인터뷰 참여 • 개인정보 흐름분석 결과 검토 및 의견제시 • 영향평가서의 검토 및 의견 제공 등 • 평가결과에 대한 개선 수행 ※ 시스템개발을 직접 수행하지 않는 경우, 외부 개발업체 담당

② 평가자료 수집

ⓐ 대상 사업 및 개인정보 보호 관련 기관 내·외부 정책환경 분석을 위하여 자료를 수집한다.

ⓑ 내부 정책자료는 개인정보 보호 관리체계 분석을 위한 개인정보 처리 방침, 개인정보 보호 정책 관련 자료, 정보보안환경 분석을 위한 시스템 구조도 등이 해당된다.

ⓒ 외부 정책자료는 공통적으로 해당되는 일반 정책자료와 대상 사업에 제한적으로 적용되는 특수 정책 자료가 있으며 유형은 법령, 지침, 가이드라인, 훈령 등으로 다양하다.

② 기본적인 개인정보 보호 규정 외에 특정 분야에만 적용되는 규정 검토가 필요하며 각 기관의 해당 업무에 관한 개인정보 보호지침, 가이드라인 등도 검토해야 한다.

⑩ 대상 사업의 추진 배경, 목표, 사업개요 및 사업에 영향을 미치는 제반 사항에 대한 검토·분석을 실시하고 사업 내용을 이해할 수 있도록 '사업개요서'를 작성한다.

⑪ 수집 대상 자료

항목	수집 목적	수집 대상 자료
내부 정책 자료	기관 내부의 개인정보 보호 체계, 규정, 조직 현황 등 분석	• 기관 내 개인정보 보호 규정 • 기관 내 정보보안 관련 규정 • 기관 내 직제표
	개인정보 취급자(정보 시스템 관리자, 접근자 등), 위탁업체 등에 대한 내부규정 및 관리·교육 체계 확인	• 개인정보 관련 조직 내 업무 분장표 및 직급별 권한 • 정보 시스템의 접근권한에 대한 내부규정 • 위탁업체 관리 규정 • 시스템 관리자 및 정보 취급자에 대한 교육계획
외부 정책 자료	개인정보 보호 정책환경 분석	• 개인정보 보호법, 관련 지침 등 • 개인정보 보호 기본계획 등
	영향평가 대상 사업의 특수성을 반영한 정책환경 분석	• 평가 대상 사업 추진 근거 법률 및 개인정보 보호 관련 법령
대상 시스템 관련 자료	정보 시스템을 통해 수집되는 개인정보의 양과 범위가 해당 사업 수행을 위해 적절한지 파악	• 사업 수행 계획서, 요건 정의서 • 제안서, 업무 기능 분해도 • 업무흐름도, 화면설계서
	정보 시스템의 외부 연계 여부 검토	• 위탁 계획서, 연계 계획서 • 인터페이스 정의서 • 메뉴 구조도
	정보 시스템의 구조와 연계된 개인정보 보호 기술 현황 파악	• 침입차단 시스템 등 보안 시스템 구조도 • 인터페이스 정의서

③ 개인정보 흐름 분석

㉠ 대상 사업에서 처리되는 개인정보 흐름에 대한 파악을 위하여 정보 시스템 내 개인정보 흐름을 분석한다.

㉡ 개인정보 흐름 분석 4단계

1. 개인정보 처리 업무 분석	• 영향평가 대상 업무 중에서 개인정보 처리 업무를 도출하여 평가범위를 선정 • 개인정보를 처리(수집, 생성, 연계, 연동, 기록, 저장, 보유, 가공, 편집, 검색, 출력, 정정, 복구, 이용, 제공, 공개, 파기 등)하는 모든 업무를 파악
2. 개인정보 흐름표 작성	개인정보의 수집, 보유, 이용·제공, 파기에 이르는 개인정보 생명 주기별 현황을 식별하여 개인정보 처리 현황을 명확히 알 수 있도록 흐름표 작성
3. 개인정보 흐름도 작성	개인정보 흐름표를 바탕으로 개인정보의 수집, 보유, 이용·제공, 파기에 이르는 개인정보 생명 주기별 현황을 식별하여 개인정보 처리현황을 명확히 알 수 있도록 흐름도 작성
4. 정보 시스템 구조도 작성	• 개인정보 처리시스템, 개인정보 내·외부 연계시스템 및 관련 인프라의 구성 파악 • 다른 단계와 병렬 진행이 가능하며, 분석 초기에 작성하여 타 단계 진행 시 참고 가능

④ 개인정보 침해 요인 분석

　　㉠ 개인정보의 흐름에 따른 개인정보 조치 사항 및 계획 등을 파악하고 개인정보 침해 위험성을 도출한다.

　　㉡ 개인정보 침해 요인 분석을 위한 평가 항목은 5개 평가 영역 25개 평가 분야에 대하여 총 85개의 지표로 구성된다.

　　㉢ '1. 대상 기관 개인정보 보호 관리체계' 평가 영역은 1년 이내에 수행된 이전 영향평가를 통해 이미 평가를 수행한 경우 대상 기관과의 협의를 거쳐 제외할 수 있다.

　　㉣ 평가 항목은 침해사고 사례, 법 제도의 변화, 대상 기관 및 대상 사업의 특성 등에 따라 추가 · 삭제 · 변경 등 탄력적으로 구성하여 사용한다.

　　㉤ 개인정보 보호 관련 법령 · 고시가 개정된 경우 해당 사항에 대해서는 반드시 평가 항목에 반영하여 점검하여야 한다.

　　㉥ 개인정보의 안전성 확보 조치 기준과 관련된 평가 항목은 대상 기관의 유형에 따라 필수 · 선택 여부가 결정되므로, 대상 기관이 어떤 유형에 속하는지 분석이 필요하다.

　　㉦ 대상 사업의 특성에 맞게 작성된 평가 항목을 바탕으로 자료검토, 시스템 점검, 현장실사, 인터뷰 등을 통해 개인정보 보호조치 사항을 파악하여 분석한다.

　　㉧ 고유 식별정보(주민등록번호 제외)가 내부망에 저장될 때에는 영향평가 또는 위험도 분석 결과에 따라 암호화 여부의 결정이 가능하다.

　　　• 고유 식별정보 암호화 적용 계획이 있거나 적용되었다면 위험도 분석 불필요

　　　• 주민등록번호는 개인정보 보호법 제24조의2 제2항에 따라 위험도 분석 결과에 상관없이 저장 시 암호화 필요

　　㉨ 개인정보 취급 업무 및 개인정보 흐름이 다수 존재하는 경우에는 각 흐름별로 관련된 평가 항목에 대하여 각각 평가를 수행한다.

　　㉩ 평가 항목별 평가 결과는 상세한 근거와 함께 정리하여 기재한다.

　　㉪ 개인정보 흐름 분석 및 개인정보 보호조치 현황에 대한 평가 결과를 기반으로 개인정보 침해 요인을 분석한다.

　　　• 침해 요인은 유사 침해사고 사례, 대상시스템 및 업무 특성 등을 반영하여 작성하고, 법률 위반 사항에 대해서는 별도로 표기가 필요하다.

　　　• 도출된 침해 요인은 모두 개선하는 것이 원칙이나, 기관 내 예산이 부족한 경우 등 불가피한 사유가 있는 경우에는 위험분석 결과에 따라 개선 사항의 우선순위를 정하여 선택적으로 조치할 수 있다.

　　㉫ 위험에 대한 관점에 따라 다양하므로, 평가기관의 자체 위험분석 방법론을 활용하여 위험도를 산정한다.

　　　• 위험도 산정 과정 및 결과는 합리적이고 납득 가능한 수준이어야 한다.

　　　• 위험도 산정값은 실질적인 위험의 크기를 대변할 수 있어야 한다.

　　　• 법적 준거성 등 개인정보 보호 영역의 특성이 반영되어야 한다.

더 알아보기　개인정보 침해 위험 위험도 산정 예시

위험도 = 개인정보 영향도 + (침해 요인 발생 가능성 × 법적 준거성) × 2

ㅍ 개인정보 영향평가 항목

영역	분야	평가 항목
1. 대상 기관 개인정보 보호 관리체계	1.1 개인정보 보호조직	1.1.1 개인정보 보호 책임자의 지정 개인정보 보호 책임자를 법령 기준에 따라 지정하고 있습니까?
		1.1.2 개인정보 보호 책임자 역할수행 개인정보 보호 책임자에게 법령 등이 정하는 책임 및 역할이 부여되어 있으며, 관련 업무를 수행하고 있습니까?
	1.2 개인정보 보호 계획	1.2.1 내부 관리계획 수립 개인정보의 안정한 처리를 위한 내부 관리계획을 수립 · 시행하고 있습니까?
		1.2.2 내부 관리계획 수립 개인정보 보호 책임자는 연 1회 이상으로 내부 관리계획의 이행 실태를 점검 · 관리하고 있습니까?
		1.2.3 개인정보 보호 연간 계획 수립 개인정보 보호 교육, 실태점검 등 개인정보 보호 활동에 대한 연간 수립계획을 수립 · 시행하고 있습니까?
	1.3 개인정보 침해 대응	1.3.1 침해사고 신고 방법 안내 개인정보 침해 사실을 신고할 수 있는 방법을 정보 주체에게 안내하고 있습니까?
		1.3.2 유출 사고 대응 개인정보 유출 신고 · 통지 절차, 긴급 연락 체계, 사고 대응 조직 구성 등을 포함한 개인정보 침해사고 대응 절차를 수립하여 실시하고 있습니까?
	1.4 정보 주체 권리보장	1.4.1 정보 주체 권리보장 절차 수립 개인정보 열람, 정정 · 삭제, 처리정지, 수집 출처 고지 등 정보 주체의 요구에 대한 처리 절차를 수립하여 실시하고 있습니까?
		1.4.2 정보 주체 권리보장 방법 안내 정보주체의 요구에 대한 조치에 불복이 있는 경우 이의를 제기할 수 있도록 필요한 절차를 마련하고 안내하고 있습니까?
2. 대상시스템의 개인정보 보호 관리체계	2.1 개인정보 취급자 관리	2.1.1 개인정보 취급자 지정 업무상 필요한 최소한의 범위로 최소한의 인원이 개인정보를 처리하도록 개인정보 취급자를 지정하도록 계획하고 있습니까?
		2.1.2 개인정보 취급자 관리 · 감독 개인정보 취급자를 대상으로 역할 및 책임 부여, 개인정보 보호 교육, 개인정보 보호 서약서 작성 등 관리 · 감독을 계획하고 있습니까?
	2.2 개인정보 파일 관리	2.2.1 개인정보 파일 대장 관리 대상시스템에서 개인정보 파일을 신규로 보유하거나 변경하는 경우, 개인정보 파일대장을 작성하거나 변경하도록 계획하고 있습니까?
		2.2.2 개인정보 파일 등록 대상시스템에서 개인정보 파일을 신규로 보유하거나 기존 파일을 변경하는 경우, 개인정보 보호 위원회에 등록하도록 계획하고 있습니까?
	2.3 개인정보 처리 방침	2.3.1 개인정보 처리 방침의 공개 개인정보 처리 방침을 수립하고 인터넷 홈페이지 · 관보 등에 안내하도록 계획하고 있습니까?
		2.3.2 개인정보 처리 방침의 작성 개인정보 처리 방침은 법률 등에서 규정된 내용을 모두 반영하도록 계획하고 있습니까?

3. 개인정보 처리 단계별 보호조치	3.1 수집	3.1.1 개인정보 수집의 적합성 개인정보를 수집하는 경우 법령에 근거하거나 정보 주체의 동의를 받도록 계획하고 있습니까?
		3.1.2 개인정보 수집의 적합성 개인정보를 수집하는 경우 목적에 필요한 최소한의 범위에서만 수집하도록 계획하고 있습니까?
		3.1.3 개인정보 수집의 적합성 주민등록번호는 법적 근거가 있는 경우에 한하여 수집하고 있으며, 인터넷 홈페이지에 대해서는 주민등록번호를 사용하지 아니하고도 회원으로 가입할 수 있도록 계획하고 있습니까?
		3.1.4 동의받는 방법의 적절성 개인정보를 수집하는 경우 필수항목과 선택항목을 분리하고 선택적으로 동의할 수 있는 사항에 동의하지 아니하여도 서비스 이용이 가능하도록 계획하고 있습니까?
		3.1.5 동의받는 방법의 적절성 만 14세 미만 아동의 개인정보를 수집하는 경우 법정 대리인의 동의를 받도록 계획하고 있습니까?
		3.1.6 동의받는 방법의 적절성 개인정보 관련 동의를 서면으로 받을 때에는 중요한 내용을 명확히 표시하여 알아보기 쉽게 하고, 개인정보 수집·이용, 제3자 제공, 목적 외 이용 등에 대해 각각 구분하여 동의를 받도록 계획하고 있습니까?
		3.1.7 동의받는 방법의 적절성 민감정보, 고유 식별정보를 처리하는 경우 다른 개인정보의 처리에 대한 동의와 별도로 구분하여 동의를 받도록 계획하고 있습니까?
	3.2 보유	3.2.1 보유기간 산정 개인정보의 보유기간을 법령 기준 및 보유 목적에 부합된 최소한의 기간으로 산정하도록 계획하고 있습니까?
	3.3 이용·제공	3.3.1 개인정보 제공의 적합성 개인정보를 제3자에게 제공하는 경우 법률에 근거하거나 정보 주체의 동의를 받도록 계획하고 있습니까?
		3.3.2 개인정보 제공의 적합성 개인정보를 제3자에게 제공하는 경우 제공 목적에 맞는 최소한의 항목으로 제한하도록 계획하고 있습니까?
		3.3.3 목적 외 이용·제공 제한 개인정보를 목적 외의 용도로 이용하거나 이를 제3자에게 제공하는 경우 별도의 동의를 받거나 관련 법률에 근거하도록 계획하고 있습니까?
		3.3.4 목적 외 이용·제공 제한 개인정보를 목적 외의 용도로 이용하거나 이를 제3자에게 제공하는 경우 이용 목적에 맞는 최소한의 항목으로 제한하도록 계획하고 있습니까?
		3.3.5 목적 외 이용·제공 제한 개인정보를 목적 외의 용도로 이용하거나 이를 제3자에게 제공하는 경우 '개인정보 목적 외 이용 및 제3자 제공 대장'에 기록·관리하도록 계획하고 있습니까?
		3.3.6 목적 외 이용·제공 제한 개인정보를 목적 외의 용도로 이용하거나 이를 제3자에게 제공하는 경우 관련 내용을 관보 또는 인터넷 홈페이지 등을 통해 공개하도록 계획하고 있습니까?

		3.3.7 제공 시 안정성 확보 개인정보를 제3자에게 제공하거나 연계하는 경우 암호화 조치, 보유기간 지정 등 안전성 확보를 위해 필요한 조치를 적용하도록 계획하고 있습니까?
	3.4 위탁	**3.4.1 위탁 사실 공개** 개인정보 처리에 관한 업무 위탁 시 위탁하는 업무의 내용, 수탁자 등의 사항을 정보 주체에게 공개 또는 통지하도록 계획하고 있습니까?
		3.4.2 위탁 계약 개인정보 처리에 관한 업무 위탁 시 개인정보 관리에 관한 책임 사항 등이 포함된 문서를 작성하도록 계획하고 있습니까?
		3.4.3 수탁사 관리 · 감독 개인정보 처리에 관한 업무를 위탁받아 처리하는 자(수탁자)를 대상으로 개인정보 보호 교육, 처리 현황 점검 등 관리 · 감독 활동을 계획하고 있습니까?
	3.5 파기	**3.5.1 파기 계획 수립** 개인정보의 보유 목적이 달성되었거나 보유기간이 경과되었을 때 지체 없이 파기되도록 계획하고 있습니까?
		3.5.2 분리보관 계획 수립 다른 법령 등에 따라 개인정보를 보존할 경우 해당 개인정보 또는 개인정보 파일을 다른 개인정보와 분리하여 저장 · 관리하도록 계획하고 있습니까?
		3.5.3 파기대장 작성 개인정보 파일을 파기하는 경우 파기 결과 등을 '개인정보 파일 파기 관리대장'에 기록 · 관리하도록 계획하고 있습니까?
4. 대상시스템의 기술적 보호조치	**4.1 접근권한 관리**	**4.1.1 계정관리** 개인정보 취급자별로 책임 추적성이 확보될 수 있도록 개별 계정을 부여하도록 계획하고 있습니까?
		4.1.2 인증관리 개인정보 취급자 및 정보 주체가 안전한 비밀번호를 설정하여 사용할 수 있도록 비밀번호 작성 규칙을 적용하도록 계획하고 있습니까?
		4.1.3 인증관리 정보 주체가 비밀번호 변경 등 중요 정보 접근 시 비밀번호 재확인 등 추가적인 인증이 적용되도록 계획하고 있습니까?
		4.1.4 인증관리 대량의 개인정보 또는 중요한 개인정보를 처리하는 개인정보 취급자 및 관리자는 강화된 인증 방식이 적용되도록 계획하고 있습니까?
		4.1.5 인증관리 개인정보 처리시스템에 대한 비정상적인 접근을 방지하기 위하여 계정정보 또는 비밀번호를 일정 횟수 이상 잘못 입력한 경우 개인정보 처리시스템에 대한 접근을 제한하는 등 필요한 기술적 조치를 취하고 있습니까?
		4.1.6 인증관리 개인정보 처리시스템에 대한 불법적인 접근 및 침해사고 방지를 위하여 개인정보 취급자가 일정 시간 이상 업무처리를 하지 않는 경우에는 자동으로 시스템 접속이 차단되도록 계획하고 있습니까?
		4.1.7 인증관리 개인정보 처리시스템에 대한 비정상적인 접근을 방지하기 위하여 장기 미접속 시 계정 잠금, 동시 접속 제한, 관리자 로그인 알림 등 보호 대책이 적용되도록 계획하고 있습니까?

		4.1.8 권한관리 개인정보 취급자가 변경될 경우 지체 없이 개인정보 처리 시스템의 접근권한을 변경 또는 말소하도록 계획하고 있습니까?
		4.1.9 권한관리 개인정보 처리시스템의 접근권한을 부여, 변경 또는 말소한 내역을 기록하도록 계획하고 있습니까?
		4.1.10 권한관리 개인정보 처리시스템에 대한 개인정보 취급자의 권한을 조회, 입력, 변경, 삭제, 출력, 다운로드 등 그 역할에 따라 최소한으로 부여할 수 있도록 계획하고 있습니까?
	4.2 접근통제	4.2.1 접근통제 조치 개인정보 처리시스템에 대한 불법적인 접근 및 침해사고를 방지할 수 있도록 접근통제시스템을 설치 · 운영하도록 계획하고 있습니까?
		4.2.2 접근통제 조치 개인정보 취급자가 정보통신망을 통해 외부에서 개인정보 처리시스템에 접속하려는 경우에는 가상사설망(VPN) 또는 전용선 등 안전한 접속 수단을 적용하거나 안전한 인증수단을 적용하도록 계획하고 있습니까?
		4.2.3 접근통제 조치 인터넷 홈페이지, P2P, 공유설정, 공개된 무선망 등을 통해 개인정보가 노출되거나 유출되지 않도록 개인정보 처리시스템, 개인정보 취급자 PC, 모바일기기 등에 보호조치를 계획하고 있습니까?
		4.2.4 접근통제 조치 개인정보 처리자는 개인정보 유출 등 개인정보 침해사고 방지를 위하여 관리용 단말기에 대한 안전조치를 적용하도록 계획하고 있습니까?
		4.2.5 인터넷 홈페이지 보호조치 인터넷 홈페이지 취약점으로 인한 개인정보의 유출, 변조, 훼손 등을 방지하기 위하여 웹서버 및 응용 프로그램에 대한 취약점 점검 및 대응조치를 수행하도록 계획하고 있습니까?
		4.2.6 업무용 모바일기기 보호조치 개인정보를 처리하는 업무용 모바일기기의 분실 · 도난 등으로 개인정보가 유출되지 않도록 해당 모바일기기에 비밀번호 설정 등의 보호조치를 계획하고 있습니까?
	4.3 개인정보의 암호화	4.3.1 저장 시 암호화 고유 식별정보, 바이오 정보, 비밀번호 등 중요 개인정보를 저장하는 경우, 안전한 방식으로 암호화 저장하도록 계획하고 있습니까?
		4.3.2 저장 시 암호화 암호화된 개인정보를 안전하게 보관하기 위하여 안전한 암호키 생성, 이용, 보관, 배포 및 파기 등에 관한 절차를 수립 · 시행하도록 계획하고 있습니까?
		4.3.3 전송 시 암호화 고유 식별정보, 바이오 정보, 비밀번호 등 중요 개인정보를 정보통신망을 통해 송 · 수신하거나 보조 저장매체 등을 통해 전달하는 경우 암호화하도록 계획하고 있습니까?

PART 5

4.4 접속기록의 보관 및 점검	**4.4.1 접속기록 보관** 개인정보 처리시스템의 접속기록을 식별자, 접속 일시, 접속자를 알 수 있는 정보, 수행업무 등 필요한 사항이 모두 기록되도록 계획하고 있습니까?
	4.4.2 접속기록 점검 개인정보의 유출 · 변조 · 훼손 등에 대응하기 위하여 개인정보 처리시스템의 접속기록을 정기적으로 점검하도록 계획하고 있습니까?
	4.4.3 접속기록 보관 및 백업 개인정보 처리시스템의 접속기록을 최소 2년 이상 보관하고 위 · 변조 및 도난, 분실되지 않도록 별도 저장장치 등에 백업 보관하도록 계획하고 있습니까?
4.5 악성프로그램 등 방지	**4.5.1 백신 설치 및 운영** 개인정보 처리 단말기에 악성프로그램을 점검, 치료할 수 있는 백신 프로그램을 설치하고 최신업데이트 및 악성프로그램의 주기적 점검 등 대응조치를 실시하도록 계획하고 있습니까?
	4.5.2 보안업데이트 적용 악성프로그램 관련 경보가 발령된 경우 또는 사용 중인 응용 프로그램, 운영체제 소프트웨어 제작업체에서 보안 업데이트 공지가 있는 경우, 이에 따른 업데이트가 지체 없이 실시되도록 계획하고 있습니까?
4.6 물리적 접근 방지	**4.6.1 출입 통제 절차 수립** 전산실, 자료 보관실 등 개인정보를 보관하는 물리적 장소에 대한 출입 통제 절차를 수립 · 운영하도록 계획하고 있습니까?
	4.6.2 반출 · 입 통제 절차 수립 개인정보가 포함된 서류, 보조 저장매체 등을 잠금장치가 있는 안전한 장소에 보관하고, 개인정보가 포함된 보조 저장매체의 반출 · 입 통제를 위한 보안대책을 마련하도록 계획하고 있습니까?
4.7 개인정보의 파기	**4.7.1 안전한 파기** 개인정보를 파기할 경우 복구 또는 재생되지 않는 방법으로 파기하도록 계획하고 있습니까?
4.8 기타 기술적 보호조치	**4.8.1 개발 환경 통제** 개발 환경을 통한 개인정보의 유출을 방지하기 위하여 테스트 데이터 생성, 이용, 파기 및 기술적 보호조치 등에 관한 대책을 적용하도록 계획하고 있습니까?
	4.8.2 개인정보 처리 화면 보안 개인정보 취급자 및 정보 주체의 개인정보 처리 화면을 통한 개인정보 유 · 노출 등을 방지하기 위하여 개인정보 마스킹, 웹브라우저 우측 마우스 버튼 제한, 임시 파일 및 캐시 통제, 카드번호 등 중요 정보에 대한 복사 · 화면캡처 방지 및 키보드해킹 방지 등 보호 대책을 적용하도록 계획하고 있습니까?
	4.8.3 출력 시 보호조치 개인정보 취급자가 개인정보를 종이로 출력할 경우 출력 · 복사물에 대하여 출력자 · 출력일시 표시 등의 보호 대책을 적용하도록 계획하고 있습니까?
4.9 개인정보 처리 구역 보호조치	**4.9.1 보호구역 지정** 개인정보 처리시스템 및 개인정보를 보관하고 있는 물리적 장소를 보호구역으로 지정하고 물리 · 환경적인 위협에 대응할 수 있도록 CCTV, 출입 통제 장치, 화재경보기 등 보호설비를 설치 · 운영하도록 계획하고 있습니까?

		4.9.2 보호구역 지정 개인정보 처리자는 화재, 홍수, 단전 등의 재해·재난 발생 시 개인정보 처리시스템 보호를 위한 위기 대응 매뉴얼 등 대응 절차를 마련하고 정기적으로 점검하도록 계획하고 있습니까?
		4.9.3 보호구역 지정 개인정보 처리자는 재해·재난 발생 시 개인정보 처리 시스템 백업 및 복구를 위한 계획을 마련하도록 계획하고 있습니까?
5. 특정 IT기술 활용 시 개인정보 보호	5.1 CCTV	**5.1.1 CCTV 설치 시 의견수렴** CCTV 설치 시 관계 전문가 및 이해관계인의 의견을 수렴하도록 계획하고 있습니까?
		5.1.2 CCTV 설치 안내 CCTV 설치 후 정보 주체가 이를 쉽게 인식할 수 있도록 안내판을 설치하거나 홈페이지, 이메일 등을 통해 안내하도록 계획하고 있습니까?
		5.1.3 CCTV 사용제한 CCTV 사용 시 임의조작 및 음성녹음을 사용할 수 없도록 계획하고 있습니까?
		5.1.4 CCTV 사용제한 CCTV 운영 시 CCTV에 대한 운영·관리방침을 수립하도록 계획하고 있습니까?
		5.1.5 CCTV 설치 및 관리에 대한 위탁 CCTV 관리 위탁 시 개인정보 보호에 필요한 전문장비 및 기술을 갖춘 기관을 선정하도록 계획하고 있습니까?
	5.2 RFID	**5.2.1 RFID 이용자 안내** RFID 태그에 기록된 개인정보를 수집하는 경우 이용자에게 통지하거나 알아보기 쉽게 표시하도록 계획하고 있습니까?
		5.2.2 RFID 이용자 안내 RFID 태그의 물품정보 등과 개인정보를 연계하는 경우 그 사실을 이용자에게 통지하거나 알기 쉽게 표기하도록 계획하고 있습니까?
		5.2.3 RFID 이용자 안내 RFID 태그의 물품정보 등과 개인정보를 연계하여 생성된 정보를 수집 목적 외로 이용하거나 제3자에게 제공할 경우 이용자의 동의를 얻도록 계획하고 있습니까?
		5.2.4 RFID 이용자 안내 RFID 태그에 기록된 개인정보를 판독할 수 있는 리더기를 설치한 경우 설치 사실을 이용자가 인식하기 쉽게 표기하도록 계획하고 있습니까?
		5.2.5 RFID 태그 부착 및 제거 구입 및 제공받은 물품에 RFID 태그가 내장 및 부착되어 있을 경우 부착 위치, 기록정보 및 기능에 대해 표시하도록 계획하고 있습니까?
		5.2.6 RFID 태그 부착 및 제거 RFID 태그가 내장 및 부착되어 있는 경우 판매 혹은 제공하는 자로부터 태그 기능을 제거할 수 있는 방법 또는 수단을 제공하도록 계획하고 있습니까?
		5.2.7 RFID 태그 부착 및 제거 이용자의 신체에 RFID를 지속적으로 착용하지 않도록 계획하고 있습니까?

	5.3.1 원본정보 보관 시 보호조치 수집된 바이오 원본정보와 제공자를 알 수 있는 신상정보(성명, 연락처 등)를 별도로 분리하도록 계획하고 있습니까?
5.3 바이오정보	5.3.2 원본정보 보관 시 보호조치 원본정보의 경우 특징정보 생성 후 지체 없이 파기하여 복원할 수 없도록 계획하고 있습니까?
	5.4.1 개인위치정보 수집 동의 개인위치정보 수집 시 정보 주체 또는 위치정보 수집장치 소유자에 대해 사전고지와 명시적 동의를 거치도록 계획하고 있습니까?
5.4 위치정보	5.4.2 개인위치정보 제공 시 안내 사항 개인위치정보를 정보 주체가 지정하는 제3자에게 제공하는 경우에는 개인위치정보 주체에게 제공받는 자, 제공일시 및 제공 목적을 통보하도록 계획하고 있습니까?

⑤ 개선계획 수립

㉠ 개인정보 침해 요인별 위험도 분석에 기반하여 위험 요소를 제거하거나 최소화하기 위한 개선 방안 및 개선계획을 수립한다.

㉡ 식별된 침해 요인별 위험도를 측정하고 검토한 후, 위험 요소를 제거하거나 최소화하기 위한 개선 방안을 도출한다.

㉢ 도출된 개선 방안을 기반으로 대상 기관 내 보안 조치 현황, 예산 인력, 사업 일정 등을 고려하여 개선 계획을 수립한다.

㉣ 도출된 개선 계획은 위험평가 결과를 참고하여 위험도가 높은 순서의 개선 방안을 먼저 실행하도록 개선 계획표를 작성한다.

㉤ 개선계획 수립 시 고려 사항

• 담당자가 취약 사항을 시정하기 위해 취해야 할 조치 사항과 책임 사항을 제시한다.

• 위험도(시급성), 개선 용이성, 예산, 인력 등을 고려하여 현실적인 일정 수립하되, 법적 의무 사항은 빠른 시일 내에 모두 개선될 수 있도록 계획을 수립한다.

• 예산 확보 등 특별한 사유가 없는 한 개선계획은 시스템 설계 · 개발 시 반영하여 해당 정보화 사업 기간 내에 조치될 수 있도록 계획을 수립한다(개인정보 영향평가에 관한 고시 제9조의2 및 제9조의3).

• 대상 기관에서 개선계획 이행 시 즉시 활용할 수 있도록 구체적이고 효과적인 방안을 제시한다.

• 침해 요인별 유사 항목은 취합하여 한 개의 개선 과제로 제시할 수 있다.

• 침해 요인 도출 단계와의 연계성 및 추적성을 확보할 수 있도록 개선 과제와 관련된 평가 항목 번호(질의문 코드)를 표기한다.

㉥ 도출된 개선 과제에 대하여 실질적인 개선이 가능하도록 상세 개선 방안을 제시한다.

⑥ 영향평가서 작성

㉠ 영향평가서는 사전 준비 단계에서부터 위험관리 단계까지 모든 절차, 내용, 결과 등을 취합 · 정리한 문서이다.

㉡ 영향평가의 모든 과정 및 산출물을 정리하여 영향평가서를 작성한다.

ⓒ 잔존 위험이나 이해관계자 간의 의견충돌이 있는 경우에는 의사결정권자(CEO, CPO 등)를 토론에 참여시켜 개인정보 보호 목표 수준에 대한 합의를 도출한다.

ⓔ 영향평가팀은 영향평가서를 최종적으로 검토 또는 승인할 수 있는 조직 내 최고 의사결정권자(기관장)에게 보고한다.

ⓜ 대상 기관 내 다수의 개인정보 처리시스템에 대하여 동시에 영향평가를 수행한 경우에는 개인정보 처리시스템 단위로 영향평가서를 분리하여 작성한다(단, '대상 기관 개인정보 보호 관리체계' 평가 영역은 한 번만 작성 가능).

ⓗ 개인정보 영향평가에 관한 고시 별지 제12호 서식에 따라 '개인정보 영향평가서 개요'를 작성하여 영향평가서에 포함한다.

ⓢ 대상 기관은 영향평가가 충실히 수행되었는지 여부에 대해 품질평가 체크리스트를 바탕으로 점검 후 미흡한 사항이 있는 경우 보완을 요청한다.

ⓞ 영향평가 결과에 따른 개선 사항이 사업 추진 과정에서 계획대로 반영되어 개선되는지 이행점검을 통해 지속적으로 관리해야 한다.

ⓩ 완료된 영향평가서는 해당 개인정보 파일을 구축·운용하기 전에 개인정보 보호 위원회로 제출한다(개인정보 보호법 시행령 제38조 제2항).

ⓩ 기존에 운용 중이던 개인정보 파일인 경우 영향평가 사업 완료 후 2개월 이내에 개인정보 보호 위원회에 제출한다(개인정보 영향평가에 관한 고시 제12조).

(7) 개인정보 영향평가 이행 단계 세부 활동

① 개선 사항 반영 여부 점검

ⓐ 분석·설계 단계에서 수행한 영향평가 개선계획의 반영 여부를 개인정보 파일 및 개인정보 처리시스템 구축·운영 전에 확인한다.

ⓑ 대상 기관은 정보 시스템 분석·설계 단계에서 수행한 영향평가 결과 및 개선계획에 따라 필요한 사항을 반영한다.

ⓒ 감리 대상 정보화 사업의 경우에는 영향평가 개선계획의 반영 여부를 정보 시스템 감리 시 확인한다.

ⓔ 감리를 수행하지 않는 경우에는 정보 시스템 테스트 단계에서 자체적으로 영향평가 개선계획의 반영 여부를 확인한다.

② 개선 사항 이행 확인

ⓐ 영향평가서를 제출받은 공공기관의 장은 개선 사항으로 지적된 부분에 대한 이행 현황을 영향평가서를 제출받은 날로부터 1년 이내에 보호 위원회에 제출한다(개인정보 영향평가에 관한 고시 제14조).

ⓑ 영향평가 시 도출된 개선계획이 예정대로 수행이 되고 있는지를 점검 후 '개인정보 영향평가 개선 사항 이행확인서'를 작성하여 개인정보 보호 위원회에 제출한다(개인정보 보호 종합지원시스템(https://intra.privacy.go.kr)의 해당 영향평가 보고서 내 첨부).

ⓒ 개선계획 이행점검 결과는 내부 보고 절차를 거쳐 개인정보 보호 위원회에 제출하도록 하며, 이행점검 결과 미흡한 부분은 원인 등을 분석하여 계획대로 이행될 수 있도록 조치 방안을 마련한다.

② 기존 영향평가 수행 기간 내에 모든 개선 사항이 조치 완료되어 개인정보 보호 위원회에 제출한 영향평가서에 개선 과제가 없는 경우에는 '개인정보 영향평가 개선 사항 이행확인서'를 제출할 필요가 없다.

(8) 개인정보 영향평가 수행 인력

① 개인정보 영향평가는 영향평가 전문인력 인증서를 교부받은 자만 수행할 수 있다.

② 수행 인력 인증서 교부 절차 : 영향평가 전문교육(38시간) 이수 → 영향평가 전문인력 인증시험(4과목) 합격 → 전문인력 인증서 교부

③ 인증시험 응시 조건

일반수행인력	• 개인정보 영향평가에 관한 고시 별표1에 따른 전문인력 자격을 갖춘 사람 – 국가기술자격법에 따른 정보통신 직무 분야의 국가기술자격 중 정보관리기술사, 컴퓨터시스템응용기술사, 정보통신기술사, 전자계산기조직응용기사, 정보처리기사, 정보보안기사 또는 정보통신기사 자격을 취득한 후 1년 이상 개인정보 영향평가 관련 분야에서 업무를 수행한 경력이 있는 사람 – 전자정부법 제60조에 따른 감리원(ISA) 자격을 취득한 후 1년 이상 개인정보 영향평가 관련 분야에서 업무를 수행한 경력이 있는 사람 – 국제정보 시스템감사통제협회(Information Systems Audit and Control Association)의 공인정보 시스템감사사(CISA) 자격을 취득한 후 1년 이상 개인정보 영향평가 관련 분야에서 업무를 수행한 경력이 있는 사람 – 국제정보 시스템보안자격협회(International Information System Security Certification Consortium)의 공인정보 시스템보호전문가(CISSP) 자격을 취득한 후 1년 이상 개인정보 영향평가 관련 분야에서 업무를 수행한 경력이 있는 사람 – 개인정보 보호법 제32조의2 제7항에 따른 심사원 자격을 취득한 사람 • 한국CPO포럼이 시행하는 개인정보관리사 자격을 취득한 후 1년 이상 개인정보 영향평가 관련 분야 수행실적이 있는 사람
고급수행인력	• 일반수행인력의 자격을 갖춘 후 5년 이상의 영향평가 관련 분야 수행실적이 있는 사람 • 관련 분야 박사학위를 취득한 후 3년 이상의 영향평가 관련 분야 수행실적이 있는 사람 • 국가기술자격법 시행규칙 제3조에 따른 정보관리기술사, 컴퓨터시스템응용기술사, 정보통신기술사 자격을 취득한 후 3년 이상의 영향평가 관련 분야 수행실적이 있는 사람

※ '개인정보 영향평가 관련 분야에서 업무를 수행한 경력이 있는 사람'이란 공공기관, 법인 및 단체 등의 임직원으로 개인정보 보호를 위한 공통 기반 기술(암호 기술, 인증 기술 등을 말한다), 시스템 · 네트워크 보호(시스템 보호, 해킹 · 바이러스 대응, 네트워크 보호 등을 말한다) 또는 응용서비스 보호(전자거래 보호, 응용서비스 보호, 정보보호 표준화 등을 말한다)에 해당하는 분야에서 계획, 분석, 설계, 개발, 운영, 유지 · 보수, 감리, 컨설팅 또는 연구 · 개발 업무 등을 수행한 경력이 있는 사람을 말한다.

더 알아보기　　영향평가 전문교육의 운영 및 실시(개인정보영향평가에 관한 고시 제6조)

① 보호 위원회는 영향평가 전문인력 양성을 위한 세부 교육계획 수립 및 교육 운영 등의 업무를 효율적으로 추진하기 위하여 한국인터넷진흥원을 전문 교육기관으로 지정한다.

② 전문교육기관의 장은 영향평가 전문인력 양성을 위한 세부 교육계획을 수립하여 전문교육 등을 실시하여야 한다.

③ 전문교육기관의 장은 전문교육 이수자에 대한 평가를 실시하고 그 결과에 따라 개인정보 영향평가 전문인력 인증서를 교부한다. 이 경우 인증서의 유효기간은 인증서를 교부받은 날로부터 3년으로 한다.

④ 전문교육기관의 장은 제3항에 따른 전문인력 인증서를 교부받은 날로부터 매 2년이 경과한 자에 대해 계속교육을 실시하여야 하며, 인증서를 교부받은 자는 자격 유지를 위해 인증서 유효기간 만료 전까지 계속교육을 이수하여야 한다.

⑤ 전문교육기관의 장은 제4항의 요건을 충족한 자에 한하여 제3항의 개인정보 영향평가 전문인력 인증서를 갱신하여 교부하고, 인증서의 유효기간을 인증서를 교부받은 날로부터 3년간 연장한다.

적중예상문제

01 정보보호의 정의에 관한 설명으로 옳지 않은 것은?

① 정보보호란 정보의 주체가 의도하지 않은 정보의 유출, 변경, 파괴를 방지하는 것을 말한다.

② 정보보호의 특징 중 기밀성(Confidentiality)은 인가된 사용자가 정보나 서비스를 요구할 때 언제든지 즉시 사용 가능하도록 제공하는 것이다.

③ 정보보호 관리는 자산을 외부로부터 유·노출이나 오용, 데이터 유실 등으로부터 방어하고 정보나 정보 시설을 방어하는 데 관련된 모든 일련의 활동을 말한다.

④ 정보보호 관리 이행을 위한 활동에는 정보보호 정책 및 조직 수립, 정보보호 범위 설정, 정보자산의 식별, 위험관리, 구현, 사후관리 활동 등이 있다.

⑤ 정보보호는 정보의 생성, 처리, 저장, 전송, 출력 등 정보 순환의 모든 과정에서 정보의 기밀성, 무결성, 가용성, 인증, 부인방지 등을 하기 위한 제반 수단과 활동이다.

해설 **정보보호의 특징**

기밀성 (Confidentiality)	비인가된 개인, 단체, 프로세스 등으로부터 중요한 정보를 보호하는 것으로, 정당한 사용자에게만 접근을 허용함으로써 정보의 안전을 보장하는 것
무결성 (Integrity)	정보의 저장과 전달 시에 비인가된 방식으로 정보와 소프트웨어가 변경되지 않도록 정확성과 안정성을 확보하는 것. 즉, 정보의 내용이 변경되거나 파괴되지 않음을 보장함
가용성 (Availability)	인가된 사용자가 정보나 서비스를 요구할 때 언제든지 즉시 사용 가능하도록 제공하는 것
인증 (Authentication)	정보 주체가 본인이 맞는지를 인정하기 위해 사용하는 방법
부인방지 (Non Repudiation)	메시지의 송수신이나 교환 후에 그 사실을 증명함으로써 사실 부인을 방지하는 기술

02 다음 중 APEC CBPR에 관한 설명으로 옳지 않은 것은?

① APEC 회원국 간 자유롭고 안전한 개인정보 이전을 지원하기 위하여 APEC 회원국이 개인정보 보호 원칙을 기반으로 개발한 기업의 개인정보 보호 체계 인증제도이다.

② CBPR 인증을 이행할 수 있는 법 제도적 환경을 갖춘 국가에서만 인증기관 운영을 허용하여 인증에 대한 신뢰도를 제고한다.

③ 국내뿐 아니라 APEC 회원 국가 및 기업에서 운영·적용되는 인증제도로 국제적으로 통용된다.

④ 인증 기준에는 개인정보 관리체계 수립, 개인정보 수집, 개인정보 이용·위탁·제공, 정보 주체 권리, 무결성, 보호 대책이 있다.

⑤ 국제표준화기구 및 국제 전기기술 위원회에서 제정한 정보보호 관리체계에 대한 국제 인증 표준이다.

> **해설** ⑤ ISO/IEC 27001(정보보안 경영시스템 인증)에 관한 설명이다. ISO/IEC 27001(정보보안 경영시스템 인증)은 국제표준화기구(ISO; International Organization for Standardization) 및 국제전기기술위원회(IEC; International Electrotechnical Commission)에서 제정한 정보보호 관리체계에 대한 국제 인증 표준이다. 국가별 인정기관 및 인증기관을 지정하여 운영하고 있으며, 인증기관 내 인증위원회에서 인증 결과를 심의·의결한다.

03 다음 중 개인정보 영향평가에 대한 설명으로 옳지 않은 것은?

① 개인정보 영향평가는 개인정보 파일의 운용으로 인하여 정보 주체의 개인정보 침해가 우려되는 경우에 그 위험 요인의 분석과 개선 사항 도출을 위한 평가이다.

② 개인정보 영향평가의 대상 기관은 개인정보 보호법 시행령 제35조에 해당하는 개인정보 파일을 구축·운용, 변경 또는 연계하려는 공공기관이다.

③ 개인정보 영향평가기관은 개인정보 보호법 시행령 제37조 1항의 요건을 모두 갖춘 법인으로서 공공기관의 영향평가를 수행하기 위하여 한국인터넷진흥원이 지정한 기관이다.

④ 개인정보 영향평가의 대상시스템은 개인정보 보호법 시행령 제35조에 해당하는 개인정보 파일을 구축·운용, 변경 또는 연계하려는 정보 시스템이다.

⑤ 개인정보 영향평가는 사전 준비, 영향평가 수행, 이행 단계로 이루어진다.

> **해설** 개인정보 영향평가기관이란 개인정보 보호법 시행령 제37조 제1항의 요건을 모두 갖춘 법인으로서 공공기관의 영향평가를 수행하기 위하여 개인정보 보호 위원회가 지정한 기관을 말한다(개인정보 영향평가에 관한 고시 제2조 제3호).

04 개인정보 영향평가 시 고려 사항에 해당하지 않는 것은?

① 처리하는 개인정보의 수
② 영향평가 수행 인력의 자격
③ 개인정보의 제3자 제공 여부
④ 정보 주체의 권리를 해할 가능성 및 그 위험 정도
⑤ 개인정보 보유기간

> **해설** **개인정보 보호법 제33조(개인정보 영향평가) 제3항**
> 영향평가를 하는 경우에는 다음 각 호의 사항을 고려하여야 한다.
> 1. 처리하는 개인정보의 수
> 2. 개인정보의 제3자 제공 여부
> 3. 정보 주체의 권리를 해할 가능성 및 그 위험 정도
> 4. 그 밖에 대통령령으로 정한 사항
>
> **개인정보 보호법 시행령 제37조(영향평가 시 고려 사항)**
> 법 제33조 제3항 제4호에서 "대통령령으로 정한 사항"이란 다음 각 호의 사항을 말한다.
> 1. 민감정보 또는 고유 식별정보의 처리 여부
> 2. 개인정보 보유기간

PART 5

05 개인정보 영향평가 수행에 대한 설명으로 옳지 않은 것은?

① 개인정보 파일을 구축·운용 또는 변경하고자 하는 공공기관의 장은 설계 완료 전에 영향평가를 수행하여야 한다.
② 공공기관의 장이 개인정보 파일을 구축·운용 또는 변경하고자 할 때에는 영향평가 결과를 반영한 조치를 이행하고 그 결과를 개인정보 보호 위원회에 제출하여야 한다.
③ 공공기관의 장은 개인정보 영향평가 수행 후 영향평가 개선계획 반영 여부를 정보 시스템 감리 시 확인하여야 한다.
④ 대상 기관이 1년 이내에 다른 정보 시스템의 영향평가를 받은 경우에는 대상 기관의 개인정보 보호 관리체계에 대한 평가를 생략할 수 있다.
⑤ 개인정보 영향평가의 평가 항목에 명시되지 않은 특화된 IT기술을 적용하는 경우에는 영향평가 시 해당 기술에 대한 항목을 반영하지 아니하여도 된다.

> **해설** 개인정보 영향평가의 평가 항목에 명시되지 않은 특화된 IT기술을 적용하는 경우에는 해당 기술이 개인정보 보호에 미치는 영향에 대한 평가 항목을 개발하여 영향평가 시 반영하여야 한다(개인정보 영향평가에 관한 고시 제11조 제2항).

06 다음 중 개인정보 영향평가를 의무적으로 수행해야 하는 대상을 모두 고른 것은?

> ㄱ. 정보 시스템을 신규로 구축하는 경우로서 주민등록번호 7만 개의 처리가 수반되는 개인정보 파일
> ㄴ. A 시스템의 개인정보 파일과 B 시스템의 개인정보 파일을 연계한 결과 정보 주체의 수가 총 10만 명인 개인정보 파일
> ㄷ. 공공기관 홈페이지에서 운영하는 시스템 개인정보 파일이 150만 명의 정보 주체 수를 포함하고 있는 경우
> ㄹ. 정보 시스템상에 민감정보가 수반되는 개인정보 파일이 3만 건이 있고, 수기(手記)로 적힌 종이 문서로 50만 건의 개인정보 파일이 있는 경우

① ㄱ, ㄴ
② ㄱ, ㄷ
③ ㄴ, ㄹ
④ ㄱ, ㄴ, ㄹ
⑤ ㄱ, ㄴ, ㄷ, ㄹ

해설 개인정보 영향평가 인증 대상

일정 규모 이상의 개인정보를 전자적으로 처리하는 개인정보 파일을 구축·운영 또는 변경하려는 공공기관은 개인정보 보호법 제33조 및 개인정보 보호법 시행령 제35조에 근거하여 영향평가를 수행한다.

구분		자격 기준
개인정보 파일 보유 건수	5만 명	5만 명 이상의 정보 주체의 민감정보 또는 고유 식별정보의 처리가 수반되는 개인정보 파일
	50만 명	해당 공공기관의 내부 또는 외부의 다른 개인정보 파일과 연계하려는 경우로서, 연계 결과 정보 주체의 수가 50만 명 이상인 개인정보 파일
	100만 명	100만 명 이상의 정보 주체 수를 포함하고 있는 개인정보 파일
개인정보 파일의 운영체계 변경		개인정보 보호법 시행령 제35조에 근거하여 영향평가를 실시한 기관이 개인정보 검색 체계 등 개인정보 파일의 운용체계를 변경하려는 경우, 변경된 부분에 대해서는 영향평가를 실시

ㄴ. 공공기관의 내부 또는 외부의 다른 개인정보 파일과 연계하려는 경우, 연계 결과 정보 주체의 수가 50만 명 이상일 때 개인정보 영향평가의 대상이 된다.

ㄹ. 개인정보 영향평가의 대상이 되는 개인정보 파일은 전자적으로 처리할 수 있는 것에 한정되어 있다. 종이 등의 문서에 수기(手記)로 기록된 개인정보 문서는 대상에서 제외한다.

07 다음 중 개인정보 영향평가의 고급수행인력 자격에 대한 설명으로 알맞은 것은?

① 감리원(ISA) 자격을 취득한 후 1년 이상 개인정보 영향평가 관련 분야에서 업무를 수행한 경력이 있으면 자격을 갖추었다고 볼 수 있다.

② 영향평가 일반수행인력의 자격을 갖춘 후 3년 이상의 영향평가 관련 분야 수행 실적이 있으면 자격을 갖추었다고 볼 수 있다.

③ 관련 분야 박사학위를 취득하고 1년 이상의 영향평가 관련 분야 수행 실적이 있으면 자격을 갖추었다고 볼 수 있다.

④ 정보관리기술사, 컴퓨터시스템응용기술사, 정보통신기술사 자격을 취득한 후 3년 이상의 영향평가 관련 분야 수행실적이 있으면 자격을 갖추었다고 볼 수 있다.

⑤ 개인정보관리사 자격을 취득한 후 1년 이상 개인정보 영향평가 관련 분야 수행 실적이 있으면 자격을 갖추었다고 볼 수 있다.

> 해설 ① · ⑤ 일반수행인력 자격에 해당한다.
> ② 일반수행인력의 자격을 갖춘 후 5년 이상의 영향평가 관련 분야 수행 실적이 있으면 자격을 갖추었다고 볼 수 있다.
> ③ 관련 분야 박사학위를 취득한 후 3년 이상의 영향평가 관련 분야 수행 실적이 있으면 자격을 갖추었다고 볼 수 있다.

08 다음 중 개인정보 영향평가의 영향평가서에 포함되어야 할 항목을 모두 고른 것은?

ㄱ. 영향평가의 대상 및 범위
ㄴ. 평가 분야 및 항목
ㄷ. 영향평가의 결과
ㄹ. 평가기준에 따른 개인정보 침해의 위험요인에 대한 분석 및 평가
ㅁ. 분석 및 평가 결과에 따라 조치한 내용 및 개선계획

① ㄱ, ㄴ, ㄹ
② ㄱ, ㄷ, ㅁ
③ ㄱ, ㄷ, ㄹ, ㅁ
④ ㄱ, ㄴ, ㄷ, ㄹ
⑤ ㄱ, ㄴ, ㄷ, ㄹ, ㅁ

> 해설 **개인정보 보호법 시행령 제38조 제2항**
> 법 제33조 제2항에 따라 영향평가를 의뢰받은 평가기관은 평가 기준에 따라 개인정보 파일의 운용으로 인한 개인정보 침해의 위험 요인을 분석 · 평가한 후 다음 각 호의 사항이 포함된 평가 결과를 영향평가서로 작성하여 해당 공공기관의 장에게 보내야 하며, 공공기관의 장은 제35조 각 호에 해당하는 개인정보 파일을 운용 또는 변경하기 전에 그 영향평가서를 보호 위원회에 제출해야 한다.
> 1. 영향평가의 대상 및 범위
> 2. 평가 분야 및 항목
> 3. 평가 기준에 따른 개인정보 침해의 위험 요인에 대한 분석 · 평가
> 4. 제3호의 분석 · 평가 결과에 따라 조치한 내용 및 개선계획
> 5. 영향평가의 결과
> 6. 제1호부터 제5호까지의 사항에 대하여 요약한 내용

09 개인정보 영향평가를 수행하는 영향평가팀의 구성 방안에 대한 설명으로 알맞은 것은?

① 위탁 개발 · 관리되고 있는 정보 시스템의 경우에는 사업담당자가 참여한다.

② 공공기관이 사업을 추진하나 실제 정보화 사업 운영 · 관리를 산하기관 등 외부 기관이 주관한다면 사업을 추진하는 공공기관 담당자가 참여한다.

③ 영향평가팀의 평가기관 PM은 명확한 평가를 위하여 담당자의 업무를 중복 배분한다.

④ 영향평가기관의 평가 수행 인력뿐 아니라 품질관리 담당자 역시 반드시 상주한다.

⑤ 개인정보 보호를 위한 법률해석의 자문이 필요하거나 전문가의 조언이 필요한 경우 외부 자문위원이 포함될 수 있다.

> **해설** ① 위탁 개발 · 관리되고 있는 정보 시스템은 실제 업무 당당자와 사업담당자가 다르므로 현업 업무 담당자가 참여한다.
> ② 사업을 추진하는 공공기관 담당자가 아닌 운영 · 관리를 주관하는 해당 산하기관 담당자가 참여한다.
> ③ 영향평가팀의 평가기관 PM은 각 구성원의 역할 및 책임 사항을 배분하고 사업 관련 자료를 명확히 하여 업무의 중복을 지양한다.
> ④ 영향평가기관의 평가 수행 인력은 반드시 상주하여야 하나 품질관리 담당자는 비상주가 가능하다.

10 다음 중 개인정보 영향평가 수행 단계에서 진행하는 세부 활동으로 옳지 않은 것은?

① 도출된 개선 방안을 기반으로 대상 기관 내 보안 조치 현황, 예산, 인력, 사업 일정 등을 고려하여 개선계획을 수립한다.

② 대상 사업 및 개인정보 보호 관련 기관 내 · 외부 정책환경 분석을 위하여 자료를 수집한다.

③ 구축 또는 변경하고자 하는 정보화 사업에 대해 개인정보 영향평가의 필요성을 검토한다.

④ 개인정보 생명 주기별 현황을 식별하여 개인정보 처리 현황을 명확히 알 수 있도록 개인정보 흐름도를 작성한다.

⑤ 개인정보 흐름 분석 및 개인정보 보호조치 현황에 대한 평가 결과를 기반으로 개인정보 침해 요인을 분석한다.

> **해설** 개인정보 보호법 시행령에 근거하여 대상 사업에 대하여 개인정보 영향평가의 필요성을 검토하는 활동은 개인정보 영향평가의 사전 준비 단계에서 진행하는 세부 활동이다.

11 ISMS-P 인증 제도에 관한 설명으로 옳지 않은 것은?

① 정보보호 및 개인정보 보호를 위한 일련의 조치와 활동이 인증 기준에 적합함을 인터넷진흥원 또는 인증기관이 증명하는 제도이다.

② 정보보호 및 개인정보 보호 관리체계 인증 기준은 크게 관리체계 수립 및 운영, 보호 대책 요구사항, 개인정보 처리 단계별 요구사항 3개 영역에서 총 101개의 인증 기준으로 구성되어 있다.

③ ISMS-P 인증의 인증 번호는 유일성, 간결성, 관리의 용이성 등을 고려하여 최초 심사, 갱신심사의 구분 없이 최초 발급 순서별로 부여한다.

④ 정보보호 및 개인정보 보호 관리체계 인증 기준 중 개인정보 처리 단계별 요구사항 영역은 12개 분야 64개 인증 기준으로 구성되어 있다.

⑤ 정보보호 및 개인정보 보호 관리체계 인증 기준 중 '관리체계 수립 및 운영' 영역은 관리체계 기반 마련, 위험관리, 관리체계 운영, 관리체계 점검 및 개선의 4개 분야 16개 인증 기준으로 구성되어 있다.

> 해설 12개 분야 64개 인증 기준으로 구성된 것은 보호 대책 요구사항이다. 개인정보 처리 단계별 요구사항 영역은 개인정보 생명주기에 따른 개인정보 수집 시 보호조치, 개인정보 보유 및 이용 시 보호조치, 개인정보 제공 시 보호조치, 개인정보 파기 시 보호조치와 정보 주체 권리보호를 포함하여 5개 분야 21개의 인증 기준으로 구성되어 있다.

12 ISMS-P 인증의 기대효과로 옳지 않은 것은?

① 일회성 정보보호 대책에서 벗어나 체계적, 종합적인 정보보호 관리체계를 구현함으로써 기업의 정보 보호 및 개인정보 보호 관리 수준을 향상시킬 수 있다.

② ISMS-P 인증을 받은 기업(조직)은 정보보안 침해사고로부터 100% 안전하며 공공부문 사업 입찰 시 우선적으로 입찰할 수 있는 우선 입찰권을 얻을 수 있는 기회가 주어진다.

③ 기업 경영진이 직접 정보보호 의사결정에 참여함으로써 정보보호 및 개인정보 보호 업무에 대한 책임성과 신뢰성을 향상시킬 수 있다.

④ ISMS-P 인증을 취득한 기관은 정보보호 및 개인정보 보호에 대한 신뢰성을 높여 대외 이미지를 제고할 수 있다.

⑤ 기업은 지속적이고 체계적인 ISMS-P 구축을 통해 해킹, DDoS 등의 침해사고 및 개인정보 유출 사고 발생 시 신속하게 대응할 수 있으며, 피해 및 손실을 최소화할 수 있다.

> 해설 ② ISMS-P 인증을 받은 기업(조직)이 정보보안 침해사고로부터 100% 안전하다는 것을 보장하지는 못한다. 그러나 ISMS-P 인증을 취득한 기관은 공공부문 사업 입찰 시 가산점 부여 등의 인센티브를 얻을 수 있다.

13 ISMS-P 인증심사에 관한 설명으로 옳은 것은?

① 최초 심사는 ISMS-P 인증을 처음으로 취득하고자 할 때 수행하는 심사이며, 인증 범위에 중요한 변경이 있어 다시 인증을 신청할 경우에도 같은 심사를 받아야 한다.

② 인증심사는 신청인이 방문하여 서면 심사와 현장 심사를 병행하여 실시할 수 없다.

③ 갱신검사는 유효기간 만료 1개월 전에 신청하여야 하며, 인증의 갱신을 신청하지 않고 인증의 유효기간이 경과한 때에는 인증의 효력은 상실된다.

④ 사후 심사는 인증취득기관이 수립하여 운영 중인 정보보호 및 개인정보 보호 관리체계가 인증 기준에 적합한 수준으로 유지되는지 확인하기 위해 인증 유효기간 중 매년 2회 이상 시행하는 인증심사를 말한다.

⑤ 서면 심사는 현장 심사의 결과와 기술적 · 물리적 보호 대책 이행 여부를 확인하기 위하여 담당자 면담, 관련 시스템 확인 및 취약점 점검 등의 방법으로 기술적 요소를 심사한다.

해설 ② 인증심사는 서면 심사와 현장 심사를 병행하여 실시하며, 현장 심사의 경우 서면 심사 진행 현황에 맞춰 일정을 조율하여 진행한다.

③ 갱신검사는 유효기간 만료 3개월 전에 신청하여야 하며, 인증의 갱신을 신청하지 않고 인증의 유효기간이 경과한 때에는 인증의 효력은 상실된다.

④ 사후 심사는 인증취득기관이 수립하여 운영 중인 정보보호 및 개인정보 보호 관리체계가 인증 기준에 적합한 수준으로 유지되는지 확인하기 위해 인증 유효기간 중 매년 1회 이상 시행하는 인증심사를 말한다.

⑤ 서면 심사는 ISMS-P 관련 정책, 지침, 매뉴얼(절차) 등 내부규정 존재 여부 및 해당 내부규정이 인증 기준을 충족하는지 심사한다. 또한, 신청기관에서 제출한 증거자료 확인을 통해 운영의 적정성을 확인한다.

14 다음의 ISMS-P 인증 기준에 대한 결함 사례로 적절하지 않은 것은?

> **1.1.2 최고책임자의 지정**
> 최고경영자는 정보보호 업무를 총괄하는 정보보호 최고 책임자와 개인정보 보호 업무를 총괄하는 개인정보 보호 책임자를 예산·인력 등 자원을 할당할 수 있는 임원급으로 지정하여야 한다.

① 정보통신망법에 따른 정보보호 최고 책임자 지정 및 신고 의무 대상자임에도 불구하고 정보보호 최고 책임자를 지정 및 신고하지 않은 경우

② 개인정보 보호와 관련된 실질적인 권한 및 지위를 보유하고 있지 않은 인원을 개인정보 보호 책임자로 지정하고 있어, 개인정보 처리에 관한 업무를 총괄해서 책임질 수 있다고 보기 어려운 경우

③ 내부 지침에 따라 중요 정보 처리 부서 및 개인정보 처리 부서의 장(팀장급)으로 구성된 정보보호 및 개인정보 보호 실무 협의체를 구성하였으나, 장기간 운영 실적이 없는 경우

④ 조직도상에 정보보호 최고 책임자 및 개인정보 보호 책임자를 명시하고 있으나, 인사 발령 등의 공식적인 지정 절차를 거치지 않은 경우

⑤ ISMS 인증 의무 대상자이면서 전년도 말 기준 자산총액이 5천억 원을 초과한 정보통신 서비스 제공자이지만 정보보호 최고 책임자가 CIO를 겸직하고 있는 경우

> **해설** ③ '최고경영자는 정보보호와 개인정보 보호의 효과적 구현을 위한 실무조직, 조직 전반의 정보보호와 개인정보 보호 관련 주요 사항을 검토 및 의결할 수 있는 위원회, 전사적 보호 활동을 위한 부서별 정보보호와 개인정보 보호 담당자로 구성된 협의체를 구성하여 운영하여야 한다(1.1.3 조직 구성).'는 인증 기준에 대한 결함 사례이다.

15 다음의 사례는 ISMS-P 어느 항목의 결함사례에 해당하는가?

> • 내부규정에 따라 외부 위탁 및 외부 시설·서비스 현황을 목록으로 관리하고 있으나, 몇 개월 전에 변경된 위탁업체가 목록에 반영되어 있지 않은 등 현행화 관리가 미흡한 경우
> • 관리체계 범위 내 일부 개인정보 처리시스템을 외부 클라우드 서비스로 이전하였으나, 이에 대한 식별 및 위험평가가 수행되지 않은 경우

① 2.3.1 외부자 현황 관리
② 2.5.4 비밀번호 관리
③ 1.1.1 경영진의 참여
④ 1.4.1 법적 요구사항 준수 검토
⑤ 3.1.4 민감정보 및 고유 식별정보의 처리 제한

해설 **2.3.1 외부자 현황 관리**

인증 기준	업무의 일부(개인정보 취급, 정보보호, 정보 시스템 운영 또는 개발 등)를 외부에 위탁하거나 외부의 시설 또는 서비스(집적 정보통신시설, 클라우드 서비스, 애플리케이션 서비스 등)를 이용하는 경우 그 현황을 식별하고 법적 요구사항 및 외부 조직·서비스로부터 발생하는 위험을 파악하여 적절한 보호 대책을 마련하여야 한다.
주요 확인사항	• 관리체계 범위 내에서 발생하고 있는 업무 위탁 및 외부 시설·서비스의 이용 현황을 식별하고 있는가? • 업무 위탁 및 외부 시설·서비스의 이용에 따른 법적 요구사항과 위험을 파악하고 적절한 보호 대책을 마련하고 있는가?
관련법규	• 개인정보 보호법 제26조(업무위탁에 따른 개인정보의 처리 제한) • 정보통신망법 제50조의3(영리목적의 광고성 정보 전송의 위탁 등)
결함사례	• 내부규정에 따라 외부 위탁 및 외부 시설·서비스 현황을 목록으로 관리하고 있으나, 몇 개월 전에 변경된 위탁업체가 목록에 반영되어 있지 않은 등 현행화 관리가 미흡한 경우 • 관리체계 범위 내 일부 개인정보 처리시스템을 외부 클라우드 서비스로 이전하였으나, 이에 대한 식별 및 위험평가가 수행되지 않은 경우

PART 6

실전모의고사

합격의 공식 ▶
SD에듀

자격증 · 공무원 · 금융/보험 · 면허증 · 언어/외국어 · 검정고시/독학사 · 기업체/취업
이 시대의 모든 합격! SD에듀에서 합격하세요!
www.youtube.com ➜ SD에듀 ➜ 구독

01 개인정보 보호의 이해

001 개인정보 보호법상 보호되어야 할 개인정보 유형에 해당하지 않는 것은?

① 성명, 주민등록번호 등의 인적사항

② 건강상태, 진료기록, 신체장애 등 의료 · 건강정보

③ 소유주택, 토지, 자동차 등 부동산정보

④ 사업장의 영업 소재지, 매출액 등 법인 정보

⑤ GPS 및 휴대폰에 의한 개인의 위치정보

> **해설** ④ 개인정보의 주체는 자연인(自然人)이어야 하며, 법인 또는 단체의 정보는 개인정보에 해당하지 않는다.

002 다음 중 개인정보의 의미 및 해당성 여부에 대한 설명으로 옳지 않은 것은?

① 개인정보는 개인의 신체, 신념, 사회적 지위, 신분 등과 같이 인격 주체성을 특정 짓는 사항으로서 개인의 동일성을 식별할 수 있게 하는 일체의 정보를 의미한다.

② 개인의 내밀한 영역에 속하는 정보에 국한하지 않고 공적 생활에서 형성되었거나 이미 공개된 개인 정보까지도 포함한다.

③ 거래내역 등 개인의 상거래정보 역시 개인정보에 해당한다.

④ 특정 개인에 관한 정보임을 알아볼 수 없도록 통계적으로 변환된 'ㅇㅇ기업 평균 연봉', 'ㅇㅇ대학 입학생 합격선'도 개인정보에 해당한다.

⑤ 정보가 반드시 사실이거나 증명된 것이 아닌 부정확한 정보 및 허위의 정보라도 특정 개인에 관한 정보라면 개인정보에 해당한다.

> **해설** 통계적으로 변환된 'ㅇㅇ기업 평균 연봉', 'ㅇㅇ대학 입학생 합격선' 등은 개인 식별이 불가하므로 개인정보에 해당하지 않는다.

PART 6

003 개인정보를 제공정보와 생성정보로 구분할 때 생성정보에 대한 설명을 옳게 고른 것은?

> ㄱ. 이용자가 직접 회원가입이나 서비스 등록을 위해 사업자에게 제공하는 정보이다.
> ㄴ. 사업자가 서비스를 제공하는 과정에서 생성되는 이용자에 관한 정보이다.
> ㄷ. 성별, 이름, 주민등록번호 등이 해당한다.
> ㄹ. 진료기록, 통화기록, 직무평가정보, 물품구매이력 등이 해당한다.
> ㅁ. 서비스 이용기록이나 접속로그(Log), 쿠키(Cookie) 등이 해당한다.

① ㄱ, ㄷ
② ㄴ, ㄷ
③ ㄴ, ㄹ
④ ㄱ, ㄷ, ㅁ
⑤ ㄴ, ㄹ, ㅁ

해설 제공 또는 생성에 따른 개인정보의 구분

제공정보	이용자가 직접 회원가입이나 서비스 등록을 위해 사업자에게 제공하는 정보이다. 예 성별, 이름, 주민등록번호, 혈액형 등
생성정보	• 사업자가 서비스를 제공하는 과정에서 생성되는 이용자에 관한 정보이다. • 이용자가 서비스를 이용할 때 서비스 이용기록이나 접속로그(Log), 쿠키(Cookie) 등이 생성된다. 예 진료기록, 통화기록, 직무평가정보, 물품구매이력 등

004 다음 개인정보 가치산정 방법 중 가상가치산정법(CVM)에 대한 설명으로 옳은 것은?

① 전문가의 판단에 의한 사회학적 산정 방식이다.
② 피조사자(소비자)들의 답변 간 평균치를 산정한다.
③ 기존의 손해배상액을 기초로 하여 개인정보의 가치를 역산정한다.
④ 비용과 시간이 절약되고, 불필요한 논쟁 등을 피할 수 있는 장점이 있다.
⑤ 다양한 시나리오를 개발하여 실제 상황에 대응하는 데 도움이 된다.

해설 ① · ④는 델파이(Delphi) 기법, ③ · ⑤는 손해배상액 기반 산정법에 대한 설명이다.

005 다음 중 유럽(EU)의 개인정보 보호에 대한 정부 규제 모델의 장점으로 옳지 않은 것은?

① 무거운 징계로 정보의 오남용을 저지할 수 있다.

② 강제력 있는 규제로 참여율이 높다.

③ 각종 솔루션 지원으로 규제 효과가 상승한다.

④ 법적 소송으로 적극적인 피해보상이 가능하다.

⑤ 행정관리자들의 수행 부담이 감소한다.

> 해설 ⑤ 유럽(EU)의 정부 규제 모델은 행정관리자들의 수행 부담이 증가하는 단점이 있다.

006 EU−GDPR에 많이 나오는 주요 용어에 대한 설명으로 틀린 것은?

① 컨트롤러(Controller)는 개인정보 처리의 목적과 수단을 결정하는 주체를 의미하며, 이와 같은 결정은 컨트롤러 단독으로 하거나 또는 제3자와 공동으로 할 수 있다.

② 프로세서(Processor)는 컨트롤러를 대신하여 개인정보를 처리하는 자연인, 법인, 정부부처 및 관련기관, 기타 단체 등을 의미한다.

③ 가명 처리(Pseudonymisation)는 개인의 특징을 분석하거나 예측하는 등 해당 개인의 특성을 평가하기 위하여 행해지는 모든 형태의 '자동화된' 개인정보 처리를 의미한다.

④ 수령인(Recipient)은 제3자인지 여부와 관계없이 개인정보를 공개·제공받는 자연인이나 법인, 정부 부처 및 관련기관, 기타 단체 등을 의미한다.

⑤ 제3자(Third party)는 '정보 주체, 컨트롤러, 프로세서, 컨트롤러·프로세서의 직접적 권한에 따라 개인정보를 처리할 수 있는 사람'을 제외한 모든 자연인이나 법인, 정부부처 및 관련기관, 기타 단체 등을 의미한다.

> 해설 • 가명 처리(Pseudonymisation) : 추가적 정보의 사용 없이는 더 이상 특정 정보 주체를 식별할 수 없도록 개인정보를 처리하는 것이다.
> • 프로파일링(Profiling) : 개인의 특징을 분석하거나 예측하는 등 해당 개인의 특성을 평가하기 위하여 행해지는 모든 형태의 '자동화된' 개인정보 처리를 의미한다.

007 다음 중 EU-GDPR의 적용대상에 대한 설명으로 틀린 것은?

① EU 역내에 사업장을 운영하며 해당 사업장이 개인정보 처리를 수반하는 경우, GDPR이 적용된다.

② EU 역내의 사업장이 개인정보 처리 활동을 수반하지만, 정보 주체가 EU 거주자가 아니고 EU 역외에 있다면 GDPR이 적용되지 않는다.

③ EU 역내에 사업장을 가지고 있지 않더라도 EU 내에 있는 정보 주체에게 재화나 서비스를 제공하는 경우, GDPR이 적용된다.

④ EU 역내에 사업장을 가지고 있지 않더라도 EU 내에 있는 정보 주체에 대하여 EU 내에서의 행동을 모니터링하는 경우, GDPR이 적용된다.

⑤ EU 개별 회원국의 형사법과 관련하여 수행되는 활동의 경우, GDPR이 적용되지 않는다.

> **해설** ② 개인정보를 처리하는 컨트롤러 또는 프로세서의 사업장이 EU 역내에 있다면, 그 사업장의 활동과 관련한 개인정보의 처리는 그 정보 주체가 EU 시민인지, EU 거주자인지, EU 역외에 있는지와 무관하게 모두 GDPR이 적용된다.

008 EU-GDPR 기준상 개인정보 침해에 대하여 정보 주체에 통지가 불필요한 경우가 아닌 것은?

① 개인정보의 침해가 개인의 권리와 자유에 대하여 높은 위험을 초래할 가능성이 있는 경우

② 침해된 개인정보에 접근 권한이 없는 사람이 그 정보를 알 수 없게 만드는 조치가 적용된 경우

③ 컨트롤러가 위반 발생 전에 개인정보를 보호하기 위한 적절한 기술적·관리적 보호 조치를 적용한 경우

④ 위반으로 인해 개인의 연락 정보를 분실했거나 알지 못하여 개인과 연락하는 것이 비합리적인 노력이 필요한 경우

⑤ 위반 발생 즉시 컨트롤러가 개인의 권리와 자유에 대한 심각한 위험이 더이상 현실화되지 못하도록 조치를 취한 경우(이 경우는 위반에 의해 영향을 받을 수 있지만 컨트롤러가 달리 연락할 방법이 없는 경우에 해당)

> **해설** ① 개인정보의 침해가 개인의 권리와 자유에 대하여 높은 위험을 초래할 가능성이 있는 경우에는 정보 주체에게 통지가 필요하다.

009 개인정보 침해의 사례와 침해 유형이 옳게 연결되지 않은 것은?

① 공격자가 네트워크 침투에 의해 개인정보에 접근한 경우 − 기밀성 침해

② 개인정보의 유일한 사본이 랜섬웨어에 의해 암호화된 경우 − 가용성 침해

③ 회사 외부에서 암호화되지 않은 개인정보 사본의 도난이 발생한 경우 − 기밀성 침해

④ DDoS 공격 등으로 조직의 일반적인 서비스에 대한 심각한 중단이 발생한 경우 − 무결성 침해

⑤ 공격자에 의해 개인정보가 변경 또는 오염된 경우 − 무결성 침해

> 해설 ④ DDoS 공격 등으로 조직의 일반적인 서비스에 대한 심각한 중단이 발생한 경우는 가용성 침해에 해당한다.

보안의 3요소

기밀성	정보가 인가되지 않은 사람들에게 노출되지 않도록 하는 것
가용성	내부 정보자원에 대해 인가된 사용자가 정보나 서비스를 요구할 때 언제든 사용 가능하도록 하는 것
무결성	정보의 저장 및 전달 시 비인가된 방식으로 정보와 소프트웨어가 변경되지 않도록 정확성과 안정성을 보호하는 것

010 EU−GDPR에서 컨트롤러가 지체 없이 개인정보를 삭제할 의무를 부담하는 경우가 아닌 것은?

① 개인정보가 수집 목적 또는 다른 방식으로 처리되는 목적에 더 이상 필요하지 않은 경우

② 정보 주체가 동의를 철회하고 해당 처리에 대한 다른 법적 근거가 없는 경우

③ 법적 청구권의 입증(Establishment), 행사나 방어를 위한 경우

④ 정보처리자에 적용되는 유럽연합 내지 회원국 법률에 따른 법적 의무 준수를 위하여 삭제되어야 하는 경우

⑤ 아동에게 직접 제공되는 정보사회서비스와 관련하여 개인정보가 수집된 경우

> 해설 ③ 법적 청구권의 입증(Establishment), 행사나 방어를 위한 경우에는 컨트롤러의 삭제 거부가 가능하다.

011 개인정보 보호법에 대한 설명으로 옳은 것은?

① 개인정보에 대한 개념을 정보통신망법과 이원화하여 정의하고 있다.

② 개인정보 보호법의 적용 대상은 종이 문서와 컴퓨터 등에 저장된 개인정보는 포함되지만, 가명 처리된 개인정보는 보호 대상에 포함되지 않는다.

③ 개인정보 보호법상 개인정보는 성명, 주민등록번호 및 영상 등을 통하여 개인을 알아볼 수 있는 정보로, 이는 사망했거나 실종된 자의 경우에도 해당된다.

④ 개인정보 보호법상 개인정보에는 가명 처리함으로써 원래의 상태로 복원하기 위한 추가 정보의 사용ㆍ결합 없이는 특정 개인을 알아볼 수 없는 정보도 포함된다.

⑤ 개인정보 보호법상 익명 처리란 개인정보의 일부를 삭제하거나 일부 또는 전부를 대체하는 등의 방법으로 추가 정보가 없이는 특정 개인을 알아볼 수 없도록 처리하는 것을 말한다.

> 해설 ① 개인정보 보호 관련 법률의 유사ㆍ중복 규정을 개인정보 보호법으로 일원화하였으며, 기존 정보통신망법에서의 개인정보에 관한 정의는 삭제되었다.
> ② 동사무소 민원 신청 서류 등 종이 문서에 기록된 개인정보 외의 컴퓨터 등에 의해 처리되는 정보, 가명 처리된 개인정보도 개인정보 보호법 보호 대상에 포함된다(법 제2조 제1항 제1호 다목).
> ③ 개인정보 보호 법령상 개인정보는 '살아 있는' 자연인에 관한 정보이므로 사망했거나 실종선고 등 관계 법령에 의해 사망한 것으로 간주되는 자에 관한 정보는 개인정보로 볼 수 없다. 다만, 사망자의 정보라고 하더라도 유족과의 관계를 알 수 있는 정보는 유족의 개인정보에 해당한다.
> ⑤ 가명 처리란 개인정보의 일부를 삭제하거나 일부 또는 전부를 대체하는 등의 방법으로 추가 정보가 없이는 특정 개인을 알아볼 수 없도록 처리하는 것을 말한다(법 제2조 제1항 1의2).

012 다음의 빈칸에 들어갈 말로 옳은 것은?

> 헌법 제10조의 인간의 존엄과 가치, 행복추구권과 헌법 제17조의 사생활의 비밀과 자유에 의하여 보장되는
> (   )은/는 자신에 관한 정보가 언제 누구에게 어느 범위까지 알려지고 또 이용되도록 할 것인지를 그 정보 주체가 스스로 결정할 수 있는 권리이다.

① 개인정보

② 개인정보 처리권

③ 개인정보 보호권

④ 정보 주체의 동의

⑤ 개인정보 자기 결정권

> 해설 개인정보 자기 결정권은 자신에 관한 정보가 언제 누구에게 어느 범위까지 알려지고 또 이용되도록 할 것인지를 그 정보주체가 스스로 결정할 수 있는 권리를 말한다. 즉, 정보주체가 개인정보의 공개와 이용에 관하여 스스로 결정할 권리를 말한다(헌법재판소 2005.7.21.선고, 2003헌마282,425).

013 다음 개인정보 보호 원칙에 대한 설명이 틀린 것은?

① 개인정보 처리자는 구체적이고 명확한 수집 목적을 가지고 개인정보를 수집하여야 한다.

② 개인정보 처리자는 특정된 목적 달성에 직접적으로 필요하지 않은 개인정보는 처리하여서는 안 된다.

③ 개인정보를 익명 또는 가명으로 처리하여도 수집 목적을 달성할 수 있는 경우 업무의 특성을 반영하여 개인정보 데이터 기록에서 개인 식별자를 제거하거나 대체하는 등 가명 처리하여야 한다.

④ 개인정보 처리자는 정보 주체의 개인정보가 분실, 도난, 유출, 변조 또는 훼손되지 않도록 안전성 확보를 위한 보안 조치를 강구하여야 한다.

⑤ 개인정보 처리자는 개인정보의 정확성, 완전성 및 최신성을 확보하기 위하여 개인정보 입력 시 입력 내용을 사전에 확인하는 절차를 마련하여야 한다.

> **해설** ③ 개인정보 처리자는 개인정보를 익명 또는 가명으로 처리하여도 수집 목적을 달성할 수 있는 경우 업무의 특성을 반영하여 개인정보 데이터 기록에서 개인 식별자를 제거하거나 대체하는 등 개인정보의 익명 처리가 가능한 경우에는 특정 개인을 알아볼 수 없는 형태로 익명 처리를 하여야 한다. 다만, 익명 처리로 목적을 달성할 수 없는 경우에는 가명 처리하여야 한다.

익명 정보와 가명 정보의 차이

익명 정보	• 시간 · 비용 · 기술 등을 합리적으로 고려할 때 다른 정보를 사용하여도 더 이상 개인을 알아볼 수 없는 정보(법 제58조의2) • 개인정보를 제공받은 제3자를 포함하여 임의의 제3자는 물론 개인정보 처리자 자신도 합리적으로 더 이상 특정 개인을 알아볼 수 없어야 한다.
가명 정보	• 추가 정보의 사용 · 결합 없이는 특정 개인을 알아볼 수 없는 정보(법 제2조 제1호 다목) • 개인정보 처리자 자신은 추가 정보와 결합하여 특정 개인을 알아볼 수 있으나 해당 정보를 제공받은 자 또는 임의의 제3자는 특정 개인을 알아볼 수 없어야 한다.

014 개인정보 보호법상 개인정보의 수집에 대한 설명으로 옳지 않은 것은?

① 신용평가기관으로부터 개인정보를 취득하는 행위를 포함한다.

② 제3자로부터 정보 주체의 개인정보를 취득하는 행위를 포함한다.

③ 명함을 받음으로써 부수적으로 개인정보를 취득하는 행위를 포함한다.

④ 인터넷에 검색으로 공개된 정보에서 개인정보를 취득하는 행위를 포함한다.

⑤ 정보 주체로부터 직접 이름, 주소, 전화번호 등의 정보를 취득하는 행위만을 말한다.

> **해설** ⑤ 개인정보 '수집'은 정보 주체로부터 직접 이름, 주소, 전화번호 등의 정보를 제공받는 것뿐만 아니라 정보 주체에 관한 모든 형태의 개인정보를 취득하는 것을 말한다(표준 개인정보 보호지침 제6조). 개인정보는 정보 주체로부터 직접 수집하는 것이 원칙이나 필요한 경우에는 국가기관, 신용평가기관 등 제3자로부터 수집하거나 인터넷, 신문 · 잡지, 전화번호부, 인명록 등과 같은 공개된 자료원으로부터 수집할 수도 있다.

015 개인정보 보호법상 최소한의 개인정보의 수집에 대한 설명으로 옳은 것은?

① 최소한의 개인정보라는 입증책임의 부담은 정보 주체에게 있다.

② 개인정보 처리자는 정보 주체의 자발적인 동의를 받아도 필요 최소한의 정보 이외에는 수집·이용할 수 없다.

③ 개인정보 처리자는 개인정보를 수집하는 경우에는 그 목적에 필요한 최소한의 개인정보를 수집하여야 한다.

④ 개인정보 처리자는 정보 주체가 필요한 최소한의 정보 외의 개인정보 수집에 동의하지 아니한다는 이유로 정보 주체에게 재화 또는 서비스의 제공을 거부할 수 있다.

⑤ 개인정보 처리자는 정보 주체의 동의를 받아 개인정보를 수집하는 경우 필요한 최소한의 정보 외의 개인정보 수집에는 동의하지 아니할 수 있다는 사실을 구체적으로 알릴 의무는 없다.

> **해설** ①·③ 개인정보 처리자는 개인정보를 수집하는 경우에는 그 목적에 필요한 최소한의 개인정보를 수집하여야 한다. 이 경우 최소한의 개인정보 수집이라는 입증책임은 개인정보 처리자가 부담한다(법 제16조 제1항).
> ② 정보 주체의 자발적인 동의를 받으면 필요 최소한의 정보 이외의 것도 수집·이용할 수 있다. 그러나 이를 위해 필요 최소한의 정보라고 하여 정보 주체의 동의를 의무화하거나 강요해서는 안 된다.
> ④ 개인정보 처리자는 정보 주체가 필요한 최소한의 정보 외의 개인정보 수집에 동의하지 아니한다는 이유로 정보 주체에게 재화 또는 서비스의 제공을 거부하여서는 아니 된다(법 제16조 제3항).
> ⑤ 개인정보 처리자는 정보 주체의 동의를 받아 개인정보를 수집하는 경우 필요한 최소한의 정보 외의 개인정보 수집에는 동의하지 아니할 수 있다는 사실을 구체적으로 알리고 개인정보를 수집하여야 한다(법 제16조 제2항).

016 개인정보법상 개인정보의 제3자 제공에 대한 설명으로 옳은 것은?

① 개인정보를 저장한 매체나 수기 문서를 전달하는 경우만 해당된다.

② 개인정보 처리자 외의 제3자에게 개인정보의 지배·관리권이 이전되는 것을 의미한다.

③ DB 시스템에 대한 접속 권한을 허용하여 열람·복사가 가능하여 개인정보를 공유하는 경우 등은 제외한다.

④ 개인정보 처리자는 당초 수집 목적과 합리적으로 관련된 범위에서 정보 주체에게 불이익이 발생하는지 여부와 상관없이 개인정보를 제공할 수 있다.

⑤ 개인정보 처리자는 당초 수집 목적을 벗어나도 암호화 등 안전성 확보에 필요한 조치를 하였다면 정보 주체의 동의 없이 개인정보를 제공할 수 있다.

> **해설** ①·②·③ 개인정보의 제3자 제공이란 개인정보 처리자 외의 제3자에게 개인정보의 지배·관리권이 이전되는 것을 의미한다. 즉, 개인정보를 저장한 매체나 수기 문서를 전달하는 경우뿐만 아니라, DB 시스템에 대한 접속 권한을 허용하여 열람·복사가 가능하게 하여 개인정보를 공유하는 경우 등도 '제공'에 포함된다.
> ④·⑤ 개인정보 처리자는 당초 수집 목적과 합리적으로 관련된 범위에서 정보 주체에게 불이익이 발생하는지 여부, 암호화 등 안전성 확보에 필요한 조치를 하였는지 여부 등을 고려하여 대통령령으로 정하는 바에 따라 정보 주체의 동의 없이 개인정보를 제공할 수 있다(법 제17조 제4항).

017 개인정보 보호법과 동법 시행령에 따른 개인정보의 파기에 대한 설명으로 옳지 않은 것은?

① 전자적 파일 형태인 경우 복원이 불가능한 방법으로 영구 삭제한다.

② 기록물, 인쇄물, 서면, 그 밖의 기록매체인 경우 파쇄 또는 소각한다.

③ 개인정보의 안전한 파기에 관한 세부 사항은 보호 위원회가 정하여 고시한다.

④ 개인정보를 파기하지 아니하고 보존하여야 하는 경우 해당 개인정보 또는 개인정보 파일을 다른 개인정보와 함께 저장 · 관리해도 된다.

⑤ '복원이 불가능한 방법'이란 현재의 기술 수준에서 사회통념상 적정한 비용으로 파기한 개인정보의 복원이 불가능하도록 조치하는 방법을 말한다.

> 해설 ④ 개인정보 처리자가 개인정보를 파기하지 아니하고 보존하여야 하는 경우에는 해당 개인정보 또는 개인정보 파일을 다른 개인정보와 분리하여서 저장 · 관리하여야 한다(법 제21조 제3항).
> ① 영 제16조 제1항 1호
> ② 영 제16조 제1항 2호
> ③ 영 제16조 제2항
> ⑤ 표준 개인정보 보호지침 제10조 제2항

018 다음 중 개인정보 보호법상 민감정보 중 건강, 성생활 등에 관한 정보가 아닌 것은?

① 발달장애인 성명, 주소

② 혈액형이 기록된 헌혈증

③ 건강보험 요양 급여 내역

④ 중증장애인의 성명, 주소, 전화번호

⑤ 치매 질환자의 성명, 등급, 등급판정일

> 해설 ② '건강 및 성생활 등에 관한 정보'란 개인의 과거 및 현재의 병력, 신체적 · 정신적 장애(장애등급 유무 등), 성적 취향 등에 관한 정보를 말한다. 혈액형은 이에 해당하지 않는다.

> **더 알아보기** 건강, 성생활 등에 관한 정보
>
> • 발달장애인 성명, 주소(보호 위원회 결정 제2019-18-293호)
> • 중증장애인의 성명, 주소, 전화번호(보호 위원회 결정 제2019-13-211호)
> • 노인장기요양 등급을 받은 사람(치매질환자)의 성명, 등급, 등급판정일, 유효기간 기산일 및 만료일(보호 위원회 결정 제2019-21-334호)
> • 2~3년 간 건강보험 요양 급여 내역(헌법재판소 2018. 8. 30. 선고 2014 헌마368 결정)
> • 성매매피해자 자활지원사업 대상자의 성명, 생년월일, 연령, 주소가 포함된 지원사업 관련 자료(보호 위원회 결정 제2019-22-353호)

019 개인정보 보호법상 정보 주체 이외로부터 수집한 개인정보의 수집 출처를 알리지 않아도 되는 것은?

① 영업의 전부 또는 일부의 양도·합병 등으로 다른 사람에게 이전하는 개인정보

② 국가 안전, 외교상 비밀, 그 밖에 국가의 중대한 이익에 관한 사항을 기록한 개인정보 파일

③ 조세범처벌법에 따른 범칙 행위 조사 및 관세법에 따른 범칙 행위 조사에 관한 사항을 기록한 개인정보 파일

④ 일회적으로 운영되는 파일 등 지속적으로 관리할 필요성이 낮다고 인정되어 대통령령으로 정하는 개인정보 파일

⑤ 범죄의 수사, 공소의 제기 및 유지, 형 및 감호의 집행, 교정처분, 보호처분, 보안관찰처분과 출입국 관리에 관한 사항을 기록한 개인정보 파일

해설 ① 개인정보 처리자는 영업의 전부 또는 일부의 양도·합병 등으로 개인정보를 다른 사람에게 이전하는 경우에는 미리 개인정보를 이전하려는 사실, 개인정보를 이전받는 자의 성명·주소·전화번호 및 그 밖의 연락처, 정보 주체가 개인정보의 이전을 원하지 아니하는 경우 조치할 수 있는 방법 및 절차를 대통령령으로 정하는 방법에 따라 해당 정보 주체에게 알려야 한다(법 제27조 제1항).

정보 주체 이외로부터 수집한 개인정보의 수집 출처 등 통지(법 제20조 제4항)
개인정보처리자가 정보 주체 이외로부터 수집한 개인정보를 처리하는 때에는 정보 주체의 요구가 있으면 즉시 개인정보의 수집 출처, 개인정보의 처리 목적, 제37조에 따른 개인정보 처리의 정지를 요구하거나 동의를 철회할 권리가 있다는 사실을 정보 주체에게 알려야 한다. 다만, 다음 어느 하나에 해당하는 경우에는 적용하지 아니하는데, 이 법에 따른 정보 주체의 권리보다 명백히 우선하는 경우에 한한다.
1. 통지를 요구하는 대상이 되는 개인정보가 다음의 어느 하나에 해당하는 개인정보 파일인 경우
   • 국가 안전, 외교상 비밀, 그 밖에 국가의 중대한 이익에 관한 사항을 기록한 개인정보 파일
   • 범죄의 수사, 공소의 제기 및 유지, 형 및 감호의 집행, 교정처분, 보호처분, 보안관찰처분과 출입국관리에 관한 사항을 기록한 개인정보 파일
   • 조세범처벌법에 따른 범칙 행위 조사 및 관세법에 따른 범칙 행위 조사에 관한 사항을 기록한 개인정보 파일
   • 일회적으로 운영되는 파일 등 지속적으로 관리할 필요성이 낮다고 인정되어 대통령령으로 정하는 개인정보 파일
   • 다른 법령에 따라 비밀로 분류된 개인정보 파일
2. 통지로 인하여 다른 사람의 생명·신체를 해할 우려가 있거나 다른 사람의 재산과 그 밖의 이익을 부당하게 침해할 우려가 있는 경우

020 개인정보 보호법 시행령에 따른 고유 식별정보의 범위에 해당하지 않는 것은?

① 여권번호

② 주민등록번호

③ 외국인등록번호

④ 사원증의 사원번호

⑤ 운전 면허의 면허번호

해설 고유식별번호의 범위는 주민등록번호, 여권번호, 운전 면허의 면허번호, 외국인등록번호를 말한다. 다만, 공공기관이 법 제18조 제2항 제5호부터 제9호까지의 규정에 따라 어느 하나에 해당하는 정보를 처리하는 경우의 해당 정보는 제외한다(영 제19조).

021 개인정보 보호법상 고정형 영상정보처리기기 설치 · 운영에 대한 설명으로 옳지 않은 것은?

① 지하 공공보도 시설의 중앙방재실은 자체 감시카메라(CCTV) 설비를 갖추어야 한다.

② 목욕장업자는 목욕실, 발한실, 탈의실 이외의 시설에 무인 감시카메라를 설치할 수 있다.

③ 아동 보호구역에는 개인정보 보호법에 따른 고정형 영상정보처리기기를 설치하여야 한다.

④ 체세포 복제 배아연구 기관은 실험실 및 보관시설의 감시를 위하여 CCTV 등을 설치하여야 한다.

⑤ 주차대수 100대를 초과하는 규모의 자주식 주차장으로서 지하식 또는 건축물식에 의한 노외주차장에는 관리사무소에서 주차장 내부 전체를 볼 수 있는 폐쇄회로 텔레비전을 설치 · 관리하여야 한다.

> **해설** ⑤ 주차대수 30대를 초과하는 규모의 자주식 주차장으로서 지하식 또는 건축물식에 의한 노외주차장에는 관리사무소에서 주차장 내부 전체를 볼 수 있는 폐쇄회로 텔레비전 (녹화 장치 포함) 또는 네트워크 카메라를 포함하는 방범 설비를 설치 · 관리하여야 한다(주차장법 시행규칙 제6조 제1항 제11호).
> ① 지하 공공보도 시설의 결정 · 구조 및 설치 기준에 관한 규칙 제12조 2호
> ② 공중위생관리법 시행규칙 별표 1
> ③ 아동복지법 제32조 제3항
> ④ 생명윤리 및 안전에 관한 법률 시행규칙 별표 4

022 개인정보 보호법상 개인정보 처리자가 정보 주체의 동의 없이 가명 정보를 처리할 수 있는 경우가 아닌 것은?

① 연구소가 현대사 연구 과정에서 수집한 정보 중에서 사료가치가 있는 생존 인물에 관한 정보를 기록 · 보관하고자 하는 경우

② 회사가 도로 구조 개선 및 휴게공간 추가설치 등 고객서비스 개선을 위하여 월별 시간대별 차량 평균 속도, 상습 정체 구간, 사고 구간 및 원인 등에 대한 통계를 작성하는 경우

③ 운동 관리 애플리케이션 개발을 위하여 웨어러블 기기를 이용하여 수집한 맥박, 운동량, 평균 수면 시간 등에 관한 정보와 이미 보유한 성별, 연령, 체중을 가명 처리하여 활용하는 경우

④ 백화점, 마트 등이 판매 상품을 구입한 회원의 연령, 성별, 선호 색상, 구입처, 기능 및 가격 등에 관한 통계를 작성하여 회원들에게 개별적으로 신상품 홍보 메일을 보내는 경우

⑤ 생활 패턴과 코로나19 감염률의 상관관계에 대한 가설을 세우고, 건강관리용 모바일앱을 통해 수집한 생활 습관, 위치정보, 감염 증상, 성별, 나이, 감염원 등을 가명 처리하고 감염자의 데이터와 비교 · 분석하여 가설을 검증하는 경우

> **해설** 가명 정보의 처리 등(법 제28조의2)에 따라 개인정보 처리자는 통계작성, 과학적 연구, 공익적 기록보존 등을 위하여 정보 주체의 동의 없이 가명 정보를 처리할 수 있다.
> ④ 통계란 특정 집단이나 대상 등에 관하여 작성하는 수량적인 정보를 의미한다. 통계작성의 목적은 시장조사와 같은 상업적 목적으로도 가능하다. 다만, 통계는 집합적인 데이터로 이름, 연락처 등 특정 개인에 관한 정보가 포함되어 있지 않아 통계의 대상이 된 정보 주체에 대해서는 1:1 맞춤형 타겟 마케팅이 불가능하다.
> ① 공익적 기록보존
> ② 통계작성
> ③ · ⑤ 과학적 연구의 사례

023 다음 중 개인정보 보호법상 업무위탁으로 인한 개인정보 침해에 해당하지 않는 것은?

> ㄱ. 고객DB를 빼내어 판매하는 경우
> ㄴ. 직원 채용 시 이력서 등을 통하여 얻게 되는 직원 개인정보 등
> ㄷ. 다른 회사의 상품 · 서비스를 동시 취급하면서 개인정보를 공유
> ㄹ. 타 업체의 개인정보 수집 · 이용 · 제공 동의를 대신 받는 경우
> ㅁ. 판매실적 증대를 위한 무분별한 재위탁 등 개인정보의 재제공
> ㅂ. 서비스 가입신청서 등 개인정보의 분실 · 유출

① ㄱ, ㄷ
② ㄴ, ㄹ
③ ㄷ, ㄹ, ㅁ
④ ㄷ, ㅁ, ㅂ
⑤ ㄹ, ㅁ, ㅂ

해설 ㄴ. 근로기준법 시행령 제27조에 의하면 사업자는 직원의 성명, 생년월일, 사원번호 등 근로자를 특정할 수 있는 정보, 임금 및 가족수당의 계산 기초가 되는 사항과 기타 근로조건에 관한 사항을 임금 대장에 기록하여야 하는바, 이는 법령이 정한 경우에 해당한다. 기타 정보의 경우에도 구직예정자의 개인정보 또한 그 수집, 이용과 관련하여 법 제15조 제1항 제4호(계약의 체결 및 이행에 필요한 경우)에 의하여 구직예정자의 동의가 면제될 수 있을 것이다.

ㄹ. 타 업체의 개인정보 수집 · 이용 · 제공 동의를 대신 받는 경우(법 제15조 제2항, 제17조 제1항)
개인정보를 제3자 제공하려는 자가 정보 주체로부터 제3자 및 제3자로부터 제공받는 자를 알리고 동의받아 처리할 수 있다. 따라서, 개인정보를 제3자에게 제공하려는 개인정보 처리자는 정보 주체로부터 개인정보 제3자 제공에 대한 동의를 받을 때 개인정보를 제공받는 자와 해당 정보를 제3자로부터 제공받는 자를 포함하여 알리고 동의를 받아 처리할 수 있다.

업무위탁으로 인한 개인정보 침해 유형
• 판매실적 증대를 위한 무분별한 재위탁 등 개인정보의 재제공
• 다른 회사의 상품 · 서비스를 동시 취급하면서 개인정보를 공유
• 고객 개인정보를 이용하여 부가서비스 등 다른 서비스에 무단 가입
• 서비스가입 신청서 등 개인정보의 분실 · 유출
• 고객 DB를 빼내어 판매
• 정보시스템 안전조치 미비로 인한 개인정보 유출 등

024 개인정보 보호법상 개인정보 보호 책임자의 지정에 대한 설명으로 옳은 것은?

① 각급 학교는 개인정보 처리 관련 업무 담당하는 자를 개인정보 보호 책임자로 지정한다.

② 시·군 및 자치구는 3급 공무원 이상 공무원 또는 그에 상당하는 공무원을 개인정보 보호 책임자로 지정한다.

③ 정무직공무원을 장으로 하는 국가기관은 4급 이상 공무원 또는 그에 상당하는 공무원을 개인정보 보호 책임자로 지정한다.

④ 개인정보 처리자가 소상공인에 해당하는 경우에는 별도의 지정 없이 그 사업주 또는 대표자를 개인정보 보호 책임자로 지정한 것으로 본다.

⑤ 개인정보 처리자는 개인정보의 처리에 관한 업무를 총괄하는 개인정보 보호 책임자를 지정해야 한다. 이를 위반하면 3천만 원 이하의 과태료를 부과한다.

> 해설 ④ 개인정보 처리자가 소상공인 기본법 제2조에 따른 소상공인에 해당하는 경우에는 별도의 지정 없이 그 사업주 또는 대표자를 개인정보 보호 책임자로 지정한 것으로 본다(영 제32조 제3항).
> ① 각급 학교는 해당 학교의 행정사무를 총괄하는 사람을 개인정보 보호 책임자로 지정한다(영 제32조 제2항 참고).
> ② 시·군 및 자치구는 4급 공무원 또는 그에 상당하는 공무원을 개인정보 보호 책임자로 지정한다(영 제32조 제2항 참고).
> ③ 정무직공무원을 장으로 하는 국가기관은 3급 이상 공무원 또는 그에 상당하는 공무원을 개인정보 보호 책임자로 지정한다(영 제32조 제2항 참고).
> ⑤ 개인정보 처리자는 개인정보의 처리에 관한 업무를 총괄해서 책임질 개인정보 보호 책임자를 지정하여야 한다(법 제31조 제1항). 이를 위반하여 개인정보 보호 책임자를 지정하지 아니한 자는 1천만 원 이하의 과태료를 부과한다(법 제75조 제4항 제9호).

025 개인정보 보호법상 공공기관의 장이 개인정보 파일 운용 시 보호 위원회에 등록할 사항으로 옳지 않은 것은?

① 개인정보 파일의 명칭

② 개인정보의 보유기간

③ 개인정보 파일의 운영 근거 및 목적

④ 개인정보 파일에 기록되는 개인정보의 항목

⑤ 개인정보를 일회적으로 제공 시 그 정보를 제공하는 자

> 해설 **보호 위원회 등록 사항(법 제32조 제1항)**
> • 개인정보 파일의 명칭
> • 개인정보 파일의 운영 근거 및 목적
> • 개인정보 파일에 기록되는 개인정보의 항목
> • 개인정보의 처리 방법
> • 개인정보의 보유기간
> • 개인정보를 통상적 또는 반복적으로 제공하는 경우에는 그 제공받는 자
> • 개인정보 파일을 운용하는 공공기관의 명칭
> • 개인정보 파일로 보유하고 있는 개인정보의 정보 주체 수
> • 해당 공공기관에서 개인정보 처리 관련 업무를 담당하는 부서
> • 개인정보의 열람 요구를 접수·처리하는 부서
> • 개인정보 파일의 개인정보 중 열람을 제한하거나 거절할 수 있는 개인정보의 범위 및 제한 또는 거절 사유

026 개인정보 분쟁조정위원회에 대한 설명으로 옳지 않은 것은?

① 분쟁조정위원회는 분쟁조정 신청을 받은 날부터 60일 이내에 심사하여 조정안을 작성해야 한다.

② 분쟁조정위원회는 필요하다고 인정하면 분쟁당사자나 참고인을 위원회에 출석하도록 하여 의견을 들을 수 있다.

③ 분쟁조정위원회는 위원장 1명을 포함한 20명 이내의 위원으로 구성하며, 위원은 당연직 위원과 위촉위원으로 구성한다.

④ 분쟁조정위원회는 분쟁조정 신청을 받을 시 해당 분쟁의 조정을 위하여 필요한 자료를 분쟁당사자에게 요청할 수 있다.

⑤ 분쟁조정위원회에 분쟁조정 신청된 사건에 위원이 그 사건에 관하여 당사자의 대리인으로서 관여하거나 관여하였던 경우에는 심의·의결에서 제척된다.

> **해설** ③ 분쟁조정위원회는 위원장 1명을 포함한 30명 이내의 위원으로 구성하며, 위원은 당연직 위원과 위촉위원으로 구성한다(법 제40조 제2항).
> ① 법 제44조 제1항
> ② 법 제45조 제5항
> ④ 법 제45조 제1항
> ⑤ 법 제42조 제1항 제4호

027 개인정보 보호법상 개인정보 열람에 대한 설명으로 옳지 않은 것은?

① 정보 주체는 개인정보 처리자가 처리하는 자신의 개인정보에 대한 열람을 해당 개인정보 처리자에게 요구할 수 있다.

② 개인정보 처리자는 개인정보의 열람을 요구받았을 때에는 10일 이내에 해당 개인정보를 열람할 수 있도록 하여야 한다.

③ 개인정보 처리자는 법률에 따라 열람이 금지되거나 제한하는 경우에는 정보 주체에게 그 사유를 알리고 열람을 제한하거나 거절할 수 있다.

④ 정보 주체가 자신의 개인정보에 대한 열람을 공공기관에 요구하고자 할 때에는 공공기관에 직접 열람을 요구하거나 보호 위원회를 통해 열람을 요구할 수 있다.

⑤ 개인정보 처리자는 개인정보 열람이 다른 사람의 생명이나 신체를 해할 우려가 있는 경우에는 열람을 제한하며, 열람이 제한되는 사항을 제외한 부분이라도 열람할 수 없다.

> **해설** ⑤ 개인정보 처리자는 개인정보 열람 요구 사항 중 일부가 개인정보 열람의 제한 사항에 해당하는 경우 그 일부에 대하여 열람을 제한할 수 있으며, 열람이 제한되는 사항을 제외한 부분은 열람할 수 있도록 해야 한다(영 제42조 제1항 참고).
> ① 법 제35조 제1항
> ② 영 제41조 제4항 참고
> ③ 법 제35조 제4항 제1호
> ④ 법 제35조 제2항

028 개인정보 보호법상 국내 대리인의 지정에 대한 설명으로 옳지 않은 것은?

① 국내 대리인의 지정은 구두나 문서로 해야 한다.

② 국내 대리인은 국내에 주소 또는 영업소가 있어야 한다.

③ 국내 대리인이 개인정보 보호법을 위반한 경우에는 개인정보 처리자가 그 행위를 한 것으로 본다.

④ 개인정보 처리자는 국내 대리인을 지정하는 경우에는 개인정보 처리 방침에 국내 대리인의 성명, 주소, 전화번호 및 전자우편 주소를 포함한다.

⑤ 전년도 말 기준 직전 3개월간 그 개인정보가 저장·관리되고 있는 국내 정보 주체의 수가 일일 평균 100만 명 이상인 자를 국내 대리인으로 지정할 수 있다.

> **해설** ① 국내에 주소 또는 영업소가 없는 개인정보 처리자로서 매출액, 개인정보의 보유 규모 등을 고려하여 대통령령으로 정하는 자는 대리하는 자를 지정하여야 한다. 이 경우 국내 대리인의 지정은 문서로 하여야 한다(법 제31조의2 제1항).
> ② 법 제31조의2 제2항
> ③ 법 제31조의2 제4항
> ④ 법 제31조의2 제3항
> ⑤ 영 제32조의2 제1항 제2호

029 개인정보 분쟁조정에 대한 설명으로 옳지 않은 것은?

① 분쟁조정위원회에서 조정하는 것이 적합하지 아니하다고 인정하는 경우, 그 조정을 거부할 수 있다.

② 분쟁조정위원회는 분쟁조정 신청을 받았을 때에는 당사자에게 그 내용을 제시하고 조정 전 합의를 권고할 수 있다.

③ 개인정보 분쟁조정위원회의 조정을 분쟁당사자가 수락한 경우, 조정의 내용은 재판상 화해와 동일한 효력을 갖는다.

④ 분쟁조정위원회의 조정안을 제시받은 당사자가 제시받은 날부터 15일 이내에 수락 여부를 알리지 아니하면 조정을 거절한 것으로 본다.

⑤ 당사자가 조정 내용을 수락한 경우, 분쟁조정위원회는 조정서를 작성하고, 분쟁조정위원회의 위원장과 각 당사자가 기명날인 또는 서명한 후 조정서 정본을 지체 없이 각 당사자 또는 그 대리인에게 송달해야 한다.

> **해설** ④ 조정안을 제시받은 당사자가 제시받은 날부터 15일 이내에 수락 여부를 알리지 아니하면 조정을 수락한 것으로 본다(법 제47조 제3항).
> ① 법 제48조 제1항
> ② 법 제46조
> ③ 법 제47조 제5항
> ⑤ 법 제47조 제4항

030 개인정보 단체소송의 원고적격에 해당하지 않는 단체는?

① 소비자기본법에 따라 공정거래위원회에 등록한 소비자 단체로서 등록 후 3년이 경과한 단체
② 소비자 단체로서 정회원 수가 5천 명 이상이며, 정관에 따라 상시적으로 정보 주체의 권익증진을 주된 목적으로 하는 단체
③ 비영리 단체로서 중앙행정기관에 등록되어 있으며, 법률상 또는 사실상 동일한 침해를 입은 100명 이상의 정보 주체로부터 단체소송의 제기를 요청받은 단체
④ 비영리민간단체 지원법에 따른 비영리민간단체로서 상시 구성원 수가 5천 명 이상인 단체
⑤ 비영리 단체로서 정관에 개인정보 보호를 단체의 목적으로 명시한 후 최근 3년 이상 이를 위한 활동 실적이 있는 단체

> **해설** **개인정보 보호법 제51조(단체소송의 대상 등)**
> 다음 각 호의 어느 하나에 해당하는 단체는 개인정보 처리자가 제49조에 따른 집단 분쟁조정을 거부하거나 집단 분쟁조정의 결과를 수락하지 아니한 경우에는 법원에 권리침해 행위의 금지·중지를 구하는 소송(이하 "단체소송"이라 한다)을 제기할 수 있다.
> 1. 소비자기본법 제29조에 따라 공정거래위원회에 등록한 소비자 단체로서 다음 각 목의 요건을 모두 갖춘 단체
>   가. 정관에 따라 상시적으로 정보 주체의 권익증진을 주된 목적으로 하는 단체일 것
>   나. 단체의 정회원 수가 1천 명 이상일 것
>   다. 소비자기본법 제29조에 따른 등록 후 3년이 경과하였을 것
> 2. 비영리민간단체 지원법 제2조에 따른 비영리민간단체로서 다음 각 목의 요건을 모두 갖춘 단체
>   가. 법률상 또는 사실상 동일한 침해를 입은 100명 이상의 정보 주체로부터 단체소송의 제기를 요청받을 것
>   나. 정관에 개인정보 보호를 단체의 목적으로 명시한 후 최근 3년 이상 이를 위한 활동 실적이 있을 것
>   다. 단체의 상시 구성원 수가 5천 명 이상일 것
>   라. 중앙행정기관에 등록되어 있을 것

031 개인정보 처리자는 정보 주체의 동의를 받은 경우 개인정보를 수집·이용할 수 있다. 다음 중 이에 해당하는 사례로 옳게 묶인 것은?

ㄱ. 보험회사가 계약 체결을 위해 청약자의 자동차 사고 이력, 다른 유사보험의 가입 여부 등에 관한 정보를 수집하는 경우
ㄴ. 영화관 멤버십카드 발급 시 개인정보 활용동의서에 기명날인하는 경우
ㄷ. 공공기관의 홈페이지에 게시된 담당 직원의 회사 전화번호나 이메일을 통해 직장인 우대대출을 안내하는 경우
ㄹ. 공공기관의 인터넷 홈페이지 회원가입 시 개인정보 수집·이용 동의에 체크하는 경우
ㅁ. 정보 주체가 자동차 구매를 위해 자동차 판매점을 방문하여 준 명함을 보고 담당 직원이 자동차 구매와 관련한 정보를 제공하기 위해 명함에 기재된 연락처로 연락하는 경우

---

① ㄱ, ㄴ, ㄷ
② ㄴ, ㄷ, ㄹ
③ ㄴ, ㄹ, ㅁ
④ ㄱ, ㄹ, ㅁ
⑤ ㄴ, ㄷ, ㅁ

해설 개인정보 처리자는 정보 주체의 동의를 받은 경우에 개인정보를 수집할 수 있으며, '동의'는 개인정보 처리자가 개인정보를 수집·이용하는 것에 대한 정보 주체의 자발적인 승낙의 의사표시로서(서명날인, 구두, 홈페이지 동의 등) 동의 여부를 명확하게 확인할 수 있어야 한다.

ㄴ. 정보 주체가 서비스를 제공받기 위하여 개인정보 활용동의서에 직접 자신의 성명을 기재하고 자필 서명하였다.
ㄹ. 정보 주체가 인터넷 웹사이트 화면에서 '동의' 버튼을 클릭하여 동의의 의사표시를 하였다.
ㅁ. 정보 주체로부터 직접 명함을 제공받음으로써 개인정보를 수집하는 경우, 명함 등을 제공하는 정황 등에 비추어 사회 통념상 동의 의사가 있었다고 인정되는 범위 내에서는 이용할 수 있다(표준지침 제6조 제3항).
ㄱ. 정보 주체와의 계약 체결·이행을 위해 불가피하게 개인정보의 수집이 필요한 경우에 해당된다.
ㄷ. 공공기관 홈페이지에 기재된 담당 직원의 회사 전화번호나 이메일은 담당 직원이 담당하는 업무와 관련한 목적을 위해서는 수집·이용할 수 있으나 이를 통해 직장인 우대대출, 홍보성 이벤트 안내 등을 해서는 안 되며, 이를 위해서는 정보 주체의 동의를 받아야 한다.

032 개인정보 처리자가 아래와 같이 개인정보의 수집 · 이용 동의를 받을 경우에서 위반한 사항으로 옳은 것은?

> A사는 경품행사로 △△ 승용차, 다이아몬드 반지 등을 경품으로 내걸었고, 응모권 뒷면과 인터넷 응모 화면에는 [개인정보 수집, 취급위탁, 이용 동의]라는 제목하에, '수집/이용 목적'은 '경품 추첨 및 발송, 보험마케팅을 위한 정보 제공, 제휴상품 소개 및 제휴사에 대한 정보 제공 등의 업무' 등이, [개인정보 제3자 제공]이라는 제목하에 '개인정보를 제공받는 자'는 'R, S 등'이, '이용 목적'은 '보험상품 등의 안내를 위한 전화 등 마케팅자료로 활용됩니다.'라는 내용 등이 약 1mm 크기의 글씨로 기재되어 있으며, 말미에는 '기재/동의 사항 일부 미기재, 미동의, 서명 누락 시 경품 추첨에서 제외됩니다.'라는 사항이 붉은 글씨로 인쇄되어 있다.

① 개인정보 처리자가 자신의 편의를 위해 일괄적으로 동의 여부를 묻는 전자우편을 발송한 후 거부의 사표시가 없을 경우 동의로 간주한다는 등의 방법은 적절하지 않다.

② 만 14세 미만 아동을 대신해 법정대리인의 동의를 얻기 위해서는 법정대리인의 동의 없이 법정대리인의 이름, 연락처를 해당 아동에게 수집할 수 있다.

③ 상품의 판매 권유 또는 홍보를 목적으로 개인정보 처리에 대한 동의를 받을 때는 정보 주체에게 판매 권유 또는 홍보에 이용된다는 사실을 다른 동의와 구분하여 정보 주체가 이를 명확히 인지할 수 있게 알린 후 동의를 받아야 한다.

④ 개인정보 처리자는 정보 주체의 동의가 필요 없는 개인정보와 정보 주체의 동의가 필요한 개인정보를 구분하여야 한다.

⑤ 개인정보 처리자가 동의를 받을 때에는 '개인정보를 제공받는 자 및 개인정보를 제공받는 자의 개인정보 이용 목적' 등과 같이 중요한 내용을 명확히 표시하여 알아보기 쉽게 하여야 한다.

해설 개인정보 처리자가 개인정보 보호법에 따른 동의를 서면 또는 전자문서로 받을 때에는 다음의 중요한 내용을 명확히 표시하여 알아보기 쉽게 하여야 하는데, 위의 사례는 경품행사를 위하여 사용된 응모권에 기재된 동의 관련 사항이 약 1mm 크기의 글씨로 기재되어 있어 소비자의 입장에서 봤을 때 그 내용을 읽기가 쉽지 않으므로 이에 위배된다.

> **중요한 내용(영 제17조 제2항)**
> 1. 개인정보의 수집 · 이용 목적 중 재화나 서비스의 홍보 또는 판매 권유 등을 위하여 해당 개인정보를 이용하여 정보 주체에게 연락할 수 있다는 사실
> 2. 처리하려는 개인정보의 항목 중 민감정보, 여권번호, 운전 면허의 면허번호 및 외국인등록번호
> 3. 개인정보의 보유 및 이용 기간(제공 시에는 제공받는 자의 보유 및 이용 기간)
> 4. 개인정보를 제공받는 자 및 개인정보를 제공받는 자의 개인정보 이용 목적
>
> **중요한 내용을 표시하는 방법(고시 제4조)**
> • 글씨의 크기는 최소한 9포인트 이상으로서 다른 내용보다 20퍼센트 이상 크게 하여 알아보기 쉽게 할 것
> • 글씨의 색깔, 굵기 또는 밑줄 등을 통하여 그 내용이 명확히 표시되도록 할 것
> • 동의 사항이 많아 중요한 내용이 명확히 구분되기 어려운 경우에는 중요한 내용이 쉽게 확인될 수 있도록 그 밖의 내용과 별도로 구분하여 표시할 것

033 개인정보 보호법 15조에 따라 개인정보 수집 시에는 반드시 동의를 받아야 하나 동의 없이 개인정보를 수집·이용할 수 있는 경우는?

① 마케팅에 활용하려는 목적의 개인정보 수집
② 물품구매 후 배송을 위한 주소, 연락처 수집
③ 세미나를 위한 개인정보 수집
④ 이벤트 경품을 제공하기 위한 개인정보 수집
⑤ 대리운전을 홍보하기 위한 전화번호 제공

> **해설** 물품구매 후 배송을 위하여 연락처를 제공하는 것은 동의 없이 수집 가능하다. 이는 정보 주체와 체결한 계약을 이행하는 과정에서 정보 주체의 요청에 따른 조치를 하기 위해 필요한 경우이다.
>
> **개인정보의 수집·이용(개인정보 보호법 제15조 제1항)**
> 개인정보 처리자는 다음 각 호의 어느 하나에 해당하는 경우에는 개인정보를 수집할 수 있으며 그 수집 목적의 범위에서 이용할 수 있다.
> 1. 정보 주체의 동의를 받은 경우
> 2. 법률에 특별한 규정이 있거나 법령상 의무를 준수하기 위하여 불가피한 경우
> 3. 공공기관이 법령 등에서 정하는 소관 업무의 수행을 위하여 불가피한 경우
> 4. 정보 주체와 체결한 계약을 이행하거나 계약을 체결하는 과정에서 정보 주체의 요청에 따른 조치를 이행하기 위하여 필요한 경우
> 5. 명백히 정보 주체 또는 제3자의 급박한 생명, 신체, 재산의 이익을 위하여 필요하다고 인정되는 경우
> 6. 개인정보 처리자의 정당한 이익을 달성하기 위하여 필요한 경우로서 명백하게 정보 주체의 권리보다 우선하는 경우. 이 경우 개인정보 처리자의 정당한 이익과 상당한 관련이 있고 합리적인 범위를 초과하지 아니하는 경우에 한한다.
> 7. 공중위생 등 공공의 안전과 안녕을 위하여 긴급히 필요한 경우

034 다음 사례 중 개인정보 보호법의 위반으로 보기 어려운 경우는?

① 성형외과에서 성형 환자들의 성형 결과를 사진으로 촬영해 이를 알리고 동의를 받은 후 병원 홈페이지의 '성형 성공 사례'에 게시하는 경우
② 병원에서 환자의 생체 인식 정보에 관한 정보를 처리하게 위해 환자로부터 별도의 동의를 받은 경우
③ 정보 주체의 급박한 생명, 신체, 재산의 이익을 위하여 명백히 필요하여 주민등록번호를 수집한 경우
④ 독서 모임을 위한 블로그에 공개된 개인정보를 수집하여 마케팅에 이용한 경우
⑤ 상품배송을 위해 수집한 개인정보를 사전에 동의받지 않는 자사의 다른 상품 서비스의 마케팅에 이용한 경우

> **해설** 병원에서 환자의 성형수술 결과 사진을 홍보 목적으로 활용하기 위해서는 '촬영한 사진을 병원의 홍보 목적'으로 게재한다는 사실을 정보 주체(환자)에게 명확히 알리고 동의를 얻어 수집·이용할 수 있다. 만일 수집한 개인정보를 별도의 고지·동의 절차 없이 홍보 목적으로 임의로 사용한다면 이는 '개인정보의 목적 외 이용 행위'에 해당한다.

035 개인정보 보호법상 정보 주체 동의를 받은 경우에만 개인정보 수집·이용이 가능한 경우는?

① 소비자가 주문한 청소기를 배달하기 위해 주문자의 집 주소와 전화번호를 수집한 경우
② 입사 지원 단계에 있는 지원자의 종교, 질병, 범죄경력 등의 개인정보를 수집하는 경우
③ 사고로 의식이 없는 정보 주체의 긴급한 수술을 위해 보호자의 전화번호를 수집한 경우
④ 사업자의 금융거래자 실명 확인을 위해 주민등록번호를 수집하는 경우
⑤ 법원에서 범죄의 수사와 공소의 제기 및 유지를 위하여 정보 주체의 개인정보가 필요한 경우

해설 지원자의 종교, 질병, 범죄경력 등은 민감정보에 해당하므로 개인정보의 별로 동의를 반드시 받아야 한다.

개인정보의 목적 외 이용·제공 제한(개인정보 보호법 제18조 제2항)
개인정보 처리자는 다음 각 호의 어느 하나에 해당하는 경우에는 정보 주체 또는 제3자의 이익을 부당하게 침해할 우려가 있을 때를 제외하고는 개인정보를 목적 외의 용도로 이용하거나 이를 제3자에게 제공할 수 있다. 다만, 제5호부터 제9호까지에 따른 경우는 공공기관의 경우로 한정한다.
1. 정보 주체로부터 별도의 동의를 받은 경우
2. 다른 법률에 특별한 규정이 있는 경우
3. 명백히 정보 주체 또는 제3자의 급박한 생명, 신체, 재산의 이익을 위하여 필요하다고 인정되는 경우
5. 개인정보를 목적 외의 용도로 이용하거나 이를 제3자에게 제공하지 아니하면 다른 법률에서 정하는 소관 업무를 수행할 수 없는 경우로서 보호 위원회의 심의·의결을 거친 경우
6. 조약, 그 밖의 국제협정의 이행을 위하여 외국 정부 또는 국제기구에 제공하기 위하여 필요한 경우
7. 범죄의 수사와 공소의 제기 및 유지를 위하여 필요한 경우
8. 법원의 재판 업무 수행을 위하여 필요한 경우
9. 형(刑) 및 감호, 보호처분의 집행을 위하여 필요한 경우
10. 공중위생 등 공공의 안전과 안녕을 위하여 긴급히 필요한 경우

036 다음 중 병원에서 건강 등 민감정보를 수집하는 내용과 관련하여 옳은 것은?

① 의료기관에서 수집하는 민감정보는 민감정보의 처리를 허용하는 경우에 해당하므로 환자의 동의를 받고 수집할 수 있다.
② 개인정보 보호법상 건강 등을 민감정보로 정의하고 처리하지 말 것을 규정하고 있으므로 병원에서 건강정보를 수집할 수 없다.
③ 의료법에 근거한 민감정보는 환자의 별도 동의 없이 수집할 수 있다.
④ 환자의 편의를 위하여 취미, 결혼 여부, 학력, 직업, 소득 등을 한 번에 수집한다.
⑤ 법과 시행령이 정한 것 이외에 개인에게 민감한 경우면 민감정보에 해당한다.

해설 의료기관에서 의료법에 근거하여 수집하는 민감정보는 개인정보 보호법 제23조 제1항 제2호 법령에서 민감정보의 처리를 요구하거나 허용하는 경우에 해당하므로 별도의 동의 없이 처리할 수 있다. 단, 법에서 요구하는 이외의 사항을 수집하는 경우에는 정보 주체의 별도 동의가 필요하다.

037 다음 중 개인정보 보호법에서 규정하고 있는 고유 식별정보에 포함되지 않는 것은?

① 주민등록번호
② 운전 면허번호
③ 계좌번호
④ 외국인등록번호
⑤ 여권번호

> **해설** 개인정보 보호법상 고유 식별정보는 주민등록번호, 운전자면허번호, 여권번호, 외국인등록번호이다.

038 다음 보기 중에서 정보 보호 최고책임자의 업무로 옳지 않은 것은?

① 정보 보호 정책의 수립과 총괄 조정에 대한 승인
② 규제의 준수 및 예산 책정과 현금 흐름 관리, 재무 계획 및 분석
③ 위험 분석 및 관리와 침해사고 예방 및 대응
④ 개인정보 처리와 관련된 모든 구성원에 대한 기본적인 보안 책임과 관련된 교육 자료의 개발과 교육
⑤ 전자금융거래의 안정성 확보 및 이용자 보호를 위한 전략 및 계획의 수립

> **해설** ② 최고 재무 책임자의 업무에 해당하는 내용이다.

039 다음 중 개인정보 보호법 제24조의2에 따라 주민등록번호의 처리를 요구하거나 허용한 법적 근거에 해당하지 않는 것은?

① 국회규칙
② 감사원규칙
③ 조례
④ 법률
⑤ 대통령령

> **해설** ③ 법률 · 대통령령 · 국회규칙 · 대법원규칙 · 헌법재판소규칙 · 중앙선거관리위원회 규칙 · 감사원규칙에 근거가 있는 경우에는 주민등록번호의 수집 · 이용이 가능하다. 지방자치단체가 법령의 범위 안에서 제정하는 자치입법의 하나인 조례는 해당하지 않는다.
>
> **개인정보 보호법 제24조의2(주민등록번호 처리의 제한) 제1항**
> 개인정보 처리자는 다음 각 호의 어느 하나에 해당하는 경우를 제외하고는 주민등록번호를 처리할 수 없다.
> 1. 법률 · 대통령령 · 국회규칙 · 대법원규칙 · 헌법재판소규칙 · 중앙선거관리위원회규칙 및 감사원규칙에서 구체적으로 주민등록번호의 처리를 요구하거나 허용한 경우

040 다음 중 정보 주체가 동의를 거부하거나 처리 정지를 요구하는 등의 이유로 별도의 비용이나 대가를 요구하는 등 불이익을 주어서는 안 되는 원칙에 해당하는 사례는 무엇인가?

① 개인정보 처리 동의서의 동의함을 기본값으로 설정한 경우
② 주민등록번호 처리에 대한 법적 근거를 안내하지 않은 경우
③ 마케팅을 위해 쿠키에 포함된 개인정보를 수집하면서 동의를 받지 않은 경우
④ 은행에서 대출상품, 신용카드 및 체크카드 상품 등의 홍보 마케팅에 동의하지 않는다는 이유로 신용카드 발급을 거부하는 경우
⑤ 마케팅 목적이 포함되어 있음을 불분명하게 안내한 경우

해설 ④ 필요한 최소한의 정보 외의 개인정보 처리에 동의하지 않았다는 이유로 정보 주체에게 재화 또는 서비스의 제공을 거부하는 것은 금지된다.
① 동의 의사의 확인은 서명·날인, 음성, '동의함'을 표시한 전자우편 및 인터넷 홈페이지 '동의' 항목에 분명하게 나타나야 한다.
② 주민등록번호를 처리하는 경우 목적 및 법적 근거 등을 안내하여야 한다.
③ 계약의 체결·이행을 위해 불가피한 경우라서 개인정보를 수집하는 경우가 아니라면 쿠키 등을 통해 개인정보를 수집하는 경우에는 정보 주체의 동의를 받아야 한다.
⑤ 상품·서비스 홍보와 마케팅 목적으로 개인정보를 수집하는 경우에는 그 목적을 명확히 알 수 있도록 고지해야 한다.

041 다음과 같이 개인정보 처리에 대한 동의를 받을 때 잘못된 이유로 옳은 것은?

개인정보 수집·이용 안내

1. 개인정보의 수집 목적 : 회원 관리, 마일리지 적립
2. 개인정보 수집 항목 : 성명, 이메일, 휴대전화번호, 취미, 결혼 여부, 신장, 체중, 학력, 직업, 소득, 재산 규모
3. 개인정보 보유 및 이용 기간
   – 보유기간 : 회원 탈퇴 시
   – 이용 기간 : 마일리지 서비스 제공 기간
4. 동의 거부권 및 불이익 : 정보 주체는 개인정보 수집·이용에 동의하지 않을 권리가 있으며, 동의를 거부할 경우 마일리지 적립 서비스를 받으실 수 없습니다.

위 개인정보의 수집 및 이용에 동의합니다. (선택)

☐ 동의함　　　☐ 동의하지 않음

---

① 동시에 여러 개의 연락처 정보를 수집한 잘못된 사례
② 마일리지 회원 관리를 위해 꼭 필요하다고 입증하기 어려운 개인정보를 수집한 잘못된 사례
③ 결제·배송 정보까지 수집한 잘못된 사례
④ 개인정보의 제3자 제공 동의와 관련된 잘못된 사례
⑤ 개인정보 처리 동의서에 개인정보 수집 목적 고지가 미흡한 잘못된 사례

해설 개인정보 처리에 대한 동의를 받을 때에는 개인정보를 수집하여 수행하려는 업무 목적 등을 고려하여 합리적인 범위 내에서 필요한 최소한의 개인정보를 수집해야 한다. 개인정보 수집 항목이 '회원관리 및 마일리지 적립'의 목적에 꼭 필요한 정보임을 입증할 수 있는 개인정보만 수집하여야 한다.

042 개인정보 처리자가 정보 주체 이외로부터 수집한 개인정보에 대한 정보 주체의 요구가 있으면 즉시 필요한 사항을 정보 주체에게 알려야 한다. 이에 대한 내용으로 옳은 것끼리 묶인 것은?

> ㄱ. 정보 주체의 요구가 있으면 1. 개인정보의 수집 출처, 2. 개인정보의 처리 목적, 3. 개인정보 처리의 정지를 요구할 권리가 있다는 사실을 알려야 한다.
> ㄴ. 100만 명 이상의 정보 주체에 관하여 민감정보 또는 고유 식별정보를 처리하는 자와 개인정보를 처리하는 자는 필요한 사항을 정보 주체에게 알려야 한다.
> ㄷ. 개인정보 처리자는 개인정보의 수집 출처, 처리 목적 및 개인정보 처리의 정지를 요구할 권리가 있다는 사실을 개인정보를 제공받은 날부터 1개월 이내에 정보 주체에게 알려야 한다.
> ㄹ. 재화 및 서비스를 제공하는 과정에서 정보 주체가 쉽게 알 수 있도록 알림창을 통해 알린다.

① ㄱ, ㄴ
② ㄴ, ㄷ
③ ㄷ, ㄹ
④ ㄱ, ㄹ
⑤ ㄱ, ㄷ

해설 ㄴ. 5만 명 이상의 정보 주체에 관하여 민감정보 또는 고유 식별정보를 처리하는 자와 100만 명 이상의 정보 주체에 관하여 개인정보를 처리하는 자는 정보 주체의 요구가 있으면 필요한 사항을 정보 주체에게 알려야 한다.
ㄷ. 개인정보 처리자는 개인정보의 수집 출처, 처리 목적 및 개인정보 처리의 정지를 요구할 권리가 있다는 사실을 개인정보를 제공받은 날부터 3개월 이내에 정보 주체에게 알려야 한다(개인정보 보호법 제20조 제1항 및 개인정보 보호법 시행령 제15조의2 제2항).

PART 6

043 다음 중 개인정보 보호 책임자의 역할에 해당하지 않는 것은?
① 정보 보호 교육과 모의 훈련 계획의 수립 및 시행
② 개인정보 처리 실태 및 관행의 정기적인 조사 및 개선
③ 개인정보 유출 및 오용 · 남용 방지를 위한 내부 통제 시스템의 구축
④ 개인정보 보호 교육 계획의 수립 및 시행
⑤ 개인정보 보호 계획의 수립 및 시행

해설 ① 정보통신망법 제45조의3 제4항에 따른 정보 보호 최고책임자의 역할에 해당한다.

044 다음 중 개인정보를 파기하는 방법에 대한 설명으로 가장 적합하지 않은 것은?

① 개인정보가 저장된 회원가입 신청서 등의 종이 문서, 하드디스크를 파쇄기로 파기하거나 소각장에서 태워서 파기
② 데이터가 복원되지 않도록 초기화 또는 덮어쓰기 수행
③ 회원가입 시 작성한 개인정보가 적힌 부분을 구멍 뚫기로 삭제
④ 기록물, 인쇄물, 서면의 해당 부분을 마스킹, 천공 등으로 삭제
⑤ 개인정보가 적힌 인쇄물을 전용 소자 장비를 이용해 삭제

> **해설** ⑤ 전용 소자 장비를 이용해서 개인정보를 삭제하는 방법은 저장장치의 데이터를 삭제할 때 사용이 가능하다.
> **개인정보의 안전성 확보 조치 기준 제13조**
> • 개인정보 처리자가 개인정보를 파기할 경우 시행 조치
>   – 완전파괴(소각 · 파쇄 등)
>   – 전용 소자 장비(자기장을 이용해 저장장치의 데이터를 삭제하는 장비)를 이용하여 삭제
>   – 데이터가 복원되지 않도록 초기화 또는 덮어쓰기 수행
> • 개인정보 처리자가 개인정보의 일부만을 파기하고 전술한 방법으로 파기하는 것이 어려울 경우 시행 조치
>   – 전자적 파일 형태 : 개인정보 삭제 후 복구 및 재생되지 않도록 관리 · 감독
>   – 기록물, 인쇄물, 서면, 그 밖의 기록매체 : 해당 부분을 마스킹, 구멍 뚫기 등으로 삭제
> • 기술적 특성으로 위의 방법으로 파기하는 것이 어려운 경우에는 법 제58조의2에 해당하는 정보로 처리하여 복원이 불가능하도록 조치해야 한다.

045 다음 B업체 회원가입 단계의 개인정보 수집 · 이용 동의 화면에서 개인정보 보호법에 위배되는 사항에 대한 설명으로 옳은 것은 무엇인가?

개인정보 수집 · 이용 동의
1. 수집 · 이용 목적 : 신상품 홍보 및 맞춤형 광고 제공
2. 수집하는 개인정보의 항목 : 이메일, 휴대전화번호
3. 보유 및 이용 기간 : 회원 탈퇴 시까지
4. 동의 거부권 및 불이익 : 정보 주체는 개인정보 수집 · 이용에 동의하지 않을 권리가 있으며 동의를 거부할 경우 신상품 홍보 서비스 이용에 제한을 받을 수 있습니다.

위 개인정보를 수집 · 이용하는 것에 동의합니다. (선택)

□ 동의함   □ 동의하지 않음

---

① 업무처리에 필요한 최소한의 개인정보를 수집해야 함
② 개인정보 수집 · 이용 등 보유기간이 따로 명시되어 있지 않음
③ 개인정보 처리 동의서의 동의함을 기본값으로 설정하여 동의한 것으로 간주하기 어려움
④ 제공받는 자의 범위를 '~ 등'으로 고지하여 그 범위가 확대됨
⑤ 마케팅 목적이 포함되어 있음을 불분명하게 안내함

> **해설** 동의 의사 확인은 서명 · 날인, 정보 주체의 음성, '동의함'을 표시한 전자우편, 인터넷 홈페이지 '동의' 항목에 클릭 등 적극적인 동작이나 진술을 통해 분명하게 나타나야 하며, 온라인에서 개인정보 처리 동의서를 작성하는 경우 '동의함' 체크 박스가 기본값으로 설정되어 있지 않도록 해야 한다. 정보 주체가 실수로 읽지 않고 다음 화면으로 넘길 수 있고, 이런 실수까지 동의한 것으로 간주하기 어렵기 때문이다.

046 다음 중 개인정보 제공에 해당하는 행위가 아닌 것은?

① 수기 문서 직접 전달 행위

② 개인정보를 열람할 수 있게 하는 행위

③ DB 시스템 공유로 개인정보를 공유하는 행위

④ 맨눈으로 개인정보를 확인하는 행위

⑤ 개인정보 확인을 제3자와 공모하는 행위

해설 **개인정보 제공에 해당하는 행위**
- 개인정보 저장 매체(인쇄물 · USB · 외장 하드 · 디스크 · CD · 플래시메모리 등) 및 수기 문서 직접 전달 행위
- 제3자에게 DB 시스템 접속 권한을 허용하여 개인정보를 열람 · 복사할 수 있게 하는 행위
- 제3자와의 공용계정 및 DB 시스템 공유로 개인정보를 공유하는 행위
- FTP(File Transfer Protocol) 또는 파일 업 · 파일 다운로드 등 네트워크를 통한 개인정보 전달 행위
- 개인정보를 확인할 수 있는 그 밖의 모든 행위(SNS, 이메일, 맨눈 등)

047 다음 중 제3자 제공(공유)이 가능한 경우로 옳은 내용을 모두 고른 것은?

ㄱ. 정보 주체 대리인의 동의를 받은 경우

ㄴ. 법률에 특별한 규정이 있거나 법령상 의무를 준수하기 위하여 불가피한 경우

ㄷ. 일반기업이 정관 등에서 정하는 소관 업무의 수행을 위하여 불가피한 경우

ㄹ. 명백히 개인정보 처리자의 급박한 생명, 신체, 재산의 이익을 위하여 필요하다고 인정되는 경우

ㅁ. 개인정보 처리자의 정당한 이익을 달성하기 위하여 필요한 경우로서 명백하게 정보 주체의 권리보다 우선하는 경우(개인정보 처리자의 정당한 이익과 상당한 관련이 있고 합리적인 범위를 초과하지 아니하는 경우)

ㅂ. 공중위생 등 공공의 안전과 안녕을 위하여 미리 조치할 필요가 있는 경우

① ㄱ, ㄴ

② ㄴ, ㄷ

③ ㄴ, ㅁ

④ ㄷ, ㅁ

⑤ ㄹ, ㅂ

해설 **제3자 제공(공유)이 가능한 경우**
- 정보 주체의 동의를 받은 경우(개인정보 보호법 제17조 제1항 제1호)
- 수집 목적 범위에서 개인정보를 제공하는 경우(개인정보 보호법 제17조 제1항 제2호)
  - 법률에 특별한 규정이 있거나 법령상 의무를 준수하기 위하여 불가피한 경우
  - 공공기관이 법령 등에서 정하는 소관 업무의 수행을 위하여 불가피한 경우
  - 명백히 정보 주체 또는 제3자의 급박한 생명, 신체, 재산의 이익을 위하여 필요하다고 인정되는 경우
  - 개인정보 처리자의 정당한 이익을 달성하기 위하여 필요한 경우로서 명백하게 정보 주체의 권리보다 우선하는 경우(개인정보 처리자의 정당한 이익과 상당한 관련이 있고 합리적인 범위를 초과하지 아니하는 경우)
  - 공중위생 등 공공의 안전과 안녕을 위하여 긴급히 필요한 경우

048 위탁자는 위탁하는 업무의 내용과 수탁자를 정보 주체가 언제든지 쉽게 확인할 수 있도록 위탁자의 인터넷 홈페이지에 위탁하는 업무의 내용과 수탁자를 지속적으로 게재하는 방법에 따라 공개하여야 한다. 인터넷 홈페이지에 게재할 수 없는 경우에 사용할 수 있는 방법으로 옳지 않은 것은?

① 관보
② 인터넷신문
③ 일반 일간신문
④ 위탁자의 사업장
⑤ 수탁자의 사업장

해설 **위탁 업무의 내용 및 수탁자 공개 방식(개인정보 보호법 제26조 제2항)**

위탁자는 위탁하는 업무의 내용과 수탁자를 정보 주체가 언제든지 쉽게 확인할 수 있도록 다음과 같은 방법에 따라 공개하여야 한다.

- 위탁자가 위탁자의 인터넷 홈페이지에 위탁하는 업무의 내용과 수탁자를 지속적으로 게재한다(개인정보 보호법 시행령 제28조 제2항).
- 인터넷 홈페이지에 게재할 수 없는 경우에는 다음의 어느 하나 이상의 방법으로 위탁하는 업무의 내용과 수탁자를 공개하여야 한다(개인정보 보호법 시행령 제28조 제3항).
  - 위탁자의 사업장 등의 보기 쉬운 장소에 게시하는 방법
  - 관보(위탁자가 공공기관인 경우만 해당)나 위탁자의 사업장 등이 있는 시·도 이상의 지역을 주된 보급 지역으로 하는 「신문 등의 진흥에 관한 법률」 제2조 제1호 가목·다목 및 같은 조 제2호에 따른 일반 일간신문, 일반 주간신문 또는 인터넷신문에 싣는 방법
  - 같은 제목으로 연 2회 이상 발행하여 정보 주체에게 배포하는 간행물·소식지·홍보지 또는 청구서 등에 지속적으로 싣는 방법
  - 재화나 서비스를 제공하기 위하여 위탁자와 정보 주체가 작성한 계약서 등에 실어 정보 주체에게 발급하는 방법

049 다음 중 업무수탁자의 책임과 의무를 모두 고른 것은?

> ㄱ. 수탁자는 개인정보 처리자로부터 위탁받은 해당 업무 범위를 초과하여 개인정보를 이용하거나 제3자에게 제공하여서는 아니 된다.
> ㄴ. 수탁자는 위탁받은 개인정보의 처리 업무를 제3자에게 다시 위탁하려는 경우에는 위탁자의 동의를 받아야 한다.
> ㄷ. 수탁자는 위탁받은 개인정보를 보호하기 위하여 「개인정보의 안전성 확보 조치 기준 고시」에 따른 관리적 · 기술적 · 물리적 조치를 하여야 한다.
> ㄹ. 수탁자의 과실에 대해 정보 주체에게 손해배상을 하게 되면, 수탁자는 위탁자에게 구상권을 행사할 수 있다.

① ㄱ
② ㄱ, ㄴ
③ ㄴ, ㄷ
④ ㄱ, ㄴ, ㄷ
⑤ ㄴ, ㄷ, ㄹ

해설 ㄹ. 수탁자의 과실에 대해 정보 주체에게 손해배상을 하게 되면, 위탁자는 수탁자에게 구상권을 행사할 수 있다.

업무수탁자의 책임과 의무
ㄱ. 수탁자는 개인정보 처리자로부터 위탁받은 해당 업무 범위를 초과하여 개인정보를 이용하거나 제3자에게 제공하여서는 아니 된다(개인정보 보호법 제26조 제5항).
ㄴ. 수탁자는 위탁받은 개인정보의 처리 업무를 제3자에게 다시 위탁하려는 경우에는 위탁자의 동의를 받아야 한다(개인정보 보호법 제26조 제6항).
ㄷ. 수탁자의 개인정보 보호 조치 의무(표준 개인정보 보호지침 제17조)
수탁자는 위탁받은 개인정보를 보호하기 위하여 「개인정보의 안전성 확보 조치 기준 고시」에 따른 관리적 · 기술적 · 물리적 조치를 하여야 한다.
ㄹ. 수탁자가 위탁받은 업무와 관련하여 개인정보를 처리하는 과정에서 이 법을 위반하여 발생한 손해배상책임에 대하여는 수탁자를 개인정보 처리자의 소속 직원으로 본다(개인정보 보호법 제26조 제7항). 이에 따라 개인정보 처리자는 수탁자가 낸 손해에 민법상의 사용자책임, 즉 대위책임을 부담한다. 다만, 위탁자가 수탁자의 과실에 대해 정보 주체에게 손해배상을 하게 되면, 위탁자는 수탁자에게 구상권을 행사할 수 있다.

050 OO필라테스는 A사업자에게 영업 일부를 양도하기 위해 회원 정보를 영업 양수자에게 이전하려고 한다. 이때 이와 관련한 사실을 정보 주체에게 알리는 방법으로 옳은 것은?

① 개별적 문자 통보 3회
② 개별적 이메일 발송 3회
③ 인터넷 홈페이지에 30일 이상 게재
④ 영업양도자의 사업장에 10일간 게시
⑤ 영업양수자의 사업장에 15일 이상 게시

해설 **영업양도 등에 따른 개인정보 이전의 통지(개인정보 보호법 시행령 제29조 제2항)**

법 제27조 제1항에 따라 개인정보를 이전하려는 자(이하 이 항에서 "영업양도자 등"이라 한다)가 과실 없이 제1항에 따른 방법(서면)으로 법 제27조 제1항 각 호의 사항을 정보 주체에게 알릴 수 없는 경우에는 해당 사항을 인터넷 홈페이지에 30일 이상 게재하여야 한다. 다만, 인터넷 홈페이지에 게재할 수 없는 정당한 사유가 있는 경우에는 다음 각 호의 어느 하나의 방법으로 법 제27조 제1항 각 호의 사항을 정보 주체에게 알릴 수 있다.

1. 영업양도자 등의 사업장 등의 보기 쉬운 장소에 30일 이상 게시하는 방법
2. 영업양도자 등의 사업장 등이 있는 시·도 이상의 지역을 주된 보급 지역으로 하는 신문 등의 진흥에 관한 법률 제2조 제1호 가목·다목 또는 같은 조 제2호에 따른 일반 일간신문·일반주간신문 또는 인터넷신문에 싣는 방법

051 다음 중 영업양도 등에 따른 개인정보의 이전 제한에 대한 설명을 옳지 않은 것은?

① 개인정보 처리자는 영업 일부만 양도할 경우에는 개인정보 이전 사실을 양도 이후에 정보 주체에게 알려도 된다.

② 개인정보 처리자는 영업의 양도·합병 등으로 개인정보를 다른 사람에게 이전하는 경우 개인정보를 이전하려는 사실을 미리 정보 주체에게 알려야 한다.

③ 개인정보 처리자는 영업의 양도·합병 등으로 개인정보를 다른 사람에게 이전하는 경우 영업 양수자의 성명(법인은 그 명칭), 주소, 전화번호 및 그 밖의 연락처를 정보 주체에게 알려야 한다.

④ 영업 양수자 등은 영업의 양도·합병 등으로 개인정보를 이전받은 경우에는 이전 당시의 본래 목적으로만 개인정보를 이용하거나 제3자에게 제공할 수 있다.

⑤ 영업 양수자 등이 영업의 양도·합병 등으로 개인정보를 이전받은 경우에는 이전 당시의 본래 목적으로만 개인정보를 이용하거나 제3자에게 제공하는 경우 영업 양수자 등은 개인정보 처리자로 본다.

> **해설** 영업양도 등에 따른 개인정보의 이전 제한(개인정보 보호법 제27조)
> ① 개인정보 처리자는 영업의 전부 또는 일부의 양도·합병 등으로 개인정보를 다른 사람에게 이전하는 경우에는 미리 다음 각 호의 사항을 대통령령으로 정하는 방법에 따라 해당 정보 주체에게 알려야 한다.
> 　1. 개인정보를 이전하려는 사실
> 　2. 개인정보를 이전받는 자(이하 "영업 양수자 등"이라 한다)의 성명(법인의 경우에는 법인의 명칭을 말한다), 주소, 전화번호 및 그 밖의 연락처
> 　3. 정보 주체가 개인정보의 이전을 원하지 아니하는 경우 조치할 수 있는 방법 및 절차
> ② 영업 양수자 등은 개인정보를 이전받았을 때에는 지체 없이 그 사실을 대통령령으로 정하는 방법에 따라 정보 주체에게 알려야 한다. 다만, 개인정보 처리자가 제1항에 따라 그 이전 사실을 이미 알린 경우에는 그러하지 아니하다.
> ③ 영업 양수자 등은 영업의 양도·합병 등으로 개인정보를 이전받은 경우에는 이전 당시의 본래 목적으로만 개인정보를 이용하거나 제3자에게 제공할 수 있다. 이 경우 영업 양수자 등은 개인정보 처리자로 본다.

052 개인정보 처리자가 개인정보를 국외로 이전하기 위해 정보 주체로부터 국외 이전에 관한 별도의 동의를 받을 때 미리 정보 주체에게 알려야 할 사항이 아닌 것을 모두 고른 것은?

> ㄱ. 이전되는 개인정보 항목
> ㄴ. 개인정보가 이전되는 국가, 시기 및 방법
> ㄷ. 개인정보를 이전받는 자의 성명(법인은 그 명칭과 연락처)
> ㄹ. 개인정보를 이전받는 자의 개인정보 이용 목적 및 보유 · 이용 기간
> ㅁ. 이전이 정보 주체에게 미칠 효과
> ㅂ. 개인정보의 이전을 거부하는 방법, 절차 및 거부의 효과

① ㄱ, ㄷ

② ㄷ, ㄹ

③ ㄹ

④ ㅁ

⑤ ㄹ, ㅂ

해설 개인정보 처리자가 개인정보를 국외로 이전하기 위해 정보 주체로부터 국외 이전에 관한 별도의 동의를 받을 때에는 미리 다음 각 호의 사항을 정보 주체에게 알려야 한다(개인정보 보호법 제28조의8 제2항).
1. 이전되는 개인정보 항목
2. 개인정보가 이전되는 국가, 시기 및 방법
3. 개인정보를 이전받는 자의 성명(법인인 경우에는 그 명칭과 연락처를 말한다)
4. 개인정보를 이전받는 자의 개인정보 이용 목적 및 보유 · 이용 기간
5. 개인정보의 이전을 거부하는 방법, 절차 및 거부의 효과

053 다음 중 1천만 원 이하의 과태료를 부과하는 위반 행위는?

① 정보 주체로부터 별도의 동의를 받지 않고 개인정보를 국외로 이전한 행위

② 정보 주체에게 개인정보의 이전 사실을 알리지 아니한 행위

③ 국외 이전 시 보호 조치를 하지 아니한 행위

④ 사정을 알면서도 영리 또는 부정한 목적으로 개인정보를 제공받은 행위

⑤ 위탁자의 동의를 받지 아니하고 제3자에게 다시 위탁한 행위

해설 ② 개인정보 보호법 제75조 제4항 제6호
① 전체 매출액의 100분의 3을 초과하지 아니하는 범위에서 과징금 부과 가능(개인정보 보호법 제64조의2 제1항 제7호)
③ 3천만 원 이하의 과태료(개인정보 보호법 제75조 제2항 제14호)
④ 5년 이하의 징역 또는 5천만 원 이하의 벌금(개인정보 보호법 제71조 제2호)
⑤ 2천만 원 이하의 과태료(개인정보 보호법 제75조 제3항 제1호)

054 영업 양수자 등은 영업의 양도 · 합병 등으로 개인정보를 이전받은 경우에는 이전 당시의 본래 목적으로만 개인정보를 이용하거나 제3자에게 제공할 수 있다. 이를 위반한 경우 부과받는 과태료 또는 벌칙으로 옳은 것은?

① 1천만 원 이하의 과태료

② 2천만 원 이하의 과태료

③ 3천만 원 이하의 과태료

④ 5년 이하의 징역 또는 5천만 원

⑤ 7년 이하의 징역 또는 7천만 원

> **해설** 개인정보 보호법 제27조 제3항을 위반하여 개인정보를 이용하거나 제3자에게 제공한 자 및 그 사정을 알면서도 영리 또는 부정한 목적으로 개인정보를 제공받은 자는 5년 이하의 징역 또는 5천만 원 이하의 벌금에 처한다(개인정보 보호법 제71조 제2호).

055 다음 중 3천만 원 이하의 과태료를 부과하는 행위에 해당하는 것은?

① 국외 이전 시 보호 조치를 하지 아니한 행위

② 정보 주체의 동의를 받지 아니하고 개인정보를 제3자에게 제공한 행위

③ 영리 또는 부정한 목적으로 개인정보를 제공받은 행위

④ 정당한 사유 없이 자료를 거짓으로 제출한 자

⑤ 위탁자의 동의를 받지 아니하고 제3자에게 다시 위탁한 행위

> **해설** ① 개인정보 보호법 제75조 제2항 제14호
> ② 5년 이하의 징역 또는 5천만 원 이하의 벌금(개인정보 보호법 제71조 제1호)
> ③ 5년 이하의 징역 또는 5천만 원 이하의 벌금(개인정보 보호법 제71조 제2호)
> ④ 1천만 원 이하의 과태료(개인정보 보호법 제75조 제4항 제1호)
> ⑤ 2천만 원 이하의 과태료(개인정보 보호법 제75조 제3항 제1호)

PART 6

056 개인정보의 안전성 확보 조치 기준상 공공시스템 운영기관 등에 관한 내용으로 옳지 않은 것은?

① 공공시스템 운영기관은 접근 통제에 관한 사항을 포함하는 내부 관리계획을 수립 · 시행해야 한다.

② 공공시스템 운영기관은 공공시스템별로 관리책임자 지정, 관리책임자의 역할 및 책임에 관한 사항 등을 포함하여 내부 관리계획을 수립한다.

③ 공공시스템 운영기관은 공공시스템에 대한 접근 권한 부여, 변경 또는 말소 내역 등을 연 1회 이상 점검한다.

④ 공공시스템 운영기관은 공공시스템에 대한 접근 권한을 부여, 변경 또는 말소하려는 때에는 인사정 보와 연계한다.

⑤ 공공시스템 운영기관은 공공시스템 이용 기관이 소관 개인정보 취급자의 접속기록을 직접 점검할 수 있는 기능을 제공해야 한다.

해설 ③ 공공시스템 운영기관은 정당한 권한을 가진 개인정보 취급자에게만 접근 권한이 부여 · 관리되고 있는지 확인하기 위하여 접근 권한 부여, 변경 또는 말소 내역 등을 반기별 1회 이상 점검하여야 한다(개인정보의 안전성 확보 조치 기준 제16조 제4항).

057 개인정보의 안전성 확보 조치 기준의 적용 대상이 아닌 사람은?

① 수탁자

② 개인정보 처리자

③ 개인정보 처리자로부터 개인정보를 제공받은 자

④ 개인정보 처리자로부터 개인정보 처리를 위탁한 자

⑤ 개인정보 처리자로부터 개인정보 처리를 위탁받은 자

해설 **개인정보의 안전성 확보 조치 기준의 적용 대상**
- 개인정보 처리자
- 개인정보 처리자로부터 개인정보를 제공받은 자
- 개인정보 처리자로부터 개인정보 처리를 위탁받은 자(수탁자)

058 개인정보의 안전성 확보 조치 기준상 접속기록에 관한 내용이 아닌 것은?

① 접속기록 – 이용자와 개인정보 취급자의 접속기록을 모두 포함한다.
② 식별자 – 개인정보 처리 시스템에 접속한 자를 식별할 수 있도록 부여된 ID 등이다.
③ 수행업무 – 이용자가 개인정보 처리 시스템을 이용하여 수행한 업무를 알 수 있는 정보이다.
④ 접속일시 – 개인정보 처리 시스템에서 업무를 수행한 시점이다.
⑤ 생체정보 – 개인정보 처리 시스템에서 처리한 내용을 알 수 있는 정보이다.

> 해설 '접속기록'은 개인정보 처리시스템에 접속하는 자가 개인정보 처리시스템에 접속하여 수행한 업무내역에 대하여 식별
> 자, 접속일시, 접속지 정보, 처리한 정보 주체 정보, 수행업무 등을 전자적으로 기록한 것을 말한다.
> ⑤ 생체정보는 지문, 얼굴, 홍채, 정맥, 음성, 필적 등 개인의 신체적, 생리적, 행동적 특징에 관한 정보이다.

059 다음 모바일 기기에 대한 설명으로 옳지 않은 것은?

① 종류에는 스마트폰, 태블릿 PC, PDA(Personal Digital Assistant) 등이 있다.
② 손에 들거나 몸에 간편하게 지니고 다니며 무선망을 이용하여 개인정보 처리에 이용되는 휴대용기기
이다.
③ 개인정보 처리자의 업무 목적으로 개인정보 처리에 이용되지 않는 휴대용기기는 모바일기기에 포함
된다.
④ 개인정보 처리자가 업무를 목적으로 개인정보 취급자로 하여금 개인정보 처리에 이용하도록 하는 휴
대용기기를 말한다.
⑤ 무선망을 이용할 수 있는 스마트폰, 태블릿 컴퓨터 등 개인정보 처리에 이용되는 휴대용기기를 말
한다.

> 해설 개인 소유의 휴대용기기라 할지라도 개인정보 처리자의 업무 목적으로 개인정보 처리에 이용되는 경우는 모바일기기
> 에 포함된다. 단, 개인정보 처리자의 업무 목적으로 개인정보 처리에 이용되지 않는 휴대용기기는 모바일기기에서 제
> 외된다.

060 다음 중 개인정보 안전조치의 적용 원칙으로 가장 옳은 것은?

① 개인정보 처리자는 처리하는 개인정보의 보유 수 등을 고려하여 개인정보의 안전성 확보에 필요한 조치를 적용해야 한다.

② 1만 명 미만의 개인정보를 처리하는 단체의 경우에는 반드시 내부 관리계획을 수립해야 한다.

③ 개인정보 보호 책임자는 처리하는 개인정보의 정보 주체에 미치는 영향 등을 고려하여 개인정보의 안전성 확보에 필요한 조치를 적용해야 한다.

④ 10만 명 미만의 개인정보를 처리하는 대기업 등의 경우에는 내부 관리계획을 생략할 수 있다.

⑤ 개인정보 취급자는 개인정보의 유형 등을 고려하여 자기의 환경에 맞는 개인정보의 안전성 조치를 적용해야 한다.

> **해설** ② · ④ 1만 명 미만의 정보 주체에 관하여 개인정보를 처리하는 소상공인 · 개인 · 단체의 경우에는 내부 관리계획을 생략할 수 있다(개인정보의 안전성 확보 조치 기준 제4조 단서).
> ③ · ⑤ 개인정보 처리자는 처리하는 개인정보의 보유 수, 유형 및 정보 주체에게 미치는 영향 등을 고려하여 자기의 환경에 맞는 개인정보의 안전성 확보에 필요한 조치를 적용하여야 한다(개인정보의 안전성 확보 조치 기준 제3조 참고).

061 개인정보의 안전성 확보 조치 기준상의 내부 관리계획에 관한 내용으로 옳지 않은 것은?

① 개인정보 처리자는 개인정보의 분실 · 도난 · 유출 · 위조 · 변조 또는 훼손되지 아니하도록 내부 관리계획을 수립 · 시행하여야 한다.

② 내부 관리계획을 수립 · 시행할 때 1만 명 미만의 정보 주체에 관하여 개인정보를 처리하는 소상공인 · 개인 · 단체의 경우에는 생략할 수 있다.

③ 개인정보 보호 책임자는 접근 권한 관리, 접속기록 보관 및 점검, 암호화 조치 등 내부 관리계획의 이행 실태를 분기별 1회 이상 점검 · 관리하여야 한다.

④ 개인정보 처리자는 교육 목적, 교육 대상, 교육 내용, 교육 일정, 교육 방법을 정하여 개인정보 보호 책임자를 대상으로 사업 규모, 개인정보 보유 수, 업무 성격 등에 따라 차등화하여 필요한 교육을 정기적으로 실시하여야 한다.

⑤ 개인정보 처리자는 내부 관리계획의 각 포함 사항에 중요한 변경이 있는 경우에는 이를 즉시 반영하여 내부 관리계획을 수정하여 시행하고, 그 수정 이력을 관리하여야 한다.

> **해설** ③ 개인정보 보호 책임자는 접근 권한 관리, 접속기록 보관 및 점검, 암호화 조치 등 내부 관리계획의 이행 실태를 연 1회 이상 점검 · 관리하여야 한다.

062 다음 중 개인정보 안전성 확보 조치 기준상의 내부 관리계획에 포함되는 사항을 모두 고른 것은?

> ㄱ. 접근 권한의 관리에 관한 사항
> ㄴ. 개인정보의 암호화 조치에 관한 사항
> ㄷ. 악성프로그램 등 통제에 관한 사항
> ㄹ. 개인정보 보호 조직의 구성 및 운영에 관한 사항
> ㅁ. 개인정보 취급자의 자격요건 및 지정에 관한 사항

① ㄱ, ㄴ, ㄷ   ② ㄱ, ㄴ, ㄹ
③ ㄴ, ㄷ, ㅁ   ④ ㄴ, ㄹ, ㅁ
⑤ ㄷ, ㄹ, ㅁ

해설 **내부 관리계획 수립 · 시행 및 점검사항**
- 개인정보 보호 조직의 구성 및 운영에 관한 사항
- 개인정보 보호 책임자의 자격요건 및 지정에 관한 사항
- 개인정보 보호 책임자와 개인정보 처리자의 역할 및 책임에 관한 사항
- 개인정보 취급자에 대한 관리 · 감독 및 교육에 관한 사항
- 접근 권한의 관리에 관한 사항
- 접근 통제에 관한 사항
- 개인정보의 암호화 조치에 관한 사항
- 접속기록 보관 및 점검에 관한 사항
- 악성프로그램 등 방지에 관한 사항
- 개인정보의 유출, 도난 방지 등을 위한 취약점 점검에 관한 사항
- 물리적 안전조치에 관한 사항
- 개인정보 유출 사고 대응 계획 수립 · 시행에 관한 사항
- 위험 분석 및 관리에 관한 사항
- 개인정보 처리 업무를 위탁하는 경우 수탁자에 대한 관리 및 감독에 관한 사항
- 개인정보 내부 관리계획의 수립, 변경 및 승인에 관한 사항
- 그 밖에 개인정보 보호를 위하여 필요한 사항

PART 6

063 개인정보 안전성 확보 조치 기준상의 내부 관리계획에서 개인정보 보호 책임자의 자격요건 · 지정으로 옳지 않은 것은?

① 개인정보의 수집 · 이용 · 제공 등 처리에 대하여 실질적인 권한을 가져야 한다.
② 개인정보 처리에 관한 전반적인 사항을 결정하고 그 제반 사항을 책임을 질 수 있어야 한다.
③ 개인정보 보호 책임자가 개인정보 처리자를 지정하거나 변경하는 경우에는 개인정보 처리 방침에 공개하여야 한다.
④ 개인정보를 보호하고 개인정보와 관련한 이용자의 고충을 처리하기 위하여 개인정보 보호 책임자를 인사 명령 등으로 공식적으로 지정해야 한다.
⑤ 개인정보 보호 관련 계획 수립 · 시행, 처리, 실태 조사 및 개선, 이용자 고충 처리, 내부 통제시스템 구축 등의 역할을 수행한다.

해설 개인정보 처리자가 개인정보 보호 책임자를 지정하거나 변경하는 경우에는 개인정보 처리 방침에 공개하여야 한다.

064 다음 개인정보 안전성 확보 조치 기준상의 내부 관리계획에서 개인정보 암호화 조치사항을 모두 고른 것은?

> ㄱ. 비밀번호는 안전한 알고리즘으로 암호화하여 저장해야 한다.
> ㄴ. 생체인식정보는 정보통신망을 통해 송신 시 암호화해야 한다.
> ㄷ. 고유 식별정보가 개인정보 처리시스템 등에 저장된 경우에는 개인정보의 노출 및 위 · 변조 등을 방지해야
> 　한다.

① ㄱ
② ㄱ, ㄴ
③ ㄱ, ㄷ
④ ㄴ, ㄷ
⑤ ㄱ, ㄴ, ㄷ

해설　**개인정보의 암호화 조치 사항**
- 고유 식별정보, 비밀번호 및 생체인식정보가 개인정보 처리 시스템 등에 저장되거나 정보통신망을 통해 전송되는 경우, 노출 및 위 · 변조 등을 방지해야 한다.
- 고유 식별정보, 비밀번호 및 생체인식정보는 안전한 알고리즘으로 암호화하여 저장해야 한다.
- 고유 식별정보, 비밀번호 및 생체인식정보는 정보통신망을 통해 송신 시 암호화해야 한다.

065 개인정보 안전성 확보 조치 기준상의 내부 관리계획에서 개인정보 유출 사고 대응 절차의 순서로 옳은 것은?

① 개인정보 유출 대응체계 구축 → 정보 주체 피해구제 및 재발 방지 → 피해 최소화 및 긴급조치→ 유출통지 및 신고
② 유출통지 및 신고 → 개인정보 유출 대응체계 구축 → 피해 최소화 및 긴급조치 → 정보 주체 피해구제 및 재발 방지
③ 개인정보 유출 대응체계 구축 → 피해 최소화 및 긴급조치 → 유출통지 및 신고 → 정보 주체 피해구제 및 재발 방지
④ 유출통지 및 신고 → 피해 최소화 및 긴급조치 → 개인정보 유출 대응체계 구축 → 정보 주체 피해구제 및 재발 방지
⑤ 정보 주체 피해구제 및 재발 방지 → 유출통지 및 신고 → 피해 최소화 및 긴급조치 → 개인정보 유출 대응체계 구축

해설　개인정보 유출 사고 대응 절차는 '개인정보 유출 대응체계 구축 → 피해 최소화 및 긴급조치 → 유출통지 및 신고 → 정보 주체 피해구제 및 재발 방지'의 순서로 이루어진다.

066 개인정보 내부 관리계획의 수립, 변경, 승인에 관한 사항으로 옳지 않은 것은?

① 내부 관리계획의 제목은 내부 방침에 따라 모두 같은 용어를 사용해야 한다.

② 내부 관리계획은 전사적인 계획 내에서 시행되도록 사업주 · 대표자에게 내부 결재 등의 승인을 받아야 한다.

③ 내부 관리계획을 수정 · 변경할 때는 내용, 시행 시기 등 그 이력의 관리는 승인받아야 한다.

④ 내부 관리계획을 구체적으로 수립하고, 세부 지침, 절차, 가이드, 안내서 등을 추가로 수립한다.

⑤ 내부 관리계획은 사내 게시판 게시, 교육 등의 방법으로서 모든 임직원 및 관련자에게 전달해야 한다.

> 해설 ① 내부 관리계획의 제목은 내부 방침에 따라 다른 용어로 사용할 수 있다.

067 개인정보의 안전성 확보 조치 기준상 비밀번호의 공격 방법에 대한 설명으로 옳은 것은?

① 가장 일반적인 비밀번호 공격 방법은 레인보우 테이블 공격이다.

② 사전공격은 가능한 한 모든 값을 비밀번호에 대입해 보는 공격법이다.

③ 무작위 대입 공격은 자주 사용되는 문자열을 비밀번호에 대입하는 공격법이다.

④ 레인보우 테이블 공격은 해시 함수를 사용하여 만들어 낼 수 있는 값들을 저장한 표를 이용한 공격이다.

⑤ 레인보우 테이블 공격은 사전공격이나 무작위 대입 공격에 비해 시간이 많이 소요된다.

> 해설 ① 일반적인 비밀번호 공격 방법은 사전공격과 무작위 대입 공격이 있다.
> ② 무작위 대입 공격(Brute Force)에 대한 설명이다.
> ③ 사전공격(Dictionary Attack)에 대한 설명이다.
> ⑤ 사전공격이나 무작위 공격에 비해 레인보우 테이블 공격이 시간이 적게 소요된다.

068 개인정보 처리자의 안전한 접속 수단 및 인증수단에 대한 설명으로 옳지 않은 것은?

① 개인정보 시스템에 대한 외부 접촉은 원칙적으로 차단해야 하나 개인정보 처리자의 업무 특성이나 필요에 의한 경우에는 안전한 접속 수단 등을 통해 적용해야 한다.

② 노트북, 업무용 컴퓨터, 모바일 기기 등 외부에서 정보통신망을 통해 개인정보 처리 시스템에 접속할 경우에는 안전한 접속 수단이나 안전한 인증수단을 적용해야 한다.

③ 전용선은 물리적으로 독립된 회선으로서 두 지점 간에 독점적으로 사용하는 회선으로 개인정보 처리자와 개인정보 취급자, 본점과 지점 간 직통으로 연결하는 회선 등을 의미한다.

④ 인증수단에는 인증서(PKI), 보안 토큰, 일회용 비밀번호, 가상사설망 등이 있다.

⑤ 보안 토큰은 암호 연산장치 등으로 내부에 저장된 정보가 외부로 복사, 재생성되지 않도록 공인인증서 등을 안전하게 보호할 수 있는 수단으로 스마트카드, USB 토큰 등이 있다.

> **해설** ④ 가상사설망은 전용선과 함께 접속 수단에 속한다. 가상사설망(VPN : Virtual Private Network)이란 개인정보 취급자가 사업장 내의 개인정보 처리 시스템에 대해 원격으로 접속할 때 IPsec이나 SSL 기반의 암호 프로토콜을 사용한 터널링 기술을 통해 안전한 암호통신을 할 수 있도록 해주는 보안 시스템을 말한다.

069 자동적인 개인정보 처리 시스템의 접속차단에 대한 내용으로 적절치 않은 것은?

① 개인정보 처리자는 개인정보 취급자가 일정 시간 이상 업무처리를 하지 않을 시, 자동으로 시스템 접속이 차단되도록 최대 접속 시간 제한 등의 조치를 하여야 한다.

② 개인정보 처리 시스템에 접속하는 업무용 컴퓨터 등에서 해당 개인정보 처리 시스템에 대한 접속의 차단을 의미한다.

③ 최대 접속 시간 제한 조치는 개인정보 처리 시스템에 접속하는 업무용 컴퓨터 등에서 해당 개인정보 처리 시스템에 대한 접속을 차단하는 것을 의미하며, 최대 접속 시간이 경과하면 개인정보 처리 시스템과 연결이 완전히 차단되어 정보의 송 · 수신이 불가능한 상태가 되어야 한다.

④ 개인정보 취급자가 일정 시간 이상 업무처리를 하지 않아 개인정보 처리 시스템에 접속이 차단된 이후, 다시 접속하고자 할 때도 최초의 로그인과 동일한 방법으로 접속하여야 한다.

⑤ 개인정보 처리 시스템에 접속차단 등의 조치 없이 업무용 컴퓨터에 화면보호기만을 설정할 때는 자동 접속차단 조치를 하여야 한다.

> **해설** **자동 접속차단 조치를 하지 않는 경우**
> • 개인정보 처리 시스템에 접속차단 등의 조치 없이 업무용 컴퓨터에 화면보호기만을 설정한 때
> • 개인정보 처리 시스템 등에 다시 접속 시 자동 로그인 기능을 사용한 때
> • 서버접근제어 프로그램 등을 이용하여 별도의 로그인 절차 없이 개인정보 처리 시스템에 접속이 가능하도록 구성하면서 해당 프로그램에 접속 차단 조치를 하지 않은 때

070 다음 중 주민등록번호 처리 제한의 경우에 해당하지 않는 것은?

① 대통령령에서 구체적으로 주민등록번호의 처리를 요구하거나 허용한 경우

② 대법원규칙에서 구체적으로 주민등록번호의 처리를 요구하거나 허용한 경우

③ 제3자의 급박한 생명, 신체, 재산의 이익을 위하여 명백히 필요하다고 인정되는 경우

④ 정보 주체가 급박한 생명, 신체, 재산의 이익을 위하여 명백히 필요하다고 인정되는 경우

⑤ 제3자의 재산상의 이익을 위해 필요하다고 인정한 경우에 준하여 주민등록번호 처리가 불가피한 경우로서 보호 위원회가 허가한 경우

> 해설 ⑤ 보호 위원회에서 고시로 정한 경우만 해당한다.
>
> **주민등록번호 처리의 제한(개인정보 보호법 제24조의2)**
> 개인정보 처리자는 다음의 경우를 제외하고는 주민등록번호를 처리할 수 없다.
> - 법률 · 대통령령 · 국회규칙 · 대법원규칙 · 헌법재판소규칙 · 중앙선거관리위원회규칙 및 감사원규칙에서 구체적으로 주민등록번호의 처리를 요구하거나 허용한 경우
> - 정보 주체 또는 제3자의 급박한 생명, 신체, 재산의 이익을 위하여 명백히 필요하다고 인정되는 경우
> - 위의 경우에 준하여 주민등록번호 처리가 불가피한 경우로서 보호 위원회가 고시로 정하는 경우

071 개인정보의 암호화에서 내부망에 고유 식별정보를 저장할 때의 암호화로 옳지 않은 것은?

① 내부망에 주민등록번호를 저장할 경우에는 개인정보 영향평가나 암호화 미적용 시 위험도 분석의 결과와 관계없이 암호화해야 한다.

② 영향평가의 대상이 되는 개인정보 파일을 운용하는 공공기관은 해당 개인정보 영향평가 결과에 따라 암호화의 적용 여부 및 적용 범위를 정하여 시행할 수 있다.

③ 공공기관 이외의 개인정보 처리자는 암호화의 미적용 시에는 위험도 분석에 따른 결과에 따라 암호화의 적용 여부 및 적용 범위를 정하여 시행할 수 있다.

④ 암호화 조치를 하여야 하는 암호화 적용 대상은 주민등록번호를 전자적인 방법으로 보관하는 개인정보 처리자로 한다.

⑤ 보호 위원회는 내부망에 주민등록번호 훼손되지 아니하도록 암호화 조치를 통하여 안전하게 보관하여야 한다.

> 해설 ④ 개인정보 보호법 시행령 제21조의2
> ⑤ 개인정보 처리자는 주민등록번호가 분실 · 도난 · 유출 · 위조 · 변조 또는 훼손되지 아니하도록 암호화 조치를 통하여 안전하게 보관하여야 한다(개인정보 보호법 제24조의2 제2항).
> ① · ② · ③ 개인정보의 안전성 확보 조치 기준 제7조 제3항 제2호 단서

072 다음에서 인터넷 구간 및 인터넷 구간과 내부망의 중간지점(DMZ)에 고유 식별정보를 저장하는 경우에도 반드시 암호화해야 하는 것끼리 묶은 것은?

> ㄱ. 생체인식정보
> ㄴ. 주민등록번호
> ㄷ. 여권번호
> ㄹ. 외국인등록번호
> ㅁ. 운전 면허번호
> ㅂ. 비밀번호

① ㄱ, ㄴ

② ㄱ, ㄷ

③ ㄴ, ㅁ

④ ㄷ, ㄹ, ㅁ

⑤ ㄹ, ㅂ

해설 암호화 적용 기준 요약표

<table>
<tr><th colspan="4">구분</th><th>암호화 기준</th></tr>
<tr><td>정보통신망, 보조 저장
매체를 통한 송신 시</td><td colspan="3">비밀번호, 생체인식정보
고유 식별정보</td><td>암호화 송신</td></tr>
<tr><td rowspan="6">개인정보 처리 시스템에
저장 시</td><td colspan="3">비밀번호</td><td>일방향(해시 함수) 암호화 저장</td></tr>
<tr><td colspan="3">생체인식정보</td><td>암호화 저장</td></tr>
<tr><td rowspan="4">고
유
식
별
정
보</td><td colspan="2">주민등록번호</td><td>암호화 저장</td></tr>
<tr><td rowspan="3">여권번호,
외국인등록번호,
운전 면허번호</td><td>인터넷 구간,
인터넷 구간과
내부망의 중간지점
(DMZ)</td><td>암호화 저장</td></tr>
<tr><td rowspan="2">내부망에 저장</td><td rowspan="2">암호화 저장 또는 다음 항목에 따라 암호
화 적용 여부·적용 범위를 정하여 시행
① 개인정보 영향평가 대상이 되는 공공
　기관의 경우, 그 개인정보 영향평가
　의 결과
② 암호화 미적용 시 위험도 분석에 따
　른 결과</td></tr>
<tr></tr>
<tr><td>업무용 컴퓨터,
모바일 기기에 저장 시</td><td colspan="3">비밀번호, 생체인식정보, 고유 식별정보</td><td>암호화 저장
※ 비밀번호는 일방향 암호화 저장</td></tr>
</table>

073 암호키 유형과 암호화 방식에서 대칭키 암호화의 내용이 아닌 것은?

① 대칭키 암호화 방식은 대칭키 암호 알고리즘을 사용하여 전송하고자 하는 평문을 암호화라고 복호화하는 데 동일한 키를 사용한다.

② 정보 교환 당사자 간에 동일한 키를 공유해야 하므로 여러 사람과의 정보 교환 시에 많은 키를 유지 · 관리해야 하는 어려움이 있다.

③ 대표적인 대칭키 암호 알고리즘은 SEED, ARIA, LEA, HIGHT, 국외의 AES, 3TDEA, Camellia 등이 있다.

④ 대칭키 암호화 방식은 해시함수를 이용하여 암호화된 값을 생성하며 복호화되지 않는 방식이다.

⑤ 대칭키 암호화 방식은 암호키의 길이가 공개키 암호화 방식보다 상대적으로 작아서 일반적인 정보의 기밀성을 보장하는 용도로 사용되고 있다.

> **해설** ④ 해시함수를 이용하여 암호화된 값을 생성하며 복호화되지 않는 방식은 일방향 암호화 방식이다.

074 접속기록의 보관 및 점검에 관한 설명으로 옳지 않은 것은?

① 개인정보 처리자로서 전기통신사업법에 따라 신고한 기간통신사업자에 해당하는 경우 개인정보 처리 시스템에 대한 접속기록을 2년 이상 보관 · 관리하여야 한다.

② 개인정보의 다운로드가 확인된 경우에는 내부 관리계획 등으로 정하는 바에 따라 그 사유를 반드시 확인하여야 한다.

③ 개인정보처리자는 접속기록을 최소 보관기간 이후에도 즉시 삭제하지 않고 책임 추적성을 확보할 만한 기간 동안 보관 · 관리할 수 있도록 해야 한다.

④ 가명 정보를 처리하는 경우 추가 정보의 사용 없이는 정보 주체를 식별할 수 없으므로 정보 주체를 구별할 수 있는 정보가 있다면 '처리한 정보 주체 정보' 항목으로 해당 정보를 기록하여야 한다.

⑤ 개인정보 처리자는 접속기록을 최소 2년 이상 보관 관리하여야 한다.

> **해설** ⑤ 개인정보 처리자는 접속기록을 최소 1년 이상 보관 관리하여야 한다.

075 다음 중 고유 식별정보에 해당하지 않는 것은?

① 주민등록번호

② 여권번호

③ 운전 면허의 면허번호

④ 외국인등록번호

⑤ 전화번호

> **해설** 고유 식별정보 : 개인을 고유하게 구별하기 위하여 부여된 식별정보로서 주민등록번호, 여권번호, 운전 면허의 면허번호, 외국인등록번호를 말한다.

076 개인정보의 안전성 확보 조치 기준상의 악성프로그램 등 방지에 관한 설명 중 틀린 것은?

① 운영체제나 응용 프로그램 보안 업데이트 시 현재 운영 중인 응용 프로그램의 업무 연속성이 이루어 질 수 있도록 가능한 한 수동으로 보안 업데이트가 설정되도록 할 필요가 있다.

② 백신 소프트웨어 등의 보안 프로그램은 실시간 감시 등을 위해 항상 실행된 상태를 유지해야 한다.

③ 한컴 오피스, MS 오피스 등 개인정보 처리에 자주 이용되는 응용 프로그램은 자동업데이트 설정 시, 보안 업데이트 공지에 따른 즉시 업데이트가 쉬운 편이다.

④ 개인정보 처리자는 악성프로그램 관련 경보가 발령된 경우 또는 사용 중인 응용 프로그램이나 운영 체제 소프트웨어의 제작업체에서 보안 업데이트 공지가 있는 경우 정당한 사유가 없는 한 즉시 이에 따른 업데이트 등을 실시하여야 한다.

⑤ 보안 프로그램 설치 · 운영 시 정당한 사유가 없는 한 일 1회 이상 업데이트를 하는 등 최신의 상태로 유지해야 한다.

> **해설** ① 운영체제나 응용 프로그램 보안 업데이트 시 현재 운영 중인 응용 프로그램의 업무 연속성이 이루어질 수 있도록 보안 업데이트를 적용하는 것이 필요하며, 가능한 한 자동으로 보안 업데이트가 설정되도록 할 필요가 있다.

077 다음에서 설명하는 악성프로그램은?

> • 시스템에 쉽게 접근하기 위해서 고의로 열어 둔 것이며, 관리자가 쉽게 접근하기 위해서도 사용된다.
> • 보안 기능을 우회해 데이터에 직접 접근하는 공격 방법이다.

① Spyware
② Trojan Horse
③ Trap Door
④ Ransomware
⑤ Logic Bomb

> **해설** ① Spyware : 사용자의 동의 없이 설치되어 컴퓨터의 정보를 수집하고 전송하는 악성 소프트웨어로, 신용카드와 같은 금융정보 및 주민등록번호와 같은 신상정보, 암호를 비롯한 각종 정보를 수집한다.
> ② Trojan Horse : 자기 복제 능력이 없는 악성 루틴이 숨어 있는 프로그램으로, 사용자가 첨부파일을 실행하도록 유도하기도 한다.
> ④ Ransomware : 사용자 컴퓨터의 데이터를 암호화시켜 파일을 사용할 수 없도록 한 후 암호화를 풀어주는 대가로 금전을 요구하는 악성프로그램으로, 백신으로 치료가 불가능하다.
> ⑤ Logic Bomb : 미리 정해진 특정 논리적 조건이 충족되면 발생하는 악성프로그램이다.

078 다음 중 컴퓨터바이러스와 웜(Worm)에 대한 설명으로 틀린 것은?

① 컴퓨터바이러스와 웜 모두 자기 복제가 가능하다.

② 웜은 기생할 숙주 프로그램이 필요하다.

③ 컴퓨터바이러스는 파일을 통해 감염되고 웜은 네트워크를 통해 독립실행으로 네트워크 성능을 저하한다.

④ 컴퓨터바이러스는 파일을 옮겨야만 전파하나 웜은 스스로 전파한다.

⑤ 컴퓨터바이러스를 예방하기 위해 의심스러운 첨부파일은 열지 않도록 주의한다.

> **해설** ② 컴퓨터바이러스는 파일을 통해 자신 또는 자신의 변형을 감염시켜 기생하는 악성코드로, 기생할 숙주 프로그램이 필요하다. 웜(Worm)은 독립실행 프로그램이다.

079 개인정보의 안전성 확보 조치 기준상의 물리적 안전조치에 관한 설명 중 틀린 것은?

① 자료 보관실은 가입신청서 등의 문서나 Digital Audio Tape, Linear Tape Open, Digital Linear Tape, 하드디스크 등이 보관된 물리적 저장장소이다.

② 다량의 정보시스템을 운영하기 위한 별도의 물리적인 공간으로 전기시설, 공조시설, 소방시설 등을 갖춘 시설은 전산실이다.

③ 물리적 접근 방지를 위한 장치로는 비밀번호 기반 출입통제 장치, 스마트카드 기반 출입 통제장치, 지문 등 생체인식정보 기반 출입 통제장치 등이 있다.

④ 개인정보 처리자는 출입에 관한 사항을 출입 관리대장에 기록하고, 개인정보 보호 책임자 또는 전산실, 자료 보관실 등 운영·관리책임자의 승인을 받아야 한다.

⑤ 수기 문서 대장에는 출입자, 출입 일시, 출입 목적, 소속 등을 수기로 기록한다.

> **해설** ④ 개인정보 처리자가 개인정보 보호 책임자 또는 전산실, 자료 보관실 등 운영·관리책임자의 승인을 받아야 하는 것은 출입 신청서이다.

080 개인정보의 안전성 확보 조치 기준상의 재해 · 재난 대비 안전조치로 틀린 것은?

① 재해 · 재난으로 개인정보 등에 중대한 영향을 초래하거나 해를 끼칠 수 있는 사안 등에 대해서는 사업주 · 대표 · 임원 등에게 보고 후, 의사결정 절차를 통하여 적절한 대책을 마련해야 한다.

② 재난이란 국민의 생명 · 신체 · 재산과 국가에 피해를 주거나 줄 수 있는 것이며, 재해란 재난으로 인하여 발생하는 피해이다.

③ 개인정보 처리자는 재해 · 재난 발생 시 개인정보의 손실 및 훼손 등을 방지하고 개인정보 유출 사고 등을 예방하기 위하여 개인정보 처리 시스템 보호를 위한 위기 대응 매뉴얼 등 대응 절차를 문서화하여 마련하고 이에 따라 대처하여야 한다.

④ 개인정보 처리자는 대응 절차의 적정성과 실효성을 보장하기 위하여 정기적으로 점검해야 하며, 대응 절차에 변경이 있는 경우에는 변경 사항을 반영하는 등 적절한 조치를 해야 한다.

⑤ 10만 명 이상의 정보 주체에 관하여 개인정보를 처리하는 중소기업 · 단체에 해당하는 개인정보 처리자는 화재, 홍수, 단전 등의 재해 · 재난 발생 시 개인정보 처리 시스템 보호를 위한 위기 대응 매뉴얼 등 대응 절차를 마련하고 정기적으로 점검하여야 한다.

> **해설** ⑤ 100만 명 이상의 정보 주체에 관하여 개인정보를 처리하는 중소기업 · 단체에 해당하는 개인정보 처리자는 화재, 홍수, 단전 등의 재해 · 재난 발생 시 개인정보 처리 시스템 보호를 위한 위기 대응 매뉴얼 등 대응 절차를 마련하고 정기적으로 점검하여야 한다(개인정보의 안전성 확보 조치 기준 제11조 제1호).

081 다음 중 시간이 지남에 따라 백업 시간이 늘어나는 단점이 있는 백업 유형은?

① 전체백업　　　　　　　　　　② 증분백업
③ 차등백업　　　　　　　　　　④ 복사본백업
⑤ 부분백업

> **해설** ③ 시간이 지남에 따라 백업 시간이 늘어나는 단점이 있는 백업은 차등백업으로 모든 데이터를 백업한 후 매일 추가된 데이터만 합산하여 백업하는 방식이다.
> ① 전체백업 : 전체 데이터 모두를 백업하는 방식으로, 다른 백업보다 복구가 간편해 시간이 절약된다.
> ② 증분백업 : 일정 시간마다 변경된 데이터만 백업하는 방식으로, 백업 복구시간이 가장 오래 걸리나 빠른 백업이 가능하다.

082 재해복구시스템 중 주 센터와 백업센터 간의 DB를 직접 이중화하는 방안으로, Active/Standby 상태로 유지하는 방식은?

① 미러 사이트　　　　　　　　　② 웜 사이트
③ 핫 사이트　　　　　　　　　　④ 콜드 사이트
⑤ 웹사이트

> **해설** 핫 사이트(Hot Site)
> • 주 센터와 백업센터 간의 DB를 직접 이중화하는 방안으로, 자원을 대기 상태로 사이트에 보유하는 Active/Standby 상태로 유지하는 방식이다.
> • 백업센터에서 동일한 전산센터를 구축하여 수 시간 내 재난복구시스템이 가동된다.

083 BCP(Business Continuity Planning) 5단계 접근 방법론을 순서대로 나열한 것은?

① 프로젝트 범위 설정 및 기획 → 복구 계획 수립 → 복구 전략 개발 → 프로젝트 수행 테스트 및 유지 보수 → 사업 영향 평가(BIA)

② 프로젝트 범위 설정 및 기획 → 사업 영향 평가(BIA) → 복구 전략 개발 → 복구 계획 수립 → 프로젝트 수행 테스트 및 유지보수

③ 프로젝트 범위 설정 및 기획 → 복구 계획 수립 → 복구 전략 개발 → 사업 영향 평가(BIA) → 프로젝트 수행 테스트 및 유지보수

④ 프로젝트 범위 설정 및 기획 → 사업 영향 평가(BIA) → 복구 계획 수립→ 복구 전략 개발 → 프로젝트 수행 테스트 및 유지보수

⑤ 복구 전략 개발 → 복구 계획 수립 → 프로젝트 범위 설정 및 기획 → 사업 영향 평가(BIA) → 프로젝트 수행 테스트 및 유지보수

해설 BCP(업무 연속성 계획)의 수립 절차

프로젝트 범위 설정 및 기획	• 조직의 독특한 사업경영과 정보시스템의 지원 서비스를 조사하여, 다음 활동 단계로 나가 기 위한 프로젝트 계획을 수립하는 단계 • 명확한 범위, 조직, 시간, 인원 등을 정의 • 프로젝트의 근본 취지나 요구 사항이 조직 전체 및 BCP의 개발에 가장 중요한 역할을 수행 할 부서나 직원에게 명료하게 전달
사업 영향 평가 (BIA)	• 시스템이나 통신서비스의 심각한 중단 사태에 따라 각 사업 단위가 받게 될 재정적 손실의 영향을 파악하고 문서화하는 단계 • RTO, RPO, 핵심 우선순위 결정
복구 전략 개발	• 사업 영향 평가 단계에서 수집된 정보를 활용하여, 시간 임계적(Time Critical) 사업기능을 지원하는 데 필요한 복구 자원을 추정하는 단계 • 사업의 지속 전략 정의 및 문서화 • 여러 가지 복구 방안에 대한 평가와 이에 따른 예상 비용에 대한 자료를 경영자에게 제시
복구 계획 수립	• 사업을 지속하기 위한 실제 복구 계획을 수립하는 단계 • 효과적인 복구과정을 수행하기 위하여 명시적인 문서화 작업을 진행하며, 반드시 경영 자 산목록 정보와 상세한 복구팀 행동계획 포함
프로젝트의 수행 테스트 및 유지보수	• 테스트와 유지보수 활동 현황을 포함하여 향후 수행할 엄격한 테스트 및 유지보수 관리 절 차 수립 단계 • 교육, 인식 제고, 훈련 및 시험, 변경 관리

084 개인정보의 안전성 확보 조치 기준상 개인정보의 파기에 관한 설명 중 틀린 것은?

① 개인정보가 저장된 하드디스크에 대해 완전 포맷을 위해 최소 두 번 이상 수행하여 데이터가 복원되지 않도록 초기화 또는 덮어쓰기를 권고한다.
② 데이터 영역에 무작위 값으로 3회 이상 덮어쓰기를 권고한다.
③ 해당 드라이브를 안전한 알고리즘 및 키 길이로 암호화하여 저장 후 삭제하고 암호화에 사용된 키를 완전 폐기 및 무작위 값으로 덮어쓴다.
④ 개인정보 파기의 시행 및 파기 결과의 확인은 개인정보 보호 책임자의 책임하에 수행되어야 한다.
⑤ 개인정보 파기 시에는 파기를 전문으로 수행하는 업체를 활용할 수도 있다.

> **해설** ① 개인정보가 저장된 하드디스크에 대해 완전 포맷을 위해 3회 이상 수행하여 데이터가 복원되지 않도록 초기화 또는 덮어쓰기를 권고한다.

085 공공시스템 운영기관의 접근 권한의 관리 및 접속기록의 보관 및 점검에 관한 설명으로 틀린 것은?

① 공공시스템 운영기관은 공공시스템에 대한 접근 권한을 부여, 변경 또는 말소하려는 때에는 인사정보와 연계하여야 한다.
② 공공시스템 운영기관은 인사정보에 등록되지 않은 자에게 개인정보 처리 시스템에 접근할 수 있는 계정을 발급해서는 안 된다. 다만, 긴급상황 등 불가피한 사유가 있는 경우에는 발급할 수 있으며, 그 사유를 내역에 포함해야 한다.
③ 공공시스템 운영기관은 개인정보 처리 시스템에 접근할 수 있는 계정을 발급할 시에는 개인정보 보호 교육을 하고, 보안 서약을 받아야 한다.
④ 공공시스템 운영기관은 정당한 권한을 가진 개인정보 취급자에게만 접근 권한이 부여·관리되고 있는지 확인하기 위하여 접근 권한 부여, 변경 또는 말소 내역 등을 월별 1회 이상 점검하여야 한다.
⑤ 공공시스템 운영기관은 공공시스템 이용 기관이 소관 개인정보 취급자의 접속기록을 직접 점검할 수 있는 기능을 제공하여야 한다.

> **해설** ④ 공공시스템 운영기관은 정당한 권한을 가진 개인정보 취급자에게만 접근 권한이 부여·관리되고 있는지 확인하기 위하여 접근 권한 부여, 변경 또는 말소 내역 등을 반기별 1회 이상 점검하여야 한다(개인정보의 안전성 확보 조치 기준 제16조 제4항).
> ① 개인정보의 안전성 확보 조치 기준 제16조 제1항
> ② 개인정보의 안전성 확보 조치 기준 제16조 제2항
> ③ 개인정보의 안전성 확보 조치 기준 제16조 제3항
> ⑤ 개인정보의 안전성 확보 조치 기준 제17조 제2항

086 다음의 개인정보 보호 마크를 소유한 인증마크 제도에 관한 설명으로 옳은 것은?

① 한국의 개인정보 보호 협회에서 주관하는 제도로, 개인정보 보호에 대한 법규 준수 및 안전한 개인 정보 관리를 위한 보호 조치 이행 여부 확인을 위한 민간 인증제도이다.

② 일본 통상산업성이 1997년 민간 부문에 있어서 개인정보 관리의 가이드라인을 제시한 것으로 일본 정보처리개발협회가 주관한 제도이다.

③ 미국경영개선협회에서 주관하는 마크로 신뢰성(Reliability) 마크와 프라이버시(Privacy) 마크 등 두 가지 마크로 구성되어 있다.

④ 아시아 · 태평양 13개국 19개 회원 기관이 참여하는 아태지역 개인정보 감독기구 협의체가 주관한 인증마크 제도로 한국은 2004년부터 참여하고 있다.

⑤ 1950년 발표된 유럽인권조약에 근거해 유럽평의회가 1981년 채택한 개인정보 보호 관련 국제협약 에서 제시한 인증마크 제도이다.

해설 일본 Privacy Mark
- 일본 통상산업성은 1997년 민간 부문에 있어서 개인정보 관리의 가이드라인을 제시하였다.
- 가이드라인 제정 후 민간사업자가 중심이 되어 개인정보관리를 위한 마크 제도의 도입이 적극 검토되었는데, 이에 따라 마련된 제도가 '일본 정보처리개발협회'의 '개인정보 보호 마크 제도'이다.
- 심사 기준
  - 개인정보 보호 방침의 제정 여부
  - 개인정보의 특정
  - 내부규정의 정비 여부 : 부문별 개인정보 보호 체계, 권한 책임에 관한 규정, 개인정보 수집 · 이용 · 제공 및 관리 에 관한 규정, 정보 주체로부터 개인정보에 관한 개시 · 정정 · 삭제에 관한 규정, 개인정보 교육에 관한 규정, 개인 정보 보호 감사에 관한 규정, 내부규정의 위반에 관한 처벌 규정
  - 내부규정의 준수에 필요한 계획(교육계획, 감사계획)

087 개인정보 영향평가 수행 절차에 대한 설명 중 옳은 것은?

① 개인정보 영향평가 사업은 당해 연도에 예산을 확보하여 둔다.

② 개인정보 영향평가 사업은 당해 연도에 평가기관을 선정하여 영향평가서를 완성한다.

③ 영향평가서를 제출한 날로부터 6개월 이내에 이행점검 확인서를 개인정보 보호 위원회에 제출한다.

④ 영향평가서는 최종 제출받은 날로부터 3개월 이내에 개인정보 보호 위원회에 제출한다.

⑤ 영향평가서를 제출한 날로부터 1년 이내에 이행점검 확인서를 개인정보 보호 위원회에 서면으로 제출한다.

> **해설** ② 개인정보 영향평가 사업은 당해 연도에 평가기관을 선정하여 대상 기관과 평가기관이 협업을 통해 영향평가서를 완성한다.
> ① 개인정보 영향평가 사업은 직전 연도에 예산을 확보한다.
> ③ 영향평가서를 제출한 날로부터 1년 이내에 이행점검 확인서를 개인정보 보호 위원회에 제출한다.
> ④ 영향평가서는 최종 제출받은 날로부터 2개월 이내에 개인정보 보호 위원회에 제출한다.
> ⑤ 이행점검 확인서는 개인정보 보호 종합지원시스템(https://intra.privacy.go.kr)에 등록한다.

088 다음 중 개인정보 영향평가 수행계획서에 반영되어야 할 사항을 모두 고른 것은?

ㄱ. 평가 목적

ㄴ. 평가 대상 및 범위

ㄷ. 평가 기간

ㄹ. 평가 예산

ㅁ. 주요 평가 사항

---

① ㄱ, ㄷ, ㅁ

② ㄱ, ㄴ, ㄷ, ㄹ

③ ㄱ, ㄴ, ㄷ, ㅁ

④ ㄱ, ㄷ, ㄹ, ㅁ

⑤ ㄱ, ㄴ, ㄷ, ㄹ, ㅁ

> **해설** 영향평가 수행계획서 내 반영 사항에는 평가 목적, 평가 대상 및 범위, 평가 주체(영향평가팀), 평가 기간, 평가 절차(방법), 주요 평가 사항, 평가 기준 및 항목, 자료수집 및 분석계획 등이 있다.

089 개인정보 영향평가 사업발주를 의한 제안요청서 작성 시 주의해야 할 사항으로 옳지 않은 것은?

① 영향평가 사업은 정보시스템 구축 사업과 분리하여 별도의 사업으로 발주해야 한다.

② 제안요청서 작성 시 영향평가 대상 시스템의 설계 완료 전에 영향평가를 수행하도록 일정 계획을 제시해야 한다.

③ 전체 인력의 50% 미만에 한하여 평가기관에 소속되지 않더라도 인증서를 보유한 프리랜서나 타사 인력을 활용할 수 있다.

④ 정보시스템 구축 사업을 수행한 사업자는 동일 사업에 대해 영향평가를 수행하는 것이 가능하다.

⑤ 평가기관으로 지정된 날부터 2년 이상 계속하여 정당한 사유 없이 영향평가 실적이 없는 기관에는 영향평가 사업을 발주할 수 없다.

> **해설** 정보시스템 구축 사업을 수행한 사업자가 동일한 사업에 대하여 영향평가 사업을 수행하는 것은 불가하다.

090 다음 중 개인정보 영향평가를 고려해야 하는 경우에 해당하지 않는 것은?

① 교육청이 해당 관할 내 학교 소속 학생들의 진로상담을 위해 기존에 운용하던 정보시스템을 신규로 구축하는 경우

② △△증명서 발급을 위한 개인정보 수집을 기존 각 구청에서 전국의 읍·면사무소로 확대하는 경우

③ 개인정보 수집 방법을 기존 정보 주체로부터 직접 수집하는 방식에서 간접 수집 방식을 적용하는 경우

④ 기존의 업무처리 절차나 개인정보 보호 체계 변경이 없는 단순 노후 장비 교체, 운영·유지보수 사업의 경우

⑤ 각 시·군청에서 관리하는 학비 지원 대상자를 도청에서 추가로 취합·관리하기 위해 지원 대상자 현황을 일정 주기로 연계하여 자료를 갱신하려는 경우

> **해설** 기존 업무처리 절차나 개인정보 보호 체계의 변경이 없는 단순 노후 장비 교체, 운영·유지보수 사업의 경우 영향평가 대상에서 제외할 수 있다.

091 다음 중 개인정보 영향평가를 위한 대상시스템 관련 자료를 모두 고른 것은?

> ㄱ. 인터페이스 정의서
> ㄴ. 보안 시스템 구조도
> ㄷ. 위탁업체 관리 규정
> ㄹ. 개인정보 보호법
> ㅁ. 업무 기능 분해도

① ㄱ, ㄷ, ㄹ
② ㄱ, ㄴ, ㅁ
③ ㄱ, ㄷ, ㅁ
④ ㄱ, ㄷ, ㄹ, ㅁ
⑤ ㄱ, ㄴ, ㄷ, ㄹ, ㅁ

해설 수집 대상 자료

항목	수집 목적	수집 대상 자료
내부 정책 자료	기관 내부의 개인정보 보호 체계, 규정, 조직 현황 등 분석	• 기관 내 개인정보 보호 규정 • 기관 내 개인정보 관련 규정 • 기관 내 직제표
	개인정보 취급자(정보시스템 관리자, 접근자 등), 위탁업체 등에 대한 내부규정 및 관리·교육 체계 확인	• 개인정보 관련 조직 내 업무 분장표 및 직급별 권한 • 정보시스템의 접근 권한에 대한 내부규정 • 위탁업체 관리 규정 • 시스템 관리자 및 정보 취급자에 대한 교육계획
외부 정책 자료	개인정보 보호 정책환경 분석	• 개인정보 보호법, 관련 지침 등 • 개인정보 보호 기본계획 등
	영향평가 대상 사업의 특수성을 반영한 정책환경 분석	• 평가대상 사업 추진 근거 법률 및 개인정보 보호 관련 법령
대상 시스템 관련 자료	정보시스템을 통해 수집되는 개인정보의 양과 범위가 해당 사업 수행을 위해 적절한지 파악	• 사업 수행 계획서, 요건 정의서 • 제안서, 업무 기능 분해도 • 업무흐름도, 화면설계서
	정보시스템의 외부 연계 여부 검토	• 위탁 계획서, 연계 계획서 • 인터페이스 정의서 • 메뉴 구조도
	정보시스템의 구조와 연관된 개인정보 보호 기술 현황 파악	• 침입 차단 시스템 등 보안 시스템 구조도 • 인터페이스 정의서

092 다음 중 개인정보 영향평가의 이행 단계에서 수행해야 할 활동에 해당하는 것은?

① 영향평가의 모든 과정 및 산출물을 정리하여 영향평가서를 작성한다.

② 대상 사업에서 처리되는 개인정보 흐름에 대한 파악을 위해 정보시스템 내 개인정보 흐름을 분석한다.

③ 영향평가서의 개인정보 침해 요인에 대한 개선계획이 반영되는가를 점검한다.

④ 식별된 침해 요인별 위험도를 측정하고 검토한 후 위험 요소를 제거하거나 최소화하기 위한 개선 방안을 도출한다.

⑤ 사업계획서에 기반하여 영향평가 사업발주를 위한 제안요청서를 작성한다.

> **해설** ① · ② · ④ 영향평가 수행 단계에서 이뤄지는 활동이다.
> ⑤ 영향평가 사전 준비 단계에서 이뤄지는 활동이다.

093 개인정보 영향평가 수행 단계의 개인정보 침해 요인 분석에 대한 설명으로 옳지 않은 것은?

① 개인정보 보호 관련 법령 · 고시가 개정된 경우 반드시 평가 항목에 반영하여 점검해야 한다.

② 개인정보 위험도 산정 시 위험도 산정값은 실질적인 위험의 크기를 대변할 수 있어야 한다.

③ 침해 요인은 유사 침해사고 사례, 대상시스템 및 업무 특성 등을 반영하여 작성하고, 법률 위반 사항에 대해서는 별도로 표기한다.

④ 1년 이내에 영향평가를 수행한 경우 대상 기관과 협의를 거쳐 '대상시스템의 개인정보 보호 관리체계' 평가 영역을 평가에서 제외할 수 있다.

⑤ 주민등록번호를 제외한 고유 식별정보가 내부망에 저장될 때에는 영향평가 또는 위험도 분석 결과에 따라 암호화 여부의 결정이 가능하다.

> **해설** 1년 이내에 수행된 이전 영향평가를 통해 이미 평가를 수행한 경우 대상 기관과의 협의를 거쳐 '대상 기관 개인정보 보호 관리체계' 평가 영역을 제외할 수 있다.

094 다음 중 개인정보 영향평가 전문교육의 운영에 대한 설명으로 옳지 않은 것은?

① 전문 교육기관의 장은 영향평가 전문인력 양성을 위한 세부 교육계획을 수립하여 전문교육 등을 실시하여야 한다.

② 전문 교육기관의 장은 전문교육 이수자에 대한 평가를 실시하고 그 결과에 따라 인증서를 교부하며 인증서의 유효기간은 교부받은 날로부터 3년이다.

③ 영향평가 전문인력 양성을 위한 세부 교육계획 수립 및 교육 운영 등의 업무를 효율적으로 추진하기 위하여 정보통신산업진흥원을 전문교육기관으로 지정한다.

④ 전문인력 인증서를 교부받은 자는 자격 유지를 위해 인증서 유효기간 만료 전까지 계속교육을 이수하여야 한다.

⑤ 계속교육을 인수한 자는 전문인력 인증서를 갱신할 수 있는데 갱신하는 인증서의 유효기간은 인증서를 교부받은 날로부터 3년이다.

> **해설** 개인정보 보호 위원회는 영향평가 전문인력 양성을 위한 세부 교육계획 수립 및 교육 운영 등의 업무를 효율적으로 추진하기 위하여 한국인터넷진흥원을 전문 교육기관으로 지정한다(개인정보 영향평가에 관한 고시 제6조 제1항).

095 ISMS-P 사후관리 단계 중 갱신심사에 관한 설명으로 옳지 않은 것은?

① 갱신심사는 인증 유효기간이 만료될 때 유효기간 연장을 목적으로 시행하는 인증심사이다.

② 갱신심사는 유효기간(인증발급일 기준) 만료 전에 심사를 받아야 한다.

③ 갱신심사는 인증 유효기간 내 심사를 받지 않을 경우 인증은 효력을 상실한다.

④ 갱신심사를 통해 연장되는 인증 유효기간은 2년이다.

⑤ 갱신심사는 인증위원회에서 인증 유효기간 연장에 대한 심의 · 의결을 받아야 한다.

> **해설** ④ 갱신심사를 통해 연장되는 인증 유효기간은 3년이다.

096 ISMS-P 인증심사원의 자격 취소에 관한 설명으로 틀린 것은?

① 인터넷진흥원의 장은 자격 취소의 적합 여부를 심의·의결하기 위하여 자격심의위원회를 개최하여야 하며, 자격심의위원회는 인증위원회 위원 3인 이상을 포함하여 구성한다.

② 인증신청인으로부터 금전, 금품, 향응, 이익 등을 부당하게 수수하거나 요구한 경우 자격을 취소할 수 있다.

③ 인증심사원으로서 객관적이고 공정한 인증심사를 수행하지 않은 경우를 발견한 경우 자격을 취소할 수 있다.

④ 인증심사 과정에서 취득한 정보 또는 서류를 관련 법령의 근거나 인증신청인의 동의 없이 누설 또는 유출하거나 업무 목적 외에 이를 사용한 경우 자격을 취소할 수 있다.

⑤ 자격 취소에 대하여 인증심사원은 15일 이내에 이의신청을 할 수 있으며, 인터넷진흥원은 해당 인증심사원의 자격을 절차에 따라 재심의하여 처리결과를 통지하여야 한다.

> **해설** ⑤ 자격 취소에 대하여 인증심사원은 30일 이내에 이의신청을 할 수 있으며, 인터넷진흥원은 해당 인증심사원의 자격을 절차에 따라 재심의하여 처리결과를 통지하여야 한다(정보 보호 및 개인정보 보호 관리체계 인증 등에 관한 고시 제16조 제3항).

097 ISMS-P 인증 추진체계에서 한국인터넷진흥원(KISA)이 담당하는 업무가 아닌 것은?

① 제도 운영 및 인증 품질관리
② 금융 분야 인증심사·인증서 발급
③ 신규·특수 분야 인증심사
④ ISMS 인증서 발급
⑤ 인증심사원 양성 및 자격 관리

> **해설** ② 금융 분야 인증심사·인증서 발급은 금융보안원(FSI)에서 담당하는 업무이다.

098 ISMS-P 인증 위원회 및 심사기관에 관한 내용으로 옳지 않은 것은?

① 인증위원회는 인증심사 결과가 인증 기준에 적합한지 여부, 인증 취소에 관한 사항, 이의신청에 관한 사항 등을 심의·의결한다.

② 인증위원회는 35명 이하의 위원으로 구성하며, 위원은 정보 보호 또는 개인정보 보호 분야에 학식과 경험이 있는 전문가 중에서 한국인터넷진흥원 또는 인증기관의 장이 위촉한다.

③ 심사기관은 인증심사 일정이 확정될 시 한국인터넷진흥원에 심사원 모집을 요청하여 심사팀을 구성한다.

④ 인증기관과 심사기관은 매년 12월 31일까지 인증실적 보고서와 인증심사실적 보고서를 작성하여 과학기술정보통신부 장관과 개인정보 보호 위원회에 제출하여야 한다.

⑤ 과학기술정보통신부 장관과 개인정보 보호 위원회는 필요한 경우 인증기관 또는 심사기관이 지정 기준에 적합한지 여부의 확인을 위해 자료요청 또는 현장실사를 할 수 있다.

해설　④ 인증기관과 심사기관은 매년 1월 31일까지 인증 실적 보고서와 인증심사 실적 보고서를 작성하여 과학기술정보통신부 장관과 개인정보 보호 위원회에 제출하여야 한다(정보 보호 및 개인정보 보호 관리체계 인증 등에 관한 고시 제8조 제1항).

099 인증유형에 따른 인증 기준에서 ISMS에 적용되지 않고 ISMS-P에만 적용되는 분야는?

① 관리체계 기반 마련
② 정보시스템 도입 및 개발 보안
③ 시스템 및 서비스 운영 및 보안 관리
④ 관리체계 점검 및 개선
⑤ 개인정보 보유 및 이용 시 보호 조치

해설　'3. 개인정보 처리 단계별 요구 사항' 영역은 ISMS-P에만 적용되며 이에 해당하는 분야는 3.1. 개인정보 수집 시 보호 조치, 3.2. 개인정보 보유 및 이용 시 보호 조치, 3.3. 개인정보 제공 시 보호 조치, 3.4. 개인정보 파기 시 보호 조치, 3.5. 정보 주체 권리보호 등이 있다.

100 다음 중 2.6.1 네트워크 접근 항목에 해당하는 결함사례로 옳지 않은 것은?

① 내부망에 위치한 데이터베이스 서버 등 일부 중요 서버의 IP주소가 내부규정과 달리 공인 IP로 설정되어 있고, 네트워크 접근 차단이 적용되어 있지 않은 경우

② 서버 간 접속이 적절히 제한되지 않아 특정 사용자가 본인에게 인가된 서버에 접속한 후 해당 서버를 경유하여 다른 인가받지 않은 서버에도 접속할 수 있는 경우

③ 외부자(외부 개발자, 방문자 등)에게 제공되는 네트워크를 별도의 통제 없이 내부 업무 네트워크와 분리하지 않은 경우

④ 서버팜이 구성되어 있으나, 네트워크 접근제어 설정 미흡으로 내부망에서 서버팜으로의 접근이 과도하게 허용되어 있는 경우

⑤ 내부규정과는 달리 MAC주소 인증, 필수 보안 소프트웨어 설치 등의 보호 대책을 적용하지 않은 상태로 네트워크 케이블 연결만으로 사내 네트워크에 접근 및 이용할 수 있는 경우

해설 ② 2.6.2 정보시스템 접근 항목의 결함사례에 해당한다.

2.6.1 네트워크 접근

인증 기준	네트워크에 대한 비인가 접근을 통제하기 위하여 IP 관리, 단말 인증 등 관리 절차를 수립·이행하고, 업무 목적 및 중요도에 따라 네트워크 분리(DMZ, 서버팜, DB존, 개발존 등)와 접근 통제를 적용하여야 한다.
주요 확인 사항	• 조직의 네트워크에 접근할 수 있는 모든 경로를 식별하고 접근 통제 정책에 따라 내부 네트워크는 인가된 사용자만이 접근할 수 있도록 통제하고 있는가? • 서비스, 사용자 그룹, 정보자산의 중요도, 법적 요구 사항에 따라 네트워크 영역을 물리적 또는 논리적으로 분리하고 각 영역 간 접근 통제를 적용하고 있는가? • 네트워크 대역별 IP주소 부여 기준을 마련하고 데이터베이스 서버 등 외부 연결이 필요하지 않은 경우 사설 IP로 할당하는 등의 대책을 적용하고 있는가? • 물리적으로 떨어진 IDC, 지사, 대리점 등과의 네트워크 연결 시 전송 구간 보호 대책을 마련하고 있는가?
관련 법규	• 개인정보 보호법 제29조(안전조치 의무) • 개인정보의 안전성 확보 조치 기준 제6조(접근 통제)
결함사례	• 네트워크 구성도와 인터뷰를 통하여 확인한 결과, 외부 지점에서 사용하는 정보시스템 및 개인정보 처리시스템과 IDC에 위치한 서버 간 연결 시 일반 인터넷 회선을 통하여 데이터 송수신을 처리하고 있어 내부규정에 명시된 VPN이나 전용망 등을 이용한 통신이 이루어지고 있지 않은 경우 • 내부망에 위치한 데이터베이스 서버 등 일부 중요 서버의 IP주소가 내부규정과 달리 공인 IP로 설정되어 있고, 네트워크 접근 차단이 적용되어 있지 않은 경우 • 서버팜이 구성되어 있으나, 네트워크 접근제어 설정 미흡으로 내부망에서 서버팜으로의 접근이 과도하게 허용되어 있는 경우 • 외부자(외부 개발자, 방문자 등)에게 제공되는 네트워크를 별도의 통제 없이 내부 업무 네트워크와 분리하지 않은 경우 • 내부규정과는 달리 MAC 주소 인증, 필수 보안 소프트웨어 설치 등의 보호 대책을 적용하지 않은 상태로 네트워크 케이블 연결만으로 사내 네트워크에 접근 및 이용할 수 있는 경우

01 개인정보 보호의 이해

001 개인정보의 해당 여부에 대한 설명 중 옳지 않은 것은?

① SNS에 단체 사진을 올렸을 때 단체 사진은 사진 내 인물 각자의 개인정보에 해당한다.

② SNS의 ID를 이용해 이름, 인맥 정보, 외모 정보, 위치 정보, 취미 정보, 가족 정보 등을 알아낼 수 있다면 해당 ID도 개인정보에 해당한다.

③ 혈액형이나 생년월일은 다른 개인정보와 결합이 불가능한 경우라도 단독으로 개인정보에 해당한다.

④ 휴대 전화번호 4자리가 다른 정보와 결합 가능성이 있다면 개인 식별가능성이 있으므로 개인정보에 해당한다.

⑤ 의사가 특정 아동의 심리치료를 위해 진료 기록을 작성하면서 아동의 부모 행태를 기록한 정보는 개인정보에 해당한다.

해설   ③ 혈액형이나 생년월일은 다른 개인정보와 결합하여야 특정 개인을 식별할 수 있는 개인정보가 된다.

002 가명 처리(비식별화) 방법에 대한 설명으로 틀린 것은?

① 마스킹(Data Masking) : 특정 항목의 일부 또는 전부를 공백 또는 기호 등으로 대체하는 기술이다.

② 랜덤 라운딩(Random Rounding) : 범주화 기술의 하나이며, 수치 데이터를 임의의 수인 자리 수, 실제 수 기준으로 올림 또는 내림하는 기술이다.

③ 부분 삭제(Partial Suppression) : 개인정보의 일부를 삭제하는 기술이다.

④ 총계처리(Aggregation) : 평균값, 최댓값, 최솟값, 최빈값, 중간값 등으로 처리하는 기술이다.

⑤ 잡음 추가(Noise Addition) : 기존 값을 유지하면서 개인이 식별되지 않도록 데이터를 재배열하는 기술이다.

해설   ⑤ 기존 값을 유지하면서 개인이 식별되지 않도록 데이터를 재배열하는 기술은 순열(치환)(Permutation)이며, 잡음 추가(Noise Addition)는 개인정보에 임의의 숫자 등 잡음을 추가(더하기 또는 곱하기)하는 방법이다.

003 프라이버시의 범주 중 다음 설명에 해당하는 것은?

> • 한 개인이 다른 개인의 환경에 대한 침입을 제한하는 권리이다.
> • 가정, 직장 및 공개된 장소도 해당될 수 있으며, CCTV 감시 · ID 체크 등의 침해와 관련있다.

① 공간 프라이버시(Territorial Privacy)
② 신체 프라이버시(Body Privacy)
③ 통신 프라이버시(Communications Privacy)
④ 정보 프라이버시(Information Privacy)
⑤ 개인 프라이버시(Personal Privacy)

해설 공간 프라이버시(Territorial Privacy)에 대한 설명이다.

PART 6

004 다음과 같은 특징을 가진 개인정보의 가치산정 방법은?

> • 개인정보 유출 시 유출된 개인정보의 가치를 대략적으로 가늠할 수 있다.
> • 개인정보의 가치 산정이 편리하며, 다양한 시나리오를 개발하여 실제 상황에 대응할 수 있을 뿐만 아니라 Worst Case부터 Best Case의 범위를 확인할 수 있다.
> • 이러한 방식에 근거하여 산정된 손해배상액을 근거로 위험 전가 통제의 구현도 가능하다(예 개인정보유출 배상책임보험 등에 가입).

① 델파이 기법
② 요인 분석 기법
③ 가상가치산정법
④ 손해배상액 기반 산정법
⑤ 기본 통제 접근법

해설 손해배상액 기반 산정법에 대한 설명이다. 이 방법은 기존에 발생한 개인정보 관련 소송의 판결을 참고하여 유출된 개인정보 항목과 그에 따른 손해배상액을 기초로 하여 개인정보의 가치를 역산정하는 방식이다. 또한, 이 방법은 상황별 유출 가능한 개인정보 항목을 식별할 수 있고, 항목별 중요도 및 개수의 매트릭스화가 가능하다.

005 다음 중 유럽(EU)의 개인정보 보호 정책에 대한 설명끼리 옳게 묶은 것은?

> ㄱ. 자율규제 중심으로 개인정보 관련 규제를 최소화하는 경향이 짙다.
> ㄴ. 독립 감독기구를 설치 · 운영하며, 법률 위반 사업자 조사 · 제재 및 고충처리 등을 담당한다.
> ㄷ. 개인정보 수집 전 감독기구에 이용목적 등을 사전 신고해야 한다.
> ㄹ. 개인정보 관리책임자의 채용을 의무화하고 있다.
> ㅁ. 역외국에게 보다 자유로운 개인정보 이전을 촉구한다.

① ㄱ, ㄴ
② ㄹ, ㅁ
③ ㄱ, ㄴ, ㄷ
④ ㄴ, ㄷ, ㄹ
⑤ ㄴ, ㄷ, ㄹ, ㅁ

> **해설** ㄱ. 유럽(EU)의 경우, 전통적으로 개인정보를 인권적 차원에서 엄격히 보호하며, 자율규제보다 법률에 의한 규제를 선호한다.
> ㅁ. 유럽(EU)의 경우, 역외국에게 일정 수준 이상의 보호 체계를 갖추도록 요구한다.

006 다음 설명에 해당하는 개인정보 침해 유형으로 옳은 것은?

> • 성명, 주민등록번호 등으로 비밀번호 유추하여 회원자격 도용
> • 성명, 주민등록번호, 주소 등으로 타인 명의 금융계좌 개설, 통신 서비스 가입 등(대포폰, 대포통장)

① 명의도용
② 스팸 피싱
③ 사생활 침해
④ 불법 유통 유포
⑤ 금전적 이익 수취

> **해설** 기존 회원자격의 도용, 오프라인 서비스의 명의도용 모두 대표적인 명의도용에 해당한다.

007 다음 중 EU-GDPR의 적용 대상 정보에 대한 설명으로 틀린 것은?

① GDPR은 정보 주체인 '살아 있는 자연인'의 개인정보에 국한되며, 국적이나 거주지에 관계 없이 본인의 개인정보 처리에 관련된 '개인'에 적용된다.

② GDPR은 사망한 사람의 개인정보 처리와 관련하여 개별 회원국이 별도 조항을 두는 것을 제한한다.

③ GDPR에서 민감정보는 정보 주체의 명시적 동의 획득 등의 경우를 제외하고는 원칙적으로 처리가 금지된다.

④ GDPR은 법인과 법인으로 설립된 사업체 이름, 법인 형태, 법인 연락처 등에 대한 처리에는 적용되지 않는다.

⑤ GDPR은 전체 또는 부분적으로 자동화된 수단에 의한 개인정보의 처리에 적용된다.

> **해설** ② GDPR은 정보 주체인 '살아 있는 자연인'의 개인정보에 국한되며, 국적이나 거주지에 관계 없이 본인의 개인정보 처리에 관련된 '개인'에 적용된다. 다만 사망한 사람의 개인정보 처리와 관련하여 개별 회원국이 별도 조항을 두는 것을 제한하지 않는다.

008 EU-GDPR의 기업의 책임성 강화를 위한 조치 사항에 대한 설명으로 틀린 것은?

① 종업원 수 250명 이상의 기업을 대상으로 개인정보 처리 활동을 의무적으로 문서화하고 보유하도록 규정하고 있다.

② 민감정보 처리, 범죄경력 및 범죄행위에 관련된 개인정보 처리 등에는 종업원 수와 무관하게 개인정보 처리 활동의 기록이 필요하다.

③ 컨트롤러는 기본 설정(Default)을 통하여 처리 목적에 필요한 범위 내에서 개인정보가 처리될 수 있도록 적절한 기술적 · 관리적 조치를 이행하여야 한다.

④ 새로운 기술을 사용하고 그 처리 유형이 '개인의 권리와 자유에 높은 위험'을 초래할 가능성이 있는 경우, 개인정보 처리 이전에 예상되는 개인정보 처리에 대한 영향평가를 수행하여야 한다.

⑤ 정부부처 또는 관련기관의 경우(사법적 권한을 행사하는 법원은 예외), 컨트롤러와 프로세서의 DPO 지정 의무에서 제외시킨다.

> **해설** ⑤ 컨트롤러와 프로세서는 자유로이 DPO를 지정할 수 있으나, 다음 중 하나의 경우에는 반드시 DPO를 지정하여야 한다.
> • 정부부처 또는 관련기관의 경우(사법적 권한을 행사하는 법원은 예외)
> • 컨트롤러 또는 프로세서의 '핵심 활동'이 다음 중 하나에 해당되는 경우
>   - 정보 주체에 대한 '대규모'의 '정기적이고 체계적인 모니터링'
>   - 민감정보나 범죄정보에 대한 '대규모'의 처리

009 EU−GDPR의 범죄정보의 처리에 대한 설명으로 옳은 것은?

① 범죄정보를 처리하려면 GDPR 제6조에 따른 합법 처리의 요건과 제10조에 따른 법적 권한 또는 공적 권한을 둘 다 충족하여야 한다.

② 행정법상 과징금 · 과태료 처분이나 민사법상 손해 배상 판결도 범죄정보에 포함된다.

③ 정보 주체의 동의가 있다면 컨트롤러는 법률상 범죄정보를 처리할 수 있다.

④ GDPR 제9조에 따른 민감정보의 처리에 관한 규정은 범죄정보에도 적용된다.

⑤ 범죄경력 종합기록부는 공적 권한의 통제 없이 처리가 가능하다.

> **해설** ② 행정법상 과징금 · 과태료 처분이나 민사법상 손해 배상 판결은 범죄정보에 포함되지 않는다.
> ③ 범죄정보는 민감정보와 달리 정보 주체의 동의가 있어도 처리할 수 없다. 법률상 범죄정보를 처리할 수 있는 공적 권한이 반드시 있어야 처리가 가능하다.
> ④ GDPR 제9조에 따른 민감정보의 처리에 관한 규정은 범죄정보에는 적용되지 않는다. 컨트롤러는 범죄정보를 처리하기 전에 범죄정보 처리에 대한 합법 처리의 근거(정당성)를 마련하여 이를 문서화해야 한다.
> ⑤ 범죄경력을 종합적으로 기록한 범죄경력 종합기록부는 공적 권한의 통제하에서만 처리가 가능하다.

010 EU−GDPR에서의 DPO 지정 의무에 대한 설명으로 틀린 것은?

① EU를 대상으로 하며, 기업의 핵심 활동이 대규모의 개인정보를 정기적이고 체계적으로 모니터링하는 처리 활동을 포함하고 있는 경우 DPO를 임명해야 한다.

② EU를 대상으로 하며, 기업의 핵심 활동이 민감정보 및 범죄경력, 범죄행위에 관련된 대규모의 정보를 처리하는 활동을 포함하고 있는 경우 DPO를 임명해야 한다.

③ EU 외의 국가를 대상으로 하며, 개인정보 처리 활동이 EU 회원국의 데이터 주체에게 상품 혹은 서비스를 제공하거나 EU에서 발생하는 데이터 주체의 행동을 모니터링하는 것과 관련 없다면 DPO 임명 의무는 없다.

④ DPO 지정 요건에 해당하지 않지만, DPO를 자발적으로 지정한 경우 DPO의 지정 · 지위 · 책무 등과 관련한 GDPR 제37조~제39조가 적용된다.

⑤ DPO 지정 요건에 해당하지 않아 지정하지 않는 경우, 그와 같은 결정을 내린 사유를 문서화하지 않아도 된다.

> **해설** ⑤ DPO를 지정하거나, 또는 지정 요건에 해당하지 않아 지정하지 않는 경우 그와 같은 결정을 내린 사유를 문서화해야 한다.

011 OECD 프라이버시 8원칙에 대한 설명이다. 빈칸에 공통으로 들어갈 말로 옳은 것은?

> 개인정보는 그 (　　　)에 부합되는 것이어야 하며, (　　　)에 필요한 범위 내에서 정확하고 완전하며 최신의 상태로 유지해야 한다.

① 수집 시 목적
② 이용 목적
③ 공정한 절차
④ 정보 주체의 동의
⑤ 안전보호장치

해설 ② OECD 프라이버시 8원칙 중 정보 정확성의 원칙에 대한 설명이다.

OECD 프라이버시 8원칙

수집 제한의 원칙	개인정보의 수집은 합법적이고 공정한 절차에 의하여 가능한 한 정보 주체에게 알리거나 동의를 얻은 후에 수집되어야 한다.
정보 정확성의 원칙	개인정보는 그 이용 목적에 부합하는 것이어야 하고, 이용 목적에 필요한 범위 내에서 정확하고 완전하며 최신의 상태로 유지해야 한다.
목적 명확화 원칙	개인정보는 수집 시 목적이 명확해야 하며, 이를 이용할 경우에도 수집 목적의 실현 또는 수집 목적과 양립되어야 하고 목적이 변경될 때마다 명확히 해야 한다.
이용 제한의 원칙	개인정보는 정보 주체의 동의가 있는 경우나 법률의 규정에 의한 경우를 제외하고는 명확화된 목적 이외의 용도로 공개되거나 이용되어서는 안 된다.
안전성 확보의 원칙	개인정보의 분실, 불법적인 접근, 훼손, 사용, 변조, 공개 등의 위험에 대비하여 합리적인 안전보호장치를 마련해야 한다.
처리방침 공개의 원칙	개인정보의 처리와 정보 처리장치의 설치, 활용 및 관련 정책은 일반에게 공개해야 한다.
정보 주체 참여의 원칙	정보 주체인 개인은 자신과 관련된 정보의 존재 확인, 열람 요구, 이의 제기 및 정정, 삭제, 보완 청구권을 가진다.
책임의 원칙	개인정보 관리자는 위에서 제시한 원칙들이 지켜지도록 필요한 제반조치를 취해야 한다.

PART 6

012 개인정보 보호법의 개인정보 보호 원칙에 대한 설명으로 옳지 않은 것은?

① 개인정보 처리자는 개인정보 처리 시 실명 처리를 원칙으로 한다.

② 개인정보 처리자는 개인정보의 처리 목적에 필요한 범위에서 개인정보의 정확성, 완전성 및 최신성이 보장되도록 하여야 한다.

③ 개인정보 처리자는 개인정보의 처리 목적에 필요한 범위에서 적합하게 개인정보를 처리하여야 한다.

④ 개인정보 처리자는 정보 주체의 사생활 침해를 최소화하는 방법으로 개인정보를 처리하여야 한다.

⑤ 개인정보 처리자는 개인정보 처리 방침 등 개인정보의 처리에 관한 사항을 공개하여야 한다.

> **해설** ① 개인정보 처리자는 개인정보를 익명 또는 가명으로 처리하여도 개인정보 수집 목적을 달성할 수 있는 경우 익명 처리가 가능한 경우에는 익명에 의하여, 익명 처리로 목적을 달성할 수 없는 경우에는 가명에 의하여 처리될 수 있도록 하여야 한다(법 제3조 제7항).
> ② 개인정보 처리자는 개인정보의 처리 목적에 필요한 범위에서 개인정보의 정확성, 완전성 및 최신성이 보장되도록 하여야 한다(법 제3조 제3항).
> ③ 개인정보 처리자는 개인정보의 처리 목적을 명확하게 하여야 하고 그 목적에 필요한 범위에서 최소한의 개인정보만을 적법하고 정당하게 수집하여야 한다(법 제3조 제1항).
> ④ 개인정보 처리자는 정보 주체의 사생활 침해를 최소화하는 방법으로 개인정보를 처리하여야 한다(법 제3조 제6항).
> ⑤ 개인정보 처리자는 제30조에 따른 개인정보 처리 방침 등 개인정보의 처리에 관한 사항을 공개하여야 하며, 열람청구권 등 정보 주체의 권리를 보장하여야 한다(법 제3조 제5항).

013 개인정보 보호법에 대한 설명으로 가장 옳은 것은?

① 개인정보 보호법상 '개인정보'란 살아있는 개인에 관한 정보로서 사자나 법인의 정보는 포함되지 않는다.

② 개인정보 취급자란 업무를 목적으로 개인정보 파일을 운용하기 위하여 스스로 또는 다른 사람을 통하여 개인정보를 처리하는 공공기관, 법인, 단체 및 개인 등을 말한다.

③ 개인정보 처리자는 법령에서 민감정보의 처리를 요구 또는 허용하는 경우에도 정보 주체의 동의를 받지 못하면 민감정보를 처리할 수 없다.

④ 개인정보 처리자가 이 법에 따라 최소한의 개인정보를 수집한 경우, 최소 필요성 요건의 충족 여부에 대한 입증책임은 정보 주체에게 있다.

⑤ 불특정 다수가 이용하는 목욕실, 화장실, 발한실, 탈의실 등에의 영상정보 처리기기 설치는 대통령령으로 정하는 바에 따라 안내판 설치 등 필요한 조치를 취하는 경우에만 허용된다.

해설 ② 개인정보 취급자란 개인정보처리자의 지휘·감독을 받아 개인정보를 처리하는 임직원, 파견근로자, 시간제근로자 등을 말한다(법 제28조 제1항).

③ 개인정보 처리자는 사상·신념, 노동조합·정당의 가입·탈퇴, 정치적 견해, 건강, 성생활 등에 관한 정보, 그 밖에 정보 주체의 사생활을 현저히 침해할 우려가 있는 개인정보로서 대통령령으로 정하는 정보(이하 "민감정보"라 한다)를 처리하여서는 아니 된다. 다만, 다음 각 호의 어느 하나에 해당하는 경우에는 그러하지 아니하다(법 제23조 제1항).
　　1. 정보 주체에게 제15조 제2항 각 호 또는 제17조 제2항 각 호의 사항을 알리고 다른 개인정보의 처리에 대한 동의와 별도로 동의를 받은 경우
　　2. 법령에서 민감정보의 처리를 요구하거나 허용하는 경우

④ 개인정보 처리자는 제15조 제1항 각 호의 어느 하나에 해당하여 개인정보를 수집하는 경우에는 그 목적에 필요한 최소한의 개인정보를 수집하여야 한다. 이 경우 최소한의 개인정보 수집이라는 입증책임은 개인정보 처리자가 부담한다(법 제16조 제1항).

⑤ 누구든지 불특정 다수가 이용하는 목욕실, 화장실, 발한실(發汗室), 탈의실 등 개인의 사생활을 현저히 침해할 우려가 있는 장소의 내부를 볼 수 있도록 고정형 영상정보 처리기기를 설치·운영하여서는 아니 된다. 다만, 교도소, 정신보건 시설 등 법령에 근거하여 사람을 구금하거나 보호하는 시설로서 대통령령으로 정하는 시설에 대하여는 그러하지 아니하다(법 제25조 제2항).

014 개인정보 보호법 제15조의 개인정보 처리자의 정당한 이익을 위한 개인정보의 수집·이용이 필요한 경우로 볼 수 없는 것은?

① 사업자가 요금 정산·채권추심 등을 위하여 고객의 서비스 이용 내역, 과금 내역 등의 개인정보를 생성·관리하는 경우

② 분리 과금 해지를 목적으로 이동통신사를 통하여 퇴사한 직원의 휴대 전화번호를 조회한 경우

③ 회사가 직원의 업무처리 내역 및 인터넷 접속 내역 등을 모니터링하는 시스템을 설치하는 경우

④ 도난 방지, 시설 안전 등을 위해서 회사 출입구(현관), 엘리베이터, 복도 등에 CCTV를 설치·운영하는 경우

⑤ 한국철도공사가 철도 사고 시 사고원인 규명을 위하여 폐쇄된 공간인 철도차량 운전실에 CCTV를 설치하여 운전 제어대와 그 위에 위치한 기관사의 두 손을 촬영한 경우

> **해설** ③ 개인정보 처리자의 정당한 이익을 위한 것이라고 하더라도 정보 주체의 사생활을 과도하게 침해하거나 다른 이익을 침범하는 경우에는 정보 주체의 동의 없이 개인정보를 수집할 수 없다(법 제15조 제1항 제6호). 회사가 업무 효율성 및 영업비밀 보호 등을 이유로 직원의 업무처리 내역 및 인터넷 접속 내역 등을 모니터링하는 시스템을 설치하는 것은 정보 주체 권리보다 명백히 우선한다고 보기는 어려우므로, 이 경우는 노사 협의에 따라 처리하거나 직원에 대한 고지 또는 동의 절차를 거치는 것이 바람직하다.

015 다음 중 개인정보 보호법상 개인정보의 목적 외 제공에 해당하는 것은?

① 주민센터 복지카드 담당 공무원이 복지카드 신청자의 개인정보를 동의 없이 사설 학습지 회사에 제공한 경우

② 고객 만족도 조사를 위하여 입력한 개인정보를 사전에 동의받지 않고 자사의 할인 판매행사 안내용 광고물 발송에 이용한 경우

③ 공개된 개인정보의 성격과 공개 취지 등에 비추어 그 공개된 목적을 넘어 DB 마케팅을 위하여 수집한 후 이용하는 행위

④ 공무원들에게 업무용으로 발급한 이메일 계정 주소로 사전동의 절차 없이 교육 등 마케팅 홍보자료를 발송한 경우

⑤ 홈쇼핑 회사가 상품 배달을 위해 수집한 고객정보(홍보 마케팅 등으로 개인정보 제공을 동의한 경우)를 계열사 홍보자료 발송에 이용한 경우

> **해설** ① 개인정보 처리자는 정보 주체에게 이용·제공의 목적을 고지하고 동의를 받은 범위나 이 법 또는 다른 법령에 의하여 이용·제공이 허용된 범위를 벗어나서 개인정보를 이용하거나 제공해서는 안 된다.
> ②·③·④는 개인정보의 목적 외 이용 사례에 해당하며, ⑤는 홍보 마케팅 등에 개인정보 제공을 동의한 경우이므로, 개인정보의 목적 외 제공 사례라고 볼 수 없다.

016 개인정보 보호법과 동법 시행령에 따른 14세 미만 아동의 법정대리인의 동의를 확인하는 방법이 아닌 것은?

① 동의 내용이 적힌 전자우편을 발송하고 법정대리인으로부터 동의의 의사표시가 적힌 전자우편을 전송받는다.

② 동의 내용을 게재한 인터넷 사이트에 법정대리인이 동의 여부를 표시하도록 하고 개인정보 처리자가 그 동의 표시를 확인했음을 법정대리인의 휴대전화 메시지로 알린다.

③ 동의 내용을 게재한 인터넷 사이트에 법정대리인이 동의 여부를 표시하도록 하고 법정대리인의 신용카드 · 직불카드 등의 카드 정보를 제공받는다.

④ 동의 내용이 적힌 서면을 법정대리인에게 직접 발급하거나 우편 또는 팩스를 통하여 전달하고, 법정대리인이 동의 내용에 대하여 서명날인 후 제출하도록 한다.

⑤ 전화로 동의 내용을 법정대리인에게 알리고 동의를 받거나 인터넷주소 등 동의 내용을 확인할 수 있는 방법을 안내하고 법정대리인이 우편으로 동의 여부를 알리도록 한다.

> **해설** ⑤ 전화를 통하여 동의 내용을 법정대리인에게 알리고 동의를 받거나 인터넷주소 등 동의 내용을 확인할 수 있는 방법을 안내하고 재차 전화 통화를 통하여 동의를 받는다(영 제17조의2 제1항 제6호).
>
> **아동의 개인정보 보호(영 제17조의2)**
> 개인정보 처리자는 법 제22조의2 제1항에 따라 법정대리인이 동의했는지를 확인하는 경우에는 다음 각 호의 어느 하나에 해당하는 방법으로 해야 한다.
> 1. 동의 내용을 게재한 인터넷 사이트에 법정대리인이 동의 여부를 표시하도록 하고 개인정보 처리자가 그 동의 표시를 확인했음을 법정대리인의 휴대전화 문자메시지로 알리는 방법
> 2. 동의 내용을 게재한 인터넷 사이트에 법정대리인이 동의 여부를 표시하도록 하고 법정대리인의 신용카드 · 직불카드 등의 카드 정보를 제공받는 방법
> 3. 동의 내용을 게재한 인터넷 사이트에 법정대리인이 동의 여부를 표시하도록 하고 법정대리인의 휴대전화 본인인증 등을 통하여 본인 여부를 확인하는 방법
> 4. 동의 내용이 적힌 서면을 법정대리인에게 직접 발급하거나 우편 또는 팩스를 통하여 전달하고, 법정대리인이 동의 내용에 대하여 서명날인 후 제출하도록 하는 방법
> 5. 동의 내용이 적힌 전자우편을 발송하고 법정대리인으로부터 동의의 의사표시가 적힌 전자우편을 전송받는 방법
> 6. 전화를 통하여 동의 내용을 법정대리인에게 알리고 동의를 받거나 인터넷주소 등 동의 내용을 확인할 수 있는 방법을 안내하고 재차 전화 통화를 통하여 동의를 받는 방법
> 7. 그 밖에 제1호부터 제6호까지의 규정에 준하는 방법으로서 법정대리인에게 동의 내용을 알리고 동의의 의사표시를 확인하는 방법

017 개인정보 보호법과 동법 시행령에 따른 '민감정보'가 아닌 것은?

① 인종이나 민족에 관한 정보
② 스마트폰에서 인증한 지문 정보
③ 유전자 검사 결과로 얻어진 유전정보
④ 2~3년간 건강보험 요양 급여 내역
⑤ 개인의 신체적, 생리적, 행동적 특징에 관한 정보

해설 ② 개인정보 보호법 시행령 제18조 제3호에 따르면 민감정보는 개인의 신체적, 생리적, 행동적 특징에 관한 정보로서 특정 개인을 알아볼 목적으로 일정한 기술적 수단을 통해 생성한 정보로 규정하고 있으므로, 기술적으로 추출한 지문, 홍채, 정맥, 안면 정보는 민감정보에 해당한다. 다만, 정보 주체가 스마트폰에 지문 정보를 등록하고 필요할 때 지문을 입력하여 본인이 맞는지에 대해 확인만 하고 스마트폰이 결과값으로 예, 아니오만 제공한다면 이는 민감정보에 해당하지 않는다.
① 영 제18조 제4호
③ 영 제18조 제1호
④ 건강, 성생활 등에 관한 정보(법 제23조 제1항)
⑤ 영 제18조 제3호

018 개인정보 보호법 제18조의 개인정보를 목적 외 용도로 이용하거나 이를 제3자에게 제공할 수 있는 경우가 아닌 것은?

① 다른 법률에 특별한 규정이 있는 경우
② 정보 주체로부터 별도의 동의를 받은 경우
③ 범죄의 수사와 공소의 제기 및 유지를 위하여 필요한 경우
④ 개인정보 처리자가 재판 업무의 원활한 수행을 위해 필요한 경우
⑤ 명백히 정보 주체 또는 제3자의 급박한 생명, 신체, 재산의 이익을 위하여 필요하다고 인정되는 경우

해설 ④ 법 제18조 제2항 각 호는 개인정보를 목적 외의 용도로 이용하거나 제3자에게 제공할 수 있는 예외적인 사유를 규정하고 있다. 다만, 제5호부터 제9호까지의 사유는 공공기관이 처리하는 개인정보를 목적 외로 이용하거나 제3자에게 제공하는 경우에 한정되므로 개인정보 처리자가 공공기관인 경우에만 해당 조항에 따라 개인정보를 제3자에게 제공할 수 있다(헌법재판소 2018. 8. 30. 2016헌마483 결정 참고). 목적 외로 제공받는 제3자는 공공기관이 아니어도 무방하다(보호 위원회 결정 2019. 1. 28. 제2019-02-014호).

019 개인정보 보호법상 개인정보 처리자에 해당하는 것은?

① 개인정보 처리 업무 등을 수탁받아 처리하고 있는 수탁자

② 업무처리 목적으로 고객 개인정보를 열람할 수 있는 아르바이트 직원

③ 개인정보 처리자의 지휘 · 감독을 받아 개인정보를 처리하는 임직원, 파견근로자 등

④ 고용관계 없이 실질적으로 개인정보 처리자의 지휘 · 감독을 받아 개인정보를 처리하는 자

⑤ 업무 목적의 개인정보 파일 운용을 위하여 스스로 또는 다른 사람을 통하여 개인정보를 처리하는 자

해설 ⑤ 개인정보 처리자란 업무를 목적으로 개인정보 파일을 운용하기 위하여 스스로 또는 다른 사람을 통하여 개인정보를 처리하는 공공기관, 법인, 단체 및 개인 등을 말한다(법 제2조 제5호).

개인정보 처리자와 개인정보 취급자의 차이

개인정보 처리자	업무를 목적으로 개인정보 파일을 운용하기 위하여 스스로 또는 다른 사람을 통하여 개인정보를 처리하는 자를 말한다. 즉 공공기관, 법인, 단체 및 개인 등이 이에 해당한다(법 제2조 제5호).
개인정보 취급자	• 개인정보 처리자의 지휘 · 감독을 받아 개인정보를 처리하는 임직원, 파견근로자, 시간제근로자 등을 말한다(법 제28조 제1항). • 모든 근로형태를 불문하고 고용관계가 없더라도 실질적으로 개인정보 처리자의 지휘 · 감독을 받아 개인정보를 처리하는 자는 개인정보 취급자에 포함된다. • 개인정보 처리업무 등을 수탁받아 처리하고 있는 수탁자도 개인정보 취급자라고 할 수 있으나, 수탁자에 대한 교육 및 관리 · 감독규정은 제26조에서 별도로 규정하고 있으므로 그에 따른다.

020 개인정보 보호법 제21조에 제1항 단서에 따라 다른 법령에 따라 개인정보를 보존하여야 하는 경우와 그 기간이 틀린 것은?

① 진료기록부 : 10년

② 통신사실확인자료 : 12개월

③ 계약 또는 청약 철회 등에 관한 기록 : 5년

④ 정보통신기기의 위치를 확인할 수 있는 접속지 추적 자료 : 3개월

⑤ 진단서 등의 부본 : 5년

해설 **진료기록부 등의 보존(의료법 시행규칙 제15조)**
• 환자 명부 : 5년
• 진료기록부 : 10년
• 처방전 : 2년
• 수술 기록 : 10년
• 검사 내용 및 검사 소견 기록 : 5년
• 방사선 사진(영상물을 포함한다) 및 그 소견서 : 5년
• 간호기록부 : 5년
• 조산기록부 : 5년
• 진단서 등의 부본(진단서 · 사망진단서 및 시체검안서 등을 따로 구분하여 보존할 것) : 3년
② · ④ 통신비밀보호법 시행령 제41조 제2항
③ 전자상거래 등에서의 소비자보호에 관한 법률 시행령 제6조 제1항 제2호

021 개인정보 보호법상 가명 정보의 제3자 제공에 대한 설명으로 옳지 않은 것은?

① 가명 정보를 합법적인 목적으로 처리하는지와 가명 정보가 재식별되지 않는지에 대한 책임은 기본적으로 개인정보 처리자에게 있다.

② 가명 정보를 원래의 상태로 복원할 수 있는 추가 정보 외에 특정 개인을 알아보기 위하여 사용될 수 있는 정보들은 제3자에게 제공하여서는 아니 된다.

③ 개인정보 처리자는 가명 정보를 제3자에게 제공할 때, 제3자가 법에서 허용하는 목적으로 가명 정보를 처리하는지에 대하여 추가 자료를 제출받아 확인할 수 있다.

④ 개인정보 처리자는 제3자가 처리하고 있는 개인정보 중 제공 대상이 되는 가명 정보와 결합 가능성이 있는 개인정보 목적 등을 확인하여 가명 처리할 때 고려할 수 있다.

⑤ 통계작성, 과학적 연구, 공익적 기록보존 등을 위하여 가명 정보를 제3자에게 제공하는 경우, 특정 개인을 알아보기 위하여 사용될 수 있는 정보를 포함하여서는 안 된다.

> **해설** ① 개인정보처리자는 가명 정보를 제3자에게 제공하는 경우에는 특정 개인을 알아보기 위하여 사용될 수 있는 정보를 포함해서는 아니 된다(법 제 28조의2 제2항). 가명 정보를 합법적인 목적으로 처리하는지와 가명 정보가 재식별되지 않는지에 대한 책임은 기본적으로 제3자에게 있으므로, 이와 같은 내용을 포함하여 서면으로 별도의 계약을 체결하는 것도 가능하다.

022 개인정보 보호법상 개인정보의 국외 이전과 국외 이전 중지 명령에 대한 설명으로 옳지 않은 것은?

① 개인정보의 국외 이전 중지 명령의 기준, 불복 절차 등에 필요한 사항은 대통령령으로 정한다.

② 개인정보 처리자는 정보 주체로부터 국외 이전에 관한 별도의 동의를 받은 경우 개인정보를 국외로 이전할 수 있다.

③ 개인정보 처리자는 국외 이전 중지 명령을 받은 경우에는 명령을 받은 날부터 10일 이내에 보호 위원회에 이의를 제기할 수 있다.

④ 개인정보 처리자는 개인정보 보호법을 위반하는 사항을 내용으로 하는 개인정보의 국외 이전에 관한 계약을 체결하여서는 아니 된다.

⑤ 보호 위원회는 개인정보가 이전되는 국가가 개인정보를 적정하게 보호하지 아니하여 정보 주체에게 피해가 발생할 우려가 현저한 경우 개인정보 처리자에게 개인정보의 국외 이전을 중지할 것을 명할 수 있다.

> **해설** ③ 개인정보 처리자는 국외 이전 중지 명령을 받은 경우에는 명령을 받은 날부터 7일 이내에 보호 위원회에 이의를 제기할 수 있다(법 제28조의9 제2항).
> ① 법 제28조의9 제3항
> ② 법 제28조의8 제1항
> ④ 법 제28조의8 제5항
> ⑤ 법 제28조의9 제1항

023 개인정보 보호법상 개인정보 처리자가 개인정보 처리 방침을 수립하거나 변경하는 경우에는 이를 정보 주체가 쉽게 확인할 수 있도록 공개해야 한다. 수립하거나 변경한 개인정보 처리 방침을 공개하는 방법으로 가장 적절하지 않은 것은?

① 개인정보 처리자가 공공기관인 경우에는 관보에 싣는다.

② 개인정보 처리자의 사업장에 보기 쉬운 장소에 게시한다.

③ 개인정보 처리자의 인터넷 홈페이지에 지속적으로 게재한다.

④ 정보 주체에게 같은 제목으로 연 4회 이상 발행하여 배포하는 간행물에 지속적으로 싣는다.

⑤ 재화나 서비스를 제공하기 위하여 개인정보 처리자와 정보 주체가 작성한 계약서 등에 실어 정보 주체에게 발급한다.

> **해설** 개인정보 보호법 시행령 제31조(개인정보 처리 방침의 공개)
> ② 개인정보 처리자는 개인정보 보호법 제30조 제2항에 따라 수립하거나 변경한 개인정보 처리 방침을 개인정보 처리자의 인터넷 홈페이지에 지속적으로 게재하여야 한다.
> ③ 제2항에 따라 인터넷 홈페이지에 게재할 수 없는 경우에는 다음 각 호의 어느 하나 이상의 방법으로 수립하거나 변경한 개인정보 처리 방침을 공개하여야 한다.
> 1. 개인정보 처리자의 사업장 등의 보기 쉬운 장소에 게시하는 방법
> 2. 관보(개인정보 처리자가 공공기관인 경우만 해당한다)나 개인정보 처리자의 사업장 등이 있는 시·도 이상의 지역을 주된 보급 지역으로 하는 신문 등의 진흥에 관한 법률 제2조 제1호 가목·다목 및 같은 조 제2호에 따른 일반일간신문, 일반주간신문 또는 인터넷신문에 싣는 방법
> 3. 같은 제목으로 연 2회 이상 발행하여 정보 주체에게 배포하는 간행물·소식지·홍보지 또는 청구서 등에 지속적으로 싣는 방법
> 4. 재화나 서비스를 제공하기 위하여 개인정보 처리자와 정보 주체가 작성한 계약서 등에 실어 정보 주체에게 발급하는 방법

024 개인정보 보호법상 개인정보 보호 책임자의 업무에 해당하지 않는 것은?

① 개인정보 파일의 보호 및 관리·감독

② 개인정보 보호 교육 계획의 수립 및 시행

③ 개인정보의 보호와 관련된 법령의 개선에 관한 사항

④ 처리 목적이 달성되거나 보유기간이 지난 개인정보의 파기

⑤ 개인정보 유출 및 오용·남용 방지를 위한 내부 통제 시스템의 구축

> **해설** 개인정보의 보호와 관련된 법령의 개선에 관한 사항은 보호 위원회의 소관 사무에 해당한다(법 제7조의8 참고).
> **개인정보 보호 책임자의 업무(법 제31조 제3항)**
> • 개인정보 보호 계획의 수립 및 시행
> • 개인정보 처리 실태 및 관행의 정기적인 조사 및 개선
> • 개인정보 처리와 관련한 불만의 처리 및 피해 구제
> • 개인정보 유출 및 오용·남용 방지를 위한 내부 통제 시스템의 구축
> • 개인정보 보호 교육 계획의 수립 및 시행
> • 개인정보 파일의 보호 및 관리·감독
> • 개인정보 처리 방침의 수립·변경 및 시행
> • 개인정보 보호 관련 자료의 관리
> • 처리 목적이 달성되거나 보유기간이 지난 개인정보의 파기

025 개인정보 보호법상 공공기관의 장이 개인정보 파일 운용 시 정보보호 위원회에 등록이 면제되는 개인정보 파일이 아닌 것은?

① 다른 법령에 따라 비밀로 분류된 개인정보 파일

② 일회적으로 관리할 필요성이 높다고 인정되어 대통령령으로 정하는 개인정보 파일

③ 국가 안전, 외교상 비밀, 그 밖에 국가의 중대한 이익에 관한 사항을 기록한 개인정보 파일

④ 범죄의 수사, 공소의 제기 및 유지, 형 및 감호의 집행, 교정처분, 보호처분, 보안관찰처분과 출입국 관리에 관한 사항을 기록한 개인정보 파일

⑤ 조세범처벌법에 따른 범칙 행위 조사 및 관세법에 따른 범칙 행위 조사에 관한 사항을 기록한 개인정보 파일

> 해설 | 보호 위원회 등록 면제 개인정보 파일(법 제32조 제2항)
> • 국가 안전, 외교상 비밀, 그 밖에 국가의 중대한 이익에 관한 사항을 기록한 개인정보 파일
> • 범죄의 수사, 공소의 제기 및 유지, 형 및 감호의 집행, 교정처분, 보호처분, 보안관찰처분과 출입국관리에 관한 사항을 기록한 개인정보 파일
> • 조세범처벌법에 따른 범칙 행위 조사 및 관세법에 따른 범칙 행위 조사에 관한 사항을 기록한 개인정보 파일
> • 일회적으로 운영되는 파일 등 지속적으로 관리할 필요성이 낮다고 인정되어 대통령령으로 정하는 개인정보 파일
> • 다른 법령에 따라 비밀로 분류된 개인정보 파일

026 개인정보 분쟁조정위원회에 대한 설명으로 옳지 않은 것은?

① 분쟁조정위원회는 분쟁의 조정을 위하여 필요하다고 인정하면 관계 기관에 자료의 제출을 요청할 수 있다.

② 분쟁조정위원회는 당사자 일방으로부터 분쟁조정 신청을 받았을 때에는 그 신청 내용을 상대방에게 알려야 한다.

③ 분쟁조정위원회는 분쟁조정 신청을 받았을 때에는 당사자에게 그 내용을 제시하고 조정 전 합의를 권고할 수 있다.

④ 분쟁조정위원회는 위원장 1명을 포함한 30명 이내의 위원으로 구성하며, 위원은 당연직 위원과 위촉위원으로 구성한다.

⑤ 분쟁조정위원회는 소관 업무 수행과 관련하여 개인정보 보호 및 정보 주체의 권리 보호를 위한 개선 의견을 소속 기관 또는 단체의 장에게 통보할 수 있다.

> 해설 | ⑤ 분쟁조정위원회는 소관 업무 수행과 관련하여 개인정보 보호 및 정보 주체의 권리 보호를 위한 개선 의견을 보호 위원회 및 관계 중앙행정기관의 장에게 통보할 수 있다(법 제50조의2).
> ① 법 제45조 제4항
> ② 법 제43조 제2항
> ③ 법 제46조
> ④ 법 제40조 제2항

027 개인정보 보호법상 개인정보의 정정·삭제권에 대한 설명으로 옳지 않은 것은?

① 개인정보 처리자가 개인정보를 삭제할 때에는 복구 또는 재생되지 아니하도록 조치하여야 한다.

② 정보 주체는 다른 법령에서 개인정보가 수집 대상으로 명시되어 있는 경우에도 개인정보의 삭제를 요구할 수 있다.

③ 개인정보 처리자는 정보 주체의 정정·삭제의 요구가 거절 사유에 해당될 경우 지체 없이 그 내용을 정보 주체에게 알려야 한다.

④ 개인정보 처리자는 개인정보를 조사할 때 필요하면 해당 정보 주체에게 정정·삭제 요구사항의 확인에 필요한 증거자료를 제출하게 할 수 있다.

⑤ 개인정보 처리자는 다른 법령에 특별한 절차가 규정되어 있는 경우를 제외하고는 지체 없이 개인정보를 조사하여 정정에 필요한 조치를 한 후 그 결과를 정보 주체에게 알려야 한다.

> **해설** ② 제35조에 따라 자신의 개인정보를 열람한 정보 주체는 개인정보 처리자에게 그 개인정보의 정정 또는 삭제를 요구할 수 있다. 다만, 다른 법령에서 그 개인정보가 수집 대상으로 명시되어 있는 경우에는 그 삭제를 요구할 수 없다 (법 제36조 제1항).
> ① 법 제36조 제3항
> ③ 법 제36조 제4항
> ④ 법 제36조 제5항
> ⑤ 법 제36조 제2항

PART 6

028 개인정보 처리자의 고의 또는 중대한 과실로 인하여 개인정보가 분실·도난·유출·위조·변조 또는 훼손된 경우로서 정보 주체에게 손해가 발생한 때에는 법원은 그 손해배상액 정할 수 있다. 법원이 손해배상액을 정할 시 고려 사항으로 옳지 않은 것은?

① 정보 주체의 재산 상태

② 위반행위의 기간·횟수 등

③ 위반행위에 따른 벌금 및 과징금

④ 위반행위로 인하여 입은 피해 규모

⑤ 고의 또는 손해 발생의 우려를 인식한 정도

> **해설** 징벌적 손해 배상 산정 시 고려 사항(법 제39조 제4항)
> • 고의 또는 손해 발생의 우려를 인식한 정도
> • 위반행위로 인하여 입은 피해 규모
> • 위법행위로 인하여 개인정보 처리자가 취득한 경제적 이익
> • 위반행위에 따른 벌금 및 과징금
> • 위반행위의 기간·횟수 등
> • 개인정보 처리자의 재산 상태
> • 개인정보 처리자가 정보 주체의 개인정보 분실·도난·유출 후 해당 개인정보를 회수하기 위하여 노력한 정도
> • 개인정보 처리자가 정보 주체의 피해 구제를 위하여 노력한 정도

029 개인정보 보호법상 개인정보 집단 분쟁조정에 대한 설명으로 옳은 것은?

① 집단 분쟁조정의 기간은 절차의 개시가 종료된 날의 다음 날부터 90일 이내로 한다.

② 분쟁조정위원회의 운영 및 분쟁조정 절차에 관하여 개인정보 보호법에서 규정하지 아니한 사항은 형사 조정법을 준용한다.

③ 분쟁조정위원회는 추가로 집단 분쟁조정의 당사자가 아닌 정보 주체 또는 개인정보 처리자로부터 그 분쟁조정의 당사자에 포함할 수 없다.

④ 국가 및 지방자치단체, 개인정보 보호단체 및 기관, 정보 주체, 개인정보 처리자는 분쟁조정위원회에 집단 분쟁조정을 의뢰 또는 신청할 수 있다.

⑤ 분쟁조정위원회는 집단 분쟁조정의 당사자인 다수의 정보 주체 중 일부의 정보 주체가 법원에 소를 제기하면 그 절차를 중지하고, 이를 당사자에게 알려야 한다.

해설 ④ 국가 및 지방자치단체, 개인정보 보호단체 및 기관, 정보 주체, 개인정보 처리자는 정보 주체의 피해 또는 권리침해가 다수의 정보 주체에게 같거나 비슷한 유형으로 발생하는 경우로서 대통령령으로 정하는 사건에 대하여는 분쟁조정위원회에 일괄적인 분쟁조정을 의뢰 또는 신청할 수 있다(법 제49조 제1항).

① 집단 분쟁조정의 기간은 제2항에 따른 공고가 종료된 날의 다음 날부터 60일 이내로 한다. 다만, 부득이한 사정이 있는 경우에는 분쟁조정위원회의 의결로 처리 기간을 연장할 수 있다(법 제49조 제7항).

② 분쟁조정위원회의 운영 및 분쟁조정 절차에 관하여 이 법에서 규정하지 아니한 사항에 대하여는 민사조정법을 준용한다(법 제50조 제2항).

③ 분쟁조정위원회는 집단 분쟁조정의 당사자가 아닌 정보 주체 또는 개인정보 처리자로부터 그 분쟁조정의 당사자에 추가로 포함될 수 있도록 하는 신청을 받을 수 있다(법 제49조 제3항).

⑤ 분쟁조정위원회는 집단 분쟁조정의 당사자인 다수의 정보 주체 중 일부의 정보 주체가 법원에 소를 제기한 경우에는 그 절차를 중지하지 아니하고, 소를 제기한 일부의 정보 주체를 그 절차에서 제외한다(법 제49조 제6항).

030 개인정보 단체소송에 대한 설명으로 옳은 것은?

① 법원의 단체소송을 허가하거나 불허가하는 결정에는 불복할 수 없다.
② 단체소송에 관하여 개인정보 보호법에 특별한 규정이 없는 경우에는 행정소송법을 적용한다.
③ 원고의 청구를 기각하는 판결이 원고의 고의로 인한 것임이 밝혀진 경우에도 동일한 사안에 관하여 다른 단체는 단체소송을 제기할 수 없다.
④ 소송을 제기하려면 소비자기본법에 따라 공정거래위원회에 등록한 소비자단체로서 그 단체의 정회원 수가 5백 명 이상이어야 한다.
⑤ 법원은 개인정보 처리자가 분쟁조정위원회의 조정을 거부하거나 조정 결과를 수락하지 않고, 소송허가신청서의 기재 사항에 흠결이 없는 경우에 한하여 결정으로 단체소송을 허가한다.

> **해설** ⑤ 단체소송허가 요건에는 개인정보 처리자가 분쟁조정위원회의 조정을 거부하거나 조정 결과를 수락하지 아니하였으며, 소송허가신청서의 기재 사항에 흠결이 없어야 한다(법 제55조 제1항).
> ① 단체소송을 허가하거나 불허가하는 결정에 대하여는 즉시 항고할 수 있다(법 제55조 제2항).
> ② 단체소송에 관하여 이 법에 특별한 규정이 없는 경우에는 민사소송법을 적용한다(법 제57조 제1항).
> ③ 원고의 청구를 기각하는 판결이 확정된 경우 이와 동일한 사안에 관하여는 제51조에 따른 다른 단체는 단체소송을 제기할 수 없다. 다만, 판결이 확정된 후 그 사안과 관련하여 국가·지방자치단체 또는 국가·지방자치단체가 설립한 기관에 의하여 새로운 증거가 나타난 경우, 기각판결이 원고의 고의로 인한 것임이 밝혀진 경우에는 그러하지 아니하다(법 제56조).
> ④ 소비자기본법 제29조에 따라 공정거래위원회에 등록한 소비자단체가 개인정보 단체소송을 제기하려면 그 단체의 정회원 수가 1천 명 이상이어야 한다(법 제51조 참고).

PART 6

031 다음 사례 중 개인정보의 수집 · 이용에 관한 원칙을 따르지 않은 사례는?

① 마일리지 회원 관리를 위해 결혼 여부, 신장, 체중, 학력, 직업, 소득, 재산 규모를 수집한 경우

② 사상, 정치적 견해, 건강에 관한 정보를 일반 개인정보와 구분하여 수집한 경우

③ 여행상품 안내를 위한 연락처가 필요하여 휴대 전화번호, 전자우편 주소 등 최소한 필요한 정보를
　수집한 경우

④ 온라인 결제 및 배송 주문 시 필요한 개인정보를 수집한 경우

⑤ 정보 주체와의 계약 이행을 위해 반드시 필요하여 동의 없이 개인정보를 수집한 경우

> 해설　① 결혼 여부, 신장, 체중, 학력, 직업, 소득, 재산 규모 등 마일리지 회원 관리를 위해 꼭 필요하다고 입증하기 어려운
> 개인정보를 수집한 잘못된 사례이다.

032 직원의 주민등록번호를 단체보험 가입 목적으로 처리하려고 하는 것에 대한 설명으로 가장 옳은 내용은?

① 주민등록번호를 처리하는 경우에는 목적 및 법적 근거 등을 정보 주체에게 안내하는 것이 바람직하다.

② 회사는 단체보험 가입 목적으로 직원의 주민등록번호를 보험회사에 제공할 수 있으며 근거 조항은
　표기를 생략할 수 있다.

③ 주민등록번호는 개인정보에 해당하므로 반드시 정보 주체의 동의를 얻어야 한다.

④ 단체보험은 직원에게 동의를 받지 않고 보험회사와 일괄 계약하는 보험이므로 회사는 주민등록번호
　를 보험회사에 제공할 수 있다.

⑤ 단체보험 가입 목적으로 직원의 연락처, 사상, 정치적 견해 등을 보험업체에 제공할 수 있다.

> 해설　④ 보험업법 시행령 제102조 제5항 제4호는 보험회사가 상법 제735조의3(단체보험)에 따른 단체보험계약의 체결 등의
> 사무를 수행하기 위하여 필요한 범위에서 피보험자의 주민등록번호를 처리할 수 있도록 규정. 단체보험은 구성원으
> 로부터 서면 동의를 받지 아니하고 단체가 보험계약자로서 피보험자인 구성원을 위하여 보험회사와 일괄 계약하는
> 보험으로서, 회사는 단체보험 가입 목적으로 직원의 주민등록번호를 보험회사에 제공할 수 있다.

033 다음 중 개인정보 처리자가 법 제22조에 따라 개인정보의 처리에 대해 정보 주체의 동의를 받는 방법으로 틀린 것은?

① 동의 내용이 적힌 서면을 정보 주체에게 직접 발급하거나 우편 또는 팩스 등의 방법으로 전달하고, 정보 주체가 서명하거나 날인한 동의서를 받는 방법

② 전화를 통하여 동의 내용을 정보 주체에게 알리고 동의의 의사표시를 확인하는 방법

③ 전화를 통하여 동의 내용을 정보 주체에게 알리고 정보 주체에게 인터넷주소 등을 통하여 동의 사항을 확인하도록 한 후 다시 전화를 통하여 그 동의 사항에 대한 동의의 의사표시를 확인하는 방법

④ 인터넷 홈페이지 등에 동의 내용을 게재하고 정보 주체가 동의 여부를 표시하도록 하는 방법

⑤ 동의 내용이 적힌 전자우편을 발송하고 정보 주체로부터 전자우편을 받았음을 확인하는 표시가 적힌 전자우편을 받는 방법

> **해설** 개인정보 보호법 제22조 제7항, 개인정보 보호법 시행령 제17조 제2항에 의해 개인정보 처리자는 개인정보의 처리에 대하여 동의 내용이 적힌 전자우편을 발송하여 정보 주체로부터 동의의 의사표시가 적힌 전자우편을 받는 방법으로 정보 주체의 동의를 받아야 한다.

서면, 전화, 인터넷, 전화(주요 내용)+인터넷(상세 내용), 전자우편 등을 통해 동의 내용을 알리고, 동의 의사를 확인하는 방법

동의 내용 안내 방법	동의 의사를 확인하는 방법
서면	서면(서명 또는 날인)
전화	음성
전화(간략 사항)+인터넷(세부 사항)	음성+클릭
인터넷	클릭
전자우편 발신	전자우편 수신
그 밖에 유사한 방법	

034 다음에서 설명하는 역할을 수행하는 사람은?

> 1. 개인정보 보호 계획의 수립 및 시행
> 2. 개인정보 처리 실태 및 관행의 정기적인 조사 및 개선
> 3. 개인정보 처리와 관련한 불만의 처리 및 피해 구제
> 4. 개인정보 유출 및 오용 · 남용 방지를 위한 내부통제 시스템의 구축
> 5. 개인정보 보호 교육 계획의 수립 및 시행
> 6. 개인정보 파일의 보호 및 관리 · 감독
> 7. 그 밖에 개인정보의 적절한 처리를 위하여 대통령령으로 정한 업무

① 정보보호 최고책임자
② 최고 위험관리 책임자
③ 개인정보 보호 책임자
④ 개인정보 관리자
⑤ 개인정보 보호 위원회

해설 **개인정보 보호 책임자의 업무**

개인정보 보호법 제31조 제3항	개인정보 보호법 시행령 제32조 제1항
1. 개인정보 보호 계획의 수립 및 시행 2. 개인정보 처리 실태 및 관행의 정기적인 조사 및 개선 3. 개인정보 처리와 관련한 불만의 처리 및 피해 구제 4. 개인정보 유출 및 오용 · 남용 방지를 위한 내부통제 시스템의 구축 5. 개인정보 보호 교육 계획의 수립 및 시행 6. 개인정보 파일의 보호 및 관리 · 감독 7. 그 밖에 개인정보의 적절한 처리를 위하여 대통령령으로 정한 업무	1. 법 제30조에 따른 개인정보 처리방침의 수립 · 변경 및 시행 2. 개인정보 보호 관련 자료의 관리 3. 처리 목적이 달성되거나 보유기간이 지난 개인정보의 파기

035 개인정보 처리자가 만 14세 미만 아동의 개인정보 수집 · 이용 · 제공 등의 동의를 법정대리인에게 받으려고 할 때, 해당 아동으로부터 수집할 수 있는 정보는 무엇인가?

① 법정대리인의 성명 및 연락처
② 법정대리인의 주민등록번호
③ 법정대리인의 건강정보
④ 법정대리인의 직업정보
⑤ 법정대리인의 회사명

해설 ① 해당 아동으로부터 직접 법정대리인의 성명 및 연락처에 관한 정보를 수집할 수 있다.

036 회원제로 운영하는 물품 대여사업을 하려고 할 때, 회원들에게 개인정보 제공에 대한 동의를 받는 방법으로 옳지 않은 것은?

① 동의 내용이 적힌 서면을 정보 주체에게 직접 발급하거나 우편 또는 팩스 등의 방법으로 전달하고, 정보 주체가 서명하거나 날인한 동의서를 받는 방법

② 전화를 통하여 동의 내용을 정보 주체에게 알리고 정보 주체에게 인터넷주소 등을 통하여 동의 사항을 확인하도록 한 후 이 행위를 동의의 의사표시로 하는 방법

③ 전화를 통하여 동의 내용을 정보 주체에게 알리고 동의의 의사표시를 확인하는 방법

④ 인터넷 홈페이지 등에 동의 내용을 게재하고 정보 주체가 동의 여부를 표시하도록 하는 방법

⑤ 동의 내용이 적힌 전자우편을 발송하여 정보 주체로부터 동의의 의사표시가 적힌 전자우편을 받는 방법

> **해설** ② 전화를 통하여 정보 주체의 동의를 받는 경우, 전화로 동의 내용을 정보 주체에게 알리고 정보 주체에게 인터넷주소 등을 통하여 동의 사항을 확인하도록 한 후, 다시 전화를 통하여 그 동의 사항에 대한 동의의 의사표시를 확인하여야 한다.

037 개인정보 보호법에서 주민등록번호 수집은 원칙적으로 허용되지 않으나 다음 중 그 수집이 예외적으로 허용되는 경우가 아닌 것은?

① 가수 P의 금융거래자 실명 확인을 위한 주민등록번호 수집

② 가수 K의 대학생 학자금 지원 및 환수를 위한 주민등록번호 수집

③ 가수 L의 병역 지원 선발 · 관리를 위한 주민등록번호 수집

④ 사업가 S의 세금 부과 및 과세자료 수집 · 관리를 위한 주민등록번호 수집

⑤ 입사를 지원한 Y의 주민등록번호 수집

> **해설** ⑤ 입사 지원 단계에 있는 지원자의 주민등록번호 수집은 허용되지 않으며, 채용 여부 확정 시의 주민등록번호 수집은 가능하다.

038 다음 중 보안 업무의 발전 과정을 연결한 것으로 옳지 않은 것은?

① 2010년대 : 잠재적인 모든 위험 요소에 대해 측정하고 관리하는 전문 보안 총괄 책임 업무를 담당한다.

② 2000년대 : 기업환경이 급변함에 따라 미래의 위험 요소를 예측한다.

③ 1990년대 : 기업 경영의 한 부분으로 정착하기 시작한다.

④ 1980년대 : 주로 물리적인 통제와 자산 보호가 목적이다.

⑤ 1980년대 이전 : 주로 기업의 보조적 관리 업무, 출입 통제 및 도난 방지 업무를 주로 담당한다.

해설 ③ 보안 업무가 기업 경영의 한 부분으로 정착하기 시작한 시기는 1980년대이다.

보안 업무의 발전 과정

연대	기업에서의 위상	업무
1980년대 이전	관리부서에 소속	• 기업에서 보조적인 관리 업무 • 출입 통제와 도난의 방지를 주 업무로 함
1980년대	보안 관리자	• 기업 경영의 한 부분으로 정착함 • 물리적인 통제와 물리적 자산의 보호가 주가 됨
1990년대	보안 담당 이사	• 손실 예방관리 업무 • 기업의 인적 · 지적 · 물적 자산의 통제와 더불어 직원의 부정행위 예방과 감사 업무가 추가됨
2000년대	정보보호 책임자 (CSO, CPO)	• 위험관리 및 정보의 수집과 분석 • 기업환경의 급변에 따른 미래의 위험 요소 예측
2010년대	위기관리 총괄책임자 (CISO, CRO)	• 정보와 인프라 위험 요소에 대한 총괄 분석 • 잠재적인 모든 위험 요소에 대해 측정하고 관리하는 전문 보안 총괄 책임 업무를 함

039 다음 중 정보통신 서비스 제공자가 정보 주체의 동의없이 개인정보의 수집 · 이용이 가능한 경우로 틀린 것은?

① 정보통신 서비스 제공에 관한 계약 이행을 위해 필요한 개인정보로 경제적인 이유로 통상적인 동의를 받는 것이 어려운 경우
② 개인정보를 목적 외의 용도로 이용하지 않으면 다른 법률에서 정하는 소관 업무를 수행할 수 없는 경우로서 서비스 제공자의 심의 · 의결을 거친 경우
③ 다른 법률에 특별한 규정이 있는 경우
④ 서비스 제공에 따른 요금 정산을 위해 필요한 경우
⑤ 공중위생 등 공공의 안전과 안녕을 위하여 긴급히 필요한 경우

> **해설** 개인정보를 목적 외의 용도로 이용 · 제공이 가능한 경우는 아래와 같다(개인정보 보호법 제18조 제2항). 다만, 제5호부터 제9호까지에 따른 경우는 공공기관의 경우로 한정한다.
> 1. 정보 주체로부터 별도의 동의를 받은 경우
> 2. 다른 법률에 특별한 규정이 있는 경우
> 3. 명백히 정보 주체 또는 제3자의 급박한 생명, 신체, 재산의 이익을 위하여 필요하다고 인정되는 경우
> 4. 삭제
> 5. 개인정보를 목적 외의 용도로 이용하거나 이를 제3자에게 제공하지 아니하면 다른 법률에서 정하는 소관 업무를 수행할 수 없는 경우로서 보호 위원회의 심의 · 의결을 거친 경우
> 6. 조약, 그 밖의 국제협정의 이행을 위하여 외국 정부 또는 국제기구에 제공하기 위하여 필요한 경우
> 7. 범죄의 수사와 공소의 제기 및 유지를 위하여 필요한 경우
> 8. 법원의 재판 업무수행을 위하여 필요한 경우
> 9. 형(刑) 및 감호, 보호처분의 집행을 위하여 필요한 경우
> 10. 공중위생 등 공공의 안전과 안녕을 위하여 긴급히 필요한 경우

PART 6

040 다음 중 만 14세 미만 아동의 개인정보 수집에 대한 설명으로 틀린 것은?

① 개인정보 처리자가 개인정보 처리와 관련한 사항의 고지 등을 할 때에는 이해하기 쉬운 양식과 명확하고 알기 쉬운 언어를 사용해야 한다.
② 만 14세 미만 아동의 법정대리인은 개인정보 처리자에게 그 아동의 개인정보 열람 등 요구를 할 수 없다.
③ 법정대리인의 동의를 받기 위해 필요한 최소한의 정보는 법정대리인의 동의 없이 해당 아동으로부터 직접 수집할 수 있다.
④ 법정대리인은 일반적으로 부모가 친권자로서 법정대리인이 되나, 특별한 사정에 따라 법원이 선임한 후견인 등도 법정대리인이 될 수 있다.
⑤ 만 14세 미만 아동의 개인정보를 처리하기 위해 동의를 받을 때에는 법정대리인의 동의를 받아야 한다.

> **해설** ② 만 14세 미만 아동의 법정대리인은 개인정보 처리자에게 그 아동의 개인정보 열람 등 요구를 할 수 있다(개인정보 보호법 제38조 제2항(권리행사의 방법 및 절차)).

041 다음 중 3천만 원 이하의 과태료를 부과하는 개인정보의 처리단계 위반 사항에 해당하지 않는 것은?

① 제20조의2 제1항을 위반하여 개인정보의 이용·제공 내역이나 이용·제공 내역을 확인할 수 있는 정보 시스템에 접속하는 방법을 통지하지 아니한 자

② 제16조 제3항·제22조 제5항을 위반하여 정보 주체가 선택적으로 동의할 수 있는 사항을 동의하지 않는다는 이유로 재화 또는 서비스의 제공을 거부한 자

③ 제22조 제1항부터 제3항까지를 위반하여 동의를 얻은 자

④ 제24조의2 제1항을 위반하여 주민등록번호를 처리한 자

⑤ 제21조 제1항을 위반하여 개인정보의 파기 등 필요한 조치를 하지 아니한 자

해설 ③ 제22조 제1항부터 제3항까지를 위반하여 동의를 얻은 자는 1천만 원 이하의 과태료를 부과하는 경우에 해당한다.

3천만 원 이하 과태료 부과 대상(개인정보 보호법 제75조 제2항)
1. 제16조 제3항·제22조 제5항을 위반하여 재화 또는 서비스의 제공을 거부한 자
2. 제20조 제1항·제2항을 위반하여 정보 주체에게 같은 항 각 호의 사실을 알리지 아니한 자
3. 제20조의2 제1항을 위반하여 개인정보의 이용·제공 내역이나 이용·제공 내역을 확인할 수 있는 정보 시스템에 접속하는 방법을 통지하지 아니한 자
4. 제21조 제1항을 위반하여 개인정보의 파기 등 필요한 조치를 하지 아니한 자
5. 제23조 제2항·제24조 제3항·제25조 제6항을 위반하여 안전성 확보에 필요한 조치를 하지 아니한 자
6. 제23조 제3항을 위반하여 민감정보의 공개 가능성 및 비공개를 선택하는 방법을 알리지 아니한 자
7. 제24조의2 제1항을 위반하여 주민등록번호를 처리한 자
8. 제24조의2 제2항을 위반하여 암호화 조치를 하지 아니한 자
9. 제24조의2 제3항을 위반하여 정보 주체가 주민등록번호를 사용하지 아니할 수 있는 방법을 제공하지 아니한 자
10. 제25조 제1항을 위반하여 고정형 영상정보 처리기기를 설치·운영한 자
11. 제25조의2 제1항을 위반하여 사람 또는 그 사람과 관련된 사물의 영상을 촬영한 자
12. 제26조 제3항을 위반하여 정보 주체에게 알려야 할 사항을 알리지 아니한 자
13. 제28조의5 제2항을 위반하여 개인을 알아볼 수 있는 정보가 생성되었음에도 이용을 중지하지 아니하거나 이를 회수·파기하지 아니한 자
14. 제28조의8 제4항을 위반하여 보호조치를 하지 아니한 자
15. 제32조의2 제6항을 위반하여 인증을 받지 아니하였음에도 거짓으로 인증의 내용을 표시하거나 홍보한 자
16. 제33조 제1항을 위반하여 영향평가를 하지 아니하거나 그 결과를 보호 위원회에 제출하지 아니한 자
17. 제34조 제1항을 위반하여 정보 주체에게 같은 항 각 호의 사실을 알리지 아니한 자
18. 제34조 제3항을 위반하여 보호 위원회 또는 대통령령으로 정하는 전문기관에 신고하지 아니한 자
19. 제35조 제3항을 위반하여 열람을 제한하거나 거절한 자
20. 제35조의3 제1항에 따른 지정을 받지 아니하고 같은 항 제2호의 업무를 수행한 자
21. 제35조의3 제3항을 위반한 자
22. 제36조 제2항을 위반하여 정정·삭제 등 필요한 조치를 하지 아니한 자
23. 제37조 제3항 또는 제5항을 위반하여 파기 등 필요한 조치를 하지 아니한 자
24. 제37조의2 제3항을 위반하여 정당한 사유 없이 정보 주체의 요구에 따르지 아니한 자
25. 제63조 제1항에 따른 관계 물품·서류 등 자료를 제출하지 아니하거나 거짓으로 제출한 자
26. 제63조 제2항에 따른 출입·검사를 거부·방해 또는 기피한 자
27. 제64조 제1항에 따른 시정조치 명령에 따르지 아니한 자

042 다음은 A 기관 홈페이지의 회원가입 단계 중 개인정보 수집·이용 동의 화면이다. 아래에서 개인정보 보호법에 위배되는 사항에 대한 설명으로 옳은 것은?

개인정보 수집·이용에 대한 동의
1. 개인정보의 수집 목적 및 수집 항목
2. 수집하는 개인정보 항목(필수)
   ① 회원가입
     – 회원제 서비스 이용에 따른 본인 식별 : 성별, 아이디, 중복 확인 정보, 생년월일, 주소
     – 맞춤형 서비스 제공을 위한 자료 : 생년월일, 이메일, 휴대 전화번호
   ② 서비스 이용 정보
     사용자 이용 편의 서비스 제공, 이용 정보 분석 : 접속 IP, 이용한 콘텐츠 로그, 쿠키
3. 개인정보의 보유 및 이용 기간 : 신청일로부터 1년
4. 개인정보의 제3자 동의 : 수탁업체 B, C

※ 고객님께서는 상기 동의를 거부할 수 있습니다.
다만, 이에 동의하지 않을 경우에는 관련 서비스에 제한이 있을 수 있습니다.
위 개인정보의 수집 및 이용에 동의합니다. (선택)

          □ 동의함   □ 동의하지 않음

---

① 만 14세 미만의 개인정보 처리를 위한 법정대리인 미동의
② 정보 주체의 사생활 침해 최대화
③ 필요 최소한의 개인정보 수집
④ 동의 거부 시 제한되는 서비스를 구체적으로 안내하고 있지 않음
⑤ 고유 식별정보를 다른 개인정보와 일괄 동의

> **해설** 개인정보 처리 내용을 명확하게 인지할 수 있도록 구체적으로 알려야 한다.
> - (수집·이용) ⅰ) 목적, ⅱ) 항목, ⅲ) 보유 및 이용 기간, ⅳ) 동의를 거부할 권리가 있다는 사실 및 동의 거부에 따른 불이익이 있는 경우에는 그 불이익의 내용
> - (제공) ⅰ) 제공받는 자, ⅱ) 목적, ⅲ) 항목, ⅳ) 보유 및 이용 기간, ⅴ) 동의를 거부할 권리가 있다는 사실 및 동의 거부에 따른 불이익이 있는 경우에는 그 불이익의 내용
> 위 보기에서는 동의를 거부할 권리가 있다는 사실과 더불어 동의 거부 시 불이익이 있는 경우에는 그 불이익의 내용을 구체적으로 알려야 한다.

PART 6

043 개인정보 보호법상 주민등록번호를 수집할 수 있는 경우가 아닌 것은?

① 본인확인 기관으로 인증받은 경우

② 법령에서 이용자의 주민등록 수집, 이용이 허용되는 경우

③ 영업상 정보통신 서비스 제공자로서 방송통신위원회가 고시한 경우

④ 기업이 직원 채용 목적으로 입사지원서에 주민등록번호를 기재하도록 하는 경우

⑤ 정보통신 서비스의 제공에 따른 요금 정산을 위하여 필요한 경우

> **해설** 입사 지원자가 최종 합격하여 직원이 되기 전까지는 법률이나 대통령령에서 기업이 해당 지원자의 주민등록번호를 처리하도록 하는 규정이 없으므로 이력서·지원서 등에 주민등록번호를 기재하도록 하여서는 안 된다. 입사 지원 단계에서는 주민등록번호 대신 생년월일이나 휴대 전화번호 등을 수집하는 것으로 대체하고, 최종 합격한 후에 고용보험 등 4대 보험 가입, 급여 원천 징수 등을 위해 관련 법령에서 정하는 바에 따라 기업이 해당 지원자의 주민등록번호를 수집하는 것은 가능하다.

044 정보통신 서비스 제공자가 만 14세 미만 아동으로부터 개인정보의 수집·이용하는 경우에 대한 설명으로 틀린 것은?

① 정보통신 서비스 제공자가 법정대리인의 동의를 받지 아니하고 만 14세 미만인 아동의 개인정보를 수집한 경우에는 3억 원 이하의 과징금을 부과할 수 있다.

② 정보통신 서비스 제공자가 만 14세 미만의 아동으로부터 개인정보 수집·이용·제공 등의 동의를 받으려면 그 법정대리인의 동의를 받아야 하며, 이를 위해 해당 아동으로부터 직접 법정대리인의 성명·연락처에 관한 정보를 수집할 수 있다.

③ 만 14세 미만 아동의 법정대리인은 정보통신 서비스 제공자에게 그 아동의 개인정보 열람을 요구할 수 있다.

④ 정보통신 서비스 제공자가 만 14세 미만의 아동에게 개인정보 처리와 관련한 사항의 고지를 할 때에는 이해하기 쉬운 양식으로 명확하고 알기 쉬운 언어를 사용해야 한다.

⑤ 개인정보 처리에 따른 위험성 및 결과, 이용자의 권리 등을 명확하게 인지하지 못할 수 있는 만 14세 미만의 아동의 개인정보 보호 시책을 마련해야 하는 것은 보호 위원회의 역할이다.

> **해설** **과징금의 부과 등에 대한 특례(법률 제39조의15)**
> ① 보호 위원회는 정보통신 서비스 제공자 등에게 다음 각 호의 어느 하나에 해당하는 행위가 있는 경우에는 해당 정보통신 서비스 제공자 등에게 위반행위와 관련한 매출액의 100분의 3 이하에 해당하는 금액을 과징금으로 부과할 수 있다.
> 2. 제22조 제6항(제39조의14에 따라 준용되는 경우를 포함한다)을 위반하여 법정대리인의 동의를 받지 아니하고 만 14세 미만인 아동의 개인정보를 수집한 경우
> ② 과징금을 부과하는 경우 (중략) 매출액이 없거나 매출액의 산정이 곤란한 경우로서 대통령령으로 정하는 경우에는 4억 원 이하의 과징금을 부과할 수 있다.

045 다음 중 만 14세 미만 아동의 개인정보 처리를 위하여 법정대리인의 전자서명을 이용하는 방법으로 옳지 않은 것은?

① 무료 수신자 부담 전화를 이용하는 방법
② 숙련된 상담원이 법정대리인과 직접 통화하는 방법
③ 유료 서비스 결재 시 법정대리인의 신용카드를 사용하는 방법
④ 서면, 팩스, 전자우편 등으로 법정대리인의 서명 날인된 서류를 제출받는 방법
⑤ 정답 없음

해설 법정대리인이 전자서명을 이용하는 방법으로 보기 항목 모두가 옳은 방법이다.

046 개인정보 처리자가 정보 주체의 동의 없이 개인정보를 이용 또는 제공하려는 경우의 이용·제공 기준에 대한 설명으로 옳지 않은 것은?

① 당초 수집 목적과 관련성이 있는지 여부를 고려하여야 한다.
② 개인정보를 수집한 정황 또는 처리 관행에 비추어 볼 때 개인정보의 추가적인 이용 또는 제공에 대한 예측 가능성이 있는지 여부를 고려하여야 한다.
③ 정보 주체의 이익을 부당하게 침해하는지 여부를 고려하여야 한다.
④ 가명 처리 또는 암호화 등 안전성 확보에 필요한 조치를 하였는지 여부를 고려하여야 한다.
⑤ 개인정보 보호 책임자는 개인정보의 추가적인 이용 또는 제공이 지속적으로 발생하는 경우 개인정보 처리자가 해당 기준에 따라 개인정보의 추가적인 이용 또는 제공을 하고 있는지 여부를 점검해야 한다.

해설 ⑤ 개인정보 처리자는 개인정보의 추가적인 이용 또는 제공이 지속적으로 발생하는 경우 개인정보 보호 책임자가 해당 기준에 따라 개인정보의 추가적인 이용 또는 제공을 하고 있는지 여부를 점검해야 한다.

개인정보의 추가적인 이용·제공의 기준 등(개인정보 보호법 시행령 제14조의2)
① 개인정보 처리자는 법 제15조 제3항 또는 제17조 제4항에 따라 정보 주체의 동의 없이 개인정보를 이용 또는 제공 (이하 "개인정보의 추가적인 이용 또는 제공"이라 한다)하려는 경우에는 다음 각 호의 사항을 고려해야 한다.
　1. 당초 수집 목적과 관련성이 있는지 여부
　2. 개인정보를 수집한 정황 또는 처리 관행에 비추어 볼 때 개인정보의 추가적인 이용 또는 제공에 대한 예측 가능 성이 있는지 여부
　3. 정보 주체의 이익을 부당하게 침해하는지 여부
　4. 가명 처리 또는 암호화 등 안전성 확보에 필요한 조치를 하였는지 여부
② 개인정보 처리자는 개인정보의 추가적인 이용 또는 제공이 지속적으로 발생하는 경우에는 제1항 각 호의 고려 사항 에 대한 판단 기준을 법 제30조 제1항에 따른 개인정보 처리방침에 공개하고, 법 제31조 제1항에 따른 개인정보 보호 책임자가 해당 기준에 따라 개인정보의 추가적인 이용 또는 제공을 하고 있는지 여부를 점검해야 한다.

개인정보 보호 책임자의 지정(개인정보 보호법 제31조 제1항, 제2항)
개인정보 처리자는 개인정보의 처리에 관한 업무를 총괄해서 책임질 개인정보 보호 책임자를 지정하여야 한다. 다만, 종업원 수, 매출액 등이 대통령령으로 정하는 기준에 해당하는 개인정보 처리자의 경우에는 지정하지 아니할 수 있다. 이러한 단서에 따라 개인정보 보호 책임자를 지정하지 아니하는 경우에는 개인정보 처리자의 사업주 또는 대표자가 개 인정보 보호 책임자가 된다.

047 개인정보 처리자가 개인정보를 목적 외의 용도로 제3자에게 제공하는 경우 개인정보를 제공받는 자에게 취해야 할 조치로 옳지 않은 것은?

① 이용 목적, 이용 방법을 제한한다.
② 이용 기간, 이용 형태를 제한한다.
③ 개인정보의 안전성 확보 조치를 마련하도록 문서로 요청한다.
④ 개인정보의 안전성 확보 조치 요청을 받은 자는 그에 따를 조치를 취해야 한다.
⑤ 개인정보의 안전성 확보 조치를 취한 후 개인정보 처리자에게 전화로 알려야 한다.

> **해설** 개인정보의 목적 외 이용 · 제공의 제한 및 조치(표준 개인정보 보호지침 제8조 제1항)
> 개인정보 처리자가 개인정보 보호법 제18조 제2항에 따라 개인정보를 목적 외의 용도로 제3자에게 제공하는 경우에는 개인정보를 제공받는 자에게 이용 목적, 이용 방법, 이용 기간, 이용 형태 등을 제한하거나, 개인정보의 안전성 확보를 위하여 필요한 구체적인 조치를 마련하도록 문서(전자문서 포함)로 요청하여야 한다. 이 경우 요청을 받은 자는 그에 따른 조치를 취하고 그 사실을 개인정보를 제공한 개인정보 처리자에게 문서로 알려야 한다.

048 수탁자가 위탁받은 업무와 관련하여 개인정보를 처리하는 과정에서 개인정보 보호법을 위반하였을 경우, 수탁자의 지위는?

① 개인
② 제3자
③ 개인 사업자
④ 개인정보 처리자의 소속 직원
⑤ 개인정보 처리자의 임시 직원

> **해설** ④ 수탁자가 위탁받은 업무와 관련하여 개인정보를 처리하는 과정에서 이 법을 위반하여 발생한 손해배상책임에 대하여는 수탁자를 개인정보 처리자의 소속 직원으로 본다(개인정보 보호법 제26조 제7항). 이에 따라 개인정보 처리자는 수탁자가 낸 손해에 민법상의 사용자책임, 즉 대위책임을 부담한다. 다만, 위탁자가 수탁자의 과실에 대해 정보 주체에게 손해 배상을 하게 되면, 위탁자는 수탁자에게 구상권을 행사할 수 있다.

049 정보 주체와의 계약의 체결 및 이행을 위하여 개인정보의 처리위탁·보관이 필요한 경우, 개인정보 처리자가 해당 사항을 어떠한 방법으로 정보 주체에게 알린 경우 개인정보를 국외로 이전할 수 있는가?

① 서면

② 우편

③ 문자 전송

④ 이메일 발송

⑤ 홈페이지 개재

> 해설 **개인정보의 국외 이전(개인정보 보호법 제28조의8)**
> ① 개인정보 처리자는 개인정보를 국외로 제공(조회되는 경우를 포함한다)·처리위탁·보관(이하 이 절에서 "이전"이라 한다)하여서는 아니 된다. 다만, 다음 각 호의 어느 하나에 해당하는 경우에는 개인정보를 국외로 이전할 수 있다.
> 　3. 정보 주체와의 계약의 체결 및 이행을 위하여 개인정보의 처리위탁·보관이 필요한 경우로서 다음 각 목의 어느 하나에 해당하는 경우
> 　　나. 전자우편 등 대통령령으로 정하는 방법에 따라 제2항 각 호의 사항을 정보 주체에게 알린 경우
>
> **개인정보의 국외 처리위탁·보관 시 정보 주체에게 알리는 방법(개인정보 보호법 시행령 제29조의7)**
> 법 제28조의8 제1항 제3호 나목에서 "전자우편 등 대통령령으로 정하는 방법"이란 서면 등의 방법을 말한다.

050 다음 중 개인정보의 국외 이전 인증에 대한 설명으로 옳지 않은 것은?

① 보호 위원회는 개인정보 보호 인증 전문기관의 평가를 거쳐야 한다.

② 보호 위원회는 개인정보의 국외 이전 분야 전문위원회의 평가를 거쳐야 한다.

③ 보호 위원회는 정책협의회의 협의를 거쳐야 한다.

④ 인증을 고시할 때에는 3년의 범위에서 유효 기간을 정하여 고시할 수 있다.

⑤ 기타 인증의 고시 절차 등에 관하여 필요한 사항은 보호 위원회가 정하여 고시한다.

> 해설 ④ 인증을 고시할 때에는 5년의 범위에서 유효 기간을 정하여 고시할 수 있다(개인정보 보호법 시행령 제29조의8 제2항)

051 다음 중 보호 위원회가 법에 따라 개인정보가 이전되는 국가 또는 국제기구의 개인정보 보호 체계, 정보 주체 권리보장 범위, 피해 구제 절차 등이 법에 따른 개인정보 보호 수준과 실질적으로 동등한 수준을 갖추었다고 인정하려는 경우 종합적으로 고려해야 하는 사항으로 옳지 않은 것은?

① 정보 주체의 권리를 충분히 보장하고 있는지 여부

② 독립적 감독기관이 존재하는지 여부

③ 정보 주체에 대한 보호 수단이 존재하지 않더라도 실질적으로 보장되는지 여부

④ 피해 구제 절차가 정보 주체를 효과적으로 보호하고 있는지 여부

⑤ 감독기관이 보호 위원회와 정보 주체의 권리 보호에 관하여 상호 협력이 가능한지 여부

해설 **국가 등에 대한 개인정보 보호 수준 인정(개인정보 보호법 시행령 제29조의9)**
① 보호 위원회는 법 제28조의8 제1항 제5호에 따라 개인정보가 제공(조회되는 경우를 포함한다)·처리위탁·보관(이하 이 장에서 "이전"이라 한다)되는 국가 또는 국제기구(이하 "이전 대상국 등"이라 한다)의 개인정보 보호 체계, 정보 주체 권리보장 범위, 피해 구제 절차 등이 법에 따른 개인정보 보호 수준과 실질적으로 동등한 수준을 갖추었다고 인정하려는 경우에는 다음 각 호의 사항을 종합적으로 고려해야 한다.
1. 이전 대상국 등의 법령, 규정 또는 규칙 등 개인정보 보호 체계가 법 제3조에서 정하는 개인정보 보호 원칙에 부합하고, 법 제4조에서 정하는 정보 주체의 권리를 충분히 보장하고 있는지 여부
2. 이전 대상국 등에 개인정보 보호 체계를 보장하고 집행할 책임이 있는 독립적 감독기관이 존재하는지 여부
3. 이전 대상국 등의 공공기관(이와 유사한 사무를 수행하는 기관을 포함한다)이 법률에 따라 개인정보를 처리하는지 여부 및 이에 대한 피해 구제 절차 등 정보 주체에 대한 보호 수단이 존재하고 실질적으로 보장되는지 여부
4. 이전 대상국 등에 정보 주체가 쉽게 접근할 수 있는 피해 구제 절차가 존재하는지 여부 및 피해 구제 절차가 정보 주체를 효과적으로 보호하고 있는지 여부
5. 이전 대상국 등의 감독기관이 보호 위원회와 정보 주체의 권리 보호에 관하여 원활한 상호 협력이 가능한지 여부
6. 그 밖에 이전 대상국 등의 개인정보 보호 체계, 정보 주체의 권리보장 범위, 피해 구제 절차 등의 개인정보 보호 수준을 인정하기 위해 필요한 사항으로서 보호 위원회가 정하여 고시하는 사항

052 개인정보 처리자는 국외 이전 중지 명령을 받은 경우 명령을 받은 날부터 며칠 이내에, 어디에 이의를 제기할 수 있는가?

① 7일, 보호 위원회

② 10일, 보호 위원회

③ 15일, 보호 위원회

④ 20일, 중재위원회

⑤ 30일, 중재위원회

해설 개인정보 처리자 국외 이전 중지 명령을 받은 경우에는 명령을 받은 날부터 7일 이내에 보호 위원회에 이의를 제기할 수 있다(개인정보 보호법 제28조의9 제2항).

053 다음과 같은 위반행위를 했을 경우 부과되는 벌칙은?

> - 정보 주체의 동의를 받지 아니하고 개인정보를 제3자에게 제공한 자 및 그 사정을 알면서도 개인정보를 제공받은 자
> - 해당 법령을 위반하여 개인정보를 이용하거나 제3자에게 제공한 자 및 그 사정을 알면서도 영리 또는 부정한 목적으로 개인정보를 제공받은 자

① 1천만 원 이하의 과태료
② 2천만 원 이하의 과태료
③ 3천만 원 이하의 과태료
④ 5년 이하의 징역 또는 5천만 원 이하의 벌금
⑤ 7년 이하의 징역 또는 7천만 원 이하의 벌금

해설 **벌칙(개인정보 보호법 제71조)**

다음의 어느 하나에 해당하는 자는 5년 이하의 징역 또는 5천만 원 이하의 벌금에 처한다.
- 제17조 제1항 제2호에 해당하지 아니함에도 같은 항 제1호(제26조 제8항에 따라 준용되는 경우를 포함한다)를 위반하여 정보 주체의 동의를 받지 아니하고 개인정보를 제3자에게 제공한 자 및 그 사정을 알면서도 개인정보를 제공받은 자(제1호)
- 제18조 제1항·제2항, 제19조를 위반하여 개인정보를 이용하거나 제3자에게 제공한 자 및 그 사정을 알면서도 영리 또는 부정한 목적으로 개인정보를 제공받은 자(제2호)

054 위탁자의 동의를 받지 아니하고 제3자에게 다시 위탁한 자와 정보 주체에게 알려야 할 사항을 알리지 아니한 자에게 부과되는 과태료가 바르게 짝지어진 것은?

① 1천만 원 이하 − 1천만 원 이하
② 1천만 원 이하 − 2천만 원 이하
③ 2천만 원 이하 − 3천만 원 이하
④ 2천만 원 이하 − 2천만 원 이하
⑤ 3천만 원 이하 − 3천만 원 이하

해설 **과태료(개인정보 보호법 제75조)**

과태료 수준	위반행위	조문
1천만 원 이하	제26조 제1항을 위반하여 업무 위탁 시 같은 항 각 호의 내용이 포함된 문서로 하지 아니한 자	제75조 제4항 제4호
2천만 원 이하	제26조 제6항을 위반하여 위탁자의 동의를 받지 아니하고 제3자에게 다시 위탁한 자	제75조 제3항 제1호
3천만 원 이하	제26조 제3항을 위반하여 정보 주체에게 알려야 할 사항을 알리지 아니한 자	제75조 제2항 제12호

PART 6

055 다음 중 1천만 원 이하의 과태료를 부과하는 위반행위는?

① 정보 주체에게 개인정보의 이전 사실을 알리지 아니한 행위

② 국외 이전 중지 명령을 따르지 아니한 행위

③ 해당 법령을 위반하여 개인정보를 국외로 이전한 행위

④ 국외 이전 시 보호조치를 하지 아니한 행위

⑤ 이전 당시의 본래 목적대로 개인정보를 이용하지 않은 행위

> 해설 ① 개인정보 보호법 제75조 제4항 제6호
> ② 전체 매출액의 100분의 3을 초과하지 아니하는 범위에서 과징금 부과 가능(개인정보 보호법 제64조의2 제1항 제8호)
> ③ 전체 매출액의 100분의 3을 초과하지 아니하는 범위에서 과징금 부과 가능(개인정보 보호법 제64조의2 제1항 제7호)
> ④ 3천만 원 이하의 과태료(개인정보 보호법 제75조 제2항 제14호)
> ⑤ 5년 이하의 징역 또는 5천만 원 이하의 벌금[개인정보 보호법 제71조 제2호(제27조 제3항)]

04   개인정보의 보호조치

056 다음 설명의 빈칸에 들어갈 말로 적절한 것은?

> (   )란 정보 주체 및 개인정보 취급자 등이 개인정보 처리 시스템 또는 정보통신망을 관리하는 시스템 등에 접속할 때 식별자와 함께 입력하여 정당한 접속 권한을 가진 자라는 것을 식별할 수 있도록 시스템에 전달해야 하는 고유의 문자열로서 타인에게 공개되지 않는 정보

① 내부망 　　　　　　　　　　　　　② 비밀번호

③ 인증 정보 　　　　　　　　　　　　④ 공유설정

⑤ 생체정보

> 해설 ① 내부망 : 인터넷망 차단, 접근 통제 시스템 등에 의해 인터넷 구간에서의 접근이 통제 또는 차단되는 구간
> ③ 인증 정보 : 개인정보 처리 시스템 또는 정보통신망을 관리하는 시스템 등에 접속을 요청하는 자의 신원을 검증하는 데 사용되는 정보
> ④ 공유설정 : 컴퓨터 소유자의 파일을 타인이 조회·변경·복사 등을 할 수 있도록 설정하는 것
> ⑤ 생체정보 : 지문, 얼굴, 홍채, 정맥, 음성, 필적 등 개인의 신체적, 생리적, 행동적 특징에 관한 정보로서 특정 개인을 인증·식별하거나 개인에 관한 특징을 알아보기 위해 일정한 기술적 수단을 통해 처리되는 정보

057 내부망 구성도이다. 빈칸에 들어갈 적절한 내용은 무엇인가?

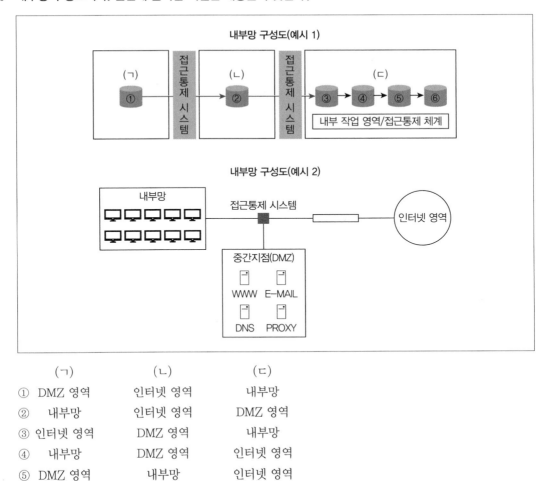

	(ㄱ)	(ㄴ)	(ㄷ)
①	DMZ 영역	인터넷 영역	내부망
②	내부망	인터넷 영역	DMZ 영역
③	인터넷 영역	DMZ 영역	내부망
④	내부망	DMZ 영역	인터넷 영역
⑤	DMZ 영역	내부망	인터넷 영역

해설 (ㄱ) 인터넷 영역, (ㄴ) DMZ 영역, (ㄷ) 내부망

058 개인정보의 안전성 확보 조치 기준상의 주요 내용이 아닌 것은?

① 접속기록의 보관 및 점검
② 관리용 단말기의 안전조치
③ 재해 · 재난 대비 안전조치
④ 내부 관리계획의 수립 · 시행 및 점검
⑤ 공공시스템 운영기관의 안전조치 기준 적용

해설 ② 관리용 단말기의 안전조치는 2023년 9월 22일 일부 개정에 따라 삭제된 내용이다.

059 다음 개인정보 처리 시스템에 관한 내용으로 옳지 않은 것은?

① 개인정보 처리 시스템에는 개인정보가 저장되는 데이터베이스(DB), 데이터베이스 관리 시스템 (DBMS), 데이터베이스를 쉽게 이용할 수 있는 응용프로그램 등 데이터베이스 시스템의 구성요소가 모두 포함된다.

② 개인정보 처리 시스템은 개인정보 처리자의 개인정보 처리 방법, 시스템 구성 및 운영환경 등에 따라 달라질 수 있다.

③ 업무용 컴퓨터는 데이터베이스 응용프로그램이 설치·운영되어 다수의 개인정보 취급자가 개인정보를 처리하는 경우라도 개인정보 처리 시스템에 해당하지 않는다.

④ 개인정보 처리 시스템은 일반적으로 데이터베이스(DB) 내의 데이터에 접근할 수 있도록 해주는 응용 시스템이며, 데이터베이스를 구축하거나 운영하는 데 필요한 시스템을 말한다.

⑤ 데이터베이스 응용프로그램이 설치·운영되지 않는 PC, 노트북과 같은 업무용 컴퓨터는 개인정보 처리 시스템에서 제외된다.

> **해설** 업무용 컴퓨터의 경우에도 데이터베이스 응용프로그램이 설치·운영되어 다수의 개인정보 취급자가 개인정보를 처리하는 경우라면 개인정보 처리 시스템에 해당할 수 있다.

060 개인정보의 안전조치의 기준 적용에 관한 내용으로 옳은 것은?

① 개인정보 취급자는 개인정보의 유형에 미치는 영향 등을 고려하여 개인정보 안전성 확보에 필요한 조치를 적용해야 한다.

② 개인정보 보호 위원회는 개인정보의 보유 수를 고려하여 개인정보 안전성 확보에 필요한 조치를 적용해야 한다.

③ 개인정보 처리자는 1만 명 미만의 정보 주체에 대하여 개인정보를 처리하는 소상공인의 경우 내부 관리계획을 수리해야 한다.

④ 개인정보 처리자는 개인정보의 정보 주체에게 미치는 영향 등을 고려하여 스스로 환경에 맞는 개인정보의 안전성 확보에 필요한 조치를 적용해야 한다.

⑤ 개인정보 처리자는 10만 명 미만의 정보 주체에 관하여 개인정보를 처리하는 개인의 경우에는 생략할 수 있다.

> **해설** ①·②·④ 개인정보 처리자는 처리하는 개인정보의 보유 수, 유형 및 정보 주체에게 미치는 영향 등을 고려하여 자기의 환경에 맞는 개인정보의 안전성 확보에 필요한 조치를 적용하여야 한다(개인정보의 안전성 확보 조치 기준 제3조).
> ③·⑤ 개인정보 처리자의 유형별 분류 기준은 개인정보의 안전성 확보 조치 기준의 제4조 내부 관리계획 수립·시행의 단서로 일부 남아 있다(1만 명 미만의 정보 주체에 관하여 개인정보를 처리하는 소상공인·개인·단체의 경우에는 생략할 수 있다).

061 개인정보 안정성 확보 조치 기준상의 내부 관리계획 수립 · 시행 · 점검 내용이 아닌 것은?

① 기술적 안전조치에 관한 사항

② 접속기록 보관 및 점검에 관한 사항

③ 개인정보의 암호화 조치에 관한 사항

④ 개인정보 유출 사고 대응 계획 수립 · 시행에 관한 사항

⑤ 개인정보 내부 관리계획의 수립, 변경 및 승인에 관한 사항

해설　① 물리적 안전조치에 관한 사항이다.

내부 관리계획의 수립 · 시행 및 점검(개인정보 안정성 확보 조치 기준 제4조)

개인정보 처리자는 개인정보의 분실 · 도난 · 유출 · 위조 · 변조 또는 훼손되지 아니하도록 내부 의사결정 절차를 통하여 다음의 사항을 포함하는 내부 관리계획을 수립 · 시행하여야 한다.

1. 개인정보 보호 조직의 구성 및 운영에 관한 사항
2. 개인정보 보호 책임자의 자격요건 및 지정에 관한 사항
3. 개인정보 보호 책임자와 개인정보 취급자의 역할 및 책임에 관한 사항
4. 개인정보 취급자에 대한 관리 · 감독 및 교육에 관한 사항
5. 접근 권한의 관리에 관한 사항
6. 접근 통제에 관한 사항
7. 개인정보의 암호화 조치에 관한 사항
8. 접속기록 보관 및 점검에 관한 사항
9. 악성프로그램 등 방지에 관한 사항
10. 개인정보의 유출, 도난 방지 등을 위한 취약점 점검에 관한 사항
11. 물리적 안전조치에 관한 사항
12. 개인정보 유출 사고 대응 계획 수립 · 시행에 관한 사항
13. 위험 분석 및 관리에 관한 사항
14. 개인정보 처리 업무를 위탁하는 경우 수탁자에 대한 관리 및 감독에 관한 사항
15. 개인정보 내부 관리계획의 수립, 변경 및 승인에 관한 사항
16. 그 밖에 개인정보 보호를 위하여 필요한 사항

PART 6

062 개인정보 안정성 확보 조치 기준상의 내부 관리계획에 관한 내용으로 옳지 않은 것은?

① 개인정보 처리자는 개인정보 취급자를 대상으로 사업 규모 등에 따라 차등화하여 필요한 교육을 해야 한다.

② 개인정보 처리자는 교육목적, 대상, 내용, 일정, 방법 등을 정하여 정기적으로 교육을 실시해야 한다.

③ 개인정보 처리자는 사업 규모, 정보 보유 수, 업무 성격 등에 따라 필요한 교육을 받아야 한다.

④ 개인정보 처리자는 내부 관리계획의 사항에 중요한 변경이 있는 경우에는 이를 즉시 반영하여 내부 관리계획을 수정하여 시행하고, 그 수정 이력을 관리하여야 한다.

⑤ 개인정보 보호 책임자는 접근 권한 관리, 접속기록 보관 및 점검, 암호화 조치 등 내부 관리계획의 이행 실태를 연 1회 이상 점검 · 관리하여야 한다.

해설　개인정보 처리자는 교육목적 및 대상, 교육 내용, 교육 일정 및 방법 등을 정하여 개인정보 보호 책임자 및 개인정보 취급자를 대상으로 사업 규모, 개인정보 보유 수, 업무 성격 등에 따라 차등화하여 필요한 교육을 정기적으로 실시하여야 한다(개인정보의 안전성 확보 조치 기준 제4조 제1항).

063 개인정보 안전성 확보 조치 기준상의 내부 관리계획에서 개인정보 취급자에 대한 교육으로 옳지 않은 것은?

① 교육 결과의 세부 실적은 개인정보 처리자가 실시한 교육 과정별 수료증 발급 등으로 관리된다.

② 교육에는 조직의 여건 및 환경을 고려한 사내교육, 외부교육, 위탁교육 등이 있고, 내용에 따른 집체교육, 온라인 교육 등으로 분류된다.

③ 교육의 수립은 내부 관리계획 등에 규정하거나 'ㅇㅇ년 개인정보 보호 교육 계획(안)' 등의 형태로 할 수 있다.

④ 교육의 구체적인 사항에는 교육목적, 교육 대상, 교육 내용, 교육 일정 및 방법을 포함해야 한다.

⑤ 개인정보 처리자는 개인정보의 적정한 취급을 위하여 개인정보 취급자에게 최소 연 1회 이상 필요한 교육을 실시해야 한다.

> 해설 교육 방법에는 사내교육, 외부교육, 위탁교육 등 여러 종류가 있을 수 있으며, 조직의 여건 및 환경을 고려하여 집체교육, 온라인 교육 등 다양한 방법을 활용할 수 있다.

064 개인정보 안전성 확보 조치 기준상의 내부 관리계획에서 접속기록의 보관 · 점검 사항으로 옳지 않은 것은?

① 개인정보 처리 시스템의 접속기록 점검 주기는 월 1회 이상으로 한다.

② 개인정보 취급자가 개인정보 처리 시스템에 접속한 기록의 보관기간을 확인한다.

③ 개인정보 처리자는 업무를 포함한 모든 다운로드에 대해 그 사유를 반드시 확인해야 한다.

④ 개인정보를 다운로드했을 경우 사유를 반드시 확인하여야 하는 기준과 사유 확인에 필요한 사항 등을 포함해야 한다.

⑤ 개인정보 처리자의 업무환경을 고려한 다운로드의 기준 즉, 정보 주체의 수, 일정 기간 내 다운로드 횟수 등을 정하여 불법행위로 의심되는 다운로드의 사유를 반드시 확인해야 한다.

> 해설 개인정보 처리자의 업무환경을 고려한 다운로드 기준(예 다운로드 정보 주체의 수, 일정 기간 내 다운로드 횟수 등)을 정하여 업무 목적 외의 불법행위 등으로 의심할 수 있는 다운로드에 대해 그 사유를 반드시 확인해야 한다.

065 개인정보 안전성 확보 조치 기준상의 내부 관리계획에서 위험도 분석 및 대응 방안으로 옳은 것은?

① 자산식별 – 개인정보, 개인정보 처리 시스템 등 보호 대상을 명확하게 확인

② 위협 확인 – 위협으로 인하여 자산에 영향을 끼칠 수 있는 위험의 내용과 정도 확인

③ 위험 확인 – 자산에 손실 또는 해를 끼칠 수 있는 위협 요소(예 취약점 등) 확인

④ 대책 마련 – 위험 대책을 적용하고 지속해서 개선 · 관리를 위한 안전조치 사항 관리

⑤ 사후관리 – 위험에 대한 적절한 통제 방안 마련

> 해설 ② 위협 확인 – 자산에 손실 또는 해를 끼칠 수 있는 위협 요소(예 취약점 등) 확인
> ③ 위험 확인 – 위협으로 인하여 자산에 영향을 끼칠 수 있는 위험의 내용과 정도 확인
> ④ 대책 마련 – 위험에 대한 적절한 통제 방안 마련
> ⑤ 사후관리 – 위험 대책을 적용하고 지속해서 개선 · 관리를 위한 안전조치 사항 관리

066 개인정보의 안정성 확보 조치 기준상 접근 권한의 차등 부여에 관한 내용으로 옳지 않은 것은?

① 가명 정보에 접근 권한이 있는 담당자가 특정 개인을 식별할 수 있는 정보에도 접근할 수 있도록 권한을 부여해야 한다.

② 개인정보 처리 시스템의 데이터베이스(DB)에 대한 직접적인 접근은 데이터베이스 운영·관리자에 한정하는 등의 안전조치를 적용할 필요성이 있다.

③ 가명 정보와 추가 정보에 대한 접근 권한의 분리가 어려운 경우에는 업무수행에 필요한 최소한 접근 권한 부여 및 접근 권한의 보유 현황을 기록으로 보관하는 등 접근 권한을 관리 및 통제하여야 한다.

④ 개인정보 처리자가 가명 정보를 처리하는 경우, 가명 정보에 접근 권한이 있는 담당자가 특정 개인을 알아보기 위한 목적으로 한 가명 정보 처리를 방지하기 위해 가명 정보에 접근할 수 있는 담당자와 추가 정보에 접근할 수 있는 담당자를 반드시 구분하여야 한다.

⑤ 개인정보 처리자는 개인정보 처리 시스템에 대한 접근 권한을 업무 담당자별 차등 부여하고 접근 통제를 위한 안전조치를 취한다.

해설 ① 가명 정보에 접근 권한이 있는 담당자가 특정 개인을 식별할 수 있는 정보에 접근할 수 없도록 제한하여야 한다.

067 개인정보의 안전성 확보 조치 기준상의 비밀번호의 작성 규칙으로 가장 옳은 것은?

① 비밀번호는 다른 사람들이 추측하거나 유추할 수 있는 문자나 숫자로 설정해야 한다.

② 최소 6자리 이상의 비밀번호는 2종류 이상의 문자, 즉 알파벳 소문자, 대문자, 특수문자, 숫자 등을 이용하여 구성한다.

③ 동일한 문자 반복, 키보드에서 나란히 있는 문자열, 일련번호, 가족 이름, 생일, 전화번호 등은 가급적 사용하지 않는다.

④ 비밀번호는 문자, 숫자의 조합에 따라 최소 6자리 또는 10자리 이상의 길이로 구성한다.

⑤ 비밀번호가 제3자에게 노출된 경우에는 7일 이내에 새로운 비밀번호로 변경해야 한다.

해설 ① 비밀번호는 추측하거나 유추하기 어렵게 설정한다.
② 최소 8자리 이상의 비밀번호는 두 종류 이상의 문자(예 알파벳 대문자와 소문자, 특수문자, 숫자를 포함)를 이용하여 구성한다.
④ 비밀번호는 문자, 숫자의 조합, 구성에 따라 최소 8자리 또는 10자리 이상의 길이로 구성한다.
⑤ 비밀번호가 제3자에게 노출되었을 경우 지체 없이 새로운 비밀번호로 변경해야 한다.

068 개인정보 처리자의 안전한 접속 수단 및 인증수단에 대한 설명으로 옳지 않은 것은?

① 접속 수단에는 가상사설망(VPN)과 전용선이 있고, 인증수단에는 인증서(PKI), 보안 토큰, 일회용 비밀번호가 있다.

② 인증서(PKI)는 전자상거래 등에서 상대방과의 신원확인, 거래사실증명, 문서의 위·변조 여부 검증 등을 위해 사용하는 전자서명으로서 해당 전자서명을 생성한 자의 신원을 확인하는 수단이다.

③ IPsec(IP Security Protocol)는 인터넷 프로토콜(IP) 통신 보안을 위해 패킷에 암호화 기술이 적용된 프로토콜 집합이다.

④ IPsec, SSL 등의 기술이 사용된 가상사설망을 안전하게 사용하기 위해서는, Open SSL의 HeartBleed 취약점들을 조치하고 사용할 필요가 있다.

⑤ SSL(Secure Socket Layer)은 전자상거래 등에서 상대방과의 신원확인, 거래사실증명, 문서의 위·변조 여부 검증 등을 위해 사용하는 전자서명이다.

> **해설** ⑤는 인증서(PKI, Public Key Infrastructure)에 대한 설명이다. SSL(Secure Socket Layer)은 웹 브라우저(클라이언트)와 웹 서버(서버) 간에 데이터를 안전하게 주고받기 위해 암호화 기술이 적용된 보안 프로토콜이다.

069 업무용 모바일 기기의 분실·도난 등에 의한 개인정보 유출의 보호조치가 아닌 것은?

① USIM 카드에 저장된 개인정보 보호를 위한 USIM 카드 잠금 설정으로 안전조치를 한다.

② 업무용 모바일 기기가 분실·도난되는 경우에는 해당 기기를 통하여 개인정보 처리 시스템에 접속하지 못하도록 조치해야 한다.

③ 모바일 기기에 저장된 개인정보가 유출되지 않도록 비밀번호, 패턴, PIN, 지문, 홍채 등을 사용하여 화면 잠금 설정을 한다.

④ 디바이스 암호화 기능을 사용하여 애플리케이션, 데이터 등을 암호화 조치한다.

⑤ 중요한 개인정보를 처리하는 모바일 기기는 이동통신사가 제공하는 기능을 이용한 접속 통제 등의 안전조치를 해야 한다.

> **해설** ⑤ 중요한 개인정보를 처리하는 모바일 기기는 MDM 등 모바일 단말 관리 프로그램을 설치하여 원격 잠금, 원격 데이터 삭제, 접속 통제 등의 안전조치를 해야 한다. 모바일 기기 제조사나 이동통신사가 제공하는 기능은 원격 잠금, 원격 데이터 삭제 등이 있다.

070 개인정보를 안전한 암호 알고리즘으로 암호화한 저장의 방법으로 옳지 않은 것은?

① 고유 식별정보 등의 개인정보는 국내·외 암호연구 관련기관에서 사용 권고한 안전한 암호 알고리즘으로 암호화하여 저장해야 한다.

② 미국(NIST)의 대칭키 암호 알고리즘(블록암호)은 AES−128/192/256 3TDEA를 쓴다.

③ 국내에서 사용 권고하는 암·복호화용 공개키 사용 권고 암호 알고리즘은 RSAES를 쓴다.

④ 암호화에 사용되는 암호키는 암호화된 데이터를 복호화할 수 있는 중요한 정보이므로 암호 키의 안전한 관리 절차 수립·시행을 권고한다.

⑤ 국내·유럽(ECRYPT)·일본(CRYPTREC)에서 사용 권고하는 키 공유용 공개키 암호 알고리즘은 DH, ECDH이다.

> **해설** 국내·일본(CRYPTREC)·미국(NIST)에서는 키 공유형 공개키 암호 알고리즘은 DH, ECDH를 쓴다. 미국의 경우는 DH, ECDH 외에 MQV, ECMQV를 쓰기도 한다. 그러나 유럽(ECRYPT)에서는 ECIES−KEM, PSEC−KEM, RSA−KEM을 쓴다.

071 정보통신망을 이용한 개인정보 송·수신 시 암호화로 옳은 것은?

① 보안서버 구축 시, 잘 알려진 취약점 등은 조치하여 운영할 필요는 없다.

② 개인정보 처리자는 개인정보와 인증 정보를 메인 서버를 통해 인터넷 구간으로 송신 시에 안전한 보안서버 구축만 하면 전송된다.

③ SSL 인증서를 이용한 보안서버는 반드시 보안 프로그램을 설치하여야 하며 웹 서버에 설치된 SSL 인증서를 통해 개인정보를 암호화 전송한다.

④ 응용프로그램을 이용한 보안서버는 웹 서버에 접속하여 보안 프로그램을 설치하여 이를 통해 개인정보를 암호화 전송하는 방식이다.

⑤ 개인정보 처리자는 이용자의 성명, 연락처 등의 개인정보를 정보통신망을 통해 인터넷 구간으로 송·수신할 때에는 보안서버 구축 없이 암호화할 수 있다.

> **해설** ① 보안서버 구축 시, 잘 알려진 취약점(예) Open SSL은 HeartBleed라는 보안상의 취약점이 발생하여 개인정보가 외부로 노출됨)을 조치하여 운영할 필요가 있다.
> ② 개인정보 처리자는 이용자의 성명, 연락처 등의 개인정보와 인증 정보를 정보통신망을 통해 인터넷 구간으로 송·수신 시에는 안전한 보안서버 구축 등의 조치를 통해 암호화하여야 한다.
> ③ SSL 인증서를 이용한 보안서버는 별도의 보안 프로그램 설치 없이, 웹 서버에 설치된 SSL 인증서를 통해 개인정보를 암호화 전송하는 방식이다.
> ⑤ 개인정보 처리자는 이용자의 성명, 연락처 등의 개인정보와 인증 정보를 정보통신망을 통해 인터넷 구간으로 송·수신 시에는 안전한 보안서버 구축 등의 조치를 통해 암호화해야 한다.

072 인구 비례에 따른 암호키 관리에 대한 설명으로 옳지 않은 것은?

① 암호키의 수명주기는 준비 단계 – 운영 단계 – 정지 단계 – 폐기 단계를 거친다.

② 개인정보 처리자는 개인정보를 안전하게 보관하기 위한 암호키 생성, 이용, 보관, 배포, 파기 등에 관한 절차를 수립 · 시행해야 한다.

③ 100만 명 이상의 정보 주체에 관하여 개인정보를 처리하는 중소기업 · 단체의 개인정보를 처리하는 개인정보 처리자는 암호화된 개인정보의 보관을 위해 절차를 수립 · 시행해야 한다.

④ 암호키 준비 단계에서는 암호키의 사용자나 암호키가 사용될 시스템을 설정한다.

⑤ 운영 단계에서 암호키의 가용은 유효 기간 동안 사용되는 키 자료들을 필요에 따라 장비 모듈에 보관하는 것이다.

> **해설** ⑤는 암호키의 저장에 대한 설명이다. 암호키의 가용은 키 손상 가능성이 있어 키 백업 및 복구 기술이 필요한 것이다.

073 암호키의 유형별 유효 기간으로 옳지 않은 것은?

① 개인 서명키 – 발신자의 유효 기간은 1~3년이다.

② 개인 인증키 – 수신자의 유효 기간은 1~2년이다.

③ 대칭 암호키 – 발신자의 유효 기간은 5년 이하이다.

④ 개인키 전송키 – 수 · 발신자의 유효 기간은 2년 이하이다.

⑤ 공개키 전송키 – 수 · 발신자의 유효 기간은 1~2년이다.

> **해설** ③ 대칭 인증키 · 대칭 암호키 · 대칭키 암호키는 발신자는 2년 이하, 수신자는 발신자의 기간(2년 이하)+3년 이하, 즉 5년 이하의 유효 기간을 갖는다.

074 위 · 변조, 도난, 분실로부터의 안전한 접속기록 보관에 관한 설명으로 옳지 않은 것은?

① 상시적으로 접속기록 백업을 수행하여 개인정보 처리 시스템 이외 별도의 보조 저장매체나 저장장치에 보관하여야 한다.

② 접속기록에 대한 위 · 변조를 방지하기 위해서는 CD-ROM, DVD-R, WORM(Write Once Read Many) 등과 같은 덮어쓰기 방지 매체를 사용하여야 한다.

③ 접속기록을 수정할 수 있는 매체에 백업하는 경우에는 무결성 보장을 위해 위 · 변조 여부를 확인할 수 있는 정보를 별도의 장비에 보관 · 관리하여야 한다.

④ 개인정보 처리 시스템의 접속기록은 임의적인 수정 · 삭제 등이 가능하도록 하고, 접근 권한을 제한하는 안전조치를 해야 한다.

⑤ 접속기록을 HDD에 보관하고, 위 · 변조 여부를 확인할 수 있는 정보는 별도의 HDD 또는 관리대장에 보관하는 방법 등으로 관리할 수 있다.

> **해설** ④ 개인정보 처리시스템의 접속기록은 임의적인 수정 · 삭제 등이 불가능하도록 접근권한을 제한하는 등의 안전조치를 하여야 한다.

075 다음 중 고유 식별정보에 관한 설명 중 틀린 것은?

① 고유 식별정보란 개인을 고유하게 구별하기 위하여 부여된 식별정보로서, 주민등록번호, 여권번호, 운전 면허의 면허번호, 외국인등록번호를 말한다.

② 인터넷 구간 및 인터넷 구간과 내부망의 중간 지점(DMZ)에 고유 식별정보를 저장하는 경우에도 반드시 암호화해야 한다.

③ 개인정보 처리자는 공중에 노출된 개인정보에 대하여 대통령령으로 지정한 전문기관의 요청이 있는 경우에는 해당 정보를 삭제하거나 차단하는 등 필요한 조치를 하여야 한다.

④ 보호 위원회는 처리하는 개인정보의 종류 · 규모, 종업원 수 및 매출액 규모 등을 고려하여 공공기관, 10만 명 이상의 정보 주체에 관하여 고유 식별정보를 처리하는 자가 안전성 확보 조치를 하였는지를 매년 1회 이상 비정기적인 조사를 실시할 수 있다.

⑤ 개인정보 처리자는 법령에서 구체적으로 고유 식별정보의 처리를 요구하거나 허용하는 경우에는 고유 식별정보를 처리할 수 있다.

> 해설 ④ 보호 위원회는 처리하는 개인정보의 종류 · 규모, 종업원 수 및 매출액 규모 등을 고려하여 공공기관, 5만 명 이상의 정보 주체에 관하여 고유 식별정보를 처리하는 자가 안전성 확보 조치를 하였는지를 2년마다 1회 이상 정기적으로 조사하여야 한다.

076 개인정보의 안전성 확보 조치 기준상의 악성프로그램 등 방지에 관한 설명 중 틀린 것은?

① 민감한 정보 등 중요도가 높은 개인정보를 처리하는 경우에는 키보드, 화면, 메모리해킹 등 신종 악성 프로그램에 대해 대응할 수 있도록 보안 프로그램을 운영하여 항상 최신의 상태로 유지해야 한다.

② 백신 소프트웨어 등 보안 프로그램은 월 1회 이상 업데이트를 실시하여 최신의 상태로 유지해야 한다.

③ 개인정보 처리자는 악성프로그램 등으로 개인정보가 위 · 변조되지 않도록 백신 소프트웨어 등 보안 프로그램을 설치 · 운영해야 한다.

④ 운영체제(OS)의 보안 취약점을 악용하는 악성 프로그램 정보가 발령되면 즉시 이에 따른 업데이트 등을 실시하여야 한다.

⑤ 응용 프로그램, 운영체제 소프트웨어의 제작업체에서 보안 업데이트 공지를 하면 즉시 이에 따른 업데이트 등을 실시하여야 한다.

> 해설 ② 백신 소프트웨어 등 보안 프로그램은 자동 업데이트 기능을 사용하거나, 일 1회 이상 업데이트를 실시하여 최신의 상태로 유지해야 한다.

077 개인정보의 안전성 확보 조치 기준상의 물리적 안전조치에 관한 설명으로 틀린 것은?

① 개인정보 처리자는 전산실, 자료 보관실 등에 출입 신청서를 작성하여 개인정보 보호 책임자 또는 전산실, 자료 보관실 등 운영 · 관리책임자의 승인을 받아야 한다.

② 개인정보 처리자는 출입에 관한 사항을 출입 관리대장에 기록하고 해당 업무 관계자가 이를 확인하도록 해야 한다.

③ 개인정보 처리자는 정상 · 비정상적인 출입 여부, 장비 반입 · 반출의 적정성 등을 정기적으로 검토하여야 한다.

④ 해당 업무 관계자가 비정상적인 출입 여부, 장비 반출의 적정성 등의 출입 기록 관리만을 수시로 검토해야 한다.

⑤ 출입 신청서에는 소속, 부서명, 신청자, 연락처, 출입 일자, 입실 · 퇴실 시간, 출입 목적, 작업 내역 등을 기록한다.

해설 ④ 개인정보 처리자가 출입 통제 절차에서 정상 · 비정상적인 출입 여부, 장비 반입 · 반출의 적정성 등 출입 기록 관리를 정기적으로 검토하여야 한다.

078 개인정보의 안전성 확보 조치 기준상의 재해 · 재난 대비 안전조치에 관한 설명 중 틀린 것은?

① 재해복구 시스템을 독자적으로 구축하는 방식은 보안성과 복구 신뢰성은 가장 높으나 구축 · 유지 비용이 많이 든다.

② 재해복구 시스템 운영을 외부 기관에 위탁하는 방식은 위탁업체의 보안성 유지 여부가 최대 관건이며 초기 투자 비용이 적게 드는 장점이 있다.

③ 웜 사이트는 주기적으로 데이터 백업 테이프를 보관 및 소산하는 방식이다.

④ BCP(Business Continuity Planning)는 각종 재해 · 재난 등의 위기로부터 재해 및 업무복구를 위해 비상계획 등의 비즈니스 연속성을 보장하려는 계획이다.

⑤ 재해복구 시스템의 구축 형태별 유형에는 전체백업, 증분백업, 차등백업 등이 있다.

해설 ⑤ 재해복구 시스템의 구축 형태별 유형 구분으로는 독자 구축, 공동 구축, 상호 구축이 있다. 개인정보 처리 시스템의 백업 유형은 전체백업, 증분백업, 차등백업 등이 있다.

079 다음 중 재해와 장애에 대한 설명으로 틀린 것은?

① 재해는 예방과 통제가 가능하며 장애는 불가능하다.
② 재해의 원인 발생 위치는 정보기술 기반이 외부에 있고 장애는 내부에 있다.
③ 재해의 정보기술 기반 손상 규모는 한 사이트 전체이며 장애는 부분적이다.
④ 재해의 대응조직 수준은 전사적이며 장애는 정보 시스템관리부서 수준이다.
⑤ 재해의 시스템 복원 예상소요시간은 수일 이상 걸리고 장애는 수 시간이 소요된다.

해설 ① 재해는 예방과 통제가 불가능하며 장애는 가능하다.

080 개인정보의 안전성 확보 조치 기준상의 재해·재난 대비 안전조치 중 백업 유형에 관한 설명으로 틀린 것은?

① 전체백업은 전체 데이터 모두를 백업하는 방식이다.
② 전체백업은 다른 백업보다 복구가 간편하고 증분 백업에 비해 상대적으로 시간이 적게 걸린다.
③ 차등백업은 전체 백업 이후 변경된 모든 데이터를 백업하는 방식이다.
④ 차등백업은 백업 복구시간이 가장 오래 걸리나 빠른 백업이 가능하다.
⑤ 증분백업은 일정 시간마다 변경된 데이터만 백업하는 방식이다.

해설 ④ 차등백업은 전체백업 이미지와 가장 최근의 차등 이미지만 복구하면 되기 때문에 복구 시점에 따라 다르긴 하지만 대개 증분 백업보다 복구 속도가 빠르다.

081 다음은 업무 연속성 계획(BCP)의 접근 5단계 방법론을 순서대로 나열한 것이다. 괄호에 들어갈 용어의 순서로 옳은 것은?

프로젝트의 범위 설정 및 기획 – (ㄱ) – (ㄴ) – (ㄷ) – 프로젝트의 수행 테스트 및 유지보수

	ㄱ	ㄴ	ㄷ
①	복구 계획 수립	복구 전략 개발	사업 영향 평가
②	복구 전략 개발	복구 계획 수립	사업 영향 평가
③	복구 전략 개발	사업 영향 평가	복구 계획 수립
④	사업 영향 평가	복구 계획 수립	복구 전략 개발
⑤	사업 영향 평가	복구 전략 개발	복구 계획 수립

해설 **업무 연속성 계획(BCP)의 수립 절차**
프로젝트 범위 설정 및 기획 → 사업 영향 평가(BIA) → 복구 전략 개발 → 복구 계획 수립 → 프로젝트 수행 테스트 및 유지보수

082 개인정보의 안전성 확보 조치 기준상의 출력·복사물 안전조치에 관한 설명으로 틀린 것은?

① 출력·복사물 보호 및 관리 지침을 마련해야 한다.
② 출력·복사물 관리대장을 마련하고 기록해야 한다.
③ 출력·복사물 운영 부서를 지정해야 한다.
④ 개인정보의 분실 방지를 위해 출력·복사물의 유출을 금지한다.
⑤ 출력·복사물 외부 반출을 신고해야 한다.

> 해설 ④ 금지하는 것이 아니라 방지해야 한다. 개인정보 처리자는 개인정보가 포함된 종이 인쇄물, 외부 저장매체 등 출력·복사물을 통해 개인정보의 분실·도난·유출 등을 방지하는 안전조치를 해야 한다.

083 개인정보의 안전성 확보 조치 기준상 개인정보의 파기에 관한 설명 중 틀린 것은?

① 개인정보가 수록된 서면은 전용 소자 장비를 이용하여 삭제한다.
② 개인정보가 저장된 하드디스크는 완전 포맷한다.
③ 데이터가 복원되지 않도록 초기화 또는 덮어쓰기를 수행한다.
④ 개인정보 처리자가 개인정보의 일부만을 파기하는 경우에는 전자적 파일 형태인 경우 개인정보를 삭제한 후 복구 및 재생되지 않도록 관리·감독한다.
⑤ 개인정보의 일부만을 파기할 때, 전자적 파일 형태 외의 기록매체인 경우에는 해당 부분을 마스킹, 구멍 뚫기 등으로 삭제한다.

> 해설 ① 전용 소자 장비는 저장장치의 데이터 삭제 시 사용한다. 서면이나 인쇄물, 기록물, 그 외 기록매체는 해당 부분을 마스킹, 구멍 뚫기, 소각 등으로 삭제한다.

084 공공안전 시스템 운영기관의 안전조치에 관한 내용이 아닌 것은?

① 개인정보 보호 위원회가 지정하는 공공시스템을 운영하는 공공기관은 100만 명 이상의 정보 주체에 관한 개인정보를 처리하는 단일접속 시스템을 구축해야 한다.

② 공공안전 시스템 운영기관은 2개 이상 기관의 공통 또는 유사한 업무를 지원하기 위하여 표준이 되는 시스템을 개발하여 다른 기관이 운영할 수 있도록 배포한 표준 배포 시스템을 공공시스템으로 해야 한다.

③ 공공안전 시스템 운영기관은 100만 명 이상의 정보 주체에 관한 개인정보를 처리하는 개별시스템을 공공시스템으로 해야 한다.

④ 공공안전 시스템 운영기관은 기관의 고유한 업무수행을 지원하기 위해 기관별로 운영하는 개별시스템으로서 개인정보 처리 시스템에 대한 개인정보 취급자의 수가 200명 이하인 공공시스템 조치를 해야 한다.

⑤ 공공안전 시스템 운영기관은 기관별로 운영하는 개별시스템으로서 총사업비가 100억 원 이상인 공공시스템 조치를 해야 한다.

> 해설 ④ 200명 이상인 공공시스템 조치를 해야 한다(개인정보의 안전성 확보 조치 기준 제14조 제1항 제3호 나목).
> ① 개인정보의 안전성 확보 조치 기준 제14조 제1항 제1호 가목
> ② 개인정보의 안전성 확보 조치 기준 제14조 제1항 제2호
> ③ 개인정보의 안전성 확보 조치 기준 제14조 제1항 제3호 가목
> ⑤ 개인정보의 안전성 확보 조치 기준 제14조 제1항 제3호 라목

085 보조 저장매체의 반출 · 입 통제를 위한 보안대책 마련 시의 고려 사항과 가장 거리가 먼 것은?

① 보조 저장매체 보유 현황 파악 및 반출 · 입 관리계획
② 개인정보 취급자 및 수탁자 등에 의한 개인정보 유출 가능성
③ 보조 저장매체의 안전한 사용 방법 및 비인가된 사용에 대한 대응
④ USB를 PC에 연결할 때 바이러스 점검을 디폴트로 설정하는 등의 기술적 안전조치 방안
⑤ 단일 시스템 구축 및 다른 기관이 운영할 수 있도록 배포안 마련 방안

> 해설 **보조 저장매체의 반출 · 입 통제를 위한 보안대책 마련 시 고려 사항**
> • 보조 저장매체 보유 현황 파악 및 반출 · 입 관리계획
> • 개인정보 취급자 및 수탁자 등에 의한 개인정보 유출 가능성
> • 보조 저장매체의 안전한 사용 방법 및 비인가 된 사용에 대한 대응
> • USB를 PC에 연결 시 바이러스 점검을 디폴트로 설정하는 등의 기술적 안전조치 방안

086 다음 중 개인정보 영향평가에 대한 설명으로 적절하지 않은 것은?

① 사립대학교는 개인정보 영향평가를 의무적으로 수행해야 할 대상에 해당하지 않는다.

② 100만 건이 넘는 개인정보가 종이문서로 존재하는 경우에는 영향평가 대상에 해당하지 않는다.

③ 영향평가 수행 후 영향평가서를 개인정보 보호 종합지원 시스템에 등록하면 제출 처리가 된다.

④ 공공기관의 내부망에 저장된 인사정보가 개인정보 보호법 시행령 제35조의 기준에 부합한다면 영향평가 대상에 해당한다.

⑤ 개인정보 영향평가 결과 도출된 침해 요인이 법적 필수 사항이 아니고, 합리적 사유로 조치할 필요가 없다고 판단되면 조치하지 않아도 된다.

> 해설 사립대학교는 개인정보 보호법 제2조 제6호 및 동법 시행령 제2조에 따른 공공기관에 해당한다. 따라서 개인정보 영향평가를 의무적으로 수행해야 한다.

087 다음 중 개인정보 영향평가의 평가 시기에 대한 설명으로 옳지 않은 것은?

① 개인정보 처리시스템을 신규로 구축하려는 기관은 사업계획 단계에서 영향평가 의무 대상 여부를 파악하고 예산을 확보해야 한다.

② 개인정보 처리 기존 시스템을 변경하려는 대상 기관은 대상 시스템의 설계 완료 전에 영향평가를 수행해야 한다.

③ 개인정보 처리시스템을 신규로 구축하려는 대상 기관은 시스템 설계·개발 이후 운용 시 영향평가 결과를 반영해야 한다.

④ 기 구축되어 운영 중인 시스템에 수집·이용 및 관리상에 중대한 침해 위험의 발생이 우려되는 경우 영향평가를 추가 수행할 수 있다.

⑤ 기 구축되어 운영 중인 시스템의 전반적인 개인정보 보호 체계를 점검하여 개선하려는 경우 영향평가를 추가 수행할 수 있다.

> 해설 시스템을 신규 구축 또는 기존 시스템을 변경하는 경우 대상 시스템의 설계 완료 전에 영향평가를 수행하고, 그 결과를 시스템 설계·개발 시 반영해야 한다.

088 개인정보 영향평가 수행을 위한 영향평가팀의 역할 구분에 대한 내용으로 옳지 않은 것은?

① 사업주관 부서는 영향평가 사업을 관리하고 기관 내 업무 유관부서에 협력을 요청한다.

② 유관부서는 영향평가팀 요청에 따라 인터뷰를 하고 당해 사업 관련 자료 및 영향평가팀이 요청하는 자료를 제공한다.

③ 영향평가기관은 평가 업무 간 수집된 자료와 산출물에 대하여 보안관리와 품질관리를 수행한다.

④ 시스템 개발 부서는 개인정보 흐름 분석 결과를 검토하여 의견을 제시하고 평가 결과에 대한 개선을 수행한다.

⑤ 개인정보 보호 책임자는 영향평가 계획을 수립하여 사업을 수행하고 평가를 위한 중간 산출물 및 영향평가서를 작성한다.

해설 개인정보 보호 책임자는 개인정보 영향평가를 총괄하는 역할을 담당한다. 영향평가 계획 수립, 사업 수업 및 평가를 위한 중간 산출물과 영향평가서 작성은 영향평가기관에서 담당한다.

PART 6

089 개인정보 영향평가를 위하여 정보 시스템 구조도 및 정보보호 시스템 목록을 작성하려고 한다. 이에 대한 설명으로 옳지 않은 것은?

① 정보 시스템 구조도 작성 시 인터넷 구간, DMZ 구간, 외부 연계 구간, 내부망 영역 등 네트워크 성격에 따른 구분을 표시한다.

② 정보 시스템 구조도 작성 시 영향평가 대상 시스템의 물리적·구조적 범위가 명확히 구분되도록 표시한다.

③ 정보보호 시스템 목록 작성 시 해당 정보보호 시스템이 적용된 대상 구간과 시스템 사용자가 특정인으로 한정되면 이를 기재한다.

④ 정보보호 시스템 목록 작성 시 목적 및 용도, 시스템의 유형, 적용 솔루션명, 적용 대상 등에 대하여 기재한다.

⑤ 정보 시스템 구조도 및 정보보호 시스템 목록은 보안이 중요하여 공개가 어렵다고 판단할 경우 현황 분석을 생략할 수 있다.

해설 정보 시스템 구조도 및 정보보호 시스템 목록은 보안이 중요하여 공개가 어렵다고 판단할 경우에는 비공개로 처리할 수 있다. 하지만 비공개로 처리하더라도 시스템 구조 및 정보보호 현황 분석은 충실히 수행되어야 한다.

090 개인정보 영향평가서 작성 후 대상 기관이 이를 점검하고자 할 때 확인해야 할 품질검토 사항을 모두 고른 것은?

> ㄱ. 영향평가서가 법적 필수 사항을 모두 포함하여 작성되었는지 확인한다.
> ㄴ. 개인정보 흐름도는 개인정보 흐름이 명확히 식별될 수 있도록 구체적으로 작성되었는지 확인한다.
> ㄷ. 평가 항목이 최신 법령·고시 사항을 반영되어 있는지 확인한다.
> ㄹ. 영향평가팀 구성원의 역할이 적절하게 배분되었는지 확인한다.
> ㅁ. 침해 요인의 내용 및 위험도 크기가 실질적인 위험을 대변할 수 있게 도출되었는지 확인한다.

① ㄱ, ㄴ, ㄷ
② ㄴ, ㄷ, ㄹ
③ ㄱ, ㄴ, ㄷ, ㄹ
④ ㄱ, ㄴ, ㄷ, ㅁ
⑤ ㄱ, ㄴ, ㄷ, ㄹ, ㅁ

해설 ㄹ. 영향평가팀 구성 현황 등은 영향평가 수행계획서 내에 반영되는 사항이다. 개인정보 영향평가서 품질검토 시 확인해야 할 사항으로 적절하지 않다.

091 개인정보 침해 요인을 분석하기 위하여 '개인정보 처리 단계별 보호조치' 영역의 '수집' 분야를 평가하고 있다. 다음의 사례 중 '이행' 결과를 도출하기에 적절한 것은?

① ○○시스템에서 의료지원서비스를 위해 민감정보를 수집하고 ○○구청으로 ○○업무 수행을 위한 개인정보를 제공하고 있으나, 정보주체의 동의 시 제3자 제공에 대하여는 구분하여 개별 동의를 받고, 민감정보는 구분하여 개별 동의를 받지 않고 있다.

② ○○협회 ○○시스템은 만 14세 미만 아동도 이용이 가능하며, 회원가입 시 "만 14세 이상 회원가입"과 "만14세 미만 회원가입"으로 가입 경로를 분리하여, 만 14세 미만일 경우 법정대리인의 동의를 받아야 회원가입이 가능하도록 설계되어 있다.

③ ○○시스템에서 ○○법에 의거 수집하는 개인정보 항목 중 이메일, 전화번호 등 일부 항목에 대해서는 법적인 근거가 없으며, 정보 주체의 동의 없이 개인정보를 수집·이용하고 있다.

④ ○○홈페이지의 회원가입 시 법에 구체적인 근거가 없이 실명인증만을 위해서 주민등록번호를 수집하고 있다.

⑤ ○○시스템에서 처리하는 개인정보 수집 목적, 범위, 근거가 기관 내 업무 지침에 명시하고 있으나, 화면설계서 및 테이블 정의서에는 지침에서 명시한 항목 이외의 추가적인 항목을 수집하고 있다.

해설 ② 만 14세 미만 아동의 개인정보 수집 시 법정대리인의 동의를 받는 내용을 확인할 수 있으므로 이행에 해당한다.
　① 정보 주체의 동의에 의한 개인정보 수집 시 개인정보 수집·이용, 고유 식별정보 처리, 민감정보 처리, 개인정보의 제3자 제공, 개인정보의 홍보·마케팅 이용 등의 일부만 각각의 동의를 받는 경우로 부분이행에 해당한다.
　③ 개인정보 수집 시 법령에서 정한 개인정보의 처리와 정보 주체의 동의에 의해 처리하는 개인정보를 구분하여 동의를 받지 않은 경우로 미이행에 해당한다.
　④ 법에 근거가 없이 주민등록번호를 수집하거나, 온라인 서비스(회원가입) 시 단순 실명 확인 목적으로 주민등록번호를 수집하고 있는 경우로 미이행에 해당한다.
　⑤ 개인정보 수집 목적에 대한 범위와 근거를 명시한 문서가 없거나, 문서에서 명시한 범위와 다르게 수집하고 있는 경우로 미이행에 해당한다.

092 다음 중 개인정보 영향평가 의무 대상에 해당하는 것끼리 묶인 것은?

> ㄱ. 100만 명 이상의 정보 주체에 관한 개인정보 파일을 처리하는 사설 온라인 강의 사이트
> ㄴ. 4만 명 이상의 정보 주체에 관한 고유 식별정보의 처리가 수반되는 개인정보 파일
> ㄷ. 이전에 개인정보 영향평가를 받았던 특수법인이 개인정보 검색 체계 등 개인정보 파일의 운용 체계를 변경하려는 경우
> ㄹ. 지방공단 통합으로 개별 기관에서 운용하는 개인정보 파일을 연계한 결과 70만 명 이상의 정보 주체에 관한 개인정보가 포함되는 경우

① ㄱ, ㄴ
② ㄴ, ㄹ
③ ㄷ, ㄹ
④ ㄱ, ㄴ, ㄹ
⑤ ㄱ, ㄴ, ㄷ, ㄹ

해설 ㄱ. 영향평가 의무 대상은 공공기관에서 운영하는 개인정보 파일에 해당하므로, 사설 온라인 강의 사이트는 의무 대상이 아니다.
ㄴ. 5만 명 이상의 정보 주체의 민감정보 또는 고유 식별정보의 처리가 수반되는 개인정보 파일이 의무 대상에 해당한다.

093 개인정보 영향평가 개선계획 수립 시 고려 사항으로 옳지 않은 것은?

① 법정 의무 사항을 개선해야 할 경우 빠른 시일 내에 모두 개선되도록 계획을 수립한다.
② 위험도, 개선 용이성, 예산, 인력 등을 고려하여 일정을 현실적으로 수립할 수 있다.
③ 개선 과제를 생략하는 일이 없도록 침해 요인별 유사 항목이라도 각각의 개선 과제로 제시한다.
④ 개선계획은 되도록 시스템 설계 · 개발 시 반영하여 해당 정보화 사업 기간 내에 조치될 수 있도록 한다.
⑤ 대상 기관에서 개선계획 이행 시 즉시 활용할 수 있도록 구체적이고 효과적인 방안을 제시한다.

해설 침해 요인별 유사 항목은 취합하여 한 개의 개선 과제로 제시할 수 있다.

094 정보보호 관리체계 인증기관 및 정보보호 관리체계 심사기관의 지정취소 사유 중 반드시 취소하여야 하는 것은?

① 거짓이나 그 밖의 부정한 방법으로 정보보호 관리체계 인증기관 또는 정보보호 관리체계 심사기관의 지정을 받은 경우
② 천재지변, 인증심사원의 부족 등의 사유로 인증 또는 인증심사 업무를 원활하게 수행할 수 없는 경우 등 불가피한 경우가 아님에도 불구하고 인증 또는 인증심사를 거부한 경우
③ 정보보호 관리체계 인증기관 또는 정보보호 관리체계 심사기관이 신청인과 협의 없이 인증의 범위 및 일정을 임의로 정한 경우
④ 인증의 사후관리를 실시하지 않은 경우
⑤ 인증심사원의 자격요건을 갖추지 않은 자가 인증심사를 수행한 경우

> **해설** ① 정보통신망법 제47조의2 제1항, 시행령 별표 4
> ② 1차 업무정지 1개월, 2차 업무정지 2개월, 3차 업무정지 3개월
> ③ 1차 업무정지 2개월, 2차 업무정지 4개월, 3차 업무정지 6개월
> ④ 1차 업무정지 1개월, 2차 업무정지 2개월, 3차 업무정지 3개월
> ⑤ 1차 업무정지 3개월, 2차 업무정지 6개월, 3차 업무정지 9개월

095 ISMS-P 인증 체계에 관한 설명으로 옳지 않은 것은?

① 과학기술정보통신부 장관과 개인정보 보호 위원회는 ISMS-P 인증 운영에 관한 정책 사항을 협의하기 위하여 ISMS-P 인증 협의회를 구성하여 운영한다.
② ISMS-P 인증 협의회는 인증제도와 관련한 법제도 개선, 정책 결정, 인증기관 및 심사기관 지정 등의 업무를 수행한다.
③ 개인정보 보호 위원회는 인증위원회 운영, 인증심사원 양성 및 자격관리, 인증 제도 및 기준 개선 등 ISMS-P 인증제도 전반에 걸친 업무를 수행한다.
④ 법정 인증기관인 한국인터넷진흥원, 과학기술정보통신부 장관과 개인정보 보호 위원회가 지정한 인증기관은 인증에 관한 업무를 수행한다.
⑤ 과학기술정보통신부 장관, 개인정보 보호 위원회가 2019년 7월 지정한 인증기관인 금융보안원(FSI)은 금융 분야 인증위원회를 구성·운영하고, 인증심사 및 인증서 발급 업무를 수행한다.

> **해설** ③ 한국인터넷진흥원은 인증위원회 운영, 인증심사원 양성 및 자격관리, 인증 제도 및 기준 개선 등 ISMS-P 인증제도 전반에 걸친 업무를 수행한다.

096 ISMS의 인증 범위에 관한 설명으로 옳지 않은 것은?

① ISMS 인증 범위는 정보통신 서비스를 기준으로 관련된 정보 시스템, 장소, 조직 및 인력을 포함한다.

② ISMS-P 인증 범위는 ISMS 인증 범위에 더하여 해당 서비스에서 처리되는 개인정보의 흐름에 따라 해당 개인정보를 처리하는 정보 시스템, 조직 및 인력, 물리적 장소 등을 모두 포함하여야 한다.

③ ISMS 의무 인증 범위에 대해서는 ISMS 인증을 신청하고 일부 서비스에 대해서는 개인정보 영역을 포함한 ISMS-P 인증을 신청하여 2개의 인증심사를 동시에 진행하는 것은 불가능하다.

④ ISMS 인증 의무 대상자가 ISMS 의무 인증 범위를 포함하여 ISMS-P 인증을 신청하는 경우 ISMS-P 단일 심사로 진행할 수 있다.

⑤ 인증 의무대상자인 경우, 인증 범위는 신청기관의 정보통신 서비스를 모두 포함하여 설정해야 한다.

> **해설** ③ ISMS 의무 인증 범위에 대해서는 ISMS 인증을 신청하고 일부 서비스에 대해서는 개인정보 영역을 포함한 ISMS-P 인증을 신청하여 2개의 인증심사를 동시에 진행하는 것도 가능하다.

PART 6

097 다음의 ISMS-P 통합 인증 기준 중 '보호 대책 요구사항' 영역의 인증 분야와 항목이 옳게 연결된 것은?

① 2.9. 시스템 및 서비스 운영관리 - 보안 요구사항 검토 및 시험

② 2.10. 시스템 및 서비스 보안관리 - 전자거래 및 핀테크 보안

③ 2.11. 사고 예방 및 대응 - 로그 및 접속기록 관리

④ 2.12. 재해 복구 - 인터넷 접속 통제

⑤ 2.8. 정보 시스템 도입 및 개발 보안 - 인식 제고 및 교육훈련

> **해설** ② 2.10. 시스템 및 서비스 보안관리 분야의 항목에는 2.10.1 보안시스템 운영, 2.10.2 클라우드 보안, 2.10.3 공개 서버 보안, 2.10.4 전자거래 및 핀테크 보안, 2.10.5 정보전송 보안, 2.10.6 업무용 단말기기 보안, 2.10.7 보조 저장매체 관리, 2.10.8 패치 관리, 2.10.9 악성코드 통제가 있다.
> ① 2.8.1 보안 요구사항 검토 및 시험은 2.8. 정보 시스템 도입 및 개발 보안 분야에 해당한다.
> ③ 2.9.4 로그 및 접속기록 관리는 2.9. 시스템 및 서비스 운영관리 분야에 해당한다.
> ④ 2.6.7 인터넷 접속 통제는 2.6. 접근 통제 분야에 해당한다.
> ⑤ 2.2.4 인식 제고 및 교육훈련은 2.2. 인적 보안 분야에 해당한다.

098 다음 중 ISMS-P 인증 절차에 관한 설명으로 옳지 않은 것은?

① ISMS-P 인증을 취득하고자 하는 자는 인증을 신청하기 전에 인증 기준에 따른 ISMS 또는 ISMS-P 관리체계를 구축하여 최소 2개월 이상 운영하여야 한다.

② 인증신청 서류는 인증신청서에 안내된 이메일을 통해 제출할 수 있으며, 신청 서류의 미비로 인증 또는 신청기관의 보완요청이 있을 경우 신청 서류를 재구비하여 제출하여야 한다.

③ 인증심사 신청 시 취득하고자 하는 인증에 따라 ISMS 단일 인증, ISMS-P 단일 인증, 다수 인증 (ISMS & ISMS-P) 중 하나를 정하여 신청할 수 있다.

④ 인증을 받고자 하는 인증심사 대상 서비스가 여러 개 있는 경우 인증 범위를 합치거나 분할하여 신청할 수 없다.

⑤ 다수 인증(ISMS & ISMS-P)의 경우, 같은 관리체계 내에서 일부 서비스만 개인정보 흐름을 포함하여 인증을 받고자 하는 경우로서 수수료와 심사 과정을 통합하여 심사를 진행한다.

> **해설** ④ 인증을 받고자 하는 인증심사 대상 서비스가 여러 개 있는 경우 인증 범위를 합치거나 분할하여 신청할 수 있으며, 인증 범위를 분할할 경우, 각각의 인증 범위에 대한 별도의 인증계약으로 수수료 등 추가 비용이 발생할 수 있다.

099 다음 중 정보보호 관리체계(ISMS) 의무 인증대상자에 해당되지 않는 것은?

① 전기통신사업법 제6조 제1항에 따른 등록을 한 자로서 서울특별시 및 모든 광역시에서 정보통신망 서비스를 제공하는 자

② 연간 매출액 또는 세입이 1,500억 원 이상인 상급종합병원

③ 집적 정보통신시설 사업자(IDC)

④ 정보통신 서비스 부문 전년도 매출액이 100억 원 이상인 은행

⑤ 전년도 말 기준 직전 3개월간의 일일 평균 이용자 수가 100만 명 이상인 사업자

> **해설** ④ 정보통신 서비스 부문 전년도(법인인 경우 전 사업연도를 말함) 매출액이 100억 원 이상인 자. 다만, 전자금융거래법 제2조 제3호에 따른 금융회사는 제외한다(정보통신망법 제47조 제2항).

100 ISMS–P에서 3.2.1 개인정보 현황관리의 인증 기준 결함 사례에 해당하는 것은?

① 개인정보 파일을 홈페이지의 개인정보 파일 등록 메뉴를 통하여 목록을 관리하고 있으나, 그중 일부 홈페이지 서비스와 관련된 개인정보 파일의 내용이 개인정보 처리방침에 누락되어 있는 경우

② 온라인 회원에 대해서는 개인정보를 변경할 수 있는 방법을 제공하고 있으나, 오프라인 회원에 대해서는 개인정보를 변경할 수 있는 방법을 제공하고 있지 않은 경우

③ 가명 정보와 동일한 데이터베이스 내에 추가 정보를 분리하지 않고 보관하고 있거나, 또는 가명 정보와 추가 정보에 대한 접근 권한이 적절히 분리되지 않은 경우

④ 개인정보 처리자가 개인정보 제3자 제공 동의를 받을 때 정보 주체에게 고지하는 사항 중에 일부 사항(동의 거부권, 제공하는 항목 등)을 누락한 경우

⑤ 홈페이지 개인정보 처리 방침에 개인정보 처리 업무 위탁 사항을 공개하고 있으나, 일부 수탁자와 위탁하는 업무의 내용이 누락된 경우

해설 ② 3.2.2 개인정보 품질보장 인증 기준의 결함 사례에 해당한다.
③ 3.2.5 가명 정보 처리의 결함 사례에 해당한다.
④ 3.3.1 개인정보 제3자 제공 인증 기준의 결함 사례에 해당한다.
⑤ 3.3.2 개인정보 처리 업무 위탁 인증 기준의 결함 사례에 해당한다.

3.2.1 개인정보 현황관리 항목

인증 기준	수집 · 보유하는 개인정보의 항목, 보유량, 처리 목적 및 방법, 보유기간 등 현황을 정기적으로 관리하여야 하며, 공공기관의 경우 이를 법률에서 정한 관계 기관의 장에게 등록하여야 한다.
주요 확인 사항	• 수집 · 보유하고 있는 개인정보의 항목, 보유량, 처리 목적 및 방법, 보유기간 등 현황을 정기적으로 관리하고 있는가? • 공공기관이 개인정보 파일을 운용하거나 변경하는 경우 관련된 사항을 법률에서 정한 관계 기관의 장에게 등록하고 있는가? • 공공기관은 개인정보 파일의 보유 현황을 개인정보 처리 방침에 공개하고 있는가?
관련 법규	개인정보 보호법 제32조(개인정보 파일의 등록 및 공개)
결함 사례	• 개인정보 파일을 홈페이지의 개인정보 파일 등록 메뉴를 통하여 목록을 관리하고 있으나, 그 중 일부 홈페이지 서비스와 관련된 개인정보 파일의 내용이 개인정보 처리 방침에 누락되어 있는 경우 • 신규 개인정보 파일을 구축한 지 2개월이 경과하였으나, 해당 개인정보 파일을 개인정보 보호 위원회에 등록하지 않은 경우 • 개인정보 보호 위원회에 등록되어 공개된 개인정보 파일의 내용(수집하는 개인정보의 항목 등)이 실제 처리하고 있는 개인정보 파일 현황과 상이한 경우 • 공공기관이 임직원의 개인정보 파일, 통계법에 따라 수집되는 개인정보 파일에 대해 개인정보 파일 등록 예외 사항에 해당되지 않음에도 불구하고 해당 개인정보 파일을 개인정보 보호 위원회에 등록하지 않은 경우

01 개인정보 보호의 이해

001 개인정보 정의를 분석한 설명 중 옳지 않은 것은?

① 개인정보를 결합하여 개인을 식별할 때 해킹·절취 등 불법적인 방법으로 취득한 정보라도 결합 가능한 정보라면 개인정보로 볼 수 있다.

② 개인정보를 가명 처리하였다면 원래의 상태로 복원하기 위해서는 추가 정보의 사용·결합이 필요하다.

③ 가명 처리는 개인정보의 일부를 삭제하거나 일부 또는 전부를 대체하는 등 기술적 처리를 한 것만으로는 완료되었다고 볼 수 없으며, 처리 결과 해당 정보만으로는 특정 개인을 알아볼 수 없어야 제대로 된 가명 처리가 이루어졌다고 볼 수 있다.

④ 결합 대상 정보는 입수 가능성이 있고, 결합 가능성이 높아야 한다.

⑤ 결합 가능성은 현재의 기술 수준을 고려하여 비용이나 노력이 비합리적으로 수반되지 않아야 함을 의미한다.

> **해설** ① 개인정보를 결합하여 개인을 식별할 때 해킹·절취 등 불법적인 방법으로 취득한 정보인 경우 결합한 정보는 개인정보로 볼 수 없다.

002 다음과 같은 가명 처리(비식별화)에 사용된 방법으로 볼 수 없는 것은?

고객번호	이름	성별	핸드폰 번호	나이	회원등급	연간 이용액
A1843405	김나희	여	010–1234–5678	25세	3등급	2,456,932

⇩　　　⇩　　　　　　⇩

고객번호	이름	성별	핸드폰 번호	나이	회원등급	연간 이용액
C5793250	Ggj30o4gjpo3 jlekjtjgjkgsg	여	195–5792–6790	25세	3등급	2,456,932

① 토큰화
② 순열(치환)
③ 암호화 기법
④ 의사난수생성 기법
⑤ 형태 보존 암호화

> **해설** 제시된 가명 처리(비식별화)에 순열(치환)은 사용되지 않았다.
>
> **토큰화(Tokenisation)**
> • 개인을 식별할 수 있는 정보를 토큰으로 변환 후 대체함으로써 개인정보를 직접 사용하여 발생하는 식별 위험을 제거하여 개인정보를 보호하는 기술이다.
> • 토큰 생성 시 의사난수생성 기법이나 암호화 기법, 형태 보존 암호화 기법 등이 주로 사용된다.

PART 6

003 프라이버시(Privacy)의 개념에 대한 설명으로 틀린 것은?

① 타인의 방해를 받지 않고 개인의 사적 영역을 유지하고자 하는 이익 또는 권리를 말한다.

② 1880년 미국 Thomas Cooley 판사의 민사상의 손해배상에 관한 저서에서 '홀로 있을 권리(the right to be let alone)'라는 의미로 등장하였다.

③ 1890년 Warren과 Brandeis가 '프라이버시권은 진보된 문명 세계에서 살고 있는 개인에게 필수적인 것'이라고 주장한 것에 기원한다.

④ 1977년 미국 연방대법원은 판례를 통해 프라이버시권을 '사적인 사항이 공개되지 않는 이익(권리)'이며, '자신이 중요한 문제에 대해 자율적이고 독자적으로 결정을 내리고자 하는 이익(권리)'으로 보았다.

⑤ 2010년 이후 '내 정보의 가치를 보호받을 권리'라는 의미로 등장하였으며, 우리나라 헌법상으로도 기본권으로 보장하고 있다.

해설 ⑤ 개인정보 자기 결정권에 대한 설명으로, 우리나라 헌법상으로도 기본권으로 보장하고 있다.

> **헌법재판소의 개인정보 자기 결정권 인정 판례**
> - 개인정보 자기 결정권은 자신에 관한 정보가 언제 누구에게 어느 범위까지 알려지고 또 이용되도록 할 것인지를 그 정보 주체가 스스로 결정할 수 있는 권리이다. 즉 정보 주체가 개인정보의 공개와 이용에 관하여 스스로 결정할 권리를 말한다.
> - 개인정보 자기 결정권의 보호 대상이 되는 개인정보는 개인의 신체, 신념, 사회적 지위, 신분 등과 같이 개인의 인격 주체성을 특징 짓는 사항으로서 그 개인의 동일성을 식별할 수 있게 하는 일체의 정보라고 할 수 있고, 반드시 개인의 내밀한 영역이나 사사(私事)의 영역에 속하는 정보에 국한되지 않고 공적 생활에서 형성되었거나 이미 공개된 개인정보까지 포함한다. 또한 그러한 개인정보를 대상으로 한 조사·수집·보관·처리·이용 등의 행위는 모두 원칙적으로 개인정보 자기 결정권에 대한 제한에 해당한다.
> 헌법재판소 2005. 5. 26. 선고 99헌마513, 2004헌마190(병합) 전원재판부

004 개인정보 가치산정 방법 중 델파이(Delphi) 기법에 대한 설명으로 틀린 것은?

① 전문가 집단에 설문조사를 반복해서 실시하고, 이들의 의견과 판단을 종합하여 정리하는 분석 방법이다.

② 이 분석 방법은 전문가 집단의 주관적 견해들로 구성되어 있더라도 개개인의 의견보다는 신뢰할 만한 것이며, 그 결과에 있어서 더 객관적임을 전제로 한다.

③ 참여 전문가들의 익명성 보장, 구조화된 질문지, 반복 설문 등이 특징이다.

④ 개인정보유출 배상책임보험 등에 가입할 때 가입보험액 산정에 활용되기 쉬운 장점을 지닌다.

⑤ 전문가 선정의 어려움, 전문가 추정에 따른 낮은 정확도 등이 단점으로 꼽힌다.

해설 ④ 개인정보유출 배상책임보험 등에 가입할 때 가입보험액 산정 활용에 유용한 것은 손해배상액 기반 산정법이다.

005 다음 중 미국의 개인정보 보호에 대한 자율규제 모델의 장점으로 옳지 않은 것은?

① 자발적 참여로 개인정보 윤리 의식을 고양시킬 수 있다.

② 급변하는 현실에 민첩하게 대응할 수 있다.

③ 전문기술 및 노하우 공유가 쉽게 이루어질 수 있다.

④ 법률이 규제하지 못하는 부분을 해결할 수 있다.

⑤ 이익 달성에 공동체적 시너지 효과를 지닌다.

해설 ③ 자율규제 및 자율 참여로 인해 경쟁 우위 기업에 의한 카르텔 및 진입장벽 형성의 단점이 있으며, 이에 따라 전문기술 및 노하우 공유의 어려움이 나타난다.

006 개인정보의 유 · 노출 사고 중 노출에 해당하는 경우끼리 옳게 묶은 것은?

ㄱ. 개인정보가 포함된 서면, 이동식 저장장치, 휴대용 컴퓨터 등을 분실하거나 도난을 당한 경우
ㄴ. 개인정보가 포함된 게시물이 누구든지 알아볼 수 있는 상태로 등록된 경우
ㄷ. 개인정보가 포함된 첨부파일을 홈페이지에 게시한 경우
ㄹ. 개인정보가 저장된 DB 등 개인정보 처리시스템에 정상적인 권한이 없는 자가 접근한 경우
ㅁ. 개인정보 처리자의 고의 또는 과실로 인해 개인정보가 포함된 파일, 문서, 저장 매체 등이 잘못 전달된 경우

① ㄱ, ㄴ   ② ㄴ, ㄷ
③ ㄱ, ㄴ, ㄷ   ④ ㄴ, ㄷ, ㄹ
⑤ ㄴ, ㄷ, ㄹ, ㅁ

해설 개인정보의 노출은 홈페이지상 개인정보를 누구든지 알아볼 수 있어 개인정보 유출로 이어질 수 있는 상태를 말하며, ㄴ · ㄷ이 해당한다.

007 EU-GDPR에서의 개인정보 정의와 적용 대상 범위에 대한 설명으로 틀린 것은?

① 개인정보를 "식별되었거나 또는 식별 가능한 자연인(정보 주체)과 관련된 모든 정보"로 정의한다.

② 자연인이 사용하는 장치, 애플리케이션, 도구와 프로토콜을 통해 제공되는 개인 식별이 가능한 경우의 IP 주소, 쿠키(Cookie) ID, RFID(무선 인식) 태그 등을 개인정보에 포함한다.

③ 위치정보를 개인정보의 정의에 명시적으로 규정하였다.

④ 민감한 성격의 개인정보를 '특수한 범주의 개인정보'(이하 '민감정보')라고 정의하면서, 유전정보와 생체 인식 정보를 명시적으로 규정하였다.

⑤ 개인정보의 가명 처리 개념을 명문화함으로써, 분리 보관 및 특별 조치 등의 개인정보 활용을 금지하였다.

해설 ⑤ 개인정보의 가명 처리 개념을 명문화함으로써(제4조 제5항), 분리 보관 및 특별 조치 등을 통하여 개인정보를 활용할 수 있도록 하였다.

008 다음 중 EU-GDPR이 적용되는 사례에 해당하는 것은?

① EU 역내 가맹점들이 한국인들을 위해 카드 결제 서비스(PG)를 대행해 주는 경우

② EU 시민이 한국에 관광을 와서 렌터카를 이용하는 경우

③ 국내 기업이 국내 정보 주체의 임상실험 정보를 국내에서 획득해 EU 기업에 전송하는 경우

④ 한국 내에서 운영하는 영어 홈페이지에 우연히 EU 역내 정부 주체들이 가입한 경우

⑤ 국내 개발사가 EU 역내에 소프트웨어를 판매했는데, 해당 소프트웨어에는 그 사용자의 개인정보나 사용 데이터가 저장되어 사용자가 확인할 수 있게 되어 있지만 개발사에게 전송되지는 않는 경우

> **해설** ① EU 역내 가맹점들은 EU 역내의 컨트롤러나 프로세서라 할 수 있고 그들이 카드결제 서비스를 대행해 주는 것은 자신의 사업장의 활동과 관련한 개인정보 처리를 하는 것이며, 그 정보 주체의 국적이나 위치는 관계없으므로 GDPR이 적용된다.

009 EU-GDPR 기준상 개인정보 침해에 대하여 감독기구에 통지가 필요한 경우는?

① 컨트롤러가 책임성의 원칙에 따라 해당 개인정보 침해가 개인의 권리와 자유에 위험을 초래할 가능성이 낮다고 입증할 수 있는 경우

② 암호화된 개인정보가 유출되었을 때 암호 키의 기밀성이 손상되지 않은 경우 해당 정보는 원칙적으로 파악이 불가능함에 따라 개인에 대한 부정적인 영향을 미칠 가능성이 없는 경우

③ 비인가자가 해독할 수 없는 방식으로 개인정보가 만들어지고 정보가 사본이거나 백업이 존재하는 경우, 올바른 방식으로 암호화된 개인정보의 기밀성 침해인 경우

④ 랜섬웨어 감염에 따라 일시적인 가용성 침해가 발생하여 백업본에 의해 신속히 복구가 되었으나, 사고 조사 결과 네트워크 침입을 통하여 기밀성 침해가 함께 발생한 것으로 확인된 경우

⑤ 언론사 시스템이 정전 등에 의해 몇 시간 동안 차단되어 독자들에게 뉴스를 발송할 수 없는 경우 가용성 침해가 발생한 것이지만, 개인의 권리와 자유에 위험을 발생시킨 것으로 볼 수 없는 경우

> **해설** ④ 랜섬웨어 감염에 따라 일시적인 가용성 침해가 발생하더라도 백업본에 의해 신속히 복구가 되었다면 통지가 불필요할 수 있으나, 사고 조사 결과 네트워크 침입을 통하여 기밀성 침해가 함께 발생한 것으로 확인된 경우에는 통지가 필요하다.
> ① · ② · ③ · ⑤ 통지 불필요에 해당한다.

010 EU-GDPR 위반으로 전 세계 연간 매출액 4% 또는 2천만 유로 중 높은 금액(최대 과징금의 경우)을 과징금으로 부과받을 수 있는 경우끼리 옳게 묶은 것은?

> ㄱ. 인증기관 의무 위반
> ㄴ. 제3국이나 국제조직의 수령인에게 개인정보 이전 시 준수 의무 위반
> ㄷ. 행동 규약 준수 모니터링 의무 위반
> ㄹ. 감독기구가 내린 명령 또는 정보 처리의 제한 불복
> ㅁ. 개인정보 이동 중지 미준수 및 열람 기회 제공 의무 위반

① ㄱ, ㄷ

② ㄱ, ㄷ, ㄹ

③ ㄴ, ㄷ, ㄹ

④ ㄴ, ㄹ, ㅁ

⑤ ㄴ, ㄷ, ㄹ, ㅁ

해설 ㄱ·ㄷ은 일반 위반에 해당하며, 전 세계 연간 매출액 2% 또는 1천만 유로 중 높은 금액(최대 과징금의 경우)이 과징금으로 부과된다.

EU-GDPR 과징금

일반 위반 : 전 세계 연간 매출액 2% 또는 1천만 유로 중 높은 금액(최대 과징금의 경우)
• 컨트롤러 및 프로세서 의무 위반 – 제8조, 제11조, 제25조부터 제39조 　(예 Data protection by design and by default, 처리 활동의 기록 등) • 인증기관 의무 위반 – 제42조, 제43조 • 행동 규약 준수 모니터링 의무 위반 – 제41조 제4항
심각한 위반 : 전 세계 연간 매출액 4% 또는 2천만 유로 중 높은 금액(최대 과징금의 경우)
• 동의의 조건을 포함하여, 개인정보 처리 기본원칙 위반 – 제5조부터 제7조, 제9조 • 정보 주체의 권리보장 의무 위반 – 제12조~제22조 • 제3국이나 국제조직의 수령인에게 개인정보 이전 시 준수 의무 위반 – 제44조~제49조 • 제9장에 따라 채택된 EU 회원국 법률 의무 위반 • 감독기구가 내린 명령 또는 정보 처리의 제한 불복 – 제58조 제2항 • 개인정보 이동 중지 미준수 및 열람 기회 제공 의무 위반 – 제58조 제1항

011 개인정보 보호법과 다른 법률과의 관계에 대한 설명으로 옳지 않은 것은?

① 신법 우선의 원칙은 신법과 구법이 충돌할 때 신법이 우선 적용되는 원칙을 말한다.

② 상위법 우선의 원칙은 법 규범 간에 충돌할 때 상위법이 우선 적용되는 원칙을 말한다.

③ 특별법 우선의 원칙은 특별법과 일반법이 충돌할 때 특별법이 우선 적용되는 원칙을 말한다.

④ 시행령이나 시행규칙, 고시, 조례 등에 이 법과 다른 특별한 규정이 있으면 그 시행령 등이 우선 적용된다.

⑤ 개인정보의 처리 및 보호에 관하여 다른 법률에 특별한 규정이 있는 경우를 제외하고는 개인정보 보호법에서 정한 바를 따른다.

> **해설** ④ 다른 '법률'에 특별한 규정이 있는 경우에만 그 법률의 규정이 이 법에 우선하여 적용되므로 법률이 아닌 시행령이나 시행규칙 고시, 조례 등에 이 법과 다른 특별한 규정이 있다고 하여도 그 시행령 등은 우선 적용되지 않는다. 그런 경우에는 당연히 이 법이 우선하여 적용된다. 다만, 그 시행령 등이 법률의 위임을 받은 것일 경우에 한하여 그 시행령 등이 우선하여 적용될 수 있다.

012 OECD 프라이버시 8원칙과 우리나라의 개인정보 보호 원칙의 연결이 옳지 않은 것은?

① 수집 제한의 원칙 − 목적에 필요한 최소한의 정보만 수집한다.

② 정보 정확성의 원칙 − 처리 목적에 필요한 범위에서 정확성, 완전성, 최신성을 보장한다.

③ 이용 제한의 원칙 − 처리 목적에 필요한 범위에서 적합하게 개인정보를 처리하며, 그 목적 외의 용도로 활용해서는 안 된다.

④ 목적 명확성의 원칙 − 개인정보 처리자는 개인정보의 처리 목적을 명확하게 하여야 한다.

⑤ 정보 주체 참여의 원칙 − 정보 주체의 사생활 침해를 최소화하는 방법으로 개인정보를 처리하여야 한다.

> **해설** ⑤ OECD 프라이버시 8원칙 중 정보 주체 참여의 원칙은 우리나라 개인정보 보호 원칙 중에서 열람청구권 등 정보 주체의 권리를 보장하여야 한다(법 제3조 제5항)는 내용과 연결된다.

013 개인정보 자기 결정권에 대한 설명으로 옳지 않은 것은?

① 개인정보 자기 결정권은 정보 주체가 개인정보의 공개와 이용에 관하여 스스로 결정할 권리를 말한다.

② 개인정보 자기 결정권은 자신에 관한 정보가 언제 누구에게 어느 범위까지 알려지고 또 이용되도록 할 것인지를 그 정보 주체가 스스로 결정할 수 있는 권리이다.

③ 개인정보 자기 결정권은 헌법 제10조에서 규정한 인간의 존엄과 가치, 행복추구권에서 도출되는 일반적 인격권 및 헌법 제17조의 사생활의 비밀과 자유에 의하여 보장된다.

④ 개인정보 자기 결정권의 보호 대상이 되는 개인정보는 개인의 신체, 신념, 사회적 지위, 신분 등과 같이 개인의 인격 주체성을 특징짓는 사항으로써 그 개인의 동일성을 식별할 수 있게 하는 일체의 정보를 말한다.

⑤ 개인정보 자기 결정권의 보호 대상이 되는 개인정보는 개인의 내밀한 영역이나 사사(私事)의 영역에 속하는 정보에 국한되며 공적 생활에서 형성되었거나 이미 공개된 개인정보는 포함되지 않는다.

> **해설** ⑤ 개인정보 자기 결정권의 보호 대상이 되는 개인정보는 개인의 신체, 신념, 사회적 지위, 신분 등과 같이 개인의 인격 주체성을 특징짓는 사항으로써 그 개인의 동일성을 식별할 수 있게 하는 일체의 정보라고 할 수 있고, 반드시 개인의 내밀한 영역이나 사사(私事)의 영역에 속하는 정보에 국한되지 않고 공적 생활에서 형성되었거나 이미 공개된 개인정보까지 포함한다(헌법재판소 2005. 7. 21. 2003헌마282, 425 결정).

014 개인정보 보호법 제15조에 따른 개인정보의 수집 · 이용이 가능한 경우가 아닌 것은?

① 홍수로 고립된 사람을 구조하기 위하여 연락처, 주소 등 개인정보를 수집하는 경우

② 화재가 발생한 아파트에서 아동을 구조하기 위해 부모의 이동 전화번호를 수집하는 경우

③ 도난 방지를 위하여 회사 현관, 엘리베이터, 복도 등에 CCTV를 설치 · 운영하는 경우

④ 의식이 있는 교통사고 환자의 병원 이송을 위하여 보호자의 휴대 전화번호를 수집하는 경우

⑤ 보이스피싱에 걸린 것으로 보이는 고객에게 은행이 임시로 자금 이체를 중단시키고 사실 확인을 하고자 하는 경우

> **해설** 개인정보 처리자는 명백히 정보 주체 또는 제3자의 급박한 생명, 신체, 재산의 이익을 위하여 필요하다고 인정되는 경우에는 개인정보를 수집할 수 있으며 그 수집 목적의 범위에서 이용할 수 있다(법 제15조 제1항 제5호). 이때 생명 · 신체 · 재산상 이익이 급박해야 한다. 정보 주체 또는 법정대리인의 동의를 받을 수 있는 충분한 시간적 여유가 있거나 다른 수단에 의해서도 생명 · 신체 · 재산상의 이익을 보호할 수 있다면 급박한 상태에 있다고 할 수 없다.

015 개인정보 처리자가 정보 주체의 동의를 받기 위해 알려야 하는 사항이 아닌 것은?

① 개인정보를 제공받는 자

② 제공하는 개인정보의 항목

③ 개인정보를 제공하는 자의 개인정보 이용 목적

④ 개인정보를 제공받는 자의 개인정보 보유 및 이용 기간

⑤ 동의를 거부할 권리가 있다는 사실 및 동의 거부에 따른 불이익이 있는 경우에는 그 불이익의 내용

해설 개인정보 처리자는 정보 주체의 동의를 받을 때에는 다음 사항을 정보 주체에게 알려야 한다. 다음 어느 하나의 사항을 변경하는 경우에도 이를 알리고 동의를 받아야 한다(법 제17조 제2항).
1. 개인정보를 제공받는 자
2. 개인정보를 제공받는 자의 개인정보 이용 목적
3. 제공하는 개인정보의 항목
4. 개인정보를 제공받는 자의 개인정보 보유 및 이용 기간
5. 동의를 거부할 권리가 있다는 사실 및 동의 거부에 따른 불이익이 있는 경우에는 그 불이익의 내용

016 다음 중 개인정보 보호법상 주민등록번호의 처리 제한에 대한 설명으로 옳지 않은 것은?

① 회사가 급여에 대한 소득세 원천징수 등을 위해 주민등록번호를 수집할 수 있다.

② 기업이 직원 채용 시 이력서 · 지원서 등에 주민등록번호를 기재하도록 할 수 있다.

③ 회사는 단체보험 가입 목적으로 직원의 주민등록번호를 보험회사에 제공할 수 있다.

④ 주민등록번호 처리 금지 예외 사유에 해당하는 경우 개인정보 처리자는 정보 주체로부터 별도의 동의를 받을 필요가 없다.

⑤ 신분 확인을 위하여 주민등록번호가 기재된 신분증을 육안으로 확인한 후 돌려주는 행위는 주민등록번호 처리금지 원칙에 위배되지 않는다.

해설 ② 입사 지원자가 최종 합격하여 직원이 되기 전까지는 법률이나 대통령령에서 기업이 해당 지원자의 주민등록번호를 처리하도록 하는 규정이 없으므로 이력서 · 지원서 등에 주민등록번호를 기재하도록 하여서는 아니 된다.
① 고용보험 등 4대 보험 가입, 급여 원천징수 등을 위해 관련 법령에서 정하는 바에 따라 기업이 해당 입사자의 주민등록번호를 수집하는 것은 가능하다.
③ 보험업법 시행령 제102조 제5항 제4호는 보험회사가 단체보험계약의 체결 등의 사무를 수행하기 위하여 필요한 범위에서 피보험자의 주민등록번호를 처리할 수 있도록 규정, 단체보험은 구성원으로부터 서면 동의를 받지 아니하고 단체가 보험계약자로서 피보험자인 구성원을 위하여 보험회사와 일괄 계약하는 보험으로서, 회사는 단체보험 가입 목적으로 직원의 주민등록번호를 보험회사에 제공할 수 있다.
④ 법 제24조의2 제1항 각 호에서 정하는 예외 사유에 해당되지 않는 한 주민등록번호를 수집하여 이용하거나, 제3자에게 제공하거나 저장 · 보유하는 것이 금지된다. 이는 정보 주체로부터 동의를 받아 주민등록번호를 수집하는 경우에도 마찬가지이다. 또한 예외 사유에 해당하는 경우 개인정보 처리자는 정보 주체로부터 별도의 동의를 받을 필요는 없다.
⑤ 신분 확인 목적으로 주민등록번호가 기재된 신분증을 육안으로 확인하고 돌려주는 행위는 주민등록번호를 수집하는 행위가 아니므로 주민등록번호 처리금지 원칙에 위배되지 않는다.

017 개인정보 보호법상 고유 식별정보에 대한 설명으로 옳지 않은 것은?

① 여권법에 따른 여권번호나 출입국관리법에 따른 외국인 등록번호는 고유 식별정보이다.

② 보호 위원회는 개인정보 처리자가 안전성 확보에 필요한 조치를 하였는지에 관하여 대통령령으로 정하는 바에 따라 정기적으로 조사하여야 한다.

③ 고유 식별정보를 처리하려면 정보 주체에게 정보의 수집·이용·제공 등에 필요한 사항을 알리고 다른 개인정보의 처리에 대한 동의와 함께 일괄적으로 동의를 받아야 한다.

④ 개인정보 처리자는 다른 개인정보의 처리에 대한 동의와 별도로 동의를 받은 경우라 하더라도 주민등록번호는 법에서 정한 예외적 인정 사유에 해당하지 않는 한 처리할 수 없다.

⑤ 개인정보 처리자가 이 법에 따라 고유 식별정보를 처리하는 경우에는 그 고유 식별정보가 분실·도난·유출·위조·변조 또는 훼손되지 아니하도록 대통령령으로 정하는 바에 따라 암호화 등 안전성 확보에 필요한 조치를 하여야 한다.

해설 ① 영 제19조
② 법 제24조 제4항
④ 법 제24조의2 제1항
⑤ 법 제24조 제3항

고유 식별정보의 처리 제한(법 제24조 제1항)
개인정보 처리자는 다음 각 호의 경우를 제외하고는 법령에 따라 개인을 고유하게 구별하기 위하여 부여된 식별정보로서 고유 식별정보를 처리할 수 없다.
1. 정보 주체에게 제15조 제2항 각 호 또는 제17조 제2항 각 호의 사항을 알리고 다른 개인정보의 처리에 대한 동의와 별도로 동의를 받은 경우
2. 법령에서 구체적으로 고유 식별정보의 처리를 요구하거나 허용하는 경우

PART 6

018 개인정보 보호법상 개인정보의 제공에 대한 설명으로 옳지 않은 것은?

① 조합원이 조합에서 받은 조합원 명부를 다른 조합원과 공유해도 된다.

② 동창회가 동창회 명부를 발간할 때 회원들의 동의 없이 전화번호를 공개해도 된다.

③ 개인정보의 제공이란 개인정보 처리자 외의 제3자에게 개인정보의 지배·관리권이 이전되는 것이다.

④ 회사가 급여에 대한 소득세 원천징수 등을 위해 직원의 주민등록번호 뒷자리까지 수집할 수 있다.

⑤ DB 시스템에 대한 접속 권한을 허용하여 열람·복사가 가능하게 하여 개인정보를 공유하는 경우 등도 '제공'에 포함된다.

> **해설** ② 동창회가 동창 명부를 발간하면서 동창들의 전화번호를 공개하기 위해서는 정보 주체인 동창들의 동의가 필요하다. 개인정보 처리자가 동창회, 동호회 등 친목 도모를 위한 단체를 운영하기 위하여 개인정보를 수집·이용하는 경우에는 법 제15조, 제30조, 제31조가 적용되지 않으므로(법 제58조 제3항), 동창회 회원 간에는 전화번호를 공유할 수 있으나 동창회의 회원 명부에 전화번호를 공개하여 제3자에게 제공하는 행위는 제58조 제3항에 해당하지 않으므로 정보 주체인 회원의 동의를 받아야 한다.
>
> ① 조합원이 조합으로부터 받은 조합원 명부를 다른 조합원과 공유하는 것은 개인정보 보호법상 목적 범위 내 제3자 제공에 해당하는 것이다. 다만, 조합원이 아닌 제3자와 공유하면 개인정보 보호법(제19조)에 위반된다. 개인정보 처리자는 개인정보를 제공받은 목적 외의 용도로 이용하거나 이를 제3자에게 제공하여서는 아니 된다(법 제19조).
>
> ③·⑤ 개인정보의 제공이란 개인정보 처리자 외의 제3자에게 개인정보의 지배·관리권이 이전되는 것을 의미한다. 즉 개인정보를 저장한 매체나 수기 문서를 전달하는 경우뿐만 아니라, DB 시스템에 대한 접속 권한을 허용하여 열람·복사가 가능하게 하여 개인정보를 공유하는 경우 등도 '제공'에 포함된다.
>
> ④ 법 제24조의2에서는 법률·대통령령 등에서 구체적으로 주민등록번호의 처리를 요구하거나 허용한 경우, 정보 주체 또는 제3자의 급박한 생명, 신체, 재산의 이익을 위하여 명백히 필요하다고 인정되는 경우를 제외하고는 개인정보 처리자는 주민등록번호를 처리할 수 없다고 규정하고 있다. 회사가 단체보험 가입을 위하여 직원의 주민등록번호를 처리(보험업법 시행령 제102조 제5항 제4호, 상법 제735조의3에 근거)하는 것은 가능하며, 4대 보험 가입, 급여에 대한 소득세 원천징수 등을 위해 관련 법령에서 정하는 바에 따라 기업이 해당 입사자의 주민등록번호를 수집하는 것은 가능하다.

019 개인정보 보호법상 고정형 영상정보 처리기기 설치 · 운영에 대한 설명으로 옳지 않은 것은?

① 영상정보처리기기란 일정한 공간에 지속적으로 설치되어 사람 또는 사물의 영상 등을 촬영하거나 이를 유 · 무선망을 통하여 전송하는 장치로서 대통령령으로 정하는 장치를 말한다.

② 고정형 영상정보 처리기기 운영자는 고정형 영상정보 처리기기의 설치 · 운영에 관한 사무를 위탁할 수 있다.

③ 고정형 영상정보 처리기기를 설치 · 운영하는 자는 정보 주체가 쉽게 인식할 수 있도록 안내판을 설치하여야 한다.

④ 누구든지 불특정 다수가 이용하는 목욕실, 화장실, 발한실, 탈의실 등의 내부를 볼 수 있도록 고정형 영상정보 처리기기를 설치 · 운영하여서는 아니 된다.

⑤ 고정형 영상정보 처리기기 운영자는 설치 목적과 다른 목적으로 임의로 조작하거나 다른 곳을 비춰서는 안되지만, 필요한 경우 녹음 기능을 사용할 수 있다.

해설 ⑤ 고정형 영상정보 처리기기 운영자는 고정형 영상정보 처리기기의 설치 목적과 다른 목적으로 고정형 영상정보 처리기기를 임의로 조작하거나 다른 곳을 비춰서는 아니 되며, 녹음 기능은 사용할 수 없다(법 제25조 제5항). 영상정보 처리기기는 일정한 장소에 지속적으로 설치 · 운영되고 있으므로, 만일 음성 · 음향을 녹음하는 기능을 갖추고 있다면 본의 아니게 사람들 간의 대화를 녹음하는 결과를 가져온다. 그러나 타인 간의 대화를 청취 · 녹음하는 행위는 통신비밀보호법에서 엄격히 금지하고 있으므로(제3조), 이 법에 따른 영상정보 처리기기는 녹음 기능을 제한할 필요가 있다. 또한 운영자에 의한 임의 조작을 가능하게 할 경우에도 역시 사생활 침해의 우려가 커진다. 여기서 조작이란 영상정보 처리기기를 회전시키거나 영상을 확대 또는 축소하는 등 촬영 범위나 대상을 인위적으로 변경시키는 행위를 말한다(보호 위원회 결정 제2018-22-247호 참고).

① 법 제2조 제7호
② 법 제25조 제8항
③ 법 제25조 제4항
④ 법 제25조 제2항

020 개인정보 보호법 제23조 민감정보에 대한 설명으로 옳지 않은 것은?

① 법과 시행령이 정한 것 이외에 개인에게 민감한 정보이면 모두 민감정보가 될 수 있다.

② 개인정보 처리자는 정보 주체에게 알리고 다른 개인정보의 처리에 대한 동의와 별도로 동의를 받은 경우 민감정보를 처리할 수 있다.

③ 민감정보는 사상·신념, 노동조합·정당의 가입·탈퇴, 정치적 견해, 건강, 성생활 등에 관한 정보, 그 밖에 정보 주체의 사생활을 현저히 침해할 우려가 있는 개인정보를 말한다.

④ 개인정보 처리자가 민감정보를 처리하는 경우 그 민감정보가 분실·도난·유출·위조·변조 또는 훼손되지 아니하도록 안전조치의 의무에 따른 안전성 확보에 필요한 조치를 하여야 한다.

⑤ 개인정보 처리자는 정보 주체의 민감정보가 포함됨으로써 사생활 침해의 위험성이 있다고 판단하는 때에는 민감정보의 공개 가능성 및 비공개를 선택하는 방법을 정보 주체가 알아보기 쉽게 알려야 한다.

> **해설** ① 법과 시행령은 사상, 신념, 노동조합(정당)의 가입·탈퇴, 정치적 견해, 건강, 성생활, 유전정보, 범죄경력, 인종 민족 정보, 생체 인식 정보에 관한 정보로 한정하고 있으므로, 그 이외의 정보는 민감정보에 해당하지 않는다(법 제23조 제1항, 영 제18조).
> ② 법 제23조 제1항 1호
> ③ 법 제23조 제1항
> ④ 법 제23조 제2항
> ⑤ 법 제23조 제3항

021 개인정보 보호법상 가명 정보에 대한 안전조치 의무 등에 대한 설명이 옳지 않은 것은?

① 개인정보 처리자는 가명 정보를 파기한 경우에는 파기한 날부터 5년 이상 보관하여야 한다.

② 개인정보 처리자는 가명 정보를 처리하는 경우 처리 목적 등을 고려하여 가명 정보의 처리 기간을 별도로 정할 수 있다.

③ 개인정보 처리자는 가명 정보를 제3자에게 제공하는 경우에는 특정 개인을 알아보기 위하여 사용될 수 있는 정보를 포함해서는 아니 된다.

④ 개인정보 처리자는 가명 정보를 처리하고자 하는 경우 가명 정보의 처리 목적, 제3자 제공 시 제공받는 자, 가명 정보의 처리 기간 등에 대한 관련 기록을 작성하여 보관하여야 한다.

⑤ 개인정보 처리자는 가명 정보를 처리하는 경우 원래의 상태로 복원하기 위한 추가 정보를 별도로 분리하여 보관·관리하는 등 안전성 확보에 필요한 기술적·관리적 및 물리적 조치를 하여야 한다.

> 해설 ① 개인정보 처리자는 가명 정보를 처리하고자 하는 경우에는 가명 정보의 처리 목적, 제3자 제공 시 제공받는 자, 가명 정보의 처리 기간(처리 기간을 별도로 정한 경우에 한함) 등 가명 정보의 처리 내용을 관리하기 위하여 대통령령으로 정하는 사항에 대한 관련 기록을 작성하여 보관하여야 하며, 가명 정보를 파기한 경우에는 파기한 날부터 3년 이상 보관하여야 한다(법 제28조의4 제3항).
> ② 법 28조의4 제2항
> ③ 법 28조의2 제2항
> ④ 법 28조의4 제3항
> ⑤ 법 28조의4 제1항

022 개인정보 보호법상 개인정보 처리자가 개인정보를 국외 이전할 수 있는 경우가 아닌 것은?

① 정보 주체로부터 국외 이전에 관한 별도의 동의를 받은 경우

② 전자우편 등 대통령령으로 정하는 방법에 따라 정보 주체에게 알린 경우

③ 정보 주체와의 계약의 체결 및 이행을 위하여 개인정보의 처리위탁·보관이 필요한 경우

④ 법률, 대한민국을 당사자로 하는 조약 또는 그 밖의 국제협정에 개인정보의 국외 이전에 관한 특별한 규정이 있는 경우

⑤ 개인정보가 이전되는 국가의 개인정보 보호 체계가 이 법에 따른 개인정보 보호 수준보다 낮다고 인정하는 경우

> 해설 ⑤ 개인정보 처리자는 개인정보가 이전되는 국가 또는 국제기구의 개인정보 보호 체계, 정보 주체 권리보장 범위, 피해구제 절차 등이 이 법에 따른 개인정보 보호 수준과 실질적으로 동등한 수준을 갖추었다고 보호 위원회가 인정하는 경우에는 개인정보를 국외로 이전할 수 있다(법 제28조의8 제1항 제5호).
> ① 법 제28조의8 제1항 제1호
> ② 법 제28조의8 제1항 제3호 나목
> ③ 법 제28조의8 제1항 제3호
> ④ 법 제28조의8 제1항 제2호

023 개인정보 보호법상 개인정보 처리 방침에 대한 설명으로 옳지 않은 것은?

① 개인정보 처리자는 개인정보 처리 방침을 정해야 한다.

② 보호 위원회는 개인정보 처리 방침 작성 지침을 정하여 개인정보 처리자에게 그 준수를 권장할 수 있다.

③ 개인정보 처리 방침에는 개인정보의 처리 목적, 처리하는 개인정보의 항목, 처리 및 보유 기간 등을 포함한다.

④ 개인정보 처리자가 개인정보 처리 방침을 수립하거나 변경하는 경우에는 정보 주체가 확인할 수 있도록 공개해야 한다.

⑤ 개인정보 처리 방침의 내용과 개인정보 처리자와 정보 주체 간에 체결한 계약의 내용이 다른 경우에는 개인정보 처리자에게 유리한 것을 적용한다.

해설 ⑤ 개인정보 처리 방침의 내용과 개인정보 처리자와 정보 주체 간에 체결한 계약의 내용이 다른 경우에는 정보 주체에게 유리한 것을 적용한다(법 제30조 제3항).
① 법 제30조 제1항 참고
② 법 제30조 제4항
③ 법 제30조 제1항 참고
④ 법 제30조 제2항

024 개인정보 보호법상 개인정보 유출 등의 신고에 대한 설명으로 옳은 것은?

① 민감정보가 유출된 경우에는 보호 위원회 신고의 대상이 아니다.

② 서면, 전자우편, 팩스 등의 방법으로 보호 위원회 또는 한국인터넷진흥원에 신고해야 한다.

③ 개인정보 처리자는 1백 명 이상의 정보 주체에 관한 개인정보가 유출된 경우 보호 위원회에 신고해야 한다.

④ 개인정보 처리자는 개인정보가 유출되었음을 알게 되었을 때 48시간 이내에 보호 위원회에 신고해야 한다.

⑤ 개인정보 유출 등이 경로가 확인되어 해당 개인정보를 회수·삭제하는 등의 조치를 통해 정보 주체의 권익 침해 가능성이 현저히 낮아진 경우에도 보호 위원회에 신고하여야 한다.

해설 **개인정보 보호법 시행령 제40조 제1항(개인정보 유출 등의 신고)**
개인정보 처리자는 다음 각 호의 어느 하나에 해당하는 경우로서 개인정보가 유출 등이 되었음을 알게 되었을 때에는 72시간 이내에 법 제34조 제1항 각 호의 사항을 서면 등의 방법으로 보호 위원회 또는 같은 조 제3항 전단에 따른 전문기관에 신고해야 한다. 다만, 천재지변이나 그 밖에 부득이한 사유로 인하여 72시간 이내에 신고하기 곤란한 경우에는 해당 사유가 해소된 후 지체 없이 신고할 수 있으며, 개인정보 유출 등의 경로가 확인되어 해당 개인정보를 회수·삭제하는 등의 조치를 통해 정보 주체의 권익 침해 가능성이 현저히 낮아진 경우에는 신고하지 않을 수 있다.
1. 1천 명 이상의 정보 주체에 관한 개인정보가 유출 등이 된 경우
2. 민감정보 또는 고유 식별정보가 유출 등이 된 경우
3. 개인정보 처리시스템 또는 개인정보 취급자가 개인정보 처리에 이용하는 정보기기에 대한 외부로부터의 불법적인 접근에 의해 개인정보가 유출 등이 된 경우

025 개인정보 보호법에서 규정하고 있는 정보 주체의 권리에 해당하지 않는 것은?

① 개인정보의 처리에 관한 정보를 제공받을 권리

② 개인정보의 처리 정지, 정정·삭제 및 파기를 요구할 권리

③ 개인정보의 처리 여부를 확인하고 개인정보에 대한 열람 및 전송을 요구할 권리

④ 개인정보의 처리로 인하여 발생한 피해를 신속하고 적법한 절차에 따라 구제를 요구할 권리

⑤ 완전히 자동화된 개인정보 처리에 따른 결정을 거부하거나 그에 대한 설명 등을 요구할 권리

> 해설 **정보 주체의 권리(법 제4조)**
> • 개인정보의 처리에 관한 정보를 제공받을 권리
> • 개인정보의 처리에 관한 동의 여부, 동의 범위 등을 선택하고 결정할 권리
> • 개인정보의 처리 여부를 확인하고 개인정보에 대한 열람(사본의 발급을 포함) 및 전송을 요구할 권리
> • 개인정보의 처리 정지, 정정·삭제 및 파기를 요구할 권리
> • 개인정보의 처리로 인하여 발생한 피해를 신속하고 공정한 절차에 따라 구제받을 권리
> • 완전히 자동화된 개인정보 처리에 따른 결정을 거부하거나 그에 대한 설명 등을 요구할 권리

026 개인정보 분쟁조정위원회에 대한 설명으로 옳지 않은 것은?

① 개인정보에 관한 분쟁의 조정을 위하여 개인정보 분쟁조정위원회를 둔다.

② 조정부가 분쟁조정위원회에서 위임받아 의결한 사항은 분쟁조정위원회에서 의결한 것으로 본다.

③ 분쟁조정위원회 위원장은 위원 중에서 공무원이 아닌 사람으로 개인정보 보호 위원회 위원장이 위촉한다.

④ 위촉위원은 보호 위원회 위원장이 위촉하고, 대통령령으로 정하는 국가기관 소속 공무원은 당연직 위원이 된다.

⑤ 분쟁조정위원회는 분쟁조정 업무를 효율적으로 수행하기 위하여 조정사건의 분야별로 9명 이내의 위원으로 구성되는 조정부를 둘 수 있다.

> 해설 ⑤ 분쟁조정위원회는 분쟁조정 업무를 효율적으로 수행하기 위하여 필요하면 대통령령으로 정하는 바에 따라 조정사건의 분야별로 5명 이내의 위원으로 구성되는 조정부를 둘 수 있다(법 제40조 제6항 참고).
> ① 법 제40조 제1항
> ② 법 제40조 제6항 후문
> ③ 법 제40조 제4항
> ④ 법 제40조 제3항

027 개인정보 보호법상 개인정보 처리자가 정보 주체의 개인정보 처리 정지 요구를 거절할 수 있는 사유로 가장 옳지 않은 것은?

① 다른 사람의 재산과 그 밖의 이익을 부당하게 침해할 우려가 있는 경우
② 법률에 특별한 규정이 있거나 법령상 의무를 준수하기 위하여 불가피한 경우
③ 공공기관이 조세의 환급에 관한 업무를 수행할 때 중대한 지장을 초래하는 경우
④ 공공기관이 개인정보를 처리하지 아니하면 다른 법률에서 정하는 소관 업무를 수행할 수 없는 경우
⑤ 개인정보를 처리하지 아니하면 정보 주체와 약정한 서비스를 제공하지 못하는 등 계약의 이행이 곤란한 경우로서 정보 주체가 그 계약의 해지 의사를 명확하게 밝히지 아니한 경우

해설 개인정보 처리자가 공공기관이 조세의 부과ㆍ징수 또는 환급에 관한 업무에 해당하는 업무를 수행할 때 중대한 지장을 초래하는 경우, 정보 주체에게 그 사유를 알리고 개인정보의 열람을 제한하거나 거절할 수 있다.

개인정보 처리 정지 요구 거절 사유(법 제37조 제2항)
• 법률에 특별한 규정이 있거나 법령상 의무를 준수하기 위하여 불가피한 경우
• 다른 사람의 생명ㆍ신체를 해할 우려가 있거나 다른 사람의 재산과 그 밖의 이익을 부당하게 침해할 우려가 있는 경우
• 공공기관이 개인정보를 처리하지 아니하면 다른 법률에서 정하는 소관 업무를 수행할 수 없는 경우
• 개인정보를 처리하지 아니하면 정보 주체와 약정한 서비스를 제공하지 못하는 등 계약의 이행이 곤란한 경우로서 정보 주체가 그 계약의 해지 의사를 명확하게 밝히지 아니한 경우

028 다음은 개인정보 피해로 인한 구제제도 중 손해배상에 관한 내용이다. 법정 손해배상에 대한 설명으로 옳은 것을 모두 고른 것은?

> ㄱ. 개인정보 처리자의 고의 또는 중대한 과실로 인하여 개인정보가 분실ㆍ도난ㆍ유출ㆍ위조ㆍ변조 또는 훼손된 경우로서 정보 주체에게 손해가 발생한 때에는 법원은 그 손해액의 5배를 넘지 아니하는 범위에서 손해배상액을 정할 수 있다.
> ㄴ. 정보 주체는 개인정보 처리자가 이 법을 위반한 행위로 손해를 입으면 개인정보 처리자에게 손해배상을 청구할 수 있다. 이 경우 그 개인정보 처리자는 고의 또는 과실이 없음을 입증하지 아니하면 책임을 면할 수 없다.
> ㄷ. 정보 주체는 개인정보 처리자의 고의 또는 과실로 인하여 개인정보가 분실ㆍ도난ㆍ유출ㆍ위조ㆍ변조 또는 훼손된 경우에는 300만 원 이하의 범위에서 상당한 금액을 손해액으로 하여 배상을 청구할 수 있다.
> ㄹ. 개인정보 처리자가 위법한 행위로 인한 피해를 손해배상을 청구한 정보 주체는 사실심의 변론이 종결되기 전까지 개인정보 처리자의 고의 또는 과실로 인한 손해배상으로 변경할 수 있다.

① ㄱ, ㄷ   ② ㄱ, ㄹ
③ ㄴ, ㄷ   ④ ㄴ, ㄹ
⑤ ㄷ, ㄹ

해설 법 제39조의2는 법정 손해배상의 청구에 해당한다.
　　ㄱ. 법 제39조 제3항
　　ㄴ. 법 제39조 제1항
　　ㄷ. 법 제39조의2 제1항
　　ㄹ. 법 제39조의2 제3항

029 개인정보 분쟁조정 절차를 바르게 순서대로 나타낸 것은?

① 신청 사건의 접수 및 통보 → 조정 전 합의 권고 → 사실확인 및 당사자 의견 청취 → 위원회의 조정 절차 개시 → 조정의 성립 → 효력의 발생

② 신청 사건의 접수 및 통보 → 조정 전 합의 권고 → 위원회의 조정절차 개시 → 조정의 성립 → 사실 확인 및 당사자 의견 청취 → 효력의 발생

③ 신청 사건의 접수 및 통보 → 위원회의 조정절차 개시 → 조정의 성립 → 사실확인 및 당사자 의견 청취 → 조정 전 합의 권고 → 효력의 발생

④ 신청 사건의 접수 및 통보 → 사실확인 및 당사자 의견 청취 → 조정 전 합의 권고 → 위원회의 조정 절차 개시 → 조정의 성립 → 효력의 발생

⑤ 신청 사건의 접수 및 통보 → 사실확인 및 당사자 의견 청취 → 위원회의 조정절차 개시 → 조정 전 합의 권고 → 조정의 성립 → 효력의 발생

> 해설 개인정보 분쟁조정은 신청 사건의 접수 및 통보 → 사실확인 및 당사자 의견 청취 → 조정 전 합의 권고 → 위원회의 조정절차 개시 → 조정의 성립 → 효력의 발생 절차로 이루어진다.

PART 6

030 개인정보 단체소송에 대한 설명으로 옳지 않은 것은?

① 단체소송의 원고는 변호사를 소송대리인으로 선임하여야 한다.

② 단체소송의 절차에 관하여 필요한 사항은 대법원규칙으로 정한다.

③ 법원의 개인정보 단체소송의 확정판결은 다른 단체에는 영향을 미치지 않는다.

④ 단체는 개인정보 처리자가 집단 분쟁조정을 거부하거나 조정의 결과를 수락하지 아니한 경우에는 소송을 제기할 수 있다.

⑤ 단체소송의 소는 피고의 주된 사무소나 영업소가 없는 경우에는 주된 업무 담당자의 주소가 있는 곳의 지방법원 본원 합의부의 관할에 전속한다.

> 해설 ③ 원고의 청구를 기각하는 판결이 확정된 경우 이와 동일한 사안에 관하여는 다른 단체는 단체소송을 제기할 수 없다(법 제56조).
> ① 법 제53조
> ② 법 제57조 제3항
> ④ 법 제51조
> ⑤ 법 제52조 제1항

031 다음 중 개인정보 수집 · 이용에 대한 설명으로 옳지 않은 것은?

① 개인정보 수집 시의 동의 사항을 정보 주체에게 명확히 고지하고 PDA 단말기를 이용해 서비스 이용 계약을 체결하고 개인정보 수집 · 이용에 대한 동의 방법으로 고객이 PDA 단말기에 직접 서명하였다.

② 여행사에서 전화로 문의 · 예약을 받는 경우에 전화로 개인정보를 수집할 경우에는 고지사항을 모두 알리고 동의를 받으려면 통화 시간이 매우 길어지므로 전화로 개인정보 수집에 대한 동의를 얻을 수 없다.

③ 개인정보 처리자가 마케팅 동의의 철회를 방지하기 위해 정보 주체에게 경품을 지급하는 등 일정한 대가(이하 "경품 등")를 지급하였는데, 정보 주체가 경품을 수령한 뒤 마케팅 동의를 철회하는 경우, 정보 주체는 경품 등을 반환할 의무가 있다.

④ 동의 사항이 많으면 동의 내용을 확인할 수 있는 방법(인터넷 주소 등)을 안내하거나 고지사항이 기재된 인터넷 주소 등을 안내하고 추후 구두로 동의를 얻는 방법 등을 이용할 수 있다.

⑤ 개인정보 처리자는 정보 주체가 마케팅 동의 철회 시 지급한 경품 등을 반환하여야 한다는 사항을 명확히 고지하여 동의를 얻는 것이 보다 바람직하다.

해설 ② 개인정보 보호법은 인터넷 사이트, 서면, 전자우편, 전화 등 각각의 서비스 유형에 따른 동의 획득 방법을 규정하고 있다. 전화로 개인정보 수집에 대한 동의를 얻고자 하는 경우에는 동의 내용을 이용자에게 알리고 구두로 동의를 얻거나, 또는 고지사항이 기재된 인터넷 주소 등을 안내하고 추후 구두로 동의를 얻는 방법을 이용할 수 있다.

개인신용정보의 제공 · 활용에 대한 동의(신용정보법 제32조)
① 신용정보제공 · 이용자가 개인신용정보를 타인에게 제공하려는 경우에는 대통령령으로 정하는 바에 따라 해당 신용 정보 주체로부터 다음 각 호의 어느 하나에 해당하는 방식으로 개인신용정보를 제공할 때마다 미리 개별적으로 동의를 받아야 한다. 다만, 기존에 동의한 목적 또는 이용 범위에서 개인신용정보의 정확성 · 최신성을 유지하기 위한 경우에는 그러하지 아니하다.
  1. 서면
  2. 전자서명법 제2조 제3호에 따른 공인전자서명이 있는 전자문서(전자거래기본법 제2조 제1호에 따른 전자문서를 말한다)
  3. 개인신용정보의 제공 내용 및 제공 목적 등을 고려하여 정보 제공 동의의 안정성과 신뢰성이 확보될 수 있는 유 무선 통신으로 개인 비밀번호를 입력하는 방식
  4. 유무선 통신으로 동의 내용을 해당 개인에게 알리고 동의를 받는 방법. 이 경우 본인 여부 및 동의 내용, 그에 대한 해당 개인의 답변을 음성 녹음하는 등 증거자료를 확보 · 유지하여야 하며, 대통령령으로 정하는 바에 따른 사후 고지 절차를 거친다.
  5. 그 밖에 대통령령으로 정하는 방식

032 개인정보 처리자별 개인정보 수집·이용에 관한 동의를 받을 때 정보 주체에게 필수적으로 알려야 하는 사항으로 옳게 묶인 것은?

> ㄱ. 개인정보의 수집·이용 목적
> ㄴ. 수집하려는 개인정보의 항목
> ㄷ. 개인정보의 보유 및 이용 기간
> ㄹ. 동의를 거부할 권리가 있다는 사실 및 동의 거부에 따른 불이익이 있는 경우에는 그 불이익의 내용
> ㅁ. 개인정보를 이용하거나 제공하는 형태

① 개인정보 처리자 : ㄱ, ㄴ, ㄷ
　 정보통신 서비스 제공자 : ㄱ, ㄴ, ㄷ
② 개인정보 처리자 : ㄱ, ㄴ, ㄷ
　 정보통신 서비스 제공자 : ㄱ, ㄴ, ㄷ, ㄹ
③ 개인정보 처리자 : ㄱ, ㄴ, ㄷ, ㄹ
　 정보통신 서비스 제공자 : ㄱ, ㄴ, ㄷ
④ 개인정보 처리자 : ㄱ, ㄴ, ㄷ, ㄹ, ㅁ
　 정보통신 서비스 제공자 : ㄱ, ㄴ, ㄷ
⑤ 개인정보 처리자 : ㄱ, ㄴ, ㄷ, ㄹ
　 정보통신 서비스 제공자 : ㄱ, ㄴ, ㄷ, ㄹ

해설 개인정보 처리자와 마찬가지로 정보통신 제공자에게도 ㄱ, ㄴ, ㄷ, ㄹ에 관한 사항을 고지하여야 한다.

033 다음의 개인정보 수집·이용 동의 신청서를 개선하기 위한 방법으로 옳은 것은 무엇인가?

개인정보 수집·이용 동의

○○○은 "개인정보 보호법"에 따라 본인의 동의를 얻어 맞춤형 광고, 이벤트, 타깃 마케팅 서비스 제공을 위한 개인정보를 수집·이용합니다.

1. 개인정보 수집 목적 : 맞춤 서비스, 이벤트, 타깃 마케팅
2. 개인정보 수집 항목 : 휴대 전화번호, 쿠키, 이메일
3. 보유 및 이용 기간 : 회원 탈퇴 시(이벤트 종료 시)

※ 귀하는 개인정보 수집 동의를 거부할 권리가 있으며, 거부에 따른 불이익은 없습니다.
위 개인정보의 수집·이용에 동의합니다. (선택)

　　　　　　　　　　　　　　　　　　　　　　□ 동의함　　　□ 동의하지 않음

---

① 개인정보 처리자가 동의서에 명확히 드러나지 않아 동의의 효력에 관한 문제가 제기될 수 있다.
② 개인정보 수집 항목을 구체적으로 명시하여야 한다.
③ 개인정보 수집 목적이 확대될 여지가 있어 구체적으로 명시하도록 한다.
④ 개인정보 처리의 정지를 요구할 권리가 있다는 사실을 명시하도록 한다.
⑤ 개인정보 수집 동의를 철회할 권리가 있다는 사실을 명시하도록 한다.

해설 ③ 수집 목적을 맞춤형 광고, 경품행사 식으로 구분하여 각각의 목적에 맞게 수집 항목을 개별적으로 수집해야 한다.
(개선 후) 수집 목적과 수집 항목을 구체적으로 명시하도록 개선(예시)

수집 목적	수집 항목	보유기간
맞춤형 광고	생년월일, 성별, 휴대 전화번호	수집일로부터 6개월
경품 행사	이메일, 주소	00년 00월 30일까지

034 다음 중 개인정보 보호와 관련된 조직 구성원과 그 임무에 관한 설명으로 틀린 것은?

① 개인정보 처리자는 업무를 목적으로 개인정보 파일을 운용하기 위하여 스스로 또는 다른 사람을 통하여 개인정보를 처리하는 공공기관, 법인, 단체 및 개인 등을 말한다.

② 정보보호 최고책임자는 정보 보호 교육과 모의 훈련 계획을 수립하고 시행한다.

③ 정보보호 관리자는 정보 보호 책임자의 임무를 위임받아 정보 보호 업무를 수행하는 인력이다.

④ 개인정보 취급자는 정보 시스템에 저장된 데이터의 정확성과 무결성을 유지하고 데이터의 중요성 및 분류를 결정할 책임이 있다.

⑤ 개인정보 보호 책임자는 개인정보 유출 및 오용 · 남용 방지를 위한 내부 통제 시스템을 구축한다.

> **해설** ④ 데이터관리자에 대한 설명이다. 개인정보 취급자는 개인정보 처리 업무를 담당하고 있다면 정규직, 비정규직, 하도급, 시간제 등 모든 근로 형태를 불문하며, 고용관계가 없더라도 실질적으로 개인정보 처리자의 지휘 · 감독을 받아 개인정보를 처리하는 자는 개인정보 취급자에 포함된다(개인정보 보호법 및 지침 · 고시 해설 제28조).

개인정보 취급자에 대한 감독(개인정보 보호법 및 지침 · 고시 해설 제28조)

법률	**제28조(개인정보 취급자에 대한 감독)** ① 개인정보 처리자는 개인정보를 처리함에 있어서 개인정보가 안전하게 관리될 수 있도록 임직원, 파견근로자, 시간제 근로자 등 개인정보 처리자의 지휘 · 감독을 받아 개인정보를 처리하는 자(이하 "개인정보 취급자"라 한다)에 대하여 적절한 관리 · 감독을 행하여야 한다. ② 개인정보 처리자는 개인정보의 적정한 취급을 보장하기 위하여 개인정보 취급자에게 정기적으로 필요한 교육을 실시하여야 한다.
표준지침	**제2조(용어의 정의)** 이 지침에서 사용하는 용어의 뜻은 다음과 같다. 6. "개인정보 취급자"란 개인정보 처리자의 지휘 · 감독을 받아 개인정보를 처리하는 업무를 담당하는 자로서 임직원, 파견근로자, 시간제근로자 등을 말한다. **제15조(개인정보 취급자에 대한 감독)** ① 개인정보 처리자는 개인정보 취급자를 업무상 필요한 한도 내에서 최소한으로 두어야 하며, 개인정보 취급자의 개인정보 처리 범위를 업무상 필요한 한도 내에서 최소한으로 제한하여야 한다. ② 개인정보 처리자는 개인정보 처리시스템에 대한 접근 권한을 업무의 성격에 따라 당해 업무수행에 필요한 최소한의 범위로 업무 담당자에게 차등 부여하고 접근 권한을 관리하기 위한 조치를 취해야 한다. ③ 개인정보 처리자는 개인정보 취급자에게 보안 서약서를 제출하도록 하는 등 적절한 관리 · 감독을 해야 하며, 인사이동 등에 따라 개인정보 취급자의 업무가 변경되는 경우에는 개인정보에 대한 접근 권한을 변경 또는 말소해야 한다.

035 다음 중 개인정보 수집 매체 등을 고려한 세부적인 동의 방법으로 옳지 않은 것은?

① 동의 내용이 적힌 서면을 정보 주체에게 직접 발급하거나 우편 또는 팩스 등의 방법으로 전달하고, 정보 주체가 서명하거나 날인한 동의서를 받는 방법

② 전화를 통하여 동의 내용을 정보 주체에게 알리고 정보 주체에게 인터넷 주소 등을 통하여 동의 사항을 확인하도록 한 후 다시 전화를 통하여 그 동의 사항에 대한 동의의 의사표시를 확인하는 방법

③ 일괄적으로 동의 여부를 묻는 전자우편을 발송한 후 거부의사표시가 없을 경우 동의로 간주하는 방법

④ 인터넷 홈페이지 등에 동의 내용을 게재하고 정보 주체가 동의 여부를 표시하도록 하는 방법

⑤ 동의 내용이 적힌 전자우편을 발송하여 정보 주체로부터 동의의 의사표시가 적힌 전자우편을 받는 방법

해설 ③ 개인정보 처리자가 정보 주체로부터 동의를 획득할 시에는 특정한 일부 방법으로 제한되는 것은 아니나 "정보 주체의 개인정보 보호를 위해서 실제로 정보 주체가 동의한 사실이 명확히 확인될 수 있어야 한다". 따라서 개인정보 처리자의 편의를 위해 일괄적으로 동의 여부를 묻는 전자우편을 발송한 후 거부의사표시가 없을 경우 동의로 간주한다는 등의 방법은 적절하지 않다.

대통령령에 따른 세부적인 동의 획득 방법
• 동의 내용이 적힌 서면을 정보 주체에게 직접 발급하거나 우편 또는 팩스 등의 방법으로 전달하고, 정보 주체가 서명하거나 날인한 동의서를 받는 방법
• 전화를 통하여 동의 내용을 정보 주체에게 알리고 동의의 의사표시를 확인하는 방법
• 전화를 통하여 동의 내용을 정보 주체에게 알리고 정보 주체에게 인터넷 주소 등을 통하여 동의 사항을 확인하도록 한 후 다시 전화를 통하여 그 동의 사항에 대한 동의의 의사표시를 확인하는 방법
• 인터넷 홈페이지 등에 동의 내용을 게재하고 정보 주체가 동의 여부를 표시하도록 하는 방법
• 동의 내용이 적힌 전자우편을 발송하여 정보 주체로부터 동의의 의사표시가 적힌 전자우편을 받는 방법
• 기타 이에 준하는 방법 : 전자문서를 통해 동의 내용을 정보 주체에게 알리고 정보 주체가 전자서명을 받는 방법, 개인 명의의 휴대 전화 문자 메시지를 이용한 동의, 신용카드 비밀번호를 입력하는 방법 등

036 정보 주체의 동의 없이 개인정보를 수집·이용할 수 있는 경우에 대한 설명으로 틀린 것은?

① 보험회사가 계약체결을 위해 청약자의 자동차 사고 이력, 다른 유사보험의 가입 여부 등에 관한 정보를 수집하는 경우

② 부동산거래에 있어서 계약체결 전에 해당 부동산의 소유자, 권리관계 등을 미리 조사·확인하는 경우

③ 회사가 취업지원자와 근로계약 체결 전에 지원자의 이력서, 졸업증명서, 성적증명서 등 정보를 수집·이용하는 경우

④ 사전동의를 받을 수 없는 경우로 제3자의 재산상 이익이 정보 주체의 생명·신체상 이익을 현저히 앞서는 경우

⑤ 쇼핑몰이 주문 시 포인트를 지급하기로 약정하고 주문 정보를 수집하는 경우

해설 ④ 제3자의 이익이 정보 주체의 이익보다 더욱 크다고 할지라도 정보 주체의 생명, 신체상의 이익을 침해하는 경우 동의 없이 수집할 수 없다.

037 정보 주체 이외로부터 수집한 개인정보의 경우 정보 주체의 요구가 있으면 통지해야 하는 사항이 아닌 것은?

① 개인정보의 항목
② 개인정보의 수집 출처
③ 개인정보의 처리 목적
④ 개인정보 처리의 정지를 요구할 권리가 있다는 사실
⑤ 개인정보 수집 동의를 철회할 권리가 있다는 사실

해설 ② 개인정보의 항목은 간접 수집의 통지 사항에 해당하지 않는다.

PART 6

038 다음 중 개인정보 처리자가 정보 주체에게 이용·제공의 목적을 고지하고 동의를 받은 범위를 벗어나 목적 외 이용·제공한 경우에 해당하지 않는 것은?

① 공무원들에게 업무용으로 발급한 이메일 계정 주소로 사전동의 절차 없이 교육 등 마케팅 홍보자료를 발송한 경우
② 고객 만족도 조사, 판촉 행사, 경품행사에 응모하기 위하여 입력한 개인정보를 사전에 동의받지 않고 자사의 할인판매 행사 안내용 광고물 발송에 이용한 경우
③ A/S 센터에서 고객 불만 및 불편 사항을 처리하기 위해 수집한 개인정보를 자사의 신상품 광고에 이용한 경우
④ 공개된 개인정보의 성격과 공개 취지 등에 비추어 그 공개된 목적을 넘어 DB 마케팅을 위하여 수집한 후 이용한 경우
⑤ 공공기관의 인터넷 홈페이지 회원가입 시 개인정보 수집·이용 동의에 체크하는 경우

해설 개인정보 처리자는 공공기관의 인터넷 홈페이지 회원가입 시 개인정보 수집·이용 동의에 체크하는 경우에는 개인정보를 수집할 수 있으며 그 수집 목적의 범위에서 이용할 수 있다(제15조 제1항).

039 다음 중 개인정보 보호법에 따라 개인정보를 수집 · 이용하고자 할 때 설명하고 있는 내용이 틀린 것은?

① 보험회사는 자동차 손해배상 보장법 제14조(진료기록의 열람 등)에 따라 의료기관으로부터 자동차 보험 진료수가를 청구받으면 그 의료기관에 대하여 관계 진료기록의 열람을 청구할 수 있다.

② 법률에 특별한 규정이 있거나 법령상 의무를 준수하기 위하여 불가피한 경우 개인정보를 수집 · 이용할 수 있는데 보험업법 제176조(보험요율 산출기관)에 따라 보험회사가 보험계약자에게 적용할 순 보험료의 산출 또는 보험금 지급 업무에 이용하게 할 수 있다.

③ 개인정보 처리자가 전화상으로 개인정보 수집에 대한 동의를 받을 때에는 개인정보 보호법에 따라 통화 내용을 녹취할 수 없다.

④ 정보 주체 본인이나 제3자 또는 그 밖의 출처로부터 취득한 개인정보 이외에 개인정보 처리자가 직접 정보를 생성하는 경우도 해당된다.

⑤ 개인정보 처리자는 정보 주체의 동의를 받은 경우에 개인정보를 수집할 수 있다.

> **해설** 개인정보 처리자는 전화상으로 개인정보 수집에 대한 정보 주체의 동의를 받을 수 있다. 다만 향후 입증책임 문제가 발생할 수 있으므로 정보 주체가 개인정보 수집 · 이용에 동의한다는 통화 내용을 녹취할 수 있다.

040 다음 중 개인정보 보호법에 따라 개인정보를 수집 · 이용하는 경우 설명하고 있는 내용이 틀린 것은?

① 가명 정보를 과학적 연구 등의 목적으로 이용하려는 경우에는 영 제14조의2에 따라 당초 수집 목적과 합리적 관련성이 있어야 한다.

② 경품 이벤트에 응모했던 고객 리스트를 활용해 신상품 출시를 안내하는 홍보 이메일을 보내는 경우에는 홍보 목적에 대해 별도의 동의를 받으면 가능하다.

③ 정보 주체로부터 직접 명함을 제공받음으로써 개인정보를 수집하는 경우, 정보 주체가 동의의사를 명확히 표시한 것으로 사회 통념상 동의의사가 있었다고 인정되는 범위 내에서만 이용할 수 있다.

④ 개인정보 수집 시 정보 주체 동의 시 수집할 구체적인 개인정보 항목을 나열하면서 '등'의 용어를 써서는 안 된다.

⑤ 고유 식별정보의 경우 정보 주체로부터 별도의 동의를 받거나 법령에 근거가 있는 경우에 한하여 처리할 수 있으므로 법 제15조를 근거로 추가적 이용을 할 수 없다.

> **해설** ① 영 제14조의2는 법 제15조에 따라 개인정보를 추가적으로 이용할 수 있도록 하는 규정으로서 법 제28조의2에 따라 가명 정보를 과학적 연구 등의 목적으로 이용하도록 하는 규정과 구별된다. 가명 정보이면 당초 수집 목적과 관련성이 없더라도 과학적 연구 등의 목적으로 이용할 수 있다.

041 다음 중 개인정보 처리 과정에서 벌칙 규정이 나머지 항목과 다른 하나는?

① 정보 주체의 동의 없이 민감정보를 수집한 경우
② 정보 주체의 동의 없이 고유 식별정보를 수집한 경우
③ 정보 주체의 동의 없이 개인정보를 제3자에게 제공한 경우
④ 정보 주체의 동의 없이 개인정보를 목적 외 이용한 경우
⑤ 만 14세 미만 아동의 개인정보 수집 시 법정대리인의 동의를 받지 않는 경우

> **해설** 개인정보 보호법에서는 만 14세 미만 아동의 개인정보 수집 시 법정대리인의 동의를 받지 않는 경우에는 5천만 원 이하의 과태료 대상이다. 나머지 항목은 5년 이하 징역 또는 5천만 원 이하 벌금에 처한다.

042 개인정보 보호법에 따라 개인정보 수집 시 반드시 동의를 받아야 하는 경우는?

① 보험급여 관리 등을 위하여 진료 내역 등을 수집하는 경우
② 천재지변으로 인해 고립된 사람을 구조하기 위하여 소방서에서 연락처, 주소, 위치정보를 수집하는 경우
③ 자동차 구입을 목적으로 하는 고객에게 받은 명함의 전화번호를 이용하여 고객에게 구입 관련 사항을 확인하는 경우
④ 동호회에서 운영을 위하여 개인정보를 수집하는 경우
⑤ 인터넷 홈페이지에 적혀진 성명, 이메일 등의 개인정보를 수집하여 은행 신규 고객 유치에 이용하는 경우

> **해설** ⑤ 개인정보 보호법 제22조 제3항에 따라 개인정보 처리자는 정보 주체에게 재화나 서비스를 홍보·판매를 권유하기 위하여 개인정보의 처리에 대한 동의를 받으려는 때에는 정보 주체가 이를 명확하게 인지할 수 있도록 알리고 동의를 받아야 한다.
> ① 개인정보 보호법 제15조 제3항 공공기관이 법령 등에서 정하는 소관 업무의 수행을 위하여 불가피한 경우에 해당한다.
> ② 개인정보 보호법 제15조 제1항 명백히 정보 주체 또는 제3자의 급박한 생명, 신체, 재산의 이익을 위하여 필요하다고 인정되는 경우에 해당한다.
> ③ 개인정보 보호법 제15조 제1항 제4호에 따라 정보 주체와 체결한 계약을 이행하거나 계약을 체결하는 과정에서 정보 주체의 요청에 따른 조치를 이행하기 위한 경우에 해당하므로 정보 주체의 동의 없이 개인정보 이용이 가능하다.
> ④ 개인정보 보호법 제58조 제3항에 따라 동호회 등 친목 도모를 위한 단체를 운영하기 위하여 개인정보를 처리하는 경우에 해당한다.

PART 6

043 다음 중 의료법에 따라 개인정보를 보전하는 기간의 연결이 옳은 것은?

① 사망진단서 부본 − 5년
② 간호기록부 − 5년
③ 방사선 사진 및 그 소견서 − 3년
④ 진료기록부 − 5년
⑤ 검사 내용 및 검사 소견 기록 − 3년

> 해설 **의료법 시행규칙 제15조(진료에 관한 기록)**
> 1. 환자 명부 : 5년
> 2. 진료기록부 : 10년
> 3. 처방전 : 2년
> 4. 수술 기록 : 10년
> 5. 검사 내용 및 검사 소견 기록 : 5년
> 6. 방사선 사진(영상물 포함) 및 그 소견서 : 5년
> 7. 간호기록부 : 5년
> 8. 조산기록부 : 5년
> 9. 진단서 등의 부본(진단서, 사망진단서, 시체검안서 등을 따로 구분하여 보존할 것) : 3년

044 다음 중 영리 목적의 광고성 정보 전송 제한에 대한 설명으로 틀린 것은?

① 전자적 전송매체를 이용하여 영리 목적의 광고성 정보를 전송할 때에는 전송자의 명칭 및 연락처를 밝히면 된다.
② 수신 동의를 받은 자는 2년마다 정기적으로 광고성 정보 수신자의 수신동의 여부를 확인하여야 한다.
③ 이용자로부터 영리 목적의 광고성 정보 전송에 대한 수신 동의를 받은 후 유효기간이 경과하여 해당 이용자의 개인정보를 분리 저장·관리하는 경우에는 2년 주기의 수신동의 여부를 확인할 필요는 없다.
④ 유효기간이 경과한 이용자의 개인정보를 분리 저장·관리하는 경우 해당 이용자의 개인정보는 이용자의 요청이 없는 한 이용할 수 없으므로, 영리 목적의 광고성 정보를 전송해서는 안 된다.
⑤ 전자적 전송매체를 이용하여 영리 목적의 광고성 정보를 전송하는 자는 광고성 정보 수신자의 수신 거부 또는 수신 동의의 철회를 회피·방해하는 조치를 하여서는 아니된다.

> 해설 전송자의 명칭 및 연락처, 수신의 거부 또는 수신 동의의 철회 의사표시를 쉽게 할 수 있는 조치 및 방법에 관한 사항을 구체적으로 밝혀야 한다.

045 다음 중 정보 주체의 동의 없이 수집 목적 외로 개인정보를 이용하거나 제3자 제공이 가능한 경우로 틀린 것은?

① 다른 법률에 특별한 규정이 있는 경우

② 정보 주체 또는 그 법정대리인이 의사표시를 할 수 없는 상태에 있거나 주소불명 등으로 사전동의를 받을 수 없는 경우로서 명백히 정보 주체 또는 제3자의 급박한 생명, 신체, 재산의 이익을 위하여 필요하다고 인정되는 경우

③ 개인정보를 목적 외의 용도로 이용하거나 이를 제3자에게 제공하지 않으면 다른 법률에서 정하는 소관 업무를 수행할 수 없는 경우

④ 조약, 그 밖의 국제협정의 이행을 위하여 외국정보 또는 국제기구에 제공하기 위하여 필요한 경우

⑤ 범죄의 수사와 공소 제기 및 유지를 위하여 필요한 경우

해설 개인정보를 목적 외의 용도로 이용하거나 이를 제3자에게 제공하지 않으면 다른 법률에서 정하는 소관 업무를 수행할 수 없는 경우로서 보호 위원회의 심의·의결을 거친 경우에 해당한다.

046 다음 중 개인정보 제3자 제공에 대한 설명으로 옳지 않은 것은?

① 개인정보 제공이란 개인정보의 저장 매체나 개인정보가 담긴 출력물·책자 등을 물리적으로 이전하거나 네트워크를 통한 개인정보의 전송, 개인정보에 대한 제3자의 접근 권한 부여, 개인정보 처리자와 제3자의 개인정보 공유 등 개인정보의 이전 또는 공동 이용 상태를 초래하는 모든 행위를 말한다.

② 제3자란 정보 주체와 정보 주체에 관한 개인정보를 수집·보유하고 있는 개인정보 처리자를 제외한 모든 자를 의미한다.

③ 정보 주체의 대리인(명백히 대리의 범위 내에 있는 것에 한함)과 개인정보 보호법에 따른 수탁자는 제3자가 아니다.

④ 그룹 계열사 간 패밀리 사이트 운영에 필요하여 개인정보를 제공·공유하는 것은 제3자 제공이 아니므로, 정보 주체의 동의를 받을 필요가 없다.

⑤ 공공기관이 소관 업무의 수행을 위하여 어떤 시민단체에 DB 시스템 접속 권한을 허용하여 개인정보를 열람·복사할 수 있게 하였다면 이는 개인정보의 제공으로 볼 수 있다.

해설 ④ 그룹 계열사 간 패밀리 사이트 운영에 필요하여 개인정보를 제공·공유하였다면 이는 제3자 제공이므로, 정보 주체에게 해당 사항을 알리고 동의를 받아야 한다.
① 표준 개인정보 보호지침 제7조 제1항
②·③ 표준 개인정보 보호지침 제7조 제2항 참조
⑤ 개인정보 보호법 제17조 제1항 제2호(제15조 제1항 제3호) 참조

047 다음은 업무위탁과 제3자 제공의 차이점을 설명한 표이다. 잘못 설명한 것은?

구분	업무위탁	제3자 제공
① 예시	배송 업무위탁, TM 위탁 등	사업제휴, 개인정보 판매
② 이전 목적	위탁자의 이익을 위해 처리 (수탁업무 처리)	제3자의 이익을 위해 처리
③ 예측 가능성	정보 주체가 사전 예측 가능 (정보 주체의 신뢰 범위 내)	정보 주체가 사전 예측 곤란 (정보 주체의 신뢰 범위 밖)
④ 이전 방법	원칙 : 위탁 사실 고지 예외 : 위탁 사실 공개(마케팅 업무위탁)	원칙 : 제공 목적 등 고지 후 정보 주체 동의 획득
⑤ 관리 · 감독 책임	위탁자 책임	제공받는 자 책임

해설 ④ 마케팅 업무위탁의 이전 방법은 '위탁 사실 고지'이다.
업무위탁 시 정보 주체에 대한 통지(개인정보 보호법 제26조 제3항)
위탁자가 재화 또는 서비스를 홍보하거나 판매를 권유하는 업무를 위탁하는 경우에는 서면 등의 방법(개인정보 보호법 시행령 제28조 제4항)에 따라 위탁하는 업무의 내용과 수탁자를 정보 주체에게 알려야 한다. 위탁하는 업무의 내용이나 수탁자가 변경된 경우에도 또한 같다.

048 다음 중 수탁자 선정 시 고려 사항을 모두 고른 것은?

> ㄱ. 인력
> ㄴ. 경력
> ㄷ. 재정 부담 능력
> ㄹ. 기술 보유의 정도
> ㅁ. 책임능력
> ㅂ. 물적 시설

① ㄱ, ㄷ

② ㄱ, ㄴ, ㄹ

③ ㄴ, ㄹ, ㅁ

④ ㄴ, ㄹ, ㅁ, ㅂ

⑤ ㄱ, ㄷ, ㄹ, ㅁ, ㅂ

해설 **수탁자 선정 시 고려 사항(표준 개인정보 보호지침 제16조)**
위탁자가 수탁자를 선정할 때에는 다음과 같은 개인정보 처리 및 보호 역량을 종합적으로 고려하여야 한다.
- 인력과 물적 시설
- 재정 부담 능력
- 기술 보유의 정도
- 책임능력

049 위탁자가 과실 없이 서면으로 위탁하는 업무의 내용과 수탁자를 정보 주체에게 알릴 수 없는 경우에는 해당 사항을 인터넷 홈페이지에 며칠 이상 게재하여야 하는가?

① 7일
② 15일
③ 30일
④ 3개월
⑤ 6개월

> **해설** 위탁자가 과실 없이 서면으로 위탁하는 업무의 내용과 수탁자를 정보 주체에게 알릴 수 없는 경우에는 해당 사항을 인터넷 홈페이지에 30일 이상 게재하여야 한다. 다만, 인터넷 홈페이지를 운영하지 아니하는 위탁자의 경우에는 사업장 등의 보기 쉬운 장소에 30일 이상 게시하여야 한다(개인정보 보호법 시행령 제28조 제5항).

050 위탁자는 위탁하는 업무의 내용과 수탁자를 정보 주체가 언제든지 쉽게 확인할 수 있도록 공개하여야 한다. 다음 중 원칙적인 공개 방법으로 옳은 것은?

① 문자전송
② 서면 발송
③ 이메일 발송
④ 위탁자의 인터넷 홈페이지에 게재
⑤ 수탁자의 인터넷 홈페이지에 게재

> **해설** 위탁자가 위탁자의 인터넷 홈페이지에 위탁하는 업무의 내용과 수탁자를 지속적으로 게재한다(개인정보 보호법 시행령 제28조 제2항).

051 다음 중 보호 위원회가 개인정보의 국외 이전을 중지할 것을 명하려는 경우 고려해야 할 사항으로 옳지 않은 것은?

① 국외로 이전되었거나 추가적인 국외 이전이 예상되는 개인정보의 유형 및 규모
② 정보 주체에게 발생하거나 발생할 우려가 있는 피해가 중대하거나 회복하기 어려운 피해인지 여부
③ 국외 이전의 중지를 명하는 것이 중지를 명하지 않는 것보다 명백히 개인정보 처리자에게 이익이 되는지 여부
④ 개인정보를 이전받는 자나 개인정보가 이전되는 이전 대상국 등이 정보 주체의 피해구제를 위한 실효적인 수단을 갖추고 있는지 여부
⑤ 개인정보를 이전받는 자나 개인정보가 이전되는 이전 대상국 등에서 중대한 개인정보 침해가 발생하는 등 개인정보를 적정하게 보호하기 어렵다고 인정할 만한 사유가 존재하는지 여부

> **해설** ③ 국외 이전의 중지를 명하는 것이 중지를 명하지 않는 것보다 명백히 정보 주체에게 이익이 되는지 여부(개인정보 보호법 시행령 제29조의11 제1항 제4호)

052 다음 중 국외 이전 중지 명령에 대해 이의 제기를 한 개인정보 처리자 중 바르게 처리한 사람은?

① 개인정보 처리자 A는 국외 이전 중지 명령을 받은 날부터 5일 이내에 보호 위원회가 정하는 이의신청서에 이의신청 사유를 증명할 수 있는 서류를 첨부하여 보호 위원회에 제출하였다.
② 개인정보 처리자 B는 국외 이전 중지 명령을 받은 날부터 7일 이내에 보호 위원회가 정하는 이의신청서에 이의신청 사유를 증명할 수 있는 서류를 첨부하여 보호 위원회에 제출하였다.
③ 개인정보 처리자 C는 국외 이전 중지 명령을 받은 날부터 7일 이내에 정책위원회가 정하는 이의신청서에 이의신청 사유를 증명할 수 있는 서류를 첨부하여 보호 위원회에 제출하였다.
④ 개인정보 처리자 D는 국외 이전 중지 명령을 받은 날부터 5일 이내에 정책위원회가 정하는 이의신청서에 이의신청 사유를 증명할 수 있는 서류를 첨부하여 보호 위원회에 제출하였다.
⑤ 개인정보 처리자 E는 국외 이전 중지 명령을 받은 날부터 10일 이내에 보호 위원회가 정하는 이의신청서에 이의신청 사유를 증명할 수 있는 서류를 첨부하여 정책위원회에 제출하였다.

> **해설** **국외 이전 중지 명령에 대한 이의 제기(개인정보 보호법 시행령 제29조의12)**
> ① 법 제28조의9 제2항에 따라 이의를 제기하려는 자는 같은 조 제1항에 따른 국외 이전 중지 명령을 받은 날부터 7일 이내에 보호 위원회가 정하는 이의신청서에 이의신청 사유를 증명할 수 있는 서류를 첨부하여 보호 위원회에 제출해야 한다.
> ② 보호 위원회는 제1항에 따라 이의신청서를 제출받은 날부터 30일 이내에 그 처리 결과를 해당 개인정보 처리자에게 문서로 알려야 한다.
> ③ 제1항 및 제2항에서 규정한 사항 외에 이의 제기의 절차 등에 관하여 필요한 사항은 보호 위원회가 정하여 고시한다.

053 다음 중 법 위반 행위와 그에 따라 부과되는 벌금 또는 과태료의 연결이 옳지 않은 것은?

① 정보 주체의 동의를 받지 아니하고 개인정보를 제3자에게 제공한 자 : 5년 이하의 징역 또는 5천만 원 이하의 벌금
② 해당 법령을 위반하여 개인정보를 이용하거나 제3자에게 제공한 자 : 5년 이하의 징역 또는 5천만 원 이하의 벌금
③ 업무위탁 시 같은 항 각 호의 내용이 포함된 문서로 하지 아니한 자 : 1천만 원 이하의 과태료
④ 영리 또는 부정한 목적으로 개인정보를 제공받은 자 : 2천만 원 이하의 과태료
⑤ 정보 주체에게 개인정보의 이전 사실을 알리지 아니한 자 : 1천만 원 이하의 과태료

> **해설** ④ 제27조 제3항을 위반하여 개인정보를 이용하거나 제3자에게 제공한 자 및 그 사정을 알면서도 영리 또는 부정한 목적으로 개인정보를 제공받은 자는 5년 이하의 징역 또는 5천만 원 이하의 벌금에 처한다(개인정보 보호법 제71조 제2호).
> ① 개인정보 보호법 제71조 제1호
> ② 개인정보 보호법 제71조 제2호
> ③ 개인정보 보호법 제75조 제4항 제4호
> ⑤ 개인정보 보호법 제75조 제4항 제6호

054 개인정보 국외 이전과 관련하여 해당 법령을 위반하여 개인정보를 국외로 이전한 경우나 국외 이전 중지 명령을 따르지 아니한 경우 보호 위원회가 과징금을 부과할 수 있는 범위로 옳은 것은?

① 전체 매출액의 100분의 1을 초과하지 아니하는 범위에서 과징금을 부과할 수 있다.

② 전체 매출액의 100분의 2를 초과하지 아니하는 범위에서 과징금을 부과할 수 있다.

③ 전체 매출액의 100분의 3을 초과하지 아니하는 범위에서 과징금을 부과할 수 있다.

④ 전체 매출액의 100분의 4를 초과하지 아니하는 범위에서 과징금을 부과할 수 있다.

⑤ 전체 매출액의 100분의 5를 초과하지 아니하는 범위에서 과징금을 부과할 수 있다.

> **해설** 과징금의 부과(개인정보 보호법 제64조의2 제1항)
> 보호 위원회는 다음의 어느 하나에 해당하는 경우에는 해당 개인정보 처리자에게 전체 매출액의 100분의 3을 초과하지 아니하는 범위에서 과징금을 부과할 수 있다. 다만, 매출액이 없거나 매출액의 산정이 곤란한 경우로서 대통령령으로 정하는 경우에는 20억 원을 초과하지 아니하는 범위에서 과징금을 부과할 수 있다.
> - 제28조의8 제1항(제26조 제8항 및 제28조의11에 따라 준용되는 경우를 포함한다)을 위반하여 개인정보를 국외로 이전한 경우(제7호)
> - 제28조의9 제1항(제26조 제8항 및 제28조의11에 따라 준용되는 경우를 포함한다)을 위반하여 국외 이전 중지 명령을 따르지 아니한 경우(제8호)

055 다음 중 2천만 원 이하의 과태료가 부과되는 위반 행위는?

① 위탁자의 동의를 받지 아니하고 제3자에게 다시 위탁한 행위

② 업무위탁 시 같은 항 각 호의 내용이 포함된 문서로 하지 아니한 행위

③ 정보 주체에게 알려야 할 사항을 알리지 아니한 행위

④ 정보 주체에게 개인정보의 이전 사실을 알리지 아니한 행위

⑤ 국외 이전 시 보호조치를 하지 아니한 행위

> **해설** ① 개인정보 보호법 제75조 제3항 제1호
> ② 1천만 원 이하(개인정보 보호법 제75조 제4항 제4호)
> ③ 3천만 원 이하(개인정보 보호법 제75조 제2항 제12호)
> ④ 1천만 원 이하(개인정보 보호법 제75조 제4항 제6호)
> ⑤ 3천만 원 이하(개인정보 보호법 제75조 제2항 제14호)

PART 6

056 개인정보 안전성 확보 조치 기준상 용어의 정의에서 비밀번호에 대한 내용으로 옳은 것은?

① 문자열은 영문 대문자, 영문 소문자를 말한다.

② 사용자 인증 및 비밀번호의 기능으로 일회용 비밀번호만을 사용한다.

③ 타인에게 공개되지 않은 정보란 본인 이외의 내부 직원 또는 비인가자나 공격자 등에 의하여 고의 또는 악의적으로 개인정보를 유출하는 행위는 안 된다는 것을 말한다.

④ 비밀번호란 정보 주체가 개인정보 처리 시스템에 접속할 때 계정정보(ID) 없이 입력하여 정당한 접속 권한을 가진 자라는 것을 식별할 수 있는 문자열이다.

⑤ 식별자는 계정정보(ID)를 식별할 목적으로 사용되는 이용자 이름, 이용자 계정명 등을 말한다.

> **해설** ① 문자열에는 영문 대문자(예 A~Z), 영문 소문자(예 a~z), 숫자(예 0~9), 특수문자(예 ~, !, @ 등)가 있다.
> ② 사용자 인증 및 비밀번호의 기능으로 생체인식, 보안카드, 일회용 비밀번호(One Time Password)가 사용되기도 한다.
> ④ 비밀번호란 정보 주체 또는 개인정보 취급자 등이 개인정보 처리 시스템, 업무용 컴퓨터 또는 정보통신망 등에 접속할 때 계정정보(ID)와 함께 입력하여 정당한 접속 권한을 가진 자라는 것을 식별할 수 있도록 시스템에 전달해야 하는 고유의 문자열로서 타인에게 공개되지 않는 정보를 말한다.
> ⑤ 식별자는 정보 주체 식별을 위한 목적으로 사용되는 ID, 사용자 이름, 사용자 계정명 등을 말한다.

057 개인정보 안전성 확보 조치 기준상 인증 정보에 관한 내용으로 옳지 않은 것은?

① 해당 시스템에 접속하여 업무를 수행하기 위해 시스템에 알려주어야 하는 ID 등의 정보로서 계정관리자가 부여한 고유한 문자열이다.

② 정보통신망을 관리하는 시스템 등에 접속을 요청하는 자의 신원을 검증하는 데 사용되는 정보이다.

③ 신원을 검증하는 데 사용되는 정보는 해당 시스템에서 업무를 수행할 수 있는 정당한 식별자임을 증명하기 위하여 식별자와 연계된 정보이다.

④ 개인정보 시스템을 등록할 때 개인정보 취급자가 선택한 ID 등의 정보이다.

⑤ 신원을 확인하는 식별자와 연계된 정보로는 비밀번호, 생체인식정보, 전자서명 값 등이 있다.

> **해설** 시스템 등록 시 이용자가 선택하거나 계정(또는 권한) 관리자가 부여한 고유한 문자열이다.

058 다음 생체정보의 행동적 특징에 속하는 것은?

① 입술 움직임

② 귓바퀴 모양

③ 유전정보

④ 얼굴

⑤ 지문

해설 생체정보는 특정 개인을 인증·식별하거나 개인의 특징을 알아보기 위한 목적으로 처리되는 정보로서 신체적·생리적·행동적 특징을 기반으로 생성된 정보로 구분할 수 있다.
  • 행동적 특징 : 필적, 키보드 타이핑(자판 입력 간격·속도), 입술 움직임, 걸음걸이 등
  • 신체적 특징 : 지문, 얼굴, 홍채, 정맥, 음성, 망막의 혈관 모양, 손바닥, 손가락의 정맥 모양, 장문, 귓바퀴 모양, 열상 등
  • 생리적 특징 : 뇌파, 심전도, 유전정보 등

059 개인정보 처리자가 다음의 조치를 해야 하는 이유로 가장 옳은 것은?

> • 개인정보 처리 시스템에 대한 접속 권한을 인터넷 프로토콜(IP) 주소 등으로 제한하여 인가받지 않은 접근을 제한해야 한다.
> • 개인정보 처리 시스템에 접속한 인터넷 프로토콜(IP) 주소 등을 분석하여 개인정보 유출 시도 탐지 및 대응해야 한다.

① 접근통제

② 위험도 분석

③ 접속기록의 보관

④ 물리적 안전 확보

⑤ 내부 관리계획의 수립

해설 보기의 첫 번째는 접근통제의 침입차단 기능이고, 두 번째는 침입탐지 기능이다.

060 안전조치의 적용 원칙 내용으로 옳은 것을 모두 고른 것은?

> ㄱ. 개인정보 처리자 유형에는 공공기관, 대기업, 중견기업, 중소기업, 소상공인, 개인, 단체 등이 있다.
> ㄴ. 개인정보 처리자는 정보 주체에게 미치는 영향 등을 고려하여 스스로의 환경에 맞는 개인정보의 안전성 확보 조치를 해야 한다.
> ㄷ. 개인정보 보유량이 변동되는 경우에도 해당하는 유형의 안전조치 기준을 적용하여야 한다.

① ㄱ   ② ㄱ, ㄴ
③ ㄱ, ㄷ   ④ ㄴ, ㄷ
⑤ ㄱ, ㄴ, ㄷ

해설 개인정보 처리자는 처리하는 개인정보의 보유 수, 유형 및 정보 주체에게 미치는 영향 등을 고려하여 스스로의 환경에 맞는 개인정보의 안전성 확보에 필요한 조치를 적용하여야 한다(개인정보의 안전성 확보 조치 기준 제3조).

061 개인정보 안정성 확보 조치 기준상의 내부 관리계획 사항으로 생략할 수 있는 것은?

① 개인정보 보호 책임자의 역할 및 책임에 관한 사항
② 개인정보 유출 사고 대응 계획 수립 · 시행에 관한 사항
③ 개인정보의 도난 방지 등을 위한 취약점 점검에 관한 사항
④ 1만 명 미만의 정보 주체에 관하여 개인정보를 처리하는 단체에 관한 사항
⑤ 개인정보 처리 업무를 위탁하는 경우 수탁자에 대한 관리 및 감독에 관한 사항

해설 개인정보 처리자는 내부 관리계획을 수립 · 시행하여야 한다. 다만, 1만 명 미만의 정보 주체에 관하여 개인정보를 처리하는 소상공인 · 개인 · 단체의 경우에는 생략할 수 있다(개인정보의 안전성 확보 조치 기준 제4조 단서).

062 개인정보 처리자가 개인정보 보호 책임자 · 개인정보 취급자를 대상으로 실시해야 할 정기적 교육 사항이 아닌 것은?

① 교육 목적   ② 교육 내용
③ 교육 일정   ④ 교육 방법
⑤ 교육 운용

해설 ⑤ 교육 대상이다.
개인정보 처리자는 다음의 사항을 정하여 개인정보 보호 책임자 및 개인정보 취급자를 대상으로 사업 규모, 개인정보 보유 수, 업무 성격 등에 따라 차등화하여 필요한 교육을 정기적으로 실시하여야 한다(개인정보 안전성 확보 조치 기준 제4조 제2항).
1. 교육 목적 및 대상
2. 교육 내용
3. 교육 일정 및 방법

063 개인정보 안전성 확보 조치 기준상의 내부 관리계획에서 접근 권한의 관리에 관한 내용 중 옳지 않은 것은?

① 개인정보 처리 시스템 등에 접근 권한이 없는 자의 접근을 방지하기 위한 관리이다.

② 개인정보 취급자 등에게 업무수행에 필요한 최소한의 범위로 접근 권한을 부여한다.

③ 개인정보 변경·말소에 대한 내역을 기록하고 최소 1년간 보관한다.

④ 개인정보 취급자 등에 대한 비밀번호 작성 규칙을 수립 및 적용한다.

⑤ 개인정보 처리 시스템 등에 접근 권한은 최소한의 인원에게 부여하여야 한다.

> **해설** 개인정보 취급자 등에게 업무수행에 필요한 최소한의 범위로 접근 권한을 부여하며, 변경·말소에 대한 내역을 기록하고 최소 3년간 보관한다.

064 개인정보 유출을 위한 악성 프로그램 등의 설치 방지에 관한 포함 사항을 모두 고른 것은?

> ㄱ. 백신 소프트웨어 등의 보안 프로그램을 설치하고 운영한다.
> ㄴ. 개인정보 처리시스템 백업 및 복구를 위한 계획을 마련한다.
> ㄷ. 보안 프로그램은 최신 상태로 유지하고 보안 업데이트를 한다.

① ㄱ

② ㄱ, ㄴ

③ ㄴ, ㄷ

④ ㄱ, ㄷ

⑤ ㄱ, ㄴ, ㄷ

> **해설** ㄴ. 재해·재난 대비 안전조치에 관한 사항이다.
>
> **악성 프로그램 등 방지**
> 업무용 컴퓨터 등에 악성프로그램 등의 설치로 인한 개인정보의 유출을 예방하기 위해 다음의 악성프로그램 등 방지에 관한 사항을 포함해야 한다.
> 1. 백신 소프트웨어 등의 보안 프로그램을 설치하고 운영한다.
> 2. 보안 프로그램은 최신 상태로 유지하고 보안 업데이트를 실시한다.

065 개인정보의 안전성 확보 조치 기준상 정보 접근 권한의 변경, 말소에 관한 내용으로 옳은 것은?

① 직원의 퇴직 시에는 그 계정을 분기별로 변경 · 말소하는 조치 등을 내부 관리계획 등에 반영해야 한다.

② 개인정보 처리자는 접근 권한 부여, 변경, 말소 내역을 전자적으로 기록하고 그 기록을 최소 1년간 보관하여야 한다.

③ 신청자 정보, 신청일시, 승인자 · 발급자 정보, 신청 및 발급 사유 등 발급 과정과 이력 등을 확인할 수 있도록 필요한 정보를 보관하여야 한다.

④ 직원의 퇴직 시 계정 말소를 효과적으로 이행하기 위해 퇴직 점검표에 사용자계정의 말소 항목을 반영하여, 계정 말소 여부를 승인받아야 한다.

⑤ 조직 내 임직원의 휴직으로 사용자 계정의 변경이 필요하면 사용자계정 관리 절차에 따라 통제가 금지된 자의 접근을 허용해야 한다.

> **해설** ① 직원의 퇴직 시에 그 계정을 지체 없이 변경 · 말소하는 조치 등을 내부 관리계획 등에 반영하여 이행하도록 한다.
> ② 개인정보 처리자는 접근 권한 부여, 변경, 말소 내역을 전자적으로 기록하거나, 수기로 작성한 관리대장 등에 기록하고 해당 기록을 최소 3년간 보관하여야 한다.
> ④ 직원의 퇴직 시 계정 말소를 효과적으로 이행하기 위해 퇴직 점검표에 사용자계정의 말소 항목을 반영하여, 계정 말소 여부의 확인을 받을 수 있다.
> ⑤ 조직 내 임직원의 인사이동(예 전보, 퇴직, 휴직)으로 사용자 계정의 변경 · 말소가 필요하면 사용자계정 관리 절차에 따라 통제하여 인가되지 않는 자의 접근을 차단해야 한다.

066 개인정보의 안전성 확보 조치 기준상 사용자계정 발급 · 보안의 내용으로 옳지 않은 것은?

① 개인정보 시스템에 접속할 수 있는 사용자계정은 개인정보 취급자별로 발급한다.

② 다수의 개인정보 취급자가 동일한 업무를 수행하더라도 하나의 사용자계정을 공유해야 한다.

③ 각 개인정보 취급자별 개인정보 처리 내역에 대한 책임 추적성을 확보하여야 한다.

④ 개인정보 시스템에 접속할 수 있는 사용자계정은 다른 개인정보 취급자와 공유되지 않도록 해야 한다.

⑤ 다수의 개인정보 취급자가 동일한 업무를 수행하더라도 개인정보 취급자별로 아이디(ID)를 발급하여 사용한다.

> **해설** 다수의 개인정보 취급자가 동일한 업무를 수행한다 하더라도 하나의 사용자계정을 공유하지 않도록 개인정보 취급자별로 아이디(ID)를 발급하여 사용한다.

067 개인정보의 안전성 확보 조치 기준상 비밀번호 작성 규칙의 수립·적용으로 옳은 것은?

① 개인정보 처리 시스템의 데이터베이스에 접속하는 DB 관리자의 비밀번호는 공유할 수 있고 변경 주기도 길게 하는 등 완화된 안전조치를 적용해야 한다.

② 개인정보 취급자는 개인정보 보호 책임자가 복잡한 비밀번호를 설정하여 이행할 수 있도록 비밀번호 작성 규칙을 확립해야 한다.

③ 개인정보 처리자는 비밀번호 작성 규칙을 개인정보 처리 시스템, 접근통제시스템, 인터넷 홈페이지 등에 적용해야 한다.

④ 비밀번호는 정당한 접속 권한을 가지지 않은 자가 추측 혹은 접속할 수 있도록 문자, 숫자 등으로 조합·구성하여야 한다.

⑤ 비밀번호 이외의 추가적인 인증에 사용되는 휴대폰 인증, 일회용 비밀번호(OTP) 등은 비밀번호 작성 규칙을 적용해야 한다.

> **해설** ① 개인정보 처리 시스템의 데이터베이스(DB)에 접속하는 DB 관리자의 비밀번호는 복잡하게 구성하고 변경 주기를 짧게 하는 등 강화된 안전조치를 적용할 필요가 있다.
> ② 개인정보 처리자는 개인정보 취급자 또는 정보 주체가 안전한 비밀번호를 설정하여 이행할 수 있도록 비밀번호 작성 규칙을 수립해야 한다.
> ④ 비밀번호는 정당한 접속 권한을 가지지 않는 자가 추측 혹은 접속을 시도할 수 없도록 문자, 숫자 등으로 조합·구성하여야 한다.
> ⑤ 비밀번호 이외의 추가적인 인증에 사용되는 휴대폰 인증, 일회용 비밀번호(OTP) 등은 비밀번호 작성 규칙을 적용하지 않을 수 있다.

068 개인정보의 공개·유출 방지를 위한 접근통제 조치에 대한 설명으로 옳지 않은 것은?

① 인터넷 홈페이지를 통한 개인정보 유출 위험성을 줄이기 위해 정기적으로 웹 취약점 점검을 권고해야 한다.

② 개인정보 처리자는 인터넷 홈페이지의 설계·개발 오류 등으로 인터넷 서비스 검색엔진을 통해 관리자 페이지와 취급 중인 개인정보가 노출되지 않도록 필요한 조치를 해야 한다.

③ 개인정보 처리자는 개인정보 처리 시스템, 업무용 컴퓨터, P2P, 공유 설정을 하는 것이 원칙이며, 업무상 필요한 경우에는 반드시 접근통제 조치를 통해 권한이 있는 자만 접근할 수 있도록 설정해야 한다.

④ 개인정보 처리자는 공개된 무선망을 이용하여 개인정보를 처리하는 경우 신뢰되지 않은 무선 접속장치의 취약점 등에 의해 열람 권한이 없는 자에게 공개·유출되지 않도록 접근통제 등에 관한 안전조치를 해야 한다.

⑤ 개인정보 처리자는 인터넷 홈페이지 중 서비스 제공에 사용되지 않거나 관리되지 않는 사이트 또는 URL(Uniform Resource Locator)에 대한 삭제 또는 차단 조치를 한다.

> **해설** 개인정보 처리자는 개인정보 처리 시스템, 업무용 컴퓨터, 모바일 기기, 관리용 단말기 등에 P2P, 공유설정은 하지 않는 것이 원칙이나, 업무상 필요한 경우에는 반드시 권한 설정 등의 조치를 통해 권한이 있는 자만 접근할 수 있도록 설정해야 한다.

069 다음 설명의 빈칸에 들어갈 적절한 용어로 옳은 것은?

> ( )은/는 무선망을 이용해 원격으로 스마트폰 등의 모바일 기기를 제어하는 솔루션으로서 분실된 모바일 기기의 위치 추적, 잠금 설정, 정보 삭제, 특정 사이트 접속 제한 등의 기능을 제공한다.

① VPN
② MDM
③ SSL
④ P2P
⑤ IPsec

해설 ① VPN : 가상사설망으로 개인정보 취급자가 사업장 내의 개인정보 처리 시스템에 대해 원격으로 접속할 때 IPsec이나 SSL 기반의 암호 프로토콜을 사용한 터널링 기술을 통해 안전한 암호통신을 할 수 있도록 해주는 보안 시스템
③ SSL : 웹 브라우저와 웹 서버 간에 데이터를 안전하게 주고받기 위해 암호화 기술이 적용된 보안 프로토콜
④ P2P : 정보통신망을 통해 서버의 도움 없이 개인과 개인이 직접 연결되어 파일을 공유하는 것
⑤ IPsec : 인터넷 프로토콜(IP) 통신 보안을 위해 패킷에 암호화 기술이 적용된 프로토콜 집합

070 일방향 암호화의 비밀번호 저장에 관한 내용으로 옳지 않은 것은?

① 무작위 대입 공격(Brute Force), 레인보우 테이블 공격 등을 이용한 비밀번호 복호화에 대응하기 위하여 난수 추가(Salting) 등의 조치를 하여야 한다.
② 일방향 암호화는 저장된 값으로 원본값을 변조하거나 복호화할 수 있도록 하는 암호화 방법이다.
③ 일방향 암호화의 인증검사 시에는 개인정보 취급자·이용자 등이 입력한 비밀번호를 일방향 함수에 적용하여 얻은 결괏값을 시스템에 저장된 값과 비교하여 인증된 사용자임을 확인한다.
④ 비밀번호를 암호화할 때는 국내·외 암호 연구 관련기관에서 사용 권고하는 안전한 암호 알고리즘으로 암호화하여 저장하도록 한다.
⑤ 미국 NIST는 일방향 암호 알고리즘으로 SHA-224/256/384/512를 사용한다.

해설 일방향 암호화는 저장된 값으로 원본값을 유추하거나 복호화할 수 없도록 한 암호화 방법이다.

071 개인정보를 컴퓨터, 모바일 기기, 보조 저장 매체에 저장 시의 암호화 방법으로 옳지 않은 것은?

① 개인정보 처리 시스템으로부터 개인정보 파일을 내려받은 후에 암호 설정 기능이 가능하게 된다.

② 보조 저장 매체에 저장할 때는 이용자의 개인정보를 암호화한 후 저장하거나 암호화 기능을 제공하는 보안 USB 등을 활용한다.

③ 업무용 컴퓨터에 고유 식별정보를 저장하여 관리할 때는 안전한 암호화 알고리즘을 이용하여 해당 파일을 암호화하여 불법적인 유·노출 및 접근 등으로부터 보호해야 한다.

④ 개인정보 처리 시스템으로부터 개인정보 취급자의 모바일 기기에 내려받아 저장할 시에는 알고리즘이 탑재된 암호화 소프트웨어 등을 이용하여 해당 파일을 암호화하여야 한다.

⑤ 모바일 기기의 분실·도난 등으로 개인정보가 유출되지 않도록 모바일 기기 제조사 및 이동통신사가 제공하는 기능을 이용한 원격 잠금, 원격 데이터 삭제 등의 조치를 한다.

해설 개인정보 처리 시스템으로부터 개인정보 파일을 내려받을 때는 암호 설정이 된 상태로 내려받는 기능을 활용한다.

072 다음 암호키 관리의 정지 단계에 대한 설명으로 옳지 않은 것은?

① 키 취소 : 암호키의 사본을 만들 때, 이에 대한 관리는 최종 파기를 위해 필요하다.

② 정보 보관 : 중요한 정보에 관한 보관키는 백업되어야 하고 사본은 다른 곳에 보관한다.

③ 키 복구 : 보관된 다른 정보를 복호화하거나 인증 시 필요하다.

④ 실체 말소 : 보관 도메인에 속해 있는 실체의 권한을 삭제하는데, 이는 키 자료의 사용을 막기 위함이다.

⑤ 키 말소 : 관련된 정보가 유효하지 않을 경우 말소되는데, 이는 키를 등록한 제3의 기관에서 수행한다.

해설 ① 키 파기에 대한 설명이다. 키 취소는 키 손상 등의 키 자료를 제거할 때 필요하다.

073 다음에서 비대칭키(공개키) 암호화 방식으로 옳은 것을 모두 고른 것은?

> ㄱ. 대표적인 암호 알고리즘은 국외의 RSA, ElGamal, ECC 등이 있다.
> ㄴ. 정보 교환 당사자 간에 동일한 키를 공유해야 하므로 여러 사람과의 정보 교환 시 많은 키를 유지·관리해야 하는 어려움이 있다.
> ㄷ. 국외의 SHS-2(SHA-224/256/384/512), SHA-3, Whirlpool 등이 있다.
> ㄹ. 데이터 암호화 속도가 대칭키의 암호화 방식보다 느려 전자서명 또는 카드번호와 같은 작은 크기의 데이터 암호화에 많이 사용되고 있다.
> ㅁ. 암호 알고리즘은 SEED, ARIA, LEA, HIGHT, 국외의 AES, 3TDEA, Camellia 등이 있다.

① ㄱ, ㄹ
② ㄱ, ㄴ
③ ㄴ, ㄷ
④ ㄷ, ㄹ
⑤ ㄹ, ㅁ

> **해설** ㄱ. 대표적인 공개키 암호 알고리즘은 국외의 RSA, ElGamal, ECC 등이 있다.
> ㄹ. 공개키 암호화 방식은 데이터 암호화 속도가 대칭키 암호화 방식에 비해 느려 일반적으로 대칭키 암호화 방식의 키 분배나 전자서명 또는 카드번호와 같은 작은 크기의 데이터 암호화에 많이 사용되고 있다.
> ㄴ·ㅁ 대칭키 암호화 방식이다.
> ㄷ. 일방향(해시함수) 암호화이다.

074 다음 중 접속기록의 보관 및 점검에 관한 설명으로 옳지 않은 것은?

① 개인정보 처리자는 고유 식별정보 또는 민감정보를 처리하는 개인정보 처리 시스템의 접속기록은 최소 2년 이상 보관·관리하여야 한다.
② 개인정보 처리 시스템에서 접속자를 식별할 수 있도록 부여된 ID 등 계정정보는 접속기록 항목에 포함된다.
③ 개인정보 처리자로서 기간통신사업의 등록을 하거나 신고한 기간통신사업자에 해당하는 경우 개인정보 처리 시스템에 대한 접속기록은 최소 2년 이상 보관·관리하여야 한다.
④ 가명 정보를 처리하는 경우 정보 주체를 구별할 수 있는 정보가 없는 경우에도 처리한 정보 주체 정보 항목을 반드시 남겨야 한다.
⑤ 개인정보 처리자는 개인정보의 오·남용, 분실·도난·유출·위조·변조 또는 훼손 등에 대응하기 위하여 개인정보 처리 시스템의 접속기록 등을 월 1회 이상 점검하여야 한다.

> **해설** ④ 가명 정보를 처리하는 경우 정보 주체를 구별할 수 있는 정보가 없으면 '처리한 정보 주체 정보' 항목을 남기지 않을 수 있다.

075 다음 중 고유 식별정보에 관한 설명으로 틀린 것은?

① 개인정보 처리자는 고유 식별정보, 계좌정보, 신용카드 정보 등 개인정보가 정보통신망을 통하여 공중(公衆)에 노출되지 아니하도록 하여야 한다.

② 개인정보 처리자는 공중에 노출된 개인정보에 대하여 총리령으로 지정한 전문기관의 요청이 있는 경우에는 해당 정보를 삭제하거나 차단하는 등 필요한 조치를 하여야 한다.

③ 개인정보 처리자는 그 고유 식별정보가 분실·도난·유출·위조·변조·훼손되지 않도록 암호화 등 안전성 확보에 필요한 조치를 하여야 한다.

④ 개인정보 처리자는 정보 주체에게 다른 개인정보의 처리에 대한 동의와 별도로 동의를 받은 경우 고유 식별정보를 처리할 수 있다.

⑤ 개인정보 처리자는 법령에서 구체적으로 고유 식별정보의 처리를 요구하거나 허용하는 경우 고유 식별정보를 처리할 수 있다.

> **해설** ② 개인정보 처리자는 공중에 노출된 개인정보에 대하여 보호 위원회 또는 대통령령으로 지정한 전문기관의 요청이 있는 경우에는 해당 정보를 삭제하거나 차단하는 등 필요한 조치를 하여야 한다.

PART 6

076 개인정보의 안전성 확보 조치 기준상의 악성프로그램 등 방지에 관한 설명으로 틀린 것은?

① 개인정보 처리자는 백신 소프트웨어 등의 보안 프로그램을 설치·운영하여 발견된 악성프로그램 등에 대해 삭제, 치료 등의 대응 조치를 해야 한다.

② 신종·변종 악성 프로그램이 출현할 때만 자동 업데이트 기능을 연 1회 이상 실시하면 된다.

③ 발견된 악성프로그램에 대해 백신 소프트웨어에서의 삭제, 치료 등의 기능을 지원하지 않는 경우에는 개인정보 처리 시스템, 업무용 컴퓨터 등을 분리하는 등 악성프로그램의 확산 방지를 위한 적절한 안전조치를 취하여야 한다.

④ 불법 또는 비인가 된 보안 프로그램을 사용 시 신규 취약점 등을 삭제하기 위한 업데이트 지원을 받지 못해 개인정보가 유출될 수 있으므로 정품 S/W만을 사용하도록 한다.

⑤ 운영체제나 응용 프로그램 보안 업데이트 시 현재 운영 중인 응용 프로그램의 업무 연속성이 이루어질 수 있도록 보안 업데이트를 적용하는 것이 필요하다.

> **해설** ② 실시간으로 신종·변종 악성 프로그램이 유포됨에 따라 백신 상태를 최신의 업데이트 상태로 적용하여 유지해야 한다. 또한 백신 소프트웨어 등 보안 프로그램은 자동 업데이트 기능을 사용하거나, 일 1회 이상 업데이트를 하여 최신의 상태로 유지해야 한다.

077 다음 중 트로이목마에 대한 설명으로 가장 거리가 먼 것은?

① 사용자 컴퓨터를 감염시켜서 개인정보를 갈취한다.

② 자기복제를 수행하여 증식한다.

③ 트로이목마에 감염된 컴퓨터에서 은행의 계좌번호, 거래내역과 같은 정보를 획득한다.

④ 트로이목마를 통해서 백도어를 설치하여 공격자가 쉽게 침입할 수 있게 하고 카드번호, 비밀번호 등을 유출할 수 있다.

⑤ 감염 컴퓨터를 원격 조정하거나 데이터 파괴 등의 변종이 나타난다.

> **해설** ②는 웜(Worm)에 대한 설명이다. 트로이목마는 자기복제 능력이 없는 악성 루틴이 숨어 있는 프로그램이다.

078 개인정보의 안전성 확보 조치 기준상의 물리적 안전조치에 관한 설명 중 틀린 것은?

① 출입 신청서에는 소속, 부서명, 신청자, 연락처, 출입 일자, 입실 · 퇴실 시간, 출입 목적, 작업 내역 등을 기록한다.

② 개인정보 처리 시스템을 운영하는 개인정보 처리자는 보조 저장 매체를 통해 개인정보가 유출되지 않도록 개인정보가 저장 · 전송되는 보조 저장 매체의 반 · 출입 통제를 위한 보안대책을 마련해야 한다.

③ USB를 PC에 연결 시 바이러스 점검 디폴트로 설정 등 기술적 안전조치 방안을 고려하여야 한다.

④ 별도의 개인정보 처리 시스템을 운영하지 아니하고 업무용 컴퓨터를 이용하여 개인정보를 처리하는 경우에는 보조 저장 매체 반출 · 입 통제를 위한 보안대책 마련이 필수적이다.

⑤ 물리적 접근 방지를 위한 장치에는 비밀번호 기반 출입 통제장치, 스마트카드 기반 출입 통제장치, 지문 등 생체인식정보 기반 출입 통제장치 등이 있고, 이 장치들의 전자적 매체에서 출입 내역을 기록한다.

> **해설** ④ 별도의 개인정보 처리 시스템을 운영하지 아니하고 업무용 컴퓨터 또는 모바일 기기를 이용하여 개인정보를 처리하는 경우에는 보조 저장 매체 반출 · 입 통제를 위한 보안대책 마련이 필수는 아니나, 관련 대책 마련을 권장한다.

077 ② 078 ④ **정답**

079 개인정보의 안전성 확보 조치 기준상의 재해·재난 대비 안전조치에 관한 설명 중 틀린 것은?

① 업무 연속성 계획(BCP) 5단계 접근 방법론은 프로젝트 범위 설정 및 기획, 사업 영향평가, 복구 전략 개발, 복구 계획 수립, 프로젝트의 수행 테스트 및 유지보수 단계로 진행된다.

② 재해 복구 계획(DRP)은 정보 시스템의 재해나 재난 발생에 대비하여 실제 상황이 발생하였을 때 취해야 할 행동 절차를 미리 준비하는 것이다.

③ 사업 영향 평가(BIA)는 시스템이나 통신서비스의 심각한 중단 사태에 따라 각 사업 단위가 받게 될 재정적 손실의 영향을 파악하고 문서화하는 단계이다.

④ 백업 유형에는 전체백업, 차등백업, 증분백업 등이 있다.

⑤ 웜 사이트는 데이터, 원격지 Batch형 작업, 비(非)실시간 백업 등으로 처리한다.

> **해설** ⑤ 데이터, 원격지 배치(Batch)형 작업, 비(非)실시간 백업 등으로 처리하는 재난복구 서비스를 제공하는 방식은 콜드 사이트이다.

080 개인정보 처리시스템 위기 대응 매뉴얼 및 백업 복구 계획에 따른 개인정보 처리시스템 구성요소에 해당하지 않는 것은?

① 개인정보 보유량

② 시스템 연계 장비·설비

③ 개인정보 종류

④ 개인정보 유출

⑤ 개인정보 중요도

> **해설** ④ 개인정보 유출은 재해·재난 등에 따른 파급효과에 해당한다.

081 개인정보의 안전성 확보 조치 기준상의 출력 · 복사 시 안전조치에 관한 설명 중 틀린 것은?

① 개인정보 처리 시스템에서 개인정보를 출력할 때는 용도를 특정하여야 하며, 용도에 따라 출력 항목을 최소화하여야 한다.

② 개인정보 처리 시스템에서 개인정보를 출력할 때 웹페이지 소스 보기 등을 통하여 불필요한 개인정보가 출력되지 않도록 조치하여야 한다.

③ 개인정보 처리자는 출력 · 복사물의 안전한 관리를 위해 출력 · 복사물 보호 및 관리 정책, 규정, 지침 등을 마련하여야 한다.

④ 개인정보 처리자는 개인정보 처리 시스템에서 개인정보의 저장 시 용도를 특정하여야 하며, 그 용도에 따라 저장 항목을 최소화하여야 한다.

⑤ 개인정보 처리자는 업무수행 형태 및 목적, 유형, 장소 등 여건 및 환경에 따라 개인정보 처리 시스템에 대한 접근 권한 범위 내에서 최소한의 개인정보를 출력한다.

> 해설 ④ 개인정보 처리자는 개인정보 처리 시스템에서 개인정보의 출력 시(인쇄, 화면표시, 파일생성 등) 용도를 특정하여야 하며, 용도에 따라 출력 항목을 최소화하여야 한다(개인정보의 안전성 확보 조치 기준 제12조 제1항).

082 내부 관리계획의 수립을 위한 공공시스템 운영기관의 공공시스템별 포함 내용이 아닌 것은?

① 관리책임자의 지정에 관한 사항
② 내부 관리계획 중에서 접속기록 통제에 관한 사항
③ 관리책임자의 역할 및 책임에 관한 사항
④ 개인정보 취급자의 역할 및 책임에 관한 사항
⑤ 공공시스템 운영기관의 접속기록 보관 및 점검에 관한 사항

> 해설 **내부 관리계획의 수립 · 시행을 위한 공공시스템 운영기관의 공공시스템별 포함 사항**
> • 관리책임자의 지정에 관한 사항
> • 관리책임자의 역할 및 책임에 관한 사항
> • 개인정보 취급자의 역할 및 책임에 관한 사항
> • 내부 관리계획 중 다음의 사항
>   – 개인정보 취급자에 대한 관리 · 감독 및 교육에 관한 사항
>   – 접근 권한의 관리에 관한 사항
>   – 접근 통제에 관한 사항
>   – 접속기록 보관 및 점검에 관한 사항
>   – 공공시스템 운영기관의 접근 권한에 대한 관리 사항
>   – 공공시스템 운영기관의 접속기록 보관 및 점검에 관한 사항

083 개인정보의 안전성 확보 조치 기준상 개인정보의 파기에 관한 설명 중 틀린 것은?

① 데이터가 복원되지 않도록 초기화할 때는 데이터 영역에 무작위 값(0, 1)으로 덮어쓰기한 뒤 한 번 더 덮어쓰기하여 마무리한다.

② 개인정보 처리자는 개인정보가 저장된 회원 가입신청서 등의 종이 문서, 하드디스크나 자기테이프를 파쇄기로 파기하거나 용해 또는 소각장, 소각로에서 태워서 파기해야 한다.

③ 개인정보가 저장된 매체가 전자적 파일 형태일 때에는 개인정보를 삭제한 후 복구 및 재생되지 않도록 관리 및 감독하여야 한다.

④ 개인정보 처리자는 보유 기간의 경과로 개인정보가 불필요하게 되었을 때는 지체 없이 그 개인정보를 파기하여야 한다.

⑤ 복구 관련 기록 · 활동에 대해 모니터링하거나 주기적 점검을 통해 비인가된 복구에 대해서는 조치한다.

해설 ① 데이터 영역에 무작위 값(0, 1 등)으로 덮어쓰기가 3회 이상 권고된다.

084 저장 중인 개인정보의 일부만 파기해야 하는 조치로 옳은 것을 모두 고른 것은?

ㄱ. 운영 중인 개인정보가 포함된 여러 파일 중, 특정 파일을 파기하는 경우
ㄴ. 운영 중인 데이터베이스에서 탈퇴된 특정 회원의 개인정보를 파기하는 경우
ㄷ. 회원가입 신청서가 기록된 종이 문서의 정보 중 특정 필드의 정보를 파기하는 경우
ㄹ. 개인정보가 저장된 백업용 디스크나 테이프에서 보유 기간이 만료된 특정 파일이나 특정 정보 주체의 개인정보만 파기하는 경우

① ㄱ
② ㄱ, ㄴ
③ ㄱ, ㄴ, ㄷ
④ ㄱ, ㄷ, ㄹ
⑤ ㄱ, ㄴ, ㄷ, ㄹ

해설 **저장 중인 개인정보 중 보유 기간이 경과한 일부 개인정보를 파기 조치해야 하는 경우**
• 운영 중인 개인정보가 포함된 여러 파일 중, 특정 파일을 파기하는 경우
• 운영 중인 데이터베이스에서 탈퇴한 특정 회원의 개인정보를 파기하는 경우
• 회원가입 신청서 종이 문서에 기록된 정보 중, 특정 필드의 정보를 파기하는 경우
• 개인정보가 저장된 백업용 디스크나 테이프에서 보유 기간이 만료된 특정 파일이나 특정 정보 주체의 개인정보만 파기하는 경우 등

085 공공시스템 운영기관의 접근 권한 관리에 대한 설명으로 틀린 것은?

① 공공시스템 운영기관은 공공시스템에 대한 접근 권한을 말소하려는 때에는 인사정보와 연계하여야 한다.

② 공공시스템 운영기관은 개인정보 처리 시스템에 접근할 수 있는 계정을 발급할 때는 개인정보 보호 교육을 실시해야 한다.

③ 공공시스템 운영기관은 긴급상황 등 불가피한 사유가 있는 경우에도 인사정보에 등록되지 않은 자에게는 개인정보 처리 시스템에 접근할 수 있는 계정을 발급해서는 안 된다.

④ 공공시스템 운영기관은 정당한 권한을 가진 개인정보 취급자에게만 접근 권한이 부여·관리되고 있는지 확인하기 위하여 접근 권한 부여, 변경 또는 말소 내역 등을 반기별 1회 이상 점검하여야 한다.

⑤ 공공시스템 이용 기관은 개인정보 처리 시스템에 접근할 수 있는 권한 계정을 발급할 때는 보안 서약을 받아야 한다.

> **해설** ③ 공공시스템 운영기관은 인사정보에 등록되지 않은 자에게 개인정보 처리 시스템에 접근할 수 있는 계정을 발급해서는 안 된다. 다만, 긴급상황 등 불가피한 사유가 있는 경우에는 발급할 수 있으며, 그 사유를 내역에 포함해야 한다.

05   개인정보 관리체계

086 다음 중 개인정보 영향평가에 대한 설명으로 옳지 않은 것은?

① 개인정보 보호 위원회는 제출받은 영향평가 결과에 대하여 의견을 제시할 수 있다.

② 공공기관의 장은 영향평가를 한 개인정보 파일을 등록할 때 영향평가 결과를 함께 첨부하여야 한다.

③ 개인정보 보호 위원회는 영향평가의 활성화를 위하여 관계 전문가의 육성, 영향평가 기준의 개발·보급 등 필요한 조치를 마련하여야 한다.

④ 개인정보 보호 위원회는 영향평가 기관이 거짓이나 그 밖의 부정한 방법으로 지정을 받은 경우 평가기관의 지정을 취소할 수 있다.

⑤ 공공기관 외 개인정보 처리자는 개인정보 파일 운용으로 인하여 정보 주체의 개인정보 침해가 우려되는 경우 반드시 영향평가를 받아야 한다.

> **해설** 공공기관 외 개인정보 처리자는 개인정보 파일 운용으로 인하여 정보 주체의 개인정보 침해가 우려되는 경우에는 영향평가를 하기 위하여 적극 노력하여야 한다(개인정보 보호법 제33조 제11항).

087 다음 중 개인정보 영향평가 의무 대상이 아닌 것은?

① 새로 구축하려는 정보 시스템 내에 10만 개 이상의 개인통관고유부호가 있는 경우
② 의료 서비스를 위하여 구축하려는 개인정보 파일로서 8만 명 이상의 정보 주체에 관한 민감정보가 수반되는 개인정보 파일
③ 구축·운용 또는 변경하려는 개인정보 파일로서 200만 명 이상의 정보 주체에 관한 개인정보 파일
④ ○○시 내의 도서관을 통합 운영하는 정보 시스템을 구축하기 위하여 각 도서관의 개인정보 파일을 연계한 결과 50만 명 이상의 정보 주체에 관한 개인정보가 포함되는 개인정보 파일
⑤ 영향평가를 실시간 기관이 개인정보 파일의 운용체계를 변경하려는 경우 변경되는 개인정보 파일

> **해설** ① 개인통관고유부호는 개인정보 보호법 시행령에서 규정하는 고유 식별정보의 범위에 해당하지 않는다. 개인정보 영향평가의 인증 대상이 되는 고유 식별정보에는 주민등록번호, 여권번호, 운전 면허번호, 외국인등록번호 등이 있다.
>
> **개인정보 영향평가 인증 대상**
> 일정규모 이상의 개인정보를 전자적으로 처리하는 개인정보 파일을 구축·운영 또는 변경하려는 공공기관은 개인정보 보호법 제33조 및 개인정보 보호법 시행령 제35조에 근거하여 영향평가를 수행한다.
>
> | 구분 | | 자격 기준 |
> |---|---|---|
> | 개인정보
파일 보유 건수 | 5만 명 | 5만 명 이상의 정보 주체의 민감정보 또는 고유 식별정보의 처리가 수반되는 개인정보 파일 |
> | | 50만 명 | 해당 공공기관의 내부 또는 외부의 다른 개인정보 파일과 연계하려는 경우로서, 연계 결과 정보 주체의 수가 50만 명 이상인 개인정보 파일 |
> | | 100만 명 | 100만 명 이상의 정보 주체 수를 포함하고 있는 개인정보 파일 |
> | 개인정보 파일의
운영체계 변경 | | 개인정보 보호법 시행령 제35조에 근거하여 영향평가를 실시한 기관이 개인정보 검색 체계 등 개인정보 파일의 운용체계를 변경하려는 경우, 변경된 부분에 대해서는 영향평가를 실시 |

088 다음 중 영향평가 수행계획서에 기입해야 할 사항으로 옳지 않은 것은?

① 평가 기간
② 평가 방법
③ 주요 평가 사항
④ 자료수집 및 분석계획
⑤ 평가대상 개인정보 파일의 개요

> **해설** 평가대상 개인정보 파일의 개요는 영향평가 수행계획서가 아닌 평가 수행 후 작성하는 영향평가서의 필수사항에 해당한다.

089 다음 중 개인정보 영향평가 수행단계에서 이뤄지는 활동끼리 묶인 것은?

> ㄱ. 영향평가 수행계획 수립
> ㄴ. 영향평가 필요성 검토
> ㄷ. 영향평가 기관 선정
> ㄹ. 평가자료 수집
> ㅁ. 사업계획서 작성
> ㅂ. 개인정보 침해 요인 분석
> ㅅ. 개선계획 이행점검
> ㅇ. 개선계획 수립

① ㄱ, ㄴ, ㅂ
② ㄱ, ㄹ, ㅁ, ㅅ
③ ㄱ, ㄷ, ㅂ, ㅅ
④ ㄱ, ㄹ, ㅂ, ㅇ
⑤ ㄱ, ㅁ, ㅅ, ㅇ

해설 개인정보 영향평가 수행 절차

사전 준비 단계	• 사업계획의 작성 　－ 영향평가 필요성 검토 　－ 사전평가 수행 　－ 사업계획서 작성 • 영향평가 기관 선정 　－ 제안요청서 작성 및 사업발주 　－ 영향평가 기관 선정
수행 단계	• 영향평가 수행계획 수립 • 평가자료 수집 • 개인정보 흐름 분석 • 개인정보 침해 요인 분석 • 개선계획 수립 • 영향평가서 작성
이행 단계	• 이행점검 　－ 개선 사항 반영 점검 　－ 개선계획 이행점검

090 개인정보 영향평가를 수행하기 위한 분석 자료에 대한 설명으로 옳지 않은 것은?

① 기관 내부의 개인정보 보호 체계, 규정, 조직 현황 등을 분석하기 위하여 기관 내 개인정보 보호 규정, 정보보안 관련 규정, 직제표 등을 수집해야 한다.

② 영향평가 대상 사업의 특수성을 반영한 정책 환경을 분석하기 위하여 평가대상 사업 추진 근거 법률 및 개인정보 보호 관련 법령 등을 수집해야 한다.

③ 개인정보 취급자, 위탁업체 등에 대한 내부 규정 및 관리체계를 확인하기 위하여 위탁 계획서, 연계 계획서, 인터페이스 정의서, 메뉴 구조도 등을 수집해야 한다.

④ 개인정보 보호 정책 환경 분석을 분석하기 위하여 개인정보 보호법과 관련 지침 등을 수집해야 한다.

⑤ 정보 시스템의 구조와 연계된 개인정보 보호 기술 현황을 파악하기 위하여 침입 차단 시스템 등 보안 시스템 구조도, 인터페이스 정의서 등을 수집해야 한다.

> 해설 개인정보 취급자, 위탁업체 등에 대한 내부 규정 및 관리체계를 확인하려면 개인정보 관련 조직 내 업무 분장표 및 직급별 권한, 정보 시스템의 접근 권한에 대한 내부 규정, 위탁업체 관리 규정, 시스템 관리자 및 정보 취급자에 대한 교육 계획 등을 수집해야 한다.

091 개인정보 침해 요인을 분석하기 위하여 '대상시스템의 기술적 보호조치' 영역의 '접근통제' 분야를 평가하고 있다. 다음의 사례 중 '이행' 결과를 도출하기에 적절하지 않은 것은?

① A기관은 개인정보 처리시스템 운영 및 유지보수를 위해 관리용 단말기를 별도로 준비하고 있으며, 네트워크 분리, 인터넷 사용 통제, USB 사용 통제 등 안전조치를 적용하여 관리하고 있다.

② ○○시스템은 웹 환경으로 구성되어 있고, 원격지 사업소 또는 출장업무에서 개인정보 업무처리를 위해 접근 시 VPN 망을 통해 안전하게 접근할 수 있도록 하고 있다.

③ ○○시스템은 웹 환경으로 구성되어 있어 방화벽을 통해 접근 포트를 80번으로만 제한하고 있고, 웹 방화벽을 통해 실시간 모니터링 통제를 하고 있다.

④ ○○○기관 인터넷 홈페이지에 대한 취약점 진단 결과 10개의 취약점이 발견되었으나, 이에 대한 개선 조치 계획을 수립하지 않았다.

⑤ A기관은 연 1회 홈페이지에 대한 정기적인 취약점 진단 및 모의해킹을 수행하고 있으며, 개인정보 취급자가 인터넷을 접속하는 구간에는 DLP 및 비업무 사이트 차단 솔루션을 도입하여 P2P, 웹하드 등을 통해 개인정보가 공개되거나 노출되지 않도록 보호조치를 적용하고 있다.

> 해설 ④ 인터넷 홈페이지에 대한 취약점 점검을 수행하였으나, 일부 영역(웹 서버 등)에 대하여 점검 범위에서 빠져 있거나, 발견된 취약점에 대한 개선 조치 계획이 수립되어 있지 않은 경우로 부분 이행에 해당한다.
> ① 관리용 단말기를 별도로 운영하여 인터넷 차단 등 보호조치를 수행하고 다른 목적으로 사용하고 있지 않은 경우로 이행에 해당한다.
> ② 개인정보 처리 업무를 원격지에서 처리할 때 GVPN, VPN 등을 이용하여 암호화하도록 설계하고 있는 경우로 이행에 해당한다.
> ③ 원격시스템으로부터의 비정상적인 개인정보 조회 또는 요청에 대해 탐지 및 차단 조치를 하도록 설계하고 있는 경우로 이행에 해당한다.
> ⑤ 인터넷 홈페이지에 대한 취약점 점검 및 조치, 관리자 페이지 노출 차단, P2P, 웹하드, 공유설정 등 차단 조치를 통해 인터넷을 통한 개인정보의 노출을 차단한 경우로 이행에 해당한다.

092 개인정보 영향평가 수행단계 시 영향평가서 작성에 대한 설명으로 옳은 것은?

① 잔존 위험이나 이해관계자 간의 의견충돌이 있는 경우 업무 담당자끼리 협의하여 개인정보 보호 목표 수준에 대한 합의를 도출한다.

② 영향평가팀은 영향평가를 총괄하는 개인정보 보호 책임자에게 영향평가서를 보고하여 최종적으로 승인을 받는다.

③ 대상 기관 내 다수의 개인정보 처리시스템에 대하여 동시에 영향평가를 수행한 경우에는 개인정보 처리시스템 단위로 영향평가서를 분리하여 작성한다.

④ 대상 기관 내에서 임의로 정한 서식에 따라 '개인정보 영향평가서 개요'를 작성하여 영향평가서에 포함한다.

⑤ 영향평가 대상 파일이 기존에 운용 중이던 개인정보 파일인 경우 영향평가 사업 완료 후 1개월 이내에 개인정보 보호 위원회에 제출한다.

> **해설**
> ① 잔존 위험이나 이해관계자 간의 의견충돌이 있는 경우 의사결정권자(CEO, CPO 등)를 토론에 참여시켜 합의를 도출한다.
> ② 영향평가팀은 영향평가서를 최종 검토 또는 승인할 수 있는 조직 내 최고 의사결정권자(기관장)에게 보고한다.
> ④ 개인정보 영향평가에 관한 고시 별지 제7호 서식에 따라 개요를 작성한다.
> ⑤ 기존에 운용 중이던 개인정보 파일인 경우 영향평가 사업 완료 후 2개월 이내에 개인정보 보호 위원회에 제출한다.

093 개인정보 영향평가 수행인력에 대한 설명으로 옳지 않은 것은?

① 영향평가 수행인력은 38시간의 전문교육을 이수하고 전문인력 인증서를 받은 경우에 영향평가를 수행할 수 있다.

② 공인정보시스템감사사(CISA) 자격을 취득한 사람은 바로 일반수행인력 시험에 응시할 수 있다.

③ 정보보안기사 자격을 취득한 후 1년 이상 개인정보 영향평가 관련 분야에서 업무를 수행한 사람은 일반수행인력 시험에 응시할 수 있다.

④ 관련 분야 박사학위를 취득한 후 3년 이상 영향평가 관련 분야 수행 실적이 있는 사람은 고급수행인력 시험에 응시할 수 있다.

⑤ 정보통신기술사 자격을 취득한 후 3년 이상의 영향평가 관련 분야 수행 실적이 있는 사람은 고급수행인력 시험에 응시할 수 있다.

> **해설** 공인정보시스템감사사(CISA) 자격을 취득한 후 1년 이상 개인정보 영향평가 관련 분야에서 업무를 수행한 경력이 있어야 일반수행인력 시험의 응시 자격이 주어진다.

094 ISMS-P 인증의 표시에 관한 설명으로 옳은 것은?

① 인증 표시를 사용하는 경우 유효기간, 인증 범위를 함께 표시할 수 없다.

② 인증 번호는 유일성, 간결성, 관리의 용이성 등을 고려하여 최초 심사, 갱신심사를 구분하고, 최초 발급 순서별로 부여한다.

③ 인증 표시의 크기는 표시물 대상의 크기나 표시장소의 여건에 따라 조정할 수 있으며, 같은 비율로 축소 또는 확대하여 표시할 수 있다.

④ 인증 취득 사실의 홍보는 인증서를 발급받은 날부터 효력이 유지된 이후에도 사용할 수 있다.

⑤ 인증 표시는 자유롭게 사용할 수 있으나 색상이 명확하게 나타날 수 있는 바탕색 위에 흑백으로 사용하거나 표시된 인쇄물의 주된 단일색상으로 사용할 수 있다.

> **해설** ① 인증 표시를 사용하는 경우 유효기간, 인증 범위를 함께 표시하여야 한다.
> ② 인증 번호는 유일성, 간결성, 관리의 용이성 등을 고려하여 최초 심사, 갱신심사의 구분 없이 최초 발급 순서별로 부여한다.
> ④ 인증 취득 사실의 홍보는 인증서를 발급받은 날부터 효력이 유지되는 동안에만 사용할 수 있다. 인증이 취소된 경우에는 인증에 대한 홍보, 인증서 사용을 중지해야 한다.
> ⑤ 인증 표시는 지정된 색상으로 사용할 수 있다. 또한, 색상이 명확하게 나타날 수 있는 바탕색 위에 흑백으로 사용하거나 표시된 인쇄물의 주된 단일색상으로 사용할 수 있다.

095 ISMS-P 인증 의무대상자 유의 사항으로 옳지 않은 것은?

① 인증 의무대상자는 스스로 법에서 정한 인증 의무대상자 기준에 해당하는지 여부를 확인하여 인증을 받아야 하며, 만약 의무대상자임에도 불구하고 인증을 취득하지 않은 사실이 확인되는 경우 3천만원 이하의 과태료를 부과한다.

② 인증 의무대상자 중 정보통신망 서비스 제공자와 집적 정보통신시설 사업자는 매출액 및 이용자 수와 관계없이 인증 의무대상자에 해당하지 않는다.

③ ISMS 인증 의무대상자의 경우 '의무대상자'로 최초 해당된 연도의 다음 해 8월 31일까지 인증을 취득해야 한다.

④ 준비부터 인증취득까지는 약 6개월 이상이 소요되고, 인증 신청을 위해서는 최소 2개월 이상의 운영 기간이 필요하다.

⑤ 집적 정보통신시설의 일부를 임대하여 서비스를 재판매하는 사업자(VIDC)는 매출액 및 이용자 수 기준을 따른다.

> **해설** ② 인증 의무대상자 중 정보통신망 서비스 제공자와 집적 정보통신시설 사업자는 매출액 및 이용자 수와 관계없이 인증 의무대상자에 해당한다.

096 ISMS-P 인증 체계와 관련된 설명으로 옳지 않은 것은?

① 인증위원회는 최초 심사 또는 갱신심사 결과가 인증 기준에 적합한지 여부를 심의 · 의결한다.

② 인터넷진흥원 또는 인증기관의 장은 위원이 법령 또는 이 규정을 위반한 때에는 해당 위원을 해촉할 수 있다.

③ 인증위원회의 회의는 인터넷진흥원 또는 인증기관의 요구로 개최하되, 회의마다 위원장과 인증위원의 전문 분야를 고려하여 6인 이상의 인증위원으로 구성한다.

④ 인터넷진흥원 또는 인증기관의 장은 긴급한 경우 인증위원회의 심의 안건을 검토하여 위원회 개최 3일 전까지 인증위원회에 제출한다.

⑤ 위원장이 부득이한 사유로 직무를 수행할 수 없는 경우 위원장이 사전에 지명한 위원이 위원장의 직무를 대행한다.

> 해설 ④ 인터넷진흥원 또는 인증기관의 장은 인증위원회의 심의 안건을 검토하여 위원회 개최 5일 전까지 인증위원회에 제출한다. 다만, 긴급한 경우나 부득이한 사유가 있는 경우에는 그러하지 아니하다(정보 보호 및 개인정보 보호 관리체계 인증 등에 관한 고시 제30조 제2항).

097 ISMS-P 심사 절차 중 심사 단계에 관한 설명으로 틀린 것은?

① 관리체계 수립 및 구현 이행 여부 심사하는 단계로 서면 심사와 현장 심사를 병행한다.

② 인증심사는 ISMS-P의 인증 기준, 즉 관리체계 수립 및 운영, 보호 대책 요구사항 및 개인정보 처리 단계별 요구사항의 인증 항목에 맞는 체계를 구축하고 적절하게 운영하고 있는지 확인한다.

③ 신청기관은 보완 조치 요청을 받은 날로부터 30일 이내 보완 조치를 완료하고 보완 조치 사항에 대한 보완 조치 내역서 및 보완 조치 완료 확인서를 작성하여 심사 수행기관에 제출해야 한다.

④ 연장 기한 포함하여 최대 100일 이내에 보완 조치가 완료되지 않은 경우, 인증이 취소된다(최초 심사의 경우, 심사 무효).

⑤ 심사 수행기관은 신청기관이 제출한 보완 조치 결과가 미흡하다고 판단하거나, 신청기관 스스로 보완 조치 내용상 기한 연장이 필요하다고 판단되는 경우 공문을 통해 최대 60일간(재조치 기간 포함) 연장할 수 있다.

> 해설 ③ 신청기관은 보완 조치 요청을 받은 날로부터 40일 이내 보완 조치를 완료하고 보완 조치 사항에 대한 보완 조치 내역서 및 보완 조치 완료 확인서를 작성하여 심사 수행기관에 제출해야 한다.

098 ISMS-P 인증위원회 심의 · 의결 사항이 아닌 것은?

① 최초 심사 또는 갱신심사 결과가 인증 기준에 적합한지 여부

② 인증 취소사유(거짓이나 그 밖의 부정한 방법으로 정보 보호 관리체계 인증을 받은 경우, 인증 기준에 미달하게 된 경우, 사후관리를 거부 또는 방해한 경우)를 발견한 경우에 그 결과의 적합성 여부

③ 인증심사 결과 또는 인증 취소처분에 관하여 이의가 있는 경우 이의신청에 관한 사항

④ 그 밖에 ISMS-P 인증과 관련하여 위원장이 필요하다고 인정하는 사항

⑤ 인증심사원의 교육 · 자격관리에 관한 사항 및 업무수행 요건 · 능력 심사에 관한 세부 기준

> **해설** ISMS-P 인증위원회 심의 · 의결 사항(정보 보호 및 개인정보 보호 관리체계 인증 등에 관한 고시 제29조 제1항)
> - 최초 심사 또는 갱신심사 결과가 인증 기준에 적합한지 여부
> - 인증 취소사유(정보통신망법 제47조 제10항)를 발견한 경우에 그 결과의 적합성 여부
> - 인증심사 결과 또는 인증 취소 처분에 관하여 이의가 있는 경우 이의신청에 관한 사항
> - 그 밖에 ISMS-P 인증과 관련하여 위원장이 필요하다고 인정하는 사항

PART 6

099 ISMS-P 인증심사원에 관한 설명으로 틀린 설명은?

① 인증심사원 자격 신청 요건은 4년제 대학 졸업 이상 또는 이와 동등 학력을 취득한 자로서 정보보호 및 개인정보 보호 경력을 각 1년 이상 필수로 보유하고 정보보호, 개인정보 보호 또는 정보기술 경력을 합하여 6년 이상을 보유하여야 한다.

② 심사원보는 심사원 자격 취득자로서 정보보호 및 개인정보 보호 관리체계 인증심사(ISMS-P)를 3회 이상 참여하고 심사일 수의 합이 15일 이상인 자를 말한다.

③ 학위 또는 자격을 취득한 경우 정보보호, 개인정보 보호, 정보기술 경력을 대체할 수 있다. 다만, 중복으로 인정하지 않는다.

④ 동일 기간에 두 가지 이상 업무가 중복되는 경우에 하나의 경력만 인정하며, 모든 해당 경력은 신청일 기준 최근 10년 이내의 경력에 한해 인정한다.

⑤ 인증심사원 등급별 자격 기준은 심사원보, 심사원, 선임심사원으로 구분하고 인터넷진흥원은 인증심사원의 인증심사 능력에 따라 매년 책임심사원을 지정할 수 있다.

> **해설** ② 선임심사원에 대한 설명이다. 심사원보는 인증심사원 자격 신청 요건을 만족하는 자로서, 인터넷진흥원이 수행하는 인증심사원 양성 과정을 통과하여 자격을 취득한 자를 말한다.

100 신청인이 요건을 충족했을 때 ISMS-P 인증심사 일부를 생략할 수 있는 범위가 아닌 것은?

① 2.12. 재해 복구

② 2.6. 접근통제

③ 2.4. 물리 보안

④ 2.3. 외부자 보안

⑤ 2.1. 정책, 조직, 자산 관리

해설 ISMS-P 일부 심사 생략 항목

2.1. 정책, 조직, 자산 관리	2.1.1 정책의 유지관리
	2.1.2 조직의 유지관리
	2.1.3 정보자산 관리
2.2. 인적 보안	2.2.1 주요 직무자 지정 및 관리
	2.2.2 직무 분리
	2.2.3 보안 서약
	2.2.4 인식 제고 및 교육훈련
	2.2.5 퇴직 및 직무 변경 관리
	2.2.6 보안 위반 시 조치
2.3. 외부자 보안	2.3.1 외부자 현황 관리
	2.3.2 외부자 계약 시 보안
	2.3.3 외부자 보안 이행 관리
	2.3.4 외부자 계약 변경 및 만료 시 보안
2.4. 물리 보안	2.4.1 보호구역 지정
	2.4.2 출입 통제
	2.4.3 정보 시스템 보호
	2.4.4 보호 설비 운영
	2.4.5 보호구역 내 작업
	2.4.6 반출입 기기 통제
	2.4.5 업무환경 보안
2.12. 재해복구	2.12.1 재해·재난 대비 안전조치
	2.12.2 재해복구 시험 및 개선

목적과 그에 따른 계획이 없으면 목적지 없이 항해하는 배와 같다.

– 피츠휴 닷슨 –

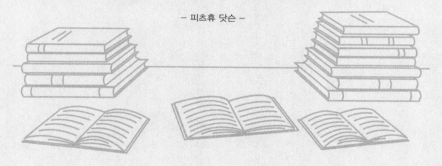

대부분의 사람은 마음먹은 만큼 행복하다.

– 에이브러햄 링컨 –

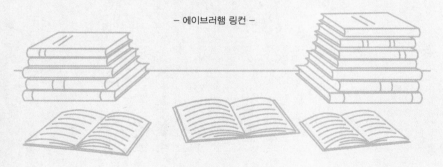

좋은 책을 만드는 길, 독자님과 함께하겠습니다.

2024 SD에듀 개인정보관리사 CPPG 한권으로 끝내기

초 판 발 행	2024년 04월 15일 (인쇄 2024년 02월 21일)
발 행 인	박영일
책 임 편 집	이해욱
편 저	SD개인정보관리사연구회
편 집 진 행	노윤재 · 장다원
표지디자인	박종우
편집디자인	박지은 · 곽은슬
발 행 처	(주)시대고시기획
출 판 등 록	제10-1521호
주 소	서울시 마포구 큰우물로 75 [도화동 538 성지 B/D] 9F
전 화	1600-3600
팩 스	02-701-8823
홈 페 이 지	www.sdedu.co.kr

I S B N	979-11-383-6789-9 (13000)
정 가	38,000원

유선배 과외!

자격증 다 덤벼!
나랑 한판 붙자

✓ 혼자 하기 어려운 공부, 도움이 필요한 학생들!
✓ 체계적인 커리큘럼으로 공부하고 싶은 학생들!
✓ 열심히는 하는데 성적이 오르지 않는 학생들!

유튜브 무료 강의 제공
핵심 내용만 쏙쏙! 개념 이해 수업

[자격증 합격은 유선배와 함께!]
맡겨주시면 결과로 보여드리겠습니다.

개발자 (OLD)	GTQ일러스트 (GTQi) 1급	웹디자인기능사	사무자동화 산업기사	사회조사분석사 2급	SMAT Module A·B·C

나는 이렇게 합격했다

당신의 합격 스토리를 들려주세요
추첨을 통해 선물을 드립니다

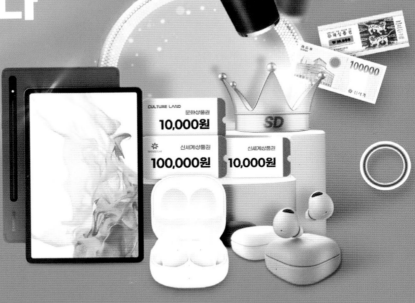

베스트 리뷰
갤럭시탭 / 버즈 2

상/하반기 추천 리뷰
상품권 / 스벅커피

인터뷰 참여
백화점 상품권

이벤트 참여방법

합격수기

| SD에듀와 함께한 도서 or 강의 **선택** | > | 나만의 합격 노하우 정성껏 **작성** | > | 상반기/하반기 추첨을 통해 **선물 증정** |

인터뷰

| SD에듀와 함께한 강의 **선택** | > | 합격증명서 or 자격증 사본 **첨부**, 간단한 **소개 작성** | > | 인터뷰 완료 후 **백화점 상품권 증정** |

이벤트 참여방법
다음합격의 주인공은 바로 여러분입니다!

QR코드 스캔하고 ▷ ▷ ▷ ▶
이벤트 참여하여 푸짐한 경품받자!

합격의 공식

SD에듀